실전에서 써먹는
유닉스 시스템 &
네트워크 프로그래밍

신재호, 김영익 공저

실전에서 써먹는
유닉스 시스템 & 네트워크 프로그래밍

Copyright ⓒ 2014 by Youngjin.com Inc.
10F. Daeryung Techno Town 13th, Gasan-dong, Geumchen-gu, Seoul 153-803, Korea.
All rights reserved. First published by Youngjin.com Inc in 2014. Printed in Korea.

저작권법에 의하여 한국 내에서 보호를 받는 저작물이므로 무단 전재와 무단 복제를 금합니다.

이 책에서 언급된 모든 상표는 각 회사의 등록 상표입니다.
또한 인용된 사이트의 저작권은 해당 사이트에 있음을 밝힙니다.

독자님의 의견을 받습니다
이 책을 구입한 독자님은 영진닷컴의 가장 중요한 비평가이자 조언가입니다. 저희 책의 장점과 문제점이 무엇인지, 어떤 책이 출판되기를 바라는지, 책을 더욱 알차게 꾸밀 수 있는 아이디어가 있으면 이메일, 또는 우편으로 연락주시기 바랍니다. 의견을 주실 때에는 책 제목 및 독자님의 성함과 연락처(전화번호나 이메일)를 꼭 남겨 주시기 바랍니다. 독자님의 의견에 대해 바로 답변을 드리고, 또 독자님의 의견을 다음 책에 충분히 반영하도록 늘 노력하겠습니다.

주   소   (우)153-803 서울특별시 금천구 가산동 664번지 대륭테크노타운 13차 10층 영진닷컴 기획1팀
대표전화   1588-0789
대표팩스   (02) 867-2207
등   록   2007. 4. 27. 제16-4189호
이 메 일   support@youngjin.com

ISBN   978-89-314-4588-6

저자 신재호, 김영익 | **총괄** 김태경 | **진행** 조충래
표지 디자인 지화경 | **본문 디자인** 이경숙

머리말

어느 덧 12번째 서적의 집필이 완료되었고, 12번째 머리말과 집필 후기를 작성 중이다. 첫 번째 집필 후기를 작성할 때 만큼의 떨림과 설렘은 없지만 뿌듯함과 보람은 그대로이다. 집필 과정의 고생과 힘겨움 때문에 더 이상 집필은 하지 않겠다고 수 차례 다짐을 했었지만, 가장 열심히 작업했었던 유닉스 서적에 대한 두 번째 에디션 작업은 거부할 수 없었다. 예전 원고를 다시 살펴보면서, 2004년 유닉스 프로그래밍 첫 번째 에디션을 집필할 때의 고생이 계속 기억났었다. 그땐 거의 몇 달을 밤샘 작업하면서 원고를 마무리 했었는데... 두 번째 에디션 작업은 혼자 진행하지 않아서 첫 번째 에디션보다 훨씬 수월하게 작업을 진행할 수 있었다. 오라클의 영익이형(김영익 상무님)과 함께 집필을 하면서 고생도 나누고 기쁨도 나눌 수 있어서 좋았다.

리눅스도 유닉스의 한 종류로 봤을 때, 유닉스의 활용은 점차 넓어지고 깊어지고 있다. 앞으로도 이러한 추세는 계속될 것이라 생각하는데, 유닉스 서적을 집필한 저자의 입장에서 유닉스 개발자 분들에게 조금이나마 도움을 드릴 수 있는 것에 깊은 보람을 느낀다. 모쪼록 책에 있는 내용들이 단순히 공부할 때 뿐만 아니라 실제 작업 환경에서도 많은 도움이 되기만을 바랄 뿐이다.

여러 사람들의 도움이 없이는 이 책이 나올 수 없었을 텐데, 이 자리를 빌어 감사의 말을 전하고 싶다. 주옥같은 예제 코드들을 알려주고 내 코드들을 검토해 줬던, 미국인 개발자 친구들인 Alan, Alex, 그리고 Hari에게 고마움을 전한다. 그리고 두 번째 에디션이 나올 수 있도록 해 준 영진닷컴 기획팀의 조충래님과 편집자님들께 감사를 드린다. 함께 집필을 진행한 영익이형에게도 감사를 드리고, 마지막으로 옆에서 응원하고 힘을 준 사랑하는 아내 박정연과 두 딸 지은이와 지수에게 감사를 전하면서 집필 후기를 마무리한다.

이 책을 선택해 주신 독자분께 깊은 감사를 드리면서... 신재호

머리말

어느 날 회사 후배가 호프집에서 함께 시원한 맥주를 마시면서 "저랑 유닉스(UNIX) 관련 책을 함께 쓰지 않을래요?" 하는 물음을 나에게 던졌다. 사실 나의 버킷리스트에 "IT관련 책 출판하기"가 있고, 기존 나의 IT 경험과 관련 있어 망설임 없이 흔쾌히 긍정적인 답변을 하였다. "마음 속에 항상 꿈을 가지고 있다면 언젠가는 이루어지는구나"라는 느낌으로 책을 쓰게 된 동기는 너무 쉽게 다가왔다.

하지만 본격적으로 책을 쓰기 시작하면서 회사일과 병행하면서 책을 쓴다는 자체가 쉽지 않은 큰 도전 과제이었다. 주로 주말에 집 주변 카페에서 노트북을 켜고 예제 코드를 수행해보면서 작업을 하였다. 힘들었지만 출판사와의 약속과 개인적인 꿈이었기에 기존 IT의 경험을 정리한다는 생각에서 글을 써나갔다. 요즘은 인터넷의 검색엔진에서 쉽게 검색도 가능하겠지만, 유닉스 개발자와 관리자 또는 배우는 학생들의 가까운 책꽂이에 한 권으로 정리된 책으로 존재하며, 시간 날 때마다 쉽게 볼 수 있는 책을 상상하면서 노트북의 워드 툴 여백에 내용을 채워갔다.

출판이 되기 까지 결코 쉬운 작업은 아니었지만, IT 엔지니어 생활을 정리할 수 있는 좋은 경험이었고, 목표에 깃발을 꽂는 성취감을 느꼈다. 이 책을 통하여 유닉스 개발자/관리자 또는 IT에 입문하는 학생들이 쉽게 유닉스 관련 개념/명령어 들을 쉽게 익혔으면 하는 진실한 바램이다.

마지막으로 글을 쓰는 내내 주말에도 가족들과 함께 시간을 보내지 못했는데, 이를 이해해준 와이프와 딸에게 감사의 말을 전하고 싶다.

가을 색깔이 짙게 물든 어느 날... 김영익

일러두기

이 책은 크게 5개의 Part, 22개의 Chapter로 구성되어 있다. 각 Chapter들은 개별적으로 볼 수 있도록 구성되어 있기 때문에 순서에 따르지 않고 보고 싶은 부분만 골라서 보아도 된다.

책의 전체 내용을 한눈에 파악할 수 있도록 Part의 구성 내용을 간략하게 설명하면 다음과 같다.

유닉스

Part Ⅰ에서는 유닉스(UNIX)와 관련된 기본적인 내용들을 다루게 된다. 이 Part는 총 4개의 Chapter로 구성되어 있다. 먼저 Chapter 01에서는 유닉스의 기초 내용과 특징들을 알아볼 것이며 Chapter 02에서는 유닉스에서 사용하는 명령어들을 살펴보도록 할 것이다. Chapter 03에서는 vi나 TELNET, FTP, CYGWIN과 같은 유닉스와 관련된 유용한 툴들을 알아볼 것이다. 그리그 Chapter 04에서는 쉘을 이용한 프로그래밍을 공부할 것이다.

C/C++ 프로그래밍

Part Ⅱ에서는 유닉스 프로그래밍에서 가장 중요하게 알아둬야 되는 언어인 C와 C++어 대해 다루게 된다. 이 Part는 총 4개의 Chapter로 구성되어 있다. Chapter 05에서는 C언어에 대한 내용들을 배우게 된다. 그리고 Chapter 06과 Chapter 07 두 챕터에 걸쳐 C++ 언어를 배우게 될 것이다. 그리고 Chapter 08에서는 make와 Makefile, 디버깅과 예외 처리, 시스템 배포와 관련된 내용들을 차근차근 배우게 될 것이다.

유닉스 시스템 프로그래밍

Part Ⅲ에서는 유닉스에서 시스템 프로그래밍과 관련된 내용들을 다룬다. 이 Part는 총 5개의 Chapter로 구성되어 있다. Chapter 09에서 입력과 출력에 대해 배울 것이며 Chapter 10에서는 시스템과 자원 관리를 다룰 것이다. 또한 Chapter 11에서 프로세스에 대한 내용들을 다루고 Chapter 12에서 시그널과 이와 관련된 부분들을 보게 될 것이다. 마지막으로 Chapter 13에서는 스레드에 대한 내용들을 배우게 될 것이다.

유닉스 네트워크 프로그래밍

Part Ⅳ에서는 네트워크 프로그래밍과 이와 관련된 내용들을 다루게 된다. 이 Part는 총 5개의 Chapter로 구성되어 있다. Chapter 14에서는 유닉스 시스템 환경에서의 네트워크의 개요 등을 다룰 것이며 Chapter 15에서는 프로세스간 통신과 관련된 첫 번째 내용으로 파이프와 세마포어를 배울 것이다. 그리고 Chapter 16에서는 프로세스간 통신의 두 번째 내용인 공유 메모리와 메시지 큐에 대한 부분을 다룬다. Chapter 17과 Chapter 18은 시스템간의 통신과 관련된 내용을 다루며 소켓 통신과 소켓 프로그래밍, 호스트 정보 수집과 메시지 송수신, 그리고 다중 클라이언트 접속 프로그램에 대해 알아볼 것이다.

종합 예제 프로그래밍

Part Ⅴ에서는 지금까지 배워왔던 내용들을 총망라해 종합적인 시스템을 구현해보면서 실제로 프로젝트를 수행하는 것과 유사하게 진행될 것이다. 이 Part는 총 4개의 Chapter로 구성되어 있다. Chapter 19에서는 Part Ⅴ 전반에 걸쳐 구현할 시스템의 명세를 소개한다. 그리고 이 명세를 바탕으로 Chapter 20에서 시스템을 분석하고 설계해 프로토타입을 작성할 것이다. Chapter 21에서 본격적으로 시스템을 개발하고 Chapter 22에서 지금까지 구현한 시스템을 테스트하면서 마무리한다.

목차

Part I 유닉스

Chapter 01 유닉스

01 유닉스 시스템   20
02 유닉스의 특징   24
03 시스템 사용   28
   Shell   28
   Shell Command   30
   시스템 환경 구축   33
   파일 시스템   40

Chapter 02 유닉스 명령어

01 파일/디렉토리 관련 명령어   48
02 파일 접근 권한 관리 명령어   57
03 파일 내용보기 관련 명령어   62
04 검색 관련 명령어   70
05 디스크 관련 명령어   75
06 파일 비교 관련 명령어   78
07 파일 추출 관련 명령어   81
08 압축과 풀기 관련 명령어   90

Chapter 03 유닉스 관련 유용한 툴

01 vi 편집기   94
   입력 모드   96
   명령 모드   96

콜론 모드	99
2. TELNET	102
3. FTP	104
4. CYGWIN	107

Chapter 04 쉘을 이용한 프로그래밍

01 쉘 문법	**112**
변수	114
제어문	125
조건문	125
반복문	130
함수 작성	136
02 쉘 프로그래밍	**137**
AWK 사용	137
SED 사용	142
GETOPTS 사용	144
실제 사용 프로그램	145
03 쉘 스크립트 호출하기	**147**

Part II C/C++ 프로그래밍

Chapter 05 C를 이용한 프로그래밍

01 C 언어 소개	**156**
C 언어의 특징	156
02 컴파일러	**157**
인터프리터	157
컴파일러	159
컴파일러와 인터프리터 비교	160
03 C 프로그래밍	**162**
함수	162
포인터	163
스트럭처	168

예제 시스템 172
04 라이브러리 179

Chapter 06 C++를 이용한 프로그래밍1

01 **입출력과 관련된 클래스들** 189
   표준 입출력 스트림 클래스들 189
   버퍼를 이용한 입출력 클래스들 190

02 **스트림을 이용한 입력과 출력** 191
   특수 문자와 조작자의 활용 193
   스트림 입력과 출력을 위해 제공되는 함수들 199
   입출력 수행 결과 확인하기 205

03 **파일 입출력** 209
   파일을 이용한 입력 작업 수행 209
   파일을 이용한 출력 작업 수행 213
   파일을 읽기와 쓰기 동시 진행 218
   바이너리 파일의 입력과 출력 220

04 **입출력 스트링 스트림** 223
   버퍼를 활용한 입력과 출력 223
   스트링 스트림 클래스를 정리해 보자. 226
   입력 스트링 스트림 클래스를 이용해 보자 227
   출력 스트링 스트림 클래스를 이용해 보자 232
   입력과 출력 모두를 지원하는 스트링 스트림 239

Chapter 07 C++를 이용한 프로그래밍2

01 **메소드와 스코프의 이해** 242
   스코프를 이해해야 한다 242
   클래스의 스코프에 대해 알아야 한다 248

02 **메소드의 파라미터로 레퍼런스 활용** 256
   변수의 별명을 만들어 보자 257
   레퍼런스의 특징을 살펴보자. 258

03 **클래스에 메모리 할당** 262
   동적으로 메모리를 할당해보자 262

04 **메모리 관리** 266

new 연산자를 가진 클래스를 만들어 보자   267
힙(Heap) 메모리 영역을 관리해 보자.   271

Chapter 08 시스템 개발

01 make와 Makefile   278
    make 프로그램   278
    Makefile   280
    간단한 예제   283
    매크로   287
    레이블   291

02 디버깅   298
    버그와 디버그   298
    gdb   299

03 예외 처리   305

04 시스템 배포   308
    TAR와 COMPRESS   308
    쉘 스크립트   310
    패키지 배포 및 설치   311

Part III 유닉스 시스템 프로그래밍

Chapter 09 입력과 출력

01 입출력과 파일 시스템   316
    파일 시스템   316
    파일 생성 및 관리   318
    파일 열고 닫기   320
    파일 읽고 쓰기   322
    파일 link와 unlink   325
    stat을 이용한 파일 정보   326
    디렉토리   328
    디렉토리 구현   329
    특수 파일   333

02 표준 I/O 라이브러리   336

fopen과 fclose 337
문자 읽기와 쓰기 338
sprintf와 fprintf 340
외부 프로그램 실행 344

03 STL을 이용한 파일 입출력 346

Chapter 10 자원 관리

01 시스템 관리 358
유닉스 부팅과 종료 358
사용자 등록과 삭제 360
시스템 사용자의 정보 표시 363
파일 시스템 관리 365

02 자원 관리 및 체크 370
유용한 유틸리티 370
유용한 명령어 375

03 시스템 체크 프로그램 378
날짜와 시간 378
시스템 명령어를 이용한 시스템 체크 381
체크 프로그램 383

Chapter 11 프로세스

01 프로세스 구조 390
프로세스 390
프로세스 생명 주기 392

02 프로세스 시스템 호출 398
fork 398
Exit 401
Exec 404
Wait 409

03 프로세스 프로그래밍 411
whoami와 ps 활용 411
프로세스 ID 활용 419

Chapter 12 시그널

01 시그널 소개 — 424

02 시그널 처리 — 426
- Signal — 426

03 시그널 전송 — 431
- kill — 431
- alarm — 434
- Raise — 437

04 시그널 프로그래밍 — 438
- 쉘 프로그램과 시그널 — 439
- 프로그램 복귀 — 440
- 시그널과 디버깅 — 443

Chapter 13 스레드

01 스레드 소개 — 448
- 스레드 활용 — 448

02 스레드를 위한 시스템 호출 — 451
- pthread_create — 451
- pthread_exit와 pthread_self — 454
- pthread_join — 456
- 메시지 전달 — 457
- pthread_attr — 460

03 스레드 프로그래밍 — 463
- 뮤텍스 — 463
- 스레드 조건 변수 — 470
- C++를 활용한 스레드 예제 — 475

Part IV 유닉스 네트워크 프로그래밍

Chapter 14 유닉스 네트워크

01 네트워크 개요 — 484
  기본 개요 — 485
  발전 과정 — 486
  구성 요소 — 487

02 프로토콜 — 506
  프로토콜 소개 — 506
  프로토콜 설계 — 506
  인터넷 프로토콜 — 507

03 유닉스와 네트워크 — 509
  네트워크 어드레스 — 510
  데이터 전송 — 511
  네트워크 구축 — 512

Chapter 15 프로세스간 통신1 : 파이프와 세마포어

01 IPC — 518

02 파이프 — 519
  쉘과 파이프 — 519
  파이프 시스템 호출 — 520
  부모/자식 프로세스간의 통신 — 523
  파이프 시그널 처리 — 526
  파이프와 exec — 529

03 FIFO — 532

04 세마포어 — 537
  세마포어 소개 — 538
  세마포어 시스템 호출 — 538
  세마포어 예제 — 542
  세마포어 제거 — 548

05 레코드 락 549
lockf 549
fcntl 550
레코드 락 예제 552

Chapter 16 프로세스간 통신2 : 공유 메모리와 메시지 큐

01 공유 메모리 556
공유 메모리 소개 556
공유 메모리 시스템 호출 557
공유 메모리 예제 563

02 메시지 큐 569
메시지 큐 소개 569
메시지 큐 시스템 호출 571
메시지 큐 예제 577

03 C++ 언어를 이용한 IPC 구현 예제 582

Chapter 17 시스템간 통신1

01 소켓 통신 592
File I/O와의 비교 592
실행 과정 593

02 소켓 시스템 호출 595
socket 596
bind 599
connect 599
listen 600
accept 600
메시지 송수신을 위한 시스템 호출 602
close 603
바이트 순서 변환 603
주소 변환 604
소켓 옵션을 위한 함수 605
loctlsocket 607
입출력 다중화(Input/Output Multiplexing) 609

03 소켓 프로그래밍 612

sockaddr_un 스트럭처를 이용한 통신　　　612
sockaddr_in 스트럭처를 이용한 통신　　　618

Chapter 18 시스템간 통신2

01 호스트 정보 수집 (UDP, TCP)　　　626
　UDP를 이용한 예제　　　626
　TCP를 이용한 예제　　　629

02 메시지 송수신(타임아웃)　　　633

03 다중 클라이언트 접속 프로그램(fork, select)　　　639
　fork를 이용한 다중 클라이언트 지원　　　639
　select를 이용한 다중 클라이언트 지원　　　643

Part V 종합 예제 프로그래밍

Chapter 19 시스템 소개

01 목적 및 기능　　　652
　목적　　　652
　기능　　　654

02 시스템 명세와 기능 명세　　　655

Chapter 20 시스템 분석 및 설계

01 시스템 분석 및 설계　　　674
　종합 예제 시스템 설계　　　675

02 프로토타입 작성　　　678
　헤더 파일과 Config 파일 작성　　　678
　Config 모듈　　　680
　로그핸들러　　　682
　패킷 메시지 정의　　　683
　MsgQ와 Analyzer　　　690
　Formatter와 NEHandler　　　691
　BSCHandler와 UseSocket　　　694
　Framework와 Makefile　　　697

Chapter 21 시스템 개발

01 유틸리티 모듈 — 702
- Config — 702
- LogHandler — 705

02 메시지 분석 및 작성 — 708
- MsgQ — 708
- Analyzer — 711
- Formatter — 716

03 장비 통신 모듈 — 720
- NEHandler — 720
- BSCHandler — 725
- UseSocket — 735

04 프레임워크 — 739

Chapter 22 시스템 테스트

01 시뮬레이터 구현 — 744
- DBSim — 744
- BSCSim — 748

02 시스템 마무리 — 761
- 시험 절차서 — 761
- 시스템 개선 사항 — 763

INDEX — 764

Part I. 유닉스

Part I를 시작하며...

Part I에서는 유닉스와 관련된 기본적인 내용들을 다루게 된다. 유닉스 시스템을 처음 접하는 분들에게는 유닉스에 대한 전반적인 소개가 될 것이며, 유닉스 시스템을 많이 다뤄보신 분들에게는 지금까지 가지고 있던 지식을 정리하는 과정이 될 것이다.

Part I에서 정리하는 내용들은 유닉스뿐만 아니라 시스템 개발에서 필요한 유닉스 명령어들에 대해서도 정리를 하게 된다. 여기서 정리한 내용을 기본 지식으로 뒤에 내용들을 계속해서 진행하게 된다. 따라서 UNIX 명령어 및 쉘 프로그래밍에 대해 지식이 부족한 독자들은 Part I의 내용을 자세히 봐주기 바란다.

만일 이 Part에서 정리하는 내용들을 이해하기 힘들다면, UNIX 명령어 및 쉘 프로그래밍 언어들에 대한 문법을 별도로 공부하기 바란다. 필자의 경험으로는 책을 보다가 기본 지식에서 막히게 되면 공부가 너무 힘들어 지고 경우에 따라서는 중도에 책을 덮어버리는 경우도 발생하기 때문이다.

이 책에서는 vi 편집기로 쉘 스크립트를 작성한다. 이들에 대한 정리 작업이 있는데, 이때 나름대로 정리를 잘 해주기 바란다.

Part I. 유닉스

- **Part I 구성 요소**

- chapter 01 유닉스
  - 1. 유닉스
  - 2. 유닉스의 특징
  - 3. 시스템 사용

- chapter 02 UNIX 명령어
  - 1. 파일/디렉토리 관련 명령어
  - 2. 파일 접근 권한 관리 명령어
  - 3. 파일 내용보기 관련 명령어
  - 4. 검색 관련 명령어
  - 5. 디스크 관련 명령어
  - 6. 파일 비교 관련 명령어
  - 7. 파일 추출 관련 명령어
  - 8. 압축과 풀기 관련 명령어

- chapter 03 UNIX 관련 유용한 툴
  - 1. vi 편집기
  - 2. TELNET
  - 3. FTP
  - 4. CYGWIN

- chapter 04 쉘을 이용한 프로그래밍
  - 1. 쉘 문법
  - 2. 쉘 프로그래밍
  - 3. 쉘 스크립트 호출하기

chapter 01 유닉스

유닉스 프로그래밍에 대한 소개에 앞서, 유닉스 대해 먼저 정리를 해보자. 유닉스가 무엇이며, 어떻게 탄생했는지, 유닉스의 특징은 무엇인지 등등 유닉스 자체에 대해 살펴보도록 하자. 그리고 유닉스에 대해 정리를 한 후, 유닉스 시스템을 어떻게 사용하는지도 간단히 알아보도록 하자.

유닉스를 잘 모르는 독자들은 이번 기회에 유닉스 OS와 사용법을 소개하는 chapter 01을 자세히 읽어보기 바라고, 유닉스를 많이 다뤄본 독자들은 이미 알고 있는 지식이지만 정리되지 않았던 부분을 정리하는 기분으로 가볍게 읽어보기 바란다.

chapter 01은 다음과 같이 3개의 절로 이루어져 있다.

1. 유닉스
2. 유닉스의 특징
3. 시스템 사용

자, 그럼 이 책의 기본 플랫폼인 유닉스 대해 정리를 시작해 보자.

01 유닉스 시스템

유닉스에 입문하기 전까지는 유닉스에 대한 막연한 환상을 가지고 있거나 특별한 이유 없이 싫어해도 별로 상관이 없을 것이다. 하지만 유닉스를 공부하거나 또는 이미 다루고 있는 사람이라면 유닉스에 대한 정확한 이해와 유닉스 시스템 전반에 대한 모습을 아는 것이 중요하리라고 본다.

유닉스가 일반인에게 널리 알려진 것은 그리 오래되지 않았지만 이미 대부분의 시스템의 기간망이나 분산 컴퓨팅 환경에서는 유닉스가 확실한 위치를 구축하고 있다. 마이크로 소프트의 윈도우 시스템들이 개인용 컴퓨터 OS 시장을 장악하고 그 영역을 넓혀가고 있지만 유닉스는 여전히 다양한 분야에서 그 위치를 굳건히 지키고 있다.

유닉스는 또한 대형 프레임 시장으로 자리를 넓혀 가고 있으며, 유닉스의 또 다른 형태인 리눅스는 윈도우 시장을 공략하며 윈도우의 대체 OS 중 하나로 각광을 받고 있다. 요즘 리눅스와 유닉스를 서로 차별화 시키려는 경향이 있지만 크게 보면 리눅스도 유닉스의 한 종류로 보는 것이 맞을 것이다.

1994년 정도로 기억하는데, 유닉스를 PC에서 공부할 수 있다는 소리에 디스켓 50장 정도 되는 분량을 다운 받아 리눅스를 설치하고 '드디어 PC에서 유닉스를 돌려보는 구나'하며 기뻐했던 적이 있었다. 그때만 해도 유닉스는 일반인이 다뤄보기가 쉽지 않았던 OS였는데, 지금 리눅스를 사용하는 사람들을 보면 어렵지 않게 성능 좋은 OS를 다룰 수 있는 환경이 된 것을 볼 때 유닉스는 더 이상 특정 분야의 전유물이 아닌게 분명하다.

지금은 널리 알려지고 많은 사람의 입에 오르내리는 유닉스도 많은 우여곡절 끝에 탄생했고 사람들에게 알려지기 전까지는 무명의 시절이 있었다. 그럼, 유닉스가 탄생하고 일반인에게 알려졌던 유닉스의 태동기와 많은 분야에서 많은 사람들에게 알려지기 시작했던 유닉스의 발전기, 그리고 앞으로 변해가거나 적용되어질 유닉스의 미래 모습에 대해 함께 살펴보도록 하자.

■ 유닉스의 태동기

유닉스는 1970년대 초(또는 60년대 말) AT&T의 벨(Bell) 연구소에서 탄생했다. 처음 개발했던 개발자들은 PDP 컴퓨터 상에서 돌아갈 애플리케이션을 만들기 위해 유닉스 개발을 구상하게 되었다고 한다. 엄밀히 말하면 애플리케이션을 개발할 목적보다도 애플리케이션을 개발하기 편리한 플랫폼을 구상하다가 운영체제의 모습으로까지 발전이 되었다고 한다.

그때 당시만 해도 통일된 운영체제의 모습을 갖추고 있지 않았기 때문에 애플리케이션의 개발이 시스템 기종에 따라 많은 변경 작업을 거쳐야만 했다. 하지만 시스템마다 유사한 운영체제의 형태를 가지게 하면서 운영체제 내부에 개발에 필요한 환경을 갖추고 있고 또한 컴퓨터의 리소스들을 효율적으로 관리할 수 있는 운영체제가 나온다면 개발자나 사용자에게 상당히 획기적인 운영체제가 아닐 수 없었다.

처음의 구상과 달리 개발 플랫폼을 만들려던 생각에서 운영체제 개발로 목표가 달라지자 연구소에는 운영체제 개발을 알리지 않고 그에 알맞은 개발자들을 모으게 되었다. 소문을 듣고 벨 연구소 내에 있는 개발자 중 운영체제 개발에 관심이 많은 개발자들이 모여들게 되었고 이들은 자기들의 주 개발 시간 외에는 함께 운영체제 개발에 시간을 보내게 되었다.

개발 팀은 골격이 잡혀가고 개발에 탄력이 붙자 시스템의 개발을 위해 연구소의 지원이 필요했는데, 그때 당시만 해도 운영체제 개발에 연구소 인력을 배정할 만큼 운영체제의 비중이 크지 않았기 때문에 그들은 운영체제 개발 대신 문서관리 시스템을 개발한다는 명목하에 연구소의 지원을 얻은 뒤, 계속해서 운영체제 개발에 몰두하게 되었다.

유닉스가 어느 정도 개발이 마무리되어가자 개발자들은 운영체제 속에 개발 플랫폼으로써의 운영체제 개발에 박차를 가하게 된다. 이들은 커널은 어셈블리로 개발한다는 기존의 관행을 깨고 C 컴파일러로 대부분의 커널을 개발하고 개발자들이 시스템에 접근할 수 있는 인터페이스로 C API들을 제공하게 되었다. 연구원들의 이러한 노력의 결과로 일정한 틀을 갖춘 안정적인 운영체제에다 개발 플랫폼까지 탑재된 유닉스가 탄생하게 된 것이다.

■ 유닉스의 발전기

벨 연구소에서 만들어진 최초의 유닉스는 1970년대 중반부터 대학교에 소스 코드로 보급되기 시작했다. 이제 유닉스는 한 연구소의 결과물이 아닌 지식 사회의 공유물이 되었다. 유닉스는 각 대학과 연구소에서 개발이 계속 되었고 이는 여러 버전으로 나뉘는 계기가 되기도 하였다.

유닉스는 개발 과정에서 BSD, SYS V의 계열로 나뉘게 되었고 이는 또다시 AIX, HF-UX, IRIX, SCO UNIX, XENIX, Solaris, Linux 등 다양한 버전으로 나타나게 되었다. 이 중에서 알아두고 넘어가야 할 유닉스 계열과 버전들을 간단히 짚어보자.

먼저 BSD 계열의 유닉스를 살펴보면, BSD는 Berkeley Software Distribution의 약자인데, 약자에서 알 수 있듯이 버클리 대학교에서 배포를 한 유닉스 버전을 의미한다. BSD 유닉스는 기존의 유닉스 시스템에 C Shell을 지원하고, TCP/IP 소켓을 추가하고 가상 메모리를 지원하는 등 상당히 많은 부분을 발전시켰다. 현재 사용하고 있는 유닉스의 상당 부분이 BSD의 영향을 받았다고 이해해도 될 것이다. 실제로 BSD는 SYS V 계열의 유닉스 시스템에 많은 영향을 미쳤다.

SYS V 계열의 유닉스를 살펴보면, SYS V는 System Five의 약자로 벨 연구소의 유닉스 버전에 BSD 계열의 유닉스 버전을 포함한 유닉스 시스템들로 SYS III(System III)를 거쳐 SYS V로 버전이 업그레이드 된 유닉스들을 통틀어 SYS V 계열의 유닉스라고 한다. SYS V는 단순히 기능의 업그레이드를 의미하는 것이 아니고 유닉스를 상용화하면서 업체들간의 업체 표준을 따른다는 것도 의미한다.

따라서 상용 유닉스는 SYS V 유닉스 계열의 표준 및 기능들을 대체로 따라간다고 보면 된다. SYS V이후의 버전은 SYS V를 그대로 사용하고 그 뒤에 Release 몇 번을 붙여 이름을 짓는다. 예를 들어 SVR5라고 이름이 지어졌다면 이는 System V Release 5를 의미하는 것이다.

BSD 계열의 유닉스 중 주목받는 버전에는 FreeBSD 제품이 있다. 이는 BSD 4.4에 맞춰 개발된 유닉스 시스템으로 유닉스의 모든 기능을 갖추고 다양한 CPU 칩에 맞게 버전이 업그레이드되고 있다.

Solaris(Sun OS)는 자바로 유명한 썬마이크로시스템(SUN, 오라클에 의해 인수됨)사가 개발한 유닉스 시스템으로 상용 유닉스 시스템 중 가장 널리 알려지고 사용되는 유닉스 시스템이다. 최초의 Sun OS는 BSD 유닉스 계열을 따랐으나, 이후 Solaris 2.x대 버전 이후로는 SYS V의 계열을 따르고 있다. Solaris는 Sparc 칩을 많이 사용하고 있지만 Intel 칩을 위한 x86용 Solaris도 배포가 되고 있다. Sun을 공부하고 싶지만 시스템을 접하기가 어렵다면 x86용 Solaris를 개인용 PC에 설치해서 사용하는 것도 좋은 방법이라 생각한다.

리눅스 시스템은 유닉스를 가장 널리 일반인에게 알린 시스템으로 리누스 토발즈에 의해 처음 발표된 시스템으로 POSIX 표준을 따르고 PC에서 동작하는 유닉스 시스템이다. FSF 등 오픈 소스(Open Source) 진영을 통해 상당히 빠른 속도로 각종 유틸리티들을 제공받고 있다. 현재 발전 속도가 가장 빠른 시스템 중 하나이다.

> **NOTE_** POSIX는 Portable Operating System Interface for Computer Environment의 약자로, 개념적으로 정의가 된 표준 운영체제이다. 이 표준은 IEEE와 ANSI의 각종 권고안을 바탕으로 정해진 것으로 인터페이스 위주로 정의가 되어 있으며 유닉스 시스템을 모델로 삼고 있다.

■ 유닉스의 적용

유닉스의 적용을 논하는 것은 이미 오랜기간 동안 상당히 다양한 분야에서 유닉스가 독보적인 자리를 굳히고 있기 때문에 무의미한 말이 될 수도 있을 것이다. 하지만 저가의 강력한 OS들이 일반인들에 널리 배포된 지금의 시점에서 유닉스 또한 예전의 무겁고 멀게 느껴졌던 모습들을 탈피할 것을 강요받고 있다.

이러한 시점에 리눅스와 FreeBSD의 탄생으로 경제적인 어려움없이 쉽게 유닉스 운영체제를 손에 넣을 수 있게 되었고, 오픈 소스 진영의 힘으로 예전에는 상상하기도 힘들었던 강력하고 다양한 유틸리티와 패키지들을 소스 레벨까지 접할 수 있는 환경에 이르게 되었다. 이제 사용자들은 예전에는 만져보기도 힘들었던 유닉스 시스템을 운영체제 뿐 아니라 개발 도구와 다양한 애플리케이션의 소스까지도 아무런 제약없이 인터넷에 흘러 다니는 놀라운 시대를 맞이하게 된 것이다.

잠깐 오픈소스 진영에 대해 소개하면, FSF(자유 소프트웨어 재단 - Free Software Foundation)에서 프로젝트 GNU를 추진하면서 각종 시스템 개발과 배포를 성공적으로 수행하고 있다. GNU에서 수행 중인 프로젝트들은 기존에 사용하고 있는 거대한 프로젝트들을 무료로 새로 만들어 배부하는 작업이거나 사용자들의 요구를 충족할 수 있는 시스템을 새롭게 만들어 배포하는 작업들인데, 모든 프로젝트는 오픈되어 있어서 소스 코드까지 어렵지 않게 구할 수 있다.

이 책을 읽는 독자들은 GNU에서 수행 중인 프로젝트에 꼭 관심을 갖기 바라고 현재 스행 중인 프로젝트와 연관된 프로젝트가 있으면 가능한 많은 부분에 참여해보기를 바란다. 지식의 창고와 보물섬이 바로 앞에 있는데 옆에서 구경만 하기에는 너무 아쉬운 내용들이 많다.

유닉스 시스템도 이러한 추세와 지원을 힘입어 예전에 고가에 힘들게 구축되던 시스템들을 비교적 저가에 어렵지 않게 구축이 되고 있다. 인터넷이 널리 보급되면서 이를 가능하게 간드는 시스템 구축에 리눅스 등이 자리를 잡아가는 것도 한 예가 될 수 있을 것이다.

'원하는 시스템을 어떻게 하면 안정적이고 빠르게 개발하고 배포할 수 있을 것인가'가 개발자들이 항상 고민하는 부분일텐데 유닉스는 이제 대안 중 하나가 아니라 정답의 일부분이 되고 있다. 이 책을 보는 독자들은 각종 도서나 자료를 통해 유닉스 상에서 시스템을 개발하는 기초와 응용력을 키운 뒤, GNU의 프로젝트를 살피고 적용하는 것을 부지런히 익혀서 적절히 활용 및 적용해 나가기 바란다.

02 유닉스의 특징

유닉스는 여러 명의 유저가 동시에 접속해서 여러 작업을 동시에 수행할 수 있도록 설계된 운영체제이다. 예전에 PC의 운영체제로 MS-DOS를 사용해본 독자라면 유닉스의 멀티 유저, 멀티프로세서 시스템의 막강함을 이해할 수 있을 것이다. 필자도 MS-DOS와 유닉스를 함께 이용하면서 유닉스 OS에 대해 감탄한 적이 한 두 번이 아니었다.

IT에서 학문적으로 OS를 접근할 때 사용하는 모델이 바로 유닉스인데, 유닉스 속에 들어 있는 OS의 기본 특징을 살펴보면, 유닉스는 다중 프로세서를 지원하고, 프로그램 개발 플랫폼이 포함되어 있으며, C로 작성된 이식성이 매우 좋은 시스템이다. 그리고 유닉스는 시분할 시스템이며, 모든 장치를 파일처럼 다룰 수 있도록 하고 있다. 그리고 유닉스의 표준 인터페이스는 여러 종류의 편리한 Shell들로 이루어져 있다.

유닉스의 특징을 구체적으로 살펴보기 전에 한 가지 명심할 것은 개발자들은 특정 언어에 얽매이면 안되지만 특정 OS에도 너무 얽매이면 안 된다는 것이다. 수많은 개발 툴과 OS들 중 가장 적절한 기술과 환경에 맞게 제대로 고르고 사용하는 능력을 갖춰야 한다. 물론 유닉스의 막강한 파워를 활용할 수 있는 기본 능력을 갖춘 뒤에 말이다. 그럼, 이제 유닉스의 기본 특징을 좀 더 자세히 살펴보면 다음과 같다.

■ 병렬처리와 일괄처리

유닉스는 여러 가지 작업을 동시에 처리할 수 있도록 설계되어 있다. 내부적으로도 여러 작업이 병렬로 처리되지만 사용자가 임의로 프로세스를 동시에 돌아가게 만들 수 있다. 유닉스는 상당히 안정적으로 병렬처리를 지원하고 있고, 병렬처리 속에서 프로세스간 통신이 가능하기 때문에 하나의 작업을 여러 프로세스로 동시에 효과적으로 처리할 수도 있다.

그리고 안정적인 병렬처리가 가능하기 때문에 다양하고 많은 작업들을 일괄처리할 수 있다. 이러한 특징은 단순히 병렬처리가 가능하기 때문만이 아니라 시스템의 설계 단계와 커널의 구현에서 이러한 기능을 강력하게 뒷받침해 줄 수 있도록 구축되어 있기 때문에 가능한 것이다.

■ 리얼타임 처리와 시분할 처리

유닉스의 강력한 병렬처리와 일괄처리 특징 때문에 가능한 것이 리얼타임(실시간) 처리가 가능해 졌다. 그래서 온라인 상에서 멀리 떨어져 있는 사용자들도 실시간으로 원하는 작업의 처리와 그 결과를 공유할 수 있게 되었다.

유닉스 시스템은 우선순위에 따라 프로세스의 수행을 앞당기거나 늦출 수 있지만 기본적으로는 시간을 나눠 해당 시간에 프로세스가 수행되도록 되어 있다. 이를 적절히 활용하면 프로세스들을 효율적으로 운용 및 관리를 할 수 있는 장점을 가지게 된다.

■ 효율적인 프로그래밍

표준에 따른 시스템 환경과 표준에 따른 개발 환경을 지향하고 지원하고 있기 때문에 개발된 프로그램의 타 시스템으로의 이식성이 뛰어나고 다양한 개발 도구를 적용할 수 있다는 장점을 가지고 있다.

Shell(쉘) 프로그래밍에서부터 다양한 언어와 C/C++ 그리고 자바에 이르기까지 유닉스 환경에서 시스템의 개발은 특정 언어나 기술에 크게 종속되지 않는다. 따라서 개발자가 원하는 작업을 개발자 스스로 다양한 선택권을 가지고 수행할 수 있도록 만들어 준다.

■ 다중 프로세서 지원과 분산처리 지원

유닉스 시스템은 여러 개의 프로세서(CPU)를 탑재할 수 있도록 구성되어 있다. 예전의 시각으로 보면 보편화된 OS에서 여러 개의 프로세서를 지원한다는 것은 놀라운 일이다. 물론 요즘은 개인용 PC에서도 여러 개의 CPU를 탑재하고 사용하는 것이 그리 놀라운 일이 아닐수 있지만 말이다.

유닉스는 여러 개의 프로세서로 작업은 처리할 수 있어 하나의 프로세서에서 여러 개의 작업을 동시에 수행하는 특징에다 여러 개의 프로세서로 여러 개의 작업을 동시에 수행하는 특징도 갖추고 있다. 뿐만 아니라 하나의 큰 작업을 여러 개의 프로세서가 나눠서 작업을 처리하는 분산 처리 기능까지 지원을 하고 있다.

■ 하드웨어 독립 지향

플랫폼에 독립적인 자바(Java)가 널리 알려진 요즘에 유닉스가 하드웨어 독립을 지향하고 있다고 하면 말이 안된다고 얘기할 수 있겠지만, 유닉스 개발 당시 하드웨어에 독립적인 OS를 개발한다는 목표 하에 부단히 애를 썼고 상당한 성과를 거두었기 때문에 하나의 특징으로 인정할 수 있을 것이다.

유닉스가 이러한 일이 가능했던 것은 개방형 OS를 지향했고, 다양한 곳에서 서로 의견을 활발하게 교환할 수 있도록 소스가 공개된 환경의 영향도 컸다. 표준 단체들의 영향과 이를 다른 업체 및 개발자들의 노력 또한 이 일을 가능하게 만들었다. 이러한 작업들의 결과로 현재는 다양한 하드웨어 플랫폼에 유닉스가 탑재되었고 수많은 표준 인터페이스들이 탄생하게 되었다.

■ 다수의 사용자 등록

유닉스는 다수의 사용자가 하나의 시스템 파워를 공유할 수 있는 환경을 제공하고 있다. 수 많은 개발자들이 한 대의 유닉스 머신에서 개발 작업을 하는 것은 더 이상 신기한 일이 아닐 정도로 여러 사용자들이 시스템을 공유할 수 있다.

유닉스를 사용하는 사람은 개별적인 사용자 ID와 사용자들의 그룹별로 부여된 그룹 ID를 사용할 수 있다. 이를 통해 시스템의 리소스를 사용자 별로 그룹별로 접근 권한 제어할 수 있으며 보안 기능을 강화할 수 있다. 그리고 여러 사용자들이 하나의 시스템을 공유하면서 서로의 데이터나 작업 또한 쉽게 공유할 수 있다.

시스템을 많은 사용자들이 공유해서 사용하면 시스템 자원의 낭비를 막는 효과를 가질 수 있다. 이러한 내용은 다수의 사용자들이 무리없이 작업을 수행할 수 있으며, 작업 결과를 무리없이 확인할 수 있도록 OS가 뒷받침이 되지 않으면 불가능한데 유닉스는 이를 효율적으로 처리해 주기 때문에 강력한 멀티 유저용 OS라 말할 수 있다.

등록된 사용자들은 로컬에서 유닉스를 사용할 수도 있지만 멀리 떨어진 원격지에서도 접속해서 작업을 할 수 있다. 필자는 미국에 있는 로컬 유닉스 시스템으로 작업을 하면서 사우디아라비아에 있는 유닉스 시스템에 원격 접속해 작업을 한 적이 있는데, 이러한 작업이 가능하다는 것은 이미 알고 있었지만 실제로 작업하면서 느꼈던 감정은 조금 남달랐다.

■ 풍부한 네트워크 환경

유닉스는 기본적으로 강력한 네트워킹 환경을 제공하고 있다. 이것이 뒷받침되지 않으면 다수의 사용자 등록이나 접속 기능은 의미가 없어진다. 유닉스는 네트워크 망의 서브넷을 위한 시스템으로 사용될 수 있지만 망 자체를 관리하는 서버로 활용할 수도 있다. 네트워크 회선이나 사용자의 부하를 고려하지 않는다면 엄청나게 많은 장비들이 유닉스에서 관리되는 네트워크 망에 물릴 수가 있다. 유닉스는 그 자체로 네트워크 장비가 될 수 있다는 말인데 이걸 통해 유닉스가 제공하는 풍부한 네트워크 환경을 이해할 수 있다.

유닉스는 풍부한 네트워크 환경을 제공하는데도 의미가 있지만 안정적인 네트워크 환경을 제공하는데도 큰 의미가 있다. 네트워크 기능을 제공하는데 통신이 불안정하다면 중요한 작업을 믿고 맡길 수가 없을 것이다. 하지만 유닉스에서 제공하는 각종 네트워크 유틸리티(Web, Mail, FTP, Telnet 등) 들을 사용해 보면 안정적인 네트워크 환경을 제공한다는 것을 알 수 있을 것이다.

네트워크 환경을 제공하는 것과 더불어 네트워크 개발 환경도 많이 제공하고 있다. 유닉스에서 제공하는 네트워크 API를 이용하여 어렵게 보이는 네트워크 프로그램들을 생각보다 쉽게 작성하고 테스트해 볼 수 있다. 네트워크 환경을 제공하는 유닉스의 특징은 기본적이면서도 아주 중요한 특징이라 할 수 있다.

이 밖에도 유닉스는 시스템 모니터링을 제공하는 기능, 하드 디스크의 일부를 메모리로 이용하는 등의 강력한 메모리 관리 기능 등 다양한 기능 및 특징을 가지고 있다. 유닉스 시스템은 계열과 벤더에 따라서도 서로 다른 기능과 특징을 가지고 있지만 이 부분은 더 이상 다루지 않기로 한다.

■ 유닉스 시스템 계층

유닉스 시스템의 하드웨어에서 OS 및 Shell 까지의 계층도를 간략하게 표현하면 아래의 그림과 같다.

| Shell |
| Compiler |
| OS |
| Kernel |
| Assembler |
| Hardware |

▲ 유닉스 시스템 계층도

유닉스 시스템 계층의 가장 하위에는 컴퓨터 시스템의 가장 기본이 되는 전자회로와 각종 보드인 Hardware(하드웨어)가 위치하게 되고, 그 상단에는 각종 코드나 심볼들을 기계어로 변환해서 하드웨어가 이해할 수 있도록 만들어 주는 Assembler(어셈블러)가 위치하게 된다.

Assembler 계층 위에는 Kernel(커널)이 위치하게 되는데 Kernel은 멀티 유저, 병렬처리, 멀티프로세싱 등 OS가 처리하는 다양한 중심 기능들을 OS와 하드웨어가 서로 유기적으로 동작할 수 있도록 만들어 주는 코드들이 위치하게 된다. 커널은 유닉스 시스템의 핵심 계층이라 말할 수 있는데, 커널이 없으면 OS와 하드웨어가 능동적으로 작업을 처리할 수 없게 된다.

커널 위에는 OS가 위치하게 되는데, OS는 각각의 애플리케이션들이 사용하는 리소스들을 효율적으로 관리하여 애플리케이션들이 동작하는데 문제가 없도록 만들어 준다. OS 계층 위에는 Compiler(컴파일러)가 위치하게 되는데, 컴파일러를 이용하여 개발자들은 원하는 애플리케이션을 작성하거나 유닉스를 원하는 환경으로 변환하는 작업을 수행하게 된다.

Compiler 상단에는 Shell(쉘)이 위치하게 되는데 Shell은 시스템을 이용하는 표준 인터페이스로써 Shell을 이용하여 유닉스 속의 다양한 프로그램이나 자원들을 실행하고 접근하게 된다. 지금까지 유닉스의 계층을 사용자의 입장에서 기술했는데, 각각의 계층을 다른 관점에서 본다면 위치나 배열이 조금씩 달라질 수 있을 것이다.

03 시스템 사용

유닉스 시스템과 사용자 사이의 인터페이스는 일반적으로 Shell(쉘)이 담당하게 된다. 유닉스 시스템의 사용법을 익힌다는 것은 대체로 Shell에서 제공하는 각종 명령어들을 익힌다는 것이라 말할 수 있다. 이번 절에서는 Shell에 대한 소개와 Shell에서 제공하는 각종 시스템 인터페이스를 소개하고 익히도록 한다.

Shell

Shell은 사용자의 명령어를 해석하고 실행하는 명령어 해석기이다. 사용자 입장에서 보면 Shell 자체가 유닉스로 보일 수도 있을 텐데, 시스템에 접근하고 명령을 주고받기 위해선 Shell의 도움을 받아야 한다. Shell에서 제공하는 기능을 이용하여 프로그래밍도 가능한데 스크립트를 만들어 프로그램을 만드는 작업은 Chapter 03에서 다루고 있다.

Shell은 단지 하나의 종류만 존재하는 것이 아니고 여러 종류의 Shell들이 있는데 앞으로도 계속해서 새로운 Shell들이 등장할 것이다. 기존의 Shell들 중 몇 가지를 소개하면 다음과 같다.

■ **Bourne Shell (sh)**

명령어 창에서 sh를 입력하면 된다. Bourne Shell은 모든 유닉스 시스템에서 가장 오랫동안 사용된 쉘로서 유닉스 시스템에 기본 Shell로 생각하면 된다. Bourne Shell은 스크립트를 작성하고 실행하는 프로그램 기능이 가능하다.

■ C Shell (csh)

C Shell은 명령어 창에서 csh를 입력하면 된다. C 언어와 비슷한 언어를 사용하는 쉘로서 대화형 프로그램을 만드는데 적합하다. C Shell도 스크립트 실행이 가능하고 명령어의 History 관리가 가능하다. 그리고 명령어와 옵션 등을 사용하기에 편한 다른 이름으로 대체하는 Command Alias 기능과 파일 이름 등을 다 기입하지 않고 일부만 기입한 뒤 Esc 키를 이용하여 나머지를 자동으로 완성시키는 filename completion 기능을 제공한다. 그리고 프로세스를 제어하는 기능도 가지고 있다.

■ Korn Shell (ksh)

Korn Shell은 명령어 창에서 ksh를 입력하면 된다. Korn Shell은 유닉스의 표준 Shell이며, Bourne Shell과 호환이 되고 C Shell이 가진 대부분의 기능도 포함하고 있다. 추가적으로 명령어를 편집할 수 있는 Command Line Editing 기능도 포함하고 있다.

■ Bourne Again Shell (bash)

GNU project에서 Korn Shell에 버금가는 무료 버전의 shell이 필요하여 bash을 만들었다. C Shell의 여러 기능을 추가하여 기능면에서 막강하여 요즘에는 가장 많이 사용되는 Shell이고, 리눅스에서도 기본적으로 bash을 사용하고 있다.

이들 Shell들의 관계를 간단히 그림으로 표현하면 다음과 같은데, Bourne Shell과 Korn Shell은 계층을 이루게 되고 C Shell은 나머지 Shell들과는 별개로 돌아가게 된다.

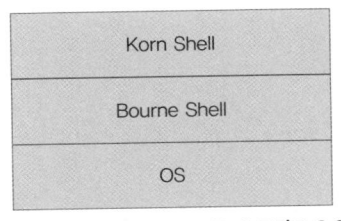 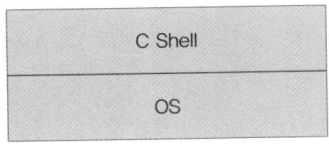

▲ Bourne Shell, Korn Shell 그리고 C Shell

Shell Command

단일 명령을 실행하는 경우, 명령어 이름과 매개 변수(Argument)를 이용하게 되는데, 매개 변수의 경우 대부분 '-'와 알파벳 단어로 옵션을 부여한 다음 필요한 값들을 입력하게 된다. 명령어를 입력할 때, 세미콜론(;)을 이용하여 명령어들을 나열하게 되면 명령어가 순차적으로 실행이 된다. 그리고 명령어 뒤에 &를 추가하면 프로그램이 백그라운드 프로세스로 실행이 되며, 명령어들을 &를 이용하여 나열하게 되면 프로그램들이 모두 동시에 실행되게 된다.

■ Input/Output

프로그램의 입출력은 기본적으로 화면으로 되어 있지만 이를 재지정함으로 바꿀 수 있다. 출력을 재지정하기 위해선 '>' 기호가 사용되는데 이를 이용하면 화면으로 출력되던 것을 파일이나 기타 장치로 바꿀 수 있다. 만일 기존에 존재하는 파일에 '>' 기호를 사용하게 되면 해당 파일은 기존에 가지고 있던 데이터는 사라지고 새로운 데이터로 변경이 된다. 만일 기존의 데이터 밑에 새로운 출력 내용을 첨부하고 싶다면 '>' 대신 '>>' 기호를 사용하면 된다.

아래의 예를 보면 ls -l 명령 결과를 화면이 아닌 텍스트 파일에 출력하는 과정을 볼 수 있다.

```
$ ls -l > ls.txt
$ cat ls.txt            <= ls -l 명령과 동일한 내용이 파일에 있음을 확인
$ ls -l >> ls.txt
$ cat ls.txt            <= ls -l 명령을 두 번 실행한 것과 동일한 내용이 있음을 확인
```

이번에는 에러를 유발시켜 보자. 에러 출력의 경우 표준 출력 장치(화면)를 이용하도록 되어있기 때문에 이를 다른 곳으로 지정하기 위해서는 옵션을 추가해야 한다.

Bourne Shell에서의 예를 보도록 하자.

```
$ abcdefg                   <= 존재하지 않는 명령어를 사용
sh: abcdefg:  not found     <= 에러 메시지를 얻음
$ abcdefg > error.txt       <= 일반적인 출력 지정을 사용
sh: abcdefg:  not found     <= 화면에 에러메시지가 여전히 출력됨
$ cat error.txt             <= error.txt 파일 속에 아무 메시지가 없음
$ abcdefg 2> error.txt      <= '2>'를 이용하여 출력을 새로 지정함
$ cat error.txt             <= error.txt 파일 속에 에러 메시지 있음을 확인
```

Bourne Shell의 경우에는 C Shell과 달리 '>&' 옵션을 이용하여 에러 출력을 재지정할 수가 있다. 간단한 예를 보면 다음과 같다.

```
% abcdefg >& error.txt       <= '>&'를 이용하여 출력을 새로 지정함
% cat error.txt              <= error.txt 파일 속에 에러 메시지 있음을 확인
```

출력을 재정하는 것과 유사하게 입력도 재지정할 수 있는데 이때는 '<' 기호를 사용하게 된다. 이 기호를 사용함으로써 기본적으로 키보드를 통해 읽어들이던 명령을 파일이나 기타 장치를 통해 입력을 받게 된다.

예를 통해 이 내용을 살펴보자. 먼저 commandList라는 파일에 아래의 내용을 입력해 둔다.

```
ls -l > newLs.txt
abcdefg
```

그런 다음 아래와 같이 명령을 실행해 보자.

```
$ sh < commandList            <= 명령 입력을 키보드가 아닌 파일로부터 받음
sh[2]: abcdefg:  not found    <= 두 번째 명령에 에러가 있음이 출력됨
$ cat newLs.txt               <= 첫 번째 명령 결과를 확인함
```

입출력을 재지정하면서 사용할 수 있는 다른 방법으로 '파이프'라는 것이 있다. 파이프는 특정 프로그램의 출력을 다른 특정 프로그램의 입력으로 연결시켜주는 것을 의미한다. 파이프를 이용하면 두 개 또는 그 이상의 프로그램들이 서로의 결과물을 연동해서 사용하는 결과를 가지게 된다.

예를 들어, A 프로그램의 출력물을 B 프로그램의 입력으로 넘겨줘야 할 일이 있을 때 파이프를 활용하게 되면 생각보다 훨씬 간단하게 원하는 목적을 이룰 수 있다. 파이프는 '|' 기호를 활용하게 되는데, 실례를 보면 다음과 같다.

```
$ ps -ef | grep vi
    jshin   861   675   0  19:16:24 pts/4    0:00 vi .cshrc   <= 명령의 결과
```

위의 예를 보면 'ps -ef'의 결과를 'grep vi'의 입력으로 사용한 것을 확인할 수 있다. 여기서 명령의 결과는 'ps -ef'를 통해 현재 실행되고 있는 모든 프로세스의 정보를 얻어온 뒤, 'grep vi'를 통해 'vi'라는 단어를 포함한 부분을 찾아낸 후 화면에 결과를 출력한 것이다.

■ **문자 지정**

문자를 지정할 때 와일드카드를 활용하면 마치 만능 문자를 사용한 것 같은 효과를 얻을 수 있다. 예를 들어, 와일드카드 문자 중 '?'를 활용하면 어떤 종류의 하나의 문자와 대체가 된다. '?' 문자를 활용한 예들을 간단히 보면 다음과 같다.

```
$ ls .cshrc
.cshrc         <= 현재 디렉토리에 .cshrc 파일이 있음을 먼저 확인한다.
$ ls .cs?rc    <= .cshrc를 .cs?rc로 기입한다.
.cshrc         <= 동일한 결과를 얻게 된다.
```

'?' 기호가 하나의 단어와 대체되는 것과 달리 '*' 기호는 어떤 하나의 문자열과 대체를 할 수 있다. 이때 말하는 문자열이란 하나의 글자 또는 전혀 없는 글자, 그리고 수많은 글자도 포함이 되기 때문에 '*'를 전혀 없는 또는 하나 이상의 '?'로 이해를 하면 될 것이다.

아래의 예를 보면 모두가 동일한 결과를 나타냄을 알 수 있다.

```
$ ls .c*hrc     <= .cshrc를 .c*hrc로 대체해서 기입
.cshrc
$ ls .cs*hrc    <= .cshrc를 .cs*hrc로 대체해서 기입
.cshrc
$ ls .c*        <= .cshrc를 .c*로 대체해서 기입
.cshrc
```

와일드카드를 사용하면서 문자열의 시작과 끝, 즉 문자열의 범위를 지정해 줄 수 있다. 문자열의 범위를 지정해 주는 방법으로 대괄호([ ])를 사용하는데, 이를 활용한 예들을 간단히 살펴보면 다음과 같다.

```
$ ls .c[abs]hrc    <= .cahrc, .cbhrc, 또는 .cshrc을 의미한다.
.cshrc
$ ls .c[a-s]hrc    <= .cahrc, .cbhrc ~ .cshrc을 의미한다.
.cshrc
```

```
$ ls .c[a-zA-Z]hrc
.cshrc
```

시스템 환경 구축

Shell의 중요한 기능 중 하나는 사용자가 원하는 시스템 환경을 구성할 수 있도록 도와준다는 것이다. 시스템 환경 변수를 설정할 수 있고 필요한 파일이나 데이터에 접근할 수 있는 경로(Path)를 지정하는 기능, 자주 사용하는 프로그램에 원하는 옵션을 추가하는 기능 등 사용자가 시스템을 제대로 활용할 수 있도록 환경을 구축하는 기능을 제공한다.

Shell을 사용하면서 필요할 때마다 사용자가 원하는 환경을 만들어 가면서 사용할 수도 있지만, Shell들마다 사용자가 로그인할 때 자동으로 실행될 Setup 파일을 만들 수 있는 기능을 제공하고 있기 때문에 이를 잘 활용하면 환경을 다시 설정할 필요가 없도록 만들 수 있다.

해당 사용자가 어떠한 Shell을 사용하고 있는지는 사용자 생성 시에 정해지고, /etc/passwd 파일을 보면 해당 사용자가 어떠한 Shell을 사용하고 있는지를 확인할 수 있다. 물론 echo $SHELL 이라는 명령어로 어떠한 Shell을 사용하고 있는지 확인할 수 있다.

예를 들어, /etc/passwd 파일에 아래와 같은 사용자가 정의되어 있다면, james는 Korn Shell(ksh)을 사용하는 것이고, james999라는 사용자는 C Shell(csh)를 사용함을 알 수 있다.

```
james:x:1003:1::/home2/james:/bin/ksh
james999:x:1004:1::/home2/james999:/bin/csh
```

Bourne Shell은 사용자의 홈 디렉토리에 ".profile"을 편집하고 그 속에 원하는 내용을 입력해두면 로그인 시 이 파일이 자동으로 실행되면서 해당 Shell에서는 원하는 환경이 미리 설정되는 효과를 얻을 수 있다. Korn Shell에서는 ".profile" 또는 ".kshrc" 파일을 이용하면 동일한 결과를 얻게 되며, C Shell에서는 ".cshrc" 파일을 이용하면 된다.

C Shell에서 사용하는 .cshrc 파일을 예로 들어 간단히 소개를 하도록 하겠다. .cshrc에서 설정하는 내용에는 path 지정, history 지정, alias 지정, prompt 지정, 환경 변수 설정, 파일 이름 완성 기능(filename completion) 등이 있다.

path는 실행에 필요한 명령어나 기타 파일의 위치를 미리 지정해주는 기능을 가지고 있는데 윈도우의 PATH 등과 동일하다. .cshrc 파일에서 사용하는 path 지정 방법을 간단히 보여주면 다음과 같다.

```
set path = (. \           <= 현재 디렉토리를 path에 포함
    /opt/sfw/bin \        <= 새로운 라인을 표시하기 위해 \ 첨부
    /usr/openwin/bin)
```

history는 이전에 사용했던 명령어들의 리스트를 관리하는 명령어이다. history 명령을 이용하면 예전에 실행했던 명령들을 쉽게 재실행시킬 수 있다. history에서 관리할 수 있는 명령어의 개수를 사용자가 지정할 수 있다. 예를 들어 100개로 지정하고 싶다면 다음과 같이 입력해 준다.

```
set history = 100
```

history가 설정이 되고 나면, history 명령을 이용하여 앞서 실행했던 명령어들이 무엇이었는지 확인하고 쉽게 재실행할 수 있다. 실제 사용 예를 보면 다음과 같다.

```
% history    <= 지금까지 실행되었던 명령어들의 리스트를 출력
% !!         <= 마지막에 실행되었던 명령 재실행
% !3         <= history 리스트의 앞에서 3번째 명령 재실행
% !-3        <= history 리스트의 마지막에서 3번째 명령 재실행
% !vi        <= 가장 최근에 실행되었던 명령중 vi로 시작되는 명령 재실행
```

alias 기능을 활용하면 기존에 사용하던 명령어(옵션까지 포함)를 사용자가 원하는 이름으로 대체를 할 수 있다. 명령어 뿐만 아니라 특정 문자열을 다른 문자열로 대체하는 기능을 가지게 된다. 예를 들어 윈도우에서 사용하는 dir 명령과 동일한 명령어가 유닉스에서는 ls 인데 ls 대신 dir를 사용하고 싶으면 다음과 같이 한다.

```
alias dir ls
```

또는 ls -l과 대체하고 싶으면 다음과 같이 한다.

```
% alias dir 'ls -l'
```

이제 Shell 상에서 dir 명령을 실행시키면 에러 없이 ls 명령어가 실행된다. 만일 alias를 해제하고 싶으면 unalias 명령을 이용하면 된다. 예를 들어 위의 dir 명령을 없애려면 다음과 같이 한다.

```
% unalias dir
```

이제 dir 명령을 실행시키면 해당 명령어가 없다는 에러가 발생한다.

prompt를 이용하면 단순히 %로 표현되는 명령어 입력 줄을 원하는 형태로 바꿀 수 있다. 예를 들어 [컴퓨터이름(사용자이름):현재디렉토리]%로 바꾸기를 원한다면 아래와 같은 코드를 사용하도록 한다.

```
set prompt = "[hostname(whoami):pwd]% "
alias   setprompt ' set prompt = "[hostname(whoami):pwd]% "'
alias   cd  'cd \!*;setprompt '
```

위의 코드에서 alias를 통해 정의된 내용들은 사용자가 cd 명령을 이용해 작업 디렉토리를 다른 디렉토리로 옮겼을 때도 동일한 prompt 메시지가 나오도록 해주기 위한 내용이다.

C Shell에서 미리 지정해 주어야 되는 환경변수가 있다면 setenv를 이용하여 지정하도록 한다. 예를 들어 현재 사용자가 사용하는 디스플레이의 ip 주소를 미리 지정해 주고 싶다면 아래와 같이 해준다.

```
setenv DISPLAY 192.168.8.101:0.0
 (다른 Shell의 경우: export DISPLAY=192.168.8.101:0.0)
```

setenv 명령을 이용하면 다양한 시스템 환경변수들을 설정할 수 있는데, 이렇게 설정된 환경변수들은 나중에 프로그램을 작성할 때 사용되기도 한다.

"set filec"를 설정해 두면 명령어 또는 파일 이름 중의 일부만을 기입하고 Esc 를 눌렀을 때 나머지 이름이 자동으로 완성되는 기능을 이용할 수 있다. 그리고 이때는 `Ctrl`+`D` 키를 활용할 수 있는데, `Ctrl` 키를 누른 상태에서 `D`키를 누르게 되면 현재 입력 중인 문자열에서 입력 가능한 문자열이 무엇이 있는지 미리 확인할 수 있다.

예를 들어, 현재의 작업 디렉토리에 다음과 같은 파일이 있다고 가정하자.

```
<Telemant, Telemant2, Verl, Vertel>
```

여기서 `T`를 누르고 `Ctrl`+`D` 키를 누르면 화면에는 Telemant와 Telemant2가 디스플레이 된다. 이 상태에서 `Esc`키를 누르면 명령어 입력 줄에는 Telemant라는 글자가 자동으로 완성이 된다. 만일 Ver까지 입력한 후, `Esc`를 누르게 되면 글자는 더 이상 자동으로 기입이 되지 않는다. 왜냐하면 Verl과 Vertel에서 Ver 이후에 어떤 글자가 와야 되는지 시스템에서는 알 수가 없기 때문이다.

필자는 여러 개의 .cshrc 파일을 만들어 두고 필요에 따라 적절한 파일을 사용하고 있다. .cshrc는 로그인 때 자동으로 실행이 되지만 운용 중에 실행되도록 하려면 source 명령어를 이용하면 된다. 따라서 로그인 시에 사용할 생각이 없으면 파일명을 꼭 .cshrc라고 쓰지 않아도 된다. 아래는 source 명령을 이용하여 .cshrc 파일을 구동시키는 예이다.

```
% source cshrc_file_name
```

필자가 사용하고 있는 여러 .cshrc용 파일 중 하나를 소개하면 다음과 같다.

〈.cshrc 파일 예〉
```
stty erase '^H'
stty intr '^C'
stty kill '^K'
# 파일명 자동 완성 기능 사용
set filec

umask 022
# LD_LIBRARY_PATH 전역 변수 설정
setenv LD_LIBRARY_PATH /usr/lib:/usr/local/lib:/usr/tcpdump/libpcap-0.4
# 자동 경로를 설정하기 위해 path set!
```

```
set path=(. /data/j2sdk1_3_1_08/bin /usr/xpg4/bin /bin \
    /opt/SUNWspro/bin /usr/ccs/bin /usr/sbin \
    /usr/local/bin/gcc \
    /usr/local/bin \
    /usr/ucb /usr/local/sbin \
    /usr/openwin/bin /usr/local/bin \
    /user/mmsc/bin /usr/bin \
    /usr/local/ActivePerl-5.6/bin)
# 자바프로그램에서 사용할 CLASSPATH 전역 변수 설정
setenv CLASSPATH .:/data/AdventNet/WebNMS/classes/NmsClientClasses.jar
# 자바 애플리케이션을 위해 JDK_HOME 전역 변수 설정
setenv JDK_HOME /data/j2sdk1_3_1_08
# history를 사용하기 위해 set
set history=100
# prompt를 변경하기 위해 set prompt 사용
alias   setprompt ' set prompt = "[hostname(whoami):pwd]% "'
alias   cd        'cd \!*;setprompt '
# 각종 명령을 편하게 사용하기 위해 alias 명령어 사용
alias   h         history
alias   so        source ~/.cshrc
alias   dir 'ls -l | more'
alias   ls 'ls -aF'
alias   gonms 'cd /data/AdventNet/WebNMS/bin'
setprompt
```

그리고 터미널에서 한글을 사용하기 위해서는 다음과 같은 환경변수 설정이 필요하다.

[csh 인 경우]
```
setenv LANG ko
stty cs8 -istrip -parenb
```

[sh 또는 ksh 인 경우]
```
export LANG=ko
stty cs8 -istrip -parenb
```

■ 프로세스 관련 사용법

Shell에는 프로세스를 컨트롤하는 기능이 있는데 이를 활용하면 Shell 상에서 프로그램을 백그라운드로 실행을 시킬 수도 있고, 여러 개의 프로그램이 동시에 실행되도록 만들 수 있다. 이를 위해 사용되는 명령어들을 정리해보자.

먼저 ps(Process Status)를 살펴보자. ps는 프로세스의 리스트를 화면에 출력해주는 명령어로 옵션을 이용하여 출력되는 리스트를 원하는 형태로 필터링을 할 수 있다. 먼저 단순히 ps를 사용하면 현재의 Shell에서 실행 중인 프로세스들이 화면에 출력된다. 'ps -ef'와 같은 옵션을 이용하면 시스템 전체에서 실행 중인 프로세스들의 리스트들이 출력된다. ps 명령을 이용하여 어떤 프로세스들이 수행 중인지, 프로세스의 상태는 어떤지, 언제 실행되었고 누가 실행시켰는지 등등을 알 수 있다.

ps를 실행시키면 처음 나오는 숫자가 프로세스의 고유 번호인 PID인데, PID를 이용하여 실행 중인 프로세스를 중지하거나 죽이거나 할 수 있다. 예를 들면 다음과 같다.

```
% ps
  PID  TTY      TIME     CMD
  755  pts/2    0:00     proA
  762  pts/3    0:00     proB

% stop 762              <= PID 762인 proB 프로세스를 중지시킴
% jobs                  <= proA와 proB의 상태가 화면에 출력
% kill 755              <= PID 755인 proA 프로세스를 죽임
% kill -9 762           <= PID 762인 proB 프로세스를 죽임
```

위의 예에서 프로세스를 죽이기 위해 kill 명령어를 사용했는데, kill은 실행 중인 프로세스를 강제로 죽이는 명령어로 kill -l 명령을 이용하면 사용할 수 있는 옵션들이 화면에 출력된다. 예를 들어 -INT 옵션을 사용하면 사용자가 인터럽트 키를 사용한 것과 동일한 SIGINT 시그널이 프로세스에 전달된다. -KILL 옵션을 이용하면 프로세스를 확실히 종료를 시키는데 프로세스에는 SIGKILL이라는 시그널이 전달된다. -KILL 대신에 -9 옵션을 사용해도 동일한 효과가 있다.

프로세스를 실행할 때 처음부터 백그라운드(Background)로 돌리고 싶으면 실행 명령어 뒤에 & 옵션을 붙여서 실행을 한다.

```
% command name &
```

백그라운드로 실행 중인 프로세스를 포그라운드(Foreground)로 변환하고 싶으면 'fg' 명령어를 사용한다. 명령어 입력줄에서 fg를 입력하고 엔터키를 누르면 백그라운드에서 돌고 있던 프로세스가 포그라운드로 실행되는 것을 확인 할 수 있다.

포그라운드로 돌고 있는 프로세스를 백그라운드로 변경하려면, 먼저 Ctrl+Z를 누른다. 다시 말해, Ctrl 키와 Z 키를 함께 누르면 프로세스가 중단되었다는 메시지가 화면에 나타나게 된다. 이때 'bg' 명령어를 사용하면 중단된 프로세스는 백그라운드에서 다시 실행이 된다.

예를 보자.

```
% vi psTest        <= vi 에디터를 실행시킨다.
ctrl + z           <= vi 에디터 실행 중에 ctrl + z 키를 누른다.
중단됨 (사용자)      <= vi 에디터가 실행 중단 되면서 화면에 출력되는 메시지
% bg               <= bg 명령어를 실행
[1]  + vi test &   <= vi 에디터가 백그라운드로 돌게된다는 메시지
% fg               <= fg 명령어를 실행한다. 화면에는 vi 에디터가 다시 나타난다.
```

프로세스를 로그오프한 후에도 계속해서 작동하도록 만들고 싶으면 'nohup' 명령어를 사용하도록 한다. 아래와 같이 명령을 주면 로그오프와 상관없이 프로그램이 계속 실행된다.

```
% nohup command name &
```

프로세스들은 우선순위를 이용해 CPU 점유 우위 등을 정하게 되는데, 'nice' 명령을 이용하면 기본적으로 정해진 우선순위를 사용자가 임의로 변경할 수 있다. 우선순위는 1~19까지 있고 숫자가 높을수록 우선순위는 낮아지며 기본 우선순위는 0이다. nice 사용 예를 보면 다음과 같다.

```
% nice -3 command name &      <= 3만큼 우선순위 숫자를 높인다.
% nice --3 command name &     <= 3만큼 우선순위 숫자를 낮춘다.
```

파일 시스템

파일 시스템을 살펴보기 전에 간단히 용어 정의부터 해보자. 파일은 이름이 부여된 정보나 장치의 저장 단위라고 생각하면 되고, 파일 시스템은 파일의 집합 그리고 이를 관리하기 위한 관리 체계를 포함한 것이라고 보면 된다.

유닉스는 파일 시스템을 기본으로 시스템이 운용이 되는데 유닉스에서 사용하는 파일의 종류를 먼저 살펴보면 다음과 같다.

■ 일반 파일

일반 파일은 흔히 우리가 말하는 파일을 의미하는데 여기에는 텍스트(Text) 파일과 바이너리(Binary) 파일이 있다. 여기에는 일반 데이터가 들어 있는 문서도 포함이 되고, 실행이 가능한 일반 프로그램도 포함이 된다. 사용자들이 읽어보고 실행하고 생성해내는 대부분의 파일이 여기에 해당이 된다.

■ 디렉토리 파일

흔히 "폴더"라고 이해하고 파일의 영역에 포함시키지 않는 디렉토리가 유닉스에서는 파일로 해석되고 관리가 된다. 디렉토리는 파일들을 내부에 포함하고 있는 파일을 말하는데 실제로는 파일의 리스트를 보관하고 있다. 일반 파일에 접근하기 위해선 파일을 포함하고 있는 디렉토리 파일들의 경로를 찾아간 뒤 마지막으로 해당 파일의 이름을 이용하여 접근할 수 있다.

■ 장치 파일

시스템에서 사용하는 각종 디바이스들에 대한 인터페이스를 가진 파일들을 의미하는데 다른 말로는 특수 파일이라 불린다. /dev 디렉토리를 살펴보면 터미널에 대한 것 등 여러 장치 파일을 볼 수 있다. 유닉스에서 일반적으로 많이 사용하고 있는 디렉토리들의 용도를 간단히 소개하면 다음과 같다.

```
/              <= root 디렉토리로 유닉스 커널의 실행 파일과 슈퍼사용자(root)의 .profile,
                  .cshrc 파일 등이 위치한다.
/bin           <= 유닉스의 기본적인 명령어들의 실행 파일이 위치한다.
/etc           <= 시스템 관리에 필요한 데이터들이 위치한다.
/lib           <= 실행 파일이 링크해서 사용해야할 라이브러리들 위치한다.
/usr/include   <= C 언어의 헤더 파일(.h)들이 위치한다.
/usr/local     <= GNU등에서 배포하는 패키지들이 위치한다.
/home          <= 시스템 사용자들의 홈 디렉토리가 위치한다.
```

```
/opt      <= 시스템 개발에 사용할 툴킷들이 위치한다.
/dev      <= 장치들에 대한 특수 파일이 위치한다.
```

> **NOTE_** 유닉스는 파일 이름을 255자까지 사용할 수 있으며 대소 문자를 구별한다. 예를 들어, 동일한 디렉토리 속에서도 Temp라는 파일과 temp라는 파일은 전혀 다른 파일이다. 윈도우와 달리 대소 문자를 구별하기 때문에 사용자들이 가끔 실수할 수가 있다.

■ 경로

특정 파일을 찾아가기 위해 해당 파일이 위치한 디렉토리로 이동을 해야하는 경우가 많다. 디렉토리로 이동하려면 디렉토리의 경로를 따라 거기를 찾아가야 하는데 이때 사용되는 경로에는 절대 경로와 상대 경로가 있다. 절대 경로는 루트 디렉토리(/)에서 시작해 전체 디렉토리 경로를 빠짐없이 사용하는 경로를 의미한다. 이와 달리 상대 경로는 현재의 위치에서 시작해 원하는 위치로 가는 경로를 사용함을 의미한다.

아래의 예를 보도록 하자.

- 현재 작업 디렉토리 : /usr/local/bin
- 옮기고자 하는 디렉토리 : /usr/local/include

절대 경로를 사용할 경우 아래와 같이 입력한다.

```
% cd /usr/local/include
```

상대 경로를 사용할 경우 아래와 같이 입력한다.

```
% cd ../include
```

상대 경로를 쓰면서 '..'을 사용했는데, '.'은 지금 현재의 작업 디렉토리를, '..'은 상위 디렉토리를 의미한다. '.'의 경우, ./include 라고 표기하게 되면 이는 현재 디렉토리 속의 include 디렉토리라는 것을 정확히 표기한 것이다. './'를 사용하지 않고 명령어를 실행시킨 경우에는 현재 디렉토리 속의 명령어가 아닌 path에 잡혀있는 다른 경로의 명령어가 실행될 수도 있다.

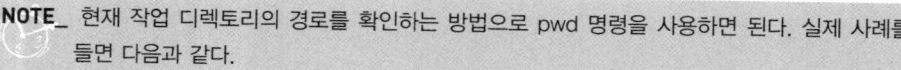

> **NOTE_** 현재 작업 디렉토리의 경로를 확인하는 방법으로 pwd 명령을 사용하면 된다. 실제 사례를 들면 다음과 같다.
>
> ```
> % pwd
> /home/jshin     <= 현재의 작업 디렉토리의 전체 경로를 출력한다.
> ```

■ 파일 접근 권한

파일 시스템은 파일(디렉토리 등 모든 파일)을 보호하고 관리하기 위해 접근이 가능한 사용자가 접근이 허용된 범위 내에서만 접근이 가능하도록 만들어 준다. 접근의 허용 범위에는 읽기와 쓰기 그리고 실행이 있다. 즉 읽기만 가능하도록 할 것인지, 쓰기를 허용해서 파일을 변경할 수도 있게 만들 것인지 또는 유닉스 시스템이 이 파일을 실행(기계어나 스크립트 실행 등)하도록 허용할 것인지를 의미한다.

파일의 종류와 접근 권한을 확인하기 위해 명령 입력줄에 ls -l을 실행시켜 보도록 하자. 아래는 그 실행 예이다. ls 명령어는 파일과 디렉토리의 리스트를 화면에 출력 시켜주는 프로그램이다.

```
% ls -l
총 160
drwxr-xr-x   35 root     sys         1024  9월 19일  15:51 ./
drwxr-xr-x   32 root     root        1024 10월 25일  14:41 ../
drwxr-xr-x    9 root     bin          512  9월 18일  15:26 sadm/
drwxr-xr-x    6 root     bin         6144 10월 22일  18:58 sbin/
drwxr-xr-x    6 root     sys          512  9월 18일  13:44 share/
drwxr-xr-x    6 root     bin          512  9월 18일  14:07 snadm/
lrwxrwxrwx    1 root     root          12  9월 18일  13:43 spool -> ../
var/spool/

lrwxrwxrwx    1 root     root          11  9월 18일  13:43 src -> ./
share/src/
lrwxrwxrwx    1 root     root          10  9월 18일  13:43 tmp -> ../
var/tmp/
drwxr-xr-x    4 root     bin         2048  9월 18일  15:10 ucb/
drwxr-xr-x    4 root     bin          512  9월 18일  14:08 ucbinclude/
drwxr-xr-x    4 root     bin         1024  9월 18일  15:03 ucblib/
drwxr-xr-x    7 root     bin          512  9월 18일  14:14 vmsys/
drwxr-xr-x    5 root     bin          512  9월 18일  14:08 xpg4/
```

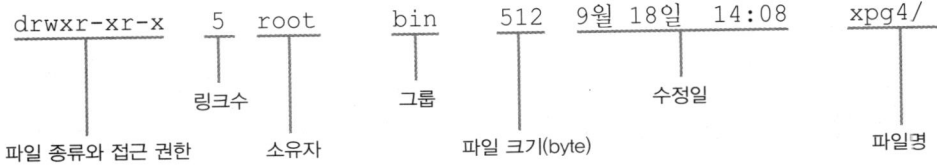

▲ ls -l 실행

위의 결과 화면에서 제일 왼쪽을 보면 "drwxr-xr-x" 또는 그와 유사한 내용이 출력된 것을 볼 수 있다. 이 10개의 글자(drwxr-xr-x)를 통해 해당 파일의 종류와 접근 권한을 확인할 수 있다. 먼저 가장 첫 번째 글자는 해당 파일의 종류를 나타내는 문자로 이 문자가 가지는 의미는 다음과 같다.

- ✓ d : 디렉토리 파일을 의미한다.
- ✓ l : 다른 파일에 링크된 파일을 의미한다. ls -l을 실행시키면 어떤 파일에 링크된 파일인지 확인할 수 있다.
- ✓ - : 일반 파일을 의미한다.
- ✓ b : 블록 타입의 파일을 의미한다.
- ✓ p : named pipe로 사용되는 파일을 의미한다.
- ✓ s : 소켓(socket) 파일을 의미한다.

이제 그 다음 글자들인 rwxr-xr-x에 대해 살펴보면 이 글자들은 파일에 대한 접근 권한을 의미하는 내용이다. 여기서 r은 read 권한을 뜻하고, w는 write 권한을 뜻한다. 그리고 x는 실행 권한을 뜻한다. 이 글자들은 다시 3개씩 나눠서 user와 group 그리고 others에 대한 권한을 뜻한다.

다시 말해 처음 세 글자인 rwx는 파일의 소유권자가 가진 파일의 접근 권한을 의미한다. 그리고 두 번째 세 글자인 r-x는 파일 소유권자와 같은 그룹에 속한 사용자들의 접근 권한을 의미한다. 여기서 해당 사용자들은 읽거나 실행할 수는 있어도 쓰는(write) 권한은 없다. 그리고 마지막 3번째 묶음은 파일의 소유권자도 아니고 그룹에 속한 사용자들도 아닌 관련이 없는 사용자들에 대한 권한을 의미한다.

만일 어떤 파일의 접근 권한이 rwx------로 나와 있으면 이 파일은 파일 소유권자만이 접근할 수 있고 나머지 사용자들은 접근을 할 수 없다. 물론 슈퍼유저는 파일 소유권자와 동일한 권한을 갖는다.

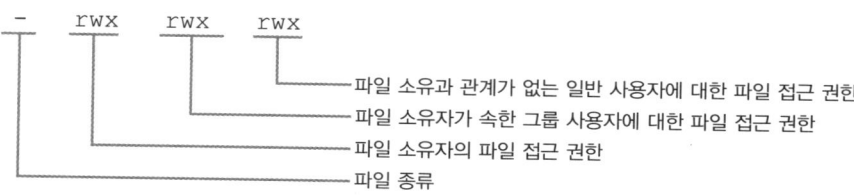

▲ 파일 접근 권한

해당 파일의 소유권(ownership)을 가진 사용자는 파일의 접근 권한을 변경할 수 있음은 물론 파일의 소유권도 다른 사용자에게 넘길 수 있다. 먼저 파일의 소유권을 변경하는 명령어를 살펴보면, chown 명령을 이용하여 다음과 같이 소유권을 이전 받을 사용자명과 해당 파일명을 입력하면 된다.

> **NOTE_** 그룹을 변경하는 명령어는 chgrp를 이용하면 된다.
>
> ```
> % chown username filename
> ```

이제 ls -l을 이용하여 파일의 소유권자를 확인하면 다른 사용자로 변경되어 있을 것이다. 물론 위의 명령어는 해당 파일의 소유권을 가진 소유권자만 실행시킬 수 있다. 그럼, 이번에는 파일에 대한 접근 권한을 변경하는 방법을 알아보자. 만일 지금까지 한번도 이런 명령어들을 실행시켜 보지 않았다면 이번 기회에 꼭 익히고 넘어가도록 하자. 유닉스를 사용하면서 이런 내용은 기본적으로 꼭 알고 있어야 되는 내용들이다.

파일의 접근 권한을 변경하는 명령어는 chmod이며 사용 방법에는 여러 가지가 있다. 먼저 파일에 대한 접근 권한을 모든 사용자에게 동일하게 설정하는 방법은 다음과 같다.

```
% chmod a=rwx filename
```

위의 명령어를 실행하면 해당 file은 소유권자, 그룹 구성원, 다른 사용자 모두에게 rwx 권한이 부여된다. 여기서 'a'는 모든 사용자를 의미하고 '='은 권한을 설정한다는 내용이고 rwx는 부여할 권한의 종류를 의미한다.

그리고 특정 사용자에게 특정 권한을 부가하거나 제거하는 경우에는 다음과 같이 실행한다.

```
% chmod u+x filename
```

위의 명령어를 실행하면, 해당 file의 소유자에게 실행 권한(x)이 추가로 부여된다. 여기서 'u'는 소유권자를 의미하고 '+'는 권한 추가를 의미한다. 만일 그룹 구성원에 대해 권한을 부여하려면 'u'대신 'g'를 사용하면 되고, 다른 사용자를 대상으로 하려면 'o'를 사용하면 된다. 권한을 제거하려면 '+'대신 '-'를 사용하면 된다.

파일 접근 권한을 변경하면서 가장 많이 사용하는 방법 중 하나는 숫자를 이용하는 방법이다. 숫자는 비트맵을 이용하는 방법으로 8진수 숫자(0~7)를 이용하여 파일 접근 권한을 설정하는 방법이다. 말이 좀 어렵지만 몇 가지 원리만 이해하면 사용하기에는 아주 편한 방법이다.

먼저 사용자별로 rwx라는 접근 권한이 주어진다고 했는데, 이를 0 또는 1만 가지는 비트(bit)로 생각해보면 정확히 3bit로 표현이 된다. 즉, 아래와 같은 경우의 수가 나오게 된다.

- 000 (0) : r = 0, w = 0, x = 0, 파일에 대한 접근 권한이 아무것도 없음.
- 001 (1) : r = 0, w = 0, x = 1, 실행 권한만 있음.
- 010 (2) : r = 0, w = 1, x = 0, 쓰기(write) 권한만 있음.
- 011 (3) : r = 0, w = 1, x = 1, 쓰기(write)와 실행 권한이 있음.
- 100 (4) : r = 1, w = 0, x = 0, 읽기(read) 권한만 있음.
- 101 (5) : r = 1, w = 0, x = 1, 읽기(read)와 실행 권한이 있음.
- 110 (6) : r = 1, w = 1, x = 0, 읽기(read)와 쓰기 권한이 있음.
- 111 (7) : r = 1, w = 1, x = 1, 읽기, 쓰기, 실행 모든 권한이 있음.

이제 이런 경우의 수를 생각해보면 각 사용자별로 0~7의 숫자를 이용하여 파일에 대한 접근 권한을 부여할 수 있게 됨을 이해할 수 있을 것이다. 사용자는 또다시 소유자, 그룹 구성원, 그밖의 사용자(other)라는 3개의 묶음이 존재하기 때문에 각 대상별로 0~7의 숫자를 활용할 수 있다. 이제 이것을 사용한 예를 보도록 하자.

```
% chmod 755 filename
```

위의 명령은 해당 파일에 대해 소유권자에게는 7이라는 접근 권한을 부여하고 그룹 구성원에게는 5라는 접근 권한을, 마찬가지로 다른 사용자에게도 5라는 접근 권한을 부여하게 된다. 숫자를 이용해서 접근 권한을 부여하는 방법은, 해당 사용자들에게 정확한 접근 권한을 한꺼번에 설정하는 결과를 가지게 되므로 원리만 이해하면 가장 편한 활용법이 된다. Chapter 02 유닉스 명령어에서 다시 예제와 함께 자세히 설명하고자 한다.

지금까지 유닉스 시스템 사용법에 대해 간단히 정리를 해 보았다. 여기에서 소개한 내용들은 아주 기본적이며 유닉스를 처음 공부하는 사람들이라면 꼭 익히고 넘어가야 하는 내용들이다. 잘 모르거나 의심나는 부분이 있다면 지금 정리하는 기회가 있을 때 정리를 해두기 바란다. 이 내용을 두 번, 세 번 보아야 한다면 유닉스 프로그래밍을 시작해보기도 전에 유닉스에 정이 떨어지지 않을까.

chapter 02 유닉스 명령어

처음 유닉스에 로그인하여 원하는 작업을 하기 위해서는 명령어를 잘 알아야 한다. 윈도우에서는 GUI 툴을 사용하여 대부분 원하는 작업을 하지만 유닉스 사용자들은 보통 커맨드 기반의 명령어를 사용하여 원하는 작업을 수행한다. 하지만 유닉스의 수많은 명령어 및 명령어와 함께 사용할 수 있는 옵션들을 모두 기억할 수는 없다. 물론 자주 사용되는 명령어는 기본적으로 사용하다 보면 익혀지고, 외울 필요가 있지만 도움말을 볼 수 있는 man 명령어를 사용하여 명령어 및 옵션에 대해 정보를 얻을 수 있다. 이번에서 소개하는 유닉스 명령어는 운영 또는 개발 시에 자주 사용하는 명령어 위주로 설명하고자 한다.

Chaper 02는 크게 8개의 절로 이루어졌는데, 유닉스 명령어의 기능을 크게 분류하여 아래와 같이 8개로 분류하였다.

1. 파일/디렉토리 관련 명령어 : ls, cp, mkdir, mv, rm, rmdir, touch
2. 파일 접근 권한 관리 명령어 : chown, chgrp, chmod
3. 파일 내용보기 관련 명령어 : cat, head, tail, more, pg
4. 검색 관련 명령어 : grep, find, wc
5. 디스크 관련 명령어 : du, df
6. 파일 비교 관련 명령어 : uniq, comp, comm, diff
7. 파일 추출 관련 명령어 : sort, split, cut, paste, tr
8. 압축과 풀기 관련 명령어 : tar, gzip

이해를 돕기 위해 예제 위주로 설명하였기 때문에, 예제를 따라 실행해 본다면 쉽게 이해가 될 것이다.

01 파일/디렉토리 관련 명령어

ls [옵션] 파일/디렉토리

■ 기능 설명
- ✓ ls는 해당 디렉토리의 디렉토리 및 파일 목록을 보여준다.
- ✓ ls는 list의 약자이다.

ls 명령어를 입력하면 아래와 같이 파일을 보여준다.

```
/home2/james/file> ls
dir1            helloworld.c    test.sh         testfile2
helloworld      helloworld.o    testfile1
```

참고로 ls 명령어는 아래와 같은 옵션을 사용할 수 있다. 모든 옵션을 모두 테스트해 볼 필요는 없고, 도움말을 볼 수 있는 "man"을 통해 옵션 확인은 해 볼 필요가 있다.

```
usage: ls -1RaAdCxmnlhogrtuvUcpFbqisfHLeE@ [files]
```

■ 주요 옵션
- ✓ -a : 숨김 파일(보통 .으로 시작)을 포함한 경로 안의 모든 파일을 보여준다.
- ✓ -l : 자세한 정보를 보여준다.
- ✓ -m : 파일 목록을 가로로 보여준다.
- ✓ -F : 파일 형식을 알리는 문자를 각 파일 뒤에 추가하여 보여준다.
- ✓ -R : 하위 경로와 그 안에 있는 모든 정보를 보여준다.

-a : 숨김 파일(보통 .으로 시작)을 포함한 경로 안의 모든 파일을 보여준다.

```
/home2/james/file> ls
dir1            helloworld.c    test.sh         testfile2
helloworld      helloworld.o    testfile1

/home2/james/file> ls -a
.               .hiddentest     helloworld      helloworld.o    testfile1
..              dir1            helloworld.c    test.sh         testfile2
```

위의 ls 명령어로는 보이지 않았던 .hiddentest 파일(유닉스에서는 맨 앞이 "."으로 시작하면 숨김 파일)이 -a 옵션을 이용하면 보이는 것을 확인할 수 있다. 참고로 점 하나(".")는 현재 디렉토리를 의미하고, 점 두개("..")는 상위 디렉토리를 의미한다.

-l : 파일 목록에 대해 자세한 정보를 함께 보여준다. 파일 형태, 사용 권한, 하드링크번호, 소유자, 그룹, 파일 크기, 최종 수정 일시, 파일명 등의 정보를 보여준다.

```
/home2/james/file> ls -l
total 27
drwxr-xr-x   2 james     other        2 May 11 13:04 dir1
-rwxr-xr-x   1 james     other     5800 May 11 13:00 helloworld
-rw-r--r--   1 james     other       63 May 11 12:57 helloworld.c
-rw-r--r--   1 james     other      744 May 11 13:01 helloworld.o
-rwxr-xr-x   1 james     other       11 Apr 24 00:45 test.sh
-rwxr-xr-x   1 james     other       11 May 11 12:57 testfile1
-rwxr-xr-x   1 james     other       11 May 11 12:57 testfile2
```

참고로 -a 옵션과 함께 사용하여, 다음과 같이 숨김 파일을 포함한 파일 목록의 자세한 정보를 볼 수 있다.

```
/home2/james/file> ls -al
total 35
drwxr-xr-x   3 james     other       10 May 11 13:17 .
drwxr-xr-x   3 james     other        5 May 11 12:56 ..
-rw-r--r--   1 james     other        7 May 11 13:17 .hiddentest
drwxr-xr-x   2 james     other        2 May 11 13:04 dir1
-rwxr-xr-x   1 james     other     5800 May 11 13:00 helloworld
-rw-r--r--   1 james     other       63 May 11 12:57 helloworld.c
-rw-r--r--   1 james     other      744 May 11 13:01 helloworld.o
-rwxr-xr-x   1 james     other       11 Apr 24 00:45 test.sh
-rwxr-xr-x   1 james     other       11 May 11 12:57 testfile1
-rwxr-xr-x   1 james     other       11 May 11 12:57 testfile2
```

-m : 파일 목록을 가로로 보여준다. 파일명은 쉼표(,)로 구분한다.

```
/home2/james/file> ls -m
dir1, helloworld, helloworld.c, helloworld.o, test.sh, testfile1,
testfile2
```

-F : 파일 형식을 알리는 문자를 각 파일 뒤에 추가하여 보여준다.

```
/home2/james/file> ls -F
dir1/            helloworld.c     test.sh*         testfile2*
helloworld*      helloworld.o     testfile1
```

위의 예제에서 "/"는 디렉토리를 의미하고, "*"는 실행 가능한 파일을 의미한다. 파일별로 표시하는 특수 문자는 다음과 같다.

일반 파일	아무 표시도 없음. 위의 예제에서 "helloworld.c" 파일
실행 파일	"*" 문자. 위의 예제에서 "test.sh", "helloworld" 등의 파일을 보면 확인할 수 있음
디렉토리	"/" 문자. 위의 예제에서 "dir1" 디렉토리
심볼릭 링크 파일	"@" 문자. 위의 예제에는 볼 수 없지만, "ln" 명령어로 심볼릭 링크 파일을 만들 수 있음

-R : 하위 경로와 그 안에 있는 모든 정보를 보여준다.

```
/home2/james/file> ls -R
.:
dir1            helloworld.c    test.sh         testfile2
helloworld      helloworld.o    testfile1

./dir1:
test2.sh
```

위의 예제에서 현재 디렉토리(".")에 있는 파일 목록 뿐만 아니라, "dir1"이라는 하위 디렉토리에 있는 "test2.sh" 파일도 보여준다.

> **NOTE_** ls는 가장 자주 사용하는 유닉스 명령어 중에 하나이고, 파일 및 디렉토리 정보에 대한 조회 명령어이므로 사용하는 데 위험성은 없다. 다양한 옵션을 제공하므로 옵션에 대해 파악하여 사용하면 향후 개발 또는 운영 시에 많은 도움이 된다.

cp [옵션] 원본파일/디렉토리 파일/디렉토리

■ 기능 설명

✓ 파일을 지정된 경로에 복사한다.
✓ cp는 copy의 약자이다.

cp 명령어를 사용하여 파일을 복사할 수 있다. 다음 예제는 "testfile1"이라는 파일을 복사하여, "testfile3"을 새로 생성되었을 확인할 수 있다.

```
/home2/james/file> ls
dir1            helloworld.c    test.sh         testfile2
helloworld      helloworld.o    testfile1
/home2/james/file> cp testfile1 testfile3
/home2/james/file> ls
dir1            helloworld.c    test.sh         testfile2
helloworld      helloworld.o    testfile1       testfile3
```

■ 주요 옵션

- ✓ -i : 파일을 복사할 때 동일한 이름의 파일이 있으면 덮어쓸 것인지 여부를 물어본다. 보통 복사 시에 실수를 줄이기 위해 alias cp="cp -i"를 생성하여 cp 명령어를 실행할 때 cp -i 옵션이 적용되도록 한다.
- ✓ -R : 디렉토리인 경우에 하위 디렉토리까지 모두 복사한다.

-i : 기존에 동일한 이름의 파일이 이미 존재하는 경우에는 덮어쓸 것인지 물어본 후에 y를 선택하면 복사가 된다.

```
/home2/james/file> cp /tmp/a.txt aa
/home2/james/file> cp -i /tmp/a.txt aa
cp: overwrite aa (yes/no)?
```

위의 예에서 y를 입력하면 복사되어 덮어써지고, n을 선택하면 복사되지 않는다.

-R : 원본이 디렉토리인 경우에는 해당 디렉토리 및 하위 디렉토리까지 복사한다.

```
/home2/james/file> ls -F
dir1/           helloworld.c    test.sh*        testfile2*
helloworld*     helloworld.o    testfile1*      testfile3*
/home2/james/file> cp -R dir1 dir2
/home2/james/file> ls -F
dir1/           helloworld*     helloworld.o    testfile1*      testfile3*
dir2/           helloworld.c    test.sh*        testfile2*
/home2/james/file> cd dir2
/home2/james/file/dir2> ls
test2.sh
/home2/james/file/dir2>
```

위의 예제에서 dir1 디렉토리를 복사하여 dir2가 생성되고 dir1의 아래 파일들도 그대로 복사됨을 볼 수 있다.

> **NOTE_** 실수를 하지 않기 위해 "cp" 명령어에 "cp -i"라는 Alias를 .profile(로그인할 때 자동 실행되는 파일)에 설정하여 항상 파일이 overwrite가 되지 않도록 설정한다.

mv [옵션] 원본파일/디렉토리 파일/디렉토리

- **기능 설명**
    - ✓ 파일을 이동하거나 이름을 변경하는 명령어이다.
    - ✓ mv는 move의 약자이다.

mv 명령어를 사용하여 파일을 이동하거나 이름을 변경할 수 있다. 아래 예제는 "testfile3"이라는 파일을 "testfile4"이라는 이름으로 변경되었음을 확인할 수 있다.

```
/home2/james/file> ls
bb          dir2          helloworld.c   test.sh       testfile2
dir1        helloworld    helloworld.o   testfile1     testfile3
/home2/james/file> mv testfile3 testfile4
/home2/james/file> ls
bb          dir2          helloworld.c   test.sh       testfile2
dir1        helloworld    helloworld.o   testfile1     testfile4
```

- **주요 옵션**
    - ✓ -i : 옮기는 대상의 파일이 있는 경우에 덮어쓸 것인지 복사 여부를 물어본다.

-i : 기존에 동일한 이름의 파일이 이미 존재하는 경우에는 덮어쓸 것인지 물어본 후에 y를 선택 시에 이동된다.

```
/home2/james/file> ls
bb          dir2          helloworld.c   test.sh       testfile2
dir1        helloworld    helloworld.o   testfile1     testfile4
/home2/james/file> mv -i testfile2 testfile4
mv: overwrite testfile4 (yes/no)? y
/home2/james/file> ls
bb          dir2          helloworld.c   test.sh       testfile4
dir1        helloworld    helloworld.o   testfile1
```

위의 예제에서 y를 입력했기 때문에 기존 testfile4로 덮어써진 모습을 확인할 수 있다.

mkdir [옵션] 디렉토리

- **기능 설명**
    - ✓ 디렉토리를 생성하는 명령어이다.
    - ✓ mkdir은 make directory의 약자이다.

mkdir 명령어를 사용하여 디렉토리를 생성할 수 있다. "dir3"라는 디렉토리가 생성되었음을 확인할 수 있다.

```
/home2/james/file> ls
bb              dir2            helloworld.c    test.sh         testfile4
dir1            helloworld      helloworld.o    testfile1
/home2/james/file> mkdir dir3
/home2/james/file> ls
bb              dir2            helloworld      helloworld.o    testfile1
dir1            dir3            helloworld.c    test.sh         testfile4
```

■ 주요 옵션
- ✓ -m 모드 : 디렉토리 생성 시에 해당 모드로 생성한다.
- ✓ -p : 모든 경로를 함께 만든다.

-m 모드 : 디렉토리 생성 시에 해당 모드로 생성한다. 해당 모드에 대해서는 chmod 명령어 설명 시에 모드에 대해 자세히 설명할 것이므로 참조하면 된다.

```
/home2/james/file> mkdir -m 777 dir4
/home2/james/file> ls -al
total 44
drwxr-xr-x   6 james    other         14 Jun  9 16:35 .
drwxr-xr-x   4 james    other          6 Jun  9 14:50 ..
-rw-r--r--   1 james    other          7 May 11 13:17 .hiddentest
-rw-r--r--   1 james    other          5 Jun  3 15:49 bb
drwxr-xr-x   2 james    other          3 May 11 13:47 dir1
drwxr-xr-x   2 james    other          3 Jun  3 15:09 dir2
drwxr-xr-x   2 james    other          2 Jun  9 15:03 dir3
drwxrwxrwx   2 james    other          2 Jun  9 16:35 dir4
```

위의 예에서 옵션 없이 생성한 "dir1", "dir2", "dir3"는 디렉토리 모드가 "drwxr-xr-x"인데(umask 값과 관련), -m 777(rwxrwxrwx) 옵션으로 생성한 "dir4"는 읽기/쓰기를 모두 할 수 있는 "drwxrwxrwx" 모드임을 확인할 수 있다(모드에 대한 설명은 chmod 명령어 부분 참조할 것).

-p : 디렉토리 생성 시에 하위 디렉토리 구조까지 모두 생성한다.

```
/home2/james/file> mkdir -p d1/d2/d3
/home2/james/file> cd d1/d2/d3
/home2/james/file/d1/d2/d3>
```

-p 옵션을 생성하면 mkdir 명령어 1회에 하위 디렉토리까지 모두 생성할 수 있다.

참고로 -p 옵션을 주지 않으면, 아래와 같은 오류와 함께 디렉토리를 생성할 수 없다.

```
/home2/james/file> mkdir d1/d2/d3
mkdir: Failed to make directory "d1/d2/d3"; No such file or directory
```

rm [옵션] 파일/디렉토리

■ 기능 설명

- ✓ 파일 또는 디렉토리를 삭제하는 명령어이다.
- ✓ rm은 remove의 약자이다.

rm 명령어를 사용하여 파일 및 디렉토리를 삭제할 수 있다. 다음 예시를 보면 "testfile4"라는 파일이 삭제되었음을 확인할 수 있다.

```
/home2/james/file> ls
bb          dir2          helloworld      test.sh         testfile4
d1          dir3          helloworld.c    testfile1
dir1        dir4          helloworld.o    testfile2
/home2/james/file> rm testfile4
/home2/james/file> ls
bb          dir2          helloworld      test.sh
d1          dir3          helloworld.c    testfile1
dir1        dir4          helloworld.o    testfile2
```

■ 주요 옵션

- ✓ -f : 프롬프트 없이 디렉토리에 있는 모든 파일들을 삭제한다.
- ✓ -i : 삭제하기 전에 확인 여부를 확인한다.
- ✓ -r : 인자 목록에 있는 디렉토리 및 하위 디렉토리를 반복적으로 삭제한다.

-i : 삭제하기 전에 다시 한번 삭제 여부를 확인한다. 다음 예시를 보면 "testfile3"이 삭제되었음을 확인할 수 있다.

```
/home2/james/file> ls
bb          dir2          helloworld      test.sh         testfile3
d1          dir3          helloworld.c    testfile1
dir1        dir4          helloworld.o    testfile2
/home2/james/file> rm -i testfile3
rm: remove testfile3 (yes/no)? y
/home2/james/file> ls
bb          dir2          helloworld      test.sh
d1          dir3          helloworld.c    testfile1
dir1        dir4          helloworld.o    testfile2
```

삭제 여부를 확인할 때 'n'을 입력하였기 때문에 "testfile2" 파일이 삭제되지 않음을 확인할 수 있다.

```
/home2/james/file> rm -i testfile2
rm: remove testfile2 (yes/no)? n
/home2/james/file> ls
bb              dir2            helloworld      test.sh
d1              dir3            helloworld.c    testfile1
dir1            dir4            helloworld.o    testfile2
```

-r와 -f : 주로 -r과 -f 옵션을 함께 사용하여 하위 디렉토리에 있는 모든 파일을 삭제 여부 확인없이 삭제할 때, 많이 사용된다. 아래에 있는 예시를 보면 "d1" 디렉토리가 삭제되었음을 확인할 수 있다.

```
/home2/james/file> rm -rf d1
/home2/james/file> ls
bb              dir3            helloworld.c    testfile1
dir1            dir4            helloworld.o    testfile2
dir2            helloworld      test.sh
```

참고로 아래에서 배울 rmdir 명령어를 사용하여 d1 디렉토리를 삭제하고자 했을 때, d1 디렉토리의 하위 디렉토리가 있고, 비어있지 않기 때문에 아래와 같은 메시지와 함께 삭제가 되지 않는다.

```
/home2/james/file> rmdir d1
rmdir: directory "d1": Directory not empty
```

> **NOTE_** rm -rf 옵션은 자주 쓰이는 명령어이지만, 해당 디렉토리 및 하위 디렉토리를 순식간에 지워버리므로 사용할 때 주의해야 한다.

`rmdir` [옵션] 디렉토리

■ 기능 설명
- ✓ 디렉토리를 삭제하는 명령어이다.
- ✓ rmdir은 remove directory의 약자이다.

rmdir 명령어를 사용하여 디렉토리를 삭제할 수 있다. 다음 예시를 보면 "dir4"라는 디렉토리가 삭제되었음을 확인할 수 있다.

```
/home2/james/file> ls
bb              dir3            helloworld.c    testfile1
dir1            dir4            helloworld.o    testfile2
dir2            helloworld      test.sh
/home2/james/file> rmdir dir4
/home2/james/file> ls
bb              dir2            helloworld      helloworld.o    testfile1
dir1            dir3            helloworld.c    test.sh         testfile2
```

■ 주요 옵션

  ✓ -p : 설정 디렉토리가 비어 있으면 모두 지운다.

-p 옵션을 사용하여 "d1", "d2", "d3" 디렉토리를 모두 지우려고 했는데, 아래와 같이 d3 디렉토리에 "a.c" 파일이 있어 삭제할 수 없다고 메시지를 보여주면서 삭제되지 않는다.

```
/home2/james/file> ls d1/d2/d3
a.c
/home2/james/file> rmdir -p d1/d2/d3
rmdir: directory "d1/d2/d3": d1/d2/d3 not removed; Directory not empty
```

"a.c" 파일을 삭제해 d3 디렉토리를 완전히 비운 후, -p 옵션으로 삭제하면 아래와 같이 d1 디렉토리가 하위 디렉토리와 함께 삭제됨을 확인할 수 있다.

```
/home2/james/file> rm d1/d2/d3/a.c
/home2/james/file> rmdir -p d1/d2/d3
/home2/james/file> ls
bb              dir2            helloworld      helloworld.o    testfile1
dir1            dir3            helloworld.c    test.sh         testfile2
```

참고로, 위와 같이 rmdir 명령어를 사용하여 해당 디렉토리를 삭제할 수 있지만, 실제에서는 "rm -rf" 명령어를 사용하여 디렉토리 및 파일을 모두 삭제한다.

touch [옵션] 파일

■ 기능 설명

  ✓ 파일을 생성하는 명령어이다. 또는 존재하는 파일에 대해 파일의 수정 시간을 변경한다.

다음 예시를 보면 touch 명령어를 통해 "touch.txt"라는 파일을 생성하였다. 사이즈는 0이고 시간은 현재 시간 기준이다.

```
/home2/james/file> ls
bb              dir2            helloworld      helloworld.o    testfile1
dir1            dir3            helloworld.c    test.sh         testfile2
/home2/james/file> touch touch.txt
/home2/james/file> ls -al touch.txt
-rw-r--r--  1 james    other           0 Jun  9 23:17 touch.txt
```

기존에 존재하는 파일의 수정 시간도 아래와 바꿀 수 있다. 원래는 "touch.txt" 파일의 수정 시간이 23:17분이었는데, touch 명령어를 수행하니 23:24분으로 바뀌었음을 확인할 수 있다.

```
/home2/james/file> ls -al touch.txt
-rw-r--r--  1 james    other           0 Jun  9 23:17 touch.txt
/home2/james/file> touch touch.txt
/home2/james/file> ls -al touch.txt
-rw-r--r--  1 james    other           0 Jun  9 23:24 touch.txt
```

■ 주요 옵션

- ✓ -t YYYYMMDDhhmm : 파일이 생성될 때 현재시간 대신에 지정된 시간으로 변경한다.

아무 옵션 없이 touch 명령어로 생성하면 현재 시간으로 파일 수정 시간이 설정되는데, -t 옵션으로 특정 시간에 수정되었음을 지정할 수 있다.

```
/home2/james/file> date
Sun Jun  9 23:29:32 KST 2013
/home2/james/file> touch -t 201201010000 touch.txt
/home2/james/file> ls -al touch.txt
-rw-r--r--  1 james    other           0 Jan  1  2012 touch.txt
```

위의 예에서 date라는 명령어를 통해 시간은 23:29:32(시:분:초)이었는데, -t 옵션으로 특정 일시(2012년 1월1일 0시0분)에 수정된 것처럼 설정하면, 해당 파일의 수정된 일자가 지정된 일자임을 확인할 수 있다.

02 파일 접근 권한 관리 명령어

chown [옵션] 사용자[: 그룹] 파일/디렉토리

■ 기능 설명

- 파일이나 디렉토리에 대한 소유자와 그룹을 변경하는 명령어이다. 유닉스에서는 파일/디렉토리마다 각각의 권한을 위한 소유자와 그룹이 지정되어 있는데 이 지정되어 있는 소유자와 그룹을 변경하는 명령어이다. 여기에서 사용되는 소유자는 반드시 /etc/passwd 파일에 등록되어 있는 사용자이어야 하고, 그룹은 /etc/group 파일에 등록되어 있는 그룹이어야 한다.
- chown은 change owner의 약자이다.

다음과 같이 ls -l 명령어로 bb라는 파일의 owner가, james 임을 확인할 수 있었다. chown라는 명령어로 owner를 james999로 변경하는 예제이다. 명령어가 성공적으로 수행되면 bb라는 파일의 owner가 james999로 변경됨을 확인할 수 있다.

```
-bash-3.00# ls -l bb
-rw-r--r--   1 james      other         5  6월  3일 15:49 bb
-bash-3.00# chown james999 bb
-bash-3.00# ls -l bb
-rw-r--r--   1 james999   other         5  6월  3일 15:49 bb
```

■ 주요 옵션 및 설명

- -R : 하위 디렉토리/파일에 모두 적용하여 바꾼다.

다음과 같이 ls -alF dir1 명령어로 dir1 디렉토리 및 test2.sh 파일의 소유자가 james임을 확인할 수 있다. chown -R 옵션을 통해 dir1 디렉토리 및 디렉토리에 있는 파일(test2.sh)까지 모두 james999 사용자의 소유자로 바뀌었음을 확인할 수 있다.

```
-bash-3.00# ls -alF dir1
총 8
drwxr-xr-x   2 james      other         3  5월 11일 13:47 ./
drwxr-xr-x   5 james      other        14  6월  9일 23:29 ../
-rw-r--r--   1 james      other         3  5월 11일 13:47 test2.sh
-bash-3.00# chown -R james999 dir1
-bash-3.00# ls -alF dir1
총 8
drwxr-xr-x   2 james999   other         3  5월 11일 13:47 ./
drwxr-xr-x   5 james      other        14  6월  9일 23:29 ../
-rw-r--r--   1 james999   other         3  5월 11일 13:47 test2.sh
```

> **NOTE_** "chown user:group 파일" 명령어를 통해 소유자와 소유자의 그룹을 동시에 변경할 수 있다. user는 변경하고자 하는 소유자이고, group는 변경하고자 하는 소유자의 그룹이다.

chgrp [옵션] 그룹 파일/디렉토리

■ 기능 설명
- 파일이나 디렉토리에 대한 소유자의 그룹을 변경하는 명령어이다.
- chgrp는 change group의 약자이다.

다음은 ls -l bb 명령어를 통해 bb라는 파일의 소유자 그룹이 other임을 확인하고, chgrp 명령어를 통해 sys 그룹으로 변경하는 예제이다.

```
-bash-3.00# ls -l bb
-rw-r--r--   1 james    other        5  6월  3일  15:49 bb
-bash-3.00# chgrp sys bb
-bash-3.00# ls -l bb
-rw-r--r--   1 james    sys          5  6월  3일  15:49 bb
```

■ 주요 옵션 및 설명
- -R : 하위 디렉토리/파일에 모두 적용하여 바꾼다.

ls -alF dir1 명령어로 dir1 디렉토리 및 test2.sh 파일의 소유자가 james임을 확인할 수 있다. chown -R 옵션을 통해 dir1 디렉토리 및 디렉토리에 있는 파일(test2.sh)까지 모두 james999 사용자의 소유자로 바뀌었음을 확인할 수 있다.

```
-bash-3.00# ls -l dir1
총 2
-rw-r--r--   1 james999 other        3  5월  11일 13:47 test2.sh
-bash-3.00# chgrp -R sys dir1
-bash-3.00# ls -l dir1
총 2
-rw-r--r--   1 james999 sys          3  5월  11일 13:47 test2.sh
```

chmod [옵션] 권한 설정 파일/디렉토리

■ 기능 설명
- 파일이나 디렉토리의 접근 권한을 수정하는 명령어이다.
- chmod는 change mode의 약자이다.

심볼릭으로 권한을 변경

사용자 등급	조작	권한
u (소유자)	+ (권한 추가)	r (읽기 권한)
g (그룹)	− (권한 삭제)	w (쓰기 권한)
o (그 외 사용자)	= (권한 제외 모두 삭제)	x (실행 권한)
a (모든 사용자)		

testfile1 파일의 그룹에 쓰기 권한을 주는 예제이다. 권한 변경 전에는 rwxr-xr-x 이었는데, chmod 명령어가 수행된 후에 파일 특성을 보면, 그룹에 대한 권한이 rwx로 변경됨을 확인할 수 있다.

```
/home2/james/file> ls -l testfile1
-rwxr-xr-x   1 james    other         11 5월 11일 12:57 testfile1
/home2/james/file> chmod g+w testfile1
/home2/james/file> ls -l testfile1
-rwxrwxr-x   1 james    other         11 5월 11일 12:57 testfile1
```

위의 예제에서 소유자와 그룹으로 부터 쓰기 권한을 삭제해보자. 아래와 같이 ug-w 옵션으로 삭제할 수 있다. 소유자와 그룹의 파일 권한이 rwxrwx에서 r-xr-x로 변경됨을 확인할 수 있다.

```
/home2/james/file> ls -l testfile1
-rwxrwxr-x   1 james    other         11 5월 11일 12:57 testfile1
/home2/james/file> chmod ug-w testfile1
/home2/james/file> ls -l testfile1
-r-xr-xr-x   1 james    other         11 5월 11일 12:57 testfile1
```

그러면 이제 소유자, 그룹, 그외 사용자 모두에게 쓰기 권한을 주려고 한다면, ugo+w 또는 a+w 옵션으로 실행하면 된다.

```
/home2/james/file> ls -l testfile1
-r-xr-xr-x   1 james    other         11 5월 11일 12:57 testfile1
/home2/james/file> chmod a+w testfile1
/home2/james/file> ls -l testfile1
-rwxrwxrwx   1 james    other         11 5월 11일 12:57 testfile1
```

소유자, 그룹, 그외 사용자의 권한에서 실행 권한을 제외한 읽기, 쓰기 권한을 삭제하고자 한다면 다음 그림처럼 실행하면 된다.

```
/home2/james/file> ls -l testfile1
-rwxrwxrwx   1 james     other       11  5월 11일  12:57 testfile1
/home2/james/file> chmod ugo=x testfile1
/home2/james/file> ls -l testfile1
---x--x--x   1 james     other       11  5월 11일  12:57 testfile1
```

■ 숫자로 권한을 변경

명령어 형식의 [권한 설정] 부분에 숫자 000~777 까지의 숫자로 권한을 줄 수 있다. 권한 설정은 총 9자리로 되어 있는데 1~3자리는 파일 소유자, 4~6자리는 파일을 소유한 그룹, 7~9자리는 그 외 사용자의 권한을 나타낸다.

- r : 읽기 권한(숫자 4)
- w : 쓰기 권한(숫자 2)
- x : 실행 권한(숫자 1)
- - : 권한 없음(숫자 0)

예를 들어, 「읽기 + 쓰기 + 실행」의 모든 권한은 4 + 2 + 1 = 7, 「쓰기 + 실행」 권한은 2 + 1 = 3 숫자로 권한을 설정한다. 소유자, 그룹, 그 외 사용자 모두에게 읽기, 쓰기 권한을 숫자로 권한을 설정한다면, 읽기 권한(숫자 4) + 쓰기 권한(숫자 2), 즉 6을 이용하여 666 옵션으로 설정하면 된다. testfile1의 권한이 --x--x--x에서 rw-rw-rw로 변경됨을 확인할 수 있다.

```
/home2/james/file> ls -l testfile1
---x--x--x   1 james     other       11  5월 11일  12:57 testfile1
/home2/james/file> chmod 666 testfile1
/home2/james/file> ls -l testfile1
-rw-rw-rw-   1 james     other       11  5월 11일  12:57 testfile1
```

만약에 소유자에게는 rwx 권한을 그룹과 그 외 사용자에게는 x 권한만 주고 싶다면 다음과 같이 실행하면 될 것이다.

```
/home2/james/file> ls -l testfile1
-rw-rw-rw-   1 james     other       11  5월 11일  12:57 testfile1
/home2/james/file> chmod 711 testfile1
/home2/james/file> ls -l testfile1
-rwx--x--x   1 james     other       11  5월 11일  12:57 testfile1
```

■ 주요 옵션 및 설명

- -R : 하위 디렉토리/파일에 모두 적용하여 바꾼다.

-R 옵션은 chown, chgrp과 동일하게 하위 디렉토리와 파일 모두에 대해 접근 권한을 수정한다.

03 파일 내용보기 관련 명령어

cat [옵션] [파일명]

■ 기능 설명
- ✓ 파일 전체 내용을 보는 명령어이다.
- ✓ cat은 concatenate의 약자이다.

다음과 같이 cat 명령어를 통해 "cat.txt"라는 파일 내용을 볼 수 있다. 해당 내용이 한 화면을 넘는 경우에는 스크롤되어 끝까지 내용을 보여준다. 옵션을 통해서 보고자 하는 화면을 설정할 수 있다.

```
/home2/james/view> cat cat.txt
User Commands                                                    cat(1)

NAME
     cat - concatenate and display files
SYNOPSIS
     cat [-nbsuvet] [_f_i_l_e...]

DESCRIPTION
     The cat utility reads each _f_i_l_e in sequence and writes it on
     the standard output. Thus:

     example% cat file
     prints _f_i_l_e on your terminal, and:

     example% cat file1 file2 >file3
     concatenates _f_i_l_e_1 and _f_i_l_e_2, and writes the results in
     _f_i_l_e_3. If no input file is given, cat reads from the stan-
     dard input file.
```

참고로 cat 명령어 다음에 파이프라인 명령어로 "more"를 사용하면 내용이 많으면 스크롤되지 않고, 한 화면씩 내용을 볼 수 있다. 예를 들어, cat cat.txt | more를 다음과 같이 실행하면, 한 화면을 보여주고 스크롤되지 않고 정지되어 있음을 확인할 수 있다.

```
/home2/james/view> cat cat.txt | more
User Commands                                              cat(1)

NAME
     cat - concatenate and display files
SYNOPSIS
     cat [-nbsuvet] [_f_i_l_e...]

DESCRIPTION
     The cat utility reads each _f_i_l_e in sequence and writes it on
     the standard output. Thus:

     example% cat file
     prints _f_i_l_e on your terminal, and:

     example% cat file1 file2 >file3
     concatenates _f_i_l_e_1 and _f_i_l_e_2, and writes the results in
     _f_i_l_e_3.  If  no input file is given, cat reads from the stan-
     dard input file.

OPTIONS
     The following options are supported:
--More--
```

스페이스바 키를 누르면 다음 화면으로 넘어간다.

■ 옵션 및 설명

- -n : 라인 번호를 보여준다.
- -b : blank 라인은 라인 번호를 생성하지 않는다.

-n 옵션은 내용을 보여줄 때, 왼쪽에 라인 번호를 함께 보여줌으로써, 해당 내용을 쉽게 찾을 수 있다.

```
/home2/james/view> cat -n cat.txt
     1  User Commands                                          cat(1)
     2
     3
     4
     5  NAME
     6       cat - concatenate and display files
     7
     8  SYNOPSIS
     9       cat [-nbsuvet] [_f_i_l_e...]
    10
    11  DESCRIPTION
    12       The cat utility reads each _f_i_l_e in sequence and writes it on
    13       the standard output. Thus:
    14
    15       example% cat file
    16       prints _f_i_l_e on your terminal, and:
    17
    18       example% cat file1 file2 >file3
    19       concatenates _f_i_l_e_1 and _f_i_l_e_2, and writes the results
  in
    20       _f_i_l_e_3.  If  no input file is given, cat reads from the stan-
    21       dard input file.
```

-b 옵션은 -n 옵션과 동일하게 왼쪽에 라인 번호를 함께 보여주지만, 해당 라인이 빈 공간인 경우에는 해당 라인에는 라인 번호를 생성하지 않는다. 아래 예제에서 보듯이 라인 1과 라인 2 사이에는 빈 라인이 있는데, -n 옵션과는 달리 라인 번호를 생성하지 않는다.

```
/home2/james/view> cat -b cat.txt
    1  User Commands                                              cat(1)

    2  NAME
    3       cat - concatenate and display files

    4  SYNOPSIS
    5       cat [-nbsuvet] [_f_i_l_e...]

    6  DESCRIPTION
    7       The cat utility reads each _f_i_l_e in sequence and writes it on
    8       the standard output. Thus:

    9       example% cat file
   10       prints _f_i_l_e on your terminal, and:

   11       example% cat file1 file2 >file3
   12       concatenates _f_i_l_e_1 and _f_i_l_e_2, and writes the results in
   13       _f_i_l_e_3. If no input file is given, cat reads from the stan-
   14       dard input file.
```

> **NOTE_** cat 명령어를 유용하게 자주 사용하는 경우는 2개의 파일을 합칠 수가 있다. 예를 들어 file1과 file2 파일 내용이 아래와 같을 때, file1과 file2 내용을 합칠 때 "cat file1 file2 > file.all"을 이용할 수 있다.

file1 내용

```
/home2/james/view> cat file1
HELLO 1-1
HELLO 1-2
```

file2 내용

```
/home2/james/view> cat file2
HELLO 2-1
HELLO 2-2
HELLO 2-3
```

cat file1 file2 > file.all 명령어를 통해 file1과 file2 내용이 합쳐진 file.all 파일이 생성됨을 확인할 수 있다.

```
/home2/james/view> cat file1 file2 > file.all
/home2/james/view> cat file.all
HELLO 1-1
HELLO 1-2
HELLO 2-1
HELLO 2-2
HELLO 2-3
```

head [옵션] [파일명]

■ 옵션 및 설명
  ✓ 파일의 첫 줄부터 10번째 줄(기본값) 까지 보여주는 명령어이다.

디폴트로 10라인의 내용을 보여준다.

```
User Commands                                          cat(1)


NAME
        cat - concatenate and display files

SYNOPSIS
        cat [-nbsuvet] [_f_i_l_e...]
```

■ 옵션 및 설명
  ✓ -n 숫자 : 여기에서 n은 출력할 행 수를 의미한다. 이 옵션을 설정하지 않으면 10행을 보여준다. 예를 들어
           -20 옵션을 설정하면, 20행의 내용을 보여준다.
  ✓ -숫자 : 위의 -n 숫자와 동일한 효과를 나타낸다.

'-n 숫자'와 '-숫자' 옵션은 동일한 효과를 낸다. 기본적으로 10라인을 보여주는데, 예를 들어 20라인을 보고자 하는 경우에는 다음과 같이 사용된다.

```
/home2/james/view> head -n 20 cat.txt
User Commands                                          cat(1)


NAME
        cat - concatenate and display files

SYNOPSIS
        cat [-nbsuvet] [_f_i_l_e...]

DESCRIPTION
     The cat utility reads each _f_i_l_e in sequence and writes it on
     the standard output. Thus:

        example% cat file
        prints _f_i_l_e on your terminal, and:

        example% cat file1 file2 >file3
        concatenates _f_i_l_e_1 and _f_i_l_e_2, and writes the results in
        _f_i_l_e_3. If no input file is given, cat reads from the stan-
```

tail [옵션] [파일명]

■ 기능 설명

✓ 파일의 끝부분을 보여주는 명령어이다. 기본으로 파일 끝부분에서 10라인을 보여준다.

다음과 같은 예시를 보면 cat.txt 파일의 맨 마지막의 10라인을 보여준다.

```
/home2/james/view> tail cat.txt

NOTES
    Redirecting the output of cat onto one of the files being
    read will cause the loss of the data originally in the file
    being read. For example,

    example% cat filename1 filename2 >filename1
    causes the original data in filename1 to be lost.
```

■ 옵션 및 설명

✓ -f : 실시간으로 첨가된 내용을 보여준다.

✓ -n 숫자 또는 -숫자 : 여기에서 n은 출력할 행 수를 의미한다. 이 옵션을 설정하지 않으면 파일 맨 마지막에서 10행을 보여준다. 예를 들어, -n 20 옵션을 설정하면 20행의 내용을 보여준다.

-f 옵션은 실제 사용해보지 않으면 옵션을 사용하지 않은 경우와 차별점을 이해하기 힘들 수수 있다. 하지만, 실제 필드나 프로젝트에서 관리자나 개발자가 실시간으로 로그 모니터링을 할 때 자주 유용하게 쓰인다. 다음과 같이 -f 옵션을 사용하면 cat.txt 파일의 내용을 보여주고, 커서가 맨 아래 라인에 깜박거린다. 이때 cat.txt에 로그가 추가되면, 추가된 내용이 바로 출력된다.

```
/home2/james/view> tail -f cat.txt
User Commands                                          cat(1)

NOTES
     Redirecting the output of cat onto one of the files being
     read will cause the loss of the data originally in the file
     being read. For example,

     example% cat filename1 filename2 >filename1
     causes the original data in filename1 to be lost.
^C/home2/james/view>
/home2/james/view> tail -f cat.txt
User Commands                                          cat(1)

NOTES
     Redirecting the output of cat onto one of the files being
     read will cause the loss of the data originally in the file
     being read. For example,

     example% cat filename1 filename2 >filename1
     causes the original data in filename1 to be lost.
```

해당 명령어를 종료를 원하는 경우에는 Ctrl+C를 입력하면 된다.

-n 숫자 옵션은 파일의 맨 마지막에서 기본값인 10라인 대신에 지정한 숫자만큼 라인을 보여준다. 예를 들어 "tail -20 cat.txt"는 10라인 대신에 20라인을 보여준다.

```
/home2/james/view> tail -20 cat.txt
     | CSI                  | enabled   |
     |_____|_____|
     | Interface Stability  | Standard  |
     |_____|_____|

SEE ALSO
     touch(1), attributes(5), environ(5), largefile(5), stan-
     dards(5)

User Commands                                          cat(1)

NOTES
     Redirecting the output of cat onto one of the files being
     read will cause the loss of the data originally in the file
     being read. For example,

     example% cat filename1 filename2 >filename1
     causes the original data in filename1 to be lost.
```

more [옵션] 파일명

■ 기능 설명

✓ more는 cat과 같이 파일 전체 내용을 보는 명령어이지만 한 화면씩 보여준다. 파일 내용이 많을 때는 유용하게 한 화면씩 볼 수 있다.

cat.txt 파일의 내용 중에서 한 화면씩 보여준다. 앞에서 배운 "cat cat.txt | more" 명령어와 동일한 기능이다. 참고로 다음 화면을 보고 싶으면 스페이스바를 누르면 되고, 종료하고 싶으면 Q 키를 누르면 된다.

```
/home2/james/view> more cat.txt
User Commands                                            cat(1)

NAME
     cat - concatenate and display files

SYNOPSIS
     cat [-nbsuvet] [_f_i_l_e...]

DESCRIPTION
     The cat utility reads each _f_i_l_e in sequence and writes it on
     the standard output. Thus:

     example% cat file
     prints _f_i_l_e on your terminal, and:

     example% cat file1 file2 >file3
     concatenates _f_i_l_e_1 and _f_i_l_e_2, and writes the results in
     _f_i_l_e_3.  If  no input file is given, cat reads from the stan-
     dard input file.

OPTIONS
     The following options are supported:
--More--(11%)
```

■ 옵션 및 설명

✓ -숫자 : 한번에 보여지는 라인 수를 지정한다.

✓ +숫자 : 해당 라인 이후 부터 내용을 보여준다.

more -5 cat.txt 명령어는 한 화면씩 내용을 보여주는 것이 아니라, 5라인씩 내용을 보여준다.

```
/home2/james/view> more -5 cat.txt
User Commands                                                    cat(1)

NAME
--More--(1%)
```

more +10 cat.txt 명령어는 처음부터 내용을 보여주는 것이 아니라 cat.txt 파일의 10라인 부터 내용을 보여준다.

```
/home2/james/view> more +10 cat.txt
DESCRIPTION
     The cat utility reads each _f_i_l_e in sequence and writes it on
     the standard output. Thus:

     example% cat file
     prints _f_i_l_e on your terminal, and:

     example% cat file1 file2 >file3
     concatenates _f_i_l_e_1 and _f_i_l_e_2, and writes the results in
     _f_i_l_e_3. If no input file is given, cat reads from the stan-
     dard input file.

OPTIONS
     The following options are supported:

     -n       Precede each line output with its line number.


     -b       Number the lines, as -n, but omit the line  numbers
              from blank lines.


--More--(14%)
```

pg [옵션] 파일명

■ **기능 설명**

- ✓ more와 비슷하다. 파일 내용을 한 페이지씩 보여준다.
- ✓ pg는 page의 약자이다.

다음 예제는 "pg cat.txt" 명령어를 실행한 화면인데, 위에서 설명한 "more"라는 명령어와 동일하게 파일 내용을 한 화면에 보여준다. 다만 맨 아래에 ":"라는 프롬프트가 나온다. ":"프 롬프트에서 'q'는 종료를 의미하고, '1'은 1라인 부터 보여주라는 의미이고, '$'는 파일의 맨 끝을 보여달라는 의미이다. UNIX에서 vi라는 편집기에서 사용되는 명령어와 유사하다.

```
User Commands                                              cat(1)

NAME
     cat - concatenate and display files

SYNOPSIS
     cat [-nbsuvet] [_f_i_l_e...]

DESCRIPTION
     The cat utility reads each _f_i_l_e in sequence and writes it on
     the standard output. Thus:

     example% cat file
     prints _f_i_l_e on your terminal, and:

     example% cat file1 file2 >file3
     concatenates _f_i_l_e_1 and _f_i_l_e_2, and writes the results in
     _f_i_l_e_3. If no input file is given, cat reads from the stan-
     dard input file.

OPTIONS
     The following options are supported:

     -n         Precede each line output with its line number.
```

■ 옵션 및 설명

  ✓ -숫자 : 한번에 보여지는 라인 수를 지정한다.
  ✓ +숫자 : 해당 라인 이후 부터 내용을 보여준다.

옵션에 대한 예제는 "more" 명령어와 유사하므로 생략하기로 한다.

04 검색 관련 명령어

find [대상 경로] [옵션] [액션]

■ 기능 설명

지정한 경로에서 특정한 조건에 만족하는 파일을 찾는 명령어이다.

  ✓ 대상 경로 : find 명령어를 수행할 대상 경로
  ✓ 옵션 : find 옵션

✓ 액션 : 검색 후 검색된 파일들을 대상으로 어떤 작업을 수행할 것인가를 지정함

대상 경로(path)

경로 지정 방법	검색 대상 범위	지정 예
.	현재 디렉토리 아래로	.
/	루트 디렉토리 아래, 시스템 모든 디렉토리	/
~ID	사용자 계정(ID) 홈디렉토리 아래로	~james
/경로	/경로 디렉토리 아래로	/usr

옵션(Options)

검색 옵션	옵션 의미
-group [그룹명]	지정한 그룹명에 소속된 파일
-name	지정된 형식의 패턴을 가지는 파일
-user [uname]	지정된 [uname]의 소유로 된 모든 파일(UID로 지정 가능)
-atime [_n]	최근 [_n]일 전에 액세스된 적이 있는 파일
-ctime [_n]	최근 [_n]일 전에 파일의 상태가 수정된 적이 있는 파일
-mtime [_n]	최근 [_n]일 전에 파일의 내용이 변경된 적이 있는 파일
-nogroup	소속 그룹이 존재하지 않는 파일
-nouser	소속 사용자(ID)가 존재하지 않는 파일
-perm [모드]	"모드"에서 지정된 퍼미션과 일치하는 퍼미션을 가진 파일만 해당됨. "-perm g=w"로 지정했을 경우 퍼미션이 0020인것만 해당됨. -perm -[모드] "모드"에서 지정된 퍼미션을 가진 모든 파일" "-perm -g=w"로 지정했을 경우 그룹 소유자에 쓰기 권한이있는 모든 파일이 해당됨
-size _n[c]	지정된 _n 블록 단위(512 bytes)의 디스크 공간을 사용하는 파일. _n 뒤에 c를 붙이면 사이즈 기준이 bytes가 됨.

검색 후 액션(Action)

액션 옵션	수행 내용
-exec [command]	지정한 [command]를 실행

–ls	검색된 파일들을 "ls -dils"를 수행한 것과 동일한 형태로 출력, 즉 inode 숫자, 파일 크기, 권한 정보, 사용자, 그룹 등 정보가 출력된다.
–print	검색된 파일들에 대하여 전체 파일 경로로 파일 리스트를 표준 출력으로 출력한다.

현재 디렉토리부터 하위 디렉토리까지 "hello*" 패턴의 파일 이름을 가지고 있는 파일을 검색한다. 아래와 같이 경로까지도 출력된다.

```
/home2/james> find . -name "hello*" -print
./file/helloworld.c
./file/helloworld
./file/helloworld.o
```

위의 예제와 동일하게 "hello*" 패턴의 파일 이름을 가지고 있는 파일을 검색하지만, "ls -dils"와 같은 명령어가 수행한 것과 동일하게 정보가 출력된다.

```
/home2/james> find . -name "hello*" -ls
210871   1 -rw-r--r--   1 james    other         63 May 11 12:57 ./file/hellow
orld.c
210918   7 -rwxr-xr-x   1 james    other       5800 May 11 13:00 ./file/hellow
orld
210920   2 -rw-r--r--   1 james    other        744 May 11 13:01 ./file/hellow
orld.o
```

아래 예제는 find 뒤에 "-exec rm -f { } \;" 명령어와 함께 사용함으로써 오브젝트 파일 "*.o" 모두를 검색하여 삭제한다. 여기에서 { }는 검색된 결과를 차례대로 하나씩 대입하라는 의미이고, 맨 마지막에 있는 \;는 명령어 마지막에 항상 넣어준다고 생각하면 된다.

```
/home2/james> find . -name "*.o" -exec rm -f {} \;
/home2/james> find . -name "hello*" -print
./file/helloworld.c
./file/helloworld
```

grep [옵션] 찾을문자 파일명

■ 기능 설명

✓ 파일 내에서 특정 문자열을 찾아 그 행을 화면에 출력하는 명령어이다. 기본적으로 대소문자를 구분해서 검색한다.

sort.txt 파일에서 문자열 "Min"을 찾았을 때는 "Lee Min Hak"이 출력되었는데, 문자열을 모두 대문자 "MIN"으로 찾았을 때는 출력되지 않음을 확인할 수 있다.

```
/home2/james/view> cat sort.txt
Kim Kil Dong
Lee Min Hak
Go Kil Sun
/home2/james/view> grep Min sort.txt
Lee Min Hak
/home2/james/view> grep MIN sort.txt
```

■ 옵션 및 설명

- ✓ -c : 일치하는 라인 개수를 보여줌
- ✓ -n : 일치하는 라인 번호와 라인 내용을 보여줌
- ✓ -i : 대소문자 구별을 하지 않음
- ✓ -v : 지정한 문자열과 일치하지 않은 내용을 보여줌

-c 옵션을 사용하였을 때는 일치한 라인 내용을 보여주는 것이 아니라, 일치된 라인 거수를 보여준다. sort.txt 파일에 문자열 "k"가 2번째 라인에 1개가 있고, 문자열 "K"는 라인 1번째 (Kim), 3번째(Kil)에 있으므로 2를 결과로 보여주었다.

```
/home2/james/view> cat sort.txt
Kim Kil Dong
Lee Min Hak
Go Kil Sun
/home2/james/view> grep -c k sort.txt
1
/home2/james/view> grep -c K sort.txt
2
```

-n 옵션은 왼쪽에 문자열과 일치하는 라인 번호와 라인 내용을 함께 보여준다. 즉, sort.txt에서 1번째와 2번째가 문자열 "K"을 포함한다고 보여준다.

```
/home2/james/view> grep -n K sort.txt
1:Kim Kil Dong
3:Go Kil Sun
```

-i 옵션은 문자열 "k"가 소문자이지만, 대소문자 구분없이 검색된 결과를 보여준다.

```
/home2/james/view> grep -i k sort.txt
Kim Kil Dong
Lee Min Hak
Go Kil Sun
```

-v 옵션을 통해 문자열 "K"가 일치하지 않은 라인 내용을 보여준다.

```
/home2/james/view> grep -v K sort.txt
Lee Min Hak
```

wc [옵션] 파일명

■ 기능 설명

- ✓ 지정한 파일에서 라인 수, 단어 수, 문자 수를 알아내는 명령어이다.
- ✓ wc는 word count의 약자이다.

예를 들면, wc file1 명령어를 입력하면 아래와 같은 결과를 보여준다. 숫자의 의미는 각각 2(라인 수), 4(단어 수), 20(문자 수)를 의미한다.

```
/home2/james/view> cat file1
HELLO 1-1
HELLO 1-2
/home2/james/view> wc file1
     2       4      20 file1
```

■ 옵션 및 설명

- ✓ -c : 바이트(Bytes) 수를 보여줌
- ✓ -l : 라인 수를 보여줌
- ✓ -m : 문자 수를 보여줌
- ✓ -w : 워드 수를 보여줌

file1에 대해 각 옵션을 실행하면 아래와 같이 결과를 볼 수 있다. 차례대로 바이트 수(-c 옵션), 라인 수(-l 옵션), 문자 수(-m 옵션), 워드 수(-w 옵션)이다.

```
/home2/james/view> cat file1
HELLO 1-1
HELLO 1-2
/home2/james/view> wc -c file1
     20 file1
/home2/james/view> wc -l file1
      2 file1
/home2/james/view> wc -m file1
     20 file1
/home2/james/view> wc -w file1
      4 file1
```

05 디스크 관련 명령어

du [옵션] [파일명]

■ 기능 설명
- 현재 위치 및 그 이하의 디렉토리들의 사용량을 알아내는 명령어이다.

du 명령어는 현재 디렉토리의 사용 크기를 보여준다. 단위는 기본적으로 512bytes이다. 즉 아래에서 84×512 = 43,008bytes가 현재 디렉토리 및 하위 디렉토리에서 사용되고 있다.

```
/home2/james> du
22        ./view
3         ./file/dir3
5         ./file/dir2
5         ./file/dir1
45        ./file
84        .
```

특정 디렉토리의 사용 크기를 보고자 한다면, 다음과 같이 du 다음에 디렉토리명을 지정해주면 된다.

```
/home2/james> du view
22        view
```

■ 옵션 및 설명
- -a : 디렉토리 및 파일의 사용 정보를 모두 보여준다.
- -h : 크기를 파악하기 쉽게 보여준다. 예를 들어 14K, 234M, 1G 또는 3.0T. 이는 1024bytes에 의해 나누어진 값이다.
- -k : 기본값이 512bytes 단위가 아닌 1024bytes(1K) 단위의 값으로 보여준다.
- -s : 총합 사용 정보만을 보여준다.

-a 옵션은 디렉토리는 물론 파일 단위까지 사용 정보를 보여준다.

```
/home2/james> du -a
2       ./view/file.all
13      ./view/cat.txt
2       ./view/file2
2       ./view/file1
22      ./view
12      ./.sh_history
2       ./.profile
2       ./file/testfile2
3       ./file/dir3
2       ./file/testfile1
2       ./file/test.sh
2       ./file/helloworld.c
2       ./file/bb
1       ./file/touch.txt
2       ./file/.hiddentest
13      ./file/helloworld
2       ./file/dir2/test2.sh
5       ./file/dir2
3       ./file/helloworld.o
2       ./file/dir1/test2.sh
5       ./file/dir1
45      ./file
84      .
```

-h 옵션은 1,024bytes로 나눈 크기를 파악하기 쉽게 K(킬로바이트), M(메가바이트), G(기가바이트), T(테라바이트)가 붙어서 보여준다. 아래 예제는 현재 디렉토리의 총 사용 크기는 42K를 나타낸다.

```
/home2/james> du -h
 11K    ./view
  1K    ./file/dir3
  2K    ./file/dir2
  2K    ./file/dir1
 22K    ./file
 42K    .
```

-k 옵션은 기본 값(512 bytes)이 아닌, 1,024bytes로 나뉘어진 값으로 보여준다. 위에서 옵션 없이 사용한 결과에 비해 1/2이 되어 숫자가 보여짐을 확인할 수 있다.

```
/home2/james> du -k
11      ./view
1       ./file/dir3
2       ./file/dir2
2       ./file/dir1
22      ./file
42      .
```

-s 옵션은 모든 파일과 디렉토리에 대해 사용 정보가 나오는 것이 아니라, 요약한 총 사용 정보에 대해서만 보여준다.

```
/home2/james> du -s
84      .
```

df [옵션] [파일명]

■ 기능 설명

  ✓ 디스크의 각 영역별 용량과 사용한 용량, 사용 가능한 용량, 사용한 정도 등을 알아보는데 사용하는 명령어 이다.

df 명령은 다음과 같이 각 디바이스별 마운트 포인트 및 사용 용량에 대한 정보를 보여준다.

```
/home2/james> df
/                   (rpool/ROOT/s10s_u9wos_14a):99105807 blocks 99105807 files
/devices            (/devices       ):        0 blocks          0 files
/system/contract    (ctfs           ):        0 blocks 2147483610 files
/proc               (proc           ):        0 blocks      29957 files
/etc/mnttab         (mnttab         ):        0 blocks          0 files
/etc/svc/volatile   (swap           ):17448224 blocks    1098030 files
/system/object      (objfs          ):        0 blocks 2147483462 files
/etc/dfs/sharetab   (sharefs        ):        0 blocks 2147483646 files
/dev/fd             (fd             ):        0 blocks          0 files
/tmp                (swap           ):17448224 blocks    1098030 files
/var/run            (swap           ):17448224 blocks    1098030 files
/export             (rpool/export   ):99105807 blocks 99105807 files
/export/home        (rpool/export/home):99105807 blocks 99105807 files
/rpool              (rpool          ):99105807 blocks 99105807 files
```

게다가 다음과 같이 특정 파일 시스템의 정보만을 볼 수도 있다.

```
/home2/james/view> df /tmp
/tmp                (swap           ):17448112 blocks    1098030 files
```

■ 옵션 및 설명

  ✓ -k : kbytes로 할당된 정보를 보여준다.

-k 옵션은 각 파일 시스템 별로 할당된 크기, 사용되고 있는 용량, 사용 가능한 용량, 사용률 (%), 마운트 포인트 정보를 보여준다. 관리자들은 df 보다 -k 옵션을 유용하게 사용한다.

```
/home2/james> df -k
Filesystem            kbytes    used   avail capacity  Mounted on
rpool/ROOT/s10s_u9wos_14a 70189056 5761829 49552902    11%    /
/devices                   0       0       0     0%   /devices
ctfs                       0       0       0     0%   /system/contract
proc                       0       0       0     0%   /proc
mnttab                     0       0       0     0%   /etc/mnttab
swap                  8723864     456 8723408     1%   /etc/svc/volatile
objfs                      0       0       0     0%   /system/object
sharefs                    0       0       0     0%   /etc/dfs/sharetab
fd                         0       0       0     0%   /dev/fd
swap                  8723792     384 8723408     1%   /tmp
swap                  8723440      32 8723408     1%   /var/run
rpool/export         70189056      23 49552902     1%   /export
rpool/export/home    70189056 4849958 49552902     9%   /export/home
rpool                70189056      97 49552902     1%   /rpool
```

06 파일 비교 관련 명령어

cmp [옵션] 파일1 파일2

■ 기능 설명
- ✓ 두 개의 파일을 비교하는 명령어이다.
- ✓ cmp는 compare의 약자이다.

2개의 파일(file3와 file4)이 동일한 경우에는 아무 메시지도 나타나지 않는다.

```
/home2/james/view> cat file3
hello
/home2/james/view> cat file4
hello
/home2/james/view> cmp file3 file4
```

이번에는 file4의 내용 hello를 Hello로 바꾼 후에 cmp 명령어를 실행해보자. 아래와 같이 1라인에서 첫 번째 문자가 다르다는 메시지를 보여준다.

```
/home2/james/view> cat file3
hello
/home2/james/view> cat file4
Hello
/home2/james/view> cmp file3 file4
file3 file4 differ: char 1, line 1
```

이번에는 file4의 내용 Hello를 hEllo로 바꾼 후에 cmp 명령어를 실행해보면, 아래와 같은 결과를 보여준다. 1라인에서 두 번째 문자가 다르다는 의미이다.

```
/home2/james/view> cat file3
hello
/home2/james/view> cat file4
hEllo
/home2/james/view> cmp file3 file4
file3 file4 differ: char 2, line 1
```

■ 옵션 및 설명
- -l : 다른 바이트 순서(10진수, decimal)와 다른 바이트값(8진수, octal)을 보여준다.

"cmp -l file3 file4"를 실행하면 아래와 같은 결과를 보여주는데, 각 숫자는 2번째 바이트가 다르고, 145(e의 8진수 아스키코드 값), 105(E의 8진수 아스키코드 값)을 의미한다.

```
/home2/james/view> cat file3
hello
/home2/james/view> cat file4
hEllo
/home2/james/view> cmp -l file3 file4
     2 145 105
```

comm [옵션] 파일1 파일2

■ 기능 설명
- 두 개 이상의 파일을 비교해서 한 파일에만 있거나, 양쪽 파일 모두에 있는 행을 구별하여 찾아주는 명령어이다.

다음 예시를 보면 file3와 file4 파일 모두 apple, banana를 가지고 있으나 file4만이 또 다른 banana를 가지고 있음을 보여준다.

```
/home2/james/view> cat file3
apple
banana
tomato
/home2/james/view> cat file4
apple
banana
banana
melon
/home2/james/view> comm file3 file4
		apple
		banana
	banana
	melon
tomato
```

uniq [옵션] 파일

■ 기능 설명

✓ 파일에서 인접하는 행을 비교해 같은 행이 중복되어 나오면 모두 생략하고 한 줄만 출력하는 명령어이다.

파일 내용 중에 "banana"는 라인 2, 3에 인접하여 있고, "apple"는 라인 1과 라인 5에 인접해있지 않다. uniq 명령어는 인접되어 있는 라인의 내용이 중복되는 경우에만 필터링 한다는 것에 유의해야 한다. uniq 명령어를 실행하였을 때, 인접되어 있는 "banana"는 1개만 보여짐을 확인할 수 있다.

```
/home2/james/view> cat uniq.txt
apple
banana
banana
melon
apple
/home2/james/view> uniq uniq.txt
apple
banana
melon
apple
```

■ 옵션 및 설명

✓ -c : 중복되어 지는 라인 수를 왼쪽에 보여준다.
✓ -d : 인접되는 라인에 중복되는 내용만 보여준다.

-c 옵션은 중복되어 있는 라인 수를 왼쪽에 보여준다. 아래 내용에서 "banana"가 라인2, 라인3에 중복되어 있으므로, 2라는 숫자가 보여진다.

```
/home2/james/view> cat uniq.txt
apple
banana
banana
melon
apple
/home2/james/view> uniq -c uniq.txt
   1 apple
   2 banana
   1 melon
   1 apple
```

-d 옵션은 인접하는 라인에 중복되는 내용만 보여준다. uniq.txt 파일에서 "banana"가 라인 2, 3에 중복되어 있기 때문에 "banana"만 보여준다.

```
/home2/james/view> cat uniq.txt
apple
banana
banana
melon
apple
/home2/james/view> uniq -d uniq.txt
banana
```

07 파일 추출 관련 명령어

sort [옵션] 파일

■ 기능 설명
  ✓ 하나 이상의 파일들에서 그 내용을 정렬하여 결과를 보여주는 명령어이다.

옵션 없이 sort 명령어를 수행하면 기본으로 첫 번째 필드를 기준으로 오름차순으로 정렬된다. 아래 sort.txt라는 파일에서는 첫 번째 필드는 성이다. 참고로 필드 구분은 스페이스(' '), 탭(TAB) 등으로 한다.

```
/home2/james/view> cat sort.txt
Kim Kil Dong
Lee Min Hak
Hong Hak Pyo
Go Kil Sun
Ji Hak Dong
Chi Mi Suk
Eum Na Yun
/home2/james/view> sort sort.txt
Chi Mi Suk
Eum Na Yun
Go Kil Sun
Hong Hak Pyo
Ji Hak Dong
Kim Kil Dong
Lee Min Hak
```

■ 옵션 및 설명

- ✓ -f : 모든 소문자를 대문자로 인식한 후 비교하여 정렬한다.
- ✓ -k : 지정한 필드를 기준으로 정렬한다.
- ✓ -r : 내림차순으로 정렬한다.
- ✓ -t 문자 : 필드를 구분할 때 사용되는 특정 문자를 지정한다.
- ✓ -u : 중복되는 라인은 제거한 후, 보여진다.

-f 옵션은 소문자를 대문자로 바꾸어 정렬한다. 아래 예제에서 보면 옵션 없이 sort 명령어를 실행했을 때에는 대문자가 소문자보다 아스키 코드 값이 작기 때문에 "Go Kil Sun"이 가장 먼저 나오고, "eum na yun"이 가장 나중에 보여짐을 확인할 수 있다. 하지만, -f 옵션을 적용하여 sort하였을 때에는 모든 문자를 대문자로 인식하기 때문에 "chi mi suk"이 가장 먼저 나오고, "Lee Min Hak"이 가장 나중에 나옴을 확인할 수 있다.

```
/home2/james/view> cat sort2.txt
Kim Kil Dong
Lee Min Hak
Hong Hak Pyo
Go Kil Sun
Ji Hak Dong
chi mi suk
eum na yun
/home2/james/view> sort sort2.txt
Go Kil Sun
Hong Hak Pyo
Ji Hak Dong
Kim Kil Dong
Lee Min Hak
chi mi suk
eum na yun
/home2/james/view> sort -f sort2.txt
chi mi suk
eum na yun
Go Kil Sun
Hong Hak Pyo
Ji Hak Dong
Kim Kil Dong
Lee Min Hak
```

-k 2 옵션은 지정한 필드(두 번째 필드) 기준으로 정렬을 하여 보여준다.

```
/home2/james/view> cat sort.txt
Kim Kil Dong
Lee Min Hak
Hong Hak Pyo
Go Kil Sun
Ji Hak Dong
Chi Mi Suk
Eum Na Yun
/home2/james/view> sort -k 2 sort.txt
Ji Hak Dong
Hong Hak Pyo
Kim Kil Dong
Go Kil Sun
Chi Mi Suk
Lee Min Hak
Eum Na Yun
```

-r 옵션은 내림차순으로 정렬한다. 아래 예제에서는 -k 옵션까지 함께 사용하였으므로 두 번째 필드를 내림차순이므로 "Eum Na Yun"에서 "Na"가 가장 크므로 가장 먼저 나옴을 확인할 수 있다.

```
/home2/james/view> cat sort.txt
Kim Kil Dong
Lee Min Hak
Hong Hak Pyo
Go Kil Sun
Ji Hak Dong
Chi Mi Suk
Eum Na Yun
/home2/james/view> sort -r -k 2 sort.txt
Eum Na Yun
Lee Min Hak
Chi Mi Suk
Go Kil Sun
Kim Kil Dong
Hong Hak Pyo
Ji Hak Dong
```

-t '문자' 옵션은 '문자'를 구분자로 필드 구분을 한다는 의미이다. 즉, "-t : -k 2" 옵션은 콜론(:)으로 2번째 필드를 기준으로 정렬한다. 아래 "sort -k 2 sort4.txt" 명령어는 파일 내용(예를 들면, "Kim:Kil:Dong")을 보면 스페이스나 탭으로 필드 2번째가 없으므로 기본값이 첫 번째 필드로 오름차순으로 정렬됨을 확인할 수 있다.

```
/home2/james/view> cat sort4.txt
Kim:Kil:Dong
Lee:Min:Hak
Hong:Hak:Pyo
Go:Kil:Sun
Ji:Hak:Dong
Chi:Mi:Suk
Eum:Na:Yun
/home2/james/view> sort -k 2 sort4.txt
Chi:Mi:Suk
Eum:Na:Yun
Go:Kil:Sun
Hong:Hak:Pyo
Ji:Hak:Dong
Kim:Kil:Dong
Lee:Min:Hak
/home2/james/view> sort -t : -k 2 sort4.txt
Ji:Hak:Dong
Hong:Hak:Pyo
Kim:Kil:Dong
Go:Kil:Sun
Chi:Mi:Suk
Lee:Min:Hak
Eum:Na:Yun
```

-u 옵션은 중복되는 라인은 제거되고 보여진다. 아래 예제에서 -u 옵션 없이 실행했을 때에는 모든 라인이 정렬되어 결과가 출력되지만, -u 옵션을 적용하면 "Kim Kil Dong"과 "Hong Hak Pyo" 라인이 정렬되어 하나의 라인만 출력되는 것을 확인할 수 있다.

```
/home2/james/view> cat sort3.txt
Kim Kil Dong
Kim Kil Dong
Kim Kil Dong
Lee Min Hak
Hong Hak Pyo
Hong Hak Pyo
Go Kil Sun
/home2/james/view> sort sort3.txt
Go Kil Sun
Hong Hak Pyo
Hong Hak Pyo
Kim Kil Dong
Kim Kil Dong
Kim Kil Dong
Lee Min Hak
/home2/james/view> sort -u sort3.txt
Go Kil Sun
Hong Hak Pyo
Kim Kil Dong
Lee Min Hak
```

`split [옵션] 파일`

■ 기능 설명
- 지정한 파일을 주어진 옵션대로 분할하는 명령어이다. 파일이 너무 커서 조작하기 힘들거나 모니터링 하기 어려운 경우에 파일을 분할할 때 사용된다.

split 명령어를 옵션 없이 사용하면 지정된 파일을 1000라인 씩 나누어 저장하기 때문에 아래 예제처럼 1,000라인이 되지 않으면 1개의 파일로 저장된다. split의 명령어로 생성되는 파일 이름은 xaa, xab, xac, xad, ... 등과 같은 순서로 저장된다.

```
/home2/james/split> ls
split.txt
/home2/james/split> split split.txt
/home2/james/split> ls
split.txt   xaa
```

■ 옵션 및 설명
- -b : 지정한 크기(바이트)로 분할한다.
- -l : 지정한 라인 수 만큼 분할한다.

크기가 137bytes인 split.txt를 -b 옵션을 통해 100bytes 크기로 분할하면 100bytes 크기인 xaa 파일과 37bytes 크기의 xab 파일이 생성된다.

```
/home2/james/split> ls -al split.txt
-rw-r--r--   1 james    other         137 Jul 25 16:43 split.txt
/home2/james/split> split -b 100 split.txt
/home2/james/split> ls -al
total 10
drwxr-xr-x   2 james    other           5 Jul 25 17:42 .
drwxr-xr-x   5 james    other           7 Jul 25 16:44 ..
-rw-r--r--   1 james    other         137 Jul 25 16:43 split.txt
-rw-r--r--   1 james    other         100 Jul 25 17:42 xaa
-rw-r--r--   1 james    other          37 Jul 25 17:42 xab
```

-l 옵션을 사용하여 특정 라인 단위로 파일을 분할할 수 있다. 다음 예제는 12라인을 가진 split.txt라는 파일을 -l 10 옵션을 사용하여 10라인 씩 파일을 분할한다.

```
/home2/james/split> cat split.txt
Kim:Kil:Dong
Lee:Min:Hak
Hong:Hak:Pyo
Go:Kil:Sun
Ji:Hak:Dong
Chi:Mi:Suk
Eum:Na:Yun
Kim:Na:Yun
Lee:Na:Yun
Oh:Na:Yun
Jung:Na:Yun
Na:Na:Yun
/home2/james/split> split -l 10 split.txt
```

결과적으로 10라인을 가진 xaa 파일과 2라인을 가진 xab 파일 2개의 파일이 생성된다.

```
/home2/james/split> cat xaa
Kim:Kil:Dong
Lee:Min:Hak
Hong:Hak:Pyo
Go:Kil:Sun
Ji:Hak:Dong
Chi:Mi:Suk
Eum:Na:Yun
Kim:Na:Yun
Lee:Na:Yun
Oh:Na:Yun
/home2/james/split> cat xab
Jung:Na:Yun
Na:Na:Yun
```

cut [옵션] 파일

■ 기능 설명

cut은 파일의 각 라인으로부터 선택된 필드를 추출해내는 명령어이다.

■ 옵션 및 설명

- ✓ -b [리스트] : 해당 위치의 바이트를 자른다.
- ✓ -c [리스트] : 해당 위치의 문자를 자른다.
- ✓ -d : 특정 구분자를 설정한다.
- ✓ -f [리스트] : 해당 필드를 자른다.

리스트에는 콤마(,) 또는 공백 문자로 분리한다. 예를 들어 1,4,7; 1-3,8; -5,10(1-5,10과 동일); 또는 3-(3라인부터 파일 마지막 라인을 의미) 등이 올 수 있다.

-b 1-3 옵션을 사용하여 cut.txt 파일에서 첫 번째 바이트부터 세 번째 바이트까지 자른다.

```
/home2/james/split> cat cut.txt
Kim:Kil:Dong
Lee:Min:Hak
Hong:Hak:Pyo
Go:Kil:Sun
Ji:Hak:Dong
Chi:Mi:Suk
Eum:Na:Yun
/home2/james/split> cut -b 1-3 cut.txt
Kim
Lee
Hon
Go:
Ji:
Chi
Eum
```

-c 1-2 옵션을 사용하여 cut.txt 파일에서 첫 번째 문자부터 두 번째 문자까지 자른다.

```
/home2/james/split> cat cut.txt
Kim:Kil:Dong
Lee:Min:Hak
Hong:Hak:Pyo
Go:Kil:Sun
Ji:Hak:Dong
Chi:Mi:Suk
Eum:Na:Yun
/home2/james/split> cut -c 1-2 cut.txt
Ki
Le
Ho
Go
Ji
Ch
Eu
```

-f 옵션과 -d 옵션을 사용하여 해당 파일의 내용을 특정 구분자를 통해서 자를 수 있다. 아래 예제는 cut.txt 파일을 구분자 콜론(:)을 설정하여 두 번째 필드를 자르는 예제이다.

```
/home2/james/split> cut -f 2 cut.txt
Kim:Kil:Dong
Lee:Min:Hak
Hong:Hak:Pyo
Go:Kil:Sun
Ji:Hak:Dong
Chi:Mi:Suk
Eum:Na:Yun
/home2/james/split> cut -d: -f 2 cut.txt
Kil
Min
Hak
Kil
Hak
Mi
Na
```

paste [옵션] 파일

■ 기능 설명

✓ 여러 개 파일에서 같은 라인을 결합하거나 한 파일에서 인접한 같은 라인을 결합하는 명령어이다.

paste라는 명령어를 통해 file1과 file2의 같은 라인끼리 결합하여 표준 출력 파일로 출력한다.

```
/home2/james/split> cat file1
1-FILE1
1-FILE2
1-FILE3
1-FILE4
/home2/james/split> cat file2
2-FILE1
2-FILE2
2-FILE3
2-FILE4
2-FILE5
/home2/james/split> paste file1 file2
1-FILE1  2-FILE1
1-FILE2  2-FILE2
1-FILE3  2-FILE3
1-FILE4  2-FILE4
         2-FILE5
```

tr [옵션]

■ 기능 설명

✓ 표준 입력으로부터 데이터에 지정된 문자의 치환 또는 삭제를 하고 출력하는 명령어이다.

예를 들어, 파일 내용 중에서 영문 대문자를 소문자로 바꾸는 경우를 생각해보자. 이때 tr 명령어를 이용하면 쉽게 바꿀 수 있다.

```
/home2/james/split> cat file1
1-FILE1
1-FILE2
1-FILE3
1-FILE4
/home2/james/split> cat file1 | tr '[A-Z]' '[a-z]'
1-file1
1-file2
1-file3
1-file4
```

반대로 영문 소문자를 대문자로 바꾸고자 하는 경우에는 아래와 같이 tr 명령어를 활용하면 된다.

```
/home2/james/split> cat file5
abcdef
hijklm
opqrst
uvwxyz
/home2/james/split> cat file5 | tr '[a-z]' '[A-Z]'
ABCDEF
HIJKLM
OPQRST
UVWXYZ
```

■ 옵션 및 설명
- -d : 지정한 문자를 삭제한 후에 출력한다.
- -s : 문자를 치환한다.

-d 문자 옵션을 통해 해당 문자를 삭제한 후 출력한다. 파일 file5 내용 중에서 -d ab 옵션을 지정하여 명령어를 실행하면, a와 b문자가 삭제되어 출력된다.

```
/home2/james/split> cat file5
abcdef
hijklm
opqrst
uvwxyz
/home2/james/split> cat file5 | tr -d ab
cdef
hijklm
opqrst
uvwxyz
```

-s 문자열1 문자열2 옵션을 통하여 문자열1에 있는 문자를 문자열2에 있는 문자로 치환할 수 있다. 아래 예제는 -s ab AB, 즉 소문자 ab를 대문자 AB로 치환하는 예제이다.

```
/home2/james/split> cat file5
abcdef
hijklm
opqrst
uvwxyz
/home2/james/split> cat file5 | tr -s ab AB
ABcdef
hijklm
opqrst
uvwxyz
```

08 압축과 풀기 관련 명령어

```
tar [옵션] 파일
```

■ 기능 설명

아카이브 tar 파일을 생성하고, tar 파일을 푸는 명령어이다.

■ 옵션 및 설명

- ✓ -c : tar 파일을 생성한다.
- ✓ -f : tar 파일 이름이나 디바이스 이름을 명시한다.
- ✓ -t : tar 파일에 포함되어 있는 파일을 확인한다.
- ✓ -v : tar 파일을 생성하거나 풀때 상세하게 보여준다.
- ✓ -x : tar 파일에서 압축을 푼다.

compress 디렉토리에 3개의 파일이 존재한다. 이를 compress.tar 라는 tar 파일 형태로 생성하는 예제이다.

```
/home2/james> ls compress
file1  file2  file5
/home2/james> tar cvf compress.tar compress
a compress/ 0K
a compress/file1 1K
a compress/file2 1K
a compress/file5 1K
```

위의 cvf 옵션을 통해 compress.tar 파일이 생성됨을 확인하고, 해당 tar 파일에 파일이 잘 포함되어 있는지 확인하는 옵션이 tvf 옵션이다.

```
/home2/james> ls -l compress.tar
-rw-r--r--   1 james    other       4608 Jul 26 00:32 compress.tar
/home2/james> tar tvf compress.tar
tar: blocksize = 9
drwxr-xr-x 1003/1         0 Jul 26 00:27 2013 compress/
-rw-r--r-- 1003/1        32 Jul 26 00:26 2013 compress/file1
-rw-r--r-- 1003/1        40 Jul 26 00:26 2013 compress/file2
-rw-r--r-- 1003/1        28 Jul 26 00:27 2013 compress/file5
```

참고로 v 옵션을 빼고, tf 옵션만 적용하였을 때에는 아래와 같이 크기 정보 등은 생략되고 파일 목록 정보만 조회된다.

```
/home2/james> tar tf compress.tar
compress/
compress/file1
compress/file2
compress/file5
```

tar 파일 생성할 때 cvf 옵션을, tar 파일 유효 및 내용을 검증하기 위해 tvf 옵션을, tar 파일을 풀때 xvf 옵션을 항상 함께 사용하면 편리하다.

`gzip [옵션] 파일`

■ 기능 설명

✓ 압축을 하고 압축을 푸는 명령어이다.

tar 파일은 아카이브 파일로서 압축은 되어 있지 않은 파일이다. gzip을 사용하여 압축을 하며, 파일 이름에 확장자 .gz이 붙으며, 압축 알고리즘을 적용하였기 때문에 파일 크기가 작아짐을 확인할 수 있다(4608에서 276으로 작아짐).

```
/home2/james> ls -l compress.tar
-rw-r--r--   1 james    other       4608 Jul 26 01:10 compress.tar
/home2/james> gzip compress.tar
/home2/james> ls -al *.gz
-rw-r--r--   1 james    other        276 Jul 26 01:10 compress.tar.gz
```

■ 옵션 및 설명

✓ -d : 압축을 푼다. 참고로 gunzip 명령어와 동일하게 사용된다.

-d 옵션은 압축을 푸는 옵션이다. 참고로 아래 예제 명령어 "gzip -d compress.tar.gz" 대신에 "gunzip compress.tar.gz" 명령어를 사용하여 압축을 풀 수도 있다.

```
/home2/james> ls -al *.gz
-rw-r--r--   1 james    other        276 Jul 26 01:10 compress.tar.gz
/home2/james> gzip -d compress.tar.gz
/home2/james> ls -al *.tar
-rw-r--r--   1 james    other       4608 Jul 26 01:10 compress.tar
```

예전에는 compress/uncompress 라는 명령어를 통해 압축 기능을 사용하였는데, 최근에는 압축률 등 장점으로 인해 gzip/gunzip을 많이 활용한다.

지금까지 자주 사용하는 유닉스 명령어 위주로 설명을 하였다. 다른 Chapter에서도 중복되어 설명될 수도 있으나, 예제를 통해 유닉스 명령어를 옵션과 함께 익혀놓으면 유닉스 기반 환경에서 개발 또는 시스템을 운영할 때 보다 효율적으로 작업을 할 수 있으므로, 직접 한번씩 명령어를 실행해보기를 권장한다.

chapter 03 유닉스 관련 유용한 툴

유닉스 환경을 기반으로 개발 또는 운영을 하는 개발자 또는 운영자라고 하면 반드시 사용 방법을 알아야 편리한 툴들이 있다. 이번 Chapter에서는 편집기인 vi, 개발할 수 있는 터미널인 telnet, 파일 전송 프로그램인 ftp, Windows 환경에서 유닉스 환경 에뮬레이터인 Cygwin에 대해 설명하고자 한다.

Chapter 03은 크게 다음과 같이 4개의 절로 이루어져 있다.

1. vi 편집기
2. TELNET
3. FTP
4. CYGWIN

01 vi 편집기

유닉스를 처음 다루는 사람들에게 vi 에디터는 참으로 고약한 프로그램일 것이다. vi 에디터 때문에 유닉스 배우기를 포기했던 독자도 있을 것이다. 필자도 vi 때문에 많이 힘들어했었고 유닉스를 어려워했던 적도 있었다. vi를 잘 다루는 요즘은 예전의 일들이 그냥 에피소드이지만 지금 독자들 중에는 여전히 vi를 멀리하는 이들이 많이 있을 것이다.

vi 대신에 사용할 에디터도 많이 있지만 여전히 vi는 독보적인 유닉스의 에디터이고 앞으로도 계속 그럴 것이다. vi를 멀리하지 말고 이번 기회에 vi를 접수(?)해 버리는 게 어떨까? vi를 많이 사용해보면 vi의 강력함과 편리함에 다시 한번 놀랄 것이다.

> **NOTE_** 필자는 유닉스를 처음 배우려는 사람들에게 vi 에디터부터 익힐 것을 권하곤 한다.

vi를 실행할 때, 터미널 타입의 문제 때문에 vi가 제대로 실행되지 않을 수 있다. 이는 터미널에 따라 커서의 움직임이 다르기 때문이다. 이를 해결하기 위해 vi에게 현재 사용하고 있는 터미널의 타입을 알려주어야 한다. TERM이라는 환경 변수에 터미널의 타입을 알려주면 되는데 예를 들어 'vt100' 이라는 터미널 타입을 이용한다면 다음과 같이 해준다.

```
% setenv TERM vt100        <= C Shell의 경우
$ export TERM=vt100        <= Bourne Shell 또는 Korn Shell의 경우
```

vi를 실행하려면 다음과 같이 한다.

```
% vi filename
```

vi 뒤에 이미 존재하는 파일명을 붙이면 해당 파일이 화면에 나오면서 편집을 할 수 있다. 만일 존재하지 않는 파일명을 붙이게 되면 새로운 파일을 만드는 결과를 갖게 된다. 파일명을 붙이지 않고 단순히 'vi'만 실행한 후 에디터 내에서 파일명을 입력할 수 있다.

예를 들어, 이미 존재하는 파일(file1)을 vi file1 명령어를 통해 열면, 다음과 같이 vi 화면이 나타나고, 텍스트 문서를 작성하거나, 프로그램을 작성할 수 있는 것이다.

▲ vi 화면

vi의 사용 모드는 크게 입력 모드(Insert mode)와 명령 모드(Command mode)로 나뉜다. 명령 모드는 또 일반 명령 모드와 콜론 모드로 나뉘게 된다.

각각의 모드에 대해 설명하기에 앞서, vi 에디터가 이렇게 복잡한 이유에 대해 잠시 생각해 보도록 하자. 일반적으로 에디터 또는 워드프로세서라고 하면 프로그램 상단에 메뉴들도 많이 있고, 아이콘들도 많이 있으며 마우스도 지원이 되는 프로그램일 것이다. 하지만 에디터가 세상에 나왔을 때는 그래픽 환경을 따로 생각하지 않고 마우스 지원 개념도 없었던 시기이다. 따라서 키보드만으로 워드프로세서와 같은 기능이 모두 가능해야 했다. 이런 경우에 단일 모드만 지원한다면 명령어와 문자 편집을 구분할 수가 없게 된다.

프로그램을 종료하는 명령어가 대부분 quit인데, vi 에디터에서 quit이라고 입력했을 때 이 문자가 문자열 "quit"을 의미하는지 "실행 종료"를 의미하는지 구분할 수 없을 것이다. 참고로 vi의 종료 명령어는 'q'이다.

vi는 Shell 명령어의 구동도 제공하고 있는데 이러한 명령어를 입력 받는 모드도 필요할 것이다. 이러한 점을 곰곰이 생각해 본다면 vi가 여러 모드를 가지고 있는 점이 이해가 될 것이다. 그러면 각각의 모드에 대해 살펴보도록 하자.

입력 모드

vi는 처음 실행될 때 명령 모드로 실행이 된다. 명령 모드 상에서 사용자가 키보드로 글자를 입력하면 vi는 이것을 문자 입력으로 생각하지 않고 사용자의 명령으로 해석을 한다. 따라서 문장을 입력하려 해도 제대로 입력되지 않을 것이다. 이때 명령 모드에서 입력 모드로 변환하는 명령어를 입력하면 문자 입력이 가능하게 된다.

[명령 모드에서 입력 모드로 변경하는 명령어]

i	현재 커서가 있는 위치에서부터 문자 입력을 시작할 수 있으며, 입력 모드로 변경됨
a	현재 커서의 다음 위치에서 문자 입력을 시작할 수 있으며, 입력 모드로 변경됨
o	현재 커서의 다음 라인에 새로 한 줄이 추가되면서 문자 입력을 할 수 있으며, 입력 모드로 변경됨
O	현재 커서의 이전 라인에 새로 한 줄이 추가되면서 문자 입력을 할 수 있으며, 입력 모드로 변경됨
A	줄 끝에 입력되면서, 입력 모드로 변경됨
I	줄 시작 부분에 입력되면서, 입력 모드로 변경됨

일단 입력 모드에 들어가면 'i', 'a', 'o', 'O'는 일반 문자로 취급이 되어 더 이상 명령어의 기능을 하지 않는다. 예를 들어, 'i'문자를 키보드로 눌렀을 때 'i'라는 글자가 화면에 나타나면 이미 입력 모드에 들어와 있는 것이고, 'i'를 눌렀을 때 화면에 'i'가 나타나지 않으면 vi는 명령 모드에서 입력 모드로 바뀐 것이다.

명령 모드

입력 모드에서 명령 모드로 다시 전환하려면 그냥 Esc 키를 눌러주면 된다. 일단 명령 모드로 변환이 되고 나면 수많은 명령어들을 활용할 수 있다. 이들 중 알고 넘어가야 할 명령어들을 정리해 보도록 하자.

[커서를 이동하는 명령어]

h	커서가 왼쪽으로 한 글자 이동함
j	커서가 다음 라인으로 한 글자 이동함
k	커서가 위의 라인으로 한 글자 이동함
l	커서가 오른쪽으로 한 글자 이동함
$	현재 커서가 있는 라인 끝으로 이동함

^	현재 커서가 있는 라인 처음으로 이동함
w	다음 단어로 이동함
b	이전 단어로 이동함
H	화면 맨 위 라인의 처음 단어로 이동함
L	화면 맨 아래 라인의 처음 단어로 이동함
M	화면 가운데 라인의 처음 단어로 이동함
e	커서가 있는 단어의 끝글자로 이동함
nG	n번째 라인으로 이동함

[화면을 이동하는 명령어]

Ctrl+f	다음 화면으로 이동함. f는 Forward를 의미함
Ctrl+b	이전 화면으로 이동함. b은 Back을 의미함
Ctrl+d	반화면 만큼 다음으로 이동함
Ctrl+u	반화면 만큼 이전으로 이동함

참고로, Ctrl+F/J/K/L 대문자도 동일한 명령어로 인식된다. 이제부터 텍스트 편집을 위해 사용되는 명령어에 대해 살펴보자.

[텍스트 삭제 명령어]

x	커서가 위치한 글자를 삭제함
nx	커서 위치 부터 n번째 글자까지 삭제함
dw	커서가 위치한 단어를 삭제함
dd	커서가 위치한 라인을 삭제함
ndd	커서가 위치한 라인부터 n번째 라인까지 삭제함
D	커서가 위치한 글자부터 현재 라인의 끝까지 삭제함
dG	커서가 위치한 라인에서 마지막 라인까지 삭제함

참고로, 실수로 잘못된 라인을 삭제했거나 단어를 잘못 삭제했으면 'u'를 이용하여 마지막에 실행했던 명령을 취소할 수 있다. 하지만 'u'는 방금 전 명령에 대해서만 상태를 복구할 수 있으므로 삭제와 같은 명령을 실행할 때는 주의를 기울여야 한다.

> **NOTE_** vi는 실수로 삭제한 내용을 복구할 수 있도록 복구 버퍼를 가지고 있는데 이를 이용하면 어느 정도 내용을 복구할 수 있다. 버퍼는 총 9개가 존재하는데, 이를 이용하는 방법은 원하는 복구 버퍼의 번호와 'p'문자를 이용하여 복구를 하면 된다. 즉 "1p" ~ "9p" 중 하나를 이용하면 된다.

텍스트의 추가가 아닌 수정이나 변환이 필요할 때는 다음의 명령어를 활용하면 된다.

[텍스트 수정/변환 명령어]

r	커서의 문자를 다른 문자로 수정함. 'r'입력 후, 대체할 문자를 입력하면 되고, 명령모드가 유지됨
R	커서가 위치한 문자에서 Esc 키를 누를 때까지 계속 수정함
s	커서의 문자를 다른 문자로 수정함. 's' 입력 후, 대체할 문자를 입력하면 되고, 입력 모드로 바뀜
cw	커서가 위치한 단어를 변환함
cc	커서가 위치한 전체 라인을 다른 내용으로 변환함
J	현재 라인과 다음 라인을 합침
~	커서의 문자를 대소문자로 변경함
.	마지막 작업을 반복 수행함

일반적인 에디터에서 많이 사용하는 copy(복사)와 paste(붙여넣기)에 해당되는 명령어를 살펴보자. 먼저 copy를 하려면, copy를 할 문자나 문자열 또는 라인들을 블록으로 지정해야 할 것이다. 이러한 copy 블록 지정과 paste를 위해 다음의 명령어들을 사용한다.

[텍스트 이동, 복사 및 붙이기 명령어]

yy	커서가 위치한 라인을 복사함
nyy	커서가 위치한 라인부터 n번째 라인까지 복사함
Y	커서가 위치한 라인을 복사함
nY	커서가 위치한 라인부터 n번째 라인까지 복사함
yw	커서가 위치한 단어를 복사함
y$	커서 위치부터 라인 끝까지 복사함
y^	커서 위치부터 라인 처음까지 복사함
p	삭제 또는 복사된 내용을 커서가 있는 다음 라인에 삽입함
P	삭제 또는 복사된 내용을 커서가 있는 앞 라인에 삽입함

텍스트 내의 특정 문자나 문자열을 검색하는 방법을 알아보면, 검색을 위해 사용하는 명령어는 '/'이다.

명령 모드에서 '/'를 치게 되면 화면에서 제일 마지막 줄에 커서가 위치하게 되는데 이때 검색하기를 원하는 검색어를 넣고 엔터키를 누르면 된다. 그러고 나면 검색어와 동일한 문자나 문자열이 있는 곳에 커서가 위치하게 된다.

[문자열 검색 명령어]

/문자열	커서 위치부터 순방향으로 [문자열]을 검색함
?문자열	커서 위치부터 역방향으로 [문자열]을 검색함
n	순방향으로 이전 검색 반복함
N	역방향으로 이전 검색 반복함

[vi 에디터 종료 명령어]

ZZ	변경된 내용을 저장하고 종료함

콜론 모드

명령 모드에서 콜론(:)을 누르게 되면 화면 제일 하단에 커서가 위치하면서 명령어를 입력받는 모드로 변하게 되는데 이를 콜론 모드라고 한다. 콜론 모드에서도 많은 명령어와 키워드를 이용할 수 있는데 중요한 부분만 살펴보면 다음과 같다.

:w	파일에 저장함
:w 파일명	[파일명]으로 저장함
:w!	파일에 강제로 저장함
:q	변경된 내용이 없으면 종료됨. 참고로, 변경된 내용이 있으면 "No write since last change"라는 메시지와 함께 종료되지 않음
:q!	변경된 내용과 관계없이 저장하지 않고 종료함
:wq	변경된 내용을 저장하고 종료함. 참고로, 명령어 모드에서 'ZZ' 명령어와 동일
:wq!	변경된 내용을 파일에 강제 저장하고 종료함
:e [파일명]	편집하고자 하는 파일을 불러옴
:r [파일명]	해당 파일의 내용이 삽입됨

콜론 모드 상에서 파일을 저장하고 강제 종료하는 화면의 예를 보면 다음과 같다.

```
HELLO 1-1
HELLO 1-2
~
~
~
~
~
~
~
~
~
~
~
~
~
~
~
~
~
~
:q!
```

▲ vi 콜론 모드

콜론 모드 상에서는 원하는 Shell 명령어도 실행할 수 있다. 일반 명령 모드에서 콜론을 눌러 콜론 모드로 진입한 다음 ":!명령어" 또는 ":!sh"를 사용하면 된다. 이렇게 하면 vi를 종료하지 않고도 원하는 명령을 실행시킬 수 있다. 이때 ":!명령어"를 사용한 경우에는, 명령이 실행된 다음 엔터키를 누르면 vi 에디터를 다시 사용할 수 있게 된다.

":!sh"를 사용하게 되면, vi 에디터에서 빠져 나와 Shell 프롬프트가 나타나게 된다. 이 상태에서 원하는 명령어들을 실행시키면 된다. 원하는 작업을 수행한 다음 exit 명령을 실행시키면 이전의 vi 화면으로 복귀가 된다.

콜론 모드에서 문자열 변환 방법을 사용하면 파일 내에 있는 문자열들을 자동으로 변환시킬 수 있다. 만일 파일 속에 있는 모든 문자열1을 문자열2로 바꾸고 싶으면 다음과 같이 한다.

:1,$s/문자열1/문자열2/g

첫 번째 문장(1)에서 마지막 문자($)까지 "s/문자열1/문자열2" 의미는 문자열1을 문자열2로 s(substitute, 대체)하라는 명령어이다.

예를 들어 파일에서 첫 라인부터 마지막 라인까지 abcde 문자열을 fghij 문자열로 대체한다는 명령어는 아래와 같다.

`:1,$s/abcde/fghij/g`

위의 문장에서 1,$는 문서의 시작과 끝을 명시한 것이고 's'는 변환을 의미하는 키워드이며 abcde는 원래의 문자열을 그리고 fghij는 새롭게 바꾸고자 하는 문자열을 의미한다. 마지막의 'g' 키워드는 한 행에 abcde가 여러 개 있을 때, 모든 것을 fghij로 바꾸라는 것을 지정한 것이다. 만일 g를 빼게 되면 한 줄에 abcde가 두 개 이상 있으면 첫 번째 abcde만 fghij로 바뀌게 된다.

콜론 모드에서 vi 에디터의 환경을 설정할 수 있다. 예를 들어 에디터에 라인 넘버가 왼쪽에 나오게 만들고 싶으면 다음과 같이 한다. 라인 넘버를 사라지게 하고 싶으면 다음과 같이 한다.

- :set number 또는 :set nu   라인 번호를 보여준다.
- :set nonumber 또는 :set nonu   라인 번호를 사라지게 한다.

이렇게 "set" 명령어와 환경 옵션을 이용하면 vi 에디터의 환경을 조절할 수 있다. 어떤 환경 변수들이 존재하는지 보고 싶으면 :set all 명령을 실행해 본다.

:set all을 실행하면, 아래와 같이 vi 편집기에서 설정된 환경 옵션이 모두 보여진다. 해당 환경 설정을 변경하려면 콜론 모드에서 set 명령어, 즉 :set 명령어로 쉽게 설정할 수 있다.

```
:set all
noautoindent        nomodelines                         noshowmode
autoprint           nonumber                            noslowopen
noautowrite         nonovice                            tabstop=8
nobeautify          nooptimize                          taglength=0
directory=/var/tmp  paragraphs=IPLPPPQPP LIpplpipnpptags=tags  /usr/lib/tags
noedcompatible      prompt                              tagstack
noerrorbells        noreadonly                          term=ansi
noexrc              redraw                              noterse
flash               remap                               timeout
hardtabs=8          report=5                            ttytype=ansi
noignorecase        scroll=13                           warn
nolisp              sections=NHSHH HUuhsh+c             window=26
nolist              shell=/bin/ksh                      wrapscan
magic               shiftwidth=8                        wrapmargin=0
mesg                noshowmatch                         nowriteany
[Hit return to continue]
```

▲ :set all 명령 실행

환경 변수들 중 몇 가지를 소개하면 다음과 같다.

- ✓ autowrite(aw) : Shell로 빠져나간다든지 할 때 파일을 저장시킨다.
- ✓ autoident(ai) : 탭으로 들여쓰기를 할 때 그 범위 등을 지정한다.
- ✓ showmatch(sm) : 괄호가 닫히는 곳에 커서가 위치하면 괄호가 시작되는 곳을 알려준다.
- ✓ ignorecase(ic) : 문자열을 검색하거나 할 때 대소문자를 구분하지 않도록 한다.

지금까지 vi 편집기에 대해 설명을 하였다. 기존에 윈도우 환경에서 기능이 풍부한 GUI 툴이나 윈도우에서 제공하는 편집기를 통해서 개발하였다면, 처음에는 vi 편집기 사용 방법이 어렵다고 느낄 것이다. 개발 소스를 작성하는 데 있어서도 편집이 쉽지 않다고 생각하겠지만, 위에서 설명한 vi 편집기 명령어를 익히고, 소스를 작성하여 vi 편집기에 익숙해진다면, 그리 어렵지 않다는 것을 느낄 것이다. 필자는 윈도우에 울트라에디터, 워드패드에서 작업하는 것보다 훨씬 빠르게 vi 편집기로 유닉스 프로그래밍 및 간단한 텍스트 파일을 작성할 수 있다. 독자들도 계속 vi 편집기를 사용하다보면 반드시 vi 편집기의 강력한 기능을 느낄거라고 확신한다.

2. TELNET

텔넷(TELNET)은 인터넷이나 로컬 영역 네트워크 연결에 쓰이는 네트워크 프로토콜이다. telnet이라는 용어는 프로토콜의 클라이언트 일부 기능이 추가된 소프트웨어를 일컫는다. 텔넷 클라이언트는 대부분의 유닉스 시스템에서 여러 해 동안 사용할 수 있으며, 실질상 모든 플랫폼에서 사용할 수 있다. TCP/IP 스택을 갖춘 대부분의 네트워크 장비와 운영 체제들은 원격 구성(윈도우 NT 기반)을 위해 몇 가지 종류의 텔넷 서비스 서버를 지원한다. 최근에는 텔넷의 보안 문제 때문에 사용률이 감소하여 원격 제어를 위해 SSH로 대체되기도 하였다.

참고로, /etc/services 파일에는 아래와 같이 TELNET 프로토콜에 대해 포트 23번이 지정되어 있음을 확인할 수 있다.

```
ssh             22/tcp                          # Secure Shell
telnet          23/tcp
```

ssh는 보안 모드에서 원격으로 Shell을 실행할 수 있는 환경을 제공하는 프로토콜이다.

TELNET의 동작 원리는 TELNET 클라이언트에서 TELNET 서비스를 요청하면 서버에 telnetd(텔넷 서버 데몬 프로세스, 23번 포트 사용)이 기동되어 TELNET 클라이언트와 연결이 생성되어 신호를 주고 받는다.

% telnet ipaddress 또는 % telnet hostname 명령어를 입력하면 아래와 같은 로그인/패스워드를 입력하라는 콘솔이 디스플레이된다. 이때 올바른 로그인과 패스워드를 입력하면 해당 로그인 계정의 홈 디렉토리(아래 예, /home2/james)로 접속하여 작업할 수 있는 환경을 제공한다.

```
login: james
Password:
Last login: Sun Aug 11 20:52:45 from 10.191.3.179
Oracle Corporation      SunOS 5.10      Generic Patch      January 2005
/home2/james>
```

유닉스나 윈도우 시스템에서 타 시스템으로 원격 접속하여 명령어를 처리하고 싶으면 명령어 기반의 TELNET을 사용해도 되지만, WINDOWS에서는 GUI 기반의 편리한 TELNET 툴을 다운로드하여 사용하면 된다. 많이 사용하는 TELENT 프로그램에는 PuTTY, CRT, ZOC, NETTERM 등이 있다. 해당 툴이 프리웨어인지 셰어인지, 기업에서 업무적으로 사용할 때에도 무료인지 잘 확인해야 한다.

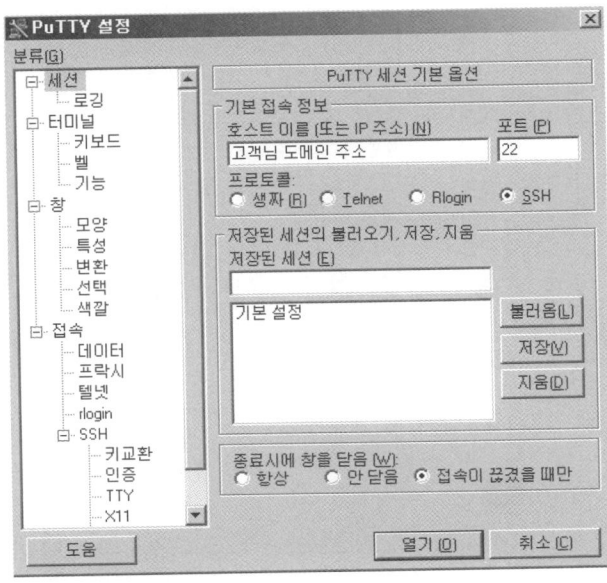

▲ PuTTY 화면 캡처

3. FTP

네트워크 상에서 원격지에 있는 시스템에 파일을 보내거나(put) 얻어오기(get) 위해 가장 많이 사용하는 프로그램은 FTP이다. FTP는 File Transfer Protocol의 약자로 먼저 대상이 되는 시스템에 FTP 명령어를 이용하여 접속부터 해야 한다. 아래와 같이 「ftp 시스템명」 또는 「ftp ipaddress」를 이용한다.

```
% ftp hostname
% ftp ipaddress
```

FTP의 동작 원리는 FTP 서비스를 제공하는 서버와 여기에 접속하는 클라이언트 사이에 두 개의 연결이 생성되는데 하나는 데이터 전송을 제어하기 위한 신호를 주고 받기 위함이고(네트워크 21번 포트), 다른 하나는 실제 데이터(파일) 전송에 사용된다(네트워크 20번 포트). 여기에서 네트워크 포트란 네트워크를 통해 데이터가 이동하는 통로라고 생각하면 된다.

참고로 /etc/services 파일에는 아래와 같이 FTP 프로토콜에 대해 포트가 지정되어 있음을 확인할 수 있다.

```
ftp-data        20/tcp
ftp             21/tcp
```

클라이언트에서 서버로 FTP 명령어를 전송하면, FTP 서버에는 ftpd(FTP 서버 데몬 프로세스, 포트:21번)이 기동되어 FTP 클라이언트와 연계되어 FTP 서비스를 가능하게 한다.

아래와 같이 그냥 ftp 명령만 실행한 후 원격지 시스템에 접속을 시도할 수도 있다.

```
% ftp
ftp> open hostname <= 또는 open ipaddress
```

FTP 접속이 가능한 시스템이면 사용자 이름과 패스워드를 입력하라는 말이 나오는데 제대로 된 아이디와 패스워드를 입력하면 FTP 접속이 성공적으로 이루어지고 세션이 유지가 된다.

다음과 같이 접속하여, ? 명령어를 입력한 후 실행하면 다음과 같이 FTP에서 사용할 수 있는 명령어를 볼 수 있다.

```
C:\Users\YIKIM>ftp XX.XX.XX.XX
XX.XX.XX.XX에 연결되었습니다.
220 cet3 FTP server ready.
사용자(XX.XX.XX.XX:(none)): james
331 Password required for james.
암호:
230 User james logged in.
ftp> ?
명령을 간략하게 표시할 수 있습니다. 명령은 다음과 같습니다.

!           delete          literal         prompt          send
?           debug           ls              put             status
append      dir             mdelete         pwd             trace
ascii       disconnect      mdir            quit            type
bell        get             mget            quote           user
binary      glob            mkdir           recv            verbose
bye         hash            mls             remotehelp
cd          help            mput            rename
close       lcd             open            rmdir
```

▲ ? 명령을 실행한 모습

FTP 연결 이후에는 다양한 명령어들을 이용하여 파일을 주고받을 수 있게 되는데, 여기에서 사용할 수 있는 명령어들을 먼저 살펴보면 다음과 같다.

참고로 FTP를 사용하는 컴퓨터를 host1, 원격지에 있는 컴퓨터를 host2라고 명명한다.

?	FTP에서 사용할 수 있는 명령어 목록을 보여줌
ls	host2의 현재 디렉토리에 있는 파일 리스트가 출력됨.
dir	host2의 현재 디렉토리에 있는 파일 리스트가 자세히 출력됨. ls -l과 동일함.
cd	host2의 작업 디렉토리를 이동함.
lcd	host1의 작업 디렉토리를 이동함.
asc(ascii)	파일 전송 모드를 ascii로 지정함.
bin	파일 전송 모드를 binary로 지정함.
get	host2에 있는 파일을 host1으로 전송함.
hash	전송된 각 버퍼에 대한 '#' 인쇄 설정/해제함. hash를 설정하면 데이터가 송수신되고 있음을 확인할 수 있어서 편리함.
mget	host2에 있는 1개 이상의 파일들을 host1으로 전송함.
put	host1에 있는 파일을 host2로 전송한다.
mput	host1에 있는 1개 이상의 파일들을 host2로 전송한다.
bye	FTP 연결을 끊고 FTP 프로그램을 종료한다.

ftp 프로그램을 사용해 보지 않은 독자들은 유닉스 상에서 ftp를 실행한 후 위의 명령어들을 꼭 한번씩 실행시켜보기 바란다.

> **NOTE_** FTP 전송 유형에는 ascii, binary 이렇게 두 가지를 지원하는데 ascii로의 파일 전송 시에는 윈도우 시스템에서는 개행으로 사용하는 \r\n이 유닉스로 업로드되면서 \n으로 변경되게 된다. 하지만 binary 전송 유형은 아무런 변환 과정 없이 그대로 \r\n이 포함되어 업로드 된다.

결국 유닉스 시스템에서의 개행 문자 \n 을 제외한 \r 은 ^M 와 같은 문자열로 표시가 되어 문제를 일으킬 수 있으므로, 윈도우에서 작성한 텍스트 파일(Shell 파일 포함)은 반드시 ascii 모드로 설정한 후 파일 전송해야 한다.

윈도우 환경에서 유닉스 호스트와 파일 전송 시에 필요한 툴로는 FileZilla, 알FTP, CuteFTP 등 프리웨어 또는 셰어웨어 버전이 많이 있다. 물론 프리웨어도 개인용으로 사용을 제한하는 툴들이 있으므로 업무용으로 사용함에 있어 주의해야 한다.

사용법은 FTP 명령어를 이해하면 GUI 형태로 지원하기 때문에 쉽게 사용 가능할 것이다.

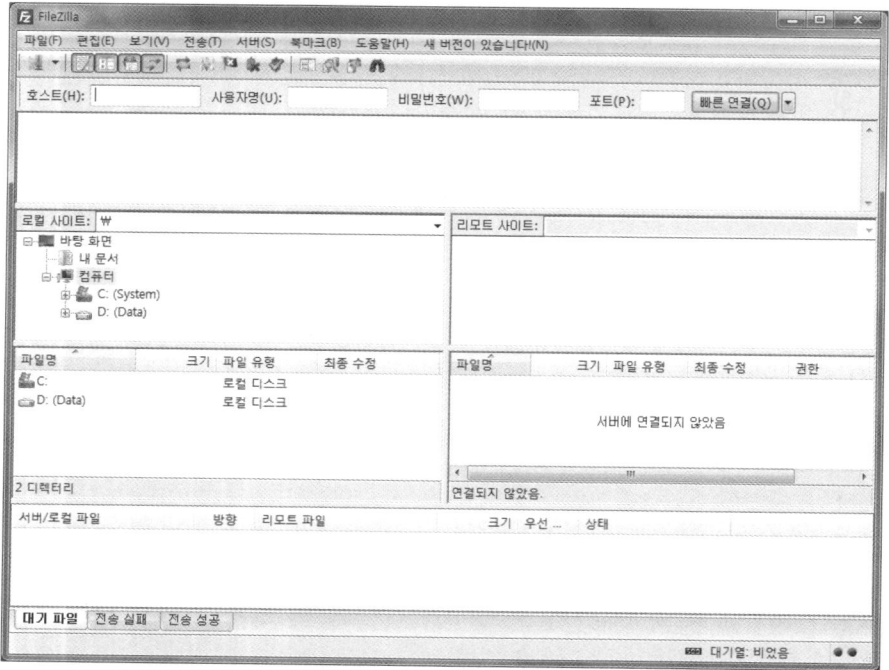

▲ FileZilla 화면 캡처 : 윈도우 탐색기 형태로 사용하기 용이함

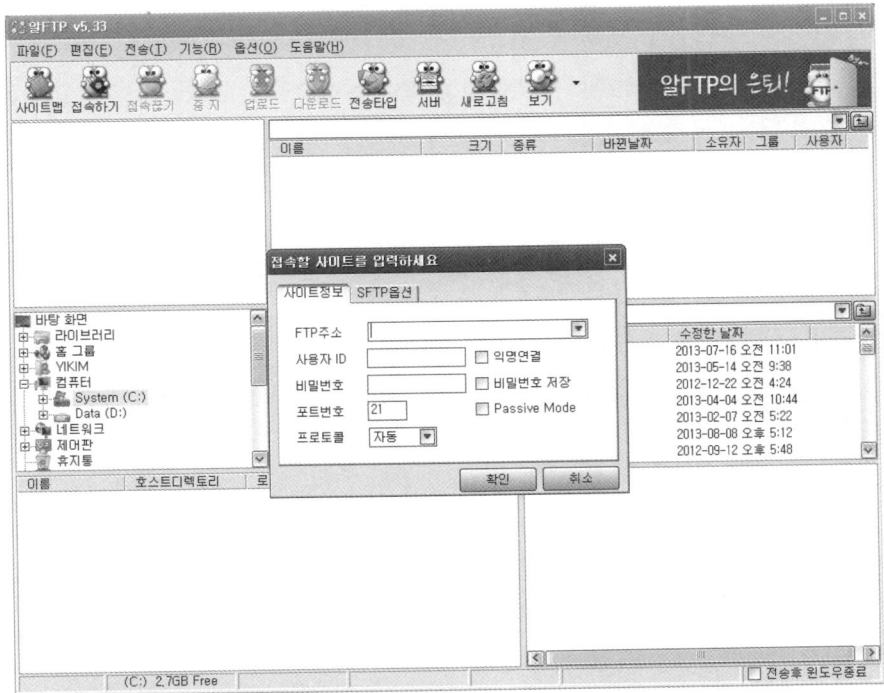

▲ 국내 이스트소프트에서 개발한 알FTP 화면

4. CYGWIN

시그윈(Cygwin)은 윈도우에서 유닉스 환경이 동작하도록 고안된 공개 에뮬레이터이다. GNU GPL로 배포되기 때문에 자유롭게 사용할 수 있다. 즉, 유닉스에서 사용하는 명령어를 CYGWIN이라는 에뮬레이터를 통해 테스트할 수 있다.

Cygwin1.dll 런타임 라이브러리가 POSIX의 시스템 호출과 동등한 기능을 제공하고 있으므로, 각 프로그램은 이것을 동적으로 링크함으로써 유닉스에서와 거의 비슷하게 동작할 수 있게 한다. 또, 이 라이브러리가 존재하는 까닭에 Cygwin용으로서 제공되지 않고 유닉스용 프로그램의 소스 코드도 이전과 같은 큰 수정 없이 윈도우용으로 컴파일할 수 있다.

CYGWIN을 http://www.cygwin.com/ 사이트에서 설치 파일을 다운로드하여 실행하면 아래와 같은 설치 화면이 나온다. 여기서 다음 버튼을 누르면 쉽게 설치할 수 있다.

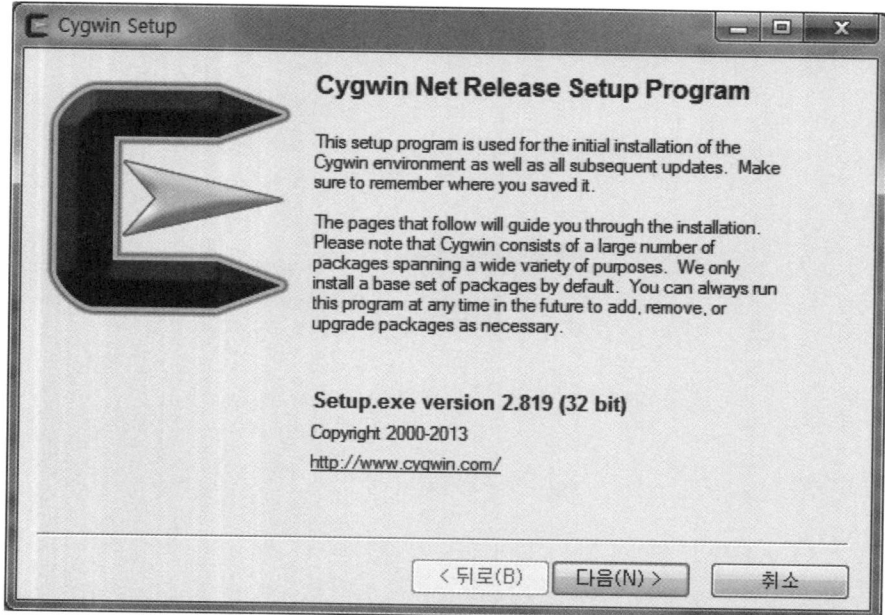

▲ CYGWIN 설치 화면

설치가 완료되면 바탕화면에 CYGWIN 아이콘이 생성되어, 아이콘을 더블클릭하여 실행하면 UNIX 에뮬레이터가 디스플레이된다. 아래 예제 화면에서 보듯이 UNIX의 "ls -l" 명령어가 실행됨을 확인할 수 있다.

▲ CYGWIN 실행 화면

위에서 설명한 4개의 툴 외에도 emacs라는 편집기, 시스템 모니터링 툴인 top 등 다양한 툴 등을 유닉스 또는 윈도우 환경에 설치하여 원하는 작업을 편리하게 할 수 있다. 위에 기능 설명 시에 GUI 기반의 telnet 툴이나, ftp 툴 등은 독자가 설치하여 도움말과 메뉴를 보면 쉽게 이해할 수 있기 때문에 상세하게 설명하지는 않고 독자들의 몫으로 남겨놓았다. 해당 툴에 대한 도움말과 기본 프로토콜에 대해 이해를 한다면 큰 어려움은 없을 것이라고 확신한다.

chapter 04 쉘을 이용한 프로그래밍

Chapter 04를 통해 유닉스 프로그램을 만들 때 빠질 수 없는 쉘 프로그래밍에 대해 배우도록 한다. 쉘 프로그래밍은 많은 개발자들이 그 중요성을 간과하고 넘어가지만 쉘 프로그램 만드는 법을 제대로 익히고 사용하면 비용과 시간을 많이 절약할 수 있다.

외국에서 유닉스 프로그램을 만드는 사람들과 자주 같이 일을 해보면 생각보다 쉘 프로그램을 많이 만들고 사용하는 것을 볼 수 있는데, 그들에게 쉘 프로그램은 다른 기타 언어나 툴킷들과 동등한 수준의 툴로 인식되는 것 같았다. 다시 말해 쉘 프로그램이 문제를 해결하는데 적합할 것 같으면 그냥 그걸 쓴다는 것이다. 그런 다음 C나 자바로 만든 다른 모듈들과 함께 그걸 사용하는 것이다.

Chapter 04는 크게 3개의 절로 이루어져 있는데, 쉘 프로그램에서 사용하는 문법들을 먼저 소개한 다음 이를 이용하여 프로그램을 작성하는 법을 배운다. 마지막으로 만들어진 쉘 프로그램을 C/C++ 코드에서 호출하여 사용하는 방법을 배운다.

1. 쉘 문법
2. 쉘 프로그래밍
3. 쉘 스크립트 호출하기

01 쉘 문법

쉘 프로그램은 유닉스에서 제공하는 명령어(인터페이스)를 그대로 사용하기 때문에 활용하기에 따라 버그가 적고 강력한 프로그램을 작성할 수 있는 도구가 된다. 쉘 프로그램을 만든다는 것은 명령어의 조합과 배치로 이루어진 스크립트(script)를 만든다는 것과 동일한 의미이다. 예전에 DOS에서 배치 파일을 만들어본 사람은 쉘 스크립트가 그와 유사하다는 것을 알 수 있을 텐데, 쉘 스크립트 작성을 쉘 프로그래밍이라 부를 수 있는 것은 다음과 같은 특징 때문이다.

쉘 스크립트는 사용자가 편집하고 구동하고 테스트할 수 있는 환경을 가지고 있으며, 일반 프로그래밍 언어와 같이 제어 구조를 가지고 있다. 여기서 제어 구조는 프로그램의 플로우를 제어할 수 있는 if 구문, 구문을 반복할 수 있는 while 구문 등을 제공하고 있다. 그리고 변수를 만들고 조작할 수 있는 환경을 제공하고 있다.

쉘 문법을 정리하기 전에 쉘 스크립트로 작성된 프로그램을 구동해 보면서 그 필요성을 먼저 깨달아 보자. 필요성을 느껴야 공부할 때 힘과 의욕이 생기지 않겠는가? 작성하고자 하는 프로그램은 다음과 같다.

① 디스크에서 각각의 분할된 영역이 몇 %나 사용되었는지 확인하는 프로그램이다.
② 세부적인 내용은, 먼저 인수로 입력 받은 분할 영역에 대해 사용량 %를 표시한다.
③ 만약 사용량이 90%를 넘었으면 "심각한 상태"라고 알려주고, 70% 이상이면 "주의요망 상태", 그 이하이면 "양호한 상태"라고 화면에 표시한다.

위의 프로그램을 C 또는 C++로 작성해도 될 것이다. 필요하면 자바나 기타 다른 언어를 이용하면 될 것이다. 하지만 쉘에서 이런 프로그램을 만들 수 있는 좋은 명령어를 이미 제공하고 있다. "df" 명령어가 그것인데, df 명령어를 수행하면서 "-k"라는 옵션을 활용하면 우리가 원하는 내용을 일부 얻을 수 있다. 먼저 "df -k" 프로그램을 실행시켜 보자.

```
% df -k
파일시스템           1024  블록      사용      가용 용량    설치지점
/dev/dsk/c0d0s0          17131465  8878006   8082145      53%       /
... ... ... ...
```

그러면 위와 같은 내용이 화면에 나타날텐데, 이 내용을 잠깐 분석하면 "/"로 분할된 영역이

있고 이 영역은 총 17131465 × 1024 블록으로 이루어져 있다. 현재 8878006 × 1024 블록이 사용 중이고, 8082145 × 1024 블록은 사용 가능한 영역이다. 이제 이 부분을 활용하여 프로그램을 만든다면 인수로 "/" 영역을 입력받은 후, 총 블록 수와 사용된 블록 수를 얻은 뒤, "사용블록수/총블록수 × 100"으로 사용량(%)을 계산한다.

그런 다음 사용량이 90%를 넘었는지, 아니면 70%를 넘었는지 또는 그 이하인지를 확인한 후, 현재의 사용 %와 상태를 화면에 출력하면 된다. 이제 이러한 내용이 입력된 셸 스크립트를 작성하면 다음과 같다.

⟨DiskUsageCheck.sh⟩

```
1    #!/bin/sh
2
3    usage=df -k $1 | /bin/awk '{ rem = 0 } { n += 1 } { a = $3 } {
         b = $4 } \
4    n == 2 { rem = int(a/(a+b) * 100); print rem} \
5    END { }'
6
7    if [ $usage -ge 90 ]
8    then
9        echo "DISK($usage) - 심각한 상태"
10   elif [ $usage -ge 70 ]
11   then
12       echo "DISK($usage) - 주의요망 상태"
13    else
14       echo "DISK($usage) - 양호한 상태"
15    fi
```

> **NOTE_** 이 스크립트를 vi 에디터를 이용하여 직접 파일로 작성해 보기 바란다. 스크립트에서 사용된 각 문장들에 대해서는 이후에 하나씩 설명이 된다.

셸 스크립트 작성이 끝났으면 다음과 같이 파일이 실행 가능하도록 접근 권한을 변경한 후 테스트를 해보자.

```
% chmod 755 DiskUsageCheck.sh
% DiskUsageCheck.sh /
DISK(52) - 양호한 상태
```

어떤가? 다른 언어를 이용하여 프로그램을 작성한 것보다 한결 깔끔하고 편하게 프로그램이 작성되지 않았는가? 이와 동일한 프로그램을 다른 기타 언어로 만들어본 독자들은 쉘 프로그램의 편리성에 공감을 할 것이다. 그럼, 이제 이러한 쉘 프로그램을 어떻게 만들고 사용하는지 하나씩 배워보자.

> **NOTE_** 쉘을 설명하면서 Bourne 쉘에 프로그래밍 기능이 있다고 언급한 적이 있는데, 설명한 바와 같이, 이 Chapter에서는 Bourne 쉘을 사용하여 프로그래밍을 설명하게 된다.

변수

쉘 문법에서 먼저 익혀야 하는 것이 변수를 만들고 이용하는 방법이다. 쉘에서의 변수의 사용 목적은 다른 기타 언어에서의 목적과 다르지 않다. 원하는 데이터를 변수에 담고 그를 가공 및 활용하면 되는 것인데, 다만 쉘에서의 변수 선언이나 활용이 기타 언어와 다른 면이 있다.

쉘에서는 변수를 선언할 때 그냥 변수명을 적어준다. 예를 들어 name이라는 변수를 만들고 싶으면 그냥 "name"이라고 적어서 변수를 선언하면 된다. 변수를 선언할 때 변수의 타입이나 형을 명시하지도 않는다. 이렇게 선언된 변수는 문자열을 입력하여 문자열 변수로 활용해도 되고, 정수형 데이터를 입력하여 계산 및 연산을 위한 변수로 활용해도 된다.

변수에 값을 할당할때는 '='기호를 사용하는데, 이때 '=' 기호 사이에 공백을 넣으면 안 된다. 예를 들어 name이라는 변수에 이름을 입력하려면 다음과 같이 한다.

```
name=JAEHSHIN
```

만일 입력하려는 이름에 공백이 포함되어 있으면 다음과 같이 할당한다.

```
name="JAE H SHIN"
```

만일 인수로 입력되는 값이 있을 때, 이를 변수로 받는 방법은 "$숫자"이다. 즉 $1은 첫 번째 인수의 내용이 되고 $2는 두 번째 인수의 내용이 된다. 변수에 할당된 내용을 확인하기 위해 화면에 출력할 때는 "echo" 명령어를 사용하면 된다. 예를 들어, 위에서 name이라는 변수에 "JAE H SHIN"이라는 문자열을 할당했는데, 이를 화면에 출력하려면 다음과 같이 한다.

```
echo $name
```

> **NOTE_** 만일 "echo name"이라는 문장을 이용하면 화면에는 단지 name이라는 문장만 출력이 된다. '$' 기호를 사용해야 변수에 할당된 내용을 확인할 수 있다.

이제 지금까지 나열한 내용을 직접 확인하기 위해 스크립트를 만들고 실행을 시켜보자. 먼저 아래와 같은 스크립트를 만든다.

⟨ShellTest1.sh⟩
```
1    #!/bin/sh
2
3    name="JAE H SHIN"
4    echo $name
5
6    echo First: $1, Second: $2
```

스크립트를 보면, 1번째 라인에서 어떤 쉘을 이용하여 이 프로그램을 실행시킬 것인지를 지정하고 있는데, 이는 스크립트가 실행되면 /bin/sh 프로그램 하에서 실행됨을 의미한다. 그리고 /bin/sh 프로그램이 종료됨과 동시에 쉘 스크립트의 실행도 끝나며, 여기에서 사용된 변수들도 모두 해제가 된다.

6번째 라인을 보면 쉘 스크립트를 실행하면서 입력된 첫 번째 인수와 두 번째 인수를 화면에 출력하는 것을 볼 수 있다. 이제 직접 테스트를 통해 그 결과를 확인해 보자. 스크립트 파일에 실행 권한을 부여한 후, 아래와 같이 실행해보자.

```
% ShellTest1.sh Shell Programming
JAE H SHIN
First: Shell, Second: Programming
```

결과를 통해 첫 번째 인수인 "Shell"이 $1에 할당되고 두 번째 인수인 "Programming"이 $2에 할당되었음을 확인할 수 있다.

변수에 값이 할당되지 않아도 특별한 문제가 발생되지는 않는다. 만일 널(Null)로 초기화를 시킨 뒤, 나중에 값을 할당하려면 그냥 다음과 같이 한다.

```
name=
```

변수를 활용하면서도 와일드 문자를 활용할 수 있다. 예를 들어 현재 디렉토리에 "DiskUsageCheck.sh", "ShellTest1.sh" 파일이 있다고 가정을 하고 filename이란 변수에 "*.sh"를 할당한 후, echo를 이용하면 다음과 같은 결과가 나온다.

```
filename=*.sh
echo $filename
DiskUsageCheck.sh ShellTest1.sh     <= 결과 내용
```

> **NOTE_** 만일 echo $filename이라는 문장 대신 echo "$filename"이라는 문장을 사용하면 화면에는 "*.sh"라는 문장만 출력이 된다.

변수를 이용하여 스트링의 일부를 변경할 수도 있다. 예를 들어 option이라는 변수에 'l'을 입력한 후 ls -"$option"을 사용하면 ls -l과 동일한 문장이 된다. 이 기능을 이용하면 명령어로 사용할 문장을 완성한 후, 이를 실행하는 프로그램을 작성할 수 있다.

지금까지 언급한 내용을 바탕으로 ShellTest2.sh 파일을 작성하고 구동을 해보자. 이 파일의 내용은 다음과 같다.

⟨ShellTest2.sh⟩

```
1    #!/bin/sh
2
3    option=
4    First=$1
5    option=$First
6    ls -"$option"
```

스크립트 파일의 3번 라인을 보면, option이라는 변수를 초기화하고 있음을 알 수 있다. 그리고 4번째 라인에서 First라는 변수에 첫 번째 인수를 할당한 후 이를 option 변수에 할당하는

것을 볼 수 있다. 그리고 마지막 6번째 라인에 ls 명령어를 사용하면서 option에 할당된 내용을 활용하는 것을 볼 수 있다.

스크립트 파일에 실행 권한을 부여한 후, 실행을 시켜보자. 이때 'l' 문자를 인수로 부여하면 다음과 같은 결과가 나타난다.

```
% ShellTest2.sh l
총 6
-rwxr-xr-x   1 jshin      staff         314 11월 10일  22:21 DiskUsageCheck.sh
-rwxr-xr-x   1 jshin      staff          68 11월 10일  23:52 ShellTest1.sh
-rwxr-xr-x   1 jshin      staff          56 11월 11일  00:40 ShellTest2.sh
```

스크립트 파일 내부에서 개발자가 자의적으로 변수를 제거할 수 있다. 이때 사용되는 것이 'unset' 키워드이다. unset과 제거하고자 하는 변수를 함께 적어주면 이후로는 해당 변수를 활용할 수 없게 된다. 예를 들어 다음과 같은 코드를 만들었다고 하자.

```
name="JAE H SHIN"
unset name
newname=$name
```

이 코드에서 newname 변수에는 Null이 할당된다. 즉, "newname=$name"이라는 문장은 "newname="이라는 문장과 동일한 문장이 된다. 따라서 echo를 이용하여 $newname을 출력해봐도 화면에는 아무것도 출력이 되지 않는다.

C 언어에서 변수와 상수를 만들 수 있듯이 쉘에서도 상수를 만들 수 있다. 즉, 값을 임의로 바꿀 수 있는 변수와는 달리 한번 값을 할당한 후 변경없이 사용하는 상수를 선언할 수 있다는 것이다. 이때 사용되는 키워드는 "readonly"인데, readonly로 선언된 변수는 이후로는 값을 변경할 수 없는 상수가 된다. 예를 들어 다음과 같이 사용하도록 한다.

```
name="JAE H SHIN"
readonly name
```

readonly만 쓰고 변수명을 따로 쓰지 않으면 읽기전용으로 된 상수들은 모두 화면에 표시가 된다. 예를 들어 다음과 같은 문장을 만들어 보자.

```
readonly name
readonly address
readonly phone
readonly
```

그리고 실행해보면 화면에 다음과 같은 내용이 출력된다.

```
읽기전용 address
읽기전용 name
읽기전용 phone
```

쉘 스크립트 내에서는 사용하는 변수에는 사용자가 스크립트 내에 임의로 만든 변수뿐만 아니라 쉘 전체가 사용하고 있는 환경변수도 사용할 수 있다. 예를 들어 DISPLAY라는 환경변수를 다음과 같이 선언했다고 하자.

```
$ export DISPLAY=192.168.8.101:0.0
```

또는 C Shell에서 다음과 같이 선언했다고 하자.

```
% setenv DISPLAY 192.168.8.101:0.0
```

이때 스크립트 내에서 "echo $DISPLAY"라는 문장을 실행시키면 다음과 같은 내용이 출력된다.

```
192.168.8.101:0.0
```

변수에 값을 할당할 때, 명령어 입력 줄에서 입력받은 내용을 할당하는 방법이 있다. 즉, 스크립트가 실행되는 중간에 변수에 할당할 내용을 사용자로부터 입력 받은 후 그 내용을 할당하는 방법이다. 이때 사용되는 키워드는 "read"인데, read와 변수를 함께 적으면 그 라인이 실행될 때 사용자로부터 입력할 것을 요청하게 된다. 이 방법은 프로그램을 작성할 때 아주 유용하게 활용할 수 있다. 다음의 예를 통해 확인해 보자.

① 파일 속에 찾고자 하는 문장이 있는지 grep을 활용하는 프로그램을 작성한다.
② 프로그램을 실행하면 -l 옵션을 이용할 것인지 -s 옵션을 이용할 것인지 사용자에게 묻는다.
③ 어떤 문장을 검색하고 싶은지 사용자에게 묻는다.
④ 옵션과 검색 문장을 이용하여 grep을 실행시키고 그 결과를 화면에 출력한다.

이러한 내용을 바탕으로 작성된 Grep.sh 파일은 다음과 같다.

⟨Grep.sh⟩
```
1    #!/bin/sh
2
3    echo "grep에 사용될 옵션 입력, -l 또는 -s를 입력해 주세요."
4    read option1
5    echo "검색하고자 하는 문장을 입력해 주세요."
6    read option2
7    grep $option1 $option2 *
```

프로그램을 실행해보자. 이때, -s 옵션을 이용하고 "sh"라는 문장을 찾는다고 하면 다음과 같은 내용이 출력될 것이다.

```
% Grep.sh
grep에 사용될 옵션 입력, -l 또는 -s를 입력해 주세요.
-s                                      <= 사용자가 입력한 내용
검색하고자 하는 문장을 입력해 주세요.
sh                                      <= 사용자가 입력한 내용
DiskUsageCheck.sh:#!/bin/sh             <= grep을 실행한 결과 내용
Grep.sh:#!/bin/sh
ShellTest1.sh:#!/bin/sh
ShellTest2.sh:#!/bin/sh
```

> **NOTE_** 위의 코드에서 echo가 실행될 때, 엔터가 실행되어서 다음 라인으로 넘어가는 것을 볼 수 있다. 따라서 다음과 같은 문장을 실행시키면 무척 어색하게 된다.
>
> ```
> echo "Input Option: "
> read option
> ```
>
> 이때 echo 문장에 \c를 넣어주면 read가 실행될 때 동일한 라인에서 사용자의 입력을 받을 수가 있게 된다. 즉, 다음과 같이 해주면 된다.
>
> ```
> echo "Input Option: \c"
> read option
> ```

셸에서 변수를 활용할 때 앞에서 설명한 $1, $2 처럼 특정 키워드로 활용되는 변수들이 있다. 이러한 변수들을 활용하면 보다 유용한 프로그램을 쉽게 작성할 수 있는데, 먼저 변수의 이름과 어떤 값을 가지고 있는지 알아보자.

- ✓ $# : 명령입력라인에서 입력된 인수의 개수를 가지고 있다.
- ✓ $* : 이 변수는 명령입력라인에서 입력된 인수 전체의 내용을 포함한다. 즉, $1 ~ $n을 모두 합친 것과 같다.
- ✓ $$: 셸 프로그램이 실행되면서 사용된 프로세스의 ID 값을 가진다.
- ✓ $! : 셸 프로그램이 실행시킨 백그라운드 프로세스의 ID 값을 가진다.

이러한 변수들을 활용한 간단한 예제를 보도록 하자. 이 프로그램은 앞에서 보았던 Grep.sh 프로그램과 유사한 작업을 하는 프로그램인데, 사용자로부터 별도의 입력을 받지 않고 필요한 인수들을 한번에 명령어 입력 줄에서 기입해야 하는 부분이 다르다. 먼저 전체 소스를 보도록 하자.

〈ShellTest3.sh〉

```
1    #!/bin/sh
2    echo "grep을 위한 쉘 프로그램이 실행되었습니다."
3    echo "이 프로그램은 프로세스 ID: $$에서 실행 중입니다."
4    echo "입력하신 인수는 총 $#입니다."
5    echo "인수들의 전체 내용은 다음과 같습니다."
6    echo "$*"
7    echo "입력하신 인수를 이용하여 grep을 백그라운드로 실행합니다."
8    grep $* * &
9    echo "grep은 백그라운드 프로세스 ID: $!에서 실행되었습니다."
```

ShellTest3.sh 프로그램을 "-l sh"라는 인수와 함께 실행을 시켜보자. 이때 주의해야 하는 것은 grep의 실행 내용이 아니라 각각의 키워드 변수들이 어떤 정보를 가지고 있으며 어떤 내용들을 출력했는지에 주목해야 한다. 실행 결과는 다음과 같다.

```
% ShellTest3.sh -l sh
grep을 위한 쉘 프로그램이 실행되었습니다.
이 프로그램은 프로세스 ID: 763에서 실행 중입니다.        <= $$의 변수 내용에 주목
입력하신 인수는 총 2입니다.                              <= $#의 변수 내용
인수들의 전체 내용은 다음과 같습니다.
-l sh                                                   <= $*의 변수 내용
입력하신 인수를 이용하여 grep을 백그라운드로 실행합니다.
DiskUsageCheck.sh
Grep.sh
ShellTest1.sh
ShellTest2.sh
ShellTest3.sh
grep은 백그라운드 프로세스 ID: 764에서 실행되었습니다.   <= $!의 변수 내용
```

> **NOTE_** 특정 키워드 중에는 $? 변수도 있다. 이 변수의 경우, 유닉스에서 실행한 프로그램이 종료되면서 리턴한 값을 할당받아 가지고 있다. 이때 프로그램이 제대로 종료가 되었으면 0을 리턴하고 그외의 값을 리턴한 경우에는 에러나 문제가 발생한 경우이다.
>
> 예를 들어, 다음과 같은 내용이 쉘 스크립트에 포함된 경우를 생각해 보자.
>
> ```
> ls
> echo $?
> ```
>
> echo로 찍힌 $?의 값이 '0'이면 ls 명령이 제대로 수행되었음을 의미한다. 이 변수를 활용하면 마지막에 실행한 프로그램이 제대로 실행이 되었는지 확인할 수 있기 때문에 스크립트 내에서 프로그램을 테스트하는데 유용하게 활용할 수 있다.

'set' 명령을 이용하면 현재 쉘에서 사용되고 있는 변수들의 리스트를 확인할 수 있다. 다음은 set을 실행시킨 후 화면에 나타난 예이다.

```
% set
argv      ()
cwd       /jshin
filec
```

```
history 100
home    /jshin
path    (. /opt/sfw/bin /opt/j2sdk_nb/j2sdk1.4.2/bin /usr/xpg4/bin /
bin /opt/SUNWspro/bin /usr/ccs/bin /usr/sbin /usr/local/bin /usr/ucb
/usr/local/sbin /usr/openwin/bin /user/mmsc/bin /usr/bin)
prompt  [jshin(jshin):/jshin]%
shell   /bin/csh
status  0
system  jshin
term    xterm
user    jshin
```

> **NOTE_** 위의 화면은 C Shell에서 set을 실행시킨 예이다. Bourne Shell에서 실행시키면 약간 다른 내용이 나타날 것이다. 예를 들어 변수의 이름이 모두 대문자로 나온다든지...

위의 예에서 화면 왼쪽 줄에 있는 내용이 변수의 이름을 나타내고 오른쪽에 있는 내용이 변수가 가지고 있는 값을 의미한다. 예를 들어 마지막 줄에 있는 user가 변수가 되고 jshin이 값이 된다. 이때 user는 현재 사용자를 의미한다.

set을 이용하여 나타난 변수들은 대문자를 이용해도 된다. 다시 말해 다음과 같이 했을 때 동일한 결과가 나타난다.

```
% echo $user
jshin
% echo $USER
jshin
```

여기서 나타난 변수들은 Shell의 환경이나 사용자의 로그인 정보 등 다양한 값들을 가지고 있기 때문에 쉘 프로그래밍에서 무척 유용하게 활용할 수 있는 것들이다. 다음의 쉘 프로그램을 작성하고 실행해보면서 그 내용을 확인해 보도록 하자.

〈ShellTest4.sh〉

```
1    #!/bin/sh
2    echo "사용자의 홈 디렉토리: $HOME"
3    echo "사용자의 쉘 종류: $SHELL"
4    echo "사용자의 로그인 ID: $LOGNAME"
```

```
5       echo "현재 PATH에 잡힌 경로들: $PATH"
6       echo "현재 작업 디렉토리: $PWD"
```

위의 스크립트를 보면 각각의 변수와 그 변수가 가지고 있는 값이 무엇을 의미하는지 알 수 있을 것이다. 아래의 내용은 ShellTest4.sh 프로그램을 실행한 결과를 나타낸 것이다.

```
% ShellTest4.sh
사용자의 홈 디렉토리: /jshin
사용자의 쉘 종류: /bin/csh
사용자의 로그인 ID: jshin
현재 PATH에 잡힌 경로들: .:/opt/sfw/bin:/opt/j2sdk_nb/j2sdk1.4.2/bin:/usr/
xpg4/bin:/bin:/opt/SUNWspro/bin:/usr/ccs/bin:/usr/sbin:/usr/local/
bin:/usr/ucb:/usr/local/sbin:/usr/openwin/bin:/user/mmsc/bin:/usr/bin
현재 작업 디렉토리: /Book/Unix/1/4
```

쉘에서 변수를 사용할 때 변수에 값이 할당된 경우에는 변수가 가진 값을 사용하고 그렇지 않으면 디폴트의 다른 값을 활용하는 방법이 있다. 그리고 더 나아가 디폴트로 지정한 내용을 값이 할당되지 않은 변수 속에 할당하는 방법도 있다. 이러한 내용을 간단히 살펴보도록 하자.

먼저 변수에 할당된 값이 있으면 그 값을 사용하고 그렇지 않으면 디폴트로 지정한 다른 값을 사용하는 방법은 다음과 같다.

```
${X:-Y}
```

이 경우에 X라는 변수에 값이 있으면 X를 사용하고 그렇지 않으면 Y를 사용하게 된다.

위에서 사용한 ${X:-Y}의 경우 X에 값이 없으면 Y가 사용된다고 했는데, Y가 사용되고 난 뒤에도 X에는 여전히 아무런 값도 할당되지 않는다. 만일 이때 X에 Y의 값을 할당하고 싶으면 다음과 같이 한다.

```
${X:=Y}
```

만일 X라는 변수에 값이 할당되어 있지 않으면 더 이상 프로그램을 수행하지 않고 에러 메시지와 함께 종료하고 싶으면 다음과 같이 한다.

```
${X:?에러 메시지}
```

지금 소개한 내용을 이용하면 변수에 값이 할당되지 않아서 발생하는 문제를 해결하는데 도움이 된다. 그리고 값이 할당되지 않은 경우에 프로그램을 종료시켜야 할 때도 도움이 된다. 그럼 이러한 내용을 바탕으로 작성된 프로그램을 보도록 하자.

〈ShellTest5.sh〉
```
1       #!/bin/sh
2       ls ${arg1:--l}
3
4       ps ${arg2:="-ef"}
5       ps $arg2
6
7       grep ${arg3:?"인수가 비어서 프로그램을 종료합니다."}
8       ls
```

프로그램 코드를 보면 2번 라인에서 ls 프로그램을 실행시키면서 arg1 변수에 값이 없으면 -l 옵션을 이용하도록 만들었다. 물론 arg1 변수에 값이 할당되어 있으면 그걸 사용할 것이다. 4번 라인을 보면 ps 프로그램을 실행시키면서 arg2 변수에 값이 없으면 -ef 옵션을 이용하도록 작성이 되어있다. 이때 arg2에도 값이 할당되어서 5번 라인이 실행될 때, 4번 라인과 동일한 작업을 수행하게 된다.

7번 라인을 보면 arg3 변수에 값이 할당되어 있지 않으면 에러 메시지와 함께 종료가 되도록 하기 위해 ${X:?Y} 구문을 사용한 것을 볼 수 있다. 여기서 arg3에는 값을 할당한 것이 없으므로 프로그램은 여기서 종료가 된다. 따라서 8번 라인의 ls 프로그램은 실행이 되지 않는다. 위의 코드는 아주 간단한 내용이지만 버그가 없는 안정적인 프로그램을 작성하는데 아주 큰 도움을 받을 수 있는 내용들이다.

> **NOTE_** 특수 문자들의 기능을 해제해야 하는 경우가 있다. 예를 들어 name이라는 변수에 "$NAME"이라는 문자열을 그대로 입력하고 싶은 경우가 있을 것이다. 이런 경우에는 다음과 같이 해주면 된다.
>
> ```
> name=\$NAME
> ```
>
> 만일 이때 '\'를 사용하지 않으면 쉘은 NAME이라는 변수가 가진 값을 찾아서 입력하려 할 것이고 NAME에 아무런 값이 없으면 Null 값이 할당될 것이다.

제어문

프로그램의 흐름을 제어하는 제어문에는 크게 나눠서 조건문과 반복문이 있다. 조건문은 프로그램의 흐름이 조건을 만족하는 구문쪽으로 흘러가도록 만드는 것이고, 반복문은 원하는 횟수만큼 특정 구문이 반복 실행되도록 만드는 것을 의미한다. 이러한 제어문은 프로그램을 작성하는데 있어 아주 큰 비중을 차지하는데 쉘 프로그램도 예외는 아니다.

조건문

쉘에서 명령어들을 순차적으로 실행할 때 '||' 연산자와 '&&' 연산자를 이용하여 연산자 바로 뒤에 위치한 명령어가 조건에 따라 실행되도록 만들 수 있다. 이때 '||' 연산자는 앞의 명령어가 실패했을 때에만 연산자 뒤에 위치한 프로그램이 실행되도록 만든다.

이와 반대로 '&&' 연산자는 앞에서 실행한 명령어가 성공적으로 수행되었을 때만 실행되도록 만드는 연산자이다. 이들 연산자는 쉘 프로그램을 작성할 때 요긴하게 활용된다. 예를 들어 '||' 연산자의 경우, 명령어 실행이 실패했을 때 이 내용을 로그로 남기는 작업에 활용할 수 있을 것이다. 예를 들면 다음과 같다.

```
Run Command1 || echo 첫 번째 명령 실행 실패 >> log.txt
Run Command2 || echo 두 번째 명령 실행 실패 >> log.txt
```

위와 같이 작성해 두면 log.txt 파일에 실패한 명령에 대한 로그를 쉽게 작성할 수 있을 것이다. 아래와 같이 실패가 예상되는 명령에 대한 보완 명령 실행에 활용할 수도 있을 것이다.

```
ShellTest5.sh || chmod 755 ShellTest5.sh && ShellTest5.sh
```

위 문장을 간단히 설명하면, ShellTest5.sh 명령(프로그램)을 실행시키면서 그 명령이 실패했을 경우에 이를 해결하는 문장이다. 즉, 실패가 예상되는 경우 중 하나인 실행 권한을 부여하지 않은 문제를 해결하기 위한 명령이 || 연산자 뒤에 위치한다. 그리고 그 뒤에는 chmod가 제대로 실행되고 난 뒤, ShellTest5.sh 명령을 한번 더 실행하기 위해 && 연산자 뒤에 명령어 구문이 위치하고 있다.

'||', '&&' 연산자도 조건문을 만들고 처리하는데 유용하게 활용되지만, 조건문하면 뭐니뭐니

해도 가장 먼저 떠오르는 것은 if-else 구문일 것이다. 다른 프로그램 개발 언어와 마찬가지로 쉘 프로그램에서도 if-else 구문은 그냥 넘어갈 수 없는 아주 중요한 구문이다.

쉘에서 제공하는 if-else 구문은 크게 세 가지로 나뉘는데, 첫 번째는 if가 하나만 있는 경우이다. 이때는 if 조건을 만족할 때에만 해당 구문이 실행된다. 이때 사용되는 문법 형식은 다음과 같다.

```
if [ conditons ]
then
     실행하고자 하는 문장
fi
```

두 번째는 if 조건문과 else 문이 존재하는 경우이다. 이때는 if 조건을 만족할 때에는 if 절에 포함된 구문만 실행이 되고 else 절 속의 문장은 실행되지 않는다. 하지만 if 조건을 만족시키지 못할 경우에는 else 절에 포함된 구문이 실행된다. else 절 속의 문장이 실행되고 나면 조건문을 빠져나가게 된다. 이 구문의 형식은 다음과 같다.

```
if [ conditons ]
then
     조건 만족시 실행하고자 하는 문장
else
     조건 불만족시 실행하고자 하는 문장
fi
```

마지막 세 번째 경우는 여러 개의 if 문이 존재하는 if, else if, ... else 구문이다. 이 경우에는 if 문이 조건을 만족하면 if 문을 실행시키는 것은 앞에서 소개한 경우와 동일하다. 하지만 if 문이 조건을 만족시키지 못하는 경우, 그 다음에 있는 else if 문의 조건을 다시 조사하는 것이 다르다고 할 수 있겠다.

만일 else if 문 속의 조건이 맞으면 else if 문 속의 구문이 실행이 되고 맞지 않으면 다음에 있는 else if 문 속의 조건을 조사하는 작업을 시작한다. 만일 if나 else if 문 중 하나가 조건이 맞아서 실행이 되고 나면 그 뒤에 있는 else if 구문은 실행이 되지 않는다. 이 구문 형식의 문법은 다음과 같다.

```
if [ conditons ]
then
     첫 번째 조건 만족시 실행 문장
elif [ conditons ]
then
     두 번째 조건 만족시 실행 문장
else
     모든 조건문이 실행되지 않았을 때 실행 문장
fi
```

이번에는 if를 이용한 조건문의 예를 직접 보도록 하자. 아래의 예는 쉘 프로그램을 실행시키면서 함께 입력된 인수의 개수와 내용을 화면에 표시하는 프로그램이다. 이때 프로그램을 실행하면서, 조건문을 이용하여 인수가 두 개인 경우 또는 하나인 경우 또는 그 외의 경우에 대해 체크한 후, 조건에 따라 화면에 출력하는 내용을 달리한다.

〈IfTest1.sh〉
```
1    #!/bin/sh
2
3    if [ $# -eq 2 ]
4    then
5         echo "인수는 두개이며 내용은 <$1>, <$2> 입니다."
6    elif [ $# -eq 1 ]
7    then
8         echo "인수는 한개이며 내용은 <$1> 입니다."
9    else
10        echo "인수는 하나도 없거나 너무 많습니다."
11   fi
```

위의 예제 프로그램을 보면 인수의 개수를 체크하면서 "-eq" 연산자를 이용한 것을 볼 수 있다. -eq는 C에서 사용하는 '=='과 동일한 의미를 가진 것으로 좌우의 값이 똑같은지를 체크하는 연산자이다. 이렇게 조건문에서 사용되는 연산들에는 다음과 같은 것들이 있다.

■ 문자열 체크

[stringName] : 문자열이 널(Null) 인지 체크, Null 이 아니면 참

[-n stringName] : 문자열의 사이즈가 0 이상인지 체크, 0 이상이면 참

[-z stringName] : 문자열의 사이즈가 0 인지 체크, 0 이면 참

[stringNameA = stringNameB] : A 문자열과 B 문자열이 같은지 체크, 같으면 참

[stringNameA != stringNameB] : A 문자열과 B 문자열이 다른지 체크, 다르면 참

■ 숫자 대소 관계 체크

[intA -ge 100] : 숫자 A가 100보다 크거나 같은지 체크, 100 이상이면 참

[intA -gt 100] : 숫자 A가 100보다 큰지 체크, 100이 넘으면 참

[intA -le 100] : 숫자 A가 100보다 작거나 같은지 체크, 100 이하이면 참

[intA -lt 100] : 숫자 A가 100보다 작은지 체크, 100 미만이면 참

■ 파일 체크

[-r filename] : 해당 파일이 읽기 가능한지 체크

[-w filename] : 해당 파일이 쓰기 가능한지 체크

[-x filename] : 해당 파일이 실행 가능한지 체크

[-s filename] : 해당 파일의 사이즈가 제로 이상인지 체크

[-d filename] : 해당 파일이 디렉토리 파일인지 체크

[-f filename] : 해당 파일이 보통 파일인지 체크

[-h filename] : 해당 파일이 링크 파일인지 체크

■ 조건문의 결합

[조건문A -a 조건문B] : 조건문 A와 조건문 B과 모두 참인지 체크, -a는 AND와 동일

[조건문A -o 조건문B] : 조건문 A와 B중 참이 하나라도 있는지 체크, OR와 동일

if 조건문을 사용한 예를 하나 더 보면서 if 문을 마무리하자. 다음의 예는 인수로 파일 이름을 입력받은 후, 해당 파일이 읽기 가능하면 파일에 저장되어 있는 내용을 화면에 출력한다. 만일 해당 파일이 존재하지 않으면 해당 파일을 하나 생성한다. 이번 예제에서는 if 문 속에 if 문이 하나 더 존재하는 다중 if문이 사용되었다.

⟨IfTest2.sh⟩

```
1    #!/bin/sh
2
3    if [ $# -eq 1 ]
4    then
5        if [ -r $1 ]
6        then
7            cat $1
8        else
```

```
9                    echo "존재하지 않는 파일이군요."
10                   echo "그럼, $1 파일을 직접 만들어 봅시다."
11                   echo "데이터를 입력한 후 Ctrl-C를 누르세요..."
12                   cat > $1
13           fi
14      else
15           echo "파일 이름을 넣지 않았습니다. 다시 실행해 주세요."
16      fi
```

위의 프로그램을 직접 코딩하고 테스트해보면 인수로 입력한 파일이 없다면 파일을 직접 만드는 것을 볼 수 있을 것이다. 그리고 파일을 만들면서 사용자가 입력한 내용이 새로 생성된 파일 속에 입력되는 것을 확인할 수 있을 것이다.

지금까지 조건문에서 가장 많이 활용되고 있는 if 구문을 살펴보았는데, 쉘에서는 조건문을 위해 if 문 외에 case 구문도 제공하고 있다. 눈치가 빠른 독자는 case 문이라고 했을 때 대충 짐작을 했을 텐데, case 문은 바로 일반 언어에서 제공하고 있는 switch 문과 동일한 기능을 제공하는 구문이다.

case 문은 아래와 같은 형식을 가지고 있다.

```
case $변수명 in
문장1)
    첫 번째 명령어 ;;
문장2)
    두 번째 명령어 ;;
문장3)
    세 번째 명령어 ;;
*)
    Default 명령어 ;;
esac
```

위의 형식에서, case 키워드 바로 뒤에 있는 변수가 가지고 있는 값이 문장1과 동일하면 첫 번째 명령어가 수행되고 문장2와 동일하면 두 번째 명령어가 수행된다. 만일 문장 1~3 중에 일치하는 문장이 없으면 Default 명령어가 실행이 된다. Default 명령어를 제거하고 싶으면 '*' 조건과 Default 명령 부분을 제거하면 된다. case 문은 마지막에 "esac"를 기술하면서 구문이 종료하게 된다. 그러면 case 문의 예제를 보도록 하자.

⟨caseTest.sh⟩
```
1    #!/bin/sh
2
3    case $1 in
4    ls)
5        ls ;;
6    ps)
7        ps ;;
8    pwd)
9        pwd ;;
10   *)
11       echo "인수를 넣지 않았거나 존재하지 않는 명령어입니다."
12   esac
```

> **NOTE_** case문을 끝내기 위해 사용한 esac는 case를 거꾸로 적은 글자이다. case:esac 누가 이런 발상을 했는지, 유치한 것 같기도 하고, 기발한 것 같기도 하고…^^

위의 예제를 실행시켜보면, 인수로 ls를 입력하면 ls 명령어가, ps를 입력하면 ps 명령어가, pwd를 입력하면 pwd 명령어가 각각 실행된다. 만일 그 외의 인수를 넣거나 또는 인수를 넣지 않으면 echo에 입력한 문장이 화면에 나타나게 된다.

반복문

반복문은 정해진 구간의 구문을 정해진 조건이 만족되는 동안 반복해서 실행하는 구문을 뜻한다. 다른 기타 언어에서와 마찬가지로 이 구문은 무척 중요한 구문으로 쉘에서도 반복문을 수행하는데 어려움이 없도록 여러 종류의 명령을 제공하고 있다.

먼저 반복문을 위한 구문 중 하나인 while 문을 보도록 하자. while 문은 조건을 만족하는 동안 내부에 가지고 있는 구문(do와 done 사이)을 반복해서 실행하는 문으로 다음과 같은 형식을 갖고 있다.

```
while [ 조건 ]
do
    명령어 구문
done
```

while 문의 간단한 예를 보도록 하자. 이 예제는 쉘 프로그램을 실행하면서 같이 입력한 인수들을 하나씩 실행하는 프로그램이다.

⟨ **WhileTest.sh** ⟩

```
1       #!/bin/sh
2       while [ $# -gt 0 ]
3       do
4               echo "< $1 명령 실행 >"
5               $1
6               shift
7       done
```

아래는 위의 프로그램을 실행했을 때의 모습이다.

```
% WhileTest.sh ls pwd ps
< ls 명령 실행 >
WhileTest.sh
< pwd 명령 실행 >
/data/jshin/UnixTest
< ps 명령 실행 >
    PID TTY          TIME CMD
   1682 pts/20       0:00 csh
   1724 pts/20       0:00 WhileTes
```

위의 예를 보면 shift 명령어를 사용한 것을 볼 수 있다. shift 명령어는 인수로 들어온 내용을 하나씩 옮겨가는 기능을 한다. 즉, shift가 한 번 실행되면 $1은 $0가 되고 $2는 $1이 된다. 따라서 인수만큼 shift가 실행된 후에는 while의 조건문이 거짓이 되고 do~done 사이의 구문은 반복 실행을 멈추게 된다.

While 구문과 대비되는 반복문에는 Until 구문이 있다. While 구문이 조건이 참인 동안 반복실행을 하는 것과는 달리, Until 구문은 조건이 거짓인 동안만 해당 구문을 반복 실행한다. 그리고 조건이 참이 되는 순간 Until 구문은 종료된다. 위에서 사용했던 WhileTest.sh 예제를 Until 구문에 맞게 바꾸면 다음과 같다. 예제 코드를 보면 조건문이 변경된 것을 알 수 있다.

```
#!/bin/sh
until [ $# -le 0 ]
do
    echo "< $1 명령 실행 >"
    $1
    shift
done
```

While과 Until 구문 외에 반복문에서 효과적으로 활용할 수 있는 구문으로 For 구문이 있다. 쉘에서 제공하는 For 구문 또한 C언어 또는 기타 언어에서와 사용 목적이 동일하지만 문법 형식에는 약간 차이가 있다. For 구문의 형식부터 보면 다음과 같다.

```
for 변수명 in value1 value2 ...
do
    반복 실행 문장
done
```

위의 구문 형식을 보면 for 키워드 뒤에 "변수명"이 있고 in 키워드 뒤에 값들이 나열되는 것을 볼 수 있는데, for 문은 in 뒤에 있는 값이 하나씩 "변수명" 속에 할당이 되면서 값의 할당이 끝날 때까지 do~done 사이의 문장을 반복 실행하게 된다. 그리고 문장을 반복 실행하면서 "변수명"에 할당된 값들을 하나씩 활용하거나 하면 된다. 위에서 사용했던 예제를 for 문을 이용하여 변경하면 다음과 같다.

```
#!/bin/sh
for variable in $*
do
    echo "< $variable 명령 실행 >"
    $variable
done
```

위의 예문을 보면 variable 이라는 변수를 선언했고, in 키워드 뒤에는 인수로 들어온 모든 문자열($*)을 사용 값으로 선언한 것을 알 수 있다. 이제 for 문이 반복 실행되면서 variable에는 $1부터 하나씩 할당이 되고 원하는 작업들이 실행되는 것을 볼 수 있다.

쉘에서도 다른 언어처럼 break 문과 continue 문을 제공하고 있는데 이들이 수행하는 작업도 다른 언어와 그것과 동일하다. 즉, break 문을 만나면 해당 반복 구문의 실행이 중지되면서 반복 구문 밖으로 실행 포인터가 옮겨간다. 반면에 continue 구문을 만나게 되면 실행 포인터는 continue 밑의 문장을 실행하지 않고 바로 다음 반복 구문으로 실행을 옮기게 된다. 그러면 break와 continue를 활용한 예문을 직접 보도록 하자.

⟨BreakContinue.sh⟩
```
#!/bin/sh
for variable in $*
do
    if [ $variable = java ]
    then
        echo "이번 에디션에서 자바 언어는 다루지 않습니다."
        continue
    elif [ $variable = quit ]
    then
        echo "Quit을 만나 for 문을 종료합니다."
        break
    else
        echo "$variable 언어는 이번 에디션에서 다루는 언어입니다."
    fi
    echo "다음 언어를 체크합니다..."
done
```

위의 예제를 보면 각각의 인수에 대해 java와 quit이라는 단어가 있는지 체크를 하고 만일 java와 quit이 아니면 "...언어는 이번 에디션에서 다루는 언어입니다."이라는 문장과 "다음 언어를 체크합니다..."라는 문장을 화면에 출력하게 된다. 만일 java를 만나게 되면 continue가 실행되어 "다음 언어를 체크합니다..."라는 문장은 출력되지 않고 바로 다음 반복문이 실행된다. 그리고 quit을 만나면 break가 실행되어 for 문을 빠져나가게 된다. 위의 예제를 직접 실행해 보면 다음과 같다.

```
% BreakContinue.sh c c++ java shell quit tcl perl
c 언어는 이번 에디션에서 다루는 언어입니다.
다음 언어를 체크합니다...
c++ 언어는 이번 에디션에서 다루는 언어입니다.
다음 언어를 체크합니다...
이번 에디션에서 자바 언어는 다루지 않습니다.
shell 언어는 이번 에디션에서 다루는 언어입니다.
다음 언어를 체크합니다...
Quit을 만나 for 문을 종료합니다.
```

> **NOTE_** 소개되는 예제 소스들은 꼭 코딩 및 실행을 해보기 바란다. 그리고 코딩과 실행을 할 때는 기계적으로 실행하고 "어, 되네"하면서 그냥 넘어가지 말고, 이 예제를 어떻게 활용할지 고민도 하고 변경도 해보면서 넘어가기 바란다. 자기 것으로 남지 않으면 아무리 좋은 예문도 별 도움이 되지 않는다.

지금까지 제어문의 주요 구문인 조건문과 반복문을 살펴보았는데, 마지막으로 도움이 될만한 예제를 하나 만들어 보면서 제어문 부분을 마무리하도록 하자. 아래의 예제(runCmd)는 여러 개의 쉘 명령어를 한꺼번에 실행하도록 만들어주는 예제이다. 즉, 다음과 같이 구동을 시킬 수 있다.

```
% runCmd ls ps
% runCmd ls -l ps
% runCmd ls ps -ef
% runCmd ls -l ps -ef
```

예제에는 쉘 명령어가 옵션이 있는지 여부를 체크하고, 옵션이 있으면 옵션과 함께 명령어를 실행하고 옵션이 없으면 명령어만 실행하는데, 이를 위해 while 문과 다중 if 문 그리고 case 문이 활용되었다. 코드는 다음과 같다.

〈 runCmd 〉

```
1       #!/bin/sh
2       commandName=0
3       commandOption=0
4       complete=0
5
6       while [ $# -gt 0 ]
7       do
8               case $1 in
9               -*)
10                      commandOption=$1 ;
11                      complete=2 ;
12                      shift ;;
13              *)
14                      if [ $complete = 0 ]
15                      then
16                              commandName=$1
17                              complete=1
```

```
18                          shift
19                          if [ $# = 0 ]
20                          then
21                                  $commandName
22                          fi
23                  elif [ $complete = 1 ]
24                  then
25                          $commandName
26                          commandName=$1
27                          shift
28                          if [ $# = 0 ]
29                          then
30                                  $commandName
31                          fi
32                  fi ;;
33          esac
34          if [ $complete = 2 ]
35          then
36                  $commandName $commandOption
37                  complete=0
38          fi
39      done
```

코드를 보면 4번 라인에 complete 변수가 나오는데 이 변수는 인수에서 명령어를 읽었을 때 1로 세팅이 된다. 그리고 옵션까지 읽고 나면 2로 세팅이 된다. 프로그램은 complete 변수를 이용하여 명령어를 실행한다. 예를 들어, complete이 2가 되면 옵션을 이용하여 명령어를 실행하고, complete이 1인 상태에서 다음에 오는 인수가 옵션이 아니면 먼저 읽어들인 명령어를 그냥 실행한다. 명령어를 실행하고 나면 다시 0으로 세팅된다.

19~22번 라인과 28~31번 라인을 보면 아래의 문장이 반복되는데, 이는 shift가 끝까지 실행이 되고 나면 마지막에 남아있는 명령어의 실행 여부와 상관없이 while 문이 종료되기 때문에 이를 방지하기 위해 삽입된 문장이다. 이 문장은 마지막 명령어에 옵션이 없을 때 실행된다.

```
if [ $# = 0 ]
then
    $commandName
fi
```

C나 기타 언어에서는 위와 같이 반복되는 코드는 함수로 만들어 호출하는 경우가 많다. 함수를 만들어 사용하면 보다 구조적인 프로그램을 작성할 수 있는데 쉘에서도 함수를 만들고 사용할 수 있다.

함수 작성

별 다른 설명 없이도 함수(또는 메소드)를 작성하고 사용하면 좋다는 것은 모두 공감할 것이다. 다만 함수를 어떻게 효율적으로 잘 만들고 잘 활용하냐가 문제일 뿐이다. 이번에는 쉘에서 어떻게 함수를 만들고 호출하는지 알아보도록 하자.

쉘에서 함수를 만들기 위해 사용하는 구문은 다음과 같고 스크립트의 시작부에 정의가 되어야 한다.

```
함수명()
{
    함수 내용
}
```

함수를 사용할 때는 정의된 함수의 이름만 호출하면 된다. 만일 함수에 인자를 넘기려면 함수 이름 옆에 인자로 넘길 문자열을 나열해주면 된다. 인자와 함께 함수를 호출했을 때, 함수 내부에서 인자를 사용하는 방법은 쉘 프로그램을 호출하면서 인자를 넘겼을 때 사용하는 방법과 동일하다. 즉, $1... 등을 사용하면 된다. 그럼 간단한 예제를 보면서 함수 부분을 마무리 하도록 하자.

아래의 예제는 특별한 기능이 없는 함수를 만들고 호출하는 것을 보여주고 있다. 한 함수는 인자가 없이 호출되는 것을, 또 다른 함수는 인자와 함께 호출되는 것을 보여주고 있다.

〈 funcTest.sh 〉
```
#!/bin/sh
withoutArg()
{
        echo "Run withoutArg() Function"
}
withArg()
{
        echo "Run withArg() Function"
```

```
        while [ $# -gt 0 ]
        do
                echo "Func with $1"
                shift
        done
}

withoutArg
withArg Jae H Shin
```

함수를 만들고 사용하는걸 즐겨야 한다. 또한 함수를 만들 때는 재활용할 것을 항상 염두에 두고 보다 완성도 높은 함수를 만드는데 신경을 써야 하고 또한 만들어진 함수는 잘 관리해서 나중에 동일한 코드를 만드느라 시간을 낭비하는 일이 없도록 해야 한다.

02 쉘 프로그래밍

지금까지 쉘 프로그래밍을 위한 문법 부분을 공부했다. 문법 부분을 공부하면서 프로그램을 작성하기 위한 방법과 해당 예제들을 살펴보았다. 이번에는 1절에서 배운 내용들을 조금 더 심도 있게 배우면서 도움이 될 만한 명령어 등도 함께 익혀보도록 하자.

> **NOTE_** Part II~Part IV에서도 계속해서 쉘 프로그램이 등장한다. 그때는 쉘 프로그램을 작성한 후 C언어 등으로 만든 시스템에서 이를 호출하여 사용한다.

AWK 사용

쉘 프로그래밍을 하기 위해 코딩을 하면서 아주 유용하게 사용할 수 있는 구문이 awk 구문이다. awk 구문이 사용된 예제가 이미 앞에서 한 번 등장했었는데, 바로 쉘 프로그래밍을 소개하면서 가장 먼저 등장했던 예제인데 다시 한번 보자.

> **NOTE_** 앞에서 말한 바와 같이 이번에 이 예제(DiskUsageCheck.sh)를 다시 설명한다. 이 예제는 다음 절에서 C 코드가 호출하는 쉘 프로그램의 예로 활용된다.

〈DiskUsageCheck.sh〉

```sh
#!/bin/sh

usage=df -k $1 | /bin/awk '{ rem = 0 } { n += 1 } { a = $3 } { b = $4} \
n == 2 { rem = int(a/(a+b) * 100); print rem} \
END { }'

if [ $usage -ge 90 ]
then
    echo "DISK($usage) - 심각한 상태"
elif [ $usage -ge 70 ]
then
    echo "DISK($usage) - 주의요망 상태"
else
    echo "DISK($usage) - 양호한 상태"
fi
```

위의 프로그램을 보면 "df -k $1" 명령을 수행하고 결과로 나온 메시지를 awk 명령어에게 넘겼다. 그리고 awk 명령어가 그 메시지를 이용하여 각종 계산을 수행한 후에 최종 결과 값을 usage라는 변수에 할당을 하였다. 그런 다음 if 문에서 usage에 할당된 값에 따라 화면 출력을 달리 하고 있다.

> **NOTE_ 명령어 대치**
>
> 위의 프로그램을 보면 usage='~' 라고 나온 부분이 있다. 이렇게 변수에 값을 할당하면 변수에는 '~' 속의 문장이 할당되는 것이 아니고 '~' 문장이 수행되고 난 뒤의 결과가 할당된다.
>
> 예를 들어 다음과 같은 문장의 경우,
>
> ```
> data=date
> ```
>
> 라고 했을 때, data라는 변수에는 "date"라는 문장이 할당되는 것이 아니고 date 명령어가 수행되고 난 뒤의 결과물이 할당된다. 즉 아래와 같은 문장을 수행하면,
>
> ```
> echo $data
> ```
>
> 결과는 다음과 같다.
>
> ```
> 2003년 11월 21일 금요일 오전 12시 23분 22초
> ```
>
> 이러한 것을 "명령어 대치"라고 부른다.

여기서 주목하고자 하는 부분은 awk가 사용된 문장이다. 먼저 간단히 위의 문장을 설명한 후 awk 명령어의 사용법에 대해 자세히 알아보도록 하자. 예문을 보면 awk를 사용하면서 가장 먼저 rem 이라는 변수를 0으로 초기화한 것을 볼 수 있다.

그런 다음 df –k에서 출력된 문장을 한 라인씩 읽으면서 3번째 단어와 4번째 단어를 각각 a와 b에 할당을 한다. 그러다 읽어들인 문장이 두 번째 문장이면 디스크 사용량을 백분율로 환산하기 위해 "int(a/(a+b) * 100)" 이라는 연산을 실행한다. 연산이 끝나면 그 결과 값을 rem 변수에 할당하고 print 한다.

> **NOTE_** "df –k $1" 명령을 실행하면 첫 번째 줄에는 설명문이 나오고 두 번째 문장에는 $1 인수로 들어온 디스크에 대한 정보가 나오는데, 3번째와 4번째에 나오는 값은 각각 이미 사용된 양과 사용 가능한 양이 나온다.

AWK라는 이름은 AWK를 개발한 개발자들의 이름에서 첫 글자를 모아서 명명했다. 개발자들은 Aho, Weinberger 그리고 Kernigham 이었는데, 이들은 패턴 조작 및 연산을 효과적으로 수행할 툴킷을 만들기 위해 노력했고 그 결과물이 바로 AWK이다. AWK는 명령 수행 결과나 파일에 저장된 데이터 내용을 한 라인씩 읽어 들이는 기능과 라인 속의 각 단어들을 끊어내고 조작 및 연산할 수 있는 기능 등을 제공하고 있다.

이러한 기능들로 인해 일반 자료들을 원하는 형태로 가공하여 정보화하는 것에 많은 도움을 받을 수 있다. 많은 프로그래머들이 AWK를 이용하여 쉘 프로그램을 작성하는 이유가 바로 여기에 있다. 그러면 AWK의 문법 형식부터 살펴보도록 하자.

AWK는 다음과 같은 형식으로 사용이 된다.

```
파일에서 데이터를 얻어오려면:
awk '패턴 {실행문} 패턴 {실행문} ... 패턴 {실행문}' 파일명
```

파일이 아닌 명령 수행 결과에서 원하는 데이터를 추출하려면 다음과 같이 한다.

```
명령 수행 | awk '패턴 {실행문} 패턴 {실행문} ... 패턴 {실행문}'
```

> **NOTE_** 만일 연속된 "패턴 {실행문}" 구문을 여러 라인으로 바꾸려면 다음과 같이 한다.
>
>   패턴 {실행문} \
>   패턴 {실행문} \
>   패턴 {실행문} ...

awk에서 사용할 구문을 파일에 작성해 둔 뒤, awk에서 해당 파일을 사용할 수도 있다. 이럴 때는 "-f" 옵션을 준 뒤, 명령어가 작성된 파일을 나열해주면 된다. 이 기능을 활용하면 마치 함수를 호출해서 사용하는 것 같은 효과를 얻을 수 있다. 즉, 많이 사용될 내용을 파일로 미리 작성해둔 뒤, 필요할 때 해당 파일을 붙여서 사용하면 된다.

예를 들어 다음의 문장으로 된 "func1"이라는 파일을 만들었다고 하자.

```
{ print $1 }
```

이제 다음과 같이 실행하면 된다.

```
awk -f func1 diskUsage.sh
```

그러면 diskUsage.sh 파일 속에 있는 각 라인의 문장들 중, 첫 번째 단어들이 화면에 출력된다.

패턴에 들어갈 수 있는 키워드로는 "BEGIN"과 "END" 그리고 "각종 수식"이 들어갈 수 있다. 이때 "BEGIN"은 데이터를 읽기 전에 실행하는 문장을 정의할 때 사용한다. "END" 키워드는 awk가 모든 데이터를 읽은 후에 실행하는 문장을 정의할 때 사용된다. 그리고 "각종 수식"의 경우, 일반 조건문처럼 수식을 실행한 후 결과가 제로(0)나 널(Null)이 아닐 때 이어서 나오는 문장을 실행하게 된다.

수식이나 실행문에는 C 언어 등에서 제공하는 각종 연산자를 대부분 활용할 수 있다. 예를 들어, +=, -=, *=, ++, --, ||, &&, ==, <=, != 등의 연산자도 사용할 수 있다. 그리고 awk 내부에서도 조건문과 반복문을 그대로 적용할 수 있다. 이러한 기능들 때문에 awk 자체를 하나의 작은 개발 도구로 인식하기도 한다.

AWK 문을 활용하면서 내부에 자동 할당되어 있는 변수를 활용할 수도 있다. 이러한 변수에는 입력된 파일의 이름을 가지고 있는 "FILENAME", 현재 행의 번호를 가지고 있는 "NR", 현재 행의 단어의 개수를 가지고 있는 "NF", 입력 단어의 분리자인 "FS"와 출력 단어의 분리자인 "OFS"등이 있다.

그러면 지금까지 소개한 키워드와 변수를 활용한 예제를 보도록 하자. 아래의 예제는 회원의 정보가 입력된 파일을 읽은 후, 출력하고자 하는 양식에 맞게 내용을 변경하고 총 입력된 회원의 수가 얼마인지 표시하는 프로그램이다.

⟨awkTest.sh⟩
```
#!/bin/sh
/bin/awk \
'BEGIN { FS = "|"; print "   === 주소록 출력 ==="; print "" } \
    { n += 1 } { name = $1 } { telNo = $2 } \
    { mobNo = $3 } { addr = $4 } \
    { print "   < " name " >" } \
    { print "   전화번호 : " telNo } \
    { print "   휴대폰 : " mobNo } \
    { print "   주소 : " addr; print "" } \
END { print "총 " n " 명의 주소가 수록되어 있군요." }' \
address.txt
```

예제에 사용된 "address.txt" 파일은 아래와 같이 구성되어 있다.

⟨address.txt⟩
```
신재호|02-123-4567|019-1234-5678|서울시 구로구
박정연|02-987-6543|016-9876-5432|서울시 도봉구
김성범|02-345-6789|011-3456-7890|서울시 종로구
```

프로그램과 주소록을 보면 구분자로 '|'이 사용되었음을 알 수 있다. 이는 프로그램의 시작에서 FS 변수를 '|'로 변경하였기 때문에 토큰 분리가 가능했다. 만일 FS 변수에 특별한 값을 입력하지 않으면 공백 문자가 구분자로 사용된다. 이제 프로그램을 수행하고 결과를 보건 다음과 같다.

```
$ ./awkTest.sh

    === 주소록 출력 ===

    < 신재호 >
    전화번호 : 02-123-4567
    휴대폰 : 019-1234-5678
    주소 : 서울시 구로구

    < 박정연 >
    전화번호 : 02-987-6543
    휴대폰 : 016-9876-5432
    주소 : 서울시 도봉구

    < 김성범 >
    전화번호 : 02-345-6789
    휴대폰 : 011-3456-7890
    주소 : 서울시 종로구

총 3 명의 주소가 수록되어 있군요.
```

> **NOTE** 조건문을 이용하여 위의 예제 프로그램(awkTest.sh)을 변경해 보자. 예를 들어, 주소록에 나이 정보를 입력한 후, 나이가 30세 이상 되는 사람만 출력되도록 프로그램을 변경해 본다든지 성씨별로 출력하도록 만든다든지 말이다.

SED 사용

SED는 스트림 에디터(Stream EDitor)의 약자인데, 주된 목적은 대상이 되는 파일의 내용을 원하는 형태로 변경하는 것이다. 이 프로그램 또한 AWK처럼 대상이 되는 파일이나 데이터를 한 라인씩 읽어들이면서 정해진 연산을 수행해 나간다. 이때 수행되는 연산은 대부분 그 라인의 내용을 수정하는 작업이 된다. 마지막으로 작업이 종료된 후에는 기존의 파일은 원하는 형태로 변경이 끝난 파일로 남게 된다.

SED는 데이터 파일 속에서 특정 패턴을 다른 패턴으로 대체하거나 또는 해당 패턴을 모두 삭제하거나 또는 특정 내용별로 정리된 파일을 만들거나 할 때 유용하게 사용할 수 있다. SED에서 사용하는 옵션에는 "-n"과 "-e" 그리고 "-f" 등이 있다. -n은 출력 생성에 대한 옵션으로, 옵션이 사용되면 프린트 명령이 있을 때만 출력 생성이 이루어지게 된다. -f 옵션은 AWK

에서와 마찬가지로 명령어 집합이 있는 스크립트 등 파일을 지정할 때 사용된다.

SED에서 사용되는 명령어 키워드는 vi 에디터에서 사용되는 키워드들과 유사한데, 이들을 소개하면 다음과 같다.

- ✓ 문자열 삽입 : i
- ✓ 새로운 행을 추가 : a
- ✓ 행의 삭제 : d
- ✓ 특정 문자열을 다른 문자열로 변환 : s
- ✓ 특정 행을 다른 행으로 변환 : c
- ✓ 출력 : p

그러면 SED를 이용하여 파일을 변경하는 간단한 예제를 만들어 보자. AWK의 예제에서 사용되었던 것과 유사한 프로그램으로, 아래와 같은 주소록 파일이 있다고 가정을 해보자.

⟨ address.txt ⟩
```
JAE|02-123-4567|019-1234-5678|SEOUL GURO
PARK|02-987-6543|016-9876-5432|SEOUL SUYU
KIM|02-345-6789|011-3456-7890|PUSAN SU
```

그런데 운용자의 불찰로 "SHIN"이라는 성이 들어가야 할 자리에 "JAE"라는 이름을 입력하여 주소록에 약간 문제가 발생되었다. 그래서 JAE를 SHIN으로 바꾸는 작업을 스크립트를 이용하여 해결하려 한다. 이때 sed를 이용하여 간단히 이 문제를 해결하면 다음과 같다.

⟨ sedTest.sh ⟩
```
#!/bin/sh
/bin/sed \
        s/JAE/SHIN/g  \
        address.txt > \
newAddress.txt
```

이제 새로운 주소록인 newAddress.txt 파일이 생성되고 이 속에는 JAE라는 이름이 모두 SHIN이라는 성으로 변경되어 있다.

> **NOTE_** sed의 기능과 활용법은 모두 나열할 수 없을 만큼 많다. 파일과 관련된 작업은 무조건 sed로 해결하려는 개발자도 있을 정도이다. 만일 파일 변환 작업 등에서 일이 잘 안풀릴 때, sed의 활용을 고민해보는게 어떨까.

GETOPTS 사용

프로그램을 만들고 사용할 때 옵션을 잘 처리해야 하는 경우가 많다. 윈도우 환경의 GUI 프로그램보다 터미널에서 명령어 라인 인터페이스를 훨씬 많이 사용하는 유닉스 환경에서는 더욱 그러하다. 옵션에 따라 명령어의 실행 결과가 완전히 달라지는 경우도 있다.

프로그램을 만드는 입장에서 옵션을 처리하는 것이 쉬운 문제는 아니다. 옵션에 따라 순서가 필요한 경우도 있고 인수의 개수가 달라야 하는 경우도 있다. 그리고 연속된 옵션의 조합을 고려해야 하는 경우도 있다. 이러한 문제를 보다 쉽게 해결하기 위해 사용하는 명령어로 getopts가 있다.

getopts는 명령어가 실행되면서 사용되었던 옵션(파라미터)을 분석한 후, 패턴에 맞게 이를 구분할 수 있도록 만들어 준다. 유닉스 쉘에서 제공하는 명령어처럼 활용되기를 원하는 프로그램을 작성할 때, getopts를 사용하면 많은 도움을 받을 수 있다.

예제를 직접 만들어보면서 getopts 명령어를 익혀보자. 아래와 같은 인수를 이용하는 프로그램을 만든다고 하자.

- ✓ 인수가 없는 경우 : 프로그램이 실행되지 않는다.
- ✓ -a, 또는 -c : 프로그램을 a 또는 c 옵션에 맞게 실행한다.
- ✓ -b 문자열 : 문자열이 있으면 프로그램 실행, 없으면 실행하지 않는다.
- ✓ -ac : 프로그램을 a 옵션과 c 옵션으로 각각 실행한다.
- ✓ -ab 문자열 : a 옵션으로 프로그램 실행 후, 문자열과 함께 b 옵션으로 프로그램 실행한다.

그러면 코드를 작성해 보자.

⟨ getopts.sh ⟩
```sh
#!/bin/sh
while getopts ":ab:c" Option
do
    case $Option in
```

```
        a ) echo "A 옵션으로 프로그램 실행 " ;;
        b ) echo "$OPTARG 데이터와 함께 B 옵션으로 프로그램 실행" ;;
        c ) echo "C 옵션으로 프로그램 실행" ;;
    esac
done
exit 0
```

코드를 보면, ":ab:c" 문장을 볼 수 있다. 여기서 콜론(:)이 뒤에 붙어있지 않은 a와 c는 부가 정보가 필요없음을 나타내고 콜론이 뒤에 붙은 b는 부가 정보가 필요한 옵션임을 나타낸다. 그리고 프로그램 코드의 제일 마지막에 나온 exit 구문은 뒤에 나온 상태로 프로그램을 종결시킨다.

아래는 위의 프로그램을 실행한 결과를 보여주고 있다.

```
% getoptsTest.sh -ab string
A 옵션으로 프로그램 실행
string 데이터와 함께 B 옵션으로 프로그램 실행
% getoptsTest.sh -ac
A 옵션으로 프로그램 실행
C 옵션으로 프로그램 실행
```

실제 사용 프로그램

도움이 될만한 쉘 프로그램 코드를 보면서 이번 절을 마무리하도록 하자. 약간 복잡하지만 실제 사용 예를 보는 것이기 때문에 쉘 프로그램의 가치를 이해하는데 많은 도움이 될 것이다. 이번에 살펴볼 프로그램은 선에서 제공하고 있는 which 프로그램의 소스 코드인데, 지금까지와는 달리 C Shell을 사용하고 있다.

> **NOTE** 코드 내용이 이해가 되지 않더라도 부담 갖지 말고 분석을 시도해보기 바란다.

⟨ /bin/which ⟩
```
#! /usr/bin/csh -f
#
# Copyright(c) 1997, by Sun Microsystems, Inc.
# All rights reserved.
#
```

```csh
#ident "@(#)which.csh   1.4     97/04/23 SMI"
#
#       which : tells you which program you get
#
# Set prompt so .cshrc will think we're interactive and set aliases.
# Save and restore path to prevent .cshrc from messing it up.
set _which_saved_path_ = ( $path )
set prompt = ""
if ( -r ~/.cshrc && -f ~/.cshrc ) source ~/.cshrc
set path = ( $_which_saved_path_ )
unset prompt _which_saved_path_
set noglob
foreach arg ( $argv )
    set alius = alias $arg
    switch ( $#alius )
        case 0 :
            breaksw
        case 1 :
            set arg = $alius[1]
            breaksw
        default :
            echo ${arg}: "       " aliased to $alius
            continue
    endsw
    unset found
    if ( "$arg:h" != "$arg:t" ) then     # head != tail, don't search
        if ( -e $arg ) then              # just do simple lookup
            echo $arg
        else
            echo $arg not found
        endif
        continue
    else
        foreach i ( $path )
            if ( -x $i/$arg && ! -d $i/$arg ) then
                echo $i/$arg
                set found
                break
            endif
        end
    endif
    if ( ! $?found ) then
        echo no $arg in $path
    endif
end
```

위의 코드를 보면 사용하는 키워드들이 C 언어와 유사한 것을 볼 수 있지만 C 언어에서는 볼 수 없는 특이한 키워드인 foreach가 사용된 것을 볼 수 있다. foreach 구문은 foreach 뒤에 있는 문자열의 개수 만큼 구문을 반복 실행시키는 반복문의 일종이다.

which 프로그램을 간단히 설명하면 특정 프로그램의 위치가 어디에 있는지를 알려주는 프로그램으로, 프로그램의 위치를 검색할 때는 현재 디렉토리와 PATH로 설정된 디렉토리 속에서 검색을 수행한다. 다음은 프로그램의 실행 결과를 보여주고 있다.

```
% which java gcc
/opt/j2sdk_nb/j2sdk1.4.2/bin/java
/opt/sfw/bin/gcc
```

> **NOTE_** 쉘 프로그램의 실제 사용 예는 헤아릴 수 없을 만큼 많다. 지금까지 소개한 내용만으로도 간단한 기능을 제공하는 쉘 프로그램을 작성할 수는 있겠지만 복잡한 쉘 프로그램을 작성하는데는 한계가 있다. 깊이 있는 코드를 작성하기를 원한다면 쉘 프로그램만을 전문으로 다룬 서적을 이용하는 것도 좋은 방법일 것이다.

03 쉘 스크립트 호출하기

지금까지 쉘 프로그램을 작성하는 방법과 사용 예 등을 보았다. 이제 주목하려는 것은 '작성된 쉘 프로그램을 어떻게 가져다가 사용할 수 있는가'이다. 다시 말하면 C 언어로 작성한 프로그램에서 쉘 스크립트를 어떻게 호출하며, 쉘 스크립트에서 실행한 결과값을 어떻게 가져와서 사용하는지를 알고 싶은 것이다.

C로 작성한 프로그램에서 쉘 프로그램을 자유자재로 사용할 수 있다면 이제 쉘 프로그램은 C 프로그램의 일부분으로 훌륭한 역할을 수행할 수 있을 것이다. 즉, C 언어로 작성하기 힘들지만 쉘에서 구현하기 쉬운 부분이라면 쉘을 통해 문제를 해결하는 것이다.

인터프리터형인 쉘 프로그램과 컴파일러형인 C 프로그램 등이 결합하면 또 다른 장점이 있다. 먼저, 프로그램 개발 단계인 디자인 타임에서 결정된 내용들은 컴파일 과정과 링크 과정을 거쳐야하는 C 언어로 작성을 하고 실행 단계인 런타임시에 수정이 예상되는 코드 부분들은 쉘 프로그램으로 작성해둔다.

그런 다음 런타임시에 쉘 스크립트의 코드만 변경하면 컴파일과 링크 과정없이 프로그램을 변경할 수 있다. 물론 프로그램 개발 초기에 설계를 잘해야 하고, 런타임시에 반영이 불가능한 부분도 있지만 그래도 많은 경우에 도움을 받을 수 있는 구조이다.

그러면 예제를 통해 어떻게 쉘 프로그램을 호출하고 사용하는지 알아보도록 하자. 먼저 C 프로그램에서 사용하고자 하는 쉘 스크립트는 1절과 2절에서 소개된 〈DiskUsageCheck.sh〉 프로그램으로, 이 프로그램은 파라미터로 입력된 디스크의 사용량을 계산한 후 그 결과에 따라 심각도 여부를 화면에 디스플레이 하는 프로그램이다.

먼저 C 프로그램에서 심각도 여부를 체크 및 디스플레이하도록 하고 쉘 프로그램은 단지 디스크의 사용량만 리턴하도록 다음과 같이 변경한다.

〈 변경된 DiskUsage.sh 〉
```sh
#!/bin/sh
usage=df -k $1 | /bin/awk '{ rem = 0 } { n += 1 } { a = $3 } { b = $4} \
n == 2 { rem = int(a/(a+b) * 100); print rem} \
END { }'

echo $usage
```

이번에는 DiskUsage.sh 파일을 이용하는 C 프로그램인 DiskUsage.c 파일을 보도록 하자.

〈 DiskUsage.c 〉
```c
#include <stdio.h>
#include <string.h>

/*************************************************
 * 프로그램에서 사용하게될 스크립트(쉘 프로그램)
 * 현재는 동일한 디렉토리 속에 있는 스크립트 호출.
 *************************************************/
static const char* DUSCRIPTPATH = "./DiskUsage.sh";

/*************************************************
 * FUNCTION : get_diskUsage
 * DESCRIPTION : 쉘 프로그램을 호출하고 그 결과 값을 가져온 뒤,
 *               main 함수에게 다시 리턴한다.
 *************************************************/
int get_diskUsage(char *dir_name)
```

```c
{
    int retval = 0;
    char cmd[256];
    char display[4] = "    ";
    /* 쉘 프로그램 파일을 담당할 파일 포인터 */
    FILE *fp;

    /* 디스크의 이름이 null인지 검사한다. */
    if(dir_name == NULL)
    {
        /* 디스크 이름이 null이면 stderr에 에러 내용을 적는다. */
        fprintf(stderr, "\nget_diskUsage() Wrong dir_name!\n");
        return -1;
    }

    /* cmd 문자열에 쉘 스크립트 이름과 디스크 이름을 입력한다. */
    sprintf(cmd, "%s %s", DUSCRIPTPATH, dir_name);

    /* cmd 문자열을 이용하여 파일 포인터를 얻어온다.
     * 이때 파이프를 이용하기 위해 popen 함수를 이용한다.*/
    if ((fp = popen(cmd, "rw")) == NULL)
    {
        fprintf(stderr, "\nget_diskUsage() Failure to open the pipe\n");
        return -1;
    }

    /* 쉘 프로그램의 결과를 얻어오기 위해 cmd 앞부분을 초기화한다. */
    cmd[0]='F'; cmd[1]='F'; cmd[2]='F'; cmd[3]='F';

    /* 쉘 프로그램의 실행 결과를 cmd 문자열에 입력한다. */
    fread(cmd, 1, 4, fp);

    /* cmd 내용이 FFFF이거나 df이면 실행 등에 문제가 발생한 것인데,
     * 이러한 내용이 발생했는지 에러 체크를 한다. */
    if(!strncmp("df",cmd,2))
    {
        fprintf(stderr, "\nget_diskUsage() 실행 에러\n");
        retval = -1;
    }
    else if(!strncmp("FFFF",cmd,4))
    {
        pclose(fp);
        fprintf(stderr, "\nget_diskUsage() fread failed\n");
        return -1;
    }
```

```c
        /* 에러가 없었으면 결과를 리턴하기 위해 다른 문자열에
         * 결과를 재입력한 후, atoi 함수를 이용하여 정수로 만든다. */
        strncpy(display,cmd,4);
        retval = atoi(display);

        /* 파일 포인터와 파이프를 닫은 후, 결과값을 반환한다. */
        pclose(fp);
        return retval;
}

/***************************************************************
 * FUNCTION : display_diskUsage
 * DESCRIPTION : 디스크 사용량에 따라 심각도 및 조언을 출력
 ***************************************************************/
void display_diskUsage(int levelVal)
{
    if(levelVal == -1)
    {
        printf("Something is wrong... levelVal is -1!\n");
    }
    else if(levelVal > 90)
    {
        printf("디스크 사용량이 90%를 넘었습니다.\n");
        printf("디스크 용량을 늘리던지 필요없는 파일을 삭제하세요.\n");
    }
    else if(levelVal > 70)
    {
        printf("디스크 사용량이 70%를 넘었습니다.\n");
        printf("디스크 사용량에 유의하시기 바랍니다.\n");
    }
    else if(levelVal > 50)
    {
        printf("디스크 사용량이 50%를 넘었습니다.\n");
        printf("아직은 안심입니다.\n");
    }
    else
    {
        printf("디스크 사용량이 50%가 안됩니다.\n");
    }
}

/***************************************************************
 * FUNCTION : int main(int argc, char** argv)
 * DESCRIPTION : main 함수로 get_diskUsage() 함수와
```

```
 *                  display_diskUsage() 함수를 차례로 실행한다.
 ****************************************************/
int main(int argc, char** argv)
{
    int diskUsageVal;

    if(argc != 2)
    {
        fprintf(stderr, "\n\n\n Usage: DiskUsage DiskName \n\n");
        return 0;
    }
    else
    {
        diskUsageVal = get_diskUsage(argv[1]);
        display_diskUsage(diskUsageVal);
    }

    return 0;
}
```

DiskUsage.c 프로그램을 설명하면 다음과 같다. 먼저 다음과 같이 사용할 쉘 프로그램인 DiskUsage.sh 파일의 경로를 상수로 할당해 둔다. 현재는 같은 디렉토리에 존재하는 것을 전제로 하지만 쉘 스크립트의 위치가 정해지면 그 위치로 경로를 변경한다.

```
    static const char* DUSCRIPTPATH = "./DiskUsage.sh";
```

그런 다음, 쉘 프로그램을 실행하고 그 결과를 가져오는 함수인 get_diskUsage() 함수를 정의한다. 이 함수는 쉘 프로그램을 열고 닫을 때 사용하기 위한 파일 포인터를 내부에 가지고 있으면서 이를 이용하여 쉘 프로그램을 활용한다. 그리고 활용 중에는 에러를 체크하는데, 에러가 발생하면 다음과 같이 표준 에러 출력에 에러 메시지를 입력한다.

```
    fprintf(stderr, "에러 내용\n");
```

get_diskUsage() 함수는 popen() 이용하여 쉘 프로그램에 대한 파일 포인터를 얻어왔다. 이때 파이프에 대한 포인터도 가지게 된다. 그런 다음 fread() 함수를 이용하여 쉘 프로그램을 실행시키고 그 결과를 표준 출력 장치인 모니터가 아닌 파이프를 이용하여 얻어오게 된다.

마지막으로 결과값을 atoi( ) 함수를 이용하여 정수로 변환한 뒤, 리턴을 한다.

그 다음에 나오는 함수인 display_diskUsage( ) 함수는 get_diskUsage( ) 함수에서 반환한 값을 이용하여 화면에 심각도 및 디스크 사용에 대한 조언을 출력하는 함수이다. 마지막으로 등장하는 main( ) 함수는 이 프로그램의 메인 함수로 get_diskUsage( ) 함수와 display_diskUsage( ) 함수를 차례로 실행하는 역할을 한다.

그리고 main( ) 함수는 파라미터의 개수를 체크하여 조건이 맞지 않으면 셸 프로그램을 호출하지 않고, 프로그램의 사용 방법만 화면에 디스플레이한 후 그냥 종료한다. 지금까지 소개한 프로그램의 코딩이 모두 끝났으면 다음과 같이 컴파일을 하도록 한다. 이때 주의해야 하는 것은 DiskUsage.sh 파일과 DiskUsage.c 파일은 같은 디렉토리 안에 있어야 한다.

```
% cc -o DiskUsage DiskUsage.c (또는 gcc -o DiskUsage DiskUsage.c)
```

마지막으로 제대로 실행이 되는지 확인해 보자. 아래는 실행의 예를 보여주고 있다.

```
% DiskUsage /usr
디스크 사용량이 50를 넘었습니다.
아직은 안심입니다.
% DiskUsage /tmp
디스크 사용량이 50가 안됩니다.
```

> **NOTE_** 셸 프로그램의 호출을 설명하면서 사용된 함수들은 Part II에서 다시 설명할 것이다. 따라서 지금은 파일 포인터나 파일 입출력에 대한 내용보다 셸 프로그램이 C 프로그램에서 그대로 사용 가능하다는 부분에 주목하기 바란다.

지금까지 셸 프로그램 작성과 사용에 대해 살펴보았다. 이 Chapter 04를 통해 셸 프로그램의 필요성을 깨달았기를 바란다. 유닉스 프로그래밍을 하면서 셸 프로그램을 사용하기 싫어한다면 중요하고 편리한 도구를 일부러 사용하지 않는 기술자와 같다.

Part II.
C/C++ 프로그래밍

Part II를 시작하며...

Part II에서는 유닉스 프로그래밍에서 가장 중요하게 알아둬야 되는 언어인 C와 C++에 대해 다루도록 한다. C와 C++ 언어를 알아둬야 이후에 본격적으로 진행될 시스템과 네트워크 프로그래밍을 무난하게 따라올 수 있다. 즉, C와 C++ 언어를 모르는 상태에서는 뒤에 나올 Part III~Part V를 진행하는데 많은 어려움이 따른다.

하지만 이 책이 C와 C++ 언어만을 전문적으로 다루는 서적은 아니기 때문에 이들 언어에 대한 내용을 깊게 다룰 수는 없다. 하지만 기본적으로 알아야 되는 내용들에 대해서는 언급하고 있기 때문에 최소한 여기에 나온 내용들은 모두 알아둬야 된다. 혹시 C와 C++을 처음 접하는 독자라면 Part II에서 소개되는 내용들을 자세히 보기 바라며, 따라오기 힘들다는 느낌이 들면 C/C++ 입문 서적을 먼저 봐두는 것이 더 좋을 것으로 생각된다. 필자의 경험으로는 개발서를 보다가 언어의 기본적인 문법에서 막히게 되면, 진도를 나가기가 너무 힘들어 지고 경우에 따라서는 중도에 책을 덮어버리는 경우도 많이 발생하기 때문이다.

C와 C++를 컴파일하기 위한 도구로는 유닉스 상의 GCC와 볼랜드 사의 BCC가 활용이 되었다. 볼랜드 사의 BCC는 윈도우에서 구동되는 무료 C++ 컴파일러로서 유닉스 테스트 환경을 갖추지 못한 독자에게는 쉽게 활용할 수 있는 도구가 될 것이다.

Part II. C/C++ 프로그래밍

- **Part II 구성 요소**

- Chapter 05. C를 이용한 프로그래밍
  - 1. C 언어 소개
  - 2. 컴파일러
  - 3. C 프로그래밍
  - 4. 라이브러리

- Chapter 06. C++를 이용한 프로그래밍1
  - 1. 입출력과 관련된 클래스들
  - 2. 스트림을 이용한 입력과 출력
  - 3. 파일 입출력
  - 4. 입출력 스트링 스트림

- Chapter 07. C++를 이용한 프로그래밍2
  - 1. 메소드와 스코프의 이해
  - 2. 메소드의 파라미터로 레퍼런스 활용
  - 3. 클래스에 메모리 할당
  - 4. 포인터 활용하기
  - 5. 메모리 관리

- Chapter 08. 시스템 개발
  - 1. make와 Makefile
  - 2. 디버깅
  - 3. 예외 처리
  - 4. 시스템 배포

chapter 05 C를 이용한 프로그래밍

Chapter 05를 통해 C 언어에 대해 간단히 정리를 하게 된다. 그렇다고 C 언어의 기본 문법을 모두 설명하지는 않는다. 이 책을 읽는 독자는 기본적인 C 언어의 문법은 알고있다는 전제로 쓰여 있기 때문이다. 물론 중요하게 알고 있어야 되는 부분에 대해선 간단하게 정리를 하고 있다.

C 언어를 소개한 후, 이 언어들의 구동 방식인 컴파일러 방식을 소개한다. 이때 컴파일러 방식과 대비되는 방식인 인터프리터 방식에 대해서도 소개를 하고 있다. 두 방식의 차이를 정확히 이해하고 필요에 따라 적절히 골라서 사용하면 나중에 많은 도움이 될 것이다.

그리고 C 언어를 사용하여 프로그래밍을 할 때 기본적으로 알고있어야 된다고 생각하는 중요 부분을 간단한 예제와 함께 소개한다. 마지막으로 C로 작성한 파일을 라이브러리로 만들고 사용하는 방법을 소개하게 된다. 이를 위해 다음과 같은 4개의 절로 이루어져 있다.

1. C 언어 소개
2. 컴파일러
3. C 프로그래밍
4. 라이브러리

01 C 언어 소개

C 언어는 1970년에 벨 연구소의 톰프슨이 B라는 언어를 만들었고 그후 같은 연구소의 데니스 리치에 의해 C 언어가 개발이 되었다. 그는 사용하기 편하면서도 운영체제를 만들 수 있을 정도의 강력한 언어를 만들기 원했는데, 그의 시도는 성공했고 그 결과물로 C 언어가 탄생하게 되었다.

C 언어는 B 언어가 발전한 모습이라고 했는데, B 언어 이전에는 CPL이라는 언어가 있었고 이는 ALGOL 언어에서 업그레이드된 언어이다. C 언어는 B 언어의 다음이라는 뜻으로 이름이 지어졌는데 언어 개발의 최대 목적은 유닉스를 효율적으로 작성할 수 있는 언어를 만들어 보자는 것이었다.

C 언어는 개발된 이후 유닉스를 비롯한 거의 모든 시스템 환경에 포팅이 되어 사용되어 왔고 그 이전의 언어들을 대체하는 범용적인 언어가 되었다. 유닉스의 경우 대부분의 OS 코드가 C로 만들어졌고 그 위에서 돌아가는 애플리케이션도 상당수가 C를 이용하여 만들었고 또한 만들어지고 있다.

C 언어는 서로 다른 환경에서 개별적으로 발전을 거듭하다 ANSI(American National Standards Institute)라는 표준 단체에서 표준안을 발표하면서 더욱 체계적으로 발전하기 시작했다. C 언어는 지금도 계속해서 발전을 하고 있는데, 지금까지 개발된 기능만으로도 가장 뛰어난 언어 중 하나라고 평가할 수 있다.

C 언어의 특징

C 언어는 다양한 기능들을 제공하고 있다. C 언어가 유닉스 운영체제 개발에 사용되었을 정도로 시스템 프로그래밍을 하는데 필요한 모든 기능을 제공하고 있다. 뿐만 아니라 데이터를 처리하는데 필요한 파일 관련 기능과 수학에서 사용할 수 있는 수식 처리 기능, 그리고 화면을 제어하고 처리하는데 필요한 그래픽 기능 등 다른 프로그래밍 언어에서 제공하는 여러 기능들을 대부분 제공하고 있다.

C 언어는 하이 레벨의 기능뿐만 아니라 시스템을 직접 다루는 로우 레벨의 기능도 제공하고 있다. C 언어 이전에는 대부분 어셈블리어로 처리하던 모듈들의 상당 부분이 C 언어로 대체가 가능할 정도의 기능을 제공하는 것이다. C 언어의 탄생 이후, 어셈블리어의 중요성이 많이 떨어지게 되었고 기계 제어의 많은 부분에서 C 언어가 사용되고 있다.

C의 이러한 특징 때문에 C를 중급 언어라고 표현하기도 한다. C는 구조화되고 표준화된 고급 언어의 기능과 시스템의 리소스를 직접 사용하는 저급 언어의 특성을 모두 갖췄기 때문에 중급 언어로 분류가 된다는 것이다.

이외에도 C는 구조적 프로그램을 작성할 수 있도록 만들어진 언어이며 비트 조작이 가능한 섬세한 언어이다. 그리고 표준 언어로써 다른 하드웨어 플랫폼에 별 다른 코드의 변환없이 사용할 수 있을 정도로 이식성이 뛰어난 언어이다. 물론 하드웨어 플랫폼을 바꾸게 되면 소스 코드에 대한 컴파일은 새로 해주어야 한다.

C 언어는 필자가 특별히 강조하지 않아도 C 언어 이전의 언어들보다 강력한 언어임은 독자들이 이미 알고 있을 것이다. 하지만 요즘 새롭게 나오는 강력한 언어들 틈에서도 여전히 생존이 가능한 힘을 가진 언어이다.

02 컴파일러

프로그램을 작성하면서 사용하는 언어들은 컴파일러 방식의 언어와 인터프리터 방식의 언어로 나뉘게 된다. 이들의 차이를 잘 알고 상황에 맞게 선택해서 활용하는 것이 중요한데, 이들 방식을 간단히 살펴보도록 하자.

인터프리터

예전에 프로그램을 만들어 보신 분들은 마이크로소프트사의 GW-BASIC이나 다른 종류의 인터프리터를 사용해 본 경험들이 많이 있을 것이다. 어떤 언어든지 인터프리터의 작동은 대부분 비슷한데, 베이직을 예로 들어 설명하면 다음과 같다.

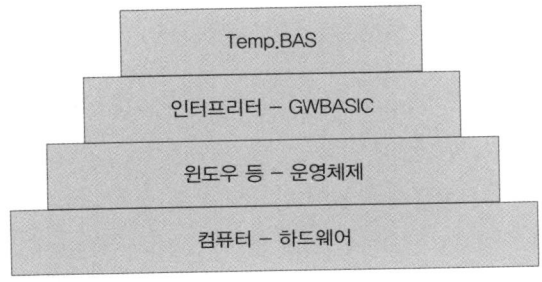

▲ 인터프리터 동작 방식

위의 그림처럼 윈도우를 운영체제로 하는 컴퓨터에서 Temp.BAS 프로그램을 만든다고 가정하면 소프트웨어(하드웨어를 제외한 프로그램들)는 아래에서 위로 로딩이 된다. 즉 컴퓨터가 운영되기 위해 먼저 운영체제를 읽어들이고, 그 다음 Temp.BAS를 실행시키기 위해 인터프리터인 GWBASIC.EXE를 메모리로 읽어 들인다. 이 과정이 끝나야 Temp.BAS를 비로소 실행시킬 수 있다.

인터프리터가 BASIC 프로그램을 실행시키는 과정을 코드로 설명하면, 아래와 같은 코드가 있다고 하자.

```
10 FOR J=1 TO 10
20 PRINT J;
30 NEXT J
```

이제 이 프로그램을 입력한 다음, RUN 명령을 입력하면 프로그램은 바로 실행이 된다. 인터프리터는 10번 문장부터 차례로 실행을 해 나갈텐데, 처음 만나는 것은 FOR 라는 예약어 이다. FOR는 다른 언어와 마찬가지로 루프를 돌리는 예약어로 인터프리터는 FOR가 예약어인지 확인하기 위해 예약어 리스트부터 검색을 한다.

만일 FOR가 예약어 리스트에 없으면 구문 에러(Syntax Error)를 발생시키게 되고, 예약어 리스트에 있으면 예약어의 문법에 따라 다음에 있는 변수 초기화 문장을 찾게 된다. 위의 코드에서는 "J=1"을 발견하게 된다. 그러면 인터프리터는 또 다시 J라는 변수가 실제로 존재하는 것인지를 확인하기 위해 메모리에서 심볼 테이블을 확인하게 된다.

이때 J가 심볼 테이블에 없다면 에러를 발생시킬 것이다. 여기서 심볼 테이블이란, 인터프리터나 컴파일러가 프로그램의 변수나 그 밖의 프로그램에서 사용되는 데이터에 관한 정보를 저장하는 메모리의 영역을 뜻한다. 심볼 테이블에서 J를 찾았으면 J가 가리키는 메모리 영역에 1을 넣는다.

그 다음 인터프리터는 예약어 TO를 만나게 되고 예약어 리스트를 확인한 후 TO 문법에 따라 뒤에 나오는 10을 메모리 특정 번지에 저장한 후 20번 문장인 PRINT J를 수행한다. 인터프리터는 PRINT 예약어를 확인한 후 문법에 따라 J를 화면에 출력시키고 30번 문장을 수행하는데 여기서는 J가 가진 값과 특정 번지에 저장한 값인 10을 비교하여 J가 작으면 J의 값을 1씩 증가시키면서 20번 문장을 반복 수행하게 된다.

J가 10이 되면 FOR 과정이 끝나게 되고, 프로그램 수행 포인터는 40번 문장으로 넘어가게 된다. 지금까지의 내용을 간단히 정리하면 인터프리터는 다음과 같은 역할을 수행한다.

- ✓ 프로그램 각 행의 코드를 읽어들인다.
- ✓ 예약어 리스트와 코드를 비교 확인한다.
- ✓ 변수의 존재 유무를 확인하고 장소를 읽기 위해 심볼 테이블을 만든다.

컴파일러

이제 인터프리터와 대비되는 컴파일러 방식에 대해 알아보자. 컴파일러 방식을 이용하는 언어에는 C, C++ 등이 있다. 컴파일러 방식의 실행 계층을 그림으로 표현하면 다음과 같다.

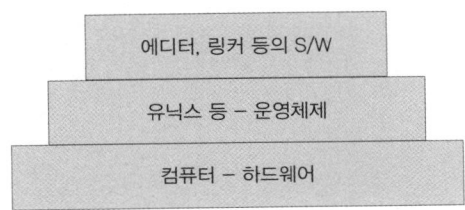

▲ 컴파일러 방식

위의 그림에서 제일 상위 계층을 에디터, 링커 등의 소프트웨어라고 적은 것은 실행 파일을 만들기 위한 과정이 여러 가지이기 때문이다. 컴파일러 방식에서 실행 파일을 만들기 위해서 해야하는 첫 단계는 소스 코드를 작성하는 일이다. 소스 코드란 사용하고 있는 언어의 형식에 맞는 프로그램 문장을 담은 텍스트 파일을 뜻한다.

예전에는 유닉스의 vi나 도스의 edit를 이용하여 소스 코드를 작성했는데, 지금은 컴파일러에서 편리한 자체 에디터를 제공하는 경우가 많다. 아무튼, 실행 파일을 만들기 위해 에디터를 이용하여 Temp.C 라는 소스 코드를 작성한다. 참고로 Temp.C는 인터프리터를 설명하면서 사용했던 Temp.BAS와 동일한 코드 구성을 가진 것으로 가정한다.

두 번째 단계는 컴파일러를 이용하여 작성된 소스 코드를 컴파일해야 한다. Temp.C를 컴파일하기 위해 CC와 같은 C 컴파일러를 이용하여 컴파일을 한다. 이때 컴파일러는 인터프리터와 비슷한 활동을 시작한다. 즉, 소스 코드가 문법에 맞는지 확인을 하고 문제가 있으면 에러를 발생하고 또한 심볼 테이블을 만들고 이용한다. 특별한 에러가 없고 약간의 문제가 발생할 소지가 있으면 경고 조치만 한 뒤, 컴파일을 끝낸다.

컴파일이 끝나면 소스 코드에서 오브젝트를 만드는데, 오브젝트 코드는 실행 파일을 만드는데 필요한 각종 정보를 제공한다. 예를 들어 J라는 변수의 경우, 컴파일 과정에서 메모리에 탑재된 것이 아니기 때문에 메모리 번지를 아직은 정할 수 없다. 따라서 변수에 대한 정보와 위치에 대한 정보를 오브젝트 파일이 내부적으로 가지고 있어야만 한다. 그리고 FOR 문을 실행하면서 루프를 언제 종료해야 되는지의 정보도 오브젝트 파일 속에 포함한다.

오브젝트 파일은 링커를 통해 라이브러리와 합쳐질 부분에 대한 정보가 담긴 영역과 라이브러리와 합쳐지지 않아도 되는 부분을 기계어로 바꾼 영역, 두 가지 형태의 코드를 가지고 있다. 대부분의 개인용 컴퓨터에서 오브젝트의 확장자는 .OBJ 이고 유닉스는 .o인데 Temp.OBJ(또는 Temp.o) 파일이 만들어지면서 컴파일 단계는 끝이 난다.

세 번째 단계는 링커 과정으로 링커의 역할은 오브젝트 파일에 있는 정보에 따라 실행 파일을 만드는 것이다. 링커는 라이브러리 파일과 오브젝트 파일을 결합한 후, 기계어 코드로 실행 파일을 만들게 된다. 라이브러리란 미리 컴파일되어 있는 서브루틴, 즉 함수들을 모아 놓은 기계어 코드를 의미한다. 보통 개인용 컴퓨터에서 라이브러리 파일의 확장자는 .LIB이고 유닉스에서는 .a이다.

링커는 컴파일 과정에서 메모리 위치를 지정하지 못한 변수들의 메모리 위치도 지정해 주게 되는데, 이렇게 링커 과정까지 끝내고 나면 실행 파일이 탄생하게 된다.

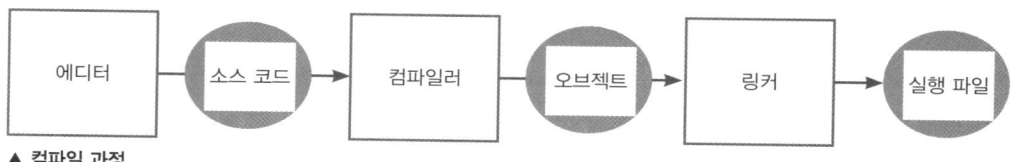

▲ 컴파일 과정

컴파일러와 인터프리터 비교

컴파일러와 인터프리터의 장단점을 이해하는 것은 프로그래밍에 직접적인 도움을 주는 것은 아니지만 프로그램 구동 방식을 이해하고 향후 적절히 선택하기 위해 필요하다. 인터프리터와 컴파일러의 가장 큰 차이점은 프로그램 구동에 인터프리터가 필요한가 필요하지 않은 가이다. 컴파일러로 만든 프로그램은 운영체제만 있으면 실행이 되지만 인터프리터 방식으로 만든 프로그램은 운영체제와 인터프리터가 있어야만 실행이 된다.

컴파일러는 프로그램이 실행되는 데 필요한 모든 정보를 가지고 있기 때문에 프로그램을 탐색하고 확인하는 데 시간이 낭비되지 않는다. 그러나 인터프리터는 필요한 정보를 그때그때 가져오기 때문에 실행 시간이 좀 느리다. 그 대신 같은 소스의 경우 컴파일러를 통한 실행 파일의 용량이 더 크게 된다. 물론 인터프리터의 경우 인터프리터의 용량까지 계산해야겠지만 그래도 인터프리터 프로그램의 크기가 대체로 작다.

컴파일된 프로그램도 시간이 많이 걸리는 경우가 있는데, 바로 컴파일 시간이 별도로 소요가 된다는 것이다. 컴파일 시간이 많이 걸리는 것이 문제가 될 수도 있는데, 큰 프로그램의 경우 컴파일 자체에 몇 시간 또는 하루가 소요될 수도 있다. 이 경우 작은 에러를 찾아서 프로그램을 수정한 후 재컴파일을 하면 또 다시 몇 시간을 소모해야 한다. 그러나 인터프리터의 경우 컴파일 시간을 따로 소모할 필요가 없기 때문에 프로그램을 수정하고 다시 실행해 보는데 시간이 별로 걸리지 않는다.

인터프리터와 컴파일러는 그 사용 단계의 특성상 디버깅 방법이 다르다. 인터프리터는 컴파일 없이 코드를 읽고 수행하는 것이기 때문에 실행 구간을 지정하고 그 구간만 다른 프로그램의 도움없이 실행시켜 볼 수가 있다. 하지만 컴파일러의 경우 디버깅을 위해 디버거라는 특별한 프로그램을 가지고 있어야 한다. 요즘 디버거는 사용이 무척 편리해져 많은 어려움이 없어 졌지만 그래도 디버깅에 있어 두 가지 방식에는 차이점이 있다.

그리고 컴파일러의 경우 하드웨어에 따라 실행 파일을 새롭게 만들어야 한다. 기계어 코드로 링커가 되기 때문에 운영체제에 따라 재컴파일하고 재링크를 해야만 한다. 하지만 인터프리터의 경우 해당 하드웨어에 맞는 인터프리터를 갖추고 있으면 코드를 거의 수정하지 않고도 사용할 수 있다. TCL/TK 언어나 자바의 경우 윈도우 시스템과 유닉스에서 코드의 수정이나 컴파일 없이 프로그램을 구동시킬 수 있다.

이제 인터프리터 방식과 컴파일러 방식의 차이를 어느 정도 느꼈을 텐데, 어떤 것이 좋다고 말하기 보다 상황에 따라 적절한 방식을 택해야 할 것이다. 책에서도 인터프리터 방식이라 할 수 있는 Shell 프로그램과 컴파일 방식인 C/C++를 모두 사용해서 유닉스 프로그래밍을 수행하게 된다. 앞에서 언급했듯이, 개발자는 상황에 맞게 프로그램을 설계하면서 그에 적절한 언어를 선택할 수 있어야 될텐데 여기에는 컴파일러 방식과 인터프리터 방식도 포함이 된다.

> **NOTE_** 이 챕터에서 사용되는 C/C++ 코드는 기본적으로 Sun Solaris OS 상의 c 컴파일러인 cc와 C++ 컴파일러인 CC 컴파일러로 테스트하였다. 그리고 요즘 많이 사용되고 있는 GNU의 C 컴파일러인 gcc 컴파일러와 C++ 컴파일러인 g++ 컴파일러도 함께 사용이 되었다.

03 C 프로그래밍

앞에서 잠시 언급했지만 이 절에서 C 언어의 전체 문법을 설명하지는 않는다. 다만 책을 읽으면서 도움이 될만한 부분만 간추려서 정리하고 소개할 뿐이다. 다른 부분은 몰라도 C 언어의 문법이 문제가 되어서 책 읽기가 중단되는 문제가 발생되어선 안될 것이다.

C 언어와 관련해, 이 책을 읽어나가는데 도움이 될만한 부분으로 "함수", "포인터" 그리고 "스트럭처"를 뽑았다. 다른 중요한 내용도 많지만 이 부분 만큼은 함께 정리를 하고 넘어갔으면 해서 뽑은 주제들이다. 그럼, 이들을 간단히 살펴보도록 하자.

함수

C 언어는 함수들의 연동으로 프로그램이 시작되고 끝이 난다. 프로그램은 main() 함수에서 시작하는 첫 번째 작업으로부터 출발해서 여러 함수들의 호출과 실행으로 다양한 작업들을 수행하게 된다.

함수는 보통 다음과 같은 형태로 작성이 된다.

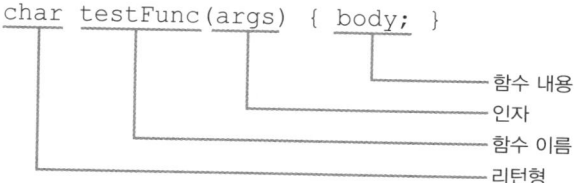

▲ 함수의 구조

여기서 "리턴형"은 함수가 명령을 실행한 후 반환하는 데이터의 타입을 의미한다. 리턴형에는 기본적인 데이터 타입인 int, char, float, long 등이 올 수도 있고 사용자가 직접 만든 스트럭처의 타입도 리턴형으로 사용할 수 있다. 만일 반환하는 데이터가 전혀 없다면 리턴형은 void로 대체해야 한다.

"함수 이름"은 함수의 식별자가 되는데 리턴형 바로 뒤에 적어야 한다. 함수 이름에 특별한 법칙이 있는 것은 아니지만 가능하면 함수의 내용을 잘 요약할 수 있는 이름을 주는 것이 좋다. 그리고 가급적 표준 라이브러리에서 사용하고 있는 이름은 피하는 것이 좋고 31자를 넘기지 않는 것이 좋다.

"인자"는 함수 이름 뒤에 괄호 속에 위치를 한다. 인자를 통해 외부의 데이터를 함수에게 넘겨줄 수 있다. 인자는 하나 이상 여러 개가 올 수도 있고 하나도 없을 수도 있다. 인자가 하나도 없을 경우에는 괄호 속에 void를 명시하면 된다. 만일 인자가 하나 이상 들어올 때는 콤마(,)를 이용하여 구분하면 된다.

"함수 내용"은 함수가 수행하는 모든 일을 의미하는 것으로 함수의 실제 내용이 된다. 함수의 리턴형이나 이름 그리고 인자는 함수 내용을 호출하고 그 결과를 받아가기 위한 선언자일뿐이다. 따라서 함수의 선언만 있고 함수의 내용이 없으면 제대로 된 결과를 얻을 수가 없다. 함수 내용을 라이브러리 내에 별도로 가지고 있는 경우에 함수 선언이 들어 있는 헤더 파일만 가지고는 함수 내용을 실행시킬 방법이 없다. 함수 내용은 중괄호를 여는 것으로 시작이 되고 중괄호를 닫으면서 끝이 난다.

포인터

변수를 정의하게 되면 변수에게는 left value(왼쪽 값-lvalue)와 right value(오른쪽 값-rvalue)가 생성된다. lvalue는 변수가 위치하는 메모리의 번지값이 되고 rvalue는 그 메모리 번지 속에 저장되어 있는 실제값이 된다. 예를 들어 다음과 같이 변수를 선언했다고 하자.

```
int intVal = 10;
```

그러면 intVal라는 변수에는 lvalue와 rvalue가 할당이 되었을텐데 이를 눈으로 확인하기 위해 다음과 같이 printf 문을 실행시켜보자.

```
printf("lvalue: %p, rvalue: %d",&intVal,intVal);
```

C 언어로 구현된 소스는 다음과 같다.

〈pointer.c〉
```
#include <stdio.h>

int main(void)
{
```

```
    int intVal=10;
    printf("lvalue: %p, rvalue: %d\n",&intVal,intVal);
}
```

그리고 코드가 완성되었으면 파일로 저장한 후, cc 컴파일러나 gcc 컴파일러로 다음과 같이 컴파일을 한다.

```
% cc -o pointer pointer.c
% pointer                                    <= 실행
% lvalue: ffff:0x2a, rvalue: 10              <= 실행 결과
```

> **NOTE**_ 여기서 실행 파일명을 지정하는 "-o" 옵션을 없애도 컴파일에는 지장이 없다. 다만 실행 파일명은 디폴트인 a.out으로 생성되는 것이 다를 뿐이다.

printf 문의 실행을 통해 intVal 변수에게 메모리 번지값을 나타내는 lvalue와 실제 값을 나타내는 rvalue가 할당되었음을 확인했을 것이다. 개발자나 사용자에게는 실제 값이 들어있는 rvalue가 중요하겠지만 컴파일러에게는 변수의 위치를 찾게 해주는 lvalue가 더 중요할 것이다. lvalue를 찾아야 rvalue를 사용하게 만들어주던지 말던지 할 수 있기 때문이다. 그리고 rvalue는 개발자나 사용자가 임의로 할당해주기 때문에 언제든지 변할 수 있는 값이지만 lvalue는 그렇지 않다.

포인터 또한 lvalue와 rvalue를 갖게 되는데 포인터의 lvalue는 다른 변수처럼 포인터가 위치한 메모리 번지를 가지게 된다. 하지만 포인터의 rvalue는 다른 변수나 데이터의 lvalue를 가지게 된다. 즉, 포인터는 rvalue에 데이터 값을 가지는 것이 아니라 참조하고자 하는 변수의 lvalue를 가짐으로써 그 변수가 가지고 있는 rvalue를 이용할 수도 있고, 포인터의 rvalue에 또 다른 변수의 lvalue를 할당함으로써 전혀 다른 데이터를 참조하도록 만들 수 있다.

포인터는 '*'기호를 이용하여 정의를 하게 되는데, 예를 들어 int형의 포인터를 만들려면 다음과 같이 한다.

```
    int *intPtr;
```

위와 같이 intPtr이라는 이름의 int형 포인터를 선언하고 나면 intPtr은 다른 int형의 변수들의 주소를 할당받아 원하는 조작을 수행할 수 있다. 아래에 있는 소스 코드의 예를 보자.

〈pointer2.c〉
```c
#include <stdio.h>

int main(void)
{
    int *intPtr;
    int intVal=10;
    intPtr = &intVal;
    printf("intPtr lvaue : %p, rvalue: %x\n", &intPtr, intPtr);
    printf("intVal lvaue : %p, rvalue: %d\n", &intVal, intVal);
    *intPtr = 30;
    printf("intVal lvaue : %p, rvalue: %d\n", &intVal, intVal);
}
```

위의 예제를 실행시켜보면 intVal의 lvalue 값과 intPtr의 rvalue 값이 동일함을 알 수 있다. 그리고 "*intPtr = 30;"라는 문장을 통해 intVal의 rvalue까지 10에서 30으로 변했음을 확인할 수 있다.

이번에는 배열에 포인터를 활용하는 예를 보도록 하자.

〈arrayPtr.c〉
```
1       #include <stdio.h>
2
3       #define MAXNUM 10
4
5       void setString(char* string)
6       {
7               int loop;
8               char *cPtr, cVal;
9               cPtr = string;
10
11              for(loop = 0; loop < 10; loop++)
12              {
13                      *cPtr = '1';
14                      cPtr++;
15              }
16              *cPtr = '\0';
```

```
17      }
18
19      int main(void)
20      {
21              char string[MAXNUM];
22              string[MAXNUM] = '\0';
23              printf("string : %s\n", string);
24              setString(string);
25              printf("string : %s\n", string);
26      }
```

위의 예를 보면 21번 라인에서 string이라는 이름의 배열을 만들었다. 22라인의 '\0'은 문자열의 끝에 null 문자를 추가하여 배열이 하나의 문자열로 사용되는데 문제가 없도록 만든다. 24번 라인에서 setString 함수를 호출하면서 인수로 string 배열을 넘겨주었다.

5번 라인의 setString 함수를 보면 string 배열을 string이라는 이름의 포인터로 받았음을 알 수 있다. 그런 다음 11~15번 라인의 for 구문을 이용하여 배열에 저장된 값을 모두 '1'로 변환하고 16번 라인에서 마지막 문자를 '\0'로 지정한 후 함수는 종료가 된다. 마지막으로 25번 라인에서 그 결과를 찍어보면 string 배열 속의 값은 모두 '1'로 변환되었음을 알 수 있다.

이번에는 함수 이름을 포인터에 할당하여 이를 호출하고 활용하는 예제를 보도록 하자.

〈funcPtr.c〉
```
1       #include <stdio.h>
2
3       #define FUNC1 func1
4       #define FUNC2 func2
5
6       int func1(int intVal1){ return --intVal1; }
7       int func2(int intVal2){ return --intVal2; }
8
9       int runFunc(char* string, int inVal)
10      {
11              int retVal;
12              int (*funcPtr)(int retVal);
13              funcPtr = string;
14              return (*funcPtr)(inVal);
15      }
16
17      int main(void)
```

```
18              {
19                      int intVal = 3;
20                      intVal = runFunc(FUNC2, intVal);
21                      printf("After running func2 intVal: %d\n",intVal);
22                      intVal = runFunc(FUNC1, intVal);
23                      printf("After running func1 intVal: %d\n",intVal);
24              }
```

위의 코드를 보면 3번 라인과 4번 라인을 통해 함수의 이름을 대체할 FUNC1과 FUNC2를 선언하였고 6번 라인과 7번 라인을 통해 func1( ) 함수와 func2( ) 함수를 작성하였다. func1( )과 func2( )는 단순히 인수로 들어오는 정수를 '--'한 다음 리턴을 한다.

9번 라인의 runFunc( ) 함수는 인수로 들어오는 함수 이름을 실행시키는 함수로 이번 예제에서 중요한 함수가 된다. runFunc( ) 함수의 내부를 보면 12라인에서 함수를 이용할 포인터를 선언한다. 그리고 13라인을 이용하여 포인터에 함수 이름을 할당하고 14라인을 통하여 함수를 실행하고 그 결과 값을 리턴한다.

main( ) 함수를 보면 20/22 라인을 통해 runFunc( ) 함수에 FUNC1과 FUNC2를 각각 인수로 넘겨 func1( ) 함수와 func2( ) 함수가 실행되도록 한다. 이 예제를 통해 포인터에 함수를 할당하여 사용할 수 있음을 확인했을 것이다. 함수들을 필요한 순서대로 만들어 둔 뒤, 포인터를 이용하여 상황에 따라 적절한 함수가 호출되도록 만든다면 상태 머신(State machine) 프로그램 등 유용하게 사용할 수 있는 부분이 정말 많다.

포인터를 사용하는 이유를 간단히 정리하면서 스트럭처에 대한 내용으로 넘어가자. 지금까지의 예에서 알 수 있듯이 포인터를 활용하면 메모리 번지의 활용을 쉽게 할 수 있다. 특정 변수의 메모리를 갖고 있는 포인터를 함수의 인수로 이용하면 모든 함수들이 동일한 번지의 변수를 활용하게 된다. 그리고 하나의 포인터를 이용하여 존재하는 여러 개의 데이터를 할당받을 수 있기 때문에 메모리를 절약할 수 있다.

또한 포인터를 이용하면 정해지지 않은 함수 이름을 할당받아 사용할 수 있다. 이러한 기능을 이용하면 하나의 함수로 다양한 기능을 수행하게 만들 수 있다. 예를 들어 aFunc( ) 함수를 멀티스레드로 돌아가게 만드는 threadRun( ) 함수를 만든다고 했을 때, 포인터로 함수 이름을 받지 않는다면 threadRun( ) 함수는 aFunc( ) 함수만을 위해 존재하게 될 것이다.

하지만 포인터로 함수 이름을 받은 후 포인터를 멀티스레드로 돌아가게 한다면 threadRun( ) 함수는 aFunc( ) 뿐만 아니라 형식을 만족하는 어떠한 함수도 인자로 받아들여 멀티스레드로 돌아가게 만들 수 있을 것이다.

포인터의 활용을 열심히 익혀야 된다는 것은 두말하면 잔소리일 것이다. 포인터를 잘 활용하면 자바의 벡터(Vector) 클래스와 유사한 프로그램도 만들 수 있고 여러 타입의 변수를 입력받는 함수도 만들 수 있다. 아무튼 포인터를 멀리하지 말고 빨리 익히고 활용해서 자기 것으로 만들기 바란다.

스트럭처

객체지향 언어들이 클래스를 이용하듯이 C 언어도 클래스를 가지고 있다. C 언어가 클래스를 만들 때 사용하는 도구가 바로 스트럭처이다. 객체지향 언어의 클래스는 데이터와 데이터를 활용하는 메소드를 함께 제공하는 동적 클래스이지만 C 언어가 제공하는 클래스는 데이터만을 제공하는 정적 클래스이다.

물론 C도 포인터와 void 형을 함께 이용하여 스트럭처 속에 메소드를 집어넣어 동적 클래스를 만들 수 있지만 일반적인 형태의 스트럭처는 메소드가 빠진 정적 클래스가 된다. 객체지향 언어에서 프로그램을 설계하고 구현할 때 클래스를 제일 중요하게 생각하듯이 C 프로그램을 작성할 때도 스트럭처의 중요성을 잊으면 안 된다.

먼저 스트럭처를 어떻게 만드는지 알아보자. 스트럭처를 만들려면 struct라는 예약어를 사용해야 하는데, 간단한 예를 보면 다음과 같다.

```
struct newStruct {
    int data1;
    char data2;
    char data3[30];
};
```

위에서 struct 예약어 옆에 있는 newStruct는 스트럭처의 태그(tag)로 스트럭처의 식별자(이름)가 된다. 그리고 스트럭처 내부의 데이터는 '{'로 시작해서 '};'로 끝이 나며, 그 속에는 어떤 타입의 데이터도 들어올 수 있다. 심지어 또 다른 스트럭처가 포함될 수도 있다. 스트럭처를 만든다는 것은 기존에 존재하지 않던 데이터형을 만드는 작업과 같다.

예를 들어 정수형의 데이터를 선언할 때 사용하는 것이 'int'이다. 마찬가지로 위에서 선언한 newStruct라는 새로운 데이터를 선언할 때 사용하는 것은 'struct newStruct'이다. int 형의 intVal라는 변수를 선언할 때 "int intVal;"라는 구문을 이용하듯이 'struct newStruct' 형의 newVal라는 변수를 선언할 때는 다음과 같이 한다.

```
struct newStruct newVal;
```

만일 한번에 스트럭처도 정의하고 변수도 선언하려면 다음과 같이 하면 된다.

```
struct newStruct {
    int data1;
    char data2;
    char data3[30];
} newVal;
```

이제 새롭게 선언된 newVal 변수는 내부에 "int data1;", "char data2;", "char data3[30];" 데이터를 포함하고 있게 된다. 이러한 newVal 스트럭처 속의 각 데이터를 접근하려면 아래와 같이 도트 연산자(.)를 사용하면 된다.

```
int intVal = newVal.data1;              <= 또는 newVal.data1 = intVal;
char cVal = newVal.data2;               <= 또는 newVal.data2 = cVal;
strncpy(strVal, newVal.data3, 30);      <= 또는 strncpy(newVal.data3,
                                              strVal, 30);
```

스트럭처 또한 포인터로 전달이 된다. 포인터로 스트럭처를 할당받고 나면 스트럭처 속의 데이터에 접근할 때 도트 연산자 대신 화살표 연산자(->)를 사용해야 한다. 즉, data1에 접근하기 위해 "newVal.data1"을 사용하는 대신 "newVal->data1"을 사용해야 한다.

스트럭처는 정적 클래스라고 했는데, 객체지향 프로그램에서 클래스가 프로그램의 뼈대가 되듯이 스트럭처도 C 프로그램의 뼈대로 활용되는 경우가 많다. 프로젝트를 수행하는 팀들간에 모듈을 구성할 때, 먼저 서로의 데이터를 주고받는 부분을 약속해야 하는데 이럴 때 가장 많이 활용하는 것이 스트럭처이다.

데이터베이스용 프로그램을 작성한다고 했을 때, DB의 테이블에 들어가는 레코드들의 조합을 이용하여 스트럭처를 작성하게 되면, 스트럭처의 값들을 적절하게 채운 후 DB 테이블에 저장하거나 DB 테이블의 값을 스트럭처로 받은 후 적절한 가공을 가하는 등 원하는 작업을 보다 쉽게 수행할 수 있다.

네트워크 프로그램을 작성한다고 했을 때, 서로 떨어져 있는 시스템 사이에 주고받을 데이터 타입을 스트럭처로 작성하게 되면, 약속된 스트럭처를 이용하여 프로토콜을 제작한 후 각각의 시스템을 독립적으로 작성할 수 있게 된다. 이렇게 각각 독립적으로 제작된 시스템은 향후 약속에 따른 스트럭처를 주고받기 때문에 문제없이 상호 통신을 하며 구동이 된다. 프로토콜을 작성하고 주고받는 시스템 구현은 『Part Ⅳ. 네트워크 프로그래밍』에서 다루어진다.

예를 들어, A 시스템과 B 시스템 사이의 네트워크 프로그램을 만든다고 했을 때, 다음과 같은 내용을 다루기로 서로 약속을 했다고 하자.

- ✓ 주고받는 패킷의 처음 4바이트는 패킷의 헤더(header)로 나머지 패킷의 내용(body)를 결정 짓는다. 헤더에 들어갈 수 있는 숫자는 1~6이며 각각의 숫자가 담고 있는 뜻은 "연결 설정 요구", "연결 설정 응답", "연결 해제 요구", "연결 해제 응답", "명령 수행 요구", "명령 수행 응답"이다.
- ✓ A와 B 시스템은 요구와 응답을 누구든지 먼저 할 수 있으며, 요구를 받은 쪽은 응답을 해야한다. 응답을 할 때는 요구를 제대로 수행했다는 OK(1) 응답을 하거나 Not OK(2) 응답을 해야하는데, Not OK로 응답을 할 때는 요구를 제대로 수행하지 못한 이유를 응답 속에 포함해서 보내야 한다.
- ✓ 명령 수행 요구를 할 때는 헤더 바로 뒤에 명령의 종류를 첨가해서 보내야 하며, 명령을 수행할 때 필요한 인수를 연속적으로 붙여서 보내야 한다.
- ✓ 명령 수행 응답을 할 때, 명령 수행이 제대로 되지 않았을 때는 Not OK(2)와 이유를 보내야 하고, 수행이 제대로 되었을 때는 OK(1) 응답과 함께 명령수행 결과 데이터를 연속적으로 붙여서 보내야 한다.

좀더 세부적인 사항(예를 들어, 명령의 종류, 명령의 인수들, 에러 내용, 각 패킷의 바이트 수 등등)을 정해야 보다 정확한 스트럭처를 만들 수 있겠지만 위의 내용을 바탕으로 간단한 스트럭처를 꾸민다면 다음과 같이 만들 수 있을 것이다.

> **NOTE_** 좀더 자세한 세부 사항을 바탕으로 실제 시스템을 설계하고 구현하는 내용은 『Part Ⅴ. 종합예제 프로그래밍』에서 다룬다.

〈sampleStruct.h〉

```
1       #define RequestConnectionOpen       1
2       #define ResponseOpenResult          2
3       #define RequestConnectionClose      3
4       #define ResponseCloseResult         4
5       #define RequestCommandRun           5
6       #define ResponseRunResult           6
```

```
7
8       typedef struct
9       {
10              /* 해당 메시지의 식별자를 의미한다.4 bytes*/
11              unsigned int messageType;
12              /* date: YYYYMMDD 8 bytes의 Char 배열 */
13              TransactionID TID;
14      } DataHeaderType;
15
16      typedef struct
17      {
18              union
19              {
20                      ConnectionOpenType connectionOpen;
21                      OpenResultType openResult;
22                      ConnectionCloseType connectionClose;
23                      CloseResultType closeResult;
24                      RunResultType runResult;
25              } uData;
26      } DataBodyType;
27
28      typedef struct
29      {
30              DataHeaderType dataHeader;
31              DataBodyType dataBody;
32      } DataType;
```

코드를 보면, 1~6 라인을 통해 헤더 부분에 들어갈 데이터의 종류를 정의한다. 이렇게 정의를 하고 나면 숫자 대신 문자열을 활용할 수 있기 때문에 가독성이 높아지고 실수로 인한 버그를 줄일 수 있다.

8~14 라인을 보면 typedef 키워드를 이용하여 struct를 만들고 있다. typedef을 이용하고 나면 이후에 스트럭처 변수를 만들 때 "struct DataHeaderType DataHeader" 대신 "DataHeaderType DataHeader" 문장을 이용하여 데이터 타입을 선언할 수 있다.

16~26 라인을 보면 DataBodyType의 스트럭처를 선언하고 있음을 알 수 있다. 여기서 특이한 내용은 union을 이용하여 스트럭처를 만들고 있다는 점이다. 샘플 코드에는 빠져 있지만 union 속에 들어있는 각각의 데이터들은 다른 곳에서 스트럭처로 이미 선언되어진 타입들이다.

union은 같은 메모리 공간에 서로 종류가 틀린 데이터를 상황에 맞춰서 활용할 수 있도록 만들어주는 구조체이다. 말이 어려운데 간단한 예를 통해 이해해 보자. 메모리 공간이 xx번지부터 xy번지까지 약 50바이트가 있다고 가정했을 때, A라는 조건에서는 이 속에 정수형 데이터 10개 정도를 집어넣어서 사용해야 하고, B라는 조건에서는 이 속에 문자형 데이터 40개를 넣어서 사용해야 하고, C라는 조건에서는 정수형 데이터 5개에 문자형 데이터 30개를 넣어서 사용해야 한다면 이러한 구조를 가장 제대로 표현할 수 있는 구조체가 union이다.

앞에 있는 SampleStruct.h의 소스 코드에서 18~25 라인이 union으로 선언된 내용인데, 이 속에 포함된 스트럭쳐는 조건에 따라 하나만 사용이 된다. 만일 헤더 속의 messageType이 1번이면 union 속의 ConnectionOpenType의 스트럭쳐가 메모리에 할당되어 사용이 될 것이고, 2번이면 OpenResultType의 스트럭쳐가 메모리에 할당될 것이다. union 내의 스트럭쳐를 참조하는 방법도 일반 struct 데이터를 참조하는 것과 마찬가지로 도트(.) 연산자를 활용하면 된다.

마지막으로 28~32 라인에서 헤더(Header)와 내용(Body)의 스트럭쳐를 합친 DataType형의 스트럭쳐를 선언하고 있다. 이제 스트럭쳐의 정의가 끝났기 때문에 각각의 시스템을 만드는 사람은 이러한 스트럭쳐를 송신했을 때와 수신했을 때에 해야할 일을 함수를 이용하여 만들면 시스템은 성공적으로 구축이 될 것이다.

지금까지 C의 내용 중에서 "함수", "포인터" 그리고 "스트럭쳐"에 대해 간단히 정리해 보았다. 이 내용이 특히 중요하다 생각해서 뽑았지만 그밖에도 꼭 정리해두어야 할 내용들이 너무 많다. 마지막으로 지금까지 소개한 함수, 포인터 그리고 스트럭쳐가 포함된 예제 시스템을 만들어보면서 이번 절을 마무리하도록 한다.

예제 시스템

이번에 다룰 예제 시스템은 어려운 내용이 아니지만 주의 깊게 봐야 할 내용들을 포함하고 있다. 자세히 보면서 각자 자기 것으로 만들기 바란다. 예제에서 구현하고자 하는 내용을 간단히 설명하면 다음과 같다.

① 데이터베이스의 테이블에서 원하는 정보를 가져오고자 하는데, 이 데이터들을 담게될 스트럭쳐를 작성한다.
② 스트럭쳐에 데이터를 입력하는 작업 등을 수행하는 함수를 만든다.
③ 함수의 실행을 대행할 포인터 함수를 만들고 이 함수를 이용하여 2번에서 작성한 함수들을 실행하도록 한다.

위의 내용 3번에서 포인터 함수를 만든다고 했는데, 이러한 함수를 만들게 되면 함수의 인자를 이용하여 원하는 함수가 실행되도록 만들 수 있다. 이렇게 되면 동일한 함수를 사용하면서 실제로는 여러 함수를 사용하는 것과 같은 효과를 낼 수 있다. 이제 위의 내용을 하나씩 만들어 가면서 이해를 하도록 하자.

먼저 데이터베이스의 테이블에 있는 데이터를 담을 틀인 스트럭처를 만들도록 한다. 만들고자 하는 스트럭처는 두 가지인데, DB에 저장되어 있는 프로세스 리스트 테이블의 값을 가져올 PROC_LIST 스트럭처와 DB에 있는 에러 리스트 테이블의 값을 가져올 ERROR_LIST 스트럭처이다.

각각의 정의를 보면 다음과 같다.

```
/* DB에서 가져온 프로세서들의 정보를 저장할 struct */
typedef struct{
    char proc_name[8];              /* 프로세서 이름 */
    char proc_desc[64];             /* 프로세서 설명 */
    char proc_alive[2];             /* 프로세서 실행여부 */
    char proc_start_time[32];       /* 프로세서 시작 시간 */
    char proc_stop_time[32];        /* 프로세서 종료 시간 */
} PROC_LIST_T;

/* DB에서 가져온 에러들의 정보를 저장할 struct */
typedef struct{
    char error_date_time[32];       /* 에러가 발생한 시간과 날짜 */
    char error_cause[32];           /* 에러가 발생한 이유 */
    int  error_level;               /* 에러 등급. Severity 숫자 이용 */
    char error_mis[64];             /* 에러가 발생한 지역을 유추할 정보 */
    char error_process_name[2];     /* 에러 정보를 보낸 프로세스 이름 */
    char error_code[8];             /* 에러의 종류를 식별하는 정보를 제공 */
} ERROR_LIST_T;
```

이번에는 이들 스트럭처를 활용할 함수들을 작성하도록 한다. 이 함수들은 DB의 값을 조회한 후 테이블 속의 데이터들을 스트럭처에 입력하고 필요한 정보로 가공하는 작업을 한다. 프로세스 테이블을 위해 get_process_info() 함수를 작성하고, 에러 테이블을 위해 get_error_info() 함수를 작성한다.

> **NOTE_** 실제 프로그램에서는 정확한 데이터베이스 접속문, SQL Query(쿼리)문, 데이터베이스 접속 해제문 등을 이용하여 함수를 작성해야 하지만 여기선 프로토타입의 모습 정도로 대신한다.
>
> ```c
> int get_process_info()
> {
>     PROC_LIST_T proc_list;
>     ... ... ...
>     rc = SQLExecDirect(hStmt, (SQLCHAR *)"select process_id,desc,...order by process_id asc", SQL_NTS);
>     rc = SQLBindCol(&proc_list.proc_name, sizeof(proc_list.proc_name), &l_status);
>     ... ... ...
>     while((rc=SQLFetch(hStmt)) != SQL_NO_DATA_FOUND)
>     {
>         if(rc != SQL_SUCCESS) return -1;
>         strcpy(proc_list.proc_name, "proc-name");
>         strcpy(proc_list.proc_desc, "proc-desc");
>         strcpy(proc_list.proc_alive, "proc-alive");
>         strcpy(proc_list.proc_start_time, "proc-start-time");
>         strcpy(proc_list.proc_stop_time, "proc-stop-time");
>     }
>     if(rc != SQL_SUCCESS) return -1;
>     return SQL_SUCCESS;
> }
> ```

에러 코드를 담당하게될 get_error_info() 함수도 위와 유사한 방법으로 작성을 한다. 이 예제 코드에선 프로세스와 에러 테이블만 언급을 하였지만, 실제 프로그램에서는 훨씬 많은 테이블이 존재할텐데 그 테이블마다 지금까지 작업한 것처럼 스트럭처와 함수들을 만들어야 할 것이다.

그러면 결과적으로 여러 개의 get_XXX_info() 함수들이 만들어질테고, 이 함수들을 필요한 곳에서 활용하면 될 것이다. 하지만 이때 이 함수들을 그냥 실행하지 않고, 실행을 대행할 함수를 만들면 조금 더 유용하게 활용할 수 있을 것이다. 예를 들어 runDBFunc(조건)이라는 함수를 만든 뒤, 이 함수의 인수를 통해 어떤 때는 get_process_info() 함수를 실행시키도록 만들고 어떤 때는 get_error_info() 함수를 실행하도록 만든다.

이렇게 되면 함수를 사용하는 사용자들은 runDBFunc() 함수만 사용하면 된다. 그리고 runDBFunc() 함수 내부에 DB와 관련된 내용을 넣어두면 향후 유지보수에도 많은 도움을 받게 된다. 예를 들어, get_XXX_info() 함수가 10개 존재하는데 데이터베이스가 SQL 서버에서 오라클로 바뀌게 되면 10개의 함수를 모두 고쳐야 되지만 대표되는 runDBFunc() 함수가 있는 경우, 이 함수만 수정하면 된다. 물론 DB 테이블의 스키마에 변경이 생겨서 get_XXX_info() 함수의 내부를 고쳐야 할 일이 있다면 그건 개별적으로 수정을 해야 한다.

그럼, 지금까지 간단히 나열했던 내용을 직접 구현하는 방법을 보도록 하자. 먼저 get_XXX_info() 함수들을 표현할 enum 데이터를 다음과 같이 선언한다.

```
/* 함수를 가리키는 enum */
enum db_func {
    GET_PROCESS_INFO,      /* 0 */
    GET_ERROR_INFO,
    GET_DISK_INFO,
    GET_CPU_INFO,
    GET_DB_INFO,
    ... ... ...
};
```

그리고 함수의 실행을 대행할 포인터 함수를 선언하도록 한다. 이 함수는 실행하고자 하는 함수들의 이름을 내부에 배열로 가지고 있게 된다. 이때 배열이 가질 수 있는 함수의 총 개수는 MAX_FUNC_NUM을 이용하여 선언한다. 그리고 이 함수가 가진 배열에 값을 입력하기 위한 DBFUNC()를 선언한다.

```
#define MAX_FUNC_NUM 10
#define DBFUNC(command, func) dbFuncMember[(command)]=(func)
/* 함수 실행을 대행하게 될 대행 함수 */
int (*dbFuncMember[MAX_FUNC_NUM])();
```

이번에는 DBFUNC()를 이용하여 dbFunMember[] 배열을 세팅하도록 한다. 이때 앞에서 선언했던 enum 데이터들과 만들어둔 함수의 이름과 매핑을 시키는 작업이 이루어진다. 이런 일련의 작업을 수행하는 dbFuncInit() 함수의 내용은 다음과 같다.

```
void dbFuncInit(void)
{
    int i ;

    for(i=0; i < MAX_FUNC_NUM; i++)
```

```
        dbFuncMember[i] = NULL;

    DBFUNC(GET_PROCESS_INFO, get_process_info);
    DBFUNC(GET_ERROR_INFO, get_error_info);
    DBFUNC(GET_DISK_INFO, get_disk_info);
    DBFUNC(GET_CPU_INFO, get_cpu_info);
    DBFUNC(GET_DB_INFO, get_db_info);
    ... ... ...
}
```

마지막으로 사용자들이 이용하게 될 runDBFunc( ) 함수를 만들도록 하자. 이 함수는 enum에 선언된 데이터 이름(정수형 숫자)을 인수로 받은 뒤, 그 인수에 해당되는 get_XXX_info( ) 함수를 포인터 함수를 이용하여 실행을 시킨다. 그리고 해당 포인터 함수를 실행시키기 전/후에 필요한 DB 관련 작업을 수행한다. 그럼, 함수의 내용을 직접 보도록 하자.

```
int runDBFunc(db_func)
{
    /* DB 관련 초기 함수를 실행 */
    rc = connectDBwithDSN();

    /* get_XXX_info() 함수를 할당하고 실행 */
    command = db_func;
    returnVal = (*dbFuncMember[command])();

    /* 작업 수행후 DB disconnect 작업 실행 */
    disconnectDB();
    return returnVal;
}
```

지금까지 스트럭처, 함수, 포인터를 이용한 실행 대행 함수 등을 만드는 작업을 해 보았다. 마지막으로 컴파일이 가능한 전체 코드를 보도록 하자. 이 코드에는 실행이 가능하도록 DB 관련 내용이 모두 간단한 문장으로 대체가 되었다. 전체 코드를 그냥 눈으로만 보지 말고 코딩, 컴파일, 실행, 테스트 및 변경을 통해 자기 것으로 완전히 소화시키도록 하자.

〈RunDBFunc.c〉

```
#include <stdio.h>

/* DB에서 가져온 프로세서들의 정보를 저장할 struct */
```

```c
typedef struct{
    char proc_name[8];            /* 프로세서 이름 */
    char proc_desc[64];           /* 프로세서 설명 */
    char proc_alive[2];           /* 프로세서 실행여부 */
    char proc_start_time[32];     /* 프로세서 시작 시간 */
    char proc_stop_time[32];      /* 프로세서 종료 시간 */
} PROC_LIST_T;
PROC_LIST_T proc_list;

/* DB에서 가져온 에러들의 정보를 저장할 struct */
typedef struct{
    char error_date_time[32];     /* 에러가 발생한 시간과 날짜 */
    char error_cause[32];         /* 에러가 발생한 이유 */
    int  error_level;             /* 에러 등급. Severity 숫자 이용 */
    char error_mis[64];           /* 에러가 발생한 지역을 유추할 정보 */
    char error_process_name[2];   /* 에러 정보를 보낸 프로세스 이름 */
    char error_code[8];           /* 에러의 종류를 식별하는 정보를 제공 */
} ERROR_LIST_T;
ERROR_LIST_T error_list;

/* 프로세스 테이블의 값을 조회하는 함수*/
int get_process_info()
{
    printf("get_process_info() 함수 실행~!\n");
    strcpy(proc_list.proc_name, "proc-name");
    strcpy(proc_list.proc_desc, "proc-desc");
    strcpy(proc_list.proc_alive, "proc-alive");
    strcpy(proc_list.proc_start_time, "proc-start-time");
    strcpy(proc_list.proc_stop_time, "proc-stop-time");

    printf("프로세스 테이블에서 데이터 조회 끝!\n");
    return 1;
}

/* 에러 테이블의 값을 조회하는 함수*/
int get_error_info()
{
    printf("get_error_info() 함수 실행~!\n");
    strcpy(error_list.error_date_time, "date-time");
    strcpy(error_list.error_cause, "error-cause");
    error_list.error_level = 1;
    strcpy(error_list.error_mis, "error-mis");
    strcpy(error_list.error_process_name, "ko");
    strcpy(error_list.error_code, "code");
```

```c
        printf("에러 테이블에서 데이터 조회 끝!\n");
        return 1;
}


#define MAX_FUNC_NUM 2
#define DBFUNC(command, func) dbFuncMember[(command)]=(func)

/* 함수 실행을 대행하게 될 대행 함수 */
int (*dbFuncMember[MAX_FUNC_NUM])();

/* 함수를 가리키는 enum */
enum db_func {
    GET_PROCESS_INFO,      /* 0 */
    GET_ERROR_INFO
};

/* enum 데이터와 실제 함수 이름 매핑 */
void dbFuncInit(void)
{
    int i ;

    for(i=0; i < MAX_FUNC_NUM; i++)
        dbFuncMember[i] = NULL;

    DBFUNC(GET_PROCESS_INFO, get_process_info);
    DBFUNC(GET_ERROR_INFO, get_error_info);
}

int runDBFunc(db_func)
{
    int returnVal;

    /* DB 관련 초기 함수를 실행 */
    printf("\nDB와 연결을 설정합니다.\n");

    /* get_XXX_info() 함수를 할당하고 실행 */
    returnVal = (*dbFuncMember[db_func])();

    /* 작업 수행후 DB disconnect 작업 실행 */
    printf("DB와 연결을 해제합니다.\n\n");

    return returnVal;
}

int main()
```

```
{
    dbFuncInit();
    runDBFunc(GET_PROCESS_INFO); // 또는 runDBFunc(0);
    runDBFunc(GET_ERROR_INFO);   // 또는 runDBFunc(1);
}
```

> **NOTE_** 독자 스스로 C에서 부족하다고 생각되는 부분을 각자 알고 있을텐데 자꾸 미루지 말고 시간있을 때 마다 그 부분을 하나씩 정리해 나가기 바란다.

04 라이브러리

함수나 클래스를 만들 때, 내용은 없고 선언만 존재하는 프로토타입이란 것이 있다. 프로토타입은 정의는 빠지고 선언만 존재하는 형태인데, 예를 들어 다음과 같은 함수가 있다고 하자.

```
int testFunc(int intVal, char cVal)
{
    intVal...;
    cVal...;
}
```

이때 이 함수의 프로토타입은 다음과 같다.

```
int testFunc(int intVal, char cVal);
```

일반적으로 함수나 클래스의 메소드를 작성할 때, 이들의 프로토타입만 모아서 별도의 헤더 파일을 만든 후, 다른 개발자나 일반 사용자에게 헤더 파일만 읽기 가능한 형태로 배포를 한다. 그리고 함수의 body 부분은 별도로 컴파일을 한 후에 오브젝트 파일이나 라이브러리 형태로 배포한다.

헤더 파일과 라이브러리를 받거나 구매한 개발자는 헤더 파일 속의 프로토타입을 통해 함수의 리턴형과 인수를 정확히 알게되며, 헤더 파일 속의 설명을 이용하여 어떻게 사용하는 것인지 무슨 작업을 하는 함수인지를 파악하게 된다.

헤더 파일을 만들 때는 확장자를 ".h"를 이용하는데, 특정 함수를 이용하기 위해서는 그 함수의 프로토타입이 선언된 헤더 파일을 사용하고자 하는 파일에 포함시키는(include) 작업이 필요하다. 헤더 파일을 포함시킨 후, 헤더 파일 내의 프로토타입대로 함수를 이용하여 코드를 작성하고 컴파일을 하게 되면, 컴파일러는 프로토타입대로 메모리를 할당하고 함수의 호출이 가능하도록 코드를 재배치한 오브젝트 파일을 만들게 된다.

오브젝트 파일 작성이 끝나고 나면 링커를 통해, 프로토타입에 대한 라이브러리를 방금 전에 작성한 오브젝트 파일과 정적으로 결합을 시키거나 동적으로 결합을 시키게 된다. 만일 이 단계에서 라이브러리 속에 필요한 함수의 body가 빠졌거나 형식이 맞지 않거나 하면 링크 에러가 발생하게 된다. 에러없이 링크 작업이 끝이 나면 실행 파일이 만들어진다.

마지막으로 실행 파일을 이용하여 프로그램을 실행하면 헤더 파일에 있던 함수의 프로토타입이 호출되고, 그러면 결합된 라이브러리 속의 해당 함수의 body가 실행이 된다. 지금까지 설명한 내용을 바탕으로 헤더 파일과 라이브러리를 만들고 그 파일들을 이용하여 프로그램을 작성한 예를 보도록 하자.

먼저, 작성하는 예제에 대해 간단히 설명하면, 스트럭처(명령과 결과를 담당하게 될)를 세팅하는 간단한 함수를 작성한 뒤, 그 함수를 라이브러리로 만든다. 그런 다음 그 라이브러리를 활용할 main( ) 함수를 작성한 뒤, 함께 컴파일하여 실행 파일을 만들고 테스트를 한다. 그럼, 먼저 스트럭처를 정의한 헤더 파일을 먼저 보도록 하자.

NOTE_ union의 활용에 주목하도록 한다.

⟨msgType.h⟩

```
1       #define REQUEST 1
2       #define RESPONSE 2
3
4       /* request를 담은 스트럭처 */
5       typedef struct
6       {
7               int reqType;
8               char reqData[10];
9       } RequestType;
10
11      /* response를 담은 스트럭처 */
```

```
12      typedef struct
13      {
14              int isDone;
15              char resData[30];
16      } ResponseType;
17
18      /* request 또는 response를 담게될
19       * message 스트럭처 */
20      typedef struct
21      {
22              /* messageType에 따라 union 속의 타입이 결정 */
23              unsigned int messageType;
24              union
25              {
26                      /* messageType = REQUEST 인 경우 */
27                      RequestType request;
28                      /* messageType = RESPONSE 인 경우 */
29                      ResponseType response;
30              } uType;
31      } MessageType;
```

msgType.h 속에 정의된 스트럭처(MessageType)는 이전에 소개했던 스트럭처와 유사한 형태를 가지고 있다. 24~30 라인을 보면 union 타입이 정의되어 있는데, 이는 상황에 따라 RequestType 형의 스트럭처로 활용될 수도 있고, ResponseType 형의 스트럭처로 활용될 수 있다.

이번에는 MessageType 형의 스트럭처를 set하고 show하는 함수로 이루어진 makeMsg.c 파일을 보도록 하자. 나중에 이 파일을 라이브러리로 만든 후, 다른 파일이 활용하게 된다.

〈makeMsg.c〉

```
1       #include <stdio.h>
2       #include "msgType.h"
3
4       MessageType* setMsg(MessageType *message)
5       {
6               if(message->messageType == REQUEST)
7               {
8                       message->uType.request.reqType = 1;
9                       strcpy(message->uType.request.reqData,
                                "Request.\0");
10              return message;
```

```
11                  }
12                  else if(message->messageType == RESPONSE)
13                  {
14                          message->uType.response.isDone = 1;
15                          strcpy(message->uType.response.resData,
                                  "Result 1.Data:3, 2.Number:10...\0");
16                          return message;
17                  }
18                  return 0;
19          }
20
21          void showMsg(MessageType *message)
22          {
23                  if(message->messageType == REQUEST)
24                  {
25                          printf("Request Type: %d\n", message->uType.
                                  request.reqType);
26                          printf("Request Data: %s\n", message->uType.
                                  request.reqData);
27                  }
28                  else if(message->messageType == RESPONSE)
29                  {
30                          printf("Response is done: %d\n", message->
                                  uType.response.isDone);
31                          printf("Response Data: %s\n", message->
                                  uType.response.resData);
32                  }
33          }
```

4~19 라인을 보면 포인터로 들어온 message의 messageType부터 확인을 한다. 메시지 타입이 REQUEST 이면 message 속의 union 데이터 중 requestType형의 스트럭처에 데이터를 세팅한 후 포인터를 리턴한다. 마찬가지로 RESPONSE 타입인 경우에는 responseType형의 스트럭처를 이용한다. 만일 둘 중 아무 타입도 아니면 0를 리턴한다.

21~33 라인의 ShowMsg( ) 함수를 보면 message 포인터를 인수로 받은 후, 내부의 데이터를 화면에 출력한다. 이때도 messageType을 확인한 후 union 내의 어떤 스트럭처를 활용할 지 결정한다. 확인이 끝나면 해당 스트럭처 속의 데이터를 화면에 출력한다.

마지막으로 위의 함수를 활용할 main( ) 함수를 보도록 하자. 메인 함수가 포함된 파일의 이름은 useMsg.c로 아래와 같다.

⟨useMsg.c⟩

```c
1       #include <stdio.h>
2       #include "msgType.h"
3
4       int main(int argc, char* argv[])
5       {
6               MessageType message;
7               if(argc < 2)
8               {
9                       printf("메시지 타입. request:req,
                                response:res\n");
10                      return 0;
11              }
12
13              if(!strncmp(argv[1],"req",3))
14              {
15                      message.messageType = REQUEST;
16                      setMsg(&message);
17              }
18              else if(!strncmp(argv[1],"res",3))
19              {
20                      message.messageType = RESPONSE;
21                      setMsg(&message);
22              }
23              else
24              {
25                      printf("Something is wrong!\n");
26              }
27
28              showMsg(&message);
29              return 0;
30      }
```

위의 main() 함수를 자세히 보면, main() 함수의 인자를 활용한 것을 볼 수 있다. argc와 argv로 명명된 인수들이 그것인데, 이 인수들은 명령 입력줄에서 프로그램을 실행시키면서 같이 입력한 인수를 사용하는 것이다. 예를 들어 아래와 같이 실행했다고 하자.

```
% useMsg res req
```

그러면 총 3개의 인수가 입력이 되는데 첫 번째 인수는 명령어 이름인 "useMsg"이고, 두 번째는 "res", 세 번째는 "req"가 된다. 이런 경우에 main( ) 함수에서 사용하는 인수 argc에는 3이 할당이 되며, argv[0]에는 useMsg가 할당이 되고, argv[1]에는 res, argv[2]에는 req가 할당이 된다.

다시 예제 파일을 보면, 7번 라인에서 명령어 인수의 개수를 확인하고 2개가 안되면 실행을 종료한다. 만일 2개가 넘으면 argv[1]에 할당된 내용이 "req"인지 "res"인지 확인을 하게 된다. 만약, "req"이면 messageType을 "REQUEST"로 할당한 후, setMsg( ) 함수를 호출하게 되고, 함수의 호출이 끝나면 28번 라인에서 보듯이 showMsg( ) 함수를 호출한 후 실행을 끝내게 된다.

그럼, 예제의 내용과 소스 분석이 끝났으니 라이브러리를 만들고 실행 파일을 만들어 보자. 먼저 라이브러리로 만들고자 하는 makeMsg.c 파일의 오브젝트 파일부터 만들자. 오브젝트 파일을 만들기 위해서 아래와 같이 컴파일을 해보자. 이때 -c 옵션을 이용하도록 한다.

```
% cc -c makeMsg.c
```

컴파일이 제대로 끝났으면 확장자로 'o'를 가진 makeMsg.o 파일이 생성될 것이다. 이번에는 생성된 오브젝트 파일을 이용하여 라이브러리를 만들도록 한다. 이때 사용하는 명령어는 ar로 라이브러리 작성에 사용된다. 아래와 같이 ar 명령어와 옵션, 그리고 생성하고자 하는 라이브러리의 이름, 마지막으로 오브젝트 파일들의 이름들을 나열한 후 실행한다.

```
% ar crv libMsg.a makeMsg.o
```

NOTE_ 지금은 하나의 오브젝트 파일만 이용하여 라이브러리를 작성했지만 보통은 여러 개의 오브젝트 파일을 이용하여 라이브러리를 만든다. 사실 하나의 오브젝트 파일로 라이브러리를 만드는 것은 별로 의미가 없다. 라이브러리 파일은 유사한 목적을 수행하는 오브젝트 파일들을 하나로 묶어서 내부적으로 활용하거나 배포할 때 매우 유용하다.

ar 명령어를 실행했으면, ls를 이용하여 libMsg.a 파일이 생성되었는지 확인을 한다. 라이브러리 파일이 생겼으면 이제 이 파일을 이용하여 실행 파일을 만들어보자. 이때 필요한 파일은 main( ) 함수를 가지고 있는 useMsg.c 파일인데, 아래와 같이 useMsg 이름을 가진 실행 파일을 만들도록 한다.

```
% cc -o useMsg useMsg.c libMsg.a
```

이제 실행 파일 useMsg가 만들어졌는지 확인을 하고 실행 및 테스트를 해보도록 한다. "useMsg req" 또는 "useMsg res"를 실행시켜 화면에 제대로 된 결과가 나오는지 확인해 보자.

라이브러리 파일을 이용하여 실행 파일을 만들 때, 위의 방법 외에 컴파일러의 옵션을 이용하는 방법이 있다. 이때 사용되는 옵션이 "-L"과 "-l"인데, -L의 경우에는 사용하고자 하는 라이브러리가 포함된 디렉토리 명을 명시하는 옵션이고, -l은 라이브러리의 이름을 적어주는 옵션이다. 이때 라이브러리의 이름은 lib라는 말과 확장자 '.a'를 생략하여 사용할 수 있다. 즉, libMsg.a의 경우 그냥 Msg라고 쓰면 된다.

실제 예를 보자. 위에서 사용했던 "% cc -o useMsg useMsg.c libMsg.a" 명령을 아래와 같이 대체할 수 있다.

```
% cc -o useMsg useMsg.c -L. -lMsg
```

> **NOTE**_ 만일 라이브러리 파일이 /home/jshin 디렉토리 밑에 있다면 -L 옵션을 다음과 같이 주면 된다.
>
> ```
> -L/home/jshin
> ```

안정성이 검증되고 성능이 뛰어난 함수들을 만들었으면 라이브러리 형태로 만들어두기를 권한다. 그리고 다른 사람에게 이를 배포할 때는, 라이브러리 속에 있는 함수의 헤더 파일과 라이브러리 파일을 전달하도록 한다. 이것이 자신만의 코드를 만들고 관리하는 큰 첫걸음이 될 것이다.

chapter 06 C++를 이용한 프로그래밍1

Chapter 06에서는 유닉스 개발자가 꼭 알아야 되는 또 다른 언어인 C++를 다루게 된다. C++는 유닉스 프로그래밍에 있어 아주 강력하고 효율적이어서, 많은 서버 사이드의 프로그램에서 활용이 되고 있다. C++ 언어는 C의 확장이라 생각할 수 있지만, C와는 완전히 다른 객체지향 방법론이 적용된 언어이기 때문에 언어 자체에 대한 부분도 알아야 되지만 객체지향 방법론도 잘 익혀두어야 제대로 활용할 수 있는 언어이다. 요즘 사용되는 대다수의 개발 언어들이 객체지향 언어들이기 때문에 유닉스 개발자들도 객체지향 방법론과 많이 친숙하리라 생각된다. 하지만 초창기 C++이 세상에 처음 나왔을 때, 많은 개발자들이 언어 자체보다도 방법론에 더 많은 어려움을 겪기도 했다.

이 책에서는 객체지향 방법론에 대한 부분은 다루지 않는다. 따라서 객체지향 방법론에 대한 부분을 익혀야 하는 독자들은 다른 전문 서적을 통해 해당 방법론을 꼭 마스터하기 바란다.

Chapter 06에서 다루고자 하는 부분은 C++의 입출력과 관련된 부분으로, 어떤 언어를 공부하든 가장 먼저 익혀두어야 하는 내용 중 하나이다. 입출력과 관련된 클래스를 정리하고, 그 다음에는 클래스들과 스트림을 이용한 입출력을 배우고 이를 활용한 화면 입출력과 파일 입출력을 배우도록 한다. 이를 통해 향후에 시스템을 개발할 때, 적절한 클래스를 활용하여 입출력을 구현할 수 있는 기본 지식을 갖추도록 한다. Chapter 06의 주요 목차는 다음과 같다.

1. 입출력과 관련된 클래스들
2. 스트림을 이용한 입력과 출력
3. 파일 입출력
4. 입출력 스트링 스트림

알고 넘어 갑시다

C++ 언어 소개

C++ 언어에 대해 간단히 살펴보도록 하자. C++언어는 벨 연구소의 Bjarne Stroustrup에 의해 개발이 되었다. C++은 C 언어에 객체지향 패러다임(OOP – Object Oriented Paradigm) 개념을 접목시킨 언어라고 보면 된다.

따라서 C 언어가 가지는 기능을 모두 포함하면서 OOP가 제공하는 소프트웨어 공학적인 기능을 모두 갖추고 있다. 필자는 객체지향 언어 중에서 가장 좋아하는 언어가 C++인데 지금까지 여러 시스템들을 개발하면서 사용했던 대부분의 언어가 C++이었다.

객체지향 언어를 사용하게 되면, 해당 언어가 제공하는 문법과 인터페이스 외에 객체지향에 대해 별도로 공부해 두는 것이 좋다. 그리고 객체지향을 잘 접목시킨 "디자인패턴"에 대해서도 공부해 두는 것이 좋다. 필자도 디자인패턴을 나름대로 공부하고 직접 책을 집필한 경험도 있다. 아이러니 한 것은 객체지향을 공부 및 적용하면서 사용했던 언어는 C++ 인데 책으로 집필한 언어는 "C#"과 "자바"였다.

C++ 언어의 특징

C++ 언어를 말하면서 객체지향 개념과 특징을 설명하지 않으면 안되지만 여기서는 특별히 C 언어와 비교해서 특징을 기술하도록 하겠다. 객체지향 만으로도 상당한 내용을 말하고 설명해야 하는데 이 책의 목적과는 다르다고 생각하기 때문이다. 하지만 뒤에 C++ 프로그래밍을 소개할 때 객체지향 방법론을 간단히 정리하고 샘플 코드를 보여주고 있다.

C 언어에서 아주 중요한 것 중 하나가 struct를 이용하여 데이터를 표현한 것인데, C++ 에서는 클래스를 이용하여 struct에서 제공하는 데이터뿐만 아니라 그 데이터를 활용하는 메소드까지 함께 제공할 수 있도록 만들어 준다.

C에서와 달리 Go To문의 사용에 제약이 있으며, C++ 에서는 extern을 붙이지 않고 변수를 선언하면 그 부분을 변수의 정의로 생각해 버린다. 그리고 C++은 정의되지 않은 함수를 사용하면 에러를 유발시키며, 함수의 선언에 값을 리턴하도록 되어 있는데 그렇게 하지 않으면 또한 에러를 발생시킨다. 이러한 점을 종합하면 C++은 C 보다 함수 선언을 엄격하게 하는 특징이 있다.

C++는 try-catch 구문을 이용하여 예외(exception)를 처리할 수 있는 기능을 제공하고 있다. 예외 사항이 발생했을 때 이를 처리하기 힘든 C 언어와 달리 예상되는 예외 사항을 능동적으로 처리할 수 있는 힘을 갖고 있는 것이다.

그리고 C++ 언어는 C 언어에서 정의한 각종 함수들을 그대로 포팅해서 사용할 수 있다. 객체지향 기법을 사용하지 않은 C++ 코드들을 보면 C 코드와 별로 차이가 없으며, 객체지향 기법을 많이 활용하면서도 C의 함수들을 잘 사용할 수 있다. 이러한 특징을 활용하면 C에서 이미 개발된 기능들을 힘들이지 않고 그대로 사용할 수 있게 된다. C++ 언어의 또 다른 특징은 빠른 전파 속도이다. C++ 언어는 세상에 소개되자마자 대부분의 시스템에 포팅되는 놀라운 전파력을 보여주었는데, 언제가 또 다시 제2의 전성기를 맞지 않을까 기대되는 언어이다.

01 입출력과 관련된 클래스들

C++에서 제공하고 있는 입출력 클래스들에는 어떤 것들이 있는지, 그들 클래스 사이의 관계는 어떻게 형성되어있는지 등을 살펴보자. 그리고 이들 클래스를 활용하는 방법을 하나씩 익혀보자.

표준 입출력 스트림 클래스들

표준 입출력 스트림 클래스의 최상위 클래스는 ios_base 클래스가 되며 다른 클래스들은 이를 상속받아 특별화를 진행한다.

> **NOTE_** 클래스의 상속 관계 트리에서 상위로 올라갈수록 일반화가 이루어지고 하위로 내려갈수록 특별화가 진행된다.

ios_base 클래스를 상속받은 클래스는 ios 클래스로 문자 집합을 고려하여 클래스가 작성되었다. ios를 상속받아 스트림 입력 부분을 확장한 클래스가 istream 클래스이고, 스트림 출력 부분을 확장한 클래스는 ostream 클래스이다.

이들 스트림 입출력 클래스는 파일, 스트링 입출력으로 나뉘어 입력 스트림을 위해 ifstream, istringstream으로 확장되고, 출력 스트림을 위해 ofstream, ostringstream으로 확장된다. 그리고 입출력 스트림을 모두 받아서 확장한 iostream이 존재한다.

그리고 iostream 클래스를 상속받아 이를 확장한 fstream 클래스와 stringstream 클래스가 존재한다. 이들 입출력 스트림 클래스의 상속 관계를 그림으로 표현하면 다음과 같다.

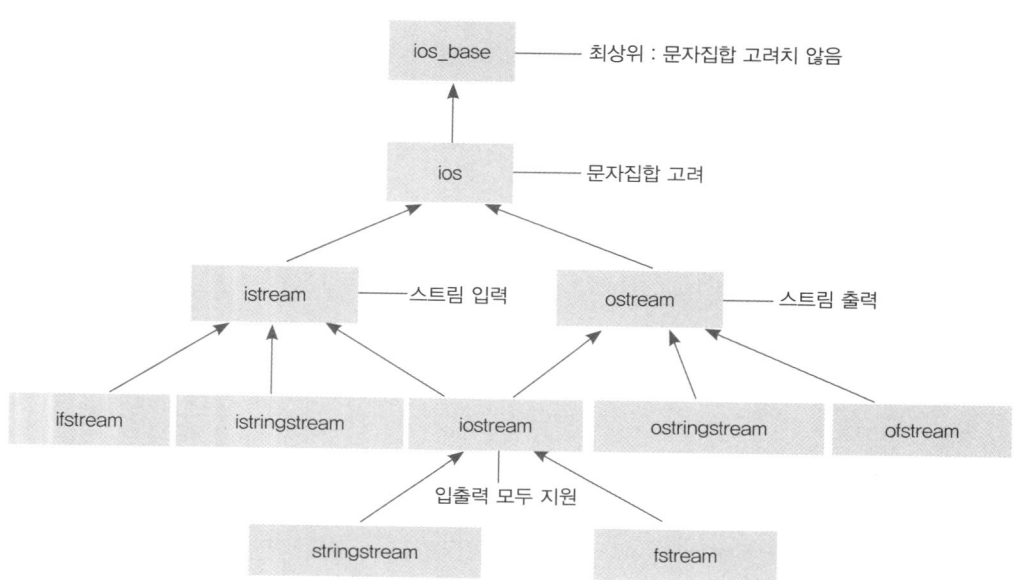

▲ 표준 입출력 스트림 클래스

이들 입출력 스트림 클래스들은 출력 연산자인 "《《" 연산자를 제공한다. "《《" 연산자는 다른 말로 삽입 연산자라고도 하는데 이를 이용하면 출력 디바이스에 원하는 내용을 넣을 수 있다. 그리고 입력 연산자인 "》》" 연산자를 제공한다. "》》" 연산자는 추출 연산자라고도 하는데 이를 이용하면 입력 디바이스에 있는 내용을 가져올수 있다.

파일 입출력을 담당하는 클래스를 정리해보면, 파일 입출력을 담당하는 클래스들은 파일을 열고 닫고 액세스하는 메소드를 가지게 된다. 즉, open, close, read, write 함수들을 가지고 있으며, filebuf 클래스의 데이터를 내부에 가지고 있게 된다. 이러한 클래스에는 istream, ostream 그리고 fstream이 있다.

ifstream 클래스는 istream을 상속받아 작성된 클래스로 입력과 관련된 메소드들을 제공하며 ostream 클래스는 ostream을 상속받아 작성된 클래스로 출력과 관련된 메소드를 제공한다. fstream 클래스는 iostream을 상속받아 작성된 클래스로 ifstream의 기능과 ofstream의 기능을 모두 가진 클래스이다.

버퍼를 이용한 입출력 클래스들

시스템은 하드웨어 적으로나 소프트웨어 적으로 버퍼를 이용하는 경우가 많다. 이는 최종 디바이스를 이용하기 전에 메모리 속의 버퍼에 데이터를 담아두었다가 일시에 사용하는 경우인데,

시스템의 성능에 도움을 주게 된다.

입출력 작업도 버퍼를 이용하여 작업을 수행하는 경우가 많은데, C++에서는 버퍼를 이용하여 입출력 작업이 이루어지도록 클래스들을 제공하고 있다. 이들 클래스 중 기본 클래스의 계층도를 그림으로 표현하면 다음과 같다.

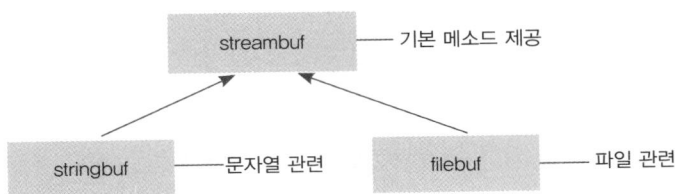

▲ 버퍼 관련 입출력 클래스

입력의 경우에는 버퍼에 입력할 데이터를 담다가 엔터키 등을 만나면 버퍼의 내용을 일시에 입력 스트림에 전달하게 된다. 출력도 마찬가지로 버퍼 속에 출력할 데이터를 담다가 엔터키 등('\n')을 기점으로 출력 스트림에 버퍼에 있는 내용을 전달하게 된다. 버퍼 속에 있던 내용이 스트림에 전달된 후에는 버퍼가 비워지게 된다. 이렇게 버퍼가 비워지는 것을 flush라고 한다.

스트림 클래스와 버퍼 클래스는 입출력 관련 메소드를 분리하기 위해 상속 계층을 달리하고 있다. 이러한 분리는 버퍼에 데이터를 입출력하는 하위 레벨의 메소드와 스트림에 입출력을 실행하는 상위 레벨의 메소드로 나뉘게 된다. 이때 하위 레벨의 메소드를 버퍼 관련 입출력 클래스가 제공하며, 상위 레벨의 메소드를 스트림 관련 입출력 클래스가 제공하게 된다.

> **NOTE_** 이 밖에도 입출력 클래스 중에는 스트링 입출력과 관련된 클래스들이 있다. 이들은 stringbuf 클래스의 데이터를 가지며, 스트링 객체를 리턴하는 메소드를 가지고 있다. 이러한 클래스에는 istringstream과 ostringstream이 있다.

02 스트림을 이용한 입력과 출력

스트림이라고 하면 영어로는 '흐름'이나 '유출' 등으로 번역이 될텐데, 여기서의 스트림은 데이터를 논리적으로 처리하는 장치나 흐름을 뜻한다. 이번 절에서 공부할 표준 입출력(I/O)과 관련된 스트림에는 표준 입력인 cin, 표준 출력인 cout, 표준 에러 디바이스 출력인 cerr, 그리고 표준 에러 버퍼 출력인 clog가 있다.

> **NOTE_** C에서는 표준 입력이 stdin, 표준 출력이 stdout, 그리고 표준 에러는 stderr이다.

C++에서 스트림 입출력을 사용하려면 가장 기본적인 헤더 파일인 iostream.h 파일을 include해야 한다. 만일 namespace std를 선언(using)하게 되면 그냥 iostream을 include 하면 된다.

그러면 간단한 예제를 통해 스트림을 이용한 입력과 출력의 예를 보도록 하자. 아래의 프로그램은 사용자에게 입력을 요구하며, 사용자가 입력을 수행하면 입력된 내용에 라인 수를 붙인 후 화면에 출력하게 된다.

〈streamInOutput.cpp〉
```cpp
#include <iostream>
#include <string>

using namespace std; // std 네임스페이스 사용

int main(void)
{
    string inputData;
    int outputLine = 0;

    // quit을 입력받을 때 까지 화면에 입력된 내용을 출력
    while(inputData != "quit")
    {
        cout << "데이터 입력(종료-quit): ";
        cin >> inputData;
        cout << ++outputLine << ": " << inputData << endl;
    }
}
```

위 프로그램의 실행 결과를 간단히 보면 아래와 같다.

```
데이터 입력(종료-quit): Hello
1: Hello
데이터 입력(종료-quit): C++
2: C++
데이터 입력(종료-quit): World
```

```
    3: World
데이터 입력(종료-quit): quit
    4: quit
```

그러면 이제 이들 스트림을 이용한 입력과 출력들을 하나씩 배우면서 정리를 해 나가도록 하자.

특수 문자와 조작자의 활용

앞에서 작성한 프로그램을 보면 endl이라는 조작자를 활용한 것을 볼 수 있다. 이 조작자는 캐리지리턴/라인피드(CR/LF)를 의미한다. C 언어를 이용해 본 사람들은 printf( ) 함수를 통해 화면 출력을 하면서, 내부에 특수 문자인 "\n"을 이용하면 endl과 동일한 결과가 나온다는 것을 알고 있다.

이처럼 입출력 스트림을 활용하면서 조작자나 특수 문자를 이용하여 원하는 작업을 보다 편하게 수행할 수 있다. 그러면 특수 문자에는 어떤 것들이 있으며, 스트림에서 활용할 수 있는 조작자들에는 어떤 것들이 있는 살펴보자. 아래의 표는 일반적인 프로그래밍 언어에서 많이 사용되는 특수 문자들을 나타내고 있다.

'\n'	개행 문자	'\\'	백슬래시 문자
'\a'	경고음 문자	'\b'	백스페이스 문자
'\f'	폼피드 문자	'\r'	캐리지 리턴문자
'\t'	수평 탭 문자	'\v'	수직 탭 문자
'\?'	물음표 문자	'\0'	널 문자
'\o'	8진수	'\x'	16진수

그러면 이들 특수 문자를 사용한 간단한 예를 보도록 하자.

```
#include <iostream>
using namespace std;

void main(void)
{
    cout << "\t" << "\?" << "\t" << "\\" << endl;
```

```
    cout << "sound" << "\a" << "\tsound" << "\a" << "\tsound" << "\a"
         << endl;
}
```

■ 숫자의 진수를 변환하기 위해 사용되는 조작자들

앞에서 숫자를 16진수와 8진수로 변환하는데 사용되는 특수 문자가 '\x'와 '\o'라고 했다. 이들처럼 스트림에서 숫자를 16진수와 8진수로 변환하는데 사용되는 조작자에는 어떤 것들이 있는지 살펴보자.

일반적으로 숫자는 10진수(decimal)로 출력되도록 만들어져 있다. 10진수로 표현된 숫자를 8진수로 변환할 때 사용되는 조작자는 oct 이며, 16진수로 변환할 때 사용되는 조작자는 hex 이다. 그리고 다른 진수로 변환된 숫자를 다시 10진수로 변환하는 데 사용되는 조작자는 dec 이다.

예를 들어 숫자 100을 8진수로 변환하려면 다음과 같이 하도록 한다.

```
cout << "decimal: " << 100 << ", octal: " << oct << 100 << endl;
```

마찬가지로 16진수로 변환하려면 다음과 같이 하면 된다.

```
cout << "decimal: " << 100 << ", hexadecimal: " << hex << 100 << endl;
```

이때 주의할 일이 발생한다. 만일 8진수로 변경하기 위해 oct 조작자를 사용하고 나면 디폴트 숫자 조작은 10진수가 아닌 8진수로 바뀌어버린다. 즉, oct를 이용하여 8진수를 표현한 후, 10진수를 표현하기를 원한다면 꼭 dec 조작자를 이용해줘야 한다. 따라서 숫자를 변환한 이후에 10진수를 표현하려면 다음과 같이 사용하는 것이 안전하다.

```
cout << "decimal: " << dec << 100 << endl;
```

조작자 외에도 내부적으로 제공하고 있는 setbase() 함수를 이용하여 숫자를 변환할 수 있다. setbase()는 iomanip.h 헤더 파일에 정의된 것으로 ios의 플래그 세팅을 조작하게 된다. 예를 들어 숫자 100을 8진수 또는 16진수로 변환하려면 다음과 같이 하도록 한다.

```
cout << setbase(10) << 100 << ", octal: " << setbase(8) << 100 <<
endl;
cout << setbase(10) << 100 << ", hexadecimal: " << setbase(16) << 100
<< endl;
```

> **NOTE_** ios의 플래그를 세팅하는데 있어, 컴파일러에 따라 setbase() 함수가 아닌 setiosflags() 조작자를 사용해야 하는 경우가 있다. 이런 경우, 8진수는 setiosflags(ios::oct)를 이용하면 되고, 16진수는 setiosflags(ios::hex)를 이용하면 된다.

■ 숫자의 출력을 위해 사용되는 조작자들

숫자 변환을 위한 조작자 외에도 유용하게 사용할 조작자들이 많이 있다. 필요에 따라 출력되는 문자나 데이터의 넓이를 변화시킬 필요가 있다. 예를 들어 자동으로 계산된 수 만큼 출력되는 데이터의 간격을 조절해야 한다면, 이때는 setw 조작자를 이용하면 된다.

예를 들어, 숫자의 간격을 하나씩 넓혀가면서 화면에 출력하다 일정 수준이 되면 하나씩 좁혀가면서 출력한다고 하자. 이럴 때 setw 조작자를 활용할 수 있는데 구현 예를 보면 다음과 같다.

〈setw조작자.cpp〉
```cpp
#include <iostream>
#include <iomanip>
using namespace std;

void main(void)
{
    int data = 0;
    int width = 0;

    // setw 조작자를 이용하여 출력 너비 조절
    for(int loop = 0; loop < 11; loop++)
    {
       if(loop < 6)
          cout << data << setw(++width) << data << endl;
       else
          cout << data << setw(--width) << data << endl;
    }
}
```

이 프로그램을 실행시켜 보면 다음과 같은 결과가 나온다.

```
00
0 0
 0  0
  0  0
   0  0
    0  0
   0  0
  0  0
 0  0
0 0
00
```

setw 조작자를 사용했을 때 발생하는 공간은 모두 공백으로 처리가 된다. 필요에 따라 이러한 공백을 다른 문자로 채우기를 원할 때도 있다. 예를 들어, 목차와 페이지를 표시하고 싶을 때는 대쉬(-) 같은 문자로 공간을 채울 필요가 있다.

이렇게 특정 문자로 공간을 채우고 싶을 때 사용하는 조작자는 setfill이다. 만약 대쉬 문자로 공간을 채우기 원한다면 다음과 같이 하도록 한다.

```cpp
cout << setfill('-');
cout << data << setw(width) << data << endl;
```

숫자 연산을 많이하는 프로그램을 작성하다 보면, 계산의 결과로 얻어진 소숫점의 자릿수를 얼마나 표현해야 되는가의 문제로 가끔 고민해야 하는 경우가 있다. 예를 들어 10을 3으로 나누는 문제를 고민해 보자.

정수의 계산으로 10을 3으로 나누면 결과는 3으로 나타날 것이다. 하지만 소숫점을 가진 10.0을 3.0으로 나누면 소숫점의 개수를 얼마나 찍느냐에 따라 3에서 3.33333333 등 천차만별이 될것이다. 은행 등 금융권에서 프로그래밍을 생각한다면 소숫점 몇 자리까지 출력되게 하느냐가 아주 중요한 요인이 될 수 있다. 이때 사용할 수 있는 유용한 조작자가 바로 setprecision 조작자 이다.

예를 들어 10.0을 3.0으로 나누면서 디폴트로 자릿수가 나오도록 출력해보고 setprecision 조작자를 이용하여 출력되는 자릿수를 조절한 경우를 보도록 하자.

```
cout << 10.0/3.0 << endl;    // default 출력
   // setprecision 조작자 활용
   for(int count = 1; count < 10; count++)
       cout << setprecision(count) << 10.0/3.0 << endl;
```

이를 출력해 보면 다음과 같은 결과가 나온다.

```
3.33333
3
3.3
3.33
3.333
3.3333
3.33333
3.333333
3.3333333
3.33333333
```

■ 스트림의 플래그 세팅을 통한 입출력 조작

조작자의 직접적인 사용이 아닌 ios에 있는 플래그의 세팅을 통해 입출력을 조작할 수 있게 된다. 이 경우 세팅할 수 있는 플래그에 어떤 것들이 있는지 확인하는 것이 중요한데, 대부분의 컴파일러가 iosbase.h 헤더 파일 내부에 enum으로 세팅할 수 있는 플래그가 정의되어 있다.

현재 필자가 윈도우에서 사용하고 있는 컴파일러는 볼랜드 사의 C++ 컴파일러 5.5 버전인데 이 컴파일러가 가지고 있는 iosbase.h 파일에 있는 fmt_flags는 다음과 같다.

```
enum fmt_flags {
     boolalpha    = 0x0001,
     dec          = 0x0002,
     fixed        = 0x0004,
     hex          = 0x0008,
     internal     = 0x0010,
     left         = 0x0020,
     oct          = 0x0040,
     right        = 0x0080,
     scientific   = 0x0100,
     showbase     = 0x0200,
```

```
        showpoint  = 0x0400,
        showpos    = 0x0800,
        skipws     = 0x1000,
        unitbuf    = 0x2000,
        uppercase  = 0x4000,
        adjustfield = left | right | internal,
        basefield   = dec | oct | hex,
        floatfield  = scientific | fixed
    };
```

setiosflags 조작자를 통해 이들 플래그를 세팅할 수 있다. showpoint 플래그의 경우는 소숫점이 화면에 나타나도록 만든다. 예를 들어 25.0을 5로 나누면 5가 화면에 나타날 것이다. 하지만 showpoint가 세팅되어 있으면 소숫점을 보여준다. 다음과 같은 경우 처음엔 5를 출력하고 두 번째 라인에서는 5.00000을 출력할 것이다.

```
cout << 25.0 / 5 << endl;
cout << setiosflags(ios::showpoint) << 25.0 / 5 << endl;
```

showpos 플래그는 숫자가 음수일 때는 -를 앞에 붙이게 만들고 양수일 때는 +를 붙이도록 만든다. 다음의 경우, -5와 +5를 화면에 출력한다.

```
cout << setiosflags(ios::showpos);
cout << -5 << " " << 5 << endl;
```

숫자를 hexadecimal로 변환할 경우 a~f의 알파벳이 사용되는데, 간혹 알파벳을 대문자로 화면에 출력해야될 때가 있다. 이때 uppercase를 세팅해주면 기본적으로 소문자로 나오던 알파벳이 대문자로 화면에 나타나게 된다. 예를 들어, 다음의 문장을 실행하면 ff와 FF가 나타나게 된다.

```
cout << hex << 255 << endl;
cout << setiosflags(ios::uppercase);
cout << hex << 255 << endl;
```

만일 이때 showbase 플래그를 세팅하게 되면 ff와 FF가 아닌 0xff와 0xFF가 화면에 나타나게 된다. 플래그를 세팅하고 나면 계속해서 세팅된 플래그로 사용이 되는데 이들을 이전의 상태로 변경할 필요도 있을 것이다. 이때는 resetiosflags 조작자를 사용하면 된다. 예를 들어 hex 코드를 대문자로 변경한 뒤, 이를 예전 상태로 바꾸려면 다음처럼 하도록 한다.

```
cout << setiosflags(ios::uppercase);
cout << hex << 255 << endl;
cout << resetiosflags(ios::uppercase);
cout << hex << 255 << endl;
```

스트림 입력과 출력을 위해 제공되는 함수들

보통 스트림 입출력을 사용하면서 cin과 cout만 사용하게 되는데, cin과 cout이 제공하는 함수들을 활용하면 스트림 입출력을 보다 다양하게 활용할 수 있다.

■ 스트림 입력 멤버 함수

cin을 통해 문자열을 입력 받은 후, 사용자가 입력한 문자가 총 몇 자인지 알아내야 할 경우가 있다. 암호를 예로 든다면, 사용자가 4자 이상 12자 미만으로 입력해야 한다고 할 때 등이 이에 해당될 것이다. 만일 cin에서 아무런 함수를 제공하지 않는다면 버퍼 내에서 사용자가 입력한 부분 만큼을 다시 계산하는 루틴을 만들어야 할 것이다.

이럴때 cin이 제공하는 여러 멤버 함수 중 gcount를 활용하면 이러한 문제를 보다 쉽게 해결할 수 있게 된다. 그리고 cin을 그냥 사용하면 사용자가 입력한 문장 중에 공백이 있을 때 공백 이전까지의 문자열 만을 변수에 입력하게 된다. 이를 해결하려면 getline() 메소드를 이용하면 된다. 예를 들어, 다음의 문장을 보자.

```
char data[64];
cin >> data;
```

이때 사용자가 "Hello C++ World"라고 입력을 하게 되면 data에는 "Hello"만 저장된다. 하지만 다음과 같이 실행하면 "Hello C++ World"가 모두 저장된다.

```
cin.getline(data, sizeof(data));
```

그러면 getline( ) 메소드와 gcount( ) 메소드를 활용하여 사용자로부터 문자열을 입력받은 후, 입력 받은 문자의 개수를 화면에 나타내는 예제를 만들어 보자.

〈getLine_gCount.cpp〉
```cpp
#include <iostream>
using namespace std;

void main(void)
{
    char data[64];
    cout << "문자열 입력: ";

    // getline 메소드와 gcount 메소드 활용
    cin.getline(data, sizeof(data));
    cout << "문자 개수: " << cin.gcount() << endl;
}
```

NOTE_ 위의 프로그램을 실행시키고 "Hello C++ World"를 입력하면 16자라고 나온다. 이는 문자 개수 속에 사용자가 입력한 리턴키가 포함되었기 때문이다.

위의 예제에서 getline( ) 메소드는 두 개의 파라미터를 사용하였다. 하나는 입력 시에 사용할 문자열 변수이며 나머지는 변수의 크기였는데, 필요에 따라 getline( ) 메소드는 파라미터를 하나 더 사용할 수 있다. 이 파라미터는 특정 문자에서 입력을 중단하고 싶을 때 사용한다.

예를 들어, 사용자가 "USER:ROOT"라고 입력을 했는데 콜론(':')의 앞 부분만 입력받고 싶다면 다음과 같이 활용하도록 한다.

```cpp
char data[64];
cout << "문자열 입력: ";

// getline 메소드 활용
cin.getline(data, sizeof(data), ':');
cout << "입력받은 문자: " << data << endl;
```

위의 문장을 이용하여 프로그램을 만든 뒤, 실행을 시켜보라. 입력한 문장 중 콜론의 앞 부분까지만 data에 저장한 것을 보게 될 것이다.

> **NOTE_** cin.getline(data, sizeof(data), ':') 문장을 실행시키면 사용자가 입력하는 문장 속에 콜론이 포함되어 있어야 한다. 그렇지 않으면 리턴의 유무에 상관없이 버퍼의 끝까지 사용자의 입력을 받아들이게 된다.

cin을 그냥 사용하거나 getline( ) 메소드와 함께 사용하면 정해진 문자가 나올때 까지 입력을 받게 된다. 일반적으로 정해진 문자라면 리턴키가 될 것인데, 필요에 따라 단지 한 문자만을 입력받아야 하는 경우도 있다. yes냐 no냐를 묻는 문장의 경우에는 y나 n만을 입력받으면 되지 다른 문자까지 입력받을 필요가 없다.

이때 활용할 수 있는 메소드에는 get( )이 있다. get을 사용하면 사용자가 아무리 많은 문장을 입력해도 제일 처음 입력한 문자만 반환하게 된다. 다음은 get 메소드의 간단한 사용 예이다.

```cpp
char answer = cin.get();
```

만일 y나 n중 하나의 답을 원하는데, 사용자들은 y(소문자)대신 Y(대문자)를 입력하는 경우가 많다. 이럴 때 사용자는 제대로 입력했다고 생각하나 프로그램이 대소문자를 변환하지 않는다면 프로그램은 에러로 처리할 수도 있을 것이다. 이럴때는 toupper( ) 함수를 이용하여 사용자가 입력한 문자를 대문자로 변환시킨 뒤, 체크하는 것이 보다 안전한 처리가 될 것이다. 예를 들면 다음과 같이 하도록 한다.

```cpp
char answer = cin.get();
answer = toupper(answer);
```

또는

```cpp
char answer = toupper(cin.get())
```

만일 입력되는 문자열 중 앞 부분의 몇 글자는 무시하는 방법이 필요할 때가 있다. 예를 들어,

사용자가 입력하는 문자열 중 앞 부분에 항상 붙는 "USERS:" 라는 글자를 제외하고 뒤의 글자만 필요하다면 앞 부분의 6글자를 무시하도록 만들어야 한다. 이때 사용할 수 있는 메소드에는 ignore( )가 있다. 다음과 같이 실행하면 앞의 6글자를 무시하게 된다.

```
char data[64];
cout << "문자입력: ";
cin.ignore(6);
cin.getline(data, sizeof(data));
```

하지만 이 경우에 사용자가 항상 6글자를 사용하지 않을 수도 있다. 예를 들어, 사용자가 앞부분에 "USE:"라고 쓸수도 있으며 "USER:"라고 쓸 수도 있다. 이럴때는 콜론을 포함한 앞부분의 글자만 무시하도록 만들 필요가 있다. 잘못하면 무시되지 말아야할 글자까지 무시될 수도 있기 때문이다. 이럴때는 위의 ignore 메소드를 다음과 같이 사용하도록 한다.

```
cin.ignore(6, ':');
```

이렇게 되면 6글자가 되기 전에 콜론이 포함되어 있으면 콜론을 포함한 앞 부분의 글자만 무시가 된다. 만일 6글자가 될 때까지 콜론이 포함되어 있지 않으면 그냥 앞 부분의 6글자가 무시된다.

■ 스트림 출력 멤버 함수

스트림 입력 시에 활용할 메소드가 존재하듯이 스트림 출력 시에도 활용할 수 있는 메소드가 존재한다. 먼저 I/O 스트림에 어떠한 플래그가 세팅되어 있는지 출력 메소드를 이용하여 확인할 수 있다.

예를 들어, 앞에서 width, fill, precision 등의 플래그 세팅을 통해 출력 너비, 공백문자 대체하기, 소숫점 보여주기 등을 세팅할 수 있음을 배웠는데, cout에서 제공하는 메소드를 이용하여 현재 세팅이 어떻게 되어 있는지 확인할 수가 있다.

만일 width의 세팅 정보를 확인하고 싶으면 다음과 같이 실행해 주면 된다.

```
cout << cout.width() << endl;
```

마찬가지로 fill 이나 precision의 세팅 정보를 보고 싶으면 다음과 같이 실행하도록 한다.

```
cout << cout.fill() << endl;
cout << cout.precision() << endl;
```

그리고 현재 세팅되어 있는 flag의 전체 정보를 보고 싶으면 다음과 같이 실행하도록 한다.

```
cout << "세팅된 Flag: " << showbase << hex << cout.flags() << endl;
```

필자의 컴퓨터에서 위의 명령을 실행한 결과가 다음과 같이 나왔다.

```
세팅된 Flag: 0x1002
```

이를 분석하면 처음에 나왔던 fmt_flag enum 플래그 중 아래의 부분이 세팅된 것을 알 수 있다.

```
enum fmt_flags {
  ... ... ...,
  dec       = 0x0002,
  ... ... ...,
  skipws    = 0x1000,
  ... ... ...
};
```

앞에서 조작자 또는 플래그 세팅을 통해 스트림 출력을 조작하는 방법을 배웠다. 이밖에도 스트림 출력에서 제공하는 메소드를 이용하여 플래그를 세팅할 수 있다. 이 방법에 대해 살펴보도록 하자. 이때 사용하는 메소드는 앞에서 현재 플래그 세팅 정보를 읽어오는데 사용되었던 flags() 메소드와 setf(), unsetf() 메소드 들이다.

flags() 메소드의 기억을 되살리기 위해 현재 세팅된 플래그 정보를 얻고 싶다면 다음과 같이 했었다.

```
cout << "세팅된 Flag: " << showbase << hex << cout.flags() << endl;
```

이러한 flags( ) 메소드를 잘 활용하면 플래그를 세팅하여 사용하다가 초기 세팅으로 되돌릴 때 유용하게 사용할 수 있다. 예를 들어, 다음과 같이 초기 세팅값을 저장한 뒤, 원하는 시점에 세팅을 되돌리면 된다.

```
long default_setting = cout.flags();
//... 새로운 세팅 ...
// ... 새로운 세팅 사용 ...
cout.flags(default_setting); // 처음 상태로 플래그 세팅 복원
```

위의 예에서처럼 flags( ) 메소드를 사용하면서 플래그의 전체를 세팅할 수 있지만 setf( ) 메소드와 unsetf( ) 메소드를 이용하여 플래그를 부분적으로 세팅할 수도 있다. 예를 들어, 헥사 코드로 255를 화면에 출력하면 ff가 나온다. 이를 0xff로 나오게 하려면 showbase 플래그가 세팅되어 있어야 한다. 이 플래그의 비트 세팅값을 보면 아래와 같다.

```
enum fmt_flags {
    ... ... ...,
    showbase    = 0x0200,
    ... ... ...
};
```

따라서 showbase를 세팅하기 위해서는 0x0200으로 하면 된다. 예를 들어, 다음과 같이 setf( )와 unsetf( ) 메소드를 사용하여 showbase를 세팅할 수 있다.

```
cout.setf(0x0200);   // showbase 세팅
cout << hex << 255 << endl;

cout.unsetf(0x0200);   // showbase 세팅 해제
cout << hex << 255 << endl;
```

마찬가지로 showpoint를 세팅하려면 0x0400을 setf( )와 unsetf( ) 메소드를 이용하여 세팅하면 된다.

> **NOTE_** 컴파일러의 종류나 버전에 따라 플래그의 비트세트 값이 다를 수 있다. 따라서 이를 활용하기 전에 iosbase.h 파일 등 플래그가 정의된 파일을 미리 확인해야 한다.

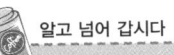
알고 넘어 갑시다

출력 스트림에서 한 문자씩 출력하기

cin이 제공하는 메소드 중 하나의 문자를 입력받는 get() 메소드가 존재하는 것 처럼 cout에는 하나의 문자를 출력하는 put() 메소드가 존재한다. put() 메소드의 사용에는 제약이 따르게 되는데, 이는 put() 메소드에서 사용 가능한 파라미터는 단지 하나의 문자(character)뿐이라는 것이다.

물론 숫자를 넘길 수도 있는데, 이 또한 내부에서 문자로 변환하여 화면에 출력하게 된다. 예를 들어 다음을 실행시켜 보자.

```
int letter = 65;
cout.put(letter);

char clet = 'B';
cout.put(clet);
```

위의 명령을 실행시키면 화면에 A와 B가 출력이 된다. put() 메소드는 하나의 문자만을 입력받고 출력하는 작업이 반복적으로 이루어져야 하는 경우에 유용하게 사용할 수 있을 것이다.

입출력 수행 결과 확인하기

프로그램을 작성하다 보면 입출력이 제대로 수행되었는지 확인할 필요가 있다. 입출력에서 에러가 검출되면 이를 바탕으로 재실행이나 변경 실행 또는 종료 등 조치를 취해야 하기 때문이다. 입출력이 제대로 수행되었는지 알아보기 위해 사용되는 메소드는 fail() 메소드이다. fail() 메소드는 입력이나 출력을 수행한 직후 실행하면 실패가 발생한 경우 1을 리턴한다.

그리고 rdstate() 메소드를 이용하면 현재의 io 플래그 비트의 상태를 확인할 수 있다. iosbase.h 헤더 파일을 살펴보면 아래와 같은 io_state enum을 찾을 수 있다. rdstate() 메소드는 여기서 정의된 내용을 리턴하게 된다.

```
enum io_state {
    goodbit    = 0x00,
    badbit     = 0x01,
    eofbit     = 0x02,
    failbit    = 0x04
};
```

예를 들어, 0x00인 goodbit를 리턴하게 되면 입력이나 출력이 정상적으로 작동했음을 의미한다. 만일 0x01인 badbit를 리턴하면 이는 비정상적인 동작이 이루어졌음을 뜻한다. eofbit인 경우에는 파일의 끝을 수행했음을 의미하며, failbit는 입력이나 출력이 실패했음을 의미한다.

이러한 io_state 비트와 rdstate( ) 메소드를 사용하는 방법은 다음과 같다.

입력을 수행한 경우:

```cpp
char letter = cin.get();
long res = cin.rdstate();
if(res != ios::goodbit)
{
    cout << "ERROR" << endl;
    // 에러 처리
}
```

출력을 수행한 경우:

```cpp
cout << "... ... ..." << endl;
long res = cout.rdstate();
if(res != ios::goodbit)
{
    cout << "ERROR" << endl;
    // 에러 처리
}
```

그러면 이를 바탕으로 간단한 프로그램을 하나 작성해 보자. 아래의 프로그램은 파일의 내용을 입력받은 후, 이를 대문자로 변환한 후 새로운 파일을 만드는 소스이다.

〈capsFile.cpp〉

```cpp
#include <iostream>
#include <stdlib>
using namespace std;

void main(void)
{
    // 입력 받을 데이터와 io 상태를 체크할 변수 선언
    char data;
    long istate;
    long ostate;
```

```
    // End Of File(eof)일때까지 cin.get()을 수행
    while(!cin.eof())
    {
        data = cin.get();

        // cin.fail() 체크
        if(cin.fail())
        {
            istate = cin.rdstate();
            cerr << "istate 에러검출, 값: " << istate << endl;
        }

        // cout.put(toupper())을 통해 대문자로 변환
        cout.put((char)toupper(data));

        // cout.fail() 체크
        if(cout.fail())
        {
            ostate = cout.rdstate();
            cerr << "ostate 에러검출, 값: " << ostate << endl;
        }
    }
}
```

위의 프로그램을 보면 특별히 파일을 열거나 하는 작업이 없다. 이 프로그램을 그냥 실행하면 사용자의 입력을 기다리고 있다가 사용자가 입력한 문자를 대문자로 변환해서 화면에 출력하는 작업을 수행할 뿐이다. 하지만 다음과 같이 실행을 하면 before.txt 파일의 내용을 대문자로 변환한 후 이를 이용하여 after.txt 파일을 만든다.

> 실행 예) capsFile < before.txt > after.txt

> **NOTE_** 실행 예의 "capsFile"는 실행 프로그램의 이름이다. capsFile.cpp 파일을 윈도우 상에서 BCC 컴파일러로 컴파일하면 capsFile.exe 파일이 생긴다. 유닉스 상에서 g++ 컴파일러로 컴파일할때 -o 옵션을 이용하여 실행 파일 이름을 "capsFile"로 지정해 주어야 한다. 지정하지 않으면 a.out 이라는 실행 파일이 생성된다.

위의 프로그램을 실행시키면서 '<'와 '>' 연산을 이용하여 입력과 출력을 지정하여 주었다. 즉, capsFile 프로그램의 입력으로 before.txt 파일을 지정하여 주었으며, 출력으로 after.txt 파

일을 지정하여 주었다. 이는 cin의 입력으로 키보드가 아닌 파일이 가능하며, cout의 출력으로 모니터가 아닌 파일이 가능함을 보여준다. 하지만 앞의 예제처럼 cerr을 사용하게 되면 이 내용이 화면에만 출력될 뿐, 파일로 출력 방향을 바꾸지 않는다. 따라서 파일의 변환 작업 등을 수행할 때, 일반적인 내용은 모두 파일로 출력이 되도록 만들고 에러나 중요한 내용은 cerr를 이용하여 화면에 출력되도록 만드는 것이 좋다.

파일로의 출력 변환이 유용하게 활용될만한 예제를 하나 더 만들어 보자. 다음 예제는 입력된 파일의 내용에 라인을 붙여서 출력을 하게 된다.

〈lineFile.cpp〉
```cpp
#include <iostream>
using namespace std;

void main(void)
{
    // 입력 받을 데이터와 io 상태를 체크할 변수 선언
    char data[256];
    long istate;
    int line_number = 0;

    // End Of File(eof)일때까지 cin.get()을 수행
    while(!cin.eof())
    {
        cin.getline(data, sizeof(data));

        // cin.fail() 체크, 에러가 없으면 라인넘버 붙여 출력
        if(cin.fail())
        {
            istate = cin.rdstate();
            cerr << "istate 에러검출, 값: " << istate << endl;
        }
        else
        {
            ++line_number;
            cout << line_number << '\t';
            cout << data << endl;
        }
    }
}
```

프로그램의 실행 파일 이름이 1-5이면 다음과 같이 실행해보도록 하자.

```
실행 예) lineFile < before.txt > after.txt
```

프로그램이 실행된 후, after.txt 파일을 열어보면 각 문장에 라인이 붙어 있는 것을 확인해 볼 수 있을 것이다.

03 파일 입출력

지금까지 스트림 입출력을 배웠는데, 이번에는 파일을 이용한 입출력을 배워보도록 하자. 프로젝트를 수행하다 보면, 파일 입출력을 활용해야 하는 경우가 빈번히 발생하며, 매우 중요한 작업이 될 때도 있다.

파일 입출력을 위한 중요 클래스들은 fstream.h 파일에 정의가 되어 있다. 따라서 시간이 될 때 fstream.h 파일을 봐두는 것도 좋을 것이다. fstream.h 파일 안에는 basic_ifstream, basic_ostream 등이 확장되어 있는데, 이들은 각각 파일 입력과 파일 출력을 담당하게 된다. 그리고 basic_iostream을 확장한 basic_fstream도 나오는 이 클래스는 파일 입력/출력 작업을 동시에 수행하게 된다.

파일을 이용한 입력 작업 수행

ifstream 클래스를 이용하면 아주 쉽게 파일을 이용한 입력 작업을 수행할 수 있다. 파일 입력 연산 과정을 잠깐 살펴보자. 먼저 ifstream에서 제공하는 open 메소드를 이용하여 파일을 입력용으로 여는 작업을 해야 한다. 그런다음 파일의 내용을 읽어들인 후, 원하는 작업을 수행한다. 그리고 마지막으로 close 메소드를 이용하여 열어둔 파일을 닫아야 한다.

그럼, 파일을 여는 작업을 보도록 하자. 다음과 같이 ifstream 객체를 선언한 뒤, 객체의 open 메소드를 이용하여 data.file을 열도록 한다.

```
ifstream dataFile;
dataFile.open("data.file");
```

> **NOTE_** ifstream 객체를 선언하면서 생성자를 통해 바로 파일을 열 수 있다. 즉, 위의 문장을 "ifstream dataFile("data.file")"로 바꾸면 하나의 문장으로 객체 선언과 open을 동시에 수행할 수 있다.

파일을 여는 작업이 성공적으로 수행되었으면 기본적으로 파일의 시작 부분에 파일 포인터가 위치하게 된다. 그런 다음 get( )이나 getline( ) 등의 메소드를 이용하여 파일을 읽어나가면 된다. 대부분의 연산 작업은 파일의 마지막까지 읽었는지를 체크하여 끝까지 읽고 나면 파일 읽기를 중단하게 된다.

파일의 끝에 도달했는지를 체크하기 위해서는 eof( ) 메소드를 활용하면 된다. 예를 들면, 다음과 같이 while 문을 이용하도록 한다.

```
while(!dataFile.eof())
{
    ... ... ...;
    dataFile.getline(...);
    ... ... ...;
}
```

> **NOTE_** 파일 입출력 연산도 앞에서 배운 스트림 입출력의 메소드 활용과 크게 다르지 않다. 이는 ifstream이나 ofstream 클래스, 그리고 fstream 클래스가 모두 기본 스트림 클래스의 확장으로 만들어진 클래스들이기 때문이다.

파일과 관련된 작업이 모두 끝났으면 다음과 같이 close( ) 메소드를 이용하여 파일을 닫도록 한다.

```
dataFile.close();
```

그러면 파일을 열고 읽고 닫는 일련의 과정을 보여주는 간단한 예제를 만들어 보자. 다음 프로그램은 앞에서 작성한 lineFile.cpp 파일을 입력용으로 연 뒤, get( ) 메소드를 이용하여 파일을 읽어나가면서 화면에 출력을 한다. 그런 다음 읽기가 모두 끝나면 파일을 닫게 된다.

```cpp
#include <fstream>
using namespace std;

void main(void)
{
    // ifstream 객체를 생성하면서 파일 열기
    ifstream inputFile("1-5.cpp");

    // 파일 끝에 닿을때 까지 get을 통해 파일 읽기
    while(!inputFile.eof())
        cout.put(inputFile.get());

    // 파일 닫기
    inputFile.close();
}
```

스트림 입출력 연산을 수행하면서 연산의 성공과 실패를 체크했던 부분을 기억할 것이다. 파일 입출력을 수행하면서도 이러한 작업이 가능하다. 사실 일반적인 스트림 입출력보다 파일 입출력에서의 에러 체크가 더욱 유용하며 절실한 작업이 된다. 파일을 열고 읽고 쓰는 과정에서 에러가 발생할 가능성이 일반적인 스트림 입출력에서보다 상대적으로 크기 때문이다.

파일을 열고난 후, 바로 fail() 메소드를 호출하면 파일 열기에 문제가 있었는지 체크해볼 수 있다. 그리고 입출력 연산을 수행하는 중에도 fail() 메소드를 이용할 수 있다. fail() 외에 활용할 수 있는 메소드에는 good()이 있다. fail() 메소드는 파일의 끝에 닿으면 이를 플래그에 셋하여 에러로 처리하기 때문에 입출력 연산을 수행하는 중간에는 good() 메소드를 이용하여 에러를 체크하는 것이 좋다.

그러면 위에 있는 코드 중 에러 체크를 위해 fail()과 good()을 이용하면 다음과 같다.

```cpp
ifstream inputFile("1-5.cpp");

if(!inputFile.fail())
{
    while(!inputFile.eof())
    {
        if(inputFile.good())
            cout.put(inputFile.get());
    }
}
```

그러면, 위에서 작성한 예제의 기능을 좀 더 추가하고 에러를 체크하는 부분도 넣도록 하자. 아래의 예제는 명령 라인에서 입력한 파일을 연뒤, 10줄씩 화면에 보여주는 프로그램이다. 이때 10줄이 넘어가는 내용은 사용자의 입력을 기다린 뒤, 사용자가 엔터키를 누르면 계속해서 보여주게 된다. 참고로 파일을 읽을 때는 getline( ) 메소드를 이용하도록 한다.

〈getLineFile.cpp〉
```cpp
#include <fstream>
using namespace std;

int main(int argc, char* argv[])
{
   // 파일 명을 입력하지 않으면 종료
   if(argc < 2)
   {
      cerr << "파일명을 입력하세요." << endl;
      exit(1);
   }

   // 명령 라인에 입력된 파일을 이용하여 ifstream 객체 생성
   ifstream inputFile(argv[1]);

   // 파일 열기에 문제가 없으면 입력 연산을 수행한다.
   if(!inputFile.fail())
   {
      char lineData[256];
      char lineNum = 0;

      // 파일의 끝에 닿을때 까지 getline을 이용하여 파일 읽기
      while(!inputFile.eof())
      {
         inputFile.getline(lineData, sizeof(lineData));

         // 파일 읽기에 성공하면 이를 화면에 출력한다.
         if(inputFile.good())
         {
            cout << lineData << endl;

            // 10행이 될때마다 사용자의 입력을 기다린다.
            lineNum++;
            if((lineNum % 10) == 0)
            {
               cout << "엔터키를 치세요..." << endl;
               cin.get();
```

```
                }
            }
        }
    }
    else
    {
        cerr << "파일 열기 실패!" << endl;
        exit(1);
    }

    // 모든 작업이 끝났으면 파일을 닫는다.
    inputFile.close();
}
```

프로그램을 컴파일 한 뒤에 다음과 같이 실행해 보자.

```
% getLineFile getLineFile.cpp
```

파일을 이용한 출력 작업 수행

파일을 이용한 출력 작업의 수행도 입력 작업과 크게 다르지 않다. 다만 새로운 파일을 생성하거나 기존의 파일을 변경하는 작업이 추가되었다. 입력 작업에서 ifstream을 활용한 것 처럼 출력 작업에서는 ofstream을 활용하면 된다.

■ ofstream 객체의 활용

파일 출력 연산을 할때 ofstream 객체를 이용하면 쉽게 작업을 수행할 수 있다. 이때 ofstream도 ifstream처럼 객체의 생성과 동시에 출력할 파일을 open할 수 있다. 즉, 다음과 같이 할 수 있다.

```
ofstream outputFile("output.file");
```

물론 다음과 같이 작업을 수행해도 된다.

```
ofstream outputFile;
outputFile.open("output.file");
```

outputFile 객체의 생성과 파일 open이 정상적으로 이루어졌으면, 출력 스트림에서 제공하는 각종 메소드를 이용하여 출력 연산을 수행할 수 있다. 물론 다음과 같이 "<<" 연산자를 이용하여 출력 연산을 수행해도 된다.

```
outputFile << "파일에 데이터 입력" << endl;
```

파일의 사용이 모두 끝났으면 이번에도 close 메소드를 이용하여 파일을 닫아주어야 한다. 그럼 이러한 일련의 과정을 수행한 간단한 예제를 보도록 하자.

```cpp
#include <fstream>
using namespace std;

int main(void)
{
    // 출력용으로 output.file 생성
    ofstream outputFile("output.file");

    // output.file에 데이터 삽입
    outputFile << "파일에 데이터 입력" << endl;

    // 문장을 입력 받은뒤, 파일에 삽입
    char outputLine[256];
    cout << "삽입문장: ";
    cin.getline(outputLine, sizeof(outputLine));
    outputFile << outputLine << endl;

    // 파일 닫기
    outputFile.close();
}
```

위의 프로그램을 실행시키면 삽입할 문장을 요청받는다. 문장을 입력하고 엔터키를 누르면 프로그램은 종료가 되며, output.file이 생성된다. output.file을 vi 또는 노트패드 같은 에디터로 열어보면 방금 전에 입력한 문장이 저장되어 있는 것을 볼 수 있다.

프로그램을 다시 한번 실행하고 새로운 문장을 입력한 뒤 output.file을 체크해 보라. 파일의 내용을 자세히 보면 중요한 문제점을 발견할 수 있을 것이다. 바로 이전에 입력해둔 문장이 삭제된 것이다. 이는 두 번째 프로그램을 실행했을 때, output.file이 새로 생성되면서 이전의 파일을 없애버렸기 때문이다.

만일 기존의 내용은 필요없고 항상 새로운 내용만 남아있어야 된다면 아무런 문제가 아니겠지만, 기존의 데이터도 함께 보관해야 된다면 데이터의 유실이 발생한 것이기 때문에 심각한 문제가 될 수 있다. 이를 해결하려면 파일을 열때 필요한 모드로 파일을 열어야만 한다. 이제 파일을 열때 사용할 수 있는 모드들을 살펴보도록 하자.

■ 다양한 파일 열기 모드

앞 절에서와 같이 파일 열기 모드를 지정하지 않고 출력을 위해 파일을 열면 항상 새로운 파일을 만드는 것과 동일한 방식으로 파일을 열게 된다. 즉, 동일한 이름을 가진 파일이 존재하면 예전의 파일 내용은 사라지게 되는 것이다. C++에서는 파일 출력 연산에 대한 사용자의 요구를 충족시킬 수 있도록 다양한 방식의 파일 열기 모드를 제공하고 있다.

사용하고 있는 컴파일러에서 제공하고 있는 파일 열기 모드의 종류를 보고 싶으면 icsbase.h 헤더 파일에서 open_mode로 선언된 내용을 살펴보도록 한다. 필자의 컴파일러에서 해당 내용을 조회하면 아래와 같은 내용이 나온다.

```
enum open_mode {
    app        = 0x01,
    binary     = 0x02,
    in         = 0x04,
    out        = 0x08,
    trunc      = 0x10,
    ate        = 0x20,
    nocreate   = 0x40,
    noreplace  = 0x80
};
```

이 모드들이 의미하는 바를 간단히 정리하면 다음과 같다.

모드	내용	입력용	출력용
app	파일 끝에 새로운 내용을 추가		O
binary	바이너리 파일을 열기 위해 사용	O	O
in	ifstream의 기본 열기 모드	O	
out	ofstream의 기본 열기 모드		O
trunc	기존 파일은 제거하고 새로운 파일 생성		O
ate	파일을 열고 파일의 포인터를 끝에 위치시킴	O	O
nocreate	기존 파일 사용 모드, 파일이 없으면 연산을 수행못함	O	O
noreplace	새로운 파일을 생성, 동일한 파일이 있으면 열지 못함		O

이들 열기 모드를 적절히 활용하면 원하는 작업을 수행할 수 있다. 앞의 예제에서 output.file 을 열어서 파일 출력 작업을 할때, 기존의 데이터를 남겨두고 그 뒤에 새로운 내용을 계속 추가 하고 싶으면 다음과 같이 파일을 열도록 한다.

```
ofstream outputFile("output.file", ios::app);
```

로그 파일을 만들고 로그를 남긴다고 할때, 파일의 끝에 새로운 내용을 계속 입력하는 열기 모 드가 아주 유용하게 적용이 된다. 다음의 예제는 로그 파일을 열고 데이터를 계속 입력하는 프 로그램이다. 이때 파일에 남는 로그 데이터의 앞에는 현재 날짜와 시간이 삽입되어서 로그가 언제 생긴것인지 알 수 있도록 한다.

〈logFile.cpp〉
```cpp
#include <fstream>
#include <time>
using namespace std;

// 로그 파일에 로그를 저장하는 함수
int putLog(char *logData)
{
    // Log.txt 파일을 추가 모드로 열기
    ofstream logFile("Log.txt", ios::app);
    if(!logFile.fail())
    {
```

```cpp
        // 날짜와 시간 그리고 데이터를 파일에 입력
        char date[9], time[9];
        logFile << _strdate(date) << "," << _strtime(time) << '\t' <<
            logData << endl;
        logFile.close();
    }
    else
    {
        cerr << "로그 파일 열기 실패" << endl;
        return 0;
    }
    return 1;
}

void main(void)
{
    // 로그에 데이터를 입력한다.
    if(!putLog("첫 번째 로그 저장"))
    {
        cerr << "첫 번째 로그 저장 실패" << endl;
    }
    if(!putLog("두 번째 로그 저장"))
    {
        cerr << "두 번째 로그 저장 실패" << endl;
    }
    if(!putLog("세 번째 로그 저장"))
    {
        cerr << "두 번째 로그 저장 실패" << endl;
    }
}
```

위의 예제를 보면 파일에 출력 작업을 하면서 탭을 삽입하기 위해 특수 문자 '\t'를 이용한 것을 볼 수 있다. 특수 문자 외에도 스트림 출력에서 활용했던 조작자와 출력 메소드를 모두 사용할 수 있다.

예를 들어, oct, hex 등의 조작자도 사용 가능하며 setw( )나 setprecision( )와 같은 메소드도 사용할 수 있다. 이러한 기능을 잘 활용하면 화면에 출력되는 내용과 동일하게 파일의 내용이나 형식을 맞추는데 활용할 수 있다.

파일을 읽기와 쓰기 동시 진행

지금까지는 파일 입출력을 진행하면서 읽기용과 쓰기용으로 각각 개별적인 파일을 사용했었다. 만일 파일의 중간이나 특정 지점에 임의의 내용을 삽입하려면 어떻게 해야 될까? 이때는 파일을 연뒤 특정 지점을 찾기까지 읽기를 수행해야 하며, 위치를 찾은 뒤에는 쓰기를 수행해야 할 것이다. 즉, 하나의 파일에 대해 읽기와 쓰기를 모두 병행해야만 원하는 작업이 가능한 것이다.

이러한 경우의 대표적인 예가 데이터베이스가 될 것이다. 데이터베이스 프로그램이 수행되면 파일에 특정 내용의 삽입과 삭제가 빈번하게 이루어진다. 그러면 이렇게 동시 작업을 병행하려면 어떻게 해야 할까.

우선 지금까지 ifstream이나 ofstream을 사용했는데, 이번에는 fstream 객체를 활용하도록 한다. fstream은 입력과 출력을 모두 제공하는 객체이기 때문에 이러한 작업에 적합하다. fstream 객체를 활용하기 위해 우선 다음과 같이 inout.file을 입력과 출력을 모두 적용해서 열도록 한다.

```
fstream inoutFile("inout.file", ios::in | ios::out);
```

파일을 열었으면, 이제는 파일 내부의 특정 위치를 가리키는 파일 포인터를 원하는 위치로 옮길 수 있어야 한다. 지금까지는 파일의 시작 위치에서 끝까지 순차적으로 파일 포인터가 이동을 했지만 지금처럼 입출력을 동시에 진행하는 경우엔 순차적으로 움직일 필요가 없다.

이렇게 파일 포인터를 임의의 위치로 옮길 때는 seekg( ) 메소드와 seekp( ) 메소드를 사용하면 된다. 이들은 각각 입력용 파일 포인터의 위치 지정과 출력용 파일 포인터의 위치 지정을 담당하는데 사용하는 방법은 동일하다.

이들이 사용하는 파라미터는 offset과 position인데, position을 시작 위치로 하여 offset 만큼 파일 포인터를 이동시킨다. position은 파일의 시작 위치나 끝 위치 또는 현재의 위치 중 하나가 될 수 있다. 이때 파일의 시작은 beg, 끝은 end, 현재는 cur로 각각 표기한다.

offset은 음수가 될 수도 있는데 음수인 경우엔 position에서 마이너스 바이트 만큼 옮긴 위치가 된다. 그럼, 간단한 사용 예를 보도록 하자. inoutFile의 읽기 파일 포인터를 파일의 시작 위치로 지정하고 쓰기 파일 포인터를 파일의 끝 위치로 지정하려면 다음과 같이 한다.

```
inoutFile.seekg(0, ios::beg);
inoutFile.seekp(0, ios::end);
```

그러면 이들을 적용한 예제를 만들어 보자. 예를 들어 다음과 같은 내용을 가진 파일 "inout. file" 이 있다고 가정하자.

```
2004:09:09,02:15:21
```

이 파일에 있는 날짜와 시간 데이터는 연월일, 시분초의 구분자로 콜론(:)을 사용하고 있다. 그런데 사용자의 요청에 의해 구분자를 콜론이 아닌 '-'로 바꾸어야만 하는 일이 발생했다. 이제 만들려고 하는 프로그램은 "inout.file"을 읽고 쓰기 모드로 열어서 파일의 내용을 읽어 나가다 콜론을 만나면 '-'로 바꾸는 작업을 수행하게 된다. 프로그램의 코드는 다음과 같다.

```cpp
#include <fstream>
using namespace std;

int main(void)
{
    // inout.file 파일을 읽고 쓰기 모드로 열기
    fstream inoutFile("inout.file", ios::in | ios::out);
    if(inoutFile.fail())
    {
        cerr << "파일 열기 실패" << endl;
        exit(1);
    }

    // 파일 포인터와 토큰으로 활용할 변수 선언
    int pointer = 0;
    char token;

    while(!inoutFile.eof())
    {
        // 파일을 읽어나가다 토큰(:)을 만나면 -를 입력
        token = inoutFile.get();
        if(token == ':')
        {
            inoutFile.seekp(pointer, ios::beg);
            inoutFile << '-';
```

```
            }
            pointer++;
        }

        // 파일 닫기
        inoutFile.close();
    }
```

프로그램을 보면 seekg( )와 seekp( ) 메소드를 이용하여 파일 포인터를 적절히 옮겨가면서 콜론으로 나온 부분을 '−'로 변경하는 작업을 수행하게 된다. 프로그램을 실행하고 나면 inout.file의 내용이 아래와 같이 바뀌게 된다.

```
2004:09:09,02:15:21 ==> 2004-09-09,02-15-21
```

바이너리 파일의 입력과 출력

지금까지의 파일 입출력 작업은 텍스트 기반 파일을 대상으로 수행하였다. 이번에는 바이너리 파일을 대상으로 입력과 출력을 해보자. 바이너리 파일의 경우 파일을 열때 바이너리 모드로 파일을 열어야 한다. 그리고 입력과 출력의 경우 read( )와 write( ) 메소드를 이용해야 한다. 예를 들어, filename.bin 이라는 바이너리 파일을 입력용으로 열때는 다음과 같이 하도록 한다.

```
ifstream binFile("filename.bin", ios::binary);
```

이렇게 생성된 binFile에 입력이나 출력 작업을 수행하려면 다음과 같이 하도록 한다.

```
char data[256];
binFile.read(data, sizeof(data));
binFile.write(data, sizeof(data));
```

바이너리 파일과 일반 텍스트 파일에서 사용하는 메소드가 다른 이유는 텍스트 파일에서 EOF(파일의 끝)를 의미하는 Ctrl+Z (Ascii 26) 코드가 바이너리 파일에서는 중간에 나오는 등의 이유로 텍스트 모드의 일반적인 메소드로는 바이너리 파일을 처리할 수가 없다.

그럼, 예제를 통해 이를 직접 확인해 보도록 하자. 아래의 예제는 일반적인 copy 명령을 수행하는 프로그램이다. 즉, copy A B 라고 실행하면 A 파일의 내용이 B 파일로 복사되는 것과 동일하다.

```cpp
#include <fstream>
#include <stdlib>
using namespace std;

int main(int argc, char **argv)
{
    // 명령인자의 파일명을 이용하여 각각
    // 입출력 용으로 오픈
    ifstream srcFile(argv[1]);
    ofstream destFile(argv[2]);

    char data[256];

    // 파일의 끝에 도달할 때 까지 계속 복사
    while(!srcFile.eof())
    {
        srcFile.getline(data, sizeof(data));
        destFile << data << endl;
    }

    // 파일을 닫는다.
    srcFile.close();
    destFile.close();
}
```

NOTE_ 일반적인 에러 체크 등을 모두 생략했다. 실제 프로젝트 수행 시에는 꼭 에러 체크를 하는 부분을 중간 중간에 꼭 넣어야 한다.

위의 프로그램을 컴파일한 뒤 실행을 해보자. 예를 들어, 실행 파일명을 copyFile로 정했다면 다음과 같이 실행하도록 한다.

실행 예) copyFile src.txt dest.txt

실행 결과를 보면 텍스트 기반의 파일은 복사가 제대로 수행됨을 알 수 있을 것이다. 이번에는 이 실행 파일을 가지고 바이너리 파일을 복사해 보도록 하자.

> 실행 예〉 copyFile src.bin dest.bin

결과가 어떻게 나오는가. 필자의 경우에는 실행하는 프로그램이 무한루프에 빠졌는지 종료가 되지 않는다. 강제 종료를 시킨 뒤, 파일 사이즈를 비교한 결과 dest.bin 파일의 사이즈와 src.bin 파일의 사이즈가 너무 많은 차이가 났다. 이는 텍스트 파일 연산을 바이너리 파일 연산에 적용시키면 안된다는 것을 보여준다.

그럼, 이번에는 바이너리 파일을 복사하는 프로그램을 만들어 보자. 아래의 코드를 직접 코딩하고 컴파일해 보자.

〈binaryFileCopy.cpp〉
```cpp
#include <fstream>
#include <stdlib>
using namespace std;

int main(int argc, char **argv)
{
   if(argc < 3)
   {
      cerr << "파일명을 두개 입력하세요." << endl;
      exit(1);
   }

   // 명령 인자의 파일명을 이용하여 바이너리 모드의
   // 입출력 용으로 각각 오픈
   ifstream srcFile(argv[1], ios::binary);
   ofstream destFile(argv[2], ios::binary);

   // 파일 열기 실패 여부 체크
   if(srcFile.fail() || destFile.fail())
   {
      cerr << "파일 열기 실패" << endl;
      exit(1);
   }

   char data[256];
```

```
    // 파일의 끝에 도달할때까지 계속 복사
    while(!srcFile.eof())
    {
        srcFile.read(data, sizeof(data));
        destFile.write(data, sizeof(data));
    }

    // 파일을 닫는다.
    srcFile.close();
    destFile.close();
}
```

실행 파일이 생성되었으면, 바이너리 파일을 이용하여 복사를 수행해보자. 제대로 실행되는 것을 보게 될 것이다. 이 실행 파일을 이용하여 텍스트 파일을 복사해보면, 새로 복사한 파일이 바이너리 파일로 저장되는 것을 알 수 있다. 이는 새로 생성한 파일을 바이너리 모드로 열었기 때문에 비록 소스 파일이 텍스트 파일이었다고 하더라도 바이너리 기반의 복사가 이루어진 것이다.

04 입출력 스트링 스트림

이번 절에서는 입출력 스트링 스트림이 무엇이며 어떻게 활용하는지 배우도록 한다. 스트링 스트림이라는 것은 스트링이 존재하는 메모리의 특정 공간, 즉 버퍼를 의미하게 된다. 그리고 입출력 스트링 스트림 작업은 이러한 버퍼 공간에 있는 스트링을 이용하여 입력과 출력을 수행하는 일련의 과정을 의미한다.

그럼, 입출력 스트링 스트림을 배우기에 앞서 먼저 버퍼를 활용한 입력과 출력에 대해 정리를 해보자.

버퍼를 활용한 입력과 출력

버퍼를 활용해서 입출력을 수행한다는 것은 메모리 상에 있는 특정 공간에 데이터를 입력하거나 출력한다는 것을 의미한다. 1절에서 사용했던 istream이나 ostream과 같은 스트림 클래스들은 상위 레벨의 스트림 입출력을 담당하는데, 이들은 버퍼의 입출력을 담당하는 하위 레벨 메소드를 이용하여 해당 작업을 수행하게 된다.

버퍼의 입출력을 담당하는 메소드들 중에는 버퍼 내부의 포인터를 원하는 곳으로 옮겨가기 위한 메소드들이 상당 부분 존재한다. 이들을 이용해서 메모리 버퍼의 원하는 위치에 포인터를 이동시킨 후 데이터를 입력하거나 출력하게 되는 것이다. 그리고 해당 위치에서 데이터를 삽입하고 추출하는 메소들이 제공된다.

이들 메소드 중 일부를 소개하면 다음과 같다.

- int_type snextc( ) : 다음 문자를 리턴
- int_type sbumpc( ) : 포인터를 증가한 후, 문자 리턴
- int_type sgetc( ) : 현재 문자 리턴
- streamsize sgetn(char_type *, streamsize) : n개의 문자를 리턴
- int_type sputbackc(char_type) : 문자를 입력
- int sungetc( ) : 문자열 뒤에 문자를 입력
- int sputc(char_type) : 한 문자를 입력
- streamsize sputn(const char_type *, streamsize) : n개의 문자를 입력
- void gbump(int) : get 포인터를 증가
- void setg(char_type *, char_type *, char_type *) : get 포인터 세팅
- void pbump(int) : put 포인터를 증가
- void setp(char_type *, char_type *) : put 포인터 세팅
- char_type *eback( ) const : get의 시작 부분 리턴

그러면 이들 메소드를 활용한 예를 보도록 하자. 먼저 filebuf 클래스를 이용해 보도록 하자. filebuf는 파일과 관련된 버퍼 입출력을 수행하는 클래스로서 일반적인 파일 스트림 클래스와 유사한 면이 많다.

예를 들어, bufferFile.txt 파일을 filebuf를 통해 입력용으로 연다면 다음과 같이 수행하도록 한다.

```
filebuf bufFile;
bufFile.open("bufferFile.txt", ios::in);
```

파일이 성공적으로 열렸는지 확인하려면 is_open( ) 메소드를 활용하도록 한다. 만일 파일이 열렸으면 1를 반환할 것이고 그렇지 않으면 0을 반환할 것이다. 파일이 성공적으로 열렸으면 읽고 쓰는 작업을 수행할 수 있다.

예를 들어, 파일을 한 단어씩 읽는다면 sgetc( )와 snextc( ) 메소드를 적절히 활용하면 될 것이다. 그리고 입력을 한다면 sputc( )나 sputn( )을 이용하여 데이터를 삽입하면 된다. 그리고 입력이나 출력의 위치를 지정하려면 setg( )나 setp( )를 통해 포인터를 적절히 이동시키면 된다.

filebuf의 사용이 모두 끝났으면 close( ) 메소드를 이용하여 파일을 닫도록 한다. 그럼, 이러한 일련의 과정을 수행하는 프로그램을 작성해 보자.

〈bufFile.cpp〉

```cpp
#include <fstream>
using namespace std;

int main(void)
{
    // bufFile 선언 및 bufferFile.txt 파일 열기
    filebuf bufFile;
    bufFile.open("bufferFile.txt", ios::in);

    // 파일 열기에 실패하면 프로그램 종료
    if(!bufFile.is_open())
    {
        cerr << "파일 열기 실패" << endl;
        exit(1);
    }

    // 현재 문자가 EOF가 아니면,
    // 다음 문자를 계속 가져오면서 화면에 출력
    int current;
    while((current = bufFile.sgetc()) != EOF)
    {
        cout.put((char)current);
        bufFile.snextc();
    }

    // bufFile을 닫기
    bufFile.close();
}
```

파일의 특정 위치에서 특정 위치까지를 화면에 출력하는 것이 아닌 전체를 화면에 출력하는 것이라면 bufFile의 주소를 출력 스트림에 넘겨도 된다. 그러면 버퍼의 전체를 화면에 출력하게 된다.

다음 프로그램을 실행하면 bufFile.cpp 프로그램과 동일한 결과가 나온다.

```cpp
#include <fstream>
using namespace std;

int main(void)
{
    // bufFile 선언 및 bufferFile.txt 파일 열기
    filebuf bufFile;
    bufFile.open("bufferFile.txt", ios::in);

    // 파일 열기에 실패하면 프로그램 종료
    if(!bufFile.is_open())
    {
        cerr << "파일 열기 실패" << endl;
        exit(1);
    }

    // bufFile의 주소를 전달한다.
    cout << &bufFile;

    // bufFile을 닫기
    bufFile.close();
}
```

스트링 스트림 클래스를 정리해 보자.

스트링 스트림 클래스에는 istream 클래스를 상속받은 istrstream 클래스, ostream 클래스를 상속받은 ostrstream 클래스, 그리고 iostream 클래스를 상속받은 strstream 클래스가 존재한다. 이들 클래스의 관계를 그림으로 표현하면 다음과 같다.

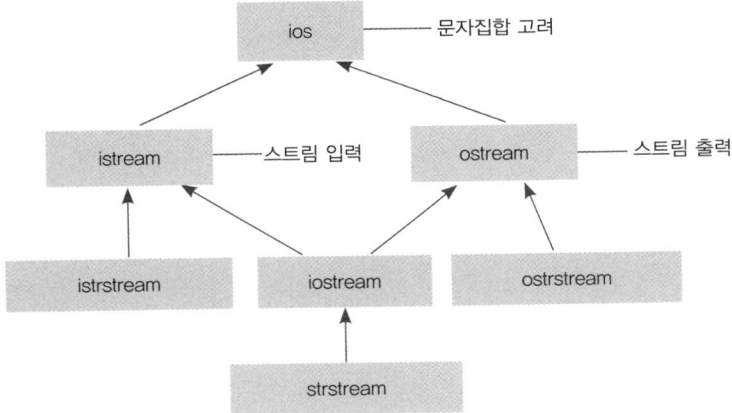

▲ 스트링 스트림 클래스

스트링 스트림 클래스를 활용하기 위해 BCC 컴파일러는 strstrea.h 헤더 파일을 사용해야 한다. strstrea.h 파일을 확인해 보면 내부에 istrstream, ostrstream 그리고 strstream 클래스의 정의를 볼 수 있다.

이들 클래스는 각각 input 스트링 연산, output 스트링 연산, 그리고 in/output 스트링 연산을 수행하게 된다. 그럼, 각각의 클래스와 입출력 연산을 수행하는 방법을 살펴보도록 하자.

입력 스트링 스트림 클래스를 이용해 보자

입력 스트링 스트림은 시스템 메모리의 버퍼에 있는 데이터를 입력 연산자인 ">>"를 이용하여 값을 얻어오는 작업을 수행한다. 이러한 작업을 수행하기 위해서는 istrstream 클래스가 정의된 헤더 파일을 include 한 후, istrstream 객체를 생성해야 한다.

그럼, istrstream 객체를 활용하는 간단한 예제를 보도록 하자.

```
#include <strstrea>
using namespace std;

int main()
{
    // data 변수와 이를 버퍼에 저장할 istrstream 객체 dataStr를 선언한다.
    char *data = "123";
    istrstream dataStr(data);

    // dataStr이 가지고 있는 데이터를 입력받을 버퍼를 선언하고 값을 입력받는다.
```

```cpp
        char dataBuffer[256];
        dataStr >> dataBuffer;

        // dataBuffer에 데이터가 제대로 들어 왔는지 확인한다.
        cout << "DATA BUFFER: " << dataBuffer << endl;
}
```

위의 프로그램을 보면 사용법에 대해선 조금 이해가 될 것이다. 하지만 왜 굳이 istrstream을 사용해야 하는지 의문이 생길 것이다. 그럼, 필요성을 먼저 검토한 후 istrstream의 활용에 대해 좀더 자세히 배워보자.

지금 사용한 예제를 보면 char *data 변수에 123이 입력된 것을 보게 된다. 이때 사용자는 어쩔수 없이 123을 문자열로 입력했지만 실제로는 123이 숫자로 활용되기를 원하고 있었다. 문자열 123을 숫자로 변환하려면 프로그래머가 하나의 문자마다 숫자로 변환하고 자릿수를 곱하고 이들을 더하는 작업을 수행하거나 C에서 제공하는 atoi( ) 함수를 이용해야 한다.

하지만 C++에서 이를 위해 제공하는 내부 기능이 있으며, 그 기능이 다른 타입으로의 변경도 쉽게 제공한다면 이를 활용하는 것이 좋을 것이다. 그리고 내부에 더 좋은 기능도 내장되어 있다면 이를 익히고 사용하는 것이 현명할 것이다. 이때 이러한 기능을 제공하는 클래스가 바로 스트링 스트림이 된다.

그러면 위의 예제를 변경해서 문자열 123이 정수 123이 되도록 만들어 보자.

```cpp
#include <strstrea>
using namespace std;

int main()
{
    // 문자열 데이터를 선언한 뒤,
    char *data = "123";

    // 입력 스트링 스트림을 정의
    istrstream strToInt(data);

    // 정수 변수를 선언한 뒤,
    // 스트링 스트림으로 부터 데이터 입력
    int intData;
    strToInt >> intData;
```

```
    // 결과 값 출력
    cout << "INT DATA: " << data << endl;
}
```

만일 사용자가 정수 두 개를 나열한 문자열을 만든 뒤, 이를 두 개의 정수 변수에 할당하고 그 합을 구하고 싶으면 어떻게 해야 할까? 다음과 같이 입력 스트링 스트림 클래스를 활용하면 이를 쉽게 해결할 수 있다.

```
#include <strstrea>
using namespace std;

int main()
{
    // 문자열 데이터를 선언한 뒤,
    char *data = "123 456";

    // 입력 스트링 스트림을 정의
    istrstream strToInt(data);

    // 정수 변수들을 선언한 뒤,
    // 스트링 스트림으로 부터 데이터를 차례로 입력
    int firstData, secondData;
    strToInt >> firstData >> secondData;

    // 두 개의 정수를 더한 결과를 출력
    cout << "RESULT: " << firstData + secondData << endl;
}
```

이러한 작업은 사용자로부터 데이터를 입력 받은 후, 이를 처리할 때 특히 유용하게 활용할 수 있다. 예를 들어, 예제에서 사용한 문자열(data)이 사용자로부터 입력받은 데이터라든지 파일 속에 있는 데이터를 읽어온 것이라면 이를 직접 조작한다는 것이 그리 쉬운 작업이 아닐텐데, istrstream을 이용하면 이를 보다 쉽게 처리할 수 있는 것이다.

지금까지의 예제에서는 정수 데이터를 위주로 변환 작업을 수행했는데, 정수가 아닌 실수를 처리하려면 어떻게 해야 할까. 실수의 처리도 정수와 다르지 않다. 예를 들어 "1.23 456"이라는 문자열이 있는데, 앞에 있는 1.23은 실수로 변환하고 뒤에 있는 456은 정수로 변환하고 싶다면 다음과 같이 하도록 한다.

```
char *data = "1.23 456";
// 입력 스트링 스트림을 정의
istrstream changeData(data);

// 실수 변수와 정수 변수를 선언한 뒤,
// 스트링 스트림으로 부터 데이터를 차례로 입력
float firstData;
int secondData;
changeData >> firstData >> secondData;
```

위의 코드를 완성한 뒤 실행해 보면, firstData에는 실수 1.23이 들어 있고 secondData에는 정수 456이 들어있는 것을 확인할 수 있다. 지금까지 소개된 예제를 보면 문자열 사이에 있는 공백을 이용하여 데이터를 추출한 것을 알 수 있다. 즉 "1.23 456"이라는 데이터에서 스트링 스트림의 입력 연산자 ">>"를 이용하면, 처음엔 1.23이 추출되고 두 번째는 456이 추출되었다.

그리고 동일한 문자열에서 데이터를 추출했지만 앞의 데이터는 실수로 저장되고 뒤의 데이터는 정수로 저장되었는데, 이는 istrstream 객체가 입력을 받는 변수의 타입을 보고 리턴값을 지정한 것이다. 즉, firstData는 실수로 선언되었기 때문에 실수 타입으로 변환하여 입력을 한 것이다. secondData의 처리 방식도 마찬가지다.

그럼, 이제 입력 스트링 스트림 클래스가 제공하는 메소드들을 이용하여 버퍼에서 데이터를 가져오는 방법을 하나씩 살펴보도록 하자.

■ 입력 스트링 스트림 클래스의 메소드 활용하기

istrstream 클래스가 제공하는 메소드를 보기 전에 istrstream이 사용하는 버퍼를 사용자가 임의로 지정할 수 있다. 이때는 버퍼의 이름과 사이즈를 활용하면 되는데, 예를 들어 256바이트의 사이즈를 가지는 dataBuf 버퍼를 활용하려면 다음과 같이 하도록 한다.

```
char dataBuf[256];
istrstream dataStream(dataBuf, sizeof(dataBuf));
```

이렇게 선언하면 256바이트를 가진 dataBuf 버퍼를 istrstream이 활용하게 된다. 선언이 끝난 이후에 dataBuf 데이터를 입력하면 된다. 그런 다음, istrstream 클래스를 이용하여 생성한 dataStream 객체가 제공하는 각종 메소드와 연산자를 이용하여 dataBuf 속의 데이터를 원하는 형태로 추출하거나 하는 작업을 수행할 수 있다.

istrstream이 제공하는 메소드 중에는 입력 연산의 성공 여부를 체크할 수 있는 fail() 메소드가 존재한다. 이 메소드는 다른 스트림 클래스에서 제공하는 것과 마찬가지로 실패하면 1를 반환하는 작업을 수행한다. 간단한 사용 예를 보도록 하자.

```cpp
// 실수형 데이터를 가진 문자열
char *data = "A";
// 입력 스트링 스트림을 정의
istrstream strToInt(data);

// 정수형 변수를 선언한 뒤, 데이터를 입력 받음
int firstData;

strToInt >> firstData;
if(strToInt.fail())
{
    cerr << "데이터 입력 오류 " << endl;
    // 에러 처리 모듈 삽입
}
```

위의 프로그램을 실행하면 정수형 변수에 적합하지 않은 데이터가 왔기 때문에 에러르 처리가 된다.

입력 스트링 스트림 클래스는 문자 단위 또는 라인 단위의 버퍼 접근 메소드를 제공한다. 문자 단위로 데이터를 읽을 때는 get() 메소드를 이용하면 된다. 그리고 eof() 메소드를 이용하면 버퍼의 끝에 도달했는지를 알 수 있다. 따라서 get() 메소드와 eof() 메소드를 함께 이용하면 버퍼의 끝까지 한 문자를 읽어 들일 수 있다.

get() 메소드와 eof() 메소드를 활용한 간단한 예를 보면 다음과 같다.

```cpp
#include <strstrea>
using namespace std;

int main(void)
{
    char *data = "내부 데이터를 가지고 있습니다.";
```

```
    istrstream dataStream(data);
    char oneChar;

    // eof가 아닌 동안 get을 이용하여 한 문자씩 oneChar에 입력
    while(!dataStream.eof())
    {
       oneChar = dataStream.get();
       cout.put(oneChar);
    }
}
```

문자 단위가 아닌 라인 단위로 버퍼에서 데이터를 읽을 때는 getline( ) 메소드를 이용하면 된다. 예를 들면 다음과 같이 사용하도록 한다.

```
char *data = "내부 데이터를 가지고 있습니다.";
istrstream dataStream(data);

// 버퍼를 선언한 후, getline을 이용하여 버퍼에 데이터 입력
char buffer[256];
dataStream.getline(buffer, sizeof(buffer));
cout << buffer << endl;
```

그럼, 이번에는 출력 스트링 스트림에 대해서 살펴보도록 하자.

출력 스트링 스트림 클래스를 이용해 보자

C 언어로 프로그램을 많이 작성해본 독자는 아마 sprintf( ) 함수의 유용함을 이해할 것이다. 예를 들어 3개의 함수를 호출해서 얻어온 데이터를 조합한 후, 이를 하나의 버퍼에 담아 리턴하는 함수를 만든다고 가정해 보자. 이럴 때 C에서는 sprintf( )를 이용하여 다음과 같이 쉽게 처리할 수 있다.

```
#include <stdio.h>

int main(void)
{
   char buffer[256];

   // 아래의 값을 각각 개별 함수에서 얻어온 것으로 가정하자.
```

```
        char *title = "시험 결과";
        int point = 100;
        char grade = 'A';

        // 버퍼에 리턴할 데이터를 만든다.
        sprintf(buffer, "<%s>\n점수 : %d, 학점 : %c", title, point, grade);

        // 생성된 버퍼를 프린트
        printf("%s\n",buffer);
}
```

위의 코드를 컴파일하고 실행하면 아래와 같은 결과가 나온다.

```
<시험 결과>
점수 : 100, 학점 : A
```

원하는 내용으로 버퍼를 조작해서 원하는 데이터로 만들고 이를 넘기고 하는 등의 작업은 어떤 프로젝트에서나 쉽게 일어날 수 있는 일이 된다. 그러면 이러한 일련의 작업을 쉽게 처리할 수 있도록 C++에서는 어떤 기능을 제공하고 있는지 살펴보자.

C++에서는 원하는 대로 버퍼를 만들 수 있도록 출력 스트링 스트림 클래스를 제공하고 있다. 출력 스트링 스트림 클래스는 ostrstream 클래스를 활용하는 것으로 이를 통해 버퍼를 작성하고 조작하는 작업을 쉽게 할 수 있다.

입력 스트링 스트림에서와 마찬가지로 출력 스트링 스트림을 사용하기 위해선 먼저 지정된 버퍼 영역을 사용하기 위한 ostrstream 객체를 생성해야 한다. 객체가 생성되었으면 출력 연산자인 "<<"를 이용하여 버퍼에 원하는 데이터를 넣을 수 있다.

그러면 위에서 소개한 C 코드를 출력 스트링 스트림을 이용하는 코드로 변경해 보자.

```
#include <strstrea>
using namespace std;

int main(void)
{
    char data[256];
    ostrstream dataStream(data, sizeof(data));
```

```cpp
    // 아래의 값을 각각 개별 함수에서 얻어온 것으로 가정하자.
    char *title = "시험결과";
    int point = 100;
    char grade = 'A';

    // 버퍼에 리턴할 데이터를 만든다.
    dataStream << "<" << title << ">" << endl;
    dataStream << "점수 : " << point << ", 학점 : " << grade;

    // 생성된 버퍼를 프린트
    cout << data << endl;
}
```

위의 코드를 컴파일하고 실행해보면 앞에서 sprintf( ) 함수를 사용했던 C 코드와 동일한 결과를 얻을 수 있다.

눈치가 빠른 독자들은 출력 스트링 스트림의 사용이 일반적인 스트림 클래스의 사용과 유사하다는 것을 느꼈을 것인데, 실제로 사용법이 거의 동일하다. 여기에 출력 스트링 스트림의 매력이 있는 것이다.

특정 버퍼를 출력 스트링 스트림으로 잡은 뒤에 이 속에 각종 데이터를 넣을 때, 지금까지 익혀왔던 일반적인 방법을 그대로 적용할 수 있다는 것이다. 1절에서 화면 출력을 할때 조작자를 사용해서 출력을 조절한 것을 기억할 것이다. 이 또한 그대로 적용할 수 있다.

> **NOTE**_ 스트링 버퍼 속에 끝을 표시하기 위한 NULL 문자를 삽입하고 싶을 때는 ends 조작자를 사용하도록 한다.

다음의 예를 보도록 하자. 아래의 프로그램은 현재 시간을 얻어오는 함수를 이용하여 버퍼 속에 중요 데이터와 발생한 시간을 함께 저장하는 작업을 수행한다.

〈getTime.cpp〉
```cpp
#include <strstrea>
#include <time>
using namespace std;

// 현재 시간을 얻어오는 함수
```

```
void getTime(char* currentTime)
{
    _strtime(currentTime);
}

int main(void)
{
    char currentTime[9];
    char data[256];
    ostrstream dataStream(data, sizeof(data));

    // 중요데이터 발생, 현재 시간 참조
    char *newData = "중요데이터";
    getTime(currentTime);

    // 버퍼에 데이터를 저장한다.
    dataStream << currentTime << ": " << newData;

    // 작성한 버퍼를 프린트
    cout << data << endl;
}
```

■ 출력 스트링 스트림 클래스에서 제공하는 메소드들

출력 스트링 스트림 클래스에서도 여러 종류의 메소드들을 제공하고 있는데 이 중에서 자주 사용되는 메소드들에 대해 살펴보도록 하자. 먼저 ostrstream 클래스가 정의된 헤더 파일을 보면 아래와 같은 메소드가 제공되는 것을 볼 수 있다.

```
strstreambuf *rdbuf() const;
void freeze(bool freezefl = true);
char *str();
int pcount() const;
```

NOTE_ 위의 내용은 무료로 배포되는 볼랜드 BCC5.5.1 컴파일러의 strstrea.h 헤더 파일 속의 ostrstream 클래스가 가지고 있는 메소드들이다.

이제 rdbuf 메소드부터 알아볼 텐데, rdbuf를 보기 전에 먼저 알아둬야 할 게 있다. 출력 스트링 스트림에서 사용할 고정 길이의 버퍼를 지정하면 출력 스트링 스트림은 해당 버퍼를 활용하게 된다. 하지만 만일 버퍼를 지정해 주지 않으면 어떻게 될까?

출력 스트링 스트림은 버퍼를 지정해주지 않으면 내부적으로 버퍼를 자동 할당한다. 이때 할당되는 버퍼는 길이가 고정되지 않으면 동적으로 변하게 된다. 즉, 아래와 같이 선언한 후, 그냥 사용하면 시스템이 내부적으로 버퍼를 자동 할당한다는 것이다.

```
ostrstream autoBuffer;

autoBuffer << "AUTO ALLOCATE BUFFER" << '\n';
autoBuffer << "DATA: ";
autoBuffer << "This is the C++!" << ends;
```

위의 예를 보면 특정 버퍼를 선언하지 않았고, 출력 스트링 스트림에 할당하지도 않았다. 하지만 autoBuffer를 이용하여 데이터를 시스템 내부에 있는 버퍼에 출력하는 것을 보게 되는데, 이때 시스템은 힙 영역의 메모리 공간에 버퍼를 할당하게 만든다.

그럼, 메모리 공간에 입력된 데이터를 어떻게 가져올 수 있을까? 위의 예문 속에 있는 autoBuffer에 있는 데이터를 가져오려면 출력 스트링 스트림 클래스에서 제공하는 메소드를 사용해야 한다.

이때 활용할 수 있는 메소드가 바로 rdbuf()이다. rdbuf()를 사용하면 버퍼에 있는 데이터를 읽어올 수 있다. 예를 들어 autoBuffer에 있는 데이터를 가져오려면 다음과 같이 하도록 한다.

```
#include <iostream.h>
#include <strstrea>
using namespace std;

void main(void)
{
    ostrstream autoBuffer;

    // 자동 할당된 버퍼 속에 데이터를 출력한다.
    autoBuffer << "AUTO ALLOCATE BUFFER" << '\n';
    autoBuffer << "DATA: ";
    autoBuffer << "This is the C++!" << ends;

    // rdbuf 메소드를 이용하여 데이터를 화면에 출력한다.
    cout << autoBuffer.rdbuf() << endl;
}
```

rdbuf( ) 메소드 외에 버퍼에 있는 데이터를 가져올 수 있는 메소드로 str( ) 메소드가 제공된다. str( ) 메소드를 사용하면 버퍼의 포인터를 얻어올 수 있다. 예를 들어, 다음과 같이 실행하면 된다.

```
ostrstream autoBuffer;
char *newData;

autoBuffer << "AUTO ALLOCATE BUFFER" << '\n';
autoBuffer << "DATA: ";
autoBuffer << "This is the C++!" << ends;

newData = autoBuffer.str();
cout << newData << endl;
```

freeze( )라는 메소드를 이용하면 버퍼의 메모리 할당을 중지시킬 수 있다. 따라서 만일 다음과 같이 하게 되면 화면에 아무런 내용도 출력되지 않는다.

```
autoBuffer.freeze();
autoBuffer << ".............";
cout << autoBuffer.rdbuf() << endl;
```

> **NOTE** freeze 메소드를 그냥 호출하면 freeze(true)라는 의미를 가진다.

출력 스트링 스트림 클래스에서 유용하게 사용할 수 있는 또 다른 메소드로 pcount( )라는 것이 있다. pcount( )를 이용하면 버퍼에 있는 데이터의 사이즈를 알 수 있다. 예를 들면, 다음과 같이 활용할 수 있다.

```
#include <iostream.h>
#include <strstrea>
using namespace std;

void main(void)
{
    ostrstream autoBuffer;
    int count = 0;
```

```
    // AUTO를 입력한 후, 스트링 스트림속의 데이터 수 조회
    autoBuffer << "AUTO";
    count = autoBuffer.pcount();
    cout << count << endl;

    // ADD를 추가한 후, 스트링 스트림속의 데이터 수 조회
    autoBuffer << "ADD";
    count = autoBuffer.pcount();
    cout << count << endl;
}
```

 알고 넘어 갑시다

한 문자씩 버퍼에 출력하는 put( ) 메소드

출력 스트링 스트림에서도 put( ) 메소드를 이용하여 버퍼에 하나의 문자를 입력할 수 있다. 간단한 예를 보면 다음과 같다.

```
#include <strstrea>
using namespace std;

void main(void)
{
   ostrstream intStream;
   char intData = '0';

   // 1~10까지 숫자와 공백을 버퍼에 출력
   for(int count = 0; count < 10; count++, intData++)
   {
      intStream.put(intData);
      intStream.put(' ');
      if(intStream.fail())
      {
         cerr << "버퍼로의 출력 에러 발생" << endl;
         return;
      }
   }

   // 마지막에 NULL 문자 입력후 화면에 출력
   intStream << ends;
   cout << intStream.rdbuf() << endl;
}
```

입력과 출력 모두를 지원하는 스트링 스트림

지금까지 입력 스트링 스트림과 출력 스트링 스트림을 살펴보았다. 이번에는 입력과 출력을 모두 지원하는 스트링 스트림에 대해 살펴보자. 입출력 스트링 스트림을 사용하기 위해선 strstream 객체를 이용해야 한다.

입력과 출력을 모두 지원한다는 것은 다음과 같은 연산을 모두 지원한다고 이해하면 된다.

```
strstream inoutStream;
inoutStream << XXX;
inoutStream >> XXX;
```

간단한 예를 통해 입출력 스트링 스트림의 사용법을 보도록 하자.

```
#include <strstrea>
using namespace std;

void main(void)
{
    // 입출력 스트링 스트림 inoutStream 생성
    strstream inoutStream;

    // 스트링 스트림에 문자열 출력 후, 배열로 입력
    char charStr[10];
    inoutStream << "Hello_C++";
    inoutStream >> charStr;
    cout << "CHAR STRING: " << charStr << endl;
}
```

strstream 클래스를 이용하여 입출력 스트링 스트림 객체를 생성할 때 다음과 같이 생성할 수 있다.

```
strstream inoutStream(buffer, sizeof(buffer));
```

또는

```
strstream inoutStream(buffer, sizeof(buffer), ios::app);
```

뒤에서 사용한 세 번째 파라미터는 "ios::app"는 파일 입출력에서 사용했던 파일 오픈 모드와 동일한 의미를 가진다. 즉, ios::app는 버퍼의 끝 부분에 새로운 내용을 추가하는 모드가 된다.

만일 버퍼에 새로운 내용을 넣을 때마다 기존의 데이터를 사라지게 하려면 어떻게 해야 할까? 이럴 때는 다음과 같이 ios::out 모드를 사용하면 된다.

```
#include <strstrea>
using namespace std;

void main(void)
{
    char string[256] = "새로운 내용";
    strstream buffer(string, sizeof(string), ios::out);
    buffer << "더 새로운 내용";
    cout << buffer.str() << endl;
}
```

지금까지 스트링 스트림에 대해 배워보았는데, 이들을 잘 활용하면 프로젝트를 수행하면서 많은 도움을 받을 수 있을 것이다.

chapter 07 C++를 이용한 프로그래밍2

Chapter 07에서는 Chapter 06에 이어 C++ 언어의 기본적인 내용들에 대해 배우도록 한다. 여기서도 C++ 언어를 사용하기 위해 기본적으로 알아야 되는 메소드와 스코프에 대해 정리를 해 나간다. 스코프의 경우, 해당 규칙을 이해하지 못하면 기존의 코드를 분석하거나 유지 보수할 때도 문제가 생기며, 다른 사람과의 작업에서도 변수 사용의 충돌 등이 발생할 수 있다. 스코프에 대한 내용을 이야기하면서 레퍼런스를 이용하는 방법에 대해서도 정리를 하게 된다.

이어서 포인터를 활용하는 방법과 메모리 관리에 대해 배우도록 한다. 포인터와 메모리에 대한 부분은 C++ 뿐만 아니라 C 언어 활용에도 많은 도움이 되는 중요한 부분이기 때문에 더욱 집중해서 봐야 될 부분들이다.

이번 Chapter를 이루는 주요 절들을 소개하면 다음과 같다.

1. 메소드와 스코프의 이해
2. 메소드의 파라미터로 레퍼런스 활용
3. 클래스에 메모리 할당
4. 메모리 관리

01 메소드와 스코프의 이해

메소드를 제대로 다루기 위해서는 스코프를 이해해야 한다. 스코프는 범위라고 해석이 되는데 이는 프로그램 내에서 변수나 함수(메소드), 클래스 등의 이름이 효력을 발휘하는 위치의 영역을 가리킨다.

스코프를 이해해야 한다

만일 스코프를 완전히 벗어나면 해당 메소드나 변수는 그가 가진 이름만으로는 사용할 수가없다. 이미 그 이름을 사용할 수 있는 범위를 벗어났기 때문이다. 스코프에는 지역(Local) 스코프와 전역(Global) 스코프가 있는데 전역 스코프를 가진 변수나 메소드는 프로그램 내부의 어디에서나 이름을 이용한 접근이 가능하게 된다. 그리고 지역 스코프를 가진 경우에는 해당 지역 내에서만 이름이 효력을 가진다.

변수(클래스)와 함수(메소드)가 스코프를 가지려면 선언(Declaration)과 정의(Definition)를 가져야 하는데, 선언은 데이터 형이 어떤 것인지 등을 알려주는 것이고 정의는 선언된 데이터에 메모리를 할당한 것이다.

클래스와 객체의 관계 같은 경우, 개발자가 데이터와 메소드의 집합을 특정 이름으로 선언한 것이 클래스가 되고, 클래스에 메모리를 할당한 것이 객체(또는 인스턴스)가 된다. 일반적인 변수 선언은 선언과 동시에 메모리가 할당되기 때문에 정의도 된다. 하지만 extern을 통하여 외부에 정의가 된 변수의 경우엔 선언의 효과만 있다.

컴파일러는 extern으로 선언된 변수에게는 메모리를 할당하지 않고 외부에 정의된 영역과 연결을 시켜준다. 함수의 경우엔 함수의 프로토타입은 선언부가 되고 함수의 Body 영역은 정의부가 된다. 함수나 변수의 경우 스코프가 다른 곳에서는 동일한 이름의 다른 내용으로 사용이 가능하다. 메소드의 경우에는 다형성을 이용하여 동일한 스코프에서 이름이 같고 내용이 다른 메소드가 정의될 수 있다.

■ 이름과 스코프

프로그램을 작성하면서 만들고 사용하는 모든 것들에는 이름이 존재하는데, 앞에서도 잠깐 소개했듯이 해당 이름이 효력을 발휘하는 영역이 바로 스코프이다. 스코프에는 여러 종류가 존재하게되는데 일반적으로 4가지로 분류가 된다. 즉, 로컬 영역, 함수 영역, 파일 영역, 그리고 C++에서 중요시하는 클래스 영역으로 나뉘게 된다.

이들을 하나씩 살펴보도록 하자. 먼저 로컬 영역의 블록의 시작 지점에서 끝 지점까지를 의미한다. 블록은 중괄호({})로 열리고 닫히는 영역을 의미하는데, 동일한 블록 내에서는 같은 이름의 변수나 함수가 선언되거나 정의될 수 없다. 예를 들어 다음의 코드를 보자. 코드를 보면 for 문 안에 블록이 있으며, 그 속에 number가 정의되어 있다. 그리고 블록이 끝난 후에도 number가 정의되어 있다.

```
int count = 0;
for(;count < 5; count++)
{
    int number = count;
}
int number = count;
cout << "NUM: " << number << endl;
```

for 문 속에 있는 블록 영역이 바로 로컬 영역이 된다. 따라서 그 속에 있는 number는 for 문이 끝나면서 number의 스코프는 효력이 없어진다. 그리고 for 문 밖에 있는 number는 number의 선언에서 해당 함수의 블록이 닫히는 곳 까지가 로컬 영역이 된다. 만일 아래와 같이 사용하면 어떻게 될까?

```
for(;count < 5; count++)
{
    int number = count;
}
number = count;
```

위와 같이 작성하면 컴파일 시에 에러가 난다. for 문이 끝난 뒤에 사용된 number는 선언되지않은 변수라는 에러가 발생한다. 만일 아래와 같이 사용하면 어떻게 될까?

```
int number =0;
for(;count < 5; count++)
{
    number = count;
}
int number = count;
```

위와 같이 작성하면 컴파일 시에 에러가 나는데, 이번에는 for 문 뒤의 number가 멀티 선언 되었다는 에러가 발생한다.

일반적인 C 컴파일러의 경우에는 로컬 영역에서 사용될 변수의 선언을 블록이 시작되는 곳에서 선언하도록 하고 있다. C++ 컴파일러의 경우에는 대부분 필요한 위치에서 변수를 선언해도 아무런 문제가 없도록 기능을 지원하고 있는데, 이때 새롭게 선언된 변수의 스코프는 블록의 시작 지점부터가 아닌, 변수의 선언 지점부터 블록의 끝 지점까지가 된다.

함수의 경우에는 일반적으로 헤더 파일에 선언부를 모아서 가지고 있다. 이때 이러한 헤더 파일을 include하고 나면 함수 이름에 대한 스코프가 생긴다. 물론 함수의 정의가 있는 라이브러리가 없으면 함수에 대한 스코프가 있어도 제대로 사용하지는 못하게 된다.

파일 영역인 경우, 파일 전체에 대한 스코프를 가지려면 전역 변수로 선언이 되어야 한다. 전역 변수로 선언된 경우에는 파일 내의 다른 영역에서도 참조를 할 수 있다. 전역 변수로 선언된 변수와 동일한 이름으로 로컬 영역에서 변수를 선언하고 사용해도 된다. 아래의 예를 보도록 하자.

```cpp
int count = 10;
void printCount(void)
{
    cout << "Global count: " << count << endl;
}
void main(void)
{
    int count = 5;
    cout << "Local count: " << count << endl;
    printCount();
}
```

위의 코드를 실행하게 되면 Local 영역에 있는 count인 5가 먼저 화면에 출력되고 그 다음엔 Global 영역에 있는 count인 10이 화면에 출력될 것이다. 이 예에서 다음과 같이 사용하면 안 된다.

```cpp
void printCount(void)
{
    cout << "Global count: " << count << endl;
}
int count = 10;
```

전역 변수도 선언이 시작된 곳에서부터 스코프가 시작되기 때문이다.

앞의 예를 보면 count라는 이름의 전역 변수와 로컬 변수가 같이 존재했는데, 이러한 일은 심각한 버그의 원인이 되기도 한다. 왜냐하면 프로그래밍 중에 로컬에서 사용되고 말아야할 값이 전역 변수에 할당될 수도 있고 그 반대의 경우도 발생할 수 있기 때문이다. 따라서 가급적 전역 변수의 사용을 자제하는 것이 가장 좋고, 사용할 필요가 있는 경우에는 동일한 이름이 발생하지 않도록 개발자들 사이에 약속을 잘해야 한다.

■ **extern과 static 선언을 이용하여 스코프를 조정하자**

변수나 메소드를 선언할 때, 그 앞에 extern 키워드와 함께 선언할 수 있는데, 이러한 키워드는 스코프와도 밀접한 연관이 있다. 앞 절에서 선언과 정의를 이야기하면서 프로그램 상에서 메모리가 할당되었는지 여부를 통해 구분한다고 했는데, extern 선언의 경우에는 메모리가 할당되지 않는 선언이 된다.

메모리가 할당되지 않는다는 것은 다른 곳에 이미 메모리가 할당된 변수가 있음을 의미한다. extern은 이러한 변수가 외부에 있으며 이와 연결해서 사용하겠다는 의미가 되는데, 만일 다른 곳에 선언되고 정의되지 않았으면 에러가 발생한다.

그럼, 예를 통해 extern과 스코프를 이해해 보자. 학생의 이름을 저장할 변수를 다음과 같이 특정 파일(scope1.cpp)의 전역 변수로 지정했다고 하자.

〈scope1.cpp〉
```cpp
// scope1.cpp 파일에 스코프를 가진 전역 변수
string name;
```

이렇게 되면 name은 scope1.cpp 파일 내부에 스코프를 갖게 되고 해당 파일 내에서는 name 변수에 접근할 수 있게 된다. 만일 scope2.cpp 파일에서도 name에 대해 접근하려면 어떻게 해야 할까. 이럴 때는 다음과 같이 헤더 파일을 만든 뒤, 이 안에 name을 extern으로 선언하도록 한다.

〈scope.h〉
```cpp
#ifndef __scope_h__
#define __scope_h__
```

```
#include <iostream>
#include <string>
using namespace std;

// 학생 이름. 다른 파일에도 스코프를 갖도록 만듦.
extern string name;

#endif /* ifndef __ scope_h__ */
```

마지막으로 아래와 같이 scope2.cpp 파일에서 scope.h 파일을 include한 뒤에 사용하면, 마치 내부에 name 변수를 선언한 것처럼 사용할 수 있다. 이때 name 변수는 하나이기 때문에 scope1 이나 scope2 어디서 변화해도 즉시 반영이 된다.

〈scope2.cpp〉
```
#include "scope.h"

// scope1 파일에 정의된 name 사용 가능
void setName(string student)
{
    name = student;
}
string getName(void)
{
    return name;
}

// set/get 함수를 이용하여 name 세팅
void main(void)
{
    setName("JSHIN");
    cout << "Name: " << getName() << endl;
}
```

위의 예처럼 하나의 변수를 여러 파일에서 공유하려면 extern을 이용하여 구현할 수 있다. 그냥 헤더 파일에 name을 선언하고 사용하면 되지, 왜 extern을 사용하는가 하고 의문을 가진 독자들도 있을 것이다.

하지만 이는 각각의 파일마다 전혀 다른 전역 변수가 선언되고 사용된 것과 동일한 것이다.

extern을 사용하면 하나의 변수를 여러 파일이 공유하게 되는 것이기 때문에, 전혀 다른 결과를 가져온다. extern은 임베디드 시스템 개발 등 자원을 많이 공유해야 하는 프로그램 개발 시에 아주 유용하게 사용할 수 있다.

위의 예제에서 재미있는 가정을 하나 해보면, 원래 개발자는 name 변수를 scope1.cpp 내에서만 스코프를 가진 전역 변수로 사용하려고 만들었는데, scope2.cpp를 개발한 사람이 불법적으로 extern을 사용해 접근을 시도한 것이라고 가정해 보자.

만일 원래 개발자가 name 변수를 scope1.cpp 파일에만 스코프를 갖도록 지정해버리면 다른 파일에서 extern을 이용하여 접근을 시도하려 해도 방어할 수 있을 것이다. 이러한 경우에 사용하는 선언자가 바로 static이다.

예를 들어, scope1.cpp 파일에서 name을 다음과 같이 선언하면, 다른 파일에서 extern으로 선언하여 사용하려고 하면 에러가 난다.

```
// scope1.cpp 파일에만 스코프를 갖도록 static으로 선언
static string name;
```

이제 name 변수는 scope1.cpp 파일에서만 전역 변수로서 스코프를 가지게 되고, 다른 파일에서는 extern을 이용한 접근이 허용되지 않는다.

 알고 넘어 갑시다

헤더 파일 내에서 #ifndef와 #endif 선언

헤더 파일을 보면 다음과 같이 "#ifndef"와 "#endif"가 나온다. 이는 "scope.h" 헤더 파일을 다른 소스 파일이 여러 번 include했을 때, 발생하는 문제를 미연에 방지하기 위해서이다.

```
#ifndef __scope_h__
#define __scope_h__
... ... ...
#endif /* ifndef __scope_h__ */
```

예를 들어, "scope.h" 헤더 파일을 include한 또 다른 헤더 파일인 "scopeExtend.h" 파일이 존재하는데, "scope2.cpp" 파일에서 다음과 같이 include했다고 하자.

```
#include "scope.h"
```

```
#include "scopeExtend.h"
```

이와 같이 했을 때, scope22.cpp 파일에는 scope.h 파일이 두 번 include된 것과 마찬가지가 된다. 왜냐하면 scopeExtend.h 파일내부에서 scope.h 파일에 대한 include가 이루어졌기 때문에 scope2.cpp 파일에는 scope.h 파일이 두 번 include된 것과 동일한 것이다.

이럴 경우, 대다수 에러가 발생한다. 변수 선언이 있다면, 동일한 이름의 변수가 두 번 이상 선언된 것이고, 함수 선언이 있다면 동일한 함수가 두 번 이상 선언된 것이기 때문에 에러를 피할 수 없다.

이때 #ifndef과 #define, 그리고 #endif 구문을 사용하면 동일한 헤더 파일이 두 번 include 되는 것을 방지할 수 있다. 즉, #define의 내용이 실행되지 않았으면 #endif 구문까지 실행하고, #define의 내용이 실행되었으면 이 구문이 실행되지 않는다. 따라서 언제나 한 번만 실행이 되도록 만들 수 있는 것이다. 참고로 #ifndef("If not define")과 반대로 행동하는 것은 #ifdef 구문이다.

클래스의 스코프에 대해 알아야 한다

클래스는 내부에 자체 함수(메소드)와 변수(데이터)를 가지고 있기 때문에, 클래스 나름의 스코프 규칙을 가지게 된다. 물론, 클래스 자체도 파일이나 모듈 속에서 호출되고 사용되기 때문에 앞에서 소개한 스코프의 규칙에 적용이 된다. C++ 프로그래밍을 위해 이들을 이해하는 것이 중요하다. 그럼, 하나씩 정리를 해보자.

■ public, protected 그리고 private에 따른 스코프 차이

클래스는 상속이 이루어지거나 객체화가 될 때 지정된 스코프에 따라 접근 범위가 달라지게 된다. 상속 상에서 스코프를 벗어나게 되면, 상속을 받은 클래스가 조상 클래스의 데이터나 메소드에 접근을 못하게 된다. 그리고 다른 객체에서 접근을 하지 못하도록 스코프를 지정하면 특정 데이터나 메소드를 다른 객체에서 접근하지 못하게 된다.

이렇게 내부적으로 스코프를 조절할 때 사용하는 키워드에는 public, protected 그리고 private이 있다. 만일 데이터나 메소드를 public으로 지정하게 되면, 스코프가 모두 허용되어서 후손 클래스에 상속이 이루어진다. 그리고 다른 객체에게도 스코프가 허용되어서 해당 데이터나 메소드에 접근이 가능하게 된다.

데이터나 메소드를 선언할 때 private으로 선언하면 상속이나 다른 객체의 접근 모두에 스코프가 허용되지 않는다. 다음과 같이 모든 데이터와 메소드를 private으로 가진 클래스를 선언한 뒤에 상속을 시도하고 다른 모듈에서 접근을 시도해 보자.

〈privateClass.cpp〉

```cpp
#include <iostream>
using namespace std;

// 데이터와 메소드가 모두 private으로 선언
class ParentClass
{
private:
    // private로 선언된 name 데이터
    string name;
private:
    // private로 선언된 setName/getName 메소드
    void setName(string student);
    string getName(void);
};

// setName/getName 메소드의 정의부
void ParentClass::setName(string student)
{
    name = student;
}
string ParentClass::getName(void)
{
    return name;
}

// ParentClass를 상속받은 ChildClass 클래스
class ChildClass : public ParentClass
{
};

void main(void)
{
    ParentClass *parent = new ParentClass();
}
```

이제 이 상태에서 선언에 따른 스코프의 변화를 테스트하기 위해 ChildClass와 main 함수를 다음과 같이 변경시켜보자.

```cpp
// ParentClass를 상속받은 ChildClass 클래스
class ChildClass : private ParentClass
{
```

```cpp
public:
    // 첫 번째 테스트
    void setNewName(string newName)
    {
        name = newName;
    }
    // 두 번째 테스트
    string getNewName(void)
    {
        return name;
    }
};

void main(void)
{
    ParentClass *parent = new ParentClass();

    // 세 번째 테스트
    parent->name = "JSHIN";
    cout << parent->name << endl;

    // 네 번째 테스트
    parent->setName("JSHIN");
    cout << parent->getName() << endl;
}
```

위의 변경된 코드를 보면 "첫 번째 테스트"에서 "네 번째 테스트"라는 주석이 달려있다. 이렇게 변경된 코드를 컴파일하면 몇 번째 테스트가 성공하고 몇 번째 테스트가 실패할까? 실행해 보면 알겠지만 모든 테스트가 실패하게 된다. 이유는 앞에서 설명한 대로 스코프가 허용되지 않았기 때문에 자손 클래스나 다른 모듈에서 접근이 금지된 결과이다.

만일 다른 모듈에서의 접근은 막고 싶지만 자손 클래스에게는 데이터의 접근이나 메소드의 접근을 허용하고 싶으면 protected를 이용하면 된다. 앞의 예에서 ParentClass의 데이터와 메소드를 protected로 선언하게 되면 첫 번째 테스트와 두 번째 테스트는 에러없이 수행된다.

일반적으로 데이터는 private로 선언을 하고 메소드는 public으로 선언을 하여 다른 객체나 함수가 데이터를 직접 접근하는 것을 막게 된다. 하지만 필요에 의해 특정 클래스가 private으로 선언된 자신의 내부 데이터를 접근하도록 허용해야 하는 경우가 있다. 이럴 경우에는 friend 키워드를 이용하여 허용하려는 클래스나 함수를 지정해 주어야 한다.

우리는 이미 friend를 사용한 경험이 있는데, 바로 스트림 클래스를 제작할 때 사용했었다. 기억을 살리기 위해 앞에서 사용했던 예제의 소스를 조금 보면 다음과 같다.

```cpp
// 학생명, 학번, 성적을 가진 Student 클래스
class Student
{
    ... ... ...
public:
    // 입력 연산이 가능하도록 입력 연산을 선언
    friend istream& operator>>(istream& stream, Student& student);
    ... ... ...
};
```

 알고 넘어 갑시다

객체의 스코프

메모리 상에 있는 객체에 접근할 수 있는 길이 없어졌을 때도 객체는 생명을 다했다고 말할 수 있다. 접근할 길을 잃은 객체는 어떤 방법으로든 메모리를 실행 환경에 되돌려 줘야 한다. 객체의 소멸에서 한 가지 주의해야 할 점은 객체는 자기의 스코프가 끝나게 되면 소멸된다는 점이다. 다시 말해, 그 객체가 사용되는 범위를 넘어가게 되면 객체의 사용 주기가 끝나게 된다는 것이다. 아래의 코드를 보도록 하자.

```cpp
class A { };

// A 객체를 사용하는 여러 클래스
class B
{
    void use_A()
    {
        A a;
        a.method();
    }
};
```

B 클래스를 보면, A 객체는 A 객체를 포함하고 있는 중괄호 안(use_A())에서만 접근이 가능하다. 따라서 중괄호({})를 벗어나게 되면 이미 A 객체가 소멸(접근 불가)되었기 때문에 사용할 수가 없게 된다.
"객체의 스코프"를 간단히 정의하면, 객체의 액세스(접근)가 가능한 범위를 의미한다. 따라서 스코프를 벗어나면 접근을 할 수가 없게 된다. 이때 접근할 수가 없다는 것은 사용할 수가 없다는 것을 뜻한다.
엄밀한 의미의 스코프란 "QN(Qualified Name) 없이 접근할 수 있는 영역"을 의미한다. 예를 들어, 객체 A가 temp라는 변수를 가지고 있을 때, 스코프 내에선 temp 변수를 바로 사용할 수 있지만, 스코프

> 밖에선 A.temp 라는 QN을 이용하여 접근을 하게 된다.
> 스코프 내에서는 동일한 이름의 변수(클래스 포함)를 사용할 수 없게 되어있다. 그런데 만일 역할은 다르지만 동일한 이름의 클래스를 가져야 한다면, C++에서는 네임스페이스를 이용하여 이 문제를 해결하고 있으며, 자바에서는 패키지를 이용하고 있다.

■ 메소드는 인라인 또는 아웃라인으로 만들어 진다.

우리는 이미 앞에서 인라인 메소드와 아웃라인 메소드를 보아왔는데, 인라인 메소드는 메소드의 선언부와 정의부가 모두 클래스 내부에 존재하는 것이고, 아웃라인 메소드는 메소드의 선언부는 클래스 내부에 존재하지만 정의부는 클래스 밖에 존재하는 메소드이다. 간단히 코드를 통해 그 차이를 보면 다음과 같다. 먼저 인라인 메소드의 예이다.

```cpp
// 메소드를 모두 인라인으로 정의한 경우
class ParentClass
{
public:
    void setName(string student)
    {
        name = student;
    }
    string getName(void)
    {
        return name;
    }
};
```

이번에는 메소드를 아웃라인으로 정의한 경우를 보도록 하자. 아래의 예문은 위의 예제와 동일한 기능을 수행하는 아웃라인 메소드이다.

```cpp
// 메소드를 모두 아웃라인으로 정의한 경우
class ParentClass
{
public:
    void setName(string student);
    string getName(void);
};
// setName/getName 메소드의 정의부
```

```
void ParentClass::setName(string student)
{
    name = student;
}
string ParentClass::getName(void)
{
    return name;
}
```

위의 두 예문을 보면 실행하는 기능이 같기 때문에 동일한 메소드라고 할 수 있지만 클래스가 객체가 되는 순간에는 약간 다르게 실행이 된다. 인라인 메소드의 경우에는 각 객체마다 메소드 코드를 내부에 함유하게 되지만, 아웃라인 메소드의 경우에는 객체들이 공유된 메소드 코드를 사용하게 된다. 따라서 프로그램의 전체 메모리 부하를 줄이는 효과를 가져오게 된다.

만일 생성된 객체들이 클래스의 내부 데이터를 공유하고 싶을 때는 어떻게 해야 될까? 이럴 때는 데이터를 static으로 정의해서 사용하면 된다. static으로 선언된 메소드는 객체가 생성될 때 객체 내에 포함되지 않는다. 따라서 객체들이 개별적으로 해당 데이터를 갖는 것이 불가능해진다.

그럼, 클래스 내의 데이터를 static으로 선언한 뒤, 객체들이 변경한 것을 어떻게 공유해서 사용하는지 예제를 통해 살펴보도록 하자. 다음의 예는 카드의 수수료 요율이 변경되면 이를 사용하는 객체들에 모두 적용이 되도록 수수료 요율을 static으로 처리한 소스이다.

〈staticRate.cpp〉

```
#include <iostream>
using namespace std;

// 카드회사에서 사용하는 클래스
class UseCard
{
private:
    // static으로 선언된 카드 수수료 요율
    static float rate;
public:
    // setRate/getRate 메소드
    void setRate(float newRate)
    {
        UseCard::rate = newRate;
    }
```

```
        float getRate(void)
        {
            return UseCard::rate;
        }
};
// 클래스의 static 데이터 초기화
float UseCard::rate = 0.0;

void main(void)
{
    // UseCard 객체를 두개 생성
    UseCard *aCard = new UseCard();
    UseCard *bCard = new UseCard();

    // 각객체에서 요율을 변경하고 출력
    aCard->setRate(4.0);
    cout << "<B> 객체의 요율: " << bCard->getRate() << endl;
    bCard->setRate(3.5);
    cout << "<A> 객체의 요율: " << aCard->getRate() << endl;
}
```

위의 코드를 실행해 보면 어느 한 객체에서 요율을 바꾸면 다른 객체들도 변경된 요율을 사용할 수 있다는 것을 알 수 있다. 이렇게 클래스의 데이터를 static으로 선언하면, 객체들이 해당 데이터의 내용을 공유할 수 있게 된다. 참고로 static으로 선언된 데이터는 클래스 밖에서 초기화하는 작업이 필요하다. 그리고 메소드 내에서는 rate을 바로 사용하는 것이 아니라 UseCard::rate으로 사용해야 한다.

■ 스코프의 충돌을 해결해 보자.

클래스를 사용하다 보면 클래스 내부에 있는 데이터와 다른 변수 사이에 스코프 충돌이 일어날 수 있다. 이럴때는 어떤 데이터를 사용할지 명확히 명시해야 문제를 해결할 수 있다. 먼저 스코프에서 충돌이 일어날 수 있는 경우를 살펴보면 크게 두 가지가 있는데, 하나는 내부 데이터와 같은 이름을 가진 변수를 파라미터로 받은 경우에 발생할 수 있다.

또 다른 하나는 파일 내에서 전역 변수로 선언된 변수의 이름과 클래스 내부에 선언된 데이터의 이름이 같은 경우에 발생할 수 있다. 먼저 데이터와 동일한 이름의 변수를 파라미터로 받을 때는 this 연산자를 이용하여 다음과 같이 해결할 수 있다. 이 경우 this를 사용한 변수가 객체가 가진 데이터가 된다.

```cpp
// 내부의 rate에 값을 세팅
void setRate(float rate)
{
    this->rate = rate;
}
```

그리고 전역 변수와 객체의 데이터가 이름이 같은 경우에는 "::" 선언을 이용하여 명시할 수 있다. 이 경우 "::"이 붙은 변수가 전역 변수가 된다. 예를 들면 다음과 같다.

```cpp
// kind가 0이면 내부의 rate을 리턴하고,
// kind가 1이면 전역 변수로 선언된 rate를 리턴
float getRate(int kind)
{
    if(kind == 0)
        return rate;
    else if(kind == 1)
        return ::rate;
    else return rate;
}
```

그러면 실행 가능한 전체 코드를 통해 이 내용을 확인해 보도록 하자. 다음의 예제는 전역 변수로 rate가 존재하는 가운데, UseCard 클래스 또한 rate이라는 데이터를 가지고 있다. 그리고 데이터 rate를 세팅하기 위해 파라미터로 rate이라는 이름을 가진 변수를 받고 있다.

⟨globalRate.cpp⟩
```cpp
#include <iostream>
using namespace std;

// 전역 변수로 선언된 rate 변수
float rate = 0.0;

// 카드 회사에서 사용하는 클래스
class UseCard
{
private:
    // 카드 수수료 요율
    float rate;
public:
    // 내부의 rate에 값을 세팅
```

```cpp
        void setRate(float rate)
        {
            this->rate = rate;
        }

        // kind가 0이면 내부의 rate을 리턴하고,
        // kind가 1이면 전역 변수로 선언된 rate를 리턴
        float getRate(int kind)
        {
            if(kind == 0)
                return rate;
            else if(kind == 1)
                return ::rate;
            else return rate;
        }
    };

    void main(void)
    {
        // UseCard 객체 생성
        UseCard *useCard = new UseCard();

        // 객체 내부의 rate을 4.0으로 세팅
        useCard->setRate(4.0);

        // 전역 변수인 rate을 3.5로 세팅
        rate = 3.5;

        // 요율을 화면에 출력
        cout << "객체가 가진 요율: " << useCard->getRate(0) << endl;
        cout << "전역 변수의 요율: " << useCard->getRate(1) << endl;
    }
```

위의 코드를 컴파일하고 실행하면 전역 변수와 데이터 사이의 스코프가 겹치는 문제를 잘 해결하고 있음을 알 수 있다.

02 메소드의 파라미터로 레퍼런스 활용

메소드의 파라미터를 입력한 데이터나 객체가 복사가 이루어지지 않고 직접 컨트롤 되기를 원할 때 개발자들은 포인터를 이용하여 문제를 해결해 왔다. C++에서는 레퍼런스를 제공하기

때문에 포인터 연산을 사용하지 않고도 포인터를 사용한 것과 같은 효과를 기대할 수 있다.

변수의 별명을 만들어 보자

시스템은 변수의 이름을 통해 해당 데이터의 메모리의 시작 위치를 알 수 있고 변수의 타입을 이용하여 그 크기를 알 수 있다. 변수에는 별명(Alias)을 붙일 수 있는데, 이는 '&' 문자를 이용하면 된다. 변수에 대해 별명을 만들고 나면, 별명을 통해서도 변수에 접근 및 변수에 데이터를 할당하는 것이 가능하다. 그럼 간단한 예를 보자.

```cpp
int intNum = 5;
int &intAlias = intNum;

cout << "데이터의 별명: " << intAlias << endl;
intAlias = 10;
cout << "원래 데이터: " << intNum << endl;
```

프로그램을 실행시켜보면, 실제 데이터를 변경하면 별명도 변경되고 별명을 변경하면 실제 데이터도 변경되는 것을 알 수 있다. 이 예를 통해 별명과 실제 데이터가 서로 연결되었음을 알 수 있다. 이렇게 변수와 연결되는 별명을 만드는 것을 레퍼런스라고 한다.

레퍼런스를 이용하면 포인터를 사용하는 가장 큰 목적 중 하나인 데이터의 주소 접근이 가능하다. 메소드를 호출하면서 포인터를 넘기면 데이터를 직접 제어할 수 있는 것처럼 레퍼런스도 데이터를 직접 제어할 수 있다. 예를 통해 직접 확인을 해보자.

다음 예를 보면 객체의 포인터를 파라미터로 받는 메소드가 있으며, 이 메소드를 호출하면서 객체의 레퍼런스를 활용하는 것을 볼 수 있다.

⟨refClass.cpp⟩
```cpp
#include <iostream>
#include <string>
using namespace std;

// 레퍼런스로 넘기고자 하는 클래스
class RefClass
{
private:
    // 멤버 데이터
```

```cpp
        string className;
    public:
        // 멤버 데이터를 set하고 get하는 메소드
        void setName(string name)
        {
            className = name;
        }
        string getName(void)
        {
            return className;
        }
    };

    // RefClass를 이용하는 UseRef 클래스
    class UseRef
    {
    public:
        // RefClass를 포인터로 받는다.
        void useRefClass(RefClass *refClass)
        {
            refClass->setName("JSHIN");
            cout << refClass->getName() << endl;
        }
    };

    void main(void)
    {
        // 객체를 선언한 뒤, 레퍼런스로 넘긴다.
        RefClass refClass;
        UseRef useRef;
        useRef.useRefClass(&refClass);
    }
```

위의 예에서 확인할 수 있듯이 객체의 포인터를 레퍼런스로 받은 것을 확인할 수 있다. 이러한 레퍼런스는 몇 가지 특징이 있다.

레퍼런스의 특징을 살펴보자.

레퍼런스는 한번 할당되면 내용을 변경할 수 없다. 다시 말해 특정 변수의 레퍼런스로 사용된 뒤에는 다른 변수의 레퍼런스로 바뀌지 않는다. 이는 레퍼런스가 데이터의 주소에 대한 변수로 사용되지 못함을 의미한다.

if 구문을 통해 레퍼런스들을 체크하면 레퍼런스가 가리키는 메모리에 대해 조사하지 않고 레퍼런스가 가진 값을 비교한다는 특징이 있다. 예를 들어 두 개의 레퍼런스가 존재하는데, 이들이 서로 같은 변수를 참조하는지 확인할 수 없다는 것이다. 예를 들어 다음과 같이 if 문을 사용한다고 해보자.

```cpp
// val1과 이를 참조할 ref1 선언
int val1; int &ref1 = val1;
// val2와 이를 참조할 ref2 선언
int val2; int &ref2 = val2;
// ref1과 ref2를 비교
if(ref1 == ref2)
```

위의 코드와 같은 경우, if 구문의 조건 체크 결과는 ref1이 참조하는 val1과 ref2가 참조하는 val2가 같은 값을 가지고 있으면 참이되고, 다른 값을 가지고 있으면 거짓이 된다. 따라서 ref1과 ref2가 서로 같은 변수를 참조하고 있는지의 여부는 위의 코드로 확인하기 힘들다.

또한 레퍼런스의 활용으로 포인터의 사용을 줄일 수 있다. 이는 포인터 사용을 싫어하는 사람에겐 좋은 소식이 될 수 있을 것이다. 흔히 포인터를 소개할 때 swap 함수를 예로 많이 든다. 즉, A변수와 B변수의 값을 서로 바꾸려고 할 때 이들의 포인터를 함수에게 넘기고 함수 내에서 값을 서로 바꾸면 실제 변수의 값도 변경되는 예를 이용하여 포인터의 기능을 많이 소개한다.

이번에는 이러한 내용의 예를 레퍼런스로 변경해 보자. 아래의 예는 포인터를 넘기지 않고 레퍼런스를 넘기고 있다.

〈useRef.cpp〉

```cpp
#include <iostream>
using namespace std;

// 입력된 수를 서로 바꿔주는 swap 함수
void swap(int& srcVal, int& destVal)
{
    int tempVal = srcVal;
    srcVal = destVal;
    destVal = tempVal;
}
```

```cpp
void main(void)
{
    // 15, 20을 각각 입력한 후, 출력
    int srcVal = 15;
    int destVal = 20;
    cout << "srcVal: " << srcVal << ", destVal: " << destVal << endl;

    // 값을 서로 바꾼 후, 출력
    swap(srcVal, destVal);
    cout << "srcVal: " << srcVal << ", destVal: " << destVal << endl;
}
```

만일 위의 예에서 레퍼런스를 사용하지 않으면 swap 함수에서 사용한 변수들은 main 함수에서 선언된 변수가 아닌, 함수 내에서만 스코프를 가지는 복제된 변수가 된다. 따라서 main 함수에 있는 변수 srcVal과 destVal의 값은 변경되지 않는다. 하지만 레퍼런스를 이용하여 넘겼기 때문에 srcVal과 destVal의 스코프가 swap 함수까지 확장된 결과를 가져오게 된다.

레퍼런스를 이용할 때는 주의할 사항이있다. 위의 예에서 swap 함수 내부를 보면 변수 tempVal을 제외한 나머지 변수들은 레퍼런스로 넘어왔는데, 활용하는 모습이 내부에 선언된 다른 일반 변수와 전혀 다르지 않다.

만일 함수의 라인이 길어지고 내부에 여러 변수가 선언되어서 사용하다 보면 어떤 변수가 레퍼런스로 왔는지 몰라서 실수할 경우가 발생한다. 이런 일을 방지하기 위해서는 레퍼런스 변수의 이름 룰을 정하거나 주석을 확실하게 만들어서 실수를 예방해야 한다. 일반 변수의 값 할당은 그 함수 내에서 그칠 수 있지만 레퍼런스는 그렇지 않기 때문에 항상 주의를 기울여야 숨은 버그를 만들지 않는다.

파라미터를 레퍼런스로 넘기지 않고 함수를 호출하면 파라미터로 들어온 변수의 복제가 이루어진다고 했는데, 정수나 실수의 단일형인 경우에는 부하가 덜하지만 덩치가 큰 스트럭처나 객체의 경우에는 스택 메모리의 증감이 크게 그리고 자주 일어나게 된다. 이럴 때 스트럭처나 객체를 레퍼런스로 넘기게 되면 스택 메모리의 변화 없이 작업을 수행할 수 있기 때문에 프로그램 성능 향상에 도움을 받을 수 있다.

레퍼런스를 사용하면서 별명을 너무 많이 만드는 것은 그렇게 바람직하지 않다. 변수가 늘어난다는 것은 개발이나 유지보수 측면에서 그렇게 좋은 방법이 아니다. 그리고 별명의 타입을 잘못 만들면 레퍼런스가 제 기능을 발휘하지 못한다. 아래의 예제는 함수를 호출하면서 변수의 레퍼런스를 바로 넘기지 않고 잘못 만들어진 별명을 넘기고 있다.

⟨aliasRef.cpp⟩

```cpp
#include <iostream>
using namespace std;

// 입력된 수를 서로 바꿔주는 swap 함수
void swap(int& refSrc, int& refDest)
{
    cout << "REFSRC: " << refSrc << ", REFDEST: " << refDest << endl;
    int tempVal = refSrc;
    refSrc = refDest;
    refDest = tempVal;
}

void main(void)
{
    // 15, 20을 각각 입력한 후, 출력
    int srcVal = 15;
    int destVal = 20;
    cout << "srcVal: " << srcVal << ", destVal: " << destVal << endl;

    // 잘못된 타입으로 만든 별명 레퍼런스
    float &refSrc = srcVal;
    float &refDest = destVal;

    // swap을 호출한 후 결과를 출력
    swap(refSrc, refDest);
    cout << "srcVal: " << srcVal << ", destVal: " << destVal << endl;

    // 이번에는 refSrc와 refDest에 직접 값을 할당해 보자.
    refSrc = 10.5; refDest = 15.5;
    cout << "REFSRC: " << refSrc << ", REFDEST: " << refDest << endl;
    cout << "srcVal: " << srcVal << ", destVal: " << destVal << endl;
}
```

위의 예제를 보면 두 번에 걸쳐 레퍼런스 타입이 잘못 지정된 것을 볼 수 있다. 첫 번째는 별명을 만들 때 float 타입으로 지정이 된 것이며, 두 번째는 swap을 호출하면 int형 레퍼런스를 넘겨야 하는데 float형 레퍼런스를 넘긴 것이다.

이 두 번 모두 다 컴파일러는 잘못된 타입으로 체크하여 일반 변수의 할당처럼 복제가 이루어지기 때문에 레퍼런스의 사용이 의미가 없어진다. 그래서 예제를 실행하면 생성된 레퍼런스와 원래 변수 사이에 아무런 연관이 없음을 알 수 있다.

03 클래스에 메모리 할당

메모리 측면에서 보면 프로그램의 작성은 메모리에 데이터를 올리고 잘 조작하도록 만드는 것과 같다. 이는 시스템의 구동 자체가 필요한 데이터를 메모리에 올린 뒤, 이를 중앙처리 장치를 이용하여 조작하고 다시 메모리나 하드 디스크, 또는 다른 장치에 넣는 과정의 연속이기 때문이다.

프로그램에서 변수를 선언하거나 객체를 생성하게 되면 해당 타입이 가지는 크기 만큼 메모리 할당이 이루어진다. 만일 프로그램이 다루는 데이터가 많고 변화가 많으면 메모리 할당과 해제가 아주 빈번하게 이루어 진다.

메모리를 할당하고 해제를 제대로 하지 않으면 사용하는 메모리가 계속 늘어나서 언젠가는 해당 프로그램의 작동이 멈추거나 전체 시스템(하드웨어)이 다운될 수도 있다. 메모리가 계속 늘어나는 문제가 있을 때, 별로 중요한 프로그램이 아니라면 프로그램을 잠시 죽였다가 다시 실행하여 문제를 해결하면 된다. 하지만 1년 365일 중단되지 않아야 하는 프로그램에 메모리가 계속 늘어나는 문제가 발생하면, 프로그램을 종료할 수도 없고 개발자나 운용자나 심각한 문제에 직면하게 될 것이다.

C나 C++로 규모가 큰 프로그램을 작성해본 경험이 있는 독자들은 모두 이러한 문제에 공감할 것이다. 필자도 C++ 프로그램을 작성하면서 메모리로 인한 문제를 많이 겪어 보았다. 특히 임베디드 시스템처럼 메모리 사이즈가 한정된 시스템에서 개발 작업을 할 때 많은 고생을 했었다. 그럼, 메모리를 할당하고 관리하는 문제에 대해 하나씩 이야기를 나눠보자.

동적으로 메모리를 할당해보자

동일한 데이터를 정해진 수 만큼 변수에 할당하고 싶을 때, 일반적으로 배열을 사용하게 된다. 배열을 선언하면 배열의 사이즈 만큼 메모리의 할당이 이루어진다. 하지만 얼마나 많은 데이터 배열에 할당될지 모를 때는 배열의 사이즈 잡기가 무척 애매해진다. 무턱대고 많은 사이즈를 잡기에도 좋지않고, 그렇다고 너무 적게 잡으면 나중에 확장이 안되기 때문에 문제가 더 커진다.

> **NOTE_** 자동으로 사이즈를 늘릴 수 있는 벡터나 맵 등은 Part III에서 다룰 예정이다.

이럴 때는 배열의 사이즈를 판단할 수 있을 때, 배열에 동적으로 메모리를 할당하는 것이 좋다. 그럼, 배열에 메모리를 동적으로 할당하는 것을 예제를 통해 살펴보자. 다음 예제는 사용자로부터 배열의 사이즈를 입력받은 뒤, malloc 함수를 이용하여 메모리를 할당하는 프로그램이다.

⟨allocMem.cpp⟩
```cpp
#include <iostream>
#include <malloc>
using namespace std;

void main(void)
{
    // 동적으로 할당된 배열을 가리킬 포인터와 사이즈 변수 선언
    int *pArray;
    int arraySize;

    // 동적으로 할당할 배열의 사이즈를 입력 받는다.
    cout << "배열의 사이즈: ";
    cin >> arraySize;

    // 입력된 내용에 맞게 배열에 메모리를 동적할당 한다.
    pArray = (int*)malloc(arraySize * sizeof(int));
    if(pArray == 0)
    {
        cerr << "메모리 할당 실패" << endl;
        exit(1);
    }

    // 할당된 배열 속에 숫자를 차례로 대입
    for (int num = 0; num < arraySize; num++)
    {
        pArray[num] = num;
    }

    // 배열 속에 있는 데이터를 화면에 출력
    for (int num = 0; num < arraySize; num++)
    {
        cout << "배열[" << num << "]: " << pArray[num] << endl;
```

```
        }

        // 할당된 메모리를 해제한다.
        free(pArray);
    }
```

프로그램을 보면 다음과 같이 malloc을 이용하여 메모리를 할당하고 free를 이용하여 해제하는 것을 볼 수 있다. C++에서는 동적인 메모리 할당을 위해 new와 delete 연산자를 추가로 제공하고 있다. 그러면 위의 예제를 new와 delete 연산자를 이용하여 변경해 보자. 먼저 메모리를 할당하는 부분은 new 연산자를 이용하여 다음과 같이 변경하도록 한다.

```
pArray = (int*)malloc(arraySize * sizeof(int));
변경 => pArray = new int[arraySize];
```

만일 new 연산자를 이용했는데 메모리가 제대로 할당되지 않으면 NULL을 반환한다. 따라서 pArray가 NULL인지 체크하여 메모리 할당에 문제가 없었는지 확인하는 것이 중요하다. 메모리를 해제할 때는 delete 연산자를 이용하여 다음과 같이 변경하도록 한다.

```
free(pArray);
변경 => delete pArray;
```

int 타입이 아닌 다른 타입의 변수나 클래스에 메모리를 할당할 때도 마찬가지 방법을 이용하면 된다. 우리는 이미 앞에서 클래스에 메모리를 할당하면서 new 연산자를 사용하는 것을 보았다. 예를 들어 AClass 클래스를 이용하여 메모리를 할당받은 aClass 객체를 만들 때는 다음과 같이 하면 된다. 그리고 생성된 객체를 제거할 때는 delete를 사용하면 된다.

```
AClass *aClass = new AClass();
delete aClass;
```

위의 문장을 실행하면 AClass 클래스에 메모리가 할당되면서 aClass 객체가 생성이 된다. 이 때 aClass는 객체 주소의 참조점을 가진 포인터가 된다. 그리고 delete를 이용하면 참조점이 가지고 있던 메모리가 해제되면서 시스템에게 되돌아간다.

delete 연산자를 사용하지 않아도 프로그램이 종료하면 메모리의 해제가 이루어진다. 하지만 프로그램이 실행되는 중간에는 동적으로 할당된 메모리에 대해, delete 연산자를 이용하여 메모리를 해제하는 작업을 계속 해주어야 한다. 물론, 사용이 끝나지 않은 메모리에 대해서는 delete을 수행하면 안되겠지만 그렇지 않은 경우에는 항상 적용하는 것이 좋다. delete 연산자 사용을 귀찮아했다가 나중에 낭패를 볼 수도 있기 때문이다.

new 연산자를 이용하여 메모리를 동적 할당한 경우에는 해당 타입의 포인터를 이용해야 한다. 그럼, 이번에는 포인터에 대한 내용을 정리한 후, 메모리 할당과 관리에 대해 알아보자.

 알고 넘어 갑시다

메모리 동적 할당과 메모리 해제

메모리를 동적으로 할당한 뒤에 메모리를 해제시키지 않으면 생성된 메모리는 계속해서 시스템에 남게 된다. 따라서 해당 메모리의 사용이 끝나면 delete나 free를 통하여 메모리를 해제시켜야 한다. 예를 들어 다음 메소드는 실행될 때마다 메모리를 새로 할당하게 된다.

```
void allocateMem(void)
{
   AClass *aClass = new AClass();
   aClass->aMethod();
}
```

메소드의 실행이 끝나도 aClass 객체는 메모리에 남게되는데 aClass 객체를 접근할 길은 끊어지기 때문에 이는 향후 메모리 상에 쓰레기가 된다. 따라서 객체의 해제를 확실하게 하거나 새롭게 생성한 객체를 리턴하여 생성된 객체에 대해 접근할 수 있는 길이 없어지지 않도록 하는 것이 좋다. 예를 들면 다음과 같다.

```
AClass* allocateMem(void)
{
   AClass *aClass = new AClass();
   aClass->aMethod();
}
```

04 메모리 관리

프로그램은 힙(Heap) 영역에 할당된 동적 메모리를 위치시킨다. 물론, 힙 영역의 사이즈는 OS와 컴파일러에 따라 달라진다. 힙 영역은 물리적인 메모리의 사이즈를 늘렸다고 함께 무한정 늘어나지는 않는다. 물론 메모리를 잘 사용하도록 프로그래밍을 한 경우에는 물리적인 메모리 사이즈에 비례하여 메모리를 활용하도록 할 수 있을 것이나 일반적으로 작성된 프로그램은 그렇지 않다.

다시 말해 프로그램이 사용할 수 있는 메모리 영역에 한계가 있다는 것을 항상 인식하고 시스템을 개발하는 것이 좋다. 시스템이 사용할 수 있는 메모리 사이즈의 한계를 알고 싶으면 메모리를 계속해서 동적 할당해보면 안다. 메모리를 계속해서 할당하다 보면 어느 시점에 프로그램은 비정상적인 종료를 하게 된다.

이는 메모리 부분을 체크하는 핸들러가 더 이상 메모리를 줄 수 없기 때문에 시스템을 종료시킨 것이다. 그럼, 먼저 C++에서 메모리 할당과 관련해 가장 많이 사용하는 new 연산자와 delete 연산를 오버로딩하여 조금이라도 개발자가 원하는 방향으로 메모리 할당이 이루어지도록 만들어 보자.

 알고 넘어 갑시다

디폴트로 호출되는 메모리 예외 핸들러를 변경해 보자.

디폴트로 호출되는 핸들러는 비정상적인 종료가 발생한다는 메시지만 남기고 시스템을 종료시키는 역할을 수행한다. 이때 아무런 메시지를 남기지 않고 시스템이 종료되기를 원한다면 메모리 핸들러가 호출되지 않도록 만들면 된다. 그럴려면 다음과 같이 set_new_handler 메소드를 NULL 파라미터와 함께 호출하여 핸들러의 실행을 막으면 된다.

set_new_handler(NULL);

set_new_handler는 new.h 파일을 include해야 사용할 수 있다. 만일 디폴트 핸들러가 아닌 개발자가 지정한 함수로 대체시킬 필요가 있을 수 있다. 이때에도 set_new_handler 함수를 이용하면 된다. 예를 들어, 메모리를 동적 할당하는데 문제가 발생할 때 newErrorHandle() 메소드가 호출되도록 만들고 싶으면 다음과 같이 하도록 한다.

set_new_handler(newErrorHandle);

new 연산자를 가진 클래스를 만들어 보자

C++에서는 각종 연산자를 재정의할 수 있는 기능을 제공하고 있다. new 연산자도 예외가 아니기 때문에 이를 재정의하여 new가 호출되었을 때, 원하는 기능이 수행되도록 만들 수 있다. new 연산자를 재정의하려면 먼저 다음과 같이 연산자 오버로딩을 선언하도록 한다.

```
void *operator new(size_t allocSize);
```

그리고 메소드 내에서는 malloc이나 calloc 등 동적 할당을 한뒤, 그 포인터를 리턴하도록 한다. 만일 메모리 할당에 실패하면 NULL을 리턴시켜야 한다. 메모리 할당을 요청한 곳에서는 객체의 메소드를 실행할 때, NULL이 아닌지 체크하여 NULL 포인터 예외가 발생하지 않도록 주의해야 한다.

그럼, 직접 예제를 만들고 실행해 보도록 하자. 아래의 예제는 Memory 클래스와 UseMem 클래스로 이루어져 있는데, Memory 클래스는 멤버 데이터들을 가진 클래스가 된다. UseMem 클래스는 내부에 Memory 클래스의 포인터를 가지고 있으며, allocMem 메소드가 호출되면 내부에 재정의한 new 연산자를 이용하여 동적 메모리 할당을 한다.

UseMem 클래스가 가진 메소드를 이용하여 Memory 객체의 데이터를 set하거나 get할 수 있는데, 만일 Memory 객체가 NULL인 경우에는 이를 체크한 후, 화면에 에러 메시지를 출력한다.

〈useMem.cpp〉
```cpp
#include <iostream>
#include <string>
#include <alloc>
using namespace std;

// 데이터를 가지고 있는 메모리 클래스
class Memory
{
private:
    // 멤버 데이터 선언
    string strData;
    string charData;
    string intData;
public:
```

```cpp
    // 데이터를 set/get 하는 메소드
    void setData(void);
    string getData(void);
};

// 멤버 데이터에 값을 입력
void Memory::setData(void)
{
    strData = "스트링 데이터, ";
    charData = "문자 데이터, ";
    intData = "정수 데이터";
}

// 멤버 데이터가 가진 데이터 리턴
string Memory::getData(void)
{
    return (strData + charData + intData);
}

// Memory 객체를 생성하고 이를 사용할 UseMem 클래스
class UseMem
{
private:
    // memory 객체의 포인터를 멤버데이터로 선언
    Memory *memory;
public:
    // memory 객체를 활용할 각종 메소드 선언
    UseMem();
    void *operator new(size_t allocSize);
    void allocMem(void);
    void setMemData(void);
    string getMemData(void);
};

// 생성자, 멤버 데이터 memory를 NULL로 초기화
UseMem::UseMem()
{
    memory = NULL;
}

// memory 객체에 메모리를 할당, new 연산자를 재정의
void *UseMem::operator new(size_t allocSize)
{
    cout << "new() - malloc를 이용, 동적 메모리 할당을 시작..." << endl;
    Memory *mem = (Memory*)malloc(allocSize);
```

```cpp
    if(mem)
    {
       cout << "new() - 동적 메모리 할당 성공!" << endl;
       return((void*)mem);
    }
    else
    {
       cerr << "new() - 동적 메모리 할당 실패!" << endl;
       return NULL;
    }
}

// 재정의된 연산자를 이용하여 memory 객체를 new 시킴
void UseMem::allocMem(void)
{
    cout << "UseMem::allocMem() - 메모리 객체를 new 시킴." << endl;
    memory = new Memory();
    if(memory == NULL)
        cerr << "UseMem::allocMem() - 메모리 객체의 new 실패." << endl;
}

// memory 객체가 가진 멤버 데이터에 데이터 입력
void UseMem::setMemData(void)
{
    if(memory == NULL)
    {
       cerr << "UseMem::setMemData() - 메모리 객체 사용실패!" << endl;
       return;
    }
    memory->setData();
}

// memory 객체가 가진 멤버 데이터를 리턴
string UseMem::getMemData(void)
{
    if(memory == NULL)
    {
       string errorStr;
       errorStr = "UseMem::getMemData() - 메모리 객체 사용실패!";
       return errorStr;
    }
    return memory->getData();
}

void main(void)
```

```cpp
{
    // 비교실행1 (useMem1을 new 시키지 않음)
    UseMem useMem1;
    useMem1.allocMem(); useMem1.setMemData();
    cout << useMem1.getMemData() << endl << "실행1 종료" << endl << endl;

    // 비교 실행2 (useMem2를 new 시킴)
    UseMem *useMem2 = new UseMem();
    useMem2->allocMem(); useMem2->setMemData();
    cout << useMem2->getMemData() << endl << "실행2 종료" << endl << endl;

    // 비교 실행3 (useMem3의 allocMem()를 실행치 않음)
    UseMem *useMem3 = new UseMem();
    useMem3->setMemData();
    cout << useMem3->getMemData() << endl << "실행3 종료" << endl;
}
```

위의 예제에서는 new 연산자를 재정의했는데 new[ ] 연산과 delete 연산도 재정의를 할 수 있다. new[ ] 연산은 배열의 메모리 할당을 시도하는 것으로 파라미터를 통해 배열 사이즈를 얻을 수 있다. 따라서 허용된 개수보다 더 많은 배열을 원할 경우 이를 허용치 않도록 만들 수 있다.

delete 연산의 경우에는 static으로 선언하고 내부에 free( ) 함수 등을 이용하여 연산자 오버라이딩을 할 수 있다. 그리고 실행될 때는 파라미터로 입력된 포인터를 메모리 해제하도록 하면 된다. 그럼 간단한 예를 보도록 하자.

〈freeMem.cpp〉

```cpp
#include <iostream>
#include <alloc>
using namespace std;

// new[] 연산을 오버로딩
void *operator new[](size_t allocSize)
{
    // malloc를 이용하여 메모리 할당
    return(malloc(allocSize));
}
```

```
static void operator delete(void *target)
{
    cout << "메모리를 해제합니다." << endl;
    free(target);
}

void main(void)
{
    // 배열을 10개 생성한 후, 제거
    int *intDatas = new int[10];
    if(intDatas)
    {
        cout << "intDatas 메모리 할당 성공" << endl;
        delete intDatas;
    }
    else
    {
        cerr << "intDatas 메모리 할당 실패" << endl;
    }
}
```

힙(Heap) 메모리 영역을 관리해 보자.

앞에서 프로그램이 동적으로 메모리를 할당했을 때 힙 메모리 영역을 사용한다고 말했었다. 따라서 힙 영역에는 메모리의 할당과 해제가 빈번하게 발생하게 된다. 이때 힙 영역을 조사할 수 있는 함수들이 제공된다면 개발자들의 체크 폭이 더욱 넓어질 것이다. 그럼, 이번에는 힙 영역을 조사하는 함수들은 어떤 것이 있으며 어떻게 활용하는지 알아보도록 하자.

> **NOTE_** 컴파일러와 플랫폼마다 조금씩 다른 스트럭처와 함수를 이용하고 있다. 참고로 여기서는 유닉스 상에서 활용할 수 있는 GCC 컴파일러와 볼랜드에서 무료로 제공하는 BCC5.5.1 컴파일러를 함께 활용하고 있다. 볼랜드의 BCC도 활용하는 이유는 C++ 언어만을 공부하기 위해 유닉스가 아닌 윈도우 OS를 사용하는 경우까지도 고려했기 때문이다.

■ 힙 메모리 영역은 어떻게 할당되는지 알아보자

힙 메모리를 체크하는 함수들을 보기 전에 먼저 메모리 영역을 할당하는 방법을 프로그램 측면에서 살펴보자. 먼저 alloc.h 헤더 파일을 보면 다음과 같은 heapinfo 구조체가 선언되어 있다.

```
struct heapinfo
{
    void *    ptr;
    void *    ptr2;
    unsigned  size;
    int       in_use;
};
```

heapinfo 구조체는 내부에 다른 노드에 대한 포인터를 가진 링크드리스트(linked list) 구조체로서, 프로그램이 사용 중인 영역뿐만 아니라 사용 중이지 않은 공간(Free space)도 가리키게 된다. 이때, 구조체 내부에 있는 in_use 필드의 값이 1이면 리스트의 노드가 사용 중인 영역임을 의미한다.

프로그램이 메모리를 할당하면, 새로운 링크드리스트 노드가 생기면서 heapinfo 링크드리스트에 연결이 된다. heapinfo 링크드리스트를 얻어오려면 heapwalk( ) 함수를 이용하면 되는데, 만일 리스트의 헤드(시작점)를 얻으려면 ptr이 NULL인 노드를 이용하여 heapwalk( ) 함수를 호출하면 된다. 계속해서 heapwalk( )를 호출하면 다음 노드를 계속해서 얻어올 수 있다.

heapwalk( )를 호출했을 때 양수가 리턴되면 함수가 제대로 실행된 것이고 음수이면 에러가 발생한 것이다. alloc.h를 보면 다음과 같이 heapwalk( )가 리턴하는 값을 정의하고 있다.

```
#define _HEAPEMPTY       1
#define _HEAPOK          2
#define _FREEENTRY       3
#define _USEDENTRY       4
#define _HEAPEND         5
#define _HEAPCORRUPT    -1
#define _BADNODE        -2
#define _BADVALUE       -3
#define _HEAPBADBEGIN   -4
#define _HEAPBADNODE    -5
#define _HEAPBADPTR     -6
```

그럼, 예제를 통해 heapwalk( )를 사용하는 방법을 보도록 하자. 이번에 살펴볼 예제는 5개의 문자열 배열에 메모리를 할당한 뒤, heapwalk( )를 통해 새로 생성된 heapinfo 노드를 얻어온다. 그런다음 문자열 배열에 할당된 메모리를 해제한 후, 다시 한번 heapinfo 리스트를 검색하여 앞에서 생성한 노드가 남아있는지 사라졌는지 검색한다.

〈heapInfo.cpp〉

```cpp
#include <iostream>
#include <alloc>
using namespace std;

int main(void)
{
    // 333 바이트를 할당받는 5개의 문자열 배열 생성
    char *newHeapArray[5];
    int index = 0;
    for(; index < 5; index++ )
    {
        newHeapArray[index] = (char *) malloc(333);
    }

    // heapinfo 링크드리스트를 얻어올 노드 선언
    struct heapinfo heapNode;

    // heapinfo의 처음을 얻어오도록 ptr을 NULL로 설정
    heapNode.ptr = NULL;
    index = 0;

    // 링크드 리스트를 하나씩 읽으면서 333 바이트가 할당된 노드를 검출
    while(heapwalk(&heapNode) == _HEAPOK)
    {
        // 노드의 크기는 333 바이트에 헤더가 붙어 조금 더 크다.
        if(heapNode.size >= 333 && heapNode.size <= 337)
        {
            cout << "새로생성[" << index << "] - size: 333" << endl;
            index++;
        }
    }
    cout << "333바이트가 할당된 Heapinfo 개수: " << index << endl;

    // 앞에서 할당한 배열의 메모리를 해제
    for(index = 0; index < 5; index++ )
    {
        free(newHeapArray[index]);
    }
```

```cpp
        // Heapinfo 노드에서 333 바이트를 가진 노드가 있는지 다시 검사
        heapNode.ptr = NULL;
        index = 0;

        // 링크드 리스트를 하나씩 읽으면서 333 바이트가 할당된 노드를 검출
        while(heapwalk(&heapNode) == _HEAPOK)
        {
            // 노드의 크기는 333 바이트에 헤더가 붙어 조금 더 크다.
            if(heapNode.size >= 333 && heapNode.size <= 337)
            {
                cout << "재검색노드[" << index << "] - size: 333" << endl;
                index++;
            }
        }
        cout << "333바이트가 할당된 Heapinfo 개수: " << index << endl;
        exit(0);
    }
```

위의 예제를 실행해보면 동적으로 할당한 배열이 heapinfo 링크드리스트에 존재하다가 메모리를 해제한 후, 리스트에서 사라진 것을 볼 수 있다.

■ **힙 영역을 체크하는 함수를 이용해 보자.**

heapwalk를 이용하여 heapinfo 리스트에 있는 노드들을 얻어오는 방법을 알았는데, 이번에는 각 노드들이 정상인지 혹은 손상된 것은 아닌지 체크하는 방법을 알아보자. 예를 들어, 10바이트의 사이즈를 가진 문자열에 10바이트가 넘는 데이터를 입력하면 힙 영역의 해당 노드에 손상이 발생한다.

이런 일이 개발 초기에 발생하면 쉽게 해결이 되기도 하지만, 운용 중에 발생하면 무엇 때문에 에러가 발생했는지 발견하기 어려운 경우가 많다. 이럴 때는 프로그램 테스트 시간에 힙 노드들을 검사하여 에러 상황을 검출해 내면 좋을 것이다.

heapcheck() 함수를 이용하면 heap 노드에 문제가 있는지 여부를 확인할 수 있다. 그럼, 예제를 통해 heapcheck() 함수의 사용 방법을 보도록 하자. 10바이트가 할당된 문자열에 15바이트의 데이터를 입력한 후, heapcheck()를 이용하여 heap 영역을 체크하고 있다.

⟨heapCheck.cpp⟩

```cpp
#include <iostream>
#include <alloc>
using namespace std;

#define index 10
int main(void)
{
    // index 수 만큼의 길이를 갖는 배열 생성
    char *charArray = new char[index];
    cout << "<<배열의 내용>>" << endl;

    // charArray에 15자를 입력한 후 이를 화면에 출력
    for(int count = 0; count < 15; count++)
    {
        charArray[count] = 'A';
    }
    cout << "charArray: " << charArray << endl;

    // 힙 영역에 손상이 없었는지 체크한다.
    if(heapcheck() == _HEAPCORRUPT)
    {
        cout << "힙 영역이 손상되었습니다." << endl;
    }
    exit(0);
}
```

위의 프로그램을 실행시켜보면 배열의 내용에는 A가 15개 나오며, 힙 영역은 손상되었다는 메시지가 나온다. 배열에 입력한 데이터가 모두 그대로 나오기 때문에 무심코 에러가 아닌걸로 지나치기 쉽지만, 위의 코드는 명백한 에러를 가진 코드이다. 만일 A 개발자와 B 개발자 사이에 10바이트의 데이터만 주고받기로 되어 있는데, 데이터를 받는 측에서 길이를 체크하지 않는다고 가정을 해보자. 이 상태에서 위와 같은 일이 발생하면 데이터를 받는 측에서 뒤에 붙은 쓰레기값을 사용하는 일이 발생할 수도 있다.

NOTE_ 자바에서는 힙을 체크하는 프로그램이 내부적으로 구동되어 문제가 있거나 사용되지 않는 영역을 회수하는 작업을 한다. 이런 것을 쓰레기 수집(Garbage Collection)이라고 한다. C++에서는 이러한 작업을 자동으로 수행하지 않는다.

알고 넘어 갑시다

GCC 컴파일러를 이용한 라이브러리 생성

유닉스 상에서 GCC 컴파일러를 이용하여 라이브러리를 만들려면 아래와 같이 하도록 한다. 먼저 다음과 같이 컴파일 과정을 통해 오브젝트 파일을 만들도록 한다.

```
% c++ -c Message.cpp
```

컴파일이 제대로 끝났으면 확장자로 'o'를 가진 Message.o 파일이 생성될 것이다. 이번에는 생성된 오브젝트 파일을 이용하여 라이브러리를 만들도록 한다. 이때 사용하는 명령어는 ar로 라이브러리 작성에 사용된다. 아래와 같이 ar 명령어와 옵션, 그리고 생성하고자 하는 라이브러리의 이름, 마지막으로 오브젝트 파일들의 이름들을 나열한 후 실행한다.

```
% ar crv libMsg.a Message.o
```

GCC 컴파일러에서 라이브러리 파일을 사용하는 법

라이브러리 파일을 이용하여 실행 파일을 만들 때, 컴파일러의 옵션을 이용하는 방법이 있다. 이때 사용되는 옵션이 "-L"과 "-l"인데, -L의 경우에는 사용하고자 하는 라이브러리가 포함된 디렉토리 명을 명시하는 옵션이고, -l은 라이브러리의 이름을 적어주는 옵션이다. 이때 라이브러리의 이름은 lib라는 말과 확장자 '.a'를 생략하여 사용할 수 있다. 즉, libMsg.a의 경우 그냥 Msg라고 쓰면 된다.

실제 예를 보자. 위에서 사용했던 "% c++ -o useMsg UseMsg.cpp libMsg.a" 명령을 아래와 같이 대체할 수 있다.

```
% c++ -o useMsg UseMsg.cpp -L. -lMsg
```

이때 만일 라이브러리 파일이 /home/jshin 디렉토리 밑에 있다면 -L 옵션을 다음과 같이 주면 된다.

```
-L/home/jshin
```

chapter 08 시스템 개발

Chapter 08에서는 시스템 개발에 있어서 꼭 알고 있어야 되는 내용인 make와 디버깅을 중점적으로 다루고자 한다. 두 가지 모두 개발자들에게 아주 유용한 기능이면서 또한 별로 사용하고 싶지 않은 내용일지도 모른다. 이는 복잡한 시스템을 개발해야 하는걸 알면서도 가능한 복잡해지고 싶지 않은 개발자의 희망 때문일지도 모른다.

하지만 시스템을 개발하면서 간단한 코드로 구성된 하나의 파일만 이용되는 경우는 거의 없기 때문에 희망은 단지 희망으로 끝날 뿐이다. 개발자들은 개발해야 하는 시스템의 복잡함과 사용해야 하는 프로그램 모듈의 규모에 맞게 프로그램의 설계, 개발, 구축, 테스트, 변경이 용이하도록 환경을 구축해야 한다. 이런 작업이 비록 귀찮은 일이라 하더라도 피해가서는 안 된다.

여기서 소개하고자 하는 make는 다수의 프로그램 소스 파일 및 라이브러리를 체계적으로 컴파일, 링크 하도록 만드는 프로그램으로 여러 개의 파일과 모듈들이 사용되는 시스템 개발에서 필수적으로 적용해야 하는 프로그램 중 하나이다.

그리고 프로그램을 아무리 잘 만들어도 100% 버그가 없는 완전한 프로그램을 작성하는 것은 거의 불가능한데 여러 사람이 여러 모듈을 만들어내는 경우엔 더욱 그렇다. 이때 중요한 것이 버그를 최소화하는 디버깅 작업이 될 것이다. 여기서는 디버깅 툴인 gdb를 활용하는 방법을 소개하여 디버깅 작업 시에 도움이 되도록 한다. 그리고 C++에서 제공하는 예외 처리 방법도 소개를 하여 예외 발생 시 이를 알리고 조치하는 방법을 배우도록 한다. 이번 Chapter는 다음의 절 들로 이루어져 있다.

1. make와 Makefile
2. 디버깅
3. 예외 처리
4. 시스템 배포

01 make와 Makefile

make라는 영어 단어의 의미와 마찬가지로 make 프로그램은 여러 개의 프로그램 코드를 내부적으로 관리하면서 필요한 프로그램을 만들어주는 프로그램이다. make가 프로그램을 만들어주기도 하고 여러 개의 프로그램 코드 파일들을 관리해준다고 했는데, 이러한 기능을 이용하면 코드 파일들의 그룹화를 이룰 수 있다.

make 프로그램이 작동되면서 사용되는 파일의 이름은 "Makefile"이다. 물론 Makefile 이외의 다른 이름을 가진 파일을 사용해도 되지만 default로 사용하는 파일명이 Makefile이기 때문에 편의상 make 파일이 사용하는 파일을 Makefile로 부른다. make 프로그램에서 관리하고자 하는 프로그램 코드 파일들을 Makefile에 지정하고 시스템 개발을 시작하면 코드들의 그룹을 편리하게 관리할 수 있다.

make 프로그램

make는 특정 프로그램 언어에 종속된 프로그램이 아니며, 프로그램 코드를 컴파일하거나 해서 새로운 파일을 생성하는 여러 툴킷들을 위해 사용할 수 있다. 하지만 여기서 주목하는 부분은 C/C++ 언어로 작성된 프로그램 소스 파일과 관련된 내용들이다.

make를 사용하려면 먼저 Makefile에 관리하고자 하는 소스 파일과 그들에 대한 컴파일 옵션 및 링크 옵션 등 기타 필요한 내용을 만들어 둬야 한다. 그런 다음 make를 실행하면서 Makefile 파일을 읽어서 기술된 내용을 수행한다.

편의상 Makefile이라고 부르는 파일은 이름이 꼭 Makefile이 아니어도 된다. 하지만 make를 파라미터없이 그냥 실행시키면 해당 디렉토리에서 Makefile이라는 이름을 가진 파일을 찾는다. 만일 파일이 없으면 make는 실행을 중단한다. 다음은 make를 실행하는 예이다.

```
% make
```

만일 다른 이름을 가진 Makefile을 사용하거나 여러 종류의 Makefile 중에서 하나를 골라서 사용한다면 다음과 같이 -f 옵션을 이용하여 해당 파일을 명시해야 한다.

```
% make -f 파일명
```

하나의 소스 파일로 이루어진 프로그램이나 여러 개의 소스 파일로 이루어진 프로그램이나 make 프로그램을 사용해서 얻는 장점은 많다. 하지만 여러 개의 소스 파일들을 이용하여 프로그램을 만들 때 특히 make 프로그램이 빛을 발하게 된다. 예를 들어, 10개의 소스 파일을 이용하여 프로그램을 개발한다고 가정해보자.

이 경우, 10개의 소스 파일을 모두 컴파일해서 오브젝트 파일을 만든 후, 다시 이들을 하나로 묶고 필요한 라이브러리 파일을 링크하는 작업을 프로그램을 완성할 때까지 계속 반복해야 할 것이다. 이때 make를 사용하지 않고 프로그램을 개발한다면 컴파일 옵션이나 링크 옵션, include 파일이나 라이브러리 파일의 패스 경로 등을 잘못 명시해서 낭패를 보는 경우가 종종 발생할 것이다.

그리고 한 개의 소스 파일만 수정한 경우라도 모든 파일에 대한 오브젝트 파일 생성과 킹크 과정을 모두 다시 수행해야 할 것이다. 또한 컴파일 과정이나 링크 과정의 중간에 원하는 작업을 명시하려해도 쉽지 않을 것이다. 또 다른 문제는 한 개의 파일이 수정되었고 이를 이용한 오브젝트 파일을 만들었지만 최종 프로그램에 이 오브젝트 파일을 적용하지 않았다면 프로그램에는 수정된 내용이 전혀 반영되지 않게 된다.

만일 수십 또는 수백 개의 소스 파일이 존재한다고 가정을 해보자. 이때 이 소스들의 그룹으로 여러 개의 라이브러리를 만든 후, 이들 라이브러리를 합쳐서 프로그램을 만든다고 하면 이 문제가 얼마나 심각한 문제인지 예상할 수 있을 것이다. 즉, 한 사람이 실수로 변경된 소스 파일에 대한 라이브러리 재생성을 안했다면, 프로그램은 수정되기 전의 라이브러리를 사용하게 될 것이다. 프로그램을 사용하다가 나중에 문제가 발생하면, 무엇이 잘못된 것인지 어떻게 문제를 찾아서 해결할 수 있을까? 개발자가 많고 소스 파일이 많다면 이러한 문제는 쉽게 발생할 것이다.

하지만 make를 사용하게 되면 이러한 문제들은 자연스럽게 해결된다. Makefile 속에 사용하는 컴파일 옵션이나 링크 옵션, 패스 경로 등을 제대로 명시해 두면, 몇 번을 재 컴파일해도 옵션으로 인한 문제가 발생하지 않는다. 그리고 소스 파일을 변경한 후 make를 다시 실행하면 수정된 소스 파일에 대해서만 오브젝트 파일 작성이 이루어지고, 해당 오브젝트와 연관된 라이브러리나 프로그램 실행 파일은 재 컴파일 및 링크 작업이 자동으로 이루어진다. 그리고 Makefile 속에 원하는 작업을 삽입하여 프로그램 생성 시에 별도로 실행하고자 하는 내용들을 실행시킬 수도 있다.

> **NOTE_** 필자는 컴파일과 링크 과정이 최대 10시간 이상 걸리는 프로그램을 디버깅해본 경험이 있다. make를 사용했기 때문에 그나마 오브젝트 파일 한 두개의 수정에는 컴파일 타임이 길지 않았다. 만일 make를 사용하지 않았다면 파일하나 수정하고 테스트할 때마다 10시간씩 컴파일 시간을 보내야 했을 것이다. 또한 수천 개의 소스 파일로 이루어진 프로그램을 관리할 엄두도 나지 않았을 것이다.

앞에서 make의 옵션 중 -f 부분을 살펴보았다. Makefile의 작성법에 앞서 make 프로그램의 옵션들을 미리 정리해 보도록 하자. 아래는 유용한 옵션들에 대해 간단히 설명한 내용들이다.

- -h : 도움말을 볼 수 있다.
- -v : make의 버전을 볼 수 있다.
- -p : 내부적으로 세팅된 값들을 화면에 출력한다.
- -k : make의 실행 도중 에러가 발생되도 중지 없이 계속 실행하도록 만든다.
- -d : make 프로그램이 돌아가면서 작업한 내용 및 정보들을 모두 출력해 준다. 이를 통해 make가 작업한 부분들을 추적할 수 있다.
- -t : 현재 시간을 이용하여 파일 생성 날짜를 바꾼다.

이제 Makefile을 작성하는 방법을 배우면서 make 프로그램의 사용법에 대해 자세히 알아보도록 하자.

Makefile

Makefile은 일반적인 쉘 프로그램이 대부분 사용될 수 있기 때문에 항상 이러한 스타일로 만들어져야 된다고 단정지을 수는 없다. 다만 make 명령의 특성상 어떠한 룰을 바탕으로 Makefile이 작성된다는 것과 여러 종류의 작성 예 등을 통해 Makefile을 스터디하는 것이 가장 좋을 것 같다.

Makefile은 일반적으로 머리 부분에 각종 필요한 경로 설정이나 오브젝트 이름 선언 등을 하게 된다. 설정된 경로나 선언된 변수들은 후반부에서 명령어 실행이나 서로 연관된 파일들을 대치하는데 사용이 된다. 먼저 Object 선언이나 include 경로를 설정하기 위한 변수 선언의 간단한 예를 보면 다음과 같다.

> **NOTE_** 이해를 돕기위해 변수 선언이라고 말했지만, 실제로는 문장 등의 내용을 그대로 대치하게 되는 매크로 선언이라고 말할 수 있다.

```
CFLAGS    = \
    -I../include

# Libraries needed to load image
LIBS      = \
    /usr/lib/libsocket.so
# Library list used by loader, different from LIBS when shared
libraries are used
LDLIBS    = \
    /usr/lib/libsocket.so

OBJS      = Analyzer.o \
    Commander.o
```

사용할 변수에 대한 선언 등이 끝나면 Makefile 내에서 수행하고자 하는 작업을 본격적으로 기술하도록 한다. 작업을 기술할 때는 먼저 수행하고자 하는 작업의 대표 레이블을 적고 작업의 대상이 되는 파일들을 명시해 준다. 이때 명시된 파일들은 서로 의존 관계를 가지게 된다. 즉, 어떤 파일에 변화가 생기면 다른 파일들도 다시 이용이 되는 것으로, 여러 오브젝트들을 이용하여 하나의 라이브러리를 만드는 경우를 생각하면 될 것이다.

레이블을 적고 의존 관계의 파일을 명시했으면 그 다음에는 실행될 명령어들을 적도록 한다. Makefile은 대부분 이러한 구문들의 반복으로 이루어지게 된다. 이렇게 Makefile을 다 작성했으면 make를 이용하여 실행하면 된다. make 프로그램을 실행하면서 앞에서 작성했던 대표 레이블을 파라미터로 적어주면 해당 부분의 명령어들이 의존 관계의 파일들을 이용하여 실행이 된다.

> **NOTE_** 명령어를 기입할 때 주의해야 할 사항은 탭(tab) 키를 사용한 후 기입을 해야 한다는 것이다. 그렇게 하지 않고 그냥 적거나 스페이스로 빈 공간을 만든 뒤 명령어를 나열하면 make에서 명령거가 아닌 다른 것으로 처리하여 에러를 유발할 수 있다.

그러면 간단한 예를 보도록 하자. 다음의 예를 보면 실행 파일명과 오브젝트 파일명들을 각각 선언한 후, all에서 각 오브젝트 파일들이 의존적인 것과 실행해야 하는 명령어를 적어준다. 이렇게 만든 후 make 프로그램을 실행시키게 되면, 컴파일 과정에서 $(TARGET)의 이름을 가진 프로그램이 $(OBJS)와 $(LFLAGS) 옵션을 이용하여 만들어질 것이다.

```
# Object file list
TARGET = testProgram
OBJS = testProgram.o config.o capture.o decode.o analy.o httpd.o \
       trfinfo.o reporter.o mgmtagent.o debug.o app.o

# Target
all : $(OBJS)
    cc -o $(TARGET) $(OBJS) $(LFLAGS)

clean :
    rm $(OBJS)
    rm $(TARGET)
```

위의 예에서 마지막 부분을 보면 clean이라는 레이블이 있는 것을 볼 수 있다. 앞에서 설명한 바와 같이 make 프로그램을 실행하면서 "make clean"을 사용하게 되면 "rm $(OBJS)"와 "rm $(TARGET)" 명령이 실행되어서 실행 파일과 오브젝트 파일이 삭제가 된다.

레이블에는 일반적인 이름이 올 수도 있고 실행 파일 등의 목표 파일명이 올 수도 있는데, 목표 파일명과 명령어를 사용한 예를 보면 다음과 같다.

```
testProgram : testProgram.o config.o capture.o
    cc -o testProgram testProgram.o config.o capture.o

testProgram.o : ../include/testProgram.h ../include/common.h
testProgram.c
    cc -c testProgram.c

config.o : ../include/config.h ../include/common.h config.c
    cc -c config.c

capture.o: ../include/capture.h ../include/common.h capture.c
    cc -c capture.c
```

간단한 예제

그러면 make를 이용하여 컴파일하고 실행하는 프로그램의 예를 보고 좀 더 자세히 알아보도록 하자. 프로그램의 내용보다도 make에 초점을 맞추기 바라며, 프로그램에서 사용되는 파일들과 역할을 간단히 나열하면 다음과 같다.

- ./include/common.h : 모든 파일들이 가지고 있는 헤더 파일이다.
- ./src/main.c : main() 함수가 위치한 파일로 다른 파일들의 함수를 호출한다.
- ./src/subA.c : subAa() 함수를 호출하고 있으며, 단순히 printf() 문만 가지고 있다.
- ./src/subB.c : subB() 함수를 가지고 있으며, 단순히 printf() 문만 가지고 있다.
- ./src/subAa.c : subAa() 함수를 가지고 있으며, 단순히 printf() 문만 가지고 있다.

> **NOTE_** 예제가 아주 단순한 것은 make에만 초점을 맞추도록 하기 위해서이다. 참고로 소스 파일들은 모두 src 디렉토리 밑에 있으며, 헤더 파일은 include 디렉토리 밑에 존재한다.

그러면 각각의 파일과 그 내용을 간단히 보도록 하자. 먼저 모든 파일들이 include할 헤더 파일 common.h 파일의 내용을 보면 아래와 같다.

⟨./include/common.h⟩
```c
#ifndef __COMMON_H__
#define __COMMON_H__

#include <stdio.h>
#include <stdlib.h>
#include <string.h>

void subA(void);
void subB(void);
void subAa(void);

#endif /* __COMMON_H__ */
```

common.h 헤더 파일에는 각각의 파일들이 가진 함수의 프로토타입이 선언되어 있다. 그리고 #ifndef, #define 그리고 #endif 선언문들을 이용하여 헤더 파일이 두 번 include 되는 것을 방지하고 있다.

이번에는 main( ) 함수를 가지고 있는 main.c 파일의 내용을 보도록 하자. main( ) 함수는 단순하게 subA( ) 함수와 subB( ) 함수만 호출하고 있다.

⟨./src/main.c⟩
```c
#include "common.h"

int main(void)
{
        printf("===< MAIN >===\n");
        subA();
        subB();

        return 0;
}
```

main( ) 함수가 처음 호출하는 subA( ) 함수를 보면 아래와 같다. subA( ) 함수는 subAa( ) 함수를 호출하는 기능만 가지고 있다.

⟨./src/subA.c⟩
```c
#include "common.h"

void subA(void)
{
        printf("Invoked subA()!\n");
        subAa();
}
```

마지막으로 subB.c 파일과 subAa.c 파일을 각각 보도록 하자. 이들은 아무 역할도 하지 않으며 단순히 실행되었음을 알리는 printf 문만 가지고 있다.

⟨./src/subB.c⟩
```c
#include "common.h"

void subB(void)
{
        printf("Invoked subB()!\n");
}
```

〈./src/subAa.c〉

```c
#include "common.h"

void subAa(void)
{
        printf("Invoked subAa()!\n");
}
```

코딩이 모두 끝났으면 먼저 Makefile을 만들지 않고 프로그램을 컴파일해 main 이라는 실행 파일을 만든 후 실행시켜 보자. 그러면 아래와 같이 각각의 파일들을 컴파일하고 실행시켜야 할 것이다.

```
$ cc -c -O -I/usr/local/include -I../include main.c
$ cc -c -O -I/usr/local/include -I../include subA.c
$ cc -c -O -I/usr/local/include -I../include subB.c
$ cc -c -O -I/usr/local/include -I../include subAa.c
$ cc -o main main.o subA.o subB.o subAa.o
$ main
```

위의 과정 중 하나라도 빠지면 제대로 된 실행 파일이 만들어지지 않을 것이다. 그리고 컴파일에 사용될 옵션 등이 제대로 지정되지 않아도 문제가 발생할 것이다. 위와 같이 모든 파일이 이미 만들어진 상황이 아닌 개발 과정에서는 컴파일 과정이 빈번하게 발생할 것이다.

이제 컴파일이 모두 끝난 상황에서 subAa.c 파일의 내용이 아래와 같이 변경되었다고 해보자.

```
printf("Invoked subAa()!\n");      /* 기존 내용 */
=>
printf("Invoked subAa() by subA()!\n");   /* 변경된 내용 */
```

위의 변경된 내용을 실행 파일에 적용시키려면 어떤 과정을 다시 밟아야 할까? 만일 어떤 파일이 어떻게 연관되어있는지 모른다면, 먼저 파일들의 오브젝트 파일과 실행 파일을 모두 삭제한 후 처음부터 다시 컴파일과 링크 과정을 밟아야 할 것이다. 만일 파일들의 수가 많고 여러 개의 라이브러리를 만들고 이를 링크하는 과정이 필요한 시스템이라면 파일 관리가 쉽지 않을 것이다.

이번에는 Makefile을 만들고 이를 이용하여 컴파일 및 실행 파일을 만드는 과정을 보도록 하자. 먼저 Makefile의 내용을 보면 아래와 같다.

⟨./src/Makefile⟩
```
CFLAGS = -c -O -I/usr/local/include -I../include
LFLAGS =

# Object file list
TARGET = main
OBJS = main.o subA.o subB.o subAa.o

.c.o:
        cc $(CFLAGS) $<

# Target
all : $(OBJS)
        cc -o $(TARGET) $(OBJS) $(LFLAGS)

clean :
        rm $(OBJS)
        rm $(TARGET)
```

Makefile의 내용을 보면 사용되는 오브젝트 파일들과 옵션들 헤더 파일의 위치 등이 모두 포함되어 있음을 알 수 있다. 그리고 clean이라는 레이블이 마지막에 있고 모든 오브젝트 파일과 실행 파일(TARGET)에 대해 삭제(rm) 명령이 붙어 있음을 볼 수 있다.

위와 같이 Makefile을 작성한 후에는 컴파일과 실행 파일의 작성을 위해선 아래와 같이 make 프로그램만 실행시키면 된다.

```
$ make
```

NOTE_ clean 레이블을 이용하려면 make 명령을 다음과 같이 실행하도록 한다.
```
$make clean
```

make를 실행하고 실행 파일까지 모두 만들어진 상황에서 일부 코드에 변화가 발생했으면, 다른 고민을 할 필요없이 make만 실행하면 된다. 그러면 컴파일이 필요한 파일만 컴파일 작업이 재실행되고 변화된 코드가 적용된 새로운 실행 파일이 생성된다. 이때 컴파일이 필요하지 않은 소스 파일은 컴파일 과정이 발생되지 않는다.

이는 각각의 파일들 사이에 있는 의존 관계들을 이용하여 컴파일과 링크 과정을 수행하기 때문인데 예제에서 의존 관계를 간단히 보면 Target인 main 파일은 main.o, subA.o subB.o 그리고 subAa.o에 의존하고 있음을 알 수 있다. 따라서 오브젝트 파일 중 하나에 변화가 생기면 main 파일도 연동해서 변함을 예측할 수 있다.

매크로

Makefile의 매크로 기능을 좀 더 상세히 알아보도록 하자. 먼저 방금전에 만들었던 예제의 Makefile을 보면 아래와 같이 오브젝트 파일에 대한 매크로를 만들고 이를 사용한 내용이 나온다.

```
OBJS = main.o subA.o subB.o subAa.o
...
all : $(OBJS)
        cc -o $(TARGET) $(OBJS) $(LFLAGS)
```

이와 같이 매크로는 일반 변수와 같이 이름을 선언하고 그 속에 내용들을 대입하여 만들 수 있고, $(매크로명)을 이용하여 작성한 매크로를 사용할 수 있다. 이 기능은 Makefile 내에서 무척 유용하게 사용되는데 매크로에 대해 좀 더 상세히 알아보도록 하자.

매크로라는 용어는 오피스나 여러 프로그램에서 많이 사용되기 때문에 특별히 정리할 필요는 없으나 굳이 정의를 한다면 특정 내용을 간단한 단어 등으로 대체 표현한 것 정도가 될 것이다.

예를 들어, 다음과 같은 내용이 있다고 가정하자.

```
$(OBJS) cc -o $(OBJS)
```

Makefile 파일에서 매크로를 지원하지 않는다면 이 내용이 아래와 같이 바뀌어야 될 것이다.

```
main.o subA.o subB.o subAa.o cc -o main main.o subA.o subB.o subAa.o
```

가독성도 떨어지고 오류도 많이 발생할 수 있음을 우선 느낄 수 있을 것이다. 우리가 매크로를 만들고 사용하기 때문에 눈에 보이는 매크로만 존재한다고 생각하면 오산이다. 이미 make 프로그램을 위해 수많은 매크로들이 정의되어 있고 사용이 된다. 이렇게 숨어있는 매크로를 보려면 아래와 같이 make를 실행시켜 보도록 한다.

```
$ make -p
```

위와 같이 make를 실행하면 이곳에 옮겨 적기에는 너무 많은 양의 매크로들이 숨어 있는 것을 보게 될 것이다. 이들 매크로를 자세히 보면 시스템에서 사용하는 환경 변수들도 사용하고 있는 것을 확인할 수 있을 것이다. 다만 매크로는 대부분이 대문자로 사용되고 있다는 차이는 있다.

기존에 정의된 매크로들이라 해도 사용자가 작성한 Makefile에 의해 대체될 수 있다. 따라서 개발자가 원하는 임의의 Makefile을 통해 필요한 모든 세팅을 재정의할 수 있다. 기존에 정의된 매크로들의 경우, 내부에 정해진 매커니즘에 따라 호출되고 사용되기도 한다. 예를 들어, 예제로 사용했던 Makefile의 CFLAGS를 보도록 하자. 예제의 내용은 다음과 같았다.

```
CFLAGS = -c -O -I/usr/local/include -I../include
```

이러한 CFLAGS의 경우, 다른 곳에서 사용하도록 만들어두지 않아도 make를 실행시키면 자연스럽게 실행이 된다. CFLAGS 외에도 개발자가 매크로를 사용하지 않아도 자동으로 사용되는 매크로들이 있다. CFLAGS의 경우, Makefile에 정의만 해두면 컴파일러가 자동으로 사용하는 매크로이다.

> **NOTE_** CFLAGS에 -g 옵션을 넣어주면 나중에 디버거를 이용하여 디버깅 작업을 할 수 있도록 컴파일이 된다. 이 내용은 다음 절에서 소개가 된다.

이러한 매크로(또는 FLAG)를 몇 가지 소개하면 다음과 같다.

- ✓ CFLAGS : C 컴파일러에 대한 세팅. C 컴파일러의 종류는 CC 세팅을 이용한다.
- ✓ CPPFLAGS : C++ 컴파일러에 대한 세팅. C++ 컴파일러의 종류는 CXX 세팅을 이용한다.
- ✓ LFLAGS : ld(링커)에 대한 세팅. 링커의 종류는 LD 세팅을 이용한다.

- ✓ YFLAGS : yacc에 대한 세팅, yacc의 종류는 YACC, lex의 종류는 LEX 세팅을 이용한다.

Makefile을 만들면서 확장자 룰(Suffix Rule)을 적용할 수 있다. 확장자 룰이란 확장자에 따라 필요한 연산이 다르게 실행되도록 만드는 룰을 의미한다. 확장자 룰을 적용해야 하는 경우는 Makefile 내에서 처리를 달리해야 하는 종류의 파일이 있으면 유용하게 사용할 수 있다. 이때 같은 종류의 파일들은 확장자가 동일해야 할 것이다.

확장자 룰을 사용할 확장자를 지정할 때는 .SUFFIXES를 사용하면 된다. 예를 들어, .c로 끝나는 파일을 .o로 만들기 위해 확장자 룰을 지정하고 싶다면 다음과 같이 사용한다.

```
.SUFFIXES = .c .o
```

그러면 각각의 c 파일을 o 파일로 만드는 레이블들이 자연스럽게 수행될 것이다. 예를 들면, 아래와 같은 내용들이 실행될 것이다.

```
main.o : common.h main.c
subA.o : common.h subA.c
subB.o : common.h subB.c
subAa.o : common.h subAa.c
```

매크로 중에는 make 프로그램이 연산자처럼 사용하는 매크로들이 있다. 이를 내부(Internal) 매크로라고 한다. 이는 쉘 프로그래밍에서 숨어있는 변수와 유사한 것들로 개발자가 임의로 변경할 수 없다. 이를 간단히 소개하면 다음과 같은 것들이 있다.

- ✓ $@ : 지정된 파일 이름. 예를 들어, main.o
- ✓ $* : 지정된 파일에서 확장자 없는 파일 이름. 예를 들어, main
- ✓ $< : 지금의 Target 보다 더 이후에 업데이트된 파일 이름

위의 내부 매크로에서 $<를 이용하면 .o 파일보다 .c 파일이 나중에 업데이트되었다면 재 컴파일 시에 꼭 컴파일이 수행되어야 하는 Target으로 인식될 것이다.

유닉스에서 프로젝트를 많이 수행하거나 외국 회사의 툴을 사용하게 되면 간혹 아주 복잡한 Makefile을 접하게 된다. 복잡하다고 그냥 넘어가지 말고 한번 훑어보기 바란다. 유용한 부분이 있으면 내것으로 만들어야 기술적인 진전이 그만큼 빠르기 때문이다.

Makefile에서 자주 사용되는 확장자와 컴파일러 등의 외부 명령어에 대한 매크로를 간단히 나열해 보면 다음과 같다.

```
# C 소스, 컴파일러, FLAG
.c .o
CC = cc
CFLAGS =

# C++ 소스, 컴파일러, FLAG
.cc .o (또는 .cxx .o)
CXX = CC
CXXFLAGS =

# Yacc 파일, 컴파일러, FLAG
.y .o
YACC = yacc
YFLAGS =

# Lex 파일, 프로세서, FLAG
.l .o
LEX = lex
LFLAGS =

# 어셈블리 파일, 어셈블러, FLAG
.s .o (또는 전처리 .S .s)
AS = as
ASFLAGS =

# 파스칼 소스, 컴파일러, FLAG
.p .o
PC = pc
PFLAGS =
```

매크로의 경우 앞에서 이미 지정한 내용을 아래에서 일부분만 변경(치환)할 수도 있다. 이러한 기능을 활용하면 매크로를 재정의하지 않고도 원하는 내용으로 일부 바꿀 수 있다. 사용하는 방법은 $(매크로:내용1=내용2)가 되는데 이렇게 하면, 내용1이 내용2로 바뀌게 된다. 실제 예를 들어보면 다음과 같다.

```
SRCS = main.c subA.c subB.c subAa.c
OBJS = main.o subA.o subB.o subAa.o
```

이때, 아래와 같이 매크로의 일부 내용을 변경하여 위와 같은 결과를 얻을 수 있다.

```
SRCS = main.c subA.c subB.c subAa.c
OBJS = $(SRCS:.c=.o)
```

레이블

Makefile은 레이블을 적고 의존 관계의 파일을 명시하고 실행될 명령어를 적는 일련의 구문들이 반복되는 구조를 가지고 있다. 이렇게 작성된 Makefile을 실행하면 make는 명령어들과 의존 관계에 있는 파일들을 이용하여 실행이 된다.

레이블을 잘 이용하면 여러 개의 실행 파일을 한번에 만들 수도 있다. 예를 들어 10개의 오브젝트 파일이 있고 이들의 조합을 이용하여 3개의 실행 파일이 필요한 경우, Makefile 속에 이러한 내용을 잘 정의해 두면 아주 편하게 컴파일 및 실행 파일 생성을 수행할 수 있다. 아래는 이러한 내용을 간단히 표현해 본 것이다.

```
OBJSA = main.o subA.o
OBJSB = main.o subB.o
OBJSC = main.o subAa.o
SRCS = $(OBJSA:.o=.c) $(OBJSB:.o=.c) $(OBJSC:.o=.c)

all : main1 main2 main3

main1 : $(OBJSA)
        $(CC) -o main1 $(OBJSA)
main2 : $(OBJSB)
        $(CC) -o main2 $(OBJSB)
main3 : $(OBJSC)
        $(CC) -o main3 $(OBJSC)
```

위와 같이 Makefile을 작성한 후에 make all을 실행시키면 main1/2/3 파일이 차례로 생성이 된다.

프로젝트를 수행하다 보면 여러 명이 각자 맡은 부분을 따로 개발하면서 필요한 라이브러리를 생성하고, 다시 이들을 취합하여 하나 또는 여러 개의 실행 파일을 만드는 작업을 하는 경우가 많다. 이러한 경우에도 Makefile은 유용하게 사용될 수 있다.

먼저 필요한 디렉토리마다 적절한 Makefile을 만들어서 해당 개발자가 그 Makefile을 사용하여 컴파일 및 소스 관리를 할 수 있도록 만든다. 그런 다음 상위 디렉토리에는 각각의 Makefile을 한번에 호출할 수 있는 Makefile을 만들어 둔다. 만일 필요하면 또 그 상위에 최종 Makefile을 만들어서 하위의 Makefile을 실행할 수 있도록 만든다. 이제 제일 상위의 Makefile에 대해 make를 실행하면 모든 Makefile들이 차례로 실행이 되면서 원하는 작업이 한번에 수행된다.

이렇게 Makefile을 만들어 두면 전체 프로젝트를 관리하기가 무척 쉬워진다. 그리고 프로젝트가 모두 종료되면 제일 상위 디렉토리에서 "make clean"과 "make all"을 한 번씩만 실행해 주면 전체 파트가 깔끔하게 재컴파일되면서 최종 라이브러리 및 실행 파일을 만들 수 있다.

그럼, 이러한 Makefile을 만드는 방법을 간단한 예를 통해 살펴보도록 하자. 먼저 디렉토리 ./subA, ./subB 그리고 ./subAa 밑에 각각 Makefile이 존재한다고 가정해 보자. 이제 만들고자 하는 Makefile은 이들 ./subA/Makefile, ./subB/Makefile 그리고 ./subAa/Mafefile을 한꺼번에 수행하는 Makefile이다.

```
...
CC = cc
CFLAGS =
...

all :   SubA SubB SubAa

SubA:
        cd subA ; $(MAKE)
SubB:
        cd subB ; $(MAKE)
SubAa:
        cd subAa ; $(MAKE)
```

위의 문장 "cd subA ; $(MAKE)"는 "$(MAKE) -C subA"로 바꿔서 사용할 수 있다. 마지막으로 필자가 가끔 활용하는 Makefile의 예를 보면서 1절을 마무리하도록 하자.

〈Makefile〉
```
COPT     = -g

#
```

```
#   Definitions for C compiler
#
DFLAGS     =

#
#   Options for loader
#
LDFLAGS    = -mt

#
#   Process used to print files
#
PRINT      = pr -f

#
#   Name of executable image
#
PROGRAM    = main

#
#   Include file locations
#
CFLAGS    = \
           -I../include

#
#   Libraries needed to load image
#
LIBS      = \
           /usr/lib/libsocket.so \
           /usr/lib/libnsl.so.1 \
           /usr/lib/libpthread.so.1

#
#   Library list used by loader, different from LIBS when shared
#   libraries are used
#
LDLIBS    = \
           /usr/lib/libsocket.so \
           /usr/lib/libnsl.so.1 \
           /usr/lib/libpthread.so.1

SYSSHLIBS    =

#
```

```
#   Executable image install destination
#
DEST       = ../bin

#
#   Compile and load flags
#
CCFLG      = -xO4
LDFLG      = -L /opt/TimesTen4.3/32/lib -R /opt/TimesTen4.3/32/lib

#
#   Flags for lint when checking program sources
#
LINTFLAGS  =

#
#   Command names
#
INSTALL         = sinstall

CC         = cc

CXX        = CC

LINKER          = $(PURIFY) $(CXX)

LEX        = lex

YACC            = yacc

ESQL            = true

STRIP           = strip

LDPOST          = true

EXTHDRS    =

HDRS       =

#
# Object files
#
OBJS       = subA.o \
             subB.o \
```

```
            subAa.o \
            main.o

#
# Source files
#
SRCS      = subA.cxx \
            subB.cxx \
            subAa.cxx \
            main.cxx

MAKEFILE  = Makefile

PRFILE    = .lash_print

SUFFIX        = .l:sC \
        .y:sC \
        .ec:sC \
        .cxx:s+ \
        .cc:s+ \
        .nmk:sC \
        .g:sC \
        .hh:h+

SUFFIXES      = .c \
        .l \
        .y \
        .ec \
        .cxx \
        .cc \
        .nmk \
        .g \
        .hh

.SUFFIXES:  $(SUFFIXES);

#
#   Macros used for recursive "make" and mkmf execution
#
MAKE        = make

MAKEARGS      = -f $(MAKEFILE) \
        COPT='$(COPT)' \
        DEST='$(DEST)' \
        PRINT='$(PRINT)' \
```

```
                LINKER='$(LINKER)' \
                LDFLAGS='$(LDFLAGS)'

    MAKER       = $(MAKE) $(MAKEARGS)

    all:    $(PROGRAM)

    $(PROGRAM):     $(OBJS) $(LIBS)
            @echo "Loading $(PROGRAM)"
            -@rm -f $(PROGRAM)
            @$(LINKER) $(LDFLAGS) $(LDFLG) $(NEWMKLDF) $(OBJS) \
                $(LDLIBS) $(NEWMKLIB) $(SYSSHLIBS) -o $(PROGRAM)
            @$(LDPOST) $(PROGRAM)
            @echo "Done"

    # Warning:  The NEWMKLDF and NEWMKLIB macros are added to the make command
    #       line by the newmake script. They must be not be removed from
    #       the above linker command.

    ccopt:;     #setopt load_flags $(CFLAGS) $(DFLAGS) -DLINT

    ccsrc:;     #setopt load_flags $(CFLAGS) $(DFLAGS) -DLINT
            #load $(SRCS)

    ccobj:;     #load $(OBJS)

    cclib:;     #load libc.proto $(LDLIBS)

    clean:;     -@rm -rf $(OBJS) ptrepository Templates.DB tempinc *.I

    depend:;    @mkmf $(MAKEARGS)

    diff:;      @rcsdiff $(HDRS) $(SRCS)

    index:;     @ctags -wx $(HDRS) $(SRCS)

    #install: $(PROGRAM)
    #       @$(INSTALL) -m 555 -x $(STRIP) $(PROGRAM) $(DEST)
    install: $(PROGRAM)
            mv $(PROGRAM) $(DEST)

    program:    $(PROGRAM)

    lint:;      @lint $(CFLAGS) $(DFLAGS) $(LINTFLAGS) $(SRCS) \
```

```
          lint_lib $(LIBS)

print:;      @$(PRINT) $(HDRS) $(SRCS)

printnew: $(PRFILE)
       @touch $(PRFILE)

size:;    @echo -n "Lines of code = "
       @cat $(HDRS) $(SRCS) | wc -l

tags:           $(HDRS) $(SRCS)
       @ctags $(HDRS) $(SRCS)

#   Test installed program and if out of date do make install
update:     $(DEST)/$(PROGRAM)

$(DEST)/$(PROGRAM): $(SRCS) $(LIBS) $(HDRS) $(EXTHDRS)
       @$(MAKER) install

$(HDRS) $(SRCS):; @co $@

$(PRFILE):  $(HDRS) $(SRCS)
       @$(PRINT) $?

.c.o:
   -@/bin/rm -f $@
   $(CC) $(COPT) $(CCFLG) $(CFLAGS) $(DFLAGS) -c $<

.cc.o:
   -@/bin/rm -f $@
   $(CXX) $(COPT) $(CCFLG) $(CFLAGS) $(DFLAGS) -c $<

.cxx.o:
   -@/bin/rm -f $@
   $(CXX) $(COPT) $(CCFLG) $(CFLAGS) $(DFLAGS) -c $<

.y.o:
   -@/bin/rm -f $@
   rm -f $*.c y.tab.c y.tab.h
   $(YACC) $(YFLAGS) -d $<
   sed -e s/yy/$*/g < y.tab.h > $*.h
   sed -e s/yy/$*/g < y.tab.c > $*.c
   rm -f y.tab.h y.tab.c
   $(CC) $(COPT) $(CCFLG) $(CFLAGS) $(DFLAGS) -c $*.c
   rm -f $*.c
```

```
.l.o:
    -@/bin/rm -f $@
    $(LEX) $(LFLAGS) -t $< | sed -e s/yy/$*/g > $*.c
    $(CC) $(COPT) $(CCFLG) $(CFLAGS) $(DFLAGS) -c $*.c
    rm -f $*.c

.ec.o:
    -@/bin/rm -f $@
    $(ESQL) $<
    $(CC) $(COPT) $(CCFLG) $(CFLAGS) $(DFLAGS) -c $*.c
    rm -f $*.c

.nmk.o:
    -@/bin/rm -f $@
    @./$*.nmk "$(CC)" "$(CXX)" "$(COPT)" "$(CCFLG)" "$(CFLAGS)" "$(DFLAGS)"

.g.o:
    -@/bin/rm -f $@
    @-touch /dev/null
```

> **NOTE_** 다양한 종류의 소스 파일을 많이 봐야 하는 것 처럼 Makefile도 다양한 종류를 접하는 것이 좋다.

02 디버깅

디버깅은 버그를 없앤다는 의미로 벌레 중에서도 해충을 없애는 것을 뜻한다. 이렇게 벌레를 없애는 것이 프로그램의 오류를 제거하는 것과 뜻이 같아진 이유는 다음과 같다. 초창기 컴퓨터는 지금처럼 작지 않았다. 지금은 초고밀도 칩을 사용하기 때문에 크기를 줄일 수 있었지만 이런 기술이 없었던 초창기에는 진공관을 사용하여 컴퓨터를 만들었다.

그래서 컴퓨터 한 대의 크기가 웬만한 건물 크기와 같았는데 이 속에는 엄청난 양의 진공관이 사용되었다. 진공관의 수명이 그렇게 길지 않았기 때문에 컴퓨터 내부를 돌아다니며 진공관만 교체하는 사람도 있었다(건물의 형광등을 교체하는 사람을 생각하면 된다). 이때 이 사람들의 주요 임무 중 하나가 진공관 사이에 타죽은 나방같은 벌레를 제거하는 작업이었다. 이때부터 사용된 컴퓨터 용어가 시스템의 오류를 만드는 버그와 이를 제거하는 디버그였다.

버그와 디버그

프로그램이 원하는 대로 작동하지 않도록 만드는 잘못된 코드도 버그의 일종이 된다. 버그는 쉽게 찾을 수 있는 것도 있고, 평상시에는 보이지 않다가 특정 조건의 특정 작업 중에만 나타나서 찾기가 아주 어려운 것도 있다.

사실 버그가 없는 프로그램은 거의 없고 다만 그것을 최소화하고 일반적인 상황에서는 나타나지 않도록 조치를 취한 프로그램이 완성도가 높다. 유닉스 시스템 자체에도 알려진 버그와 알려지지 않은 버그가 있을 것이고 개발 도구 자체에도 숨은 버그가 있을 것이다.

앞에서 버그를 제거하는 것을 디버그라고 했는데 디버그 작업을 행하는 것을 디버깅이라 한다. 프로그래밍 환경의 좋고 나쁨을 선정하는 기준 중에 하나가 좋은 디버깅 환경을 제공하느냐의 여부이다. 유닉스는 메모리 번지나 변수의 할당을 체크할 수 있는 환경을 제공하고 있으며, 여러 종류의 디버깅 툴킷들이 제공되고 있다. 이번 절에서 디버깅을 스터디하면서 사용할 도구는 그중에서 "gdb" 라는 프로그램이다.

gdb

유닉스에서 사용하는 디버깅 툴로 dbx라는 것이 있다. gdb는 GNU에서 만든 디버깅 툴로서 dbx와 동일한 작업을 수행할 수 있는 무료 툴이다. dbx 보다 쉽게 구할 수 있고 사용법도 거의 유사하기 때문에 gdb를 이용하여 디버깅 작업을 수행해 보도록 하자.

먼저, gdb는 다음과 같이 실행할 수 있다.

```
gdb [-help] [-nx] [-q] [-batch] [-cd=dir] [-f] [-b bps] [-tty=dev]
[-s symfile] [-e prog] [-se prog] [-c core] [-x cmds] [-d dir]
[prog[core|procID]]
```

gdb는 프로그램을 줄 단위로 실행하거나 특정 지점에서 멈추도록 할 수 있다. 그리고 프로그램 수행 중간에 각각의 변수에 어떤 값이 할당되어 있는지 확인할 수 있다. 이때 확인뿐만 아니라 원하는 값을 변수에 할당한 후 어떤 일이 벌어지는지 검사할 수도 있다.

프로그램이 비정상적으로 종료되면 core dump 파일인 core 파일을 남기게 되는데 gdb 프로그램을 이용하면 왜 core 파일이 만들어 졌는지 체크를 할 수 있다. gdb로 C와 C++ 프로그램 등을 디버깅 할 수 있는데, 디버깅이 가능하려면 컴파일 시에 -g 옵션이 사용되어야 한다.

앞 절에서 Makefile 속에 -g 옵션이 사용되는 것을 보았을 텐데, 프로젝트를 완전히 종료하기 전에는 -g 옵션을 넣어서 컴파일하고 디버깅하는 작업을 계속 수행하는 것이 좋다. 그리고 프로젝트 완료된 뒤에는 -g 옵션을 제거한 후 다시 컴파일하거나 그냥 두어도 된다.

-g 옵션을 이용하여 만들어진 프로그램(실행 파일)을 gdb와 함께 실행하면 디버깅 과정이 시작이 된다. 예를 들어 mainProgram이라는 실행 파일이 있다면 다음과 같이 실행한다.

```
$ gdb mainProgram (또는 dbx mainProgram)
```

만일 mainProgram을 실행하다 core dump가 발생하면 다음과 같이 core 파일과 함께 gdb를 실행하도록 한다.

```
$ gdb mainProgram core
```

gdb는 현재 실행 중인 프로세스에 대해서도 디버깅 작업을 수행할 수도 있는데 이때는 프로세스 ID를 이용하면 된다. 예를 들어 mainProgram의 PID가 1000이면 다음과 같이 한다.

```
$ gdb mainProgram 1000
```

> **NOTE_** 일단 사용법에 대해 살펴본 후, 예제를 통해 실제 사용 과정을 보도록 하자.

일단 gdb가 실행되고 나면 쉘이 gdb 모드로 변경이 되고 gdb가 가지고 있는 각종 명령어(예약어)를 실행시킬 수 있게 된다. gdb를 실행하기 위해 꼭 알아두어야 할 명령어들을 간단히 정리하면 다음과 같다.

- ✓ help : 도움말 내용이 나온다. help와 함께 명령어 이름을 표기하면 해당 명령어에 대한 도움말이 나온다.
- ✓ quit : gdb 프로그램이 종료되고 원래의 shell로 나간다.
- ✓ run : 프로그램을 시작한다. 프로그램 실행 시 필요한 인수가 있으면 함께 써주면 된다.

- ✓ **break** : 프로그램의 break 포인트(중단 지점)를 지정한다. break 포인트를 지정할 때는 소스 파일과 파일 내부의 내용을 함께 이용하면 된다.
- ✓ **print expr** : 수식이 수행되는 경우 그 값을 화면에 출력한다.
- ✓ **c** : 프로그램의 중단 지점 이후부터 다음 중단 지점까지(혹은 끝까지) 프로그램이 실행된다.
- ✓ **step** : 프로그램 중단 지점의 다음 행을 수행한다.
- ✓ **next** : step과 같이 프로그램 중단 지점의 다음 행을 수행하지만, step과 달리 행 속에 있는 함수 안으로 들어가지 않는다.
- ✓ **bt** : 프로그램의 스택을 trace 한다.

그러면 이제 실제 프로그램을 실행해 보면서 gdb의 사용 예를 보도록 하자. 예제로 사용할 프로그램은 1절의 예제에서 사용했던 main 프로그램(main, subA, subB, subAa로 이루어진)으로 다음과 같이 수정을 한 뒤에 실행하도록 한다.

먼저 Makefile에 -g 옵션을 넣도록 한다. 그래서 기존의 내용을 다음과 같이 바꾸도록 한다.

```
CFLAGS = -c -O -I/usr/local/include -I../include
=>
CFLAGS = -c -g -O -I/usr/local/include -I../include
```

그리고 버그를 포함시키기 위해 다음과 같이 main.c 파일을 변경하도록 한다.

〈새로운 main.c〉
```c
#include "common.h"

int main(void)
{
        int result;
        char number[] = "shin";/* 숫자로 이루어진 문자열이어야 하나 "shin" 입력 */

        printf("===< MAIN >===\n");
        subA();
        subB();

        result = atoi(number);    /* 문자열을 숫자로 변환 */
        printf("RESULT : %d\n",result);
        return 0;
}
```

위의 내용을 보면 이전과 달리 atoi( ) 함수를 이용하여 문자열을 정수로 변환한 후 화면에 출력하는 코드가 추가되어 있다. 위와 같이 변경한 후에 make를 실행시킨 후, main 프로그램을 실행시키면 다음과 같은 결과를 얻게 된다.

```
$ main
===< MAIN >===
Invoked subA()!
Invoked subAa() by subA()!
Invoked subAa() by jshin!
Invoked subB()!
RESULT : 0
```

NOTE_ 컴파일러에 따라 에러가 발생될 수도 있다. 여기서는 RESULT가 0으로 나온 경우이다.

위와 같이 프로그램이 실행되었을 때 RESULT의 값이 0이 맞는 것인지 또는 에러인 경우인지 확인하기가 어렵다. 특히 코딩의 내용은 보지 않고 결과만 본 경우라면 더욱 그렇다. 이제 이 내용을 디버깅 툴을 이용하여 하나씩 디버그를 하면서 찾아보자. 먼저 아래와 같이 gdb 프로그램을 실행시키도록 한다.

```
$ gdb main
(gdb)
```

프롬프트 앞에 (gdb)가 나오면 프로그램은 제대로 실행된 것이다. 만일 디버깅 심볼이 없다는 경고문이 나온다면 컴파일 옵션에서 -g가 생략된 경우이기 때문에 -g 옵션을 넣은 후 다시 make를 실행하도록 한다. 이번에는 아래와 같이 break 포인트를 넣도록 한다.

```
(gdb) break main.c:1
Breakpoint 1 at 0x80506ce: file main.c, line 1.
```

위의 경우 main.c 파일의 첫 번째 수행 시점이기 때문에 main( ) 함수의 변수들 선언 이후의 첫 번째 문장에 break 포인트가 설정된다. 즉, main( ) 함수의 첫 번째 변수 할당인 6번째 라인에 중단점이 설정되었다. 이제 이 상태에서 다음과 같이 프로그램을 실행하도록 한다.

```
(gdb) run
Breakpoint 1, main () at main.c:6
Starting program: /Book/Unix/1/5/gdbTest/src/main
6               char number[] = "shin";
```

결과에서 보듯이 프로그램은 현재 main.c의 6번째 라인에서 멈췄고 멈춘 지점을 우리에게 보여 주고 있다. 이제 다음과 같이 next를 두 번 실행해 보자.

```
(gdb) next
8               printf("===< MAIN >===\n");
(gdb) next
===< MAIN >===
9               subA();
```

결과를 보면 8번째 라인을 실행한 내용을 화면에 보여주고 9번째 라인에서 다시 멈췄다. 그리고 9번째 라인에 무엇이 있는지를 보여주고 있다. 이번에는 다음과 같이 step을 실행해보자.

```
(gdb) step
subA () at subA.c:5
5               printf("Invoked subA()!\n");
```

step을 실행하면 next처럼 다음 라인(9행)을 실행하지만 next와는 달리 함수 내부로 들어가 버린다. 따라서 결과에서 보듯이 subA.c 파일의 5번째 라인으로 들어가 버리게 된다. 이제 계속해서 next를 실행해보도록 하자. next를 두 번 실행하고 프로그램은 다음과 같이 다시 main.c의 10행으로 와서 멈추게 된다.

```
(gdb) next
Invoked subA()!
6               subAa();
(gdb) next
Invoked subAa() by subA()!
Invoked subAa() by jshin!
main () at main.c:10
10              subB();
```

또 다시 next를 수행하게 되면 프로그램은 12라인의 "result = atoi(number)"에서 멈추게 된다. 이번에는 result 변수와 number 변수에 display를 걸어두도록 하자. display를 실행시키고 나면 result와 number의 결과 값이 자동으로 화면에 나타나게 된다. 아래의 내용은 display를 설정하는 것을 보여주고 있다.

```
(gdb) display result
1: result = 16
(gdb) display number
2: number = "shin"
```

이 시점에서 우리는 number에 "shin"이 할당된 것을 보고서 이곳이 문제였음을 확인할 수 있다. 독자들 중에는 "에이, 이미 알고 있는 내용이잖아~"라고 생각하는 분도 많겠지만 만일 number에 어떤 문자열이 할당되는지 전혀 모르는 상황이고 그 내용을 알고 싶어서 디버깅 작업을 수행하는 중이었다면 이 지점에서 number에 "shin"이 할당된 것을 찾아낸 것이 얼마나 기쁜 일인지 모른다. 이는 이런 디버깅을 해본 사람만이 느낄 것이다.

다시 예제로 돌아가서, 아직 atoi( )가 실행된 것은 아니다. 여전히 프로그램은 main.c의 12번째 라인에 와 있다. next를 실행하기 전에 number에 설정된 문자열을 제대로 된 값으로 변경한 후 프로그램을 계속 실행시켜보자. 다음은 number에 다른 문자열을 할당하는 것을 보여주고 있다.

```
(gdb) set number = "1234"
```

새로운 문자열이 할당되었으면 다음과 같이 c 명령어(continue)를 이용하여 나머지 프로그램이 모두 실행되도록 만들어 보자. 만일 이후에 또 다른 break 포인트가 설정되어 있으면 거기서 프로그램이 다시 멈추게 되지만 지금은 더 이상 중단점이 없기 때문에 프로그램은 계속 실행이 된다.

```
(gdb) c
Continuing.
RESULT : 1234
Program exited normally.
```

결과를 보면 result에 1234가 들어갔음을 볼 수 있다. 그리고 프로그램은 정상적으로 종료되었음을 확인할 수 있다. 마지막으로 quit을 실행하면 다음과 같이 gdb는 종료되고 이전의 shell로 나가게 된다.

```
(gdb) quit
$
```

지금까지 살펴본 것은 gdb의 아주 기본적인 기능들을 본 것이다. 디버거가 정말 진가를 발휘할 때는 어디에 문제가 있는지 정말 찾기 힘들 때 비로소 디버거의 필요성을 절감하게 된다. 그리고 디버거를 이용하여 문제를 해결하고 나면 디버거의 고마움을 느끼게 된다.

> **NOTE_ 고전적 디버거인 로그**
>
> 멀티스레드를 이용한 프로그램을 작성한다든지 하면 디버거로도 버그를 찾기가 힘든 경우도 많다. 이러한 경우에도 고전적 디버거인 printf() 문은 큰 힘을 발휘한다. 즉, 문제가 될 만한 곳에 계속해서 printf() 또는 cout를 사용하는 것이다.
>
> 결론적으로 디버거의 사용법을 잘 익혀두는 것은 정말 큰 힘이 되지만, 그 이전에 적절한 곳에 로그를 남기도록 하는 것은 꼭 필요한 작업이다. printf()나 cout의 경우, 손으로 직접 타이핑해서 디버깅을 한다고 해서 손버깅이라고 부르기도 했다.

03 예외 처리

좋은 프로그램은 발생한 에러를 잘 처리해주는 프로그램이다. 오랜 시간 컴퓨터로 작업하고 있던 도중, 사소한 에러로 인해 프로그램이 비정상적으로 종료해 버린다면 사용자가 얼마나 허무할까? 프로그램이 모든 에러를 다 처리할 수는 없겠지만 예상되는 에러는 프로그램 내에서 처리를 해주어야 한다.

프로그램이 에러를 처리하도록 하기 위해서는, 먼저 에러가 발생한 상황을 사용자에게 알려야 된다. 그리고 사용자에게 에러에 따른 조치를 취하도록 해야 한다. 예를 들어, 지금까지의 작업을 저장하도록 한다든지 아니면 잘못 입력된 값을 재입력하도록 한다든지 말이다.

그리고 사소한 에러인 경우, 에러 다음으로 프로그램을 진행이 되도록 만들어 주고 중대한 에러라면 프로그램이 안전하게 종료되도록 만들어주면 좋을 것이다. 예외 처리를 스터디하면서 사용할 언어는 C++ 이다. C++는, 예외 처리를 가능하도록 만들어 준다. 이때, 예외란 프로그램이 원하지 않는 데이터의 입력, 변환, 조작 등이 발생한 것을 뜻한다.

발생 가능한 예외 상황을 잠깐 소개한다면, 형변환 실수, 파일과 관련된 실수, 메모리와 관련된 실수, 배열과 관련된 실수, null 접근에 의한 실수 등 아주 많다. C++에서 예외 상황을 처리하는 방법에는 예외 객체를 던지고 예외 객체를 받는 것으로 나눌 수 있다. 예외 객체를 던진다는 것은 발생할 수 있는 예외 상황을 미리 예상하고 있다가, 예외 상황이 발생하면 그 내용을 예외상황을 받는 루틴에게 던지는 것을 의미한다.

이때 사용하는 키워드는 throw로, throw 키워드를 이용하여 발생한 예외 상황에 대한 객체를 던진다. 이때 일반적인 문자열을 던져도 된다. 예외 상황을 받는 방법은 예외 상황이 발생할 것 같은 루틴을 try 절에 넣은 뒤, 발생한 에러 상황은 try 절 다음에 나오는 catch 절에서 받게 된다. 예외 상황 처리를 위해 catch 절 속에 직접 처리 루틴을 넣어도 되고, 다른 처리 루틴을 호출하여 처리하도록 해도 된다.

예외 처리에서 주의해야 할 점은 이를 적절히 사용해야 한다는 것이다. 다시 말해, 쓸데없이 예외 상황 처리 루틴을 남발하는 것은 좋지 않다. 예외 상황 처리는 시스템의 성능을 저하시킬 수 있기 때문인데 그렇다고 너무 사용을 꺼려서도 안 된다. 왜냐면 적절한 예외 상황 처리는 프로그램의 질을 높여 주기 때문이다.

C++에서 표준 예외 클래스들은 std::exception을 상속받아 만들어졌다. 이들 표준 예외 클래스를 사용하려면 STL에 정의되어 있는 헤더 파일인 stdexcept를 include 해야 한다. 표준으로 정의된 예외 클래스를 몇 가지 소개하면 다음과 같다.

- ✓ std::bad_cast : 타입 casting에서 오류가 발생했을 때 던져지는 예외
- ✓ std::bad_alloc : new 연산자를 이용하여 새로운 객체를 생성 시 발생하는 오류를 위한 예외 클래스
- ✓ std::bad_exception : 함수의 사용에 오류가 있을 때 던져지는 예외
- ✓ std::bad_typeid : typeid 연산자의 사용에 오류가 있을 때 던져지는 예외

그러면 예외 상황을 발생시키는 예제를 직접 보면서 예외 상황을 처리한 경우와 그렇지 않은 경우를 비교해 보도록 하자. 아래의 프로그램은 divide( ) 함수를 이용하여 나누기를 처리하는 프로그램인데, 숫자를 0로 나누는 상황이 내부에 포함되어 있다.

〈 exceptTest1.cxx 〉

```
using namespace std;

#include <iostream>
```

```
#include <stdexcept>

int divide(int a, int b)
{
    return (a / b);
}

int main()
{
    int a = 10, b = 0;
    cout << "A / B 결과 : " << divide(a, b) << endl;
}
```

exceptTest1.cxx 파일의 코딩이 끝났으면 다음과 같이 컴파일하고 실행을 시켜보자.

```
$ CC -o exceptTest1 exceptTest1.cxx (또는 $ g++ -o exceptTest1 exceptTest1.cxx)
$ exceptTest1
산술 예외 사항(Arithmetic Exception) (메모리가 덤프됨)
```

그러면 위의 결과처럼 예외 사항이 발생하고 core dump가 발생되는 것을 볼 수 있다. 이번에는 이러한 예외 사항을 잡아내고 이를 처리한 코드를 보도록 하자.

〈 exceptTest2.cxx 〉

```
using namespace std;

#include <iostream>
#include <stdexcept>

int divide(int a, int b)
{
    if(b == 0)
    {
        exception e;
        throw e;
    }
    return (a / b);
}

int main()
```

```
{
    int a = 10, b = 0;
    try
    {
        cout << "A / B 결과 : " << divide(a, b) << endl;
    }
    catch(exception& std_ex)
    {
        cout << "예외 상황 발생, b를 1로 처리함" << endl;
        b = 1;
        cout << "예외 처리후의 A / B 결과 : " << divide(a, b) << endl;
    }
    return 0;
}
```

이번에도 동일한 방법으로 컴파일하고 실행을 시켜보도록 하자.

```
$ CC -o exceptTest2 exceptTest2.cxx
$ exceptTest2
예외 상황 발생, b를 1로 처리함
예외 처리후의 A / B 결과 : 10
```

결과에서 보듯이 이번에는 예외 사항을 처리했고 프로그램의 비정상적인 종료를 막았다. 이렇게 예외를 예측할 수 있는 부분에 대해서는 예외 처리를 해두는 것이 좋다. 간단한 코드의 추가로 전체 시스템이 죽어버리는 경우를 방지한다는 것은 무척 효과적인 코딩이기 때문이다.

04 시스템 배포

TAR와 COMPRESS

시스템 개발이 모두 끝났으면 시스템을 배포해야 한다. 유닉스에서는 대부분의 개발자들이 개발이 완료된 전체 파일을 tar로 묶은 뒤, 이를 다시 압축해서 배포하는 경우가 많다. 그러면 압축된 파일을 받은 사람은 압축을 풀고, tar 파일을 원하는 디렉토리에 옮긴 후 해체하는 과정을 밟게 된다.

먼저 tar를 사용하는 간단한 예를 보도록 하자. 1절에서 사용했던 예제인 main 프로그램의 전체 디렉토리 및 파일들을 하나의 tar로 묶는 방법은 다음과 같다. 먼저 현재의 디렉토리를 확인한다.

```
$ ls -aF
./    ../    include/    src/
```

이제 tar 명령을 실행시킨다. 이때 사용하는 옵션은 cvf 옵션을 사용하고 main.tar라는 이름으로 tar 파일을 만든다. 그리고 현재의 디렉토리부터 시작해서 tar를 실행한다.

```
$ tar cvf main.tar .
a ./ 0K
a ./include/ 0K
a ./include/common.h 1K
a ./src/ 0K
a ./src/subA.c 1K
a ./src/subB.c 1K
a ./src/subAa.c 1K
a ./src/main.o 4K
a ./src/Makefile 1K
a ./src/main.c 1K
a ./src/subA.o 4K
a ./src/subB.o 4K
a ./src/subAa.o 4K
a ./src/main 18K
```

tar로 묶었다고 해서 파일 사이즈가 줄어드는 것은 아니다. 단지 하나의 파일로 묶었을 뿐인데 이번에는 compress 명령을 이용하여 압축을 시도한다.

```
$ compress main.tar
$ ls m*
main.tar.Z
```

compress로 압축을 하면 해당 파일의 확장자가 Z가 되면서 파일 사이즈가 상당 부분 줄어든 것을 확인할 수 있다. 이번에는 main.tar.Z 파일을 이용하여 지금까지와는 반대로 압축을 풀고 tar 파일을 해제하는 과정을 보도록 하자.

먼저, uncompress 명령을 이용하여 압축을 푼다.

```
$ ls m*
main.tar.Z
$ uncompress main.tar.Z
$ ls m*
main.tar
```

이번에는 tar 명령어를 이용하여 main.tar를 해체하도록 한다. 이때 사용하는 옵션은 xvf 이다.

```
$ tar xvf main.tar
x ., 0 bytes, 0 테이프 블록
x ./include, 0 bytes, 0 테이프 블록
x ./include/common.h, 185 bytes, 1 테이프 블록
x ./src, 0 bytes, 0 테이프 블록
x ./src/subA.c, 82 bytes, 1 테이프 블록
x ./src/subB.c, 72 bytes, 1 테이프 블록
x ./src/subAa.c, 124 bytes, 1 테이프 블록
x ./src/main.o, 3868 bytes, 8 테이프 블록
x ./src/Makefile, 274 bytes, 1 테이프 블록
x ./src/main.c, 198 bytes, 1 테이프 블록
x ./src/subA.o, 3552 bytes, 7 테이프 블록
x ./src/subB.o, 3504 bytes, 7 테이프 블록
x ./src/subAa.o, 3592 bytes, 8 테이프 블록
x ./src/main, 17600 bytes, 35 테이프 블록
```

ls 명령을 이용해 보면 모든 파일이 설치된 것을 확인할 수 있다.

쉘 스크립트

tar를 이용하여 시스템을 배포하는 것은 단지 파일을 전달한 것과 마찬가지이므로 프로그램을 설치하는 사람에 대한 배려가 거의 없는 것과 마찬가지이다. 예를 들어, 설치하려는 사람이 tar 프로그램의 사용법을 전혀 모르거나 어떤 디렉토리에 넣어야 되는지 모를 수도 있다.

그리고 특정 파일은 특정 디렉토리를 찾아서 재배치를 해야 한다든지 하는 경우도 충분히 발생할 수 있다. 이러한 경우를 모두 생각하면 tar로 묶어서 시스템을 배포하는 것은 부족한 점이

많다. 이때 이러한 부분을 쉽게 극복할 수 있는 방법이 시스템 배포를 위한 쉘 스크립트를 작성하는 것이다.

쉘 스크립트를 이용해서 시스템을 배포하면 프로그램을 받아서 설치하는 사람은 단순히 쉘 스크립트만 실행시키면 된다. 물론 중간에 설치하는 사람으로부터 파라미터를 받아 설치가 진행되도록 스크립트를 만들 수도 있을 것이다.

> **NOTE_** 간단한 쉘 스크립트를 작성함으로써 시스템 전체의 완성도가 높아진다면 얼마나 좋은 일인가. 쉘 프로그래밍의 중요성을 다시 한번 인식해주기를 바란다.

패키지 배포 및 설치

솔라리스의 경우, 설치하는 시스템을 패키지 형태로 배포할 수 있다. 패키지 형태로 배포된 시스템은 솔라리스에서 제공하는 명령어를 이용하여 설치 및 제거를 할 수 있다. 그리고 설치된 패키지의 정보를 검색할 수도 있게 된다. 이는 윈도우에서 소프트웨어 설치/제거 프로그램을 이용하는 것과 유사하다.

먼저 패키지를 설치하는 방법부터 살펴보자. 예를 들어 mainProgram이라는 패키지가 있다고 했을 때 이를 설치하는 방법은 다음과 같다.

```
$ pkgadd -d mainProgram
```

그러면 패키지 설치에 대한 질문이 나오는데, 질문에 대해 답을 주면 패키지 설치가 진행이 된다. 대부분의 경우 패키지의 설치 여부를 묻게되고, 설치할 디렉토리를 묻는 질문이 나온다. 만일 디렉토리를 묻지 않고 특정 디렉토리에 설치를 바로 하는 경우, 설치하는 사용자가 해당 디렉토리에 write 권한이 없으면 에러가 발생하게 된다.

또 쉽게 발생할 수 있는 에러는 해당 디렉토리가 미리 생성되어 있지 않아서 발생하는 경우인데, 이 두 가지 경우의 에러는 자주 발생하면서도 원인을 쉽게 못 찾을 수 있다.

> **NOTE_** 필자의 경우, 위의 두 가지 중 하나로 인한 에러로 인해 패키지를 배포한 기술자와 함께 한참동안 원인을 찾느라 시간을 허비한 경우가 있었다. 이때 담당 엔지니어가 필자에게 한 말이 참 재미있었다. "패키지가 잘못 만들어진 것 같은데요." 우리 잘못이었는데…

패키지가 설치되었으면 패키지 정보를 조회해 볼 수 있다. 이때 사용하는 명령어는 pkginfo 이다. pkginfo를 실행시키면 솔라리스에 설치되어 있는 모든 패키지의 정보가 화면에 나타난다. 따라서 만일 찾는 내용이 있거나 하면 grep 등을 이용해서 선별하는 것이 좋다.

이미 설치된 패키지를 제거하는 명령어는 pkgrm이다. 설치된 패키지 이름과 함께 pkgrm을 실행시키면 정말 삭제할 것인지를 묻는데 이때 yes를 하면 패키지의 삭제가 진행된다. 솔라리스용으로 시스템을 개발하고 상업적으로 배포를 한다면 쉘 스크립트를 이용하여 시스템을 배포하는 것보다는 패키지로 만들어서 배포하는 것이 더욱 좋다.

패키지를 이용하여 시스템을 배포하고 나면, 배포된 시스템의 관리가 더욱 쉽다. 예를 들어, 시스템을 삭제하고 버전을 업그레이드해야 한다든지 자사의 패키지가 설치되어 있는지를 확인해야 한다든지 할 때 OS 차원의 시스템 관리가 가능하기 때문이다.

Part III.
유닉스 시스템 프로그래밍

Part III를 시작하며...

Part III에서는 유닉스 시스템 프로그래밍이라는 주제를 가지고 내용을 전개한다. 엄격한 의미에서는 이 책에 나오는 모든 내용이 시스템 프로그래밍에 대한 내용이다. 왜냐하면 네트워크 프로그래밍도 시스템 프로그래밍의 범주에 속하는 내용이기 때문이다. 뿐만 아니라 시스템 호출을 이용하여 작성되는 대부분의 프로그램이 시스템 프로그래밍에 속한다.

하지만 이 책에선 네트워크 프로그래밍과 시스템 프로그래밍을 따로 구분하였으며, 특별히 시스템의 입력과 출력, 시스템 자원 관리 그리고 프로세스와 스레드를 시스템 프로그래밍의 범주로 구분하여 Part III에 넣었다. 참고로 Part IV에서 소개될 시그널 같은 경우에는 프로세스간 통신이므로 Part IV에 위치하는 것이 적당할 수 있으나 프로세스의 구동과 밀접한 관련이 있기 때문에 Part III에 자리잡게 되었다.

Part I과 Part II에서는 기본적인 내용을 다루었다면 Part III과 Part IV는 응용을 다루는 부분이다. 따라서 약간은 지루할 수 있는 시스템 소개와 시스템 호출에 대한 설명이 나온다. 하지만 여기서 소개되는 내용은 기본 중에 기본인 내용이므로 하나도 놓치지 말고 모두 자기 것으로 소화해 주기 바란다. 여기서 소개하는 내용 정도는 정리하고 있어야 나중에 실제 프로젝트에서 당황하지 않고 응용해 나갈수 있을 것이다.

Part III. 유닉스 시스템 프로그래밍

- **Part III 구성 요소**
-
- Chapter 09. 입력과 출력
-   1. 입출력과 파일 시스템
-   2. 표준 I/O 라이브러리
-   3. STL을 이용한 파일 입출력
-
- Chapter 10. 시스템과 자원관리
-   1. 시스템 관리
-   2. 자원관리 및 체크
-   3. 시스템 체크 프로그램
-
- Chapter 11. 프로세스
-   1. 프로세스 구조
-   2. 프로세스 시스템 호출
-   3. 프로세스 프로그래밍
-
- Chapter 12. 시그널
-   1. 시그널 소개
-   2. 시그널 처리
-   3. 시그널 전송
-   4. 시그널 프로그래밍
-
- Chapter 13. 스레드
-   1. 스레드 소개
-   2. 스레드를 위한 시스템 호출
-   3. 스레드 프로그래밍

chapter 09 입력과 출력

Chapter 09에서는 프로그래밍에서 가장 중요한 내용 중에 하나인 입력과 출력에 대해 다루게 된다. 컴퓨터는 일반적인 데이터나 자료를 입력받고 이를 가공한 후 필요한 형태의 정보를 출력해주는 시스템이므로 컴퓨터에 있어 입력과 출력은 인터페이스와 관련된 핵심 사항이 된다.

입출력을 배우기 위해 가장 먼저 파일 시스템과 파일 시스템에 대한 입출력 프로그래밍을 살펴보게 된다. 파일 시스템은 Part I에서도 잠시 언급이 되었지만 입출력과 연계하여 더욱 자세히 살펴보게 된다. 그리고 아주 유용하고 활용도가 높은 표준 입출력 라이브러리를 다루게 되며, STL(표준 템플릿 라이브러리)을 이용하여 파일과 그 속의 데이터를 다루는 방법에 대해서도 배우게 된다.

Chapter 09의 주요 목차는 다음과 같다.

1. 입출력과 파일 시스템
2. 표준 I/O 라이브러리
3. STL을 이용한 파일 입출력

그럼, 시스템 프로그래밍의 핵심 내용 중 하나인 입/출력을 시작해 보자.

01 입출력과 파일 시스템

파일 시스템

파일 시스템은 유닉스 시스템의 근간을 이루는 시스템으로 유닉스 내의 모든 장치와 자료들은 파일로 저장되고 관리가 된다. 파일은 유닉스 시스템이 다양한 논리적인 내용을 구체화해서 관리할 수 있도록 만들어주는 아주 개념적인 의미의 단위에서 자료들을 물리적으로 나누어서 저장하는 단위이기도 하다.

파일들이 모여 디렉토리를 구성하게 되는데, 디렉토리를 통해 파일들을 더욱 체계적으로 관리할 수가 있다. 파일 내에는 더 이상의 다른 파일이 존재하지 않지만 디렉토리 내에는 파일이나 다른 디렉토리가 존재할 수 있다. 물론 디렉토리 내에 파일이나 디렉토리가 존재하지 않을 수도 있다.

디렉토리의 구조는 계층화된 트리 구조를 연상하면 된다. 따라서 가장 위에 있는 루트 디렉토리가 트리의 정점을 이루며 그 아래로 다른 디렉토리들이 위치하게 된다. 루트 디렉토리는 '/'이며 루트 디렉토리부터 시작하여 파일이나 디렉토리 위치까지 모두 기술하는 경로를 절대 경로라고 하며, 현재의 작업 디렉토리부터 시작하여 경로를 표현하고자 하는 파일이나 디렉토리 위치까지 기술하는 것을 상대 경로라고 한다.

파일에는 소유권과 접근 권한이 존재하며 이를 통해 파일을 보호하거나 원하는 형태의 서비스를 제공할 수 있다. 참고로 디렉토리, 일반 파일, 시스템 장치, 특수 파일, IPC 채널 등도 파일로 인식되고 관리가 된다.

유닉스의 파일 시스템은 부트 블록, 슈퍼 블록, 실린더 블록, 데이터 블록, i-node 테이블로 구성이 되어있다. 이들을 간단히 설명하면 다음과 같다.

- ✓ 부트 블록 : 파일 시스템의 첫 번째 블록, 루트 영역에 해당되며 일반 유저와는 상관없다.
- ✓ 슈퍼 블록 : i-node 테이블, 파일 시스템의 크기 등 파일의 필수 정보가 들어있다.
- ✓ 실린더 블록 : 블록들에 대한 비트맵 등의 정보들을 가지고 있다.
- ✓ 데이터 블록 : 파일이 가지고 있는 실제 데이터의 정보를 가지고 있는 블록이다.
- ✓ i-node 테이블 : 파일 크기, 파일 권한, 디스크의 주소 등 파일 정보가 저장되어 있다.

NOTE_ 파일이 생성되면 해당 파일은 파일명과 i-node 번호를 가지게 되는데, 이를 이용하여 i-node를 찾고 파일의 위치나 권한을 판명할 수 있게 된다.

파일 시스템의 구조적 특징 중 하나는 링크 구조를 사용한다는 것인데, 파일을 링크시키면 파일의 내용은 다시 생기지 않고 해당 파일의 i-node 번호와 파일 이름만 새로 등록이 된다. 파일에 대한 링크가 모두 사라지면 파일까지 삭제가 된다. 디렉토리를 생성하면 현재 디렉토리를 뜻하는 '.'과 상위 디렉토리를 뜻하는 '..'가 생성되는데 이것은 현재 디렉토리와 상위 디렉토리에 대한 i-node가 새로 생긴 디렉토리에 나타난 것이다.

유닉스에서 파일들은 소유권을 가진 사용자가 존재한다. 따라서 파일에는 해당 파일에 대한 소유권을 가진 사용자 식별 번호가 있게 된다. 파일에 대한 소유권을 가진 사용자는 파일에 대한 접근 권한을 변경할 수 있다. 접근 권한은 Part I에서 소개한 바와 같이 r, w, x 로 더변되는 읽기, 쓰기 그리고 실행으로 나눌 수 있다.

이것은 또한 3자리의 8진수 숫자로 표현할 수 있는데, 첫 번째 자리수는 소유자, 두 번째는 그룹, 세 번째는 그 밖의 사용자에 대한 접근 권한을 표시한다. Part I의 기억을 살리기 위해 이를 다시 표기하면 아래와 같다.

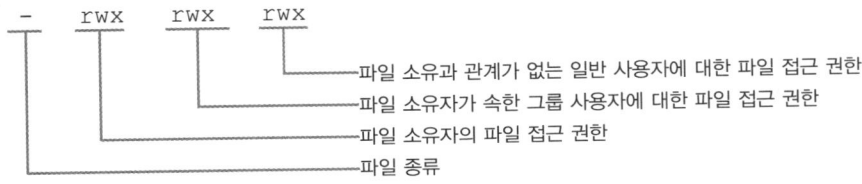

▲ 파일 접근 권한

- 000 (0) : r = 0, w = 0, x = 0, 파일에 대한 접근 권한이 아무것도 없음.
- 001 (1) : r = 0, w = 0, x = 1, 실행 권한만 있음.
- 010 (2) : r = 0, w = 1, x = 0, 쓰기(write) 권한만 있음.
- 011 (3) : r = 0, w = 1, x = 1, 쓰기(write) 와 실행 권한이 있음.
- 100 (4) : r = 1, w = 0, x = 0, 읽기(read) 권한만 있음.
- 101 (5) : r = 1, w = 0, x = 1, 읽기(read) 와 실행 권한이 있음.
- 110 (6) : r = 1, w = 1, x = 0, 읽기(read) 와 쓰기 권한이 있음.
- 111 (7) : r = 1, w = 1, x = 1, 읽기, 쓰기, 실행 모든 권한이 있음.

그러면 이제 유닉스에서 제공하는 인터페이스를 이용하여 파일을 만들고 관리하는 각종 방법들을 하나씩 익혀 보도록 하자.

파일 생성 및 관리

파일을 생성하기 위해 creat( ) 또는 open( ) 함수 등을 이용할 수 있는데 먼저 creat( ) 함수부터 살펴보도록 하자. creat( ) 함수는 이미 존재하는 파일의 경우에는 초기화(사이즈 0)시키거나 존재하지 않는 파일을 새로 생성할 때 사용이 되는데, 다음과 같이 사용할 수 있다.

```c
int accessMode;
int fileDes;
char *filename;
fileDes = creat(filename, accessMode);
```

위에 기술된 바와 같이, 첫 번째 인수에는 경로 등이 포함된 파일명이 들어가며 두 번째 인수에는 파일에 대한 접근 권한이 들어가게 된다. 만일 이미 존재하는 파일의 경우에는 기존의 접근 권한이 그대로 유지가 된다. creat( ) 함수가 실행된 후에는 파일 기술어가 리턴된다. 만일 실행에 오류가 발생하게 되면 −1이 리턴된다.

파일의 접근 권한을 체크하기 위해 사용하는 함수에는 access( )가 있다. access( ) 함수는 프로세스가 해당 파일에 접근할 수 있는지 여부를 체크하는 효과적인 방법으로 활용될 수 있다. access( )를 사용하는 방법은 다음과 같다.

```c
int modeCheck, modeResult;
char *filename;
modeResult = access(filename, modeCheck);
```

access( ) 함수는 위의 예와 같이 해당 파일(filename)이 읽기(04), 쓰기(02), 실행(01) 등이 가능한지 여부를 modeCheck 인수에 넣어 호출하면 그 결과(modeResult)가 리턴되어 나온다.

개발자가 파일의 접근 권한을 변경할 수 있는데 이때 사용되는 함수는 쉘에서 제공하는 것과 같이 chmod( )이다. 인수로는 파일명과 새로운 접근 모드가 사용된다. 간단한 예를 보면 다음과 같다.

```
    int accessMode, result;
    char *filename;
    result = chmod(filename, accessMode);
```

chmod를 사용할 때 주의해야 하는 것은 파일에 대한 소유 권한이 있거나 슈퍼 유저가 아니면 접근 모드를 변경할 수 없다는 것이다. 파일에 대한 소유권과 속한 그룹을 변경할 수 있는 함수도 있는데, 그것은 chown( )이다. 간단한 사용 예를 보면 다음과 같다.

```
    int ownerId, groupId, result;
    char *filename;
    result = chown(filename, ownerId, groupId);
```

이제는 파일을 만들고 해당 파일의 접근 권한을 변경하는 예제를 작성해 보도록 하자. 예제의 내용은 creat( ) 함수를 이용하여 644 모드로 Temp.txt를 생성한다. 그리고 chmod( ) 함수를 이용하여 파일의 모드를 777로 변경하는 예제이다.

〈modeChange.c〉

```c
#include <stdio.h>

int main()
{
        int accessMode = 0777;
        int result, fileDes;
    // 생성할 파일 이름을 지정한다.
        char *filename = "./Temp.txt";

    // 파일을 생성한다. 초기 모드는 644이다.
        fileDes = creat(filename, 0644);
    // 파일 생성에 실패하면 -1을 리턴하면서 종료한다.
        if(fileDes < 0)
        {
                printf("File create error!");
                return -1;
        }

    // 파일 모드를 777로 변경한다. 모드 변경에 실패하면 종료한다.
        if(chmod(filename, accessMode) < 0)
        {
```

```
            close(fileDes);
            printf("File mode change error!");
            return -1;
        }

    // 파일을 닫는다.
        close(fileDes);
        return 0;
    }
```

위의 코드를 컴파일하고 실행시키면 Temp.txt 파일이 생성되고 접근 모드가 777로 변경됨을 확인할 수 있다.

파일 열고 닫기

파일을 열고 닫는데 사용하는 함수는 이름 그대로 open( )과 close( ) 함수이다. open 함수는 활용 빈도가 가장 높은 함수 중 하나이므로 좀 더 정신을 집중해서 익혀보도록 하자. open( ) 함수는 파일의 내용을 읽거나 쓰려고 할때 미리 파일을 열어두어야 하는데 이때 사용되는 함수이다.

open을 호출할 때에는 파일의 이름과 모드를 함께 지정해 주어야 한다. open 함수의 간단한 사용 예는 다음과 같다.

```
int fileDes, flag;
char *filename;
fileDes = open(filename, flag);
```

open 함수를 실행하고 나면 파일 기술어가 리턴되는데 만일 오류가 발생하면 −1이 리턴된다. 인수로 사용되는 flag는 fcntl.h 파일에 선언된 내용을 활용하면 되는데 많이 활용되는 선언자는 다음과 같다.

- ✓ O_RDONLY : 읽기만을 위해 파일을 열 때 사용
- ✓ O_WRONLY : 쓰기만을 위해 파일을 열 때 사용
- ✓ O_RDWR : 읽고 쓰는 것을 위해 파일을 열 때 사용

> **NOTE**_ 소개한 선언자를 사용하려면 "#include <fcntl.h>" 문장을 이용하여 헤더 파일을 선언해 주어야 한다.

파일을 쓰기 위해 열고 파일에 내용을 쓰게 되면 기존에 있는 내용은 사라지고 새로운 내용으로 덮어쓰게 된다. 이를 방지하려면 flag를 O_APPEND로 하여 파일을 열면 된다. O_APPEND로 열게 되면 기존의 내용 아래에 새로운 내용이 쓰이게 되므로 기존의 내용이 삭제되는 것을 방지할 수 있다.

지금까지 소개한 flag만 사용하는 경우, 해당 파일이 존재하지 않으면 에러가 발생하게 된다. 파일이 존재하지 않을 때도 에러없이 파일을 열 수 있는 방법을 open 함수는 제공하고 있는데, 다음과 같은 flag의 활용이 그것이다.

```
O_CREAT, O_TRUNC, O_EXCL
```

파일이 없으면 생성을 하고 있으면 읽고 쓰는 등의 flag를 사용하고 싶을 때는 '|' 연산자를 이용하여 flag를 조합해서 사용하면 된다. 예를 들어 다음과 같이 사용한다.

```
O_WRONLY|O_CREAT|O_APPEND
```

O_TRUNC flag는 파일의 내용을 없애고 싶을 때 사용하면 되고, O_EXCL flag는 파일이 이미 존재할 때는 open의 실행이 실패하도록 만들고 싶을 때 사용하면 된다. O_EXCL 플래그는 여러 곳에서 사용된 open() 함수가 이미 존재하는 파일들을 제거하거나, 기존 내용을 삭제하는 오류들을 막기 위해 활용하면 많은 도움을 받을 수 있다.

파일이 이미 열려 있는 상태에서 flag를 새롭게 지정하거나 현재 상태의 flag 값을 얻어오고 싶을때는 fcntl() 함수를 사용하면 된다. 현재의 flag 값을 얻어올 때는 fcntl()의 두 번째 인수 값을 "F_GETFL"로 세팅하고 새로운 flag로 세팅하려 할 때는 두 번째 인수 값을 "F_SETFL"로 세팅하여 fcntl()를 호출하면 된다.

```
#include <fcntl.h>

int result, fileDes, etc;
fileDes = open("filename",0644);
```

```
...
status = fcntl(filedes, F_SETFL, etc);
```

열린 파일을 닫을 때 활용하는 함수는 close( ) 함수이다. close( ) 함수는 파일과 관련된 작업이 끝났다는 것을 시스템에게 알려서 열려있는 파일을 닫도록 한다. close( )의 사용 예를 간단히 기술하면 다음과 같다.

```
int fileDes, flag, result;
char *filename;
fileDes = open(filename, flag);
...
result = close(fileDes);
```

파일을 닫지 않아도 프로세스가 종료되면 열려있는 파일들은 자동으로 닫히게 된다. 하지만 오류를 방지하기 위해서 꼭 열어둔 파일은 닫는 것이 좋다. 실수나 에러로 인해 파일의 내용이나 파일 자체가 사라지는 경우도 발생할 수 있기 때문이다.

파일 읽고 쓰기

파일에 있는 내용을 읽거나 쓰기 위해 사용하는 함수에는 read( )와 write( ) 함수가 있다. read( ) 함수부터 살펴보면, read( )는 파일의 내용을 차례로 읽어와서 프로세스 속에 있는 버퍼에 넣어주는 함수이다. 버퍼에 내용이 저장되고 나면 버퍼 속의 내용을 가공하거나 그대로 사용하는 것은 개발자의 몫이 된다. read( )를 사용한 간단한 예를 보면 다음과 같다.

```
int readCnt, fileDes;
char *readBuffer;
fileDes = open(...);
...
readCnt = read(fileDes, readBuffer, 256);
```

위의 코드를 보면, read( ) 함수에서 사용된 첫 번째 인수는 파일 기술자가 사용되고 두 번째 인수는 파일의 내용을 저장할 버퍼가 사용된다. 그리고 세 번째 인수는 파일에서 읽어올 바이트 수를 지정하는 인수가 된다. read( ) 함수가 리턴하는 readCnt는 실제로 파일에서 읽어들인 바이트의 수를 리턴하게 된다.

read( ) 함수를 반복해서 호출하면 지정된 바이트 수만큼 파일 속의 내용을 차례로 읽어서 버퍼에 저장하게 된다. 파일의 마지막 내용까지 모두 읽고 나면 read( ) 함수는 0을 리턴하게 된다. 반복문 등을 이용하여 read를 사용할 때에는 리턴되는 값이 0이하이면 파일의 끝에 도달한 것으로 판단하여 read가 더 이상 호출되지 않도록 만들어 주면 된다.

read( )와 달리 write( ) 함수는 열린 파일에 원하는 내용을 쓰는 시스템 호출이다. write는 버퍼 속에 있는 내용을 파일을 옮기는 작업을 하게 된다. write( ) 함수의 간단한 사용 예를 보면 다음과 같다.

```
int writeCnt, fileDes;
char *writeBuffer;
fileDes = open(...);
...
writeCnt = write(fileDes, writeBuffer, 256);
```

write( )의 사용법은 read( )의 그것과 차이가 없다. 단지 그 결과가 read( )는 파일에서 버퍼로, write( )는 버퍼에서 파일로 데이터를 복사한다는 것이다.

파일의 내용을 읽거나 쓸 때는 파일의 현재 위치를 나타내는 포인터의 다음 위치에서 계속해서 읽거나 쓰는 행위가 이루어지게 된다. 이때 포인터를 마음대로 바꾸게 되면 원하는 위치에서 파일의 내용을 읽거나 쓸 수 있게 된다. 이렇게 포인터의 위치를 바꾸기 위해 사용되는 함수는 lseek( ) 함수이다. lseek( ) 함수의 간단한 사용 예를 보면 다음과 같다.

```
long offset, position;
int fileDes, direction;
fileDes = open(...);
...
position = lseek(fileDes, offset, direction);
```

위의 사용 예를 보면 lseek( )의 인수로 offset과 direction이 사용된 것을 볼 수 있다. direction을 0으로 세팅하면 파일의 처음 위치부터 시작해서 offset에 정해진 수 만큼의 위치로 포인터가 옮겨간다. direction이 1이면 현재 포인터의 위치에서 시작해서 offset 단큼의 위치로 포인터가 옮겨가며, direction이 2이면 파일의 마지막 위치에서 시작해서 offset 만큼의 위치로 포인터가 움직이게 된다.

이제는 파일을 open/read/write/close 일련의 과정을 모두 담은 예제를 만들어 보도록 하자. 아래의 예제는 유닉스의 cp 명령처럼 파일을 복사하는 프로그램이다. 프로그램을 실행하면서 복사하고자 하는 파일 이름과 생성하고자 하는 파일 이름을 파라미터로 사용하면 해당 파일을 생성하고 내용을 복사한다.

〈copy.c〉

```c
#include <stdio.h>
#include <fcntl.h>

// 파일을 읽고 쓸 버퍼의 사이즈 선언
#define BUFLEN 256

int main(int argc, char* argv[])
{
        int readCnt, writeCnt, orgFile, newFile;
        char buffer[BUFLEN];

    // 프로그램을 실행시키면서 파라미터의 수가 정확한지 체크
        if(argc != 3)
        {
                printf("Usage: copy org_filename new_filename \n\n");
                return -1;
        }

    // 버퍼로 읽어들일 파일을 open
        orgFile = open(argv[1],O_RDONLY);
    // 생성 및 복사할 파일을 open, 만일 존재하는 파일이면 파일의 끝에 복사.
        newFile = open(argv[2],O_WRONLY|O_CREAT|O_APPEND);
        printf("orgFile: %d, newFile: %d\n", orgFile, newFile);

    // 파일 open에 문제가 있으면 프로그램을 종료한다.
        if(orgFile < 0 || newFile < 0)
        {
                printf("File open failed\n");
                return -1;
        }

    // 파일을 읽고 복사를 한다. 파일의 끝에 이를 때까지 반복한다.
        for(readCnt = 1; readCnt > 0;)
        {
                readCnt = read(orgFile, buffer, BUFLEN);
                writeCnt = write(newFile, buffer, readCnt);
                printf("readCnt: %d, writeCnt: %d\n", readCnt,
```

```
               writeCnt);
        }

    // 파일 복사가 끝났으면 두 개의 파일을 모두 닫는다.
        close(orgFile);
        close(newFile);

        return 0;
}
```

위의 프로그램을 다음과 같이 컴파일하고 실행을 시켜보자.

```
[jshin(jshin):/Book/Unix/2/1]% cc -o copy copy.c
[jshin(jshin):/Book/Unix/2/1]% copy copy.c newCopy.c
orgFile: 3, newFile: 4
readCnt: 256, writeCnt: 256
readCnt: 256, writeCnt: 256
readCnt: 256, writeCnt: 256
readCnt: 256, writeCnt: 256
readCnt: 256, writeCnt: 256
readCnt: 20, writeCnt: 20
readCnt: 0, writeCnt: 0
[jshin(jshin):/Book/Unix/2/1]%
```

프로그램의 실행 결과를 보면 파일의 끝까지 읽으면서 복사를 수행한 것을 볼 수 있다. 만일 동일한 실행을 반복하면 newCopy.c 파일의 끝에는 copy.c의 내용이 한번 더 복사된다.

파일 link와 unlink

앞에서도 언급했듯이 유닉스 시스템은 하나의 파일에 여러 개의 링크를 만들 수 있다고 했다. 링크가 여러 개가 생기면 해당 파일을 접근할 수 있는 길도 여러 개가 생기게 되는데 이러한 링크의 수를 링크 카운터라고 부른다. 이러한 링크를 만들 때 사용하는 함수가 link( )이며 파일이 가지고 있는 링크를 제거하는 함수는 unlink( ) 이다.

link를 사용하는 간단한 예를 보면 다음과 같다.

```
int result;
char *orgLink, *newLink;
result = link(orgLink, newLink);
```

위의 예에서 사용된 첫 번째 인수인 orgLink는 기존에 존재하는 파일명을 사용해야 한다. 그리고 두 번째 인수인 newLink는 새롭게 추가하고자 하는 경로와 파일명을 사용하면 된다. 함수가 에러없이 제대로 호출이 되면 새로운 링크를 이용한 해당 파일의 접근이 가능하게 될 것이다.

link를 해제하는 것이 unlink( ) 함수라고 했는데, unlink( )를 활용하면 파일에 대한 링크가 사라지게 된다. 만일 링크가 하나뿐인 파일에 unlink( )를 사용하면 파일에 대한 링크뿐만 아니라 파일 자체도 유닉스에서 사라지게 된다.

간단한 예를 들어 data 디렉토리 밑에 있는 temp 파일을 제거한다고 하면 다음과 같이 호출하면 된다.

```
result = unlink("/data/temp");
```

unlink는 실행에 성공하면 0을 리턴하고 실패했을 경우에는 -1를 리턴하게 된다.

stat을 이용한 파일 정보

stat을 이용하면 해당 파일에 대한 정보를 얻을 수가 있다. 만일 파일에 대한 정보를 모를 경우에는 파일을 열거나 플래그를 바꿀 때 막연한 추측으로 파일에 접근해야 한다. 하지만 stat을 통해 파일 정보를 미리 입수하면 정확한 판단에 따라 파일을 접근할 수 있을 것이다.

파일의 소유권을 바꾸는 경우에도 이미 소유권이 바뀐 파일에 대해 다시 소유권을 바꾸는 일을 방지할 수도 있을 것이다. 이렇게 파일에 대한 정보를 전달하는 stat 함수는 stat 구조체를 통해 파일 정보를 넘겨준다. 아래는 stat의 구조체를 나열한 것이다.

```
struct stat {
    dev_t st_dev;
    ino_t st_ino;
    ushort st_mode;
    short st_nlink;
```

```
        ushort st_uid;
        ushort st_gid;
        dev_t  st_rdev;
        off_t  st_size;
        time_t st_atime;
        time_t st_mtime;
        time_t st_ctime;
    };
```

구조체에 사용된 각각의 변수를 간단히 설명하면, dev_t 타입의 st_dev는 파일이 포함된 논리적 장치를 나타낸다. 그리고 ino_t 타입의 st_ino는 i-node 번호를 나타내며, st_mode는 파일 유형과 파일 모드를 의미한다.

st_nlink는 파일이 가지고 있는 링크의 카운터를 나타낸다. 그리고 st_uid와 st_gid는 각각 사용자 번호와 그룹 번호를 의미한다. dev_t 타입의 st_rdev는 파일이 디바이스 등의 특수 파일일 때 사용된다. off_t 타입의 st_size는 파일의 바이트 수를 나타낸다.

time_t 타입의 st_atime은 파일이 마지막으로 읽힌 시간을 의미하며, st_mtime은 파일이 갱신된 시간을 나타낸다. 그리고 st_ctime은 파일의 구조 자체가 변경되었을 때의 시간을 의미한다.

stat( )을 사용한 간단한 예를 보면 다음과 같다.

```
#include <stdio.h>
#include <sys/types.h>
#include <sys/stat.h>

int result;
char *filename;
struct stat statBuffer;
result = stat(filename, &statBuffer);
```

지금까지 일반 파일을 다루는 내용들을 위주로 살펴보았다. 이번에는 디렉토리 및 특수 파일 등 일반적인 파일이 아닌 파일들에 대해 알아보도록 하자.

> **NOTE_ 파일 조작을 위한 쉘 명령**
>
> 파일 조작(체크, 생성, 삭제 등)을 위한 유용한 쉘 명령어들을 간단히 정리하면 다음과 같다.
> - diff : 지정된 두 파일의 차이를 비교하고 차이점을 출력
> - fgrep : 문자열을 이용해 파일을 검색
> - find : 파일 이름을 이용하여 해당 파일 검색
> - join : 파일의 관계를 결합한 후 표준 출력 장치로 결과 출력
> - ln : 링크를 새로 생성하는 명령어
> - mknod : 디렉토리와 i-node 생성
> - paste : 파일들의 내용을 합친다.
> - pr : 파일의 내용을 표준 출력 형태로 화면에 디스플레이
> - sort : 파일을 정렬
> - tail : 파일의 마지막 부분을 화면에 출력
> - umask : 마스크를 설정
> - uniq : 중복되는 행 삭제
> - wc : 파일에 저장 있는 데이터의 문자 수 등을 화면에 출력
> - mount : 파일 시스템에 마운트 작업 수행

디렉토리

지금까지 소개한 내용들에서 이미 디렉토리에 관한 일반적인 이야기는 대부분 소개가 되었지만 빠진 내용들에 대해서 다시 살펴보고 디렉토리를 다루는 방법 등에 대해 자세히 알아보도록 하자.

유닉스의 파일 시스템에서 디렉토리는 일반 파일과 특별히 다르지 않다. 하지만 디렉토리는 파일을 생성할 때 사용했던 creat( ) 함수로는 생성이 되지 않는다. 파일과 가지는 정보가 틀리기 때문이다. 디렉토리는 i-node 번호를 위한 2바이트와 이름을 위한 14바이트, 총 16 바이트의 열로 구성이 되어 있다.

디렉토리 또한 파일과 마찬가지로 i-node 번호를 통해 식별이 된다. i-node는 파일마다 번호가 다른 유일한 키로 활용이 되며 OS가 디스크를 관리하는데 사용된다. 이 속에는 파일에 대한 관리 정보가 포함되어 있다. 디렉토리는 i-node 번호가 이진수 형태로 저장되기 때문에 디렉토리를 직접 읽는 것이 불가능하거나 깨진 글자로 읽게 된다.

디렉토리를 체크할 때 8진수(Octal) Dump인 od 명령어를 c 옵션과 함께 이용해 보면 디렉토

리라는 것을 확인할 수 있다. od 명령어를 다음과 같이 디렉토리와 파일에 대해 각각 실행해 보도록 하자.

```
$ od -c directory
$ od -c file
```

디렉토리 내부에 파일이 삭제되거나 추가되면 앞에서 말한 16바이트의 정보 속에 이 내용이 입력된다. 따라서 link와 unlink 등을 실행하게 되면 파일 뿐만 아니라 파일이 속한 디렉토리도 정보가 갱신이 된다.

디렉토리도 파일과 마찬가지로 소유권과 접근 권한을 가지고 있다. 이는 chown, chmod 그리고 rwx로 대변되는 내용인데, 디렉토리에 대한 접근 권한의 변화는 그 속에 있는 파일에 대한 접근에도 영향을 미치게 된다.

디렉토리에 대해 실행 권한이 없으면 디렉토리 안으로 들어가는 행위가 금지된다. 그리고 디렉토리에 대해 쓰기 권한이 없으면 디렉토리에 파일을 새로 추가하거나 존재하는 파일을 삭제하는 작업을 할 수 없다. 디렉토리에 대한 읽기 권한이 없으면 디렉토리에 있는 파일이나 디렉토리의 리스트를 볼 수 없게 된다.

디렉토리 구현

디렉토리를 정의하고 있는 헤더 파일인 dir.h(/usr/include/sys/dir.h) 파일을 보면 아래와 같은 디렉토리에 대한 구조체를 볼 수 있다.

```
#define DIRSIZ 14

struct direct{
    ino_t d_ino;
    char d_name[DIRSIZ];
};
```

구조체 속의 ino_t 타입의 d_ino는 2바이트의 i-node에 관련된 내용이며, d_name은 14바이트의 이름과 관련된 내용이 된다. 지금과 같이 이름 사이즈가 14바이트로 지정된 경우 C 프로그램을 통해 14자 이상의 문자열을 사용할 수 없게 된다.

디렉토리는 일반 파일의 생성에서 사용했던 creat() 함수로 생성할 수 없다. 디렉토리 생성을 위해 사용하는 함수에는 mknod()가 있다. mknod는 쉘에서 사용했던 mkdir 명령과 같은 디렉토리 생성 뿐 아니라 특수 파일을 만드는데도 활용할 수 있다. mknod의 간단한 사용 예를 보면 아래와 같다.

```
int return, accessMode;
char *dirPath;
return = mknod(dirPath, accessMode);
```

위에서 사용한 accessMode 인수에는 디렉토리에 대한 접근 권한 모드가 사용되는데 이는 일반 파일을 생성하면서 사용했던 모드와 유사하다. 하지만 디렉토리에는 040이 앞 부분에 더붙어서 사용된다. 즉, 모든 사용자에게 모든 권한을 허용하려면 040777을 사용하는 것이다.

따라서 040777 또는 040755 등 여러 가지 조합을 이용하여 소유권을 가진 사용자, 동일한 그룹에 속한 사용자 또는 그 밖의 사용자에 대한 접근 권한을 명시할 수가 있게 된다. 이러한 모드에 대해 상수로 선언된 내용은 stat.h 파일을 참조하면 된다.

> **NOTE_** mknod() 함수는 root 권한을 가진 슈퍼 유저만 에러없이 실행할 수 있다.

프로그램을 구동시켜서 프로세스가 실행되기 시작하면 프로세스의 작업 디렉토리는 프로세스가 시작된 디렉토리가 된다. 이때 chdir() 함수를 이용하여 프로세스의 작업 디렉토리를 변경할 수 있다. chdir() 함수의 간단한 사용 예를 보면 다음과 같다.

```
char *dirPath;
int result;
result = chdir(dirPath);
```

여러 개의 프로세스를 이용하여 프로그램이 구동되는 경우에는 chdir()를 실행한 프로세스에 대해서만 작업디렉토리가 변경되는 결과를 가져오게 된다. 디렉토리를 변경하는 작업이 실패하게 되면 chdir()은 -1을 리턴하게 된다.

chdir() 함수와 약간 다른 개념이지만 디렉토리를 변경하는 함수로 chroot()가 있다. chroot

는 루트 디렉토리를 변경하는 것으로 디폴트로 사용되는 '/'가 아닌 다른 디렉토리가 루트 디렉토리로 설정되도록 만들어 준다. 물론 다른 파일 시스템에는 영향을 미치지 않고 chroot( ) 함수를 실행한 프로세스에게만 영향을 미치게 된다. chroot( )의 사용 방법도 chdir( )의 사용 방법과 동일하게 인수로 디렉토리의 경로만 넣어주면 된다.

쉘 명령어의 pwd가 현재의 디렉토리를 알려주는 것과 마찬가지로 getcwd( ) 함수를 활용하면 프로세스가 사용하는 현재의 디렉토리를 확인할 수 있다. getcwd( )를 실행시키면 현재의 작업 디렉토리 이름을 포인터로 리턴해 준다. getcwd( )의 간단한 사용 예를 보면 아래와 같다.

```
int size;
char *buffer, *return;
return = getcwd(buffer, size);
```

디렉토리 내에 있는 파일 및 디렉토리에 대해 특정 연산을 수행하도록 만들고 싶을 때가 있을 것이다. 이때 활용할 수 있는 함수로 ftw( )가 있다. ftw( ) 함수를 호출하면서 실행하고자 하는 함수와 경로 등을 인수로 넘겨주면 해당 파일들에 대해 해당 함수가 수행이 된다. 다음은 ftw( )의 간단한 사용 예다.

```
#include <ftw.h>
char *dirPath;
int func();
int depth, result;
result = ftw(dirPath, func, depth);
```

그러면 이번에는 지금까지 살펴보았던 디렉토리와 관련된 내용을 가지고 예제를 만들어 보도록 하자. 아래의 예제는 tempDir 디렉토리를 만들고 이 디렉토리 내에 tempFile 파일을 만드는 예제이다.

〈mkTempDir.c〉
```
#include <stdio.h>

int main()
{
        int accessMode, fileDes;
    // 생성될 디렉토리 지정
```

```c
        char *dirPath = "./tempDir";
    // 생성될 파일 지정
        char *filename = "./tempFile";

    // 디렉토리를 생성한다. 실패하면 종료한다.
        if(mknod(dirPath, 040755) < 0)
        {
                printf("mknod() failed\n");
        return -1;
        }

    // 생성한 디렉토리로 작업 디렉토리를 옮긴다.
        if(chdir(dirPath) < 0)
        {
                printf("chdir() failed\n");
        return -1;
        }

    // 디렉토리 속에 파일을 생성한다.
        fileDes = creat(filename, 0644);
        if(fileDes < 0)
        {
                printf("creat() failed\n");
        return -1;
        }

    // 파일을 닫는다.
        close(fileDes);
        return 0;
}
```

코드를 작성한 후 프로그램을 실행하면 tempDir 디렉토리가 생성되고 그 속에 tempFile도 만들어졌음을 확인할 수 있다. 노트에서도 말한 바와 같이 root 권한을 가진 사용자가 프로그램을 실행시켜야 한다. 그렇지 않으면 mknod() 실행 시 -1을 리턴하면서 프로그램이 종료된다.

> **NOTE_ mount( )와 unmount( )**
>
> 디렉토리들이 모여 파일 시스템을 이루게 되는데, 이러한 파일 시스템을 사용자가 접근할 수 있도록 만들려면 mount 작업이 필요하다. 일반적으로 사용자가 활용하고 있는 파일 시스템은 이미 mount가 끝난 것들이기 때문에 특별히 새롭게 mount 작업을 할 필요는 없을 것이다.
>
> mount와 반대의 개념이 unmount가 되는데 unmount를 시키게 되면 사용자가 더 이상 해당 파일 시스템에 접근할 수가 없게 된다. 이렇게 mount/unmount 시키는 파일 시스템들은 일반적인 파티션들이 될 수도 있고 장치 디바이스가 될 수도 있을 것이다.
>
> mount() 함수와 unmount() 함수의 간단한 사용 예를 차례로 보도록 하자.
>
> ```
> <mount>
> char *dirPath, *partition;
> int accessMode;
> mount(partition, dirPath, accessMode);
> ```
>
> mount()가 제대로 실행되고 나면 partition(파일 시스템)을 인수로 사용한 dirPath로 접근할 수 있게 된다. 이때 partition으로 활용되는 파일 시스템은 대부분 /dev 디렉토리 밑에 있는 파일 시스템이 된다.
>
> ```
> <unmount>
> char *partition;
> unmount(partition);
> ```
>
> unmount가 제대로 실행되고 나면 해당 파일 시스템에 더 이상 접근할 수 없게 된다. mount/unmount는 슈퍼 유저가 실행할 수 있는 함수들이며, 현재 사용하고 있는 디렉토리에 대해서는 unmount를 실행할 수 없다.

특수 파일

일반적인 파일과 디렉토리 외에 유닉스에 붙어있는 디바이스들도 파일로 인식이 되고 처리가 된다. 이때 말하는 디바이스는 프린터, 테이프 등의 각종 주변 장치와 하드 디스크 등을 의미한다. 이러한 특수 파일들은 대부분 /dev 디렉토리 밑에 위치하고 있다.

이러한 특수 파일들에게도 일반 파일에서 적용했던 open/read/write/close 함수들을 사용할 수 있다. 특수 파일에는 블록 디바이스(Block device)와 문자 디바이스(Character device)로 나눌 수 있는데 파일 시스템이 속해있는 디바이스는 블록 디바이스가 된다.

일반적인 저장 장치인 디스크나 테이프가 블록 디바이스에 해당되고 전송 장치들인 네트워크 장치나 프린터 장치 또는 단말기 등이 문자 디바이스에 해당된다. OS는 특수 파일의 사용에 있어 블록 디바이스인 문자 디바이스인지 확인하는 과정이 필요한데 i-node를 이용하여 이들을 구분하고 있다.

> **NOTE**_dev 디렉토리 밑에 있는 특수 파일 중 일부를 소개하면 다음과 같다.
> - /dev/tty : 터미널에 대한 특수 파일
> - /dev/lp : 라인 프린터에 대한 특수 파일
> - /dev/rmt : 테이프 디바이스에 대한 파일
> - /dev/dk : 분할된 디스크 장치에 대한 파일

이번에는 특수 파일에 대한 예제를 만들어 보자. 아래의 예제는 특수 파일(/dev/tty)을 이용하여 파일의 내용을 화면에 출력하는 프로그램이다. 유닉스에서 제공하는 cat 명령과 유사한 프로그램이다.

⟨showFile.c⟩
```c
#include <stdio.h>
#include <fcntl.h>

// 파일을 읽고 쓸 버퍼의 사이즈 선언
#define BUFLEN 256

int main(int argc, char *argv[])
{
    int readCnt, writeCnt;
    int readFile, ttyFile;
    char buffer[BUFLEN];

    // 프로그램을 실행시키면서 파라미터의 수가 정확한지 체크
    if(argc != 2)
    {
        printf("Usage: show filename \n\n");
        return -1;
    }

    // 버퍼로 읽어들일 파일을 open
    readFile = open(argv[1],O_RDONLY);
    if(readFile <0)
    {
        printf("%s file open failed!\n", argv[1]);
        return -1;
    }
```

```
        // 화면에 출력하기 위해 특수 파일인 /dev/tty를 연다.
        ttyFile = open("/dev/tty", O_WRONLY);
        if(ttyFile < 0)
        {
                printf("/dev/tty file open failed!\n");
                return -1;
        }

        // 파일을 읽고 복사를 한다. 파일의 끝에 이를 때까지 반복한다.
        for(readCnt = 1; readCnt > 0;)
        {
                readCnt = read(readFile, buffer, BUFLEN);
                writeCnt = write(ttyFile, buffer, readCnt);
        }

        // 파일 복사가 끝났으면 두 개의 파일을 모두 닫는다.
        close(readFile);
        close(ttyFile);
        return 0;
}
```

> **NOTE_** 코드를 보면 앞 절에서 작성했던 copy.c와 거의 유사하다는 것을 알 수 있다. 다만 파일에 write 하던 것을 /dev/tty로 변경한 정도와 argc의 개수가 다른 정도의 차이만 있다.

프로그램의 코딩이 끝났으면 다음과 같이 컴파일하고 실행해 보자.

```
[jshin(jshin):/Book/Unix/2/1]% cc -o showFile showFile.c
[jshin(jshin):/Book/Unix/2/1]% showFile showFile.c
```

> **NOTE_ sync( )**
> 유닉스 시스템이 시작되고 필요한 프로그램들을 실행시키고 나면 많은 내용의 디스크 파일 정보들이 시스템 메모리에 로딩되고 변경 및 업데이트가 된다. 이러한 때에 오류가 발생해 시스템에 문제가 생기거나 하면 디스크에는 이전 정보만 가지고 있거나 나쁜 경우에는 디스크 일부가 깨지는 문제도 발생할 수 있다.
>
> 이러한 문제들을 방지하려면 가끔 메모리 속의 내용을 디스크로 보내주는 작업이 필요하다. 특별히 시스템의 전원을 내리거나 리부팅을 할 경우에는 더욱 필요한데, 이러한 일이 가능하도록 만들거주는 시스템 명령어는 sync이다. 또한 C에서 sync() 함수를 이용하여 이러한 작업을 할 수도 있다.

02 표준 I/O 라이브러리

입력과 출력을 제어하는 시스템은 유닉스의 운영체제라 할 수 있는 커널로서 입출력을 담당하는 프로세스들과 파일 시스템의 접근을 관리하게 된다. 입출력을 위해 사용하는 시스템 호출의 대부분은 커널에서 제공하는 인터페이스를 활용하게 된다.

이때 사용하는 인터페이스에서 가장 많이 활용되는 것이 표준 I/O(입출력) 라이브러리이다. 표준 입출력 라이브러리는 파일을 접근하는 방법들에 대한 내용들과 자동 버퍼링에 대한 기능 등을 제공하고 있다. 이러한 고수준의 표준 입출력 라이브러리도 저수준의 라이브러리와 마찬가지로 시스템 호출 인터페이스를 사용하고 있다.

표준 I/O 라이브러리는 ANSI 표준을 따르는 C 언어에서 제공하는 라이브러리이기 때문에 유닉스만을 위한 특정 라이브러리가 아니다. 다른 플랫폼에서도 사용 가능한 라이브러리이므로 유닉스 환경에서 만들었어도 다른 플랫폼으로 쉽게 포팅할 수 있다.

표준 입출력 라이브러리에 있는 각종 함수들은 스트림을 이용하여 파일에 접근을 하게 된다. 이때 스트림은 파일과 함수 사이의 데이터의 흐름을 지칭하는 용어이다. 프로그램 속에서 스트림은 FILE 타입의 포인터로 활용이 된다. 표준 입출력 함수들은 대부분 FILE 타입의 포인터를 활용하여 필요한 파일에 대한 입출력 작업을 수행하게 된다.

먼저 FILE 구조체를 살펴보면 다음과 같다.

```
typedef struct _iobuf {
    int _cnt;
    unsigned char *_ptr;
    unsigned char *_base;
    char _flag;
    char _file;
} FILE;
```

가장 먼저 나오는 _cnt, *_ptr 그리고 *_base는 스트림에서 활용할 버퍼를 의미한다. 이때 _cnt는 포인터가 나타내는 위치에서부터 남아있는 문자의 개수를 나타내고, _ptr은 버퍼 내에 있는 문자의 현재 포인터를 나타낸다. 그리고 _base는 버퍼의 시작 부분을 포인터로 가리킨다.

_flag는 쓰기, 읽기 권한 등의 제어 사항을 표기하는 플래그이다. 이 플래그를 이용하여 해당 스트림이 어떤 권한을 가지고서 열려있는지를 확인할 수 있다. 마지막으로 _file은 파일과 스트림이 연결되었을 때 사용되는 파일 기술어를 뜻한다.

표준 I/O 라이브러리에서 제공하는 스트림에는 표준 입력, 표준 출력 그리고 표준 오류가 있다. 이러한 스트림은 FILE 포인터에 의해 이미 결정되어 있기 때문에 별도로 open을 할 필요는 없다. 다음은 각각의 표준 FILE 포인터를 나열한 것이다.

- ✓ stdin : 표준 입력, 파일 기술어 0
- ✓ stdout : 표준 출력, 파일 기술어 1
- ✓ stderr : 표준 오류, 파일 기술어 2

fopen과 fclose

스트림을 열기 위해 사용되는 루틴이 fopen이다. fopen은 1절에서 보았던 open에 대한 표준 I/O 라이브러리로 원하는 파일을 fopen을 통해 열고나면 FILE 타입의 포인터를 반환하게 된다. open으로 연 파일을 닫을 때 close를 사용했던 것과 같이 fopen를 통해 연 파일은 fclose를 이용하여 닫는다.

fopen( ) 함수를 이용할 때는 파일 이름과 파일에 대한 접근 모드를 지정해야 한다. 접근 모드를 지정할 때는 문자열을 이용하여 r, w 또는 a를 이용하게 된다. r은 읽기 모드로 파일을 여는 것이고 w와 a는 쓰기 모드를 파일을 여는 것이다. 다만 w는 기존의 파일 내용이 사라지지만 a는 기존의 내용 밑에 새로운 내용이 추가되는 것이 다르다.

그리고 쓰기 모드로 파일을 열었을 때, 해당 파일이 존재하지 않으면 새로운 파일이 생성이 된다. 다음은 fopen( )과 fclose( )의 간단한 사용 예이다.

```
char *filename;
FILE *file;

file = fopen(filename, "a");
fclose(file);
```

문자 읽기와 쓰기

표준 입출력 라이브러리에서 줄(라인) 단위로 문자를 가져오는 함수에는 gets( )와 fgets( )가 있다. gets( )는 표준 입력 장치인 stdin으로부터 문자열을 읽은 후 문자열을 버퍼에 저장하는 함수가 된다. 즉, 표준 입력 장치인 키보드로부터 타이핑된 문자열을 가져오는 것이다. fgets( )는 파일에 있는 문자열을 라인 단위로 읽어오는 함수다. gets( )와 fgets( )의 간단한 사용 예를 보면 다음과 같다.

```
char *buffer;
gets(buffer);

FILE *file;
file = fopen("xxx", "r");
fgets(buffer, 256, file);
```

이들 함수와 반대로 문자열을 라인 단위로 쓰는(출력)하는 함수는 puts( )와 fputs( )이다. puts( )는 표준 출력 장치인 stdout으로 문장을 출력하는 함수가 되며, fputs( )는 지정된 파일 속에 문자열을 라인 단위로 출력하는 함수가 된다. 이들 함수의 간단한 사용 예를 보면 아래와 같다.

```
char *buffer;
puts(buffer);

FILE *file;
file = fopen("xxx", "r");
fputs(buffer, file);
```

이번에는 지금까지 살펴보았던 fopen( )과 fclose( ) 그리고 라인 단위의 입출력을 함께 구현한 예제를 만들어 보자. 아래의 예는 키보드로 입력한 문장을 지정한 파일에 저장하는 프로그램이다. 즉, gets( )를 통해 문장을 입력받은 후, fputs( )를 통해 파일에 저장하게 된다. 그리고 키보드로부터 end를 입력받으면 프로그램은 종료하게 된다.

〈fileWrite.c〉
```
#include <stdio.h>
```

```c
int main(int argc, char* argv[])
{
    // write를 위해 FILE 포인터 변수 선언
        FILE *writeFile;
        char *buffer;

        // 프로그램을 실행시키면서 파라미터의 수가 정확한지 체크
        if(argc != 2)
        {
                printf("Usage: fileWrite filename \n\n");
                return -1;
        }

        // 입력받은 문장을 저장할 파일 열기, 실패하면 프로그램을 종료한다.
        writeFile = fopen(argv[1],"w");
        if(writeFile == 0)
        {
                printf("%s file open failed\n", argv[1]);
                return -1;
        }

        // 무한루프, break 문장을 통해 루프가 종료된다.
        while(1)
        {
        // gets()를 이용하여 키보드로부터 문장을 입력받는다.
                printf("INPUT DATA(QUIT-end) : ");
                gets(buffer);

        // 입력된 문장이 end 이면 break를 실행한다.
                if(!strncmp(buffer,"end",3))
                {
                        break;
                }

        // buffer의 끝에 '\n'를 덧붙인 후, fputs()를 이용하여 파일에 저장
                sprintf(buffer,"%s\n",buffer);
                fputs(buffer, writeFile);
        }

    // 파일을 닫는다.
        close(writeFile);
        return 0;
}
```

코딩이 끝났으면 다음과 같이 컴파일하고 실행을 해보자.

```
$ gcc -o fileWrite fileWrite.c
$ fileWrite
Usage: fileWrite filename

$ fileWrite data.txt
INPUT DATA(QUIT-end) : data1
INPUT DATA(QUIT-end) : data2
INPUT DATA(QUIT-end) : end
```

위와 같이 실행이 끝나면 data.txt 파일에 입력한 문장이 저장되어 있음을 확인할 수 있다. 지금까지 문자열을 라인 단위로 입출력하는 방법을 보았는데, 하나의 문자 단위로 입출력할 수도 있다. 이때 사용되는 함수가 getc( )와 putc( )이다. getc( )와 putc( )의 사용 예를 간단히 보면 다음과 같다.

```
FILE *istream, *ostream;
int oneChar;
oneChar = getc(istream);
putc(oneChar, ostream);
```

Binary(이진) 타입의 문자를 입출력할 때 사용되는 함수에는 fread( )와 fwrite( )가 있다. fread( )를 실행시키면 읽어들인 개수만큼 리턴하게 된다. 그리고 읽고자 하는 바이트만큼 (number)을 읽어서 버퍼(buffer)에 넣게 된다. fread의 간단한 사용 예를 보면 아래와 같다. 참고로 fwrite( )의 사용법은 fread( )와 동일하다.

```
FILE *istream;
char *buffer;
int size, number, retVal;
retVal = fread(buffer, size, number, istream);
```

sprintf와 fprintf

출력과 관련해 주목할 만한 함수로 sprintf( )와 fprintf( )가 있다. 이들 함수를 보기 전에 먼저 정리를 해둘 함수가 있는데 바로 printf( ) 함수이다. 왜냐하면 함수 내에서 사용하는 키워드의 사용법이나 출력을 수행하는 방법 등이 무척 유사하기 때문이다.

먼저, printf( ) 함수 내에서 정수 타입과 부동 소숫점(float) 타입의 변수를 위해 사용하는 키워드에는 다음과 같은 것들이 있다.

- ✓ %d : 부호가 있는 정수 타입
- ✓ %u : 부호없는 정수 타입
- ✓ %o : 8진수의 부호없는 정수 타입
- ✓ %x : 16진수의 부호없는 정수 타입
- ✓ %l : long타입 정수, %ld, %lu, %lo, %lx로 사용할 수 있다.
- ✓ %f : float 타입 또는 double 타입, 10진수 형식으로 출력
- ✓ %e : float 타입 또는 double 타입, 지수 형식으로 출력
- ✓ %g : %f와 %e의 혼합형

문자와 문자열 변수를 위해 사용하는 키워드는 다음과 같다.

- ✓ %c : char 타입의 문자
- ✓ %s : 문자열, 배열이나 char* 타입

sprintf( )도 printf( )와 동일한 키워드를 사용할 수 있는 출력용 함수이지만 printf( )와 사용 목적이 완전히 다르다. printf( )가 화면에 결과를 출력하기 위한 함수인 반면에 sprintf( )는 버퍼에 결과를 출력하는 함수이다. 특정 버퍼를 지정한 다음 그 속에 원하는 내용을 출력한 후, 해당 버퍼를 개발자가 사용하는 것이다.

sprintf( )를 이용하면 버퍼에 입력되는 문자열을 마음대로 조작할 수 있기 때문에 무척 유용하게 활용할 수 있다. Chapter 04에서 디스크 용량을 체크하는 쉘 프로그램과 이를 호출하는 C 프로그램에서 sprintf( ) 함수가 다음과 같이 사용된 것을 기억하고 있을 것이다.

```
int get_diskUsage(char *dir_name)
{
    ... ... ...
    /* cmd 문자열에 쉘 스크립트 이름과 디스크 이름을 입력한다. */
    sprintf(cmd, "%s %s", DUSCRIPTPATH, dir_name);
    ... ... ...
}
```

sprintf( )는 버퍼에 문자열을 입력하면서 printf( )에서 사용한 것처럼 %d나 %f를 사용할 수도 있다. 아래의 예제 파일을 보도록 하자.

⟨ex_sprintf.c⟩
```
#include <stdio.h>
#include <string.h>

int main()
{
        int intVal = 1234;
        char buf[64];

        sprintf(buf,"INTEGER VALUE is %d",intVal); /* sprintf를 이용하여 buf 조작 */
        printf("BUFFER: %s\n",buf); /* printf를 통해 buf 속의 내용 확인 */

        return 0;
}
```

프로그램 코드를 컴파일하고 실행시키면 다음과 같이 원하는 대로 버퍼에 문자열이 만들어진 것을 확인할 수 있다.

```
BUFFER: INTEGER VALUE is 1234
```

이번에는 fprintf( ) 함수를 살펴보도록 하자. fprintf( )는 출력 스트림에 원하는 내용을 출력하도록 만드는 함수이다. 앞 절에서 표준 출력 스트림으로 stdout이 있다고 했다. 따라서 표준 출력 스트림에 출력을 원하면 다음과 같이 사용하면 된다. 이때 fprintf( )의 사용법은 출력 스트림을 지정하는 것 외에는 printf( )와 유사하다.

```
fprintf(stdout, "....");
```

만일 표준 에러 스트림으로 출력을 원하면 다음과 같이 하면 된다.

```
fprintf(stderr, "....");
```

> **NOTE**_ 표준 출력/에러 스트림이 보통 모니터로 지정되어 있기 대부분의 경우 모니터 화면으로 출력될 것이다.

fprintf( )를 이용하면 지정된 파일에 원하는 내용을 입력할 수 있다. 로그를 남기는 경우를 생각해 보면 fprintf( )가 얼마나 유용한지 예측할 수 있을 것이다. 즉, 로그 파일을 지정한 후 printf( ) 대신 fprintf( )를 사용하여 출력을 수행하면 나중에 원하는 로그 파일에 그 내용이 모두 남을 것이다.

아래의 내용은 log.txt 파일을 열고 fprintf( )를 이용하여 로그를 남기는 간단한 예제이다.

⟨ex_fprintf.c⟩
```c
#include <stdio.h>
#include <string.h>

int main()
{
    FILE *file;
    file = fopen("./log.txt", "w");

    fprintf(stdout, "main() 함수가 실행되었습니다.\n");
    fprintf(file, "로그파일에 첫번째 로그를 남깁니다.\n");
    fprintf(file, "로그파일에 로그를 남깁니다.\n");
    fprintf(stderr, "두번째 로그는 에러입니다.\n");

    fclose(file);
}
```

위의 프로그램을 컴파일하고 실행해보자. 실행이 끝나고 나면 log.txt 파일에 fprintf( )를 통해 출력한 내용들이 남아 있음을 확인할 수 있다. 정형화된 출력을 지원하는 printf( )와 대비되는 입력 함수가 scanf( )인 것처럼, sprintf( ), fprintf( )와 대비되는 입력 함수가 있다. 바로 sscanf( ) 함수와 fscanf( ) 함수가 그것이다.

이들의 사용법은 scanf( )의 일반적인 사용법과 유사하다. 그리고 실행 결과는 sprintf( ), fprintf( )와 반대가 된다. 즉, sscanf( )의 경우는 버퍼에 있는 내용을 지정된 포인터에 입력을 하게되고, fscanf( )는 입력 스트림의 내용을 포인터에 입력하게 된다.

외부 프로그램 실행

표준 입출력 라이브러리 중 외부 프로그램을 실행시키는데 가장 많이 사용되는 함수가 system()이다. system() 함수의 인수로 실행 가능한 외부 프로그램을 세팅한 후 함수를 실행시키면 해당 프로그램이 실행된다. 예를 들어, ls -l 프로그램을 실행시키려면 다음과 같이하면 된다.

```c
#include <stdio.h>

int main()
{
        int result;
        result = system("ls -l");
        return 0;
}
```

위의 코드를 컴파일하고 실행하면 ls -l 명령어가 실행되는 것을 보게 된다. 만일 system() 호출에 실패하면 -1이 리턴이 된다. system()이 호출되면 해당 명령어의 수행이 끝날 때까지 시스템은 실행을 멈추게 된다.

system()의 경우 실행된 명령어의 결과를 얻어올 수 없다는 단점이 있다. 이를 해결하기 위해서는 외부 프로그램을 실행시킨 후 그 결과를 파이프에 넣도록 만들면 된다. 그런 다음 파이프에서 그 결과를 얻어오면 되는데, 이때 사용되는 함수가 바로 popen()과 pclose()이다. Chapter 04에서 쉘 프로그램을 호출하는 C 프로그램에서 사용된 함수도 바로 popen() 이었다.

기억을 되살리기 위해 Part I에서 사용된 코드의 일부를 보면 다음과 같다.

〈DiskUsage.c의 일부〉
```c
#include <stdio.h>
#include <string.h>

/*********************************************
 * 프로그램에서 사용하게될 스크립트(쉘 프로그램)
 *********************************************/
static const char* DUSCRIPTPATH = "./DiskUsage.sh";
```

```
int get_diskUsage(char *dir_name)
{
    int retval = 0;
    char cmd[256];
    char display[4] = "    ";
    /* 쉘 프로그램 파일을 담당할 파일 포인터 */
    FILE *fp;
    ... ... ...
    /* cmd 문자열에 쉘 스크립트 이름과 디스크 이름을 입력한다. */
    sprintf(cmd, "%s %s", DUSCRIPTPATH, dir_name);

    /* cmd 문자열을 이용하여 파일 포인터를 얻어온다.
     * 이때 파이프를 이용하기 위해 popen 함수를 이용한다.*/
    if ((fp = popen(cmd, "rw")) == NULL)
    { ... ... ... }
    /* 쉘 프로그램의 실행 결과를 cmd 문자열에 입력한다. */
    fread(cmd, 1, 4, fp);
    ... ... ...
    /* 파일 포인터와 파이프를 닫은 후, 결과값을 반환한다. */
    pclose(fp);
    return retval;
}
```

NOTE_ popen()으로 스트림을 열게 되면, pclose()를 이용하여 닫아야 한다.

스트림을 열고 사용하면서 간혹 스트림에 오류가 있는지 여부를 체크해야 하는 경우가 있다. 이때 사용할 수 있는 함수로 ferror( ), feof( ) 등이 있다. ferror( ) 함수는 스트림의 입출력에 오류가 있는지를 체크하는 함수이다. 그리고 feof( ) 함수는 스트림이 EOF에 도달했는지를 체크하는 함수이다. 이들의 간단한 사용 예는 다음과 같다.

```
int result;
FILE *file;
...
result = ferror(file);
result = feof(file);
```

> **NOTE_ 단말기(터미널)와 특성 변환**
>
> 사용자들은 단말기를 통해 시스템에게 전달하고자 하는 내용을 입력하고 원하는 정보를 출력받는다. 이때 생각했던 것보다 많은 일들이 발생하는데, 단말기에서 발생한 모든 일은 담당 커널이 처리를 한다.
>
> 이때 담당 커널은 소프트웨어적으로 구현된 장치 구동기를 의미하는데, 장치 구동기는 단말기 장치와 프로그램 사이의 문자 전송이 주목적인 프로그램이다. 흔히 단말기라고 하면 표준 입출력 장치를 의미하는데 이는 키보드와 모니터를 의미한다. 유닉스 시스템은 이들 표준 입출력 장치도 특수 파일의 하나로 인식하여 처리를 하고 있다.
>
> /dev 디렉토리 밑에 있는 특수 파일들에는 단말기를 위한 파일이 존재하는데, 예를 들면 다음과 같다.
>
> ```
> /dev/tty01
> /dev/tty02
> ```
>
> 쉘에서는 단말기의 특성을 변경하는 방법을 제공하고 있는데, 이때 사용하는 키워드는 stty이다. 1부 1장에서 ".cshrc" 파일의 예를 보이면서 stty 명령을 사용했던 부분을 보면 다음과 같다.
>
> ```
> stty erase '^H'
> stty intr '^C'
> stty kill '^K'
> ```
>
> 여기서 첫 번째 줄인 "stty erase ^H"을 살펴보면, erase는 삭제를 의미하고 ^H는 "Backspace" 키를 의미한다. 따라서 이 문장은 Backspace 키를 눌렀을 때 삭제가 이루어지도록 단말기에 세팅하는 문장이 된다.

03 STL을 이용한 파일 입출력

프로그램을 작성하다 보면 프로그램의 설정에 필요한 config 파일을 만들고 사용해야 할 경우가 있다. config 파일을 만들고 나면 이를 읽고 관리할 코드를 작성해야 하는데 그렇게 쉬운 일이 아니다.

이번 절에서는 이러한 config를 읽고 관리하는 예제를 작성하고자 한다. 예제에 사용되는 기법은 C++의 STL(표준 템플릿 라이브러리)로써 정확히는 map을 사용한다. map 템플릿을 간단히 소개하면, 자바에서 제공하는 Map 클래스와 유사한 것으로 Key와 Value의 집합으로 활용되며, 링크드리스트처럼 크기를 유동적으로 만들 수 있다.그리고 템플릿이므로 Key나

Value의 조합 모두를 개발자가 임의로 지정할 수 있다. 예를 들어 다음과 같이 map 템플릿을 이용하여 Key와 Value의 조합을 string과 string으로 지정했다면, Key에 해당하는 string을 이용하여 Value에 해당하는 string을 입력 및 조회할 수 있다.

```
typedef map<string, string> config_pair;
```

위와 같이 map 템플릿을 사용했으면 더 이상 map을 사용하지 않고 새로 정의된 타입은 config_pair를 이용하여 map에 해당하는 객체를 선언해야 한다. 간단한 예를 보면 다음과 같다.

```
config_pair value_map;
```

이제는 value_map을 이용하여 원하는 데이터를 입력하고 조회할 수 있다. value_map의 사용은 일반적인 배열의 사용과 유사하다. 하지만 배열과 달리 크기가 유동적으로 변하며, 인덱스가 정수가 아닌 개발자가 지정한 타입이 사용된다. 예를 들어, 위에서 정의한 value_map 속에 데이터를 입력하는 것을 보면 다음과 같다.

```
string Key, Value;
value_map[Key] = Value;
```

value_map 속에 있는 데이터를 조회하는 방법을 보면 다음과 같다.

```
string Value;
Value = value_map[Key];
```

이러한 map을 사용하여 config 파일의 내용을 저장하고 조회하는 예제를 만들어 보자. 예제에서 사용될 파일을 소개하면 다음과 같다.

- ✓ ConfigFile : 프로그램의 설정 내용이 들어있는 config 파일
- ✓ Config.h : Config 클래스의 프로토타입이 선언되어 있는 헤더 파일
- ✓ Config.cxx : config 파일의 내용을 읽은 뒤, 그 내용을 Map에 저장하고 관리하는 클래스 파일로서 config 파일의 각 문장을 체크한 후, 문제가 없는 라인만 map에 입력한다.

- ✓ Trace.cxx : Config 객체를 사용하여 config 파일에 있는 TRACE의 값이 On으로 설정되어 있는지 여부를 체크한다. main() 함수가 정의되어 있다.
- ✓ Makefile : 프로그램 파일들을 관리하는 make 파일

> **NOTE**_ 프로그램을 눈으로만 보지 말고 꼭 코딩, 테스트 및 변경 작업을 병행하기 바란다. 예제를 따라한 후에는 완전히 자기 것이 되도록…

그러면 먼저 ConfigFile의 내용을 보도록 하자.

```
# << 전체 시스템을 위한 Config File >>
TEMS_IP_ADDRESS=192.168.100.100
TEMS_MSG_QUEUE_KEY=9999

# Trace를 위한 세팅 테스트를 위해서만 TRACE=ON 할 것!
TRACE=ON
LOG_LEVEL=1
```

ConfigFile을 보면 #을 이용하여 코멘트 처리를 하는 것을 볼 수 있다. 따라서 config 파일을 읽고 관리할 때 #이 있으면 해당 문장의 관리를 생략해야 할 것이다. 그리고 중요한 config 파일의 경우, 시스템 변수를 이용하여 config 파일의 위치를 지정할 수 있다. 따라서 시스템 변수에 config 파일의 위치가 지정되어 있으면 그를 활용해야 하고, 그렇지 않으면 디폴트(default)로 지정된 파일을 config 파일로 활용해야 한다.

위의 config 파일은 "Key = Value"의 형태로 구성되어 있다. 따라서 map에 저장할 때에도 '='를 중심으로 왼쪽 값은 Key로 사용하고 오른쪽 값은 Value로 사용하면 된다. 그러면 이번에는 이러한 일련의 작업을 담당할 Config 클래스 파일을 보도록 하자. 먼저 Config 클래스의 프로토타입(Prototype)이 정의된 Config.h 파일의 소스를 보면 다음과 같다.

〈Config.h〉

```
#ifndef __CONFIG_H__
#define __CONFIG_H__

// 시스템 변수의 이름인 "CONFIG_FILE" 선언
#define CONFIG_FILE_ENV_VAR "CONFIG_FILE"

// key/value의 조합이 string/string 인 config_pair 타입 선언
```

```
typedef map<string, string> config_pair;

// 시스템 변수가 없으면 디폴트로 사용할 ConfigFile 위치 지정
static string DEFAULT_CONFIG = "./ConfigFile";

// Config 클래스
class Config
{
public:
    // 싱글톤 패턴 ( 메모리에 하나만 정의 ) 구현을 위한 instance() 함수 선언
        static Config* instance();

    // Config 클래스의 전체 작업을 수행하는 init() 함수 선언
        bool init();

    // key를 입력받은 뒤, map에서 value를 조회하고 리턴하는 함수 선언
        string get_valueFromMap(string keyVal);

private:
    // 싱글톤 객체 선언
        static Config* the_config;

    // 파일 스트림을 통해 파일을 읽고 map에 저장하는 함수 선언
        bool readCfgIntoMemory(ifstream *ifstr);

    // config_pair(map 타입)를 이용하여 value_map 객체 선언
        config_pair value_map;
};

#endif /* __CONFIG_H__ */
```

이번에는 Config.h에 선언된 함수들을 정의하고 구현한 Config.cxx 파일을 보도록 하자.

〈Config.cxx〉
```
/* Config OBJECT CXX file */
// STL을 사용하기 위해 using 사용
using namespace std;

#include <iostream.h>
#include <fstream.h>

#include <stdio.h>
```

```cpp
#include <stdlib.h>
#include <string.h>
#include <sys/types.h>

// string과 map 헤더 파일 include
#include <string>
#include <map>

#include "Config.h"

// 싱글톤 객체 초기화
Config* Config::the_config = 0;

/******************************************************************
 * DESCRIPTION : 싱글톤 객체를 반환하는 instance() 함수
 ******************************************************************/
Config*
Config::instance()
{
    // 객체가 null 이면 새로운 객체를 생성하고 그렇지 않으면 기존의 객체 반환
        if(!the_config)
        {
                the_config = new Config();
        }
        return (the_config);
}

/******************************************************************
 * DESCRIPTION : 1. CONFIG_FILE 전역 변수가 있는지 조사, 없으면 디폴트
 *     파일 사용. 2. 파일을 열고 이를 이용하여 readCfgIntoMemory 함수 호출
 ******************************************************************/
bool
Config::init()
{
        cout << "<< Config::init() 메소드>>" << endl;
    // 시스템 변수 체크, 없으면 디폴트로 지정된 파일 이름 사용
        char const *confFile = getenv(CONFIG_FILE_ENV_VAR);
        if(!confFile)
        {
                cout << "시스템 변수 조회 실패, 디폴트 파일 사용" << endl;
                confFile = DEFAULT_CONFIG.c_str();
        }
```

```cpp
    // config 파일을 사용하기 위해 ifstream 객체를 이용하여 file 열기.
        ifstream *cfgFilePtr = new ifstream(confFile, ios::in |
ios::nocreate);
        if( (!cfgFilePtr) || (cfgFilePtr->fail()) )
        {
                cout << "파일을 여는데 실패했습니다." << endl;
                return (false);
        }

    // ifstream 객체를 이용하여 readCfgIntoMemory() 함수 호출
        if(!readCfgIntoMemory(cfgFilePtr))
        {
                return (false);
        }
        delete cfgFilePtr;
        cfgFilePtr = 0;
}

/*********************************************************************
 * DESCRIPTION : config 파일을 읽고 map에 저장한다.
 *    문장 속에 공백이 있는지, #으로 시작되는지 체크한다.
 *********************************************************************/
bool
Config::readCfgIntoMemory(ifstream *ifstr)
{
        cout << "<< Config::readCfgIntoMemory() 메소드 >>" << endl;

    // ifstream 파일의 끝에 이를 때까지 while문 실행
        while(!ifstr->eof())
        {
        // getline을 이용하여 파일의 문장을 한 라인씩 버퍼에 저장
                char buf[256];
                ifstr->getline(buf, 256);

        // 버퍼가 공백이면 다음 라인으로 진행. 공백이 아니면 oneLine에 저장
                if(strcmp(buf, "") == 0)
                        continue;
                string oneLine(buf);

        // oneLine의 시작이 # 이면 다음 라인으로 진행
                if(oneLine[0] == '#')
                {
                        continue;
```

```cpp
                    }
                    else
                    {
                        // oneLine 속에 '='이 있는 체크. 없으면 잘못된 문장이므로
                        // 다음 라인으로 진행
                        int idx = oneLine.find("=");
                        if(idx == string::npos)
                        {
                            cout << "Line = " << oneLine.c_str() << endl;
                            cout << "config 문장속에 잘못된 라인 발견!" << endl;
                            continue;
                        }

                        // '='를 중심으로 key와 value를 나눈 뒤, map에 저장
                        string key = oneLine;
                        key.erase(idx);
                        string value = oneLine;
                        value.erase(0, idx+1);
                        value_map[key] = value;
                    }
            }
            return true;
}


/*********************************************************************
 * DESCRIPTION : key를 입력받은 뒤, value를 반환
 *********************************************************************/
string
Config::get_valueFromMap(string key)
{
        string value = value_map[key];
        return value;
}
```

지금까지 config 파일을 관리하는 주요 클래스인 Config 클래스를 살펴보았다. 이제는 Config 클래스를 사용하는 Trace.cxx 파일을 보도록 하자. Trace.cxx 파일 속에서 주의 깊게 봐야 하는 부분은 싱글톤으로 만들어진 Config 객체를 사용하는 부분과 Config 객체가 반환하는 TRACE의 value를 체크하는 부분이다.

〈Trace.cxx〉

```cpp
// Config 클래스를 활용하기 위해 동일한 헤더 파일들을 include
using namespace std;

#include <iostream.h>
#include <fstream.h>

#include <stdio.h>
#include <stdlib.h>
#include <string.h>
#include <sys/types.h>

#include <string>
#include <vector>
#include <map>
#include "Config.h"

// main() 함수 구현
int main()
{
    // Config 객체의 주요 함수인 init()호출
    if(Config::instance()->init())
    {
        cout << "MAIN() : Config 객체의 init() 메소드 실행 실패" <<endl;
        return -1;
    }

    // config 파일에서 TRACE 필드를 가져오는 첫 번째 방법
        const char* traceVal = Config::instance()->get_valueFromMap("TRACE").c_str();
        if(!strncmp(traceVal,"ON",2))
        {
                cout << "TRACE is ON" << endl;
        }

    // config 파일에서 TRACE 필드를 가져오는 두 번째 방법
        if((Config::instance()->get_valueFromMap("TRACE")).find("ON") != string::npos)
        {
                cout << "TRACE is ON" << endl;
        }

        return 0;
}
```

마지막으로 각 소스 파일을 컴파일하고 실행 파일을 만드는데 사용될 Makefile을 보도록 하자.

⟨Makefile⟩
```
# 컴파일러와 옵션을 지정한다.
CXX = CC
# CXX = c++
CCFLG = -g -I. -c

# 실행 파일을 지정한다.
TARGET = CheckTrace

# 소스파일과 오브젝트 파일을 지정한다.
SRCS = Config.cxx Trace.cxx
OBJS = Config.o Trace.o

.SUFFIXES: .cxx;

.cxx.o:
        $(CXX) $(CCFLG) $<

# Target
all : $(OBJS)
        $(CXX) -o $(TARGET) $(OBJS)

clean :
        rm $(OBJS)
        rm $(TARGET)
```

프로그램을 만드는 작업이 모두 끝났으면 다음과 같이 make를 실행하고 프로그램을 실행시켜 보자.

```
% make
c++ -g -I. -c Config.cxx
c++ -g -I. -c Trace.cxx
c++ -o CheckTrace Config.o Trace.o
% CheckTrace
<< Config::init() 메소드>>
시스템 변수 조회 실패, 디폴트 파일 사용
<< Config::readCfgIntoMemory() 메소드 >>
```

```
TRACE is ON
TRACE is ON
```

이번에는 시스템 변수를 선언한 후 프로그램을 실행시켜 보자. 그러려면 먼저 프로그램에서 사용하는 "CONFIG_FILE"에 대한 선언이 있어야 한다. 시스템 변수 선언은 Part I에서 설명한 바와 같이 C 쉘은 setenv를 사용하고 그외의 쉘은 export를 사용한다. 다음은 C 쉘에서 시스템 변수를 선언한 후 예제를 실행시킨 경우이다.

```
% setenv CONFIG_FILE ./ConfigFile
% CheckTrace
<< Config::init() 메소드>>
<< Config::readCfgIntoMemory() 메소드 >>
TRACE is ON
TRACE is ON
```

실행 결과에서 보듯이 "시스템 변수 조회 실패, 디폴트 파일 사용" 라는 에러 문장이 더 이상 나타나지 않는 것을 확인할 수 있다.

> **NOTE_** 참고로, 지금 작성한 예제는 향후 Part V에서 작성될 "종합 예제 시스템"의 config 파일 관리를 담당하는 모듈로 재활용된다.

이번 Chapter에서 다룬 내용들은 시스템 프로그래밍이나 기타 유닉스 프로그램 개발을 위한 필수적인 내용이기 때문에 잘 정리를 한 뒤 다음 Chapter로 넘어가기 바란다.

chapter 10 자원 관리

Chapter 10에서는 유닉스 시스템의 리소스를 관리하는 방법을 알아보고 이를 체크하는 프로그램을 작성하는 법을 다루고 있다. 유닉스 개발자들에게 종종 시스템 프로그래밍뿐만 아니라 시스템의 관리도 요구되기 때문에 유닉스 시스템의 관리에 대해 무관심해서는 안 된다.

그리고 시스템 관리에 대한 내용 중 개발자들이 기본적으로 알아두어야 할 사항들을 소개하고 있다. 시스템 Admin에 대한 내용은 간단히 한 챕터로 끝날 내용이 아니기 때문에 시스템 관리에 관심이 많은 독자들은 관련 서적을 보는 것과 시스템 다루는 것을 소홀히 해선 안될 것이다.

또한 시스템의 기능을 체크하는 프로그램 작성법을 소개하고 있는데, 이를 응용하면 시스템 정보를 체크하는 프로그램을 만들 수 있을 것이다. Chapter 10의 목차를 간략히 소개하면 다음과 같다.

1. 시스템 관리
2. 자원 관리 및 체크
3. 시스템 체크 프로그램

01 시스템 관리

유닉스 시스템을 관리한다는 것은 아주 많은 의미를 가지고 있다. 관리라는 것을 "잘 사용하도록 만들어 주는 것"이라고 생각한다면, 유닉스 시스템을 이용하여 실행하고 있는 모든 작업들이 제대로 실행되도록 만들어 주는 것이 이에 해당될 것이다.

예를 들어, 특정 애플리케이션의 구동을 위한 시스템이라면 해당 애플리케이션이 가장 잘 구동되도록 최적화하는 것이 시스템을 잘 관리하는 것이 될 것이다.

이렇게 개별적인 시스템의 목적에 따라 관리의 내용이 달라지지만 일반적인 유닉스의 관리를 위해 기본적으로 알아두어야 할 내용들이 있다. 이 책이 유닉스 시스템 관리자를 위한 책은 아니지만, 프로그래밍에 앞서 알아두어야 할 내용들을 살펴보도록 하자.

> **NOTE_** 1. 유닉스의 일반 사용자 근처에는 유닉스 관리자가 존재한다. 하지만 이상하게도 개발자 주위에는 관리자가 별로 없다. 그래서 유닉스 사용법을 잘 모르면 개발자 본인만 피곤하다.
> 2. 유닉스 관리자에 관심이 많다면 유닉스 OS의 설치에서부터 주요 소프트웨어의 설치와 사용, 네트워크 설정 및 관리 그리고 하드웨어 플랫폼 등 다양하게 공부를 많이 해야 한다. 어려운 내용들이지만 열심히 공부하면 전문가의 길이 그렇게 멀지만은 않다.

유닉스 부팅과 종료

개발자들이 유닉스를 처음 접했을 때 가장 먼저 알아두어야 하는 것이 시스템을 부팅시키고 종료시키는 것이다. 시스템을 개발하면서 종종 시스템을 종료하고 재부팅시켜야 할 때가 있다. 유닉스는 실행 레벨에 따라 단일 사용자 모드와 다중 사용자 모드 등 여러 모드로 부팅될 수 있다. 기본적으로는 레벨 3인 다중 사용자 모드에 시스템 자원 공유 모드로 부팅이 된다.

시스템 부팅 과정은 첫 번째 Boot PROM을 통해 하드웨어 자가 점검을 수행한다. 그런 다음 부트 블록에 있는 프로그램을 로딩하게 된다. 부트 블록에 있는 프로그램이 로딩되고 나면, 로딩된 프로그램이 실행되는 과정에서 커널들이 로딩이 된다. 커널의 로딩이 끝나면 커널 초기화 과정과 이를 위한 프로세스들이 구동된다.

시스템의 부팅 과정에서 커널의 내용이 메모리에 로딩이 된 후에는 /etc/rc* 디렉토리 속에 있는 명령어들이 실행되면서 각종 필요한 제어 작업을 수행한다. 만일 개발이 완료된 애플리케이션을 시스템의 부팅과 함께 구동되도록 만들고 싶으면 이 디렉토리들을 잘 활용하면 된다.

또한 특정 프로그램은 자동으로 실행되지 않도록 만들고 싶을 때도 이곳을 조작하면 된다. Sun 시스템 같은 경우 시스템이 부팅되면서 snmpdx 데몬이 자동으로 실행된다. 이는 네트워크 관리를 위한 프로그램인데, 이 데몬이 자동으로 실행되도록 만드는 스크립트 파일은 다음과 같은 곳에 위치하고 있다.

```
/etc/rc3.d/S76snmpdx
```

이때, 이 스크립트를 제거하거나 스크립트 파일을 변경하면 더 이상 자동 실행이 되지 않는다. 이와 같은 방법을 활용하면 특정 애플리케이션의 자동실행을 막거나 또는 부팅과 함께 자동 실행이 되도록 만들 수 있다.

시스템 부팅보다 더욱 중요한 작업은 종료 작업이다. 시스템을 종료할 때는 무엇보다도 다른 개발자들에 대한 배려가 필요하다. 최소한 다른 개발자들이 사용 중인 프로그램이나 코딩 중인 소스를 종료 및 저장하도록 만들어 주어야 한다. 그런 다음 sync 명령을 이용하여 현재 메모리상에 올라있는 데이터가 디스크로 내려가도록 만들어 준다. sync는 다음과 같이 쉘에서 실행시키면 된다.

```
$ sync
$ sync 10    <= 10번 실행
```

sync를 실행시키지 않으면 파일 시스템에 오류가 발생할 수 있기 때문에 주의가 필요하다. 마지막으로 halt나 reboot 명령을 수행하도록 한다. halt는 init 0와 같은 의미로 시스템을 종료시키는 작업을 하게 된다.

앞에서 실행 레벨을 언급했었는데 이를 간단히 살펴보면 다음과 같다. 먼저 0와 5는 종료 레벨을 의미하고, 1은 단일 사용자만 사용할 수 있는 관리자 레벨을 의미한다. 2와 3은 멀티유저 레벨인데 2는 리소스를 공유하지 않는 모드이고 3은 리소스를 공유하는 모드이다.

6은 리부팅을 시도하는 레벨로 디폴트인 레벨3으로 리부팅을 시도한다. 이때 실행 레벨을 변경하는 명령어는 init 명령어이기 때문에, 다음과 같은 방법으로 실행 레벨을 바꿀 수 있다.

```
$ init 1
```

종료를 위한 또 다른 명령어로 shutdown 명령어가 있다. shutdown은 init와 마찬가지로 시스템의 실행 레벨을 변경하기 위해 사용되기도 한다.

```
$ shutdown
```

reboot 명령어는 시스템이 자동으로 재부팅되도록 만들어 준다. 개발 과정에서 시스템을 재부팅할 필요가 있다면 halt 명령보다도 reboot 명령이 더 편할 것이다. 유닉스를 다시 켜기 위해 장비가 있는 곳까지 가지 않아도 되기 때문이다.

```
$ reboot
```

사용자 등록과 삭제

유닉스에서 개발 작업을 수행하기 위해 무엇보다도 사용자로 등록이 되어야 한다. 물론 기존에 등록되어 있는 다른 사용자의 ID로 로그인해서 작업을 해도 되지만 본인의 ID를 이용하는 것이 자신만의 환경 세팅이나 보안, 개발의 편의성 등을 위해 훨씬 좋다.

사용자를 등록하는 방법에는 명령어나 프로그램을 이용하여 자동으로 등록하는 방법과 등록에 필요한 파일을 수동으로 변경해서 사용자를 등록하는 방법이 있다. 자동으로 사용자를 등록시키는 명령어는 useradd 로 사용법은 다음과 같다.

```
usage:  useradd [-u uid [-o] | -g group | -G group[,group]...] | -d dir |
                -s shell | -c comment | -m [-k skel_dir] | -f inactive |
                -e expire | -A authorization [, authorization ...] |
                -P profile [, profile ...] | -R role [, role ...]]
                -p project [, project ...] login
        useradd -D [-g group | -b base_dir | -f inactive | -e expire
                -A authorization [, authorization ...] |
                -P profile [, profile ...] | -R role [, role ...]] |
                -p project
```

예를 들어, jyp라는 ID를 가진 사용자를 C 쉘을 기본 쉘로 하고 UID와 GID를 각각 1003과 10, 그리고 홈 디렉토리를 /home/jyp가 되도록 등록하려면 다음과 같이 프로그램을 실행시키면 된다.

```
$ useradd -d /home/jyp -g 10 -u 1003 -s /bin/csh jyp
```

> **NOTE_** 선 솔라리스를 이용하는 개발자들은 admintool 이라는 프로그램을 이용하여 간단히 사용자를 등록시킬 수 있다.

이번에는 프로그램을 이용하지 않고 수동으로 사용자를 등록시키는 방법을 살펴보자. 수동으로 등록시키는 방법에서 편집이 필요한 파일은 /etc/passwd와 /etc/group 파일로 둘다 유닉스 관리를 위해서 기본적으로 알아두어야 하는 파일이다.

/etc/passwd 파일은 사용자의 암호와 정보를 가지고 있는 파일이다. 이 파일에 있는 각각의 라인들은 모두 별개의 사용자와 연관있는 라인으로 다음과 같은 의미를 가지고 있다.

[사용자 계정] : [암호] : [사용자 ID] : [그룹 ID] : [Comment] : [홈 디렉토리] : [로그인 쉘]

예를 들어, ID가 jshin이고 홈 디렉토리는 /jshin, 쉘은 C 쉘을 사용하고 UID/GID가 1001/10 이면 passwd 파일에 다음과 같은 라인으로 저장이 된다.

```
jshin:x:1001:10::/jshin:/bin/csh
```

사용자 ID는 유일한(Unique) 키이기 때문에 동일한 ID가 여러 개 사용될 수 없다. 그리고 암호는 x로 표기가 되는데 이는 다른 사용자가 암호를 도용하는 일을 방지하기 위해서이다. 등록하고자 하는 사용자가 있으면 위의 형식에 맞게 /etc/passwd 파일에 입력하도록 한다.

이번에는 /etc/group 파일을 보도록 하자. 이 파일은 사용자들이 가입되는 그룹을 위한 파일이다. 이 파일도 각각의 라인이 개별적인 그룹을 위한 라인으로 다음과 같은 필드로 이루어진다.

[그룹 이름] : [암호] : [그룹 ID] : [사용자 리스트]

예를 들어 root 그룹을 위한 라인을 보면, 다음과 같이 그룹 ID가 0이고 사용자 리스트에 root가 있음을 알 수 있다. 암호 필드를 보면 아무것도 없는데 이는 일반적으로 그룹에는 암호를 지정하지 않기 때문이다.

```
root::0:root
```

등록하고자 하는 사용자를 그룹에도 가입시켰으면 마지막으로 사용자를 위한 홈 디렉토리를 만들어 준다. 그리고 해당 사용자가 홈 디렉토리를 제어할 수 있도록 chown 명령과 chmod 명령을 이용하면 된다.

지금까지의 과정을 이용하여 사용자를 가입시켜 보자. 예를 들어 newguy라는 아이디를 가지고 /home/newguy를 홈 디렉토리로, UID/GID를 각각 1010/100, 로그인 쉘을 C 쉘로 한다면 다음과 같은 과정을 수행한다.

1. /etc/passwd 파일에 다음 라인을 추가한다.
```
newguy:x:1010:100::/newguy:/bin/csh
```

2. /etc/group 파일에 다음 라인을 추가한다.
```
newgroup::100:newguy
```

3. /newguy 디렉토리를 만들고 owner를 newguy로 한다.
```
$ mkdir newguy
$ chown newguy newguy
```

등록된 사용자를 삭제하는 방법을 살펴보도록 하자. 삭제하는 방법에도 명령어를 이용하여 자동으로 처리하는 방법과 수동으로 가입자를 삭제하는 방법이 있다. 수동으로 삭제하는 방법은 가입자를 등록한 passwd 파일과 group 파일에서 해당 라인을 제거하고 가입자의 홈 디렉토리를 제거하면 된다.

자동으로 가입자를 삭제해주는 명령어는 userdel이다. 예를 들어, 앞에서 등록했던 newguy 사용자를 삭제하려면 다음과 같이 한다.

```
$ userdel newguy
```

참고로, 사용자를 등록하고 나면 패스워드를 변경할 필요가 있다. 유닉스 시스템을 관리하면서 특히 주의 깊게 다루어야 할 부분 중 하나가 바로 패스워드이다. 보안에서 발생하는 대부분의 문제를 패스워드 관리로 막을 수 있다는 것을 항상 기억해 두어야 한다.

패스워드를 정할 때는 다른 사람이 쉽게 예상할 수 없는 것을 이용해야 한다. 특히 슈퍼 유저의 패스워드는 공개를 막아야 하고 주기적으로 변경하는 것이 좋다. 쉘에서 사용자의 패스워드를 변경하는 명령어는 passwd로 다음과 같이 실행하면 된다.

```
$ passwd
Enter New password:
Re-enter New password:
```

프롬프트 상에서 새롭게 사용할 패스워드를 두 번 입력하고 나면 새로운 패스워드로 변경이 된다.

시스템 사용자의 정보 표시

finger 명령을 이용하면 시스템을 사용하고 있는 사용자에 대한 정보를 얻을 수 있다. 사용자를 지목하지 않고 그냥 finger 명령어를 실행시키면 현재 시스템을 사용하고 있는 사용자들이 나오게 된다. 이때 화면에 출력되는 정보에는 다음과 같은 것들이 있다.

- ✓ Login : 사용자의 로그인 ID
- ✓ Name : 사용자에 대한 정보(없을 수도 있음)
- ✓ TTY : 사용하는 터미널 이름
- ✓ Idle : idle 시간(분 단위)
- ✓ When : 사용자가 로그인을 한 시간
- ✓ Where : 외부에서 접속한 경우에는 IP 주소 등이 출력

다음은 finger를 실행한 결과를 보여주고 있다.

```
$ finger
Login       Name            TTY         Idle    When        Where
root        Super-User      console        17   Wed 01:01   :0
jshin       Jae H Shin      dtremote     1:46   Tue 23:47   192.168.8.110:0
```

만일 특정 사용자에 대한 정보를 보다 상세히 보고 싶으면, 명령과 함께 사용자의 ID를 입력하면 된다.

```
$ finger jshin
Login name: jshin
Directory: /jshin                           Shell: /bin/csh
On since Jan 13 23:47:59 on pts/4 from 192.168.8.110:0.0
2 minutes 53 seconds Idle Time
```

이때, 일부 내용을 사용자가 원하는 문구로 대체되도록 만들 수 있다. 홈 디렉토리에 .plan 파일을 만들어 두면, finger 명령을 사용했을 때 .plan 파일에 저장된 메시지가 출력된다. 예를 들어 .plan 파일에 "I'm going to take break for a while"이라는 메시지가 입력되어 있다고 하자. 그러면 다음과 같은 결과가 나온다.

```
$ finger jshin
Login name: jshin
Directory: /jshin                           Shell: /bin/csh
On since Jan 13 23:47:30 on dtremote from 192.168.8.110:0
1 hour 52 minutes Idle Time
No unread mail
Plan:
I'm going to take break for a while
```

또한 finger는 메일을 보내고자 하는 사람의 로그인 ID를 찾는데도 활용할 수 있다. 예를 들면 다음과 같다.

```
$ finger user@hostname
$ finger @hostname
```

finger 외에도 사용자에 대한 정보를 얻는 명령어가 있는데 'users', 'who', 'w' 등이 그것이다. users 명령을 실행시키면 다음과 같이 접속되어 있는 사용자의 ID만 간단히 나온다.

```
% users
root jshin
```

who 명령을 실행시키면 현재 로그인한 사용자와 사용하고 있는 터미널 정보 등 users보다 다양한 정보가 화면에 출력된다.

```
% who
root       console        1월 14 01:01    (:0)
jshin      dtremote       1월 13 23:47    (192.168.8.110:0)
jshin      pts/4          1월 13 23:47    (192.168.8.110:0.0)
root       pts/8          1월 14 01:01    (:0.0)
root       pts/7          1월 14 01:01    (:0.0)
```

w 명령어를 실행시키면 who에서 나온 정보에다 해당 사용자가 어떤 작업을 수행하는지 간단히 출력된다.

```
% w
   1:46오전   현재 가동중   2:04,   2 users,   로드 평균: 0.00, 0.01, 0.01
사용자    터미널              로그인@      휴지    JCPU    PCPU    활동
root      console            1:01오전      45                     /usr/dt/bin/
dtscreen  -mode blank
jshin     dtremote           11:47오후     1:59    7       3      w
jshin     pts/3              1:39오전      7                      /bin/csh
jshin     pts/4              11:47오후     3                      w
root      pts/8              1:01오전      45                     /sbin/sh
root      pts/7              1:01오전      45                     /sbin/sh
root      pts/9              1:01오전      45                     /sbin/sh
```

파일 시스템 관리

이번에는 파일 시스템의 관리에 대해 살펴보자. 가장 로우(low) 레벨부터 보면, 먼저 시스템에 물리적 자원인 하드 디스크를 새로 추가하는 과정을 들 수 있는데, 이를 단계별로 나열해보면 하드 디스크를 설치하는 첫 번째 단계는 디바이스 드라이버를 설치하는 것이다.

일반적인 경우 OS에서 하드 디스크 컨트롤러에 대한 디바이스 드라이버가 있기 때문에 특별히 디바이스 드라이버를 설치하는 과정을 거치지 않아도 된다. 만일 OS에서 하드 디스크 컨트롤러를 위한 디바이스 드라이버를 제공하는 않는 경우에는 하드 디스크 제조 회사를 통해 디바이스 드라이버를 구해서 설치하는 과정을 거쳐야 한다.

두 번째 단계는 하드 디스크를 포맷하고 파티션을 나누는 것이다. format 명령을 통해 포맷을 수행할 수 있는데, 대부분 하드 디스크 제작 회사에서 자체 포맷을 하기 때문에 따로 포맷하지 않아도 된다. 포맷 과정을 거쳤으면 파티션을 설정하는 작업을 해야 한다. 파티션 작업을 통해 하드 디스크를 원하는 형태로 나눠서 사용할 수 있다.

세 번째 단계는 파티션들 내에 파일 시스템을 생성하는 과정이다. 이때 사용할 명령어는 newfs로 새로운 파일 시스템을 생성하는 명령어이다. 새롭게 파일 시스템을 생성했으면 mount 명령을 이용하여 사용자들이 생성된 파일 시스템을 이용할 수 있도록 만들어 주어야 한다.

newfs 명령어의 사용법은 다음과 같다.

```
% newfs
usage: newfs [ -v ] [ mkfs-options ] raw-special-device
where mkfs-options are:
        -N do not create file system,
just print out parameters      -s file system size (sectors)
        -b block size
        -f frag size
        -t tracks/cylinder
        -c cylinders/group
        -m minimum free space %
        -o optimization preference (space' or time')  -r revolutions/
minute
        -i number of bytes per inode
        -a number of alternates per cylinder
        -C maxcontig
        -d rotational delay
        -n number of rotational positions
```

newfs는 이미 존재하는 파일 시스템을 제거할 때도 사용할 수 있다. 이 명령을 통해 디렉토리를 만들 수 있는 골격과 i-node를 저장할 수 있는 공간이 만들어진다. 파일 시스템을 작성했으면 파일 시스템을 체크하는 과정을 수행할 필요가 있다.

파일 시스템을 체크하는데 사용되는 명령어는 fsck이다. fsck를 이용하면 여러 단계를 밟으며 파일 시스템을 체크하게 된다. 또한 fsck 에는 파일 시스템을 복구하는 기능도 가지고 있다. fsck는 다음과 같이 실행할 수도 있고 디렉토리를 지정하여 실행할 수도 있다.

```
% fsck
** /dev/rdsk/c0d0s0
** Currently Mounted on /
** Phase 1 - Check Blocks and Sizes
** Phase 2 - Check Pathnames
** Phase 3 - Check Connectivity
** Phase 4 - Check Reference Counts
** Phase 5 - Check Cyl groups
264121 files, 8900967 used, 8230498 free (36234 frags, 1024283 blocks,
0.2% fragmentation)
```

생성된 파일 시스템을 사용자들이 사용하도록 만들려면 mount 과정을 거쳐야 된다고 했다. 먼저 아래와 같이 mount를 실행시키면 현재 mount 되어 있는 내용이 화면에 출력 된다.

```
% mount
/ on /dev/dsk/c0d0s0 read/write/setuid/intr/largefiles/onerror=panic/
dev=1980000 on 수  1월 14 21:54:55 2004
/proc on /proc read/write/setuid/dev=2d40000 on 수  1월 14 21:54:54
2004
/dev/fd on fd read/write/setuid/dev=2e00000 on 수  1월 14 21:54:56
2004
/etc/mnttab on mnttab read/write/setuid/dev=2f00000 on 수  1월 14
21:54:59 2004
/var/run on swap read/write/setuid/dev=1 on 수  1월 14 21:54:59 2004
/tmp on swap read/write/setuid/dev=2 on 수  1월 14 21:55:00 2004
```

새롭게 생성한 파일 시스템을 mount 시키는 간단한 예를 보면 다음과 같다.

```
% mount /newdir /dev/dsk/c0t0d0s1
```

mount된 내용을 해제하려면 unmount 명령어를 이용하면 된다. 예를 들어 다음과 같이 실행하도록 한다.

```
% mount /newdir    <= 또는 % mount /dev/dsk/c0t0d0s1
```

파일 시스템을 변경하거나 삭제할 때 경험이 많은 관리자는 백업을 잊지 않는다. 백업은 시스템을 개발하는 개발자에게도 필수적인 것이다. 시스템을 개발하는 과정에서 백업을 하지 않아서 작업한 내용을 날려버리고 고통스러워하는 개발자를 많이 보았다.

유닉스에서 백업을 할 때 그동안 많이 애용한 것이 tape였다. 요즘은 PC의 하드 디스크가 저렴하고, CD-ROM writer기가 많이 보급되어 있기 때문에 PC의 하드 디스크나 CD-ROM으로 구워서 보관하는 경우가 더 많다.

백업을 하려면 먼저 백업하고자 하는 파일 시스템의 용량을 확인하는 과정이 필요하다. 이때 사용하는 명령어로 du가 있다. 다음과 같이 du를 실행해보면 사이즈를 확인할 수 있다.

```
$ du -sk
```

> **NOTE**_ du에서 사용한 옵션인 s와 k는 각각 총 기억 장소를 표시하라는 것과 사용 단위를 KByte로 사용하라는 것을 의미한다.

사이즈가 생각보다 크면 압축하는 과정이 필요하다. 만일 압축으로도 안된다면 파일을 나눠서 백업하는 걸 고려해야 한다. 백업하기 위해서는 먼저 Part I에서 살펴보았던 tar 명령을 활용하는 것이다. tar를 이용하여 전체 파일들을 하나로 묶는 것이 필요하다. tar를 통하여 현재 디렉토리와 서브 디렉토리 및 파일들을 onefile.tar 파일로 묶는 예는 다음과 같다.

```
% tar cvf onefile.tar .
```

테이프의 경우에는 다음과 같이 한다.

```
% tar cvf /dev/rmt/0 .
```

onefile.tar 파일이 생성되었으면 이를 압축할 필요가 있다. 이때 많이 사용하는 명령으로 compress와 gzip을 들 수 있다. 각각의 사용법을 보면 다음과 같다.

```
% compress onefile.tar
% gzip -1 onefile.tar           <= -1 : compress faster
% gzip -9 onefile.tar           <= -9 : compress better
```

압축을 수행하고 나면 compress 명령의 경우에는 확장자가 .Z인 파일이 생기고, gzip의 경우에는 .gz인 파일이 생성된다. 이제 압축된 파일을 이용하여 백업 작업을 수행하면 한결 관리가 편해진다. 마지막으로 압축된 파일을 해제하고 untar를 하려면 다음과 같이 실행한다.

```
% uncompress onefile.tar.Z
% gzip -d onefile.tar.gz
% tar xvf onefile.tar
```

tar를 이용하여 테이프에 백업했을 때는 다음과 같이 tar를 이용하여 테이프에서 가져오도록 한다.

```
% tar xvf /dev/rmt/0
```

테이프 디바이스를 이용하여 백업 작업을 수행할 때는 cpio 명령을 이용하는 것이 효과적이다. cpio 명령을 이용하면 파일을 여러 테이프에 나눠 백업할 수 있다. 다음은 cpio의 사용법 및 옵션을 보여주고 있다.

```
cpio -i[bcdfkmrstuvBSV6] [-C size] [-E file] [-H hdr] [-I file [-M msg]] [-R id] [patterns]
cpio -o[acvABLV] [-C size] [-H hdr] [-O file [-M msg]]
cpio -p[adlmuvLV] [-R id] directory
```

예를 들어, 파일들을 테이프 장치(/dev/rmt/0)에 넣는다면 다음과 같이 하도록 한다.

```
% find . -print | cpio -ovcB > /dev/rmt/0
```

cpio 명령어를 이용하여 테이프에 백업을 했으면 다시 cpio를 이용하여 디스크로 옮겨와야 한다. 이때는 다음과 같이 실행하도록 한다.

```
% cpio -ivcB < /dev/rmt/0
```

> **NOTE_ dump**
>
> 백업과 관련된 유닉스에서 가장 오래된 명령어는 dump 명령어이다. dump는 tar 등과 달리 전체 파일을 백업하는 것이 아니고 변화가 발생한 파일만 백업하는 부분 백업에 해당하는 명령어이다. dump의 사용법은 다음과 같다.
>
> ```
> Usage: dump [-agcd:fhn:oprstvCLT:V?] file(s) ...
>                 [-a dump archive header of each member of archive]
>                 [-g dump archive global symbol table]
>                 [-c dump the string table]
>                 [-d dump range of sections]
>                 [-f dump each file header]
>                 [-h dump section headers]
>                 [-n dump named section]
>                 [-o dump each program execution header]
>                 [-p suppress printing of headings]
>                 [-r dump relocation information]
>                 [-s dump section contents]
>                 [-t dump symbol table entries]
>                 [-v print information in verbose form]
>                 [-C dump decoded C++ symbol names]
>                 [-L dump the .dynamic structure]
>                 [-T dump symbol table range]
>                 [-V dump version information]
> ```

02 자원 관리 및 체크

이번에는 시스템의 리소스를 효율적으로 체크할 수 있는 방법들을 살펴보자. 이번 절에서 공부한 내용을 바탕으로 3절에서 프로그램을 작성하게 된다. 먼저 입출력과 관련된 내용을 보도록 하자.

유용한 유틸리티

이번 절에서는 유용한 유틸리티에 대해 알아보도록 하자.

■ iostat

입출력을 체크하기 위해 유용하게 사용할 수 있는 유틸리티로 iostat가 있다. iostat는 터미널이나 CPU, 커널 입출력의 통계 자료를 화면에 출력한다. iostat을 처음 실행하면 시스템이 가동된 후의 평균값을 출력하기 때문에 그렇게 큰 의미가 없다. 하지만 시간 간격을 두고 지속적으로 실행을 시키면 해당 시간에 대한 평균적인 입출력 통계를 구해주기 때문에 많은 도움을 받을 수 있다.

다음은 iostat을 실행시킨 예를 보여주고 있다.

```
% iostat
    tty         cmdk0           fd0            sd0             nfs1
cpu
 tin tout   kps tps serv   kps tps serv   kps tps serv   kps tps serv    us sy wt id
   0   3    59  6   42     0   0   0      0   0   0      0   0   0      1  3  4 92
```

iostat을 실행하면서 옵션을 활용하면 원하는 데이터를 보다 효과적으로 얻을 수 있다. iostat의 사용법 및 옵션을 나열하면 다음과 같다.

```
Usage: iostat [-cCdDeEImMnpPrstxz] [-l n] [T d|u] [disk ...] [interval [count]]
        -c:     report percentage of time system has spent
                in user/system/wait/idle mode
        -C:     report disk statistics by controller
        -d:     display disk Kb/sec, transfers/sec, avg.
                service time in milliseconds
        -D:     display disk reads/sec, writes/sec,
                percentage disk utilization
        -e:     report device error summary statistics
        -E:     report extended device error statistics
        -I:     report the counts in each interval,
                instead of rates, where applicable
        -l n:   Limit the number of disks to n
        -m:     Display mount points (most useful with -p)
        -M:     Display data throughput in MB/sec instead of Kb/sec
        -n:     convert device names to cXdYtZ format
        -p:     report per-partition disk statistics
        -P:     report per-partition disk statistics only,
                no per-device disk statistics
        -r:     Display data in comma separated format
        -s:     Suppress state change messages
```

```
-T d|u    Display a timestamp in date (d) or unix time_t (u)
-t:       display chars read/written to terminals
-x:       display extended disk statistics
-z:       Suppress entries with all zero values
```

■ vmstat

시스템이 사용하고 있는 프로세스, 디스크, CPU 그리고 가상 메모리 등에 대해 커널이 가지고 있는 정보를 체크하는 유틸리티는 vmstat이다. vmstat을 이용하면 현재 메모리의 할당량, CPU의 사용률 등 다양한 정보를 얻을 수 있다. vmstat의 사용법은 다음과 같다.

```
Usage: vmstat [-cipsS] [disk ...] [interval [count]]
```

다음은 vmstat을 실행한 결과를 보여주고 있다.

```
% vmstat
 procs     memory            page            disk       faults      cpu
 r b w   swap  free   re  mf pi po fr de sr cd f0 s0 --   in   sy   cs us sy id
 0 0 0 630428 178044   8  28 26  0  0  0  3  0  0  0     207  188  249 0 2 98
```

■ netstat

시스템이 사용하고 있는 네트워크의 상태를 체크하는데 사용하는 유틸리티로 netstat이 있다. netstat은 각 네트워크의 프로토콜들이 사용하고 있는 소켓들의 상태를 화면에 출력해 준다. 이를 이용하여 네트워크에서 사용하고 있는 포트의 상태 뿐 아니라 네트워크의 상태를 확인할 수 있다.

```
% netstat
TCP: IPv4
   Local Address        Remote Address       Swind Send-Q Rwind Recv-Q State
   -------------------- -------------------- ----- ------ ----- ------ -------
   jshin.32780          192.168.8.110.6000   17276      0 66608      0
```

```
            ESTABLISHED
            ... ... ...
            localhost.32773       localhost.32809         73620        0 73620           0
            ESTABLISHED

            Active UNIX domain sockets
            Address    Type           Vnode       Conn     Local Addr        Remote Addr
            e1596d88   stream-ord  e1280860    00000000    /tmp/.X11-unix/X0
            e1596ea8   stream-ord  00000000    00000000
```

네트워크 프로그램을 작성하다보면 netstat의 도움을 많이 받게 된다. netstat은 옵션에 따라 나오는 값이 달라지는데 많이 사용하는 옵션과 실행 결과를 간단히 살펴보면 다음과 같다. 먼저 –m을 이용하면 스트림 할당에 대한 통계 정보가 나온다.

```
% netstat -m
streams allocation:
                                          cumulative    allocation
                     current    maximum       total      failures
    streams            195        216          887          0
    ... ... ...
    qband               2         127           2           0

385 Kbytes allocated for streams data
```

–i 옵션을 이용하면 설치되어 있는 네트워크 인터페이스와 관련된 통계 정보가 다음과 같이 출력된다.

```
% netstat -i
Name  Mtu   Net/Dest      Address      Ipkts    Ierrs  Opkts   Oerrs  Collis
Queue
lo0   8232  loopback      localhost    6452     0      6452    0      0        0
elx0  1500  192.168.8.0   jshin        38944    0      37567   0      474      0
```

–r 옵션을 이용하면 통신을 위해 설정된 라우팅 테이블에 대한 정보가 화면에 출력된다.

```
% netstat -r
Routing Table: IPv4
  Destination          Gateway              Flags  Ref   Use      Interface
---------           -------------------   -----  -----  ------   ---------
192.168.8.0            jshin                U      1      2      elx0
224.0.0.0              jshin                U      1      0      elx0
localhost              localhost            UH    12    6416     lo0
```

■ top

시스템 및 프로세스들을 체크하기 위해 요즘 가장 많이 활용되고 있는 유틸리티가 top이다. top은 GNU 프로젝트에서 탄생한 프로그램으로 vmstat과 ps 명령어를 합친 것 같은 프로그램으로 전체 시스템의 CPU/메모리 사용량 등을 화면에 출력해 준다.

특히 top을 통해 효과적으로 체크할 수 있는 것은 현재 실행 중인 프로세스들에 대한 CPU/메모리 점유율 등으로, 점유율이 높은 프로세스의 순서대로 화면에 나오게 된다. 그리고 특별한 옵션없이 top을 실행시켜도 종료하지 않고 화면 상에서 주기적으로 프로세스들을 모니터링하게 된다.

따라서 자신이 개발한 프로세스나 특별히 체크가 필요한 프로세스의 경우, top을 이용하면 효과적으로 체크할 수 있다. 다음은 top의 실행 예이다.

```
% top
load averages:  0.00,  0.00,  0.03
00:52:39
54 processes:  52 sleeping, 1 running, 1 on cpu
CPU states: 99.8% idle,  0.0% user,  0.2% kernel,  0.0% iowait,  0.0% swap
Memory: 256M real, 176M free, 42M swap in use, 615M swap free

   PID USERNAME THR PRI NICE  SIZE   RES  STATE   TIME    CPU  COMMAND
   595 jshin      1  58    0  1664K  888K cpu     0:00   0.07% top
   516 jshin      1  59    0  6740K 4576K sleep   0:00   0.04% dtterm
   426 jshin      8  58    0  9260K 7516K sleep   0:02   0.00% dtwm
   225 root       1  58    0   820K  472K run     0:00   0.00% utmpd
   367 jshin      1   0    0  2488K 1584K sleep   0:00   0.00% htt
   237 root       1  10    0   812K  480K sleep   0:00   0.00% htt
   440 jshin      1  28    0  1204K  916K sleep   0:00   0.00% csh
   229 root       1  31    0  1360K  760K sleep   0:00   0.00% smcboot
```

```
       58 root              5   32     0 1084K  560K sleep      0:00   0.00%
syseventconfd
      515 jshin             1   39     0 2736K 1872K sleep      0:00   0.00% dtexec
      164 daemon            4   40     0 2084K 1308K sleep      0:00   0.00% statd
      294 root              3   41     0 4288K 1968K sleep      0:00   0.00% dtlogin
      230 root              1   41     0 1360K  488K sleep      0:00   0.00% smcboot
      181 root              8   44     0 2956K 1324K sleep      0:00   0.00% syslogd
      278 root              3   48     0 4120K 1700K sleep      0:00   0.00% dtlogin
```

NOTE_ 유닉스 시스템은 자기 자신뿐 아니라 원격지로 접속된 시스템의 정보도 모니터링 할 수 있다. 이때 사용하는 명령어는 rup로 실행 예를 보면 다음과 같다.

```
% rup
              jshin     up    1:28,     load average: 0.00, 0.00, 0.01
```

유용한 명령어

시스템 정보나 리소스 정보를 체크하는데 유용하게 사용할 수 있는 명령어들을 알아보도록 하자. 또한 중요 파일을 모니터링하거나 검색하는 방법 등에 대해서도 알아보자.

■ ulimit

유닉스가 가지고 있는 리소스들을 검색하거나 리소스의 사용에 제한을 가할 수가 있는데, 이때 사용하는 명령어는 ulimit이다. ulimit 명령어가 사용하는 주요 옵션들을 간단히 살펴보면 다음과 같다.

- ✓ -a : 리스트들 디스플레이
- ✓ -c : 코어 덤프 파일의 최대 크기, 단위 512 Byte
- ✓ -d : 스택 세그먼트의 최대 크기, 단위 KByte
- ✓ -v : 가상 메모리의 최대 크기, 단위 KByte

현재 리소스의 리스트를 디스플레이하는 것이 -a 옵션이라고 했는데 이 옵션을 이용하여 ulimit 명령을 실행하면 다음과 같은 화면이 나타난다.

```
% ulimit -a
시간 (초)                    무제한
파일 (블록)                  무제한
데이터 (킬로바이트)          무제한
스택 (킬로바이트)            8480
코어 덤프 (블록)             무제한
통지 (설명자)    256
vmemory (킬로 바이트)        무제한
```

■ time

프로세스가 실행되는 동안 걸린 시간을 측정하는 도구로 time 명령어가 있다. time과 함께 실행하고자 하는 명령어를 입력하면 명령이 실행되는데 사용한 시간이 표시가 된다. 간단한 사용 예를 보면 다음과 같다.

```
$ time vi temp.txt
:q                       <= vi 종료
real    0m4.92s
user    0m0.01s
sys     0m0.03s
```

time 명령을 실행하면 real, user, sys로 시간이 표시가 되는데, 이 의미는 프로그램 실행에 걸린 총 시간, 프로그램에 걸린 사용 시간, 프로그램에 걸린 시스템 시간을 각각 의미한다. 참고로 C 쉘에서 위와 같은 결과를 얻으려면 /usr/bin/time 디렉토리 밑의 프로그램을 실행해 주면 된다.

■ Date

시스템이 가지고 있는 날짜와 시간을 출력하거나 세팅할 때 사용하는 명령어는 date인데, 실행 화면을 보면 다음과 같다.

```
% date
2004년 1월 14일 수요일 오전 01시 17분 46초
```

date 명령은 사용자가 원하는 폼으로 출력 양식을 변경할 수 있다. 예를 들어 날짜와 시간을 일반적인 타입으로 변경하고 이를 각각의 라인으로 출력하려면 다음과 같이 하면 된다.

```
$ date '+DATE: %m/%d/%y%nTIME: %H:%M:%S'
DATE: 01/14/04
TIME: 01:19:14
```

■ **파일 표시와 검색**

시스템을 개발하면서 원하는 내용을 가진 파일을 검색하거나 특정 파일의 내용을 모니터링하거나 할 필요가 있다. 이때 효과적으로 사용할 수 있는 명령어들을 살펴보도록 하자. 먼저 찾고자 하는 스트링을 가진 파일을 찾는 방법을 알아보자. 파일을 찾는 find 명령과 파일 내부를 검색하는 명령인 grep을 조합하여 원하는 string을 찾는 방법은 다음과 같다.

```
% find . -name "*" -exec grep -l string {} \;
```

만일 대상이 되는 파일의 확장자가 .c이고 스트링이 "jshin"이라면 다음과 같이 변형해서 사용하면 된다.

```
% find . -name "*.c" -exec grep -l jshin {} \;
```

현재 path로 경로가 지정되어 있는 디렉토리 내에서 찾고자 하는 파일이 어디에 있는지 검색하려면 다음과 같이 where 또는 which 명령어를 사용하면 된다.

```
$ where filename
$ which filename
```

파일의 내용을 단순히 보고 싶으면 다음과 같은 명령어들을 이용한다.

```
$ cat filename | more      <= 파일의 내용을 한 화면 씩 출력
$ pg filename
$ head filename            <= 파일의 머리 부분 출력
$ tail filename            <= 파일의 꼬리 부분 출력
```

여기서 개발자들이 유의해서 봐야하는 명령어는 tail 명령어이다. tail 명령어를 -f 옵션과 함

께 사용하면 파일에 추가되는 내용을 실시간으로 계속 모니터링 할 수 있다. 예를 들어, 로그 파일을 이용하여 프로그램 실행을 검사해야 한다면 tail 명령어로 로그 파일을 지정한다.

그런 다음 실시간으로 로그 파일에 추가되는 내용을 확인하도록 한다. 실행 예는 다음과 같다.

```
$ tail -f LogFile
```

> **NOTE_ root로 telnet 접속하기**
>
> 유닉스 시스템의 로그인에서 일반적으로 root 계정으로는 직접 로그인을 못하도록 막고 있다. 보안 등의 이유로 root 계정의 접근을 막는 것이 바람직하지만 필요에 따라 root 계정의 접근을 허용해야 할 때도 있다. 이러한 경우에는 다음과 같이 해주면 root 계정으로 접속이 가능하다.
>
> 먼저, /etc/default/login 파일을 vi 에디터 등으로 연다. 그런 다음 CONSOLE로 시작되는 문장을 찾도록 한다. 그러면 아래와 같은 문장이 나타날 것이다.
>
> ```
> # If CONSOLE is set, root can only login on that device.
> # Comment this line out to allow remote login by root.
> #
> CONSOLE=/dev/console
> ```
>
> 영문으로 설명된 바와 같이, CONSOLE로 시작되는 문장을 코멘트 처리(# 기호 이용)하고 나면 root 계정으로 로그인을 할 수 있다. root 계정으로 접속할 이유가 사라지고 나면 다시 이 부분의 코멘트를 해제하여 root 계정의 접속을 막도록 한다.

03 시스템 체크 프로그램

1절과 2절에서 살펴본 내용을 바탕으로 시스템을 체크하는 프로그램을 만들어보도록 하자. 날짜와 시간을 구하는 프로그램을 만들어보고, 시스템을 체크하는 쉘 프로그램을 작성한다. 그런 다음 마지막으로 이들을 사용하는 체크 프로그램을 만들어 본다.

날짜와 시간

가장 먼저 작성할 프로그램은 시스템에서 날짜를 구한 뒤, 이를 YYYYMMDD 형태로 변형하여 화면에 출력하는 프로그램이다. 이때 활용되는 주요 함수는 time( )과 localtime( ), 그리고

strftime( )이다. 소스 코드를 보면 다음과 같다.

⟨getDate.c⟩
```c
/* 헤더 파일 include. time.h를 포함하도록 한다. */
#include <stdio.h>
#include <time.h>

/* 날짜를 구한 뒤 이를 반환하는 함수 getDate() */
char* getDate(void)
{
    /* time_t 구조체를 이용하여 curtime 변수 선언 */
        time_t curtime;
    /* tm 구조체를 이용하여 loctime 변수 선언 */
        struct tm *loctime;
    /* YYYYMMDD 형태로 저장하는데 사용할 문자배열 선언 */
        static char datedt[10 + 1];
    /* time()과 localtime()을 이용하여 curtime과 loctime에 값을 입력한다. */
        curtime = time(NULL);
        loctime = localtime(&curtime);
    /* strftime()을 이용하여 loctime을 YYYYMMDD로 포맷한 후, datedt를 채운다. */
        strftime(datedt, 10 + 1, "%Y%m%d", loctime);

        return datedt;
}

/* 메인 함수, printf() 함수 속에서 getDate() 함수를 호출한다. */
int main(void)
{
        printf("DATE : %s\n\n",getDate());
        return 0;
}
```

프로그램의 작성이 끝났으면 다음과 같이 컴파일 한 후, 실행을 해보자.

```
% cc -o getDate getDate.c
% getDate
DATE : 20040115
```

이번에는 날짜뿐만 아니라 시간까지 화면에 출력을 해보자. 출력하는 형태는 시스템 개발에서 많이 사용하는 타임스탬프(TimeStamp) 형태인 "YYYY-MM-DD, HH:MM:SS" 포맷으로 출력한다. 소스 코드를 보면 다음과 같다.

〈getTime.c〉
```c
#include <stdio.h>
#include <time.h>

/* 현재 시간을 타임스탬프 형태로 변환하는 getTime() 함수 */
char* getTime(void)
{
    /* time_t 구조체를 이용하여 curtime 변수 선언 */
        time_t curtime;
    /* tm 구조체를 이용하여 loctime 변수 선언 */
        struct tm *loctime;
    /* 타임스탬프 형태로 저장하는데 사용할 문자배열 선언 */
        static char datedt[22];
    /* time()과 localtime()을 이용하여 curtime과 loctime에 값을 입력한다. */
        curtime = time(NULL);
        loctime = localtime(&curtime);
    /* strftime()을 이용하여 loctime을 YYYYMMDD로 포맷한 후, datedt를 채운다. */
        strftime(datedt, 22, "%Y-%m-%d, %T", loctime);

        return datedt;
}

/* 메인 함수, printf() 함수 속에서 getTime() 함수를 호출한다. */
int main(void)
{
        printf("TIME : %s\n\n",getTime());
        return 0;
}
```

소스 작성이 끝났으면 다음과 같이 컴파일하고 프로그램을 실행해 보자.

```
% cc -o getTime getTime.c
% getTime
TIME : 2004-01-15, 02:26:38
```

시스템 명령어를 이용한 시스템 체크

이번에는 앞 절에서 사용했던 시스템 체크 명령어들을 활용하는 쉘 프로그램을 작성해 보도록 하자. 쉘 프로그램을 이용하여 체크할 항목들은 메모리, CPU, 디스크, 네트워크에 대한 내용들이다. 먼저 메모리 사용량을 체크해 보도록 하자.

메모리 사용량을 체크하는데 사용할 유틸리티는 top으로 쉘 프로그램을 이용하여 전체 시스템이 가진 메모리 크기와 현재 사용 중인 메모리의 크기를 화면에 출력하도록 한다. 소스 파일은 다음과 같다.

〈memLoad.sh〉
```
#!/bin/sh
usage=top | /bin/awk '{rem = 0} {n += 1} {a = $2} {b = $4}\
n == 4 {rem = a; print rem " " b} \
END { }'
echo $usage
```

memLoad.sh 파일의 작성이 끝났으면 다음과 같이 파일에 실행 권한을 부여한 후, 실행하도록 한다.

```
% chmod 755 memLoad.sh
% memLoad.sh
256M 181M
```

이번에는 CPU 사용량을 체크하는 프로그램을 만들어 보자. 쉘 프로그램에서 사용할 명령어는 vmstat으로 이를 이용하여 현재 CPU의 IDLE 백분율(%)을 화면에 출력하게 된다. 소스 코드를 보면 다음과 같다.

〈cpuLoad.sh〉
```
#!/bin/sh
usage=vmstat | /bin/awk '{ rem = 0 } { n += 1 } { a = $22 }\
n == 3 { rem = a; print rem} \
END { }'
echo $usage
```

프로그램 작성이 끝났으면 다음과 같이 실행 권한을 부여하고, 프로그램을 실행해 보자.

```
% chmod 755 cpuLoad.sh
% cpuLoad.sh
98
```

이번에는 디스크의 사용률을 체크하는 쉘 프로그램을 작성해 보자. 이때 명령어는 df -k를 활용하도록 한다. 디스크 이름과 함께 쉘 프로그램을 실행하면 사용 중인 사이즈와 남은 사이즈를 이용하여 디스크의 현재 사용률을 계산하고 출력한다. 소스 코드는 다음과 같다.

〈diskUsage.sh〉
```
#!/bin/sh
usage=df -k $1 | /bin/awk '{ rem = 0 } { n += 1 } { a = $3 } { b = $4 } \
n == 2 { rem = int(a/(a+b) * 100); print rem} \
END { }'
echo $usage
```

프로그램을 작성했으면 다음과 같이 실행 권한을 부여하고, 쉘 프로그램을 실행하도록 한다.

```
% chmod 755 diskUsage.sh
% diskUsage.sh /usr
52
```

마지막으로 작성할 프로그램은 시스템에 꽂혀있는 네트워크 인터페이스의 정보를 화면에 출력해주는 프로그램이다. 이때 사용될 명령어는 netstat -i 유틸리티이다. 소스 코드를 보면 다음과 같다.

〈netInfo.sh〉
```
#!/bin/sh
usage=netstat -i | /bin/awk '{rem = 0} {n += 1} {a = $1} {b = $3} {c = $4} \
n == 2 {rem = a; print "{Name:" rem ", Net/Dest:" b ", Address:" c "}"} \
n == 3 {rem = a; print " {Name:" rem ", Net/Dest:" b ", Address:" c "}"} \
END { }'
echo $usage
```

다음은 netInfo.sh 프로그램의 실행 결과를 보여주고 있다.

```
% netInfo.sh
{Name:lo0, Net/Dest:loopback, Address:localhost} {Name:elx0, Net/
Dest:192.168.8.0, Address:jshin}
```

지금까지 시간과 날짜, 그리고 쉘 프로그램을 작성해 보았다. 이제 이들을 모두 사용하는 프로그램을 작성해 보도록 하자.

체크 프로그램

이 Chapter를 마무리하면서 지금까지 작성했던 프로그램을 모두 함께 실행하는 프로그램을 만들어 보자. 이번에 작성할 프로그램을 응용하면 간단한 시스템 모니터링 프로그램을 작성할 수도 있을 것이다.

프로그램은 3.2절에서 작성한 쉘 프로그램들을 차례로 호출한 후, 쉘 프로그램에서 반환한 정보를 받아서 화면에 출력하는 프로그램이다. 이를 위해 파이프를 이용한 쉘 프로그램 호출을 사용한다. 즉, 파이프 open을 이용하여 쉘 프로그램을 호출하고 그 결과를 다시 파이프를 통해 입력받는 방법을 사용하게 된다.

그러면 전체 소스 코드를 보도록 하자. 소스 파일의 내용은 다음과 같다.

〈sysCheck.c〉
```c
#include <stdio.h>
#include <string.h>

/* 프로그램에서 사용할 스크립트 파일들을 선언하도록 한다. */
static const char* DISKSCRIPTPATH = "./diskUsage.sh";
static const char* CPUSCRIPTPATH = "./cpuLoad.sh";
static const char* SYSMEMSCRIPTPATH = "./memLoad.sh";
static const char* NETISCRIPTPATH = "./netInfo.sh";

/* diskUsage.sh 프로그램을 호출하는데 사용할 함수, 인수로 디스크 이름을 받는다. */
void get_diskUsage(char *dir_name)
{
    /* 프로그램에서 사용할 변수들 선언 */
    int retval = 0;
    char cmd[256];
```

```c
        char display[4] = "    ";
    /* 파일 열기에 사용될 파일 포인터 fp 선언 */
        FILE *fp;

    /* sprintf()를 이용하여 실행할 명령어 문장을 작성한다. */
        sprintf(cmd, "%s %s", DISKSCRIPTPATH, dir_name);

    /* 작성된 cmd 문을 이용하여 파일을 연다. 파일을 열 때, popen()을 사용 */
        if ((fp = popen(cmd, "rw")) == NULL)
        {
                fprintf(stderr, "\nget_diskUsage:22 Failure to open
                        the pipe\n");
                return;                 /* Failure to open the pipe */
        }

    /* 쉘 프로그램의 실행 결과를 입력받을 문자열 초기화 */
        cmd[0]='F'; cmd[1]='F'; cmd[2]='F'; cmd[3]='F';

    /* fread()이용하여 cmd 문자열에 실행 결과를 채운다. */
        fread(cmd, 1, 4, fp);

    /* 실행 결과에 오류가 있는지 체크 */
        if(!strncmp("df",cmd,2))
        {
                fprintf(stderr, "\nget_diskUsage:33 Wrong dir_name\n");
                retval = -1;
        }
        else if(!strncmp("FFFF",cmd,4))
        {
                pclose(fp);
                fprintf(stderr, "\nget_diskUsage:39 fread failed\n");
                return;                 /* fread  failed */
        }
    /* 오류가 없으면, 실행 결과를 숫자로 변경한다. */
        strncpy(display,cmd,4);
        retval = atoi(display);

    /* 파일 포인터를 pclose() 함수를 이용하여 닫고, 결과를 화면에 출력한다. */
        pclose(fp);
        printf("DISK USAGE(%s) : %d\n", dir_name, retval);
}

/* cpuLoad.sh 프로그램을 이용할 함수 get_cpuLoad() */
void get_cpuLoad(void)
{
```

```c
    /* 프로그램에서 사용할 변수들 선언 */
        int retval = 0;
        char cmd[256];
        char display[4] = "    ";
    /* 파일 열기에 사용될 파일 포인터 fp 선언 */
        FILE *fp;

    /* sprintf()를 이용하여 실행할 명령어 문장을 작성한다. */
        sprintf(cmd, "%s", CPUSCRIPTPATH);

    /* 작성된 cmd 문을 이용하여 파일을 연다. 파일을 열 때, popen()을 사용 */
        if ((fp = popen(cmd, "rw")) == NULL)
        {
                fprintf(stderr, "\nget_cpuLoad:68 Failure to open the
                        pipe\n");
                return;                 /* Failure to open the pipe */
        }

    /* 쉘 프로그램의 실행 결과를 입력받을 문자열 초기화 */
        cmd[0]='F'; cmd[1]='F'; cmd[2]='F'; cmd[3]='F';

    /* fread()이용하여 cmd 문자열에 실행 결과를 채운다. */
        fread(cmd, 1, 4, fp);
        strncpy(display,cmd,4);

    /* 실행 결과를 숫자로 변경한다. */
        retval = atoi(display);
        pclose(fp);

    /* 현재 사용%가 나오도록 100에서 결과를 뺀 후, 화면에 출력한다. */
        printf("CPU LOAD : %d\n", 100-retval);
}

/* memLoad.sh 프로그램을 사용할 함수, get_sysMemLoad() */
void get_sysMemLoad(void)
{
    /* 프로그램에서 사용할 변수들 선언 */
        int retval = 0;
        char cmd[256];
        char display[12] = "           ";
    /* 파일 열기에 사용될 파일 포인터 fp 선언 */
        FILE *fp;
        int tSize = 0, uSize = 0;

    /* sprintf()를 이용하여 실행할 명령어 문장을 작성한다. */
```

```c
                sprintf(cmd, "%s", SYSMEMSCRIPTPATH);

        /* 작성된 cmd 문을 이용하여 파일을 연다. 파일을 열 때, popen()을 사용 */
                if ((fp = popen(cmd, "rw")) == NULL)
                {
                        fprintf(stderr, "\nget_sysMemLoad:113 Failure to open
                                the pipe\n");
                        return;
                }

        /* 쉘 프로그램의 실행 결과를 입력받을 문자열 초기화 */
                cmd[0]='F'; cmd[1]='F'; cmd[2]='F'; cmd[3]='F'; cmd[4]='F';
                cmd[5]='F'; cmd[6]='F'; cmd[7]='F'; cmd[8]='F'; cmd[9]='F';

        /* fread()이용하여 cmd 문자열에 실행 결과를 채운다. */
                fread(cmd, 1, 12, fp);
                if(!strncmp("FFFFFFFFFF",cmd,10))
                {
                        pclose(fp);
                        fprintf(stderr, "\nget_diskUsage:83 fread failed\n");
                        return;
                }
                strncpy(display,cmd,12);

        /* 실행 결과를 숫자로 변경한다. 이를 위해 strtok() 함수를 이용하여 M또는 mans자를
           제거한 후, atoi() 함수를 이용하여 정수로 변환한다. */
                tSize = atoi(strtok(display, " Mm\n"));
                uSize = atoi(strtok(NULL, " Mm\n"));
                retval = (int)(uSize * 100 / tSize);

        /* 파일 포인터를 pclose()를 이용하여 닫는다. */
                pclose(fp);

        /* 계산 결과를 화면에 출력한다. */
                printf("MEM LOAD : %d\n", retval);
}

/* netInfo.sh 프로그램을 사용하는 get_networkInfo() 함수 */
void get_networkInfo(void)
{
    /* 프로그램에서 사용할 변수들 선언 */
        char cmd[256];
        char retval[128], *lo, *hme;
    /* 파일 열기에 사용될 파일 포인터 fp 선언 */
        FILE *fp;
```

```c
        /* sprintf()를 이용하여 실행할 명령어 문장을 작성한다. */
        sprintf(cmd, "%s", NETISCRIPTPATH);

        /* 작성된 cmd 문을 이용하여 파일을 연다. 파일을 열 때, popen()을 사용 */
        if ((fp = popen(cmd, "rw")) == NULL)
        {
                fprintf(stderr, "\nget_networkInfo:157 Failure to
                        open the pipe\n");
                return;
        }

        /* 쉘 프로그램의 실행 결과를 입력받을 문자열 초기화 */
        cmd[0]='F'; cmd[1]='F'; cmd[2]='F'; cmd[3]='F';

        /* fread()이용하여 cmd 문자열에 실행 결과를 채운다. */
        fread(cmd, 1, 128, fp);
        if(!strncmp("FFFF",cmd,4))
        {
                pclose(fp);
                fprintf(stderr, "\nget_sysMemLoad:125 fread failed\n");
                return;
        }

        /* 토큰을 추출하는 strtok() 함수를 이용하여, 문자열을 두 개로 나누는 작업을 한다.
           이때 토큰의 분리자로 "}"를 사용한다. 그런다음 sprintf()로 출력문을 만든다. */
        lo = strtok(cmd, "}");
        hme = strtok(NULL, "}");
        sprintf(retval, "%s} %s}",lo,hme);

        /* 파일을 pclose()를 이용하여 닫고, 실행 결과를 화면에 출력한다. */
        pclose(fp);
        printf("NETWORK : %s\n",retval);
}

/* 프로그램의 메인 함수, 쉘 프로그램을 실행하는 함수들을 차례로 호출한다. */
int main(void)
{
        get_diskUsage("/opt");
        get_cpuLoad();
        get_sysMemLoad();
        get_networkInfo();
}
```

프로그램의 작성이 모두 끝났으면 다음과 같이 컴파일을 하고 실행을 해보자.

```
% cc -o sysCheck sysCheck.c
% sysCheck
DISK USAGE(/opt) : 52
CPU LOAD : 2
MEM LOAD : 70
NETWORK : {Name:lo0, Net/Dest:loopback, Address:localhost}  {Name:elx0, Net/Dest:192.168.8.0, Address:jshin}
```

프로그램 코드를 눈으로만 보지말고 직접 타이핑하고 컴파일을 해보자. 그런 다음 원하는 형태로 변경하는 작업을 수행하기 바란다. 예를 들어, 시간을 구하는 함수를 추가한 뒤, 정해진 시간마다 반복해서 실행되도록 만들어 보자.

그리고 쉘 프로그램을 좀 더 보강해서 더 많은 시스템 정보를 체크하는 프로그램으로 바꿔보자. 그러면 훨씬 기능이 많고 효과적인 프로그램이 자기 자신의 것이 된다.

chapter 11 프로세스

유닉스 시스템의 주요 주제 중 하나인 프로세스에 대해 다루고 있다. 프로세스는 프로그램의 실행 단위를 의미하는 것으로 시스템에서 실행되고 있거나 실행 예정 및 실행 종료된 모든 프로그램들과 관련이 있다.

Chapter 11은 먼저 프로세스가 무엇이며 어떻게 관리되고 작동이 되는지를 설명하고 있다. 그런 다음 프로세스를 사용하기 위한 시스템 호출(함수)에 대해 설명하게 된다. 이때 사용되는 시스템 호출들은 프로세스의 생성, 실행, 종료 및 관리 등과 관련된 내용들이다.

그리고 마지막으로 이들 시스템 호출과 도움이 될만한 팁을 이용하여 프로세스 관련 프로그램 예제를 작성하게 된다. Chapter 11의 목차를 간략히 소개하면 다음과 같다.

1. 프로세스 구조
2. 프로세스 시스템 호출
3. 프로세스 프로그래밍

01 프로세스 구조

프로세스

프로세스가 무엇이며 어떻게 생성되고 사라지는지 알아보도록 하자. 프로세스를 간단히 정의하면 OS 상에서 실행되는 개개의 프로그램을 의미한다. 이때 단순히 프로그램이라고 하면 바이너리 파일로 이루어진 기계어들의 집합을 뜻할 수도 있을 것이다.

하지만 프로세스는 기계어로 이루어진 수동적인 프로그램이 아닌 시스템 자원을 할당받아 동작되고 있는 능동적인 프로그램을 의미한다. 프로세스는 CPU의 레지스터, 프로그램 포인터, 스택 메모리 등 프로그램의 실행에 필요한 자원들을 모두 할당받아 언제든지 자기 차례가 되면 실행이 될 수 있는 형태의 태스크를 또한 의미한다.

유닉스 시스템은 멀티태스킹을 지원하는 OS이다. 이때 멀티태스킹은 멀티프로세싱으로 표현할 수도 있는데, 이는 여러 개의 태스크 또는 프로세스가 독립적으로 자기만의 영역을 가지고 동시에 실행이 되는 것을 뜻한다. 따라서 특정 프로세스의 비정상적인 실행이나 종료가 다른 프로세스에 크게 영향을 미치지 않는다.

프로세스들은 상호간에 쉽게 교신을 할 수 없다. 만일 상호 교신이 필요하면 프로세스 간 통신이라는 기법을 통해 서로의 작업을 주고받아야 한다. 프로세스들 사이에 통신이 필요하다는 개념만 보더라도 프로세스들이 개별적으로 작동하고 있다는 것을 알 수 있다.

이렇게 프로세스가 개별적으로 동작하기 위해서는 각각의 프로세스가 시스템 자원들을 소유하고 있어야 한다. 그렇지 않으면 필요한 작업을 제때에 제대로 수행할 수 없게 된다. 수많은 프로그램이 동시에 실행되는 경우를 예상하면 쉽게 상상이 갈 것이다. 하지만 이러한 경우에 특정 프로세스가 시스템 자원을 독점하는 경우도 발생할 수 있다.

프로세스가 시스템 자원을 독점하게 되면 다른 프로세스들은 상대적으로 많은 피해를 보게 된다. 아주 중요한 시스템의 메인 프로세스가 시스템 자원을 독점하는 것은 나쁜 경우가 아니며 시스템을 구매한 사람들을 기쁘게 하는 일일 것이다. 예를 들어, 데이터를 수집할 목적으로 유닉스를 구입해서 사용하고 있는데, 데이터 수집 프로세스가 시스템 자원의 일부만 사용하면서 작업 처리를 제대로 못하면 큰 문제가 된다.

하지만 중요하지도 않은 프로세스가 시스템 자원을 낭비하고 있다면 이를 확인하여 프로세스를 종료시키거나 프로세스의 우선순위를 떨어뜨리는 작업이 필요할 것이다. 유닉스는 이를 위해 프로세스 단위의 관리가 가능하도록 시스템 차원에서 각종 명령어들을 제공하고 있다.

유닉스가 멀티프로세싱을 제공하고 있지만 실제로는 하나의 CPU는 언제나 하나의 프로세스만 처리하게 된다. 따라서 실행 중인 프로세스를 제외한 나머지 프로세스들은 언제나 CPU를 사용할 수 있는 순간이 될 때까지 기다려야 한다. 기다리다가 자기 차례가 되면 CPU와 필요한 시스템 자원을 활용할 수 있게 된다.

CPU의 경우, 여러 프로세스들이 자기 차례를 기다리며 대기하고 있을 때에는 쉬는 시간없이 작동을 하게 된다. 따라서 멀티프로세싱을 제공하는 시스템들은 시스템이 가진 자원을 보다 효율적으로 활용하게 된다. 멀티프로세싱을 제공하지 않는 경우에는 실행 중인 프로세스가 완전히 종료해야 다른 프로세스를 돌릴 수 있기 때문에 현재의 프로세스 외에는 자원이 활용될 여지가 전혀 없다.

> **NOTE_** 예전의 DOS 시절, 멀티프로세싱을 지원하지 않는 시스템만 사용하다가 유닉스의 멀티프로세싱 기능을 처음 봤을 때, '이런 일도 가능하구나' 하면서 많이 놀랐던 기억이 난다.

■ 프로세스 구조

프로세스를 표현하는 구조체는 task_struct 이고 이들은 task 벡터에 저장되고 관리된다. 다시 말해 프로세스가 task_struct 타입으로 생성이 되고 나면 이들은 다시 task 벡터에 들어가게 되며, 이 속에서 포인터가 움직이면서 현재 실행될 task_struct를 지정하게 된다. 지정된 프로세스는 정해진 시간안에 필요한 작업을 수행한 후, 다음 프로세스에게 실행을 넘기게 된다.

시스템이 관리할 수 있는 프로세스의 총 개수는 task 벡터가 수용할 수 있는 task_struct의 수와 직결이 된다. 작업이 수행될 프로세스를 지정하는 포인터는 스케줄러에 의해 움직이게 된다. 스케줄러는 일반적인 프로세스와 실시간 프로세스, 즉 우선순위가 높은 프로세스의 처리를 달리한다.

만일 시스템에 중요한 영향을 미치는 인터럽트가 발생하면 스케줄러는 그걸 처리할 프로세스를 최우선적으로 실행되게 만든다. 해당 작업의 처리가 끝나고 나면 다시 원래대로 실행되어야 할 일반 프로세스에게 우선권을 넘긴다.

프로세스는 내부에 상태 정보를 가지고 있으며 이를 이용하여 현재 프로세스의 상태를 반영하게 된다. 스케줄러는 프로세스의 상태 정보를 이용하여 실행이 가능한 프로세스를 선별하는 작업도 수행한다. 프로세스가 가지고 있는 상태 정보를 간단히 나열하면 다음과 같다.

- Waiting : 대기 중인 상태로 실행을 기다리고 있는 프로세스의 상태가 된다.
- Running : 실행 중인 상태로 프로세스가 CPU에 할당되었고, 자원을 사용하면서 작업을 수행하는 상태임을 뜻한다.
- Stopped : 중단 상태로 프로세스가 중단요청을 받았거나 다른 프로세스가 긴급 실행되어야 할 때 실행 중이던 프로세스의 상태가 stopped로 바뀌게 된다.
- Zombie : 좀비 상태로 프로세스는 이미 실행 중지가 되었지만, task 벡터에 여전히 남아있는 것을 뜻한다. 프로세스가 실행되지 않기 때문에 죽은 프로세스라고 이해하면 된다.

프로세스는 자기를 표현하는 유일한 값이 프로세스 ID를 가지고 있다. 쉘 상에서 ps 명령어를 수행하면 나타나는 PID 값이 그것인데, PID를 이용하여 프로세스의 상태를 검색하거나 관리하거나 또는 강제로 종료하는 등의 작업을 수행할 수 있다.

제일 먼저 구동된 최초의 프로세스를 제외한 나머지 프로세스들은 부모 프로세스를 가지고 있다. 기존에 이미 존재하고 있는 프로세스의 복제 과정을 거쳐 새로운 프로세스가 생성되기 때문에 복제를 시행한 프로세스와 복제를 당한 프로세스가 있게 된다. 이때 복제를 당해서 새롭게 생성된 프로세스가 자식 프로세스가 되며, 기존 프로세스는 부모 프로세스가 된다. 그리고 같은 부모를 둔 프로세스는 형제 프로세스가 된다.

부모, 자식 프로세스들 사이에는 서로에 대한 포인터를 가지고 있다. 이들 포인터를 이용하여 유닉스 커널은 존재하는 모든 프로세스들에 접근할 수 있고 동시에 개별적인 관리를 수행할 수 있게 된다.

유닉스 커널 중에서 타이머와 관련된 커널의 경우, 프로세스의 생성 시간과 프로세스가 사용한 각종 시스템 자원에 대한 모니터링을 수행하게 된다. 이 커널을 이용하여 애플리케이션들의 프로세스 정보 모니터링이 가능하게 된다.

프로세스 생명 주기

시스템이 부팅되면 모든 프로세스의 부모가 될 하나의 프로세스만 실행된다. 이 프로세스는 프로세스를 관리할 커널 프로세스를 실행시키고 필요한 초기화 작업을 수행함으로 실행 목적을 마치게 된다. 커널 프로세스는 시스템 초기화를 실행하고 전체 시스템이 구동될 수 있는 환경을 마련해 준다.

또한 커널 프로세스는 시스템이 필요로 하는 프로세스들을 생성 및 구동시켜 준다. 예를 들어 사용자가 로그인을 시도할 경우를 대비해 이를 처리해줄 프로세스를 구동시키는 작업 등을 수행한다. 이렇게 새로 생성되는 프로세스는 부모가 될 프로세스의 복제를 통해 탄생한다.

새로운 프로세스는 커널 모드에서 복제가 되며 스케줄러가 자기를 실행시켜주길 기다리게 된다. 새로운 프로세스는 앞에서 소개했던 task_struct를 할당받고 벡터 속에 들어가게 된다. 프로세스가 복제되고 나면 부모 프로세스가 가진 시스템 자원을 자식 프로세스가 공유하게 된다.

이들 프로세스가 시스템 자원을 사용할 때는 다른 프로세스들이 접근하지 못하도록 하는데 이때는 시스템 카운트를 이용한다. 예를 들어 시스템 자원에 접근한 부모 자식 프로세스는 자원을 사용할 때 카운트를 높이고 사용을 마치면 카운트를 낮추게 된다. 자원을 공유하는 프로세스들이 더 이상 자원을 활용하지 않으면 카운트는 0가 되고 다른 프로세스에 대해 접근을 막았던 부분을 해제한다.

커널 프로세스는 생성 및 실행되고 있는 프로세스들에 대해 CPU 사용 시간, 생성 시간, 자원 사용 시간 등을 관리하게 된다. 이때 이를 체크하기 위해 타이머를 이용하게 되고, 타이머가 종료되면 시그널을 받아 타이머의 종료를 알고 계산 작업을 시행하게 된다. 이때 사용하는 시그널에는 SIGALRM, SIGVTALRM, SIGPROF 등이 있다.

프로세스의 실행은 Command Interpreter(명령 인터프리터)에 의해 명령이 해석되고 실행이 된다. 이 명령 인터프리터는 사용자 프로세스이면서 우리가 잘 알고 있는 쉘이 된다. 쉘은 프로세스를 생성하는 fork 시스템 호출을 이용하여 자기의 자손 프로세스를 복제하게 된다. 복제된 프로세스는 쉘이 가진 내용을 자신에 맞게 변경하고 필요한 작업을 실행한다.

쉘은 복제한 프로세스가 실행되는 동안 실행을 멈추고 대기하게 된다. 이때 쉘이 작업되기를 원하면 쉘과 해당 프로세스가 멀티로 돌아가게 만들면 된다. Part I에서 소개했던 것과 같이 작업중인 프로세스를 다음과 같이 Backend로 돌아가게 만들면 된다.

```
% runProgram
^Z                          <= ^Z를 누르면 프로세스가 일시 중지된다.
중단됨 (사용자)
% bg                        <= bg를 통해 중지된 프로세스를 Backend로 실행
[1]  + runProgram &
```

또는 처음에 다음과 같이 실행하면 된다.

```
% runProgram &
```

위에서 프로세스를 중지시키기 위해 Ctrl + Z 를 누르면 SIGSTOP 시그널이 발생되고 프로세스는 실행을 멈추게 된다. 그리고 bg 명령어나 fg 명령어를 실행시키면 SIGCONT 시그널이 발생되고 멈추었던 프로세스가 다시 구동된다.

쉘에서 바이너리 파일로 된 프로그램을 실행하면 해당 파일을 해석할 수 있는 인터프리터 프로세스가 실행되면서 해당 파일에 있는 명령어를 실행하게 된다. 만일 쉘 프로그래밍을 통해 만들어진 스크립트를 실행할 때는 스크립트 내부에 이를 해석할 쉘 프로그램을 지정해야 한다.

그러면 쉘 스크립트를 실행하면서 해당 프로세스가 실행되면서 스크립트 내부의 명령어들을 해석하고 실행하게 된다. 바이너리 파일 같은 경우, 소스 파일을 컴파일하게 되면 실행 가능한 포맷인 ELF 포맷으로 파일이 생성이 된다. ELF는 Executable and Linkable Format의 약자로 링크와 실행이 가능한 포맷을 의미한다.

ELF 포맷으로 이루어진 바이너리 파일은 내부에 링크 정보를 가지고 있기 때문에 명령 인터프리터가 명령어를 해석하면서 필요한 링크 파일의 내용을 함께 실행할 수 있다. 그리고 ELF 포맷의 파일은 필요한 부분만 메모리에 로드되어 사용이 되는데, 만일 부모 프로세스가 필요한 정보를 이미 메모리에 올려놓았으면 그걸 그대로 사용하기도 한다.

프로세스는 두 가지 모드로 실행이 되는데, 사용자 모드와 시스템 모드가 그것이다. 유닉스에서 특정 프로세스가 다른 프로세스를 강제로 종료시키거나 멈추도록 하지 않기 때문에 모든 프로세스들은 일정한 간격으로 실행을 보장받게 된다. 하지만 모든 프로세스가 언제나 자원이나 시간등을 균등하게 배분 받게 하는 것이 좋은 것은 아니다.

유닉스는 중요하거나 긴급을 요하는 프로세스와 일반적인 프로세스를 구분하기 위해 사용자 모드와 시스템 모드로 프로세스가 실행되도록 만드는 것이다. 사용자 모드로 실행되는 프로세스는 시스템 모드로 실행되는 프로세스에게 많은 것을 양보해야 한다.

프로세스는 처음 실행될 때 일반적으로 사용자 모드로 실행이 되다가 시스템 인터럽트나 시그널을 통해 시스템 모드로 변경이 된다. 따라서 프로세스가 어떤 모드로 실행될지 미리 정해지는 것이 아니고, 시스템이 필요에 따라 모드를 변경해주기 때문에 프로세스의 실행이 효율적으로 이루어지게 된다.

■ 프로세스 스케줄링

시스템이 실행되면서 실행 우선순위에 따라 실행되어야 할 프로세스를 선별해서 실행시키는 작업을 스케줄러가 담당하고 있다. 스케줄러가 내부의 스케줄 정책에 따라 행하는 일련의 작업을 스케줄링이라고 하는데 이는 운영체제 내부에서 무척 중요한 작업이다.

실행되기를 요청하는 프로세스들이 늘어서 있는 상황에서 우선순위에 따라 프로세스를 끌라내서 실행하는 작업은 안정적인 운영체제가 되기 위해서 필수적인 사항이다. 따라서 프로세스를 사용하는 사용자에게 불만이 없도록 스케줄러는 합리적인 정책에 따라 스케줄링을 해야 한다.

유닉스는 우선순위가 높은 시스템 프로세스와 우선순위가 낮은 일반적인 프로세스로 나눠서 스케줄링을 하게 된다. 만일 우선순위가 높은 프로세스가 대기열에 있으면 먼저 꺼내서 실행을 시키게 된다. 같은 우선순위를 가진 프로세스들에 대해선 FIFO 정책에 따라 실행을 하게 된다. FIFO는 First In First Out의 약자로 큐처럼 먼저 기다리고 있는 프로세스가 먼저 실행되도록 하는 정책을 의미한다.

프로세스가 생성될 때 우선순위가 배정이 되는데 우선순위에 따라 프로세스의 실행 카운트가 세팅이 된다. 프로세스의 실행 시간 단위를 틱(tic)이라고 하는데, 프로세스가 실행에 들어가면 한번의 틱에 따라 실행 카운트가 줄어들게 된다. 실행 카운트가 0가 되면 프로세스는 실행을 멈추고 다시 대기행열에 들어가게 된다.

프로세스는 대기행열에 있다가 차례에 의해 실행이 되기도 하지만 시그널이나 인터럽트에 의해 실행되기도 한다. 이때는 프로세스의 상태가 RUNNING 상태로 바뀌게 되고 스케줄러는 재빨리 해당 프로세스를 찾아서 실행을 시키게 된다.

스케줄러는 현재 실행 중인 프로세스보다 더욱 실행이 필요한 프로세스를 발견하면 현재 실행 프로세스를 중단시키고 해당 프로세스를 실행시켜야 한다. 이때 진행 중이던 프로세스를 저장해야 할 필요가 있기 때문에 프로세스의 정보를 저장하는 스트럭처에 저장해서 작업이 유실되는 일 등을 방지해야 한다.

이렇게 작업 중인 프로세스의 교체를 컨텍스트 스위칭이라고 하는데, 멀티프로세싱을 지원하지 않는 시스템 같은 경우 이와 같은 작업은 시스템이 통째로 바뀌는 것과 동일한 효과를 가진다. 프로세스는 컨텍스트에서 실행이 되다가 마지막 시점에서 정지된 컨텍스트 이미지를 시스템에 저장하게 된다.

그런 다음 또 다시 프로세스가 실행될 때 마지막에 저장했던 컨텍스트를 다시 로딩해서 실행을 시킴으로 중단없이 작업이 이어지도록 만들어 주는 것이다. 만일 프로세스가 자원을 사용 중이었다면 필요에 따라 자원의 사용을 연속해서 활용할 수 있도록 만들어 준다.

프로세스가 구동되면서 필요한 작업 및 연산을 수행하는 중앙 연산 장치를 프로세서라고 한다. 프로세서는 흔히 알고 있는 CPU를 뜻하는데, 이를 프로세스 실행 관점에서 사용하는 용어이다. 프로세서를 얼마나 많이 지원하냐에 따라 단일 프로세서 시스템과 멀티프로세서 시스템으로 나뉘게 되는데 유닉스는 여러 개의 프로세서를 지원하는 멀티프로세서 시스템이다.

> **NOTE_** 멀티프로세싱 시스템과 멀티프로세서 시스템은 다른 의미이다. 유닉스는 멀티프로세서와 멀티프로세싱을 지원하는데, 이는 여러 개의 CPU가 각각 개별적으로 멀티프로세싱을 지원한다는 것을 뜻한다.

멀티프로세서 시스템은 각각의 프로세서들이 멀티프로세싱을 지원해야 하기 때문에 제각각 스케줄러를 보유하고 있다. 만일 멀티프로세서인데 하나의 스케줄러만 가지고 있다면 멀티프로세서로써의 성능을 극대화 하기는 힘들 것이다.

유닉스 시스템에서는 특별한 작업이 없을 때, idle 프로세스가 동작을 하게 되는데 멀티프로세서인 경우에는 프로세서마다 idle 프로세스를 가지고 있게 된다. 이는 각 프로세서들이 개별적인 동작 및 작업 수행을 지원하기 위해서이다. 하지만 이러한 개별 작업들이 때로는 시스템의 성능을 저하시킬 수도 있다.

예를 들어, A 프로세서에서 작업을 수행하던 프로세스가 동작을 멈추었다가 B 프로세서에서 동작을 시작하게 되는 경우에 잘못하면 처음 실행되는 프로세스가 밟는 과정을 거쳐야 하는 수도 있다. 즉, 컨텍스트를 새롭게 배치하고 프로그램 실행 카운트를 재설정하는 과정 등을 다시 거쳐야 한다면 이는 자원의 낭비로 이어질 수가 있다.

그래서 스케줄러는 프로세스의 ID를 이용하여 가급적 프로세스가 마지막으로 실행되었던 프로세서에서 계속 작업을 진행하도록 도와준다.

■ 프로세스와 파일 시스템

프로세스는 파일 시스템에서 사용하고 있는 방법으로 파일에 접근하게 된다. 즉, 파일에 대한 접근 권한을 가지고 있으면 해당 파일에 접근할 수 있지만 그렇지 않을 경우 파일에 접근할 수가 없다. 따라서 이러한 것들을 체크하기 위한 값들이 필요한데, 이를 위해 프로세스 내부의 정보에 GID(그룹 ID)와 UID(사용자 ID) 그리고 프로세스를 실행시킨 사용자의 ID를 가지고 있다.

프로세스는 여러 사용자와 여러 그룹에 속할 수 있는데, 만일 속한 그룹 중 하나가 필요한 파일에 대한 권한이 있으면 프로세스는 해당 파일에 접근할 수 있다. 하지만 속해 있는 사용자나 그룹이 해당 파일에 대한 권한이 전혀 없다면 필요한 작업을 수행할 수 없게 된다. 따라서 프로그램 개발자는 이러한 사항도 챙겨야 한다.

만일 수퍼유저 계정만 사용 가능한 시스템을 개발했는데 일반 사용자 계정으로 시스템을 사용한다면 언젠가는 시스템이 비정상적인 동작을 할 수밖에 없다. 그런데 이러한 사항을 전혀 모르는 상태에서 원인을 찾게 되면 엉뚱한 결론에 도달하거나 원인을 발견하지 못하는 경우도 있다. 이런 경우를 방지하기 위해 유닉스 개발자들은 시스템을 사용할 대상에 대해서도 관리를 해줘야 한다.

시스템에서 구동 중인 데몬들 중에는 프로세스 내부의 GID/UID를 현재 사용 중인 사용자의 GID/UID로 변경시키는 프로세스도 있다. 이는 데몬이 처음에는 수퍼유저의 권한을 가지고 실행되었다 하더라도 그걸 사용하는 사용자의 GID/UID로 바꿈으로 해서 그 사용자가 가진 제한을 그대로 적용시키기 위해서이다. 이를 통해 시스템의 보안이나 안전성이 더욱 강화된다.

프로세스는 내부에 파일과 관련된 스트럭처인 fs_struct와 files_struct를 가지고 있다. 이 구조체에는 프로세스에 대한 i-node와 프로세스가 사용하는 파일들에 대한 정보를 각각 가지고 있다. 이를 통해 프로세스가 필요로 하는 파일 열기/닫기/조회 등이 가능하게 된다. 프로세스가 내부적으로 사용하는 파일을 열게 되면 files_struct 구조체 안에는 해당 파일에 대한 포인터 정보를 가지게 된다.

프로세스는 가상 메모리를 이용하게 되는데, 이는 부족한 메모리를 더욱 효율적으로 사용하기 위해서이기도 하지만 각 프로세스에게 프로세스 고유의 메모리 공간을 할당하기 위해서이기도 하다. 이를 통해 메모리를 보호할 수도 있고 프로세스들의 독립성을 더욱 높여주는 효과도 거둘 수 있다.

따라서 프로세스가 실행될 때는 필요한 가상 메모리를 할당받는 과정을 거치게 된다. 가상 메모리에 프로세스가 원하는 데이터가 올라가게 되고 또한 필요한 라이브러리 정보가 올라가게 된다. 만일 동적 라이브러리를 사용하게 되면 실제 내용이 올라가지는 않고 라이브러리를 사용할 수 있는 링크 정보가 올라가게 된다.

이렇게 프로세스들에게 개별적으로 할당된 가상 메모리의 정보는 해당 프로세스가 실제로 구동될 때 시스템 메모리 속으로 옮겨간다. 이를 요구 페이징(Demand Paging)이라고 하는데 이는 필요한 순간에 실제 메모리로 로딩되는 기법을 의미한다.

이러한 작업이 가능하려면 프로세스마다 할당된 가상 메모리의 공간에 대한 정확한 정보가 시스템에 의해 관리되어야 한다. 이를 위해 프로세스가 가지고 있는 가상 메모리에 대한 구조체인 vm_area_struct 리스트를 OS는 관리하게 된다. 따라서 프로세스의 생성과 실행 시 vm_area_struct 리스트는 업데이트가 발생하고 메모리 할당을 위해 끊임없이 참조가 된다.

02 프로세스 시스템 호출

이번 절에서는 프로세스와 관련된 프로그램을 작성하기 위해 사용할 수 있는 각종 시스템 호출에 대해 알아보도록 한다.

fork

프로세스의 생성에 사용되는 함수로 fork( )가 있다. fork( )는 유닉스에서 제공하는 가장 기본적인 프로세스 생성함수로 프로세스 ID를 반환해 준다. fork( )를 통해 커널은 프로세스의 복제본을 만드는 과정을 거치게 되고 새로운 프로세스가 탄생하게 된다.

새롭게 탄생한 프로세스는 fork( )를 실행한 프로세스로부터 복제가 되는데 이때 fork( )를 호출한 프로세스는 부모 프로세스가 되고 복제된 프로세스는 자식 프로세스가 된다. 자식 프로세스가 탄생된 뒤에는 부모 프로세스와 자식 프로세스가 동시에 실행이 되면서 멀티프로세싱이 이루어 진다.

fork( ) 함수가 실행이 되면 부모 프로세스와 자식 프로세스는 fork( ) 함수의 다음 문장부터 실행을 해 나간다. fork( ) 함수의 간단한 사용 예를 보면 다음과 같다.

```
int processID;
processID = fork();
```

fork( ) 함수는 정수형의 프로세스 ID(PID) 반환하게 되는데, 이렇게 반환되는 PID를 이용하여 프로세스들의 구분이 가능하게 된다. 예를 들어, 위의 코드가 실행되었을 때, processID에 새로 생성된 PID를 가지고 있는 프로세스는 부모 프로세스가 된다. 그리고 PID의 값이 초깃값이 0을 가지고 있는 프로세스는 자식 프로세스가 된다.

왜냐하면 부모 프로세스는 fork( ) 함수를 호출한 결과값을 가지고 있게 되지만, 자식 프로세스는 fork( ) 함수의 호출 결과 어떠한 값을 반환했는지 알수가 없게 된다. 그리고 만일 fcrk( ) 함수가 0보다 작은 값을 반환하게 되면 이는 새로운 프로세스의 생성이 실패한 것을 의미한다.

프로세스의 생성이 제한점에 도달한 경우에 에러가 자주 발생하게 된다. 그러면 fork( )를 활용한 예제를 직접 보도록 하자. fork( )를 이용하여 자식 프로세스를 생성한 후, 부모 프로세스와 자식 프로세스가 각각 무한 루프를 돌면서 메시지를 화면에 출력하는 예제이다.

〈ex_fork.c〉
```c
#include <stdio.h>

/* 무한 루프에서 사용할 FOREVER 선언 */
#define FOREVER ;;

/* 부모 프로세스가 실행할 함수 */
void forParent(void)
{
    /* 실행 카운트 초기화 */
    int parentCount = 0;

    /* 무한 루프 실행 */
    for(FOREVER)
    {
        /* 실행 카운트 출력 */
        printf("PARENT PROCESS - count: %d\n",parentCount);
        parentCount++;

        /* 3초간 sleep 수행 */
        sleep(3);
    }
}

/* 자식 프로세스가 실행할 함수 */
void forChild(void)
{
    /* 실행 카운트 초기화 */
```

```c
    int childCount = 0;

    /* 무한 루프 실행 */
    for(FOREVER)
    {
        /* 실행 카운트 출력 */
        printf("CHILD PROCESS - count: %d\n",childCount);
        childCount++;

        /* 5초간 sleep 수행 */
        sleep(5);
    }
}

/* 프로그램의 메인 함수 */
int main()
{
    /* 자식 프로세스의 PID용 변수 */
    int childPID = 0;

    /* fork 함수 실행, 자식 프로세스 생성 */
    childPID = fork();

    /* 자식 프로세스 이면 forChild() 함수 실행 */
    if(childPID == 0)
    {
        printf("<< 자식 프로세스 생성>>\n");
        forChild();
    }
    /* 부모 프로세스 이면 forParent() 함수 실행 */
    else if(childPID > 0)
    {
        printf("<< 부모 - 자식 프로세스 번호 : %d >>\n", childPID);
        forParent();
    }
    /* 프로세스 생성 실패인 경우 */
    else
    {
        printf("프로세스 생성에 실패했습니다.\n");
    }
    return 0;
}
```

소스의 코딩이 끝났으면 다음과 같이 컴파일을 한 후 실행을 시켜보자.

```
% cc -o ex_fork ex_fork.c
% ex_fork
<< 자식 프로세스 생성>>
CHILD PROCESS - count: 0
<< 부모 - 자식 프로세스 번호 : 575 >>
PARENT PROCESS - count: 0
PARENT PROCESS - count: 1
CHILD PROCESS - count: 1
PARENT PROCESS - count: 2
PARENT PROCESS - count: 3
CHILD PROCESS - count: 2
PARENT PROCESS - count: 4
PARENT PROCESS - count: 5
CHILD PROCESS - count: 3
```

실행 결과를 보면 자식 프로세스는 575번의 PID를 가지고 생성이 되었으며, 부모 프로세스와 자식 프로세스가 각각 무한 루프를 돌면서 메시지를 화면에 출력하는 것을 알 수 있다. 만일 멀티프로세싱을 지원하지 않는다면 위와 같이 두 개의 프로세스가 동시에 무한루프를 도는 것은 불가능할 것이다.

ex_fork 프로그램을 실행시키면서 다른 쉘 창에서 ps 명령을 이용하여 fork를 검색해 보면 아래와 같이 두 개의 프로세스가 실행되고 있음을 확인할 수 있다. 이때 575번을 가진 프로세스는 574번으로부터 파생된 프로세스임을 알 수 있다.

```
% ps -ef | grep fork
    jshin    574    445   0 03:13:50 pts/4    0:00 ex_fork
    jshin    575    574   0 03:13:50 pts/4    0:00 ex_fork
```

Exit

이번에는 프로세스를 종료시키는 과정을 보도록 하자. 프로세스를 종료할 때 사용하는 함수는 exit( ) 함수이다. exit( )는 종료의 상태로 사용할 정수 값을 인수로 받은 뒤, 해당 상태로 종료되었음을 시스템에 알리게 된다.

exit( ) 함수의 사용 방법을 간단히 표기하면 다음과 같다.

```
int 종료 상태;
exit(종료 상태);
```

exit( )를 사용하지 않아도 프로그램의 마지막 부분에 도달하면 프로세스는 자동으로 종료하게 된다. 하지만 멀티프로세서로 작성된 시스템인 경우에 프로세스의 작업을 끝낼 때에는 시그널과 exit( )의 조합으로 작업을 종료시키는게 좋다. 시그널이 발생하면 시그널에 맞게 종료 여부를 판단한 뒤, 필요한 마무리 작업을 수행한 후에 프로세스를 종료하면 되기 때문이다.

NOTE_ 시그널을 이용하여 프로세스를 종료하는 방법은 다음 Chapter에서 배운다.

이번에는 exit( )를 활용한 예제를 보도로 하자. 다음의 예제는 부모 프로세스와 자식 프로세스를 각각 exit( ) 시키는 프로그램으로 시간 간격을 두고 차례로 프로세스를 종료시킨다.

⟨ex_exit.c⟩
```c
#include <stdio.h>

/* 프로그램의 메인 함수 */
int main()
{
    /* for 문에서 사용할 변수 선언 */
    int step = 0;

    /* 자식 프로세스의 PID용 변수 */
    int childPID = 0;

    /* fork 함수 실행, 자식 프로세스 생성 */
    childPID = fork();

    /* 자식 프로세스 이면 2번 실행 후 종료 */
    if(childPID == 0)
    {
        printf("<< 자식 프로세스 >>\n");
        for(step = 0;step < 2;step++)
        {
            printf("자식 실행 횟수 : %d\n",step);
```

```
            sleep(1);
        }
        exit(1);
    }
    /* 자식 프로세스 이면 3번 실행 후 종료 */
    else if(childPID > 0)
    {
        printf("<< 부모 프로세스 >>\n");
        for(step = 0;step < 3;step++)
        {
            printf("부모 실행 횟수 : %d\n",step);
            sleep(1);
        }
        exit(1);
    }
    /* 프로세스 생성 실패인 경우 */
    else
    {
        printf("프로세스 생성에 실패했습니다.\n");
    }
    return 0;
}
```

위의 코드를 보면 sleep을 이용하여 자식 프로세스는 생성 후 2초 후에 종료를 시키고 부모 프로세스는 3초 후에 종료를 시키고 있다. 이 코드를 컴파일하고 실행하면 다음과 같은 결과를 얻을 수 있다.

```
% cc -o ex_exit ex_exit.c
% ex_exit
<< 자식 프로세스 >>
자식 실행 횟수 : 0
<< 부모 프로세스 >>
부모 실행 횟수 : 0
부모 실행 횟수 : 1
자식 실행 횟수 : 1
부모 실행 횟수 : 2
```

위와 같이 ex_exit를 실행하고 나면 시스템에 처음에는 두 개의 프로세스가 구동이 된다. 그러다가 하나씩 종료가 된다. 이때 ps 명령어를 이용하여 시스템 상에 있는 프로세스를 체크하면 다음과 같은 결과를 얻을 수 있다.

```
% ps -ef | grep exit
    jshin    609    445   0  03:25:56 pts/4    0:00 ex_exit
    jshin    610    609   0  03:25:56 pts/4    0:00 ex_exit
% ps -ef | grep exit
    jshin    609    445   0  03:25:56 pts/4    0:00 ex_exit
```

위의 ps 결과를 보면 609번의 부모 프로세스가 있고 610번의 자식 프로세스가 있다. 그러다가 610번은 종료되고 609번의 부모 프로세스만 남은 것을 확인할 수 있다. 위의 코드를 변경해서 부모 프로세스가 먼저 종료되고 그 다음에 자식 프로세스를 종료하면 어떻게 될까? 다음은 종료 순서를 바꿔서 실행하고, 이를 ps로 체크한 결과를 보여주고 있다.

```
% ps -ef | grep exit
    jshin    677    445   0  03:35:23 pts/4    0:00 ex_exit
    jshin    678    677   0  03:35:23 pts/4    0:00 ex_exit
% ps -ef | grep exit
    jshin    678    1     0  03:35:23 pts/4    0:00 ex_exit
```

위의 실행 결과를 보면 677번의 부모 프로세스와 678번의 자식 프로세스가 구동되다가 677번의 부모 프로세스가 먼저 종료된 것을 알 수 있다. 이때 부모 프로세스가 종료된 후에 자식 프로세스는 부모 프로세스를 1번으로 변경한 것을 볼 수 있다.

Exec

프로세스가 실행된 뒤에 실행 중인 프로세스를 다른 특정 프로세스로 대치시키고자 할 때 사용하는 함수 군(Family)에는 exec( )가 있다. 이때 exec는 이러한 작업들을 수행하는 함수 그룹을 대표하는 이름이다. 다시 말해 execl( ), execv( ), execlp( ), execvp( ) 등 exec로 시작되는 이름을 가진 함수들이 다양하게 존재하는데 모두 동일한 작업을 처리하는 함수들이다.

인수로 받아들이는 매개 변수들이 다르기 때문에 다양한 함수들이 존재하는 것인데, 각각의 함수들이 사용하는 인수들은 다음과 같다.

✓ execl : 실행 파일의 경로와 인수들의 나열, 마지막에 null을 세팅

```
char *path, *arg0, *arg1,...,*argn;
int result = execl(path, arg0, arg1,...,argn, (char*)0);
```

✔ **execv** : 실행 파일의 경로와 인수들의 배열 사용

```
char *path, *argv[];
int result = execv(path, argv);
```

✔ **execlp** : 파일 이름과 인수들의 나열, 마지막에 null 세팅

```
char *file, *arg0, *arg1,...,*argn;
int result = execlp(file, arg0, arg1,...,argn, (char*)0);
```

✔ **execvp** : 파일 이름과 인수들의 배열 사용

```
char *file, *argv[];
int result = execvp(file, argv);
```

exec가 실행되면 프로세스는 exec 속에 들어있는 프로세스로 완전히 대치가 된다. 프로세스가 새롭게 대치가 된 것이기 때문에 부모 자식 사이의 관계가 없으며, exec를 호출한 프로세스의 정보를 그대로 승계 받는다.

따라서 exec를 실행한 후에도 프로세스의 개수에는 변화가 없으며 새로 실행된 프로세스는 자신의 프로세스에 대한 코드만 실행하기 때문에 exec 다음에 나오는 문장이 실행될 이유가 없다. 만일 exec가 제대로 수행되지 않으면 exec 다음의 문장이 실행되기 때문에 그곳에는 에러 처리 문장을 사용하면 된다.

그러면 간단한 예제를 작성해 보도록 하자. 아래는 프로세스가 구동된 뒤에 "ps -ef"로 대체되는 예제를 보여주고 있다. 이때 사용하는 함수는 execl( ) 함수이다.

〈ex_exec1.c〉

```c
#include <stdio.h>

/* execl을 실행하는 메인 함수 */
int main()
{
    printf("ps -ef를 실행합니다.\n");
    /* execl을 통해 ps -ef 실행 */
    execl("/bin/ps", "ps", "-ef", (char *) 0);

    /* 에러시에 표시될 메시지 */
    printf("에러가 발생 했네요.\n");
```

```
    exit(1);
}
```

코드를 컴파일하고 실행하면 다음과 같은 결과가 나온다. 결과를 보면 ps -ef를 실행한 것과 동일하다는 것을 알 수 있다. 그리고 에러와 관련된 메시지가 화면에 나타나지 않을 것을 통해 프로세스가 대치된 이후에 원상태로 복귀하지 않고 그대로 종료되었음을 확인할 수 있다.

```
% ex_exec1
ps -ef를 실행합니다.
     UID   PID  PPID  C    STIME TTY       TIME CMD
    root     0     0  0 01:18:31 ?         0:03 sched
    root     1     0  0 01:18:32 ?         0:00 /etc/init -
    root     2     0  0 01:18:32 ?         0:00 pageout
    root     3     0  0 01:18:32 ?         0:01 fsflush
    root   289     1  0 01:19:27 ?         0:00 /usr/lib/saf/sac -t 300
```

예제에서 사용했던 execl( ) 함수를 execv( ) 함수로 대체하려면 다음과 같이 코드를 수정해 주면 된다.

다음의 문장을 :

```
execl("/bin/ps", "ps", "-ef", (char *) 0);
```

다음과 같이 수정해 준다 :

```
char *argv[3];
argv[0] = "ps";
argv[1] = "-ef";
argv[2] = (char*)0;
execv("/bin/ps", argv);
```

NOTE_exec를 사용하고 argv를 사용하면 생각나는게 없는가? 프로그램의 main 함수를 작성할 때 argc와 argv를 사용하는데, 이것과 지금 소개한 exec는 동일한 기능을 가지고 있다. 즉, 명령 창에서 프로그램을 실행시키면 exec가 호출되고 이때 넘겨준 argc와 argv를 이용하여 프로세스는 필요한 작업을 수행하게 되는 것이다.

exec는 프로세스 생성과는 전혀 상관없는 프로세스 대체와 관련된 작업을 수행하고 있다. 하지만 exec를 프로세스 생성 함수인 fork()와 함께 사용하면, 전혀 다른 목적을 가진 프로세스를 다양하게 실행시킬 수 있는 효과를 얻게 된다. 즉, fork를 통해 자식 프로세스를 생성시킨 다음에 exec를 이용하여 자식 프로세스를 다른 프로세스로 대체시키는 것이다. 이를 통해, 부모 프로세스는 원하는 작업을 수행하는, 자신과 전혀 성격이 다른 자식 프로세스를 거느릴 수 있게 된다.

그러면 fork와 exec를 이용하여 이러한 작업을 수행하는 예제를 만들어 보도록 하자. 예제는 fork를 이용하여 자식 프로세스를 만든 뒤, 자식 프로세스는 'ps -f'로 대체가 되도록 만드는 프로그램이다. 이때 부모 프로세스는 자식 프로세스를 만든 뒤, 2초가 지나면 종료된다.

〈ex_exec2.c〉

```c
#include <stdio.h>

/* 자식 프로세스가 실행할 exec 함수 */
void forChild(void)
{
    printf("<< 자식 프로세스 ps로 대체 >>\n");
    execl("/bin/ps", "ps", "-f", (char *) 0);

    /* 에러시에 표시될 메시지 */
    printf("exec() 실행에 에러가 발생 했네요.\n");
    exit(1);
}

/* 프로그램의 메인 함수 */
int main()
{
    /* 자식 프로세스의 PID용 변수 */
    int childPID = 0;

    /* 실행 카운트 초기화 */
    int parentCount = 0;

    /* fork 함수 실행, 자식 프로세스 생성 */
    childPID = fork();

    /* 자식 프로세스 이면 forChild() 함수 실행 */
    if(childPID == 0)
```

```c
    {
        printf("<< 자식 프로세스 생성>>\n");
        forChild();
    }
    /* 부모 프로세스 이면 내부 모듈 실행 */
    else if(childPID > 0)
    {
        printf("<< 부모 - 자식 프로세스 번호 : %d >>\n", childPID);
        /* 2초간만 실행 */
        for(parentCount=0;parentCount<2;parentCount++)
        {
            /* 실행 카운트 출력 */
            printf("PARENT PROCESS - count: %d\n",parentCount);

            /* 1초간 sleep 수행 */
            sleep(1);
        }
    }
    /* 프로세스 생성 실패인 경우 */
    else
    {
        printf("프로세스 생성에 실패했습니다.\n");
    }
    return 0;
}
```

프로그램 작성이 끝났으면 아래와 같이 컴파일 및 실행을 시켜보도록 하자. 프로그램을 실행시키면 자식 프로세스가 생성되고, 곧 이어 'ps –f'가 실행되는 것을 볼 수 있다. 그리고 부모 프로세스는 카운트를 1초 간격으로 두 번 찍은 후에 종료를 한다.

```
% cc -o ex_exec2 ex_exec2.c
% ex_exec2
<< 자식 프로세스 생성>>
<< 자식 프로세스 ps로 대체 >>
     UID   PID  PPID  C    STIME TTY       TIME CMD
<< 부모 - 자식 프로세스 번호 : 861 >>
PARENT PROCESS - count: 0
   jshin   445   435  0 01:41:11 pts/4    0:00 /bin/csh
   jshin   860   445  0 05:28:52 pts/4    0:00 ex_exec2
PARENT PROCESS - count: 1
```

> **NOTE_** 실행 결과를 자세히 보면 ps가 실행되는 중간에 부모 프로세스의 메시지가 찍힌 걸 볼 수 있다. 이와 같이, 멀티프로세서 프로그램을 작성한 경우에는 로그를 남기거나 할 때 프로세스별 메시지를 쉽게 구분할 수 있도록 만들어 주는 것이 좋다.

Wait

프로세스의 동기화(Synchronization)를 위해 다른 프로세스가 끝날 때까지 프로세스를 멈추도록 만들어야 할 때가 있다. 이때 사용하는 함수가 바로 wait( ) 함수이다. 자식 프로세스를 생성한 이후에 wait( )를 호출하면 부모 프로세스는 자식 프로세스가 작업을 마칠 때까지 실행을 멈추게 된다.

따라서 자식 프로세스가 작업을 끝내면 이어서 부모 프로세스가 바통을 이어받는 것과 같은 효과를 얻을 수 있다. 만일 자식 프로세스가 여러 개이면 실행 중이던 자식 프로세스 중 첫 번째로 종료되는 프로세스가 나올 때까지 부모 프로세스는 실행을 멈추고 기다리게 된다.

wait( ) 함수의 사용법은 다음과 같다. wait( )를 실행할 때 자식 프로세스가 없으면 −1를 리턴하게 된다.

```
int status;
int result = wait(&status);
```

다음의 예제는 fork( )를 이용하여 자식 프로세스를 생성한 후, wait( )함수를 이용하여 자식 프로세스가 종료된 뒤에 부모 프로세스가 실행되도록 만든 예제이다.

⟨ex_wait.c⟩
```
#include <stdio.h>

/* 프로그램의 메인 함수 */
int main()
{
        /* 자식 프로세스의 PID용 변수와 실행 카운트 */
        int childPID = 0;
        int count = 0;

        /* fork 함수 실행, 자식 프로세스 생성 */
```

```c
        childPID = fork();

        /* 자식 프로세스 */
        if(childPID == 0)
        {
                printf("<< 자식 프로세스 생성>>\n");
                /* 2초간만 실행 */
                for(count=0;count<2;count++)
                {
                        /* 실행 카운트 출력 */
                        printf("CHILD PROCESS - count: %d\n",count);

                        /* 1초간 sleep 수행 */
                        sleep(1);
                }
        }
        /* 부모 프로세스 */
        else if(childPID > 0)
        {
                /* wait 함수를 널과 함께 실행 */
                wait((int*)0);

                printf("<< 부모 - 자식 프로세스 번호 : %d >>\n", childPID);
                /* 2초간만 실행 */
                for(count=0;count<2;count++)
                {
                        /* 실행 카운트 출력 */
                        printf("PARENT PROCESS - count: %d\n",count);

                        /* 1초간 sleep 수행 */
                        sleep(1);
                }
        }
        /* 프로세스 생성 실패인 경우 */
        else
        {
                printf("프로세스 생성에 실패했습니다.\n");
        }
        return 0;
}
```

예제를 컴파일하고 실행시키면 다음과 같은 결과를 얻게 된다. 결과 화면을 통해 자식 프로세스와 부모 프로세스가 차례로 실행되고 종료됨을 알 수 있다.

```
% ex_wait
<< 자식 프로세스 생성>>
CHILD PROCESS - count: 0
CHILD PROCESS - count: 1
<< 부모 - 자식 프로세스 번호 : 494 >>
PARENT PROCESS - count: 0
PARENT PROCESS - count: 1
```

03 프로세스 프로그래밍

이번 절에선 멀티프로세서를 작성하는 과정에서 사용할만한 팁들을 살펴보고 이를 활용한 예제를 만들어보도록 하겠다.

whoami와 ps 활용

프로세스를 실행할 때 특정 사용자가 실행시켜야 하는 경우가 있다. 어떤 경우에는 root가 실행해야만 작업이 제대로 수행되는 때도 있다. 이럴 경우에는 프로세스를 누가 띄우는지 체크할 필요가 있다. 그래서 만일 해당 사용자가 아니면 경고를 하고 프로세스를 실행시키지 말아야 할 것이다.

이때 사용할 수 있는 쉘 명령어로 whoami가 있다. whoami를 실행시키면 현재 자신이 누구인지를 알 수 있다. 자신이 누구인지 알아낸 다음 실행에 맞는 사람이면 프로그램을 실행시키고 그렇지 않으면 경고문과 함께 종료하면 된다.

시스템을 개발하다 보면, 기존에 떠있는 프로세스를 종료시켜야 하는 경우가 있다. 또는 프로세스가 이미 실행 중이면 새로운 프로세스가 실행되지 않도록 만들어야 할 때도 있다. 이럴 때는 실행 중인 프로세스를 체크할 필요가 있다. 즉, 프로세스가 실행 중인지를 체크하고 실행 중인 pid를 찾은 뒤 이를 종료시키든지 또는 새로운 프로세스의 실행을 막든지 하는 작업이 필요한 것이다.

이러한 작업을 C 언어 등으로 만드는 것은 그렇게 쉬운 일이 아니다. 하지만 쉘 프로그램을 이용하면 상당히 편하게 작업할 수 있다. 예를 들면, ps 명령어를 이용하면 해당 프로세스가 실행 중인지 쉽게 알 수 있다. 또한 ps를 이용하여 PID를 찾아낸 후에는 kill 명령을 이용하여 수행 중인 프로세스를 쉽게 종료할 수 있다.

쉘 프로그램을 이용하여 프로세스를 체크하는 것을 시스템에 이용하면 많은 도움을 받을 수 있다. 예를 들어 백엔드(Backend)로 돌아가는 데몬을 체크하고 자동 실행시키거나 kill 시켜야 할 때 이를 응용하는 경우 등이 있을 것이다. 그러면 지금까지 소개한 내용을 바탕으로 예제를 직접 만들어 보자.

먼저 데몬 형태로 돌아가는 프로세스인 onlyOne이라는 프로세스가 있다고 하자. 이 프로세스는 root가 구동해야만 된다고 가정한다. 만일 onlyOne이 실행 중일 때 누군가가 onlyOne을 또 실행하려 한다면 더 이상 실행되어서는 안 된다. 물론 실행을 시키는 사람이 root가 아니어도 실행되어선 안 된다.

onlyOne을 실행시키거나 종료시키는 프로그램인 checkOne이라는 프로그램에서 상기에 기술한 작업을 실행하도록 만들어야 한다. 그럼, 먼저 onlyOne 프로그램을 만들어 보자. 단지 테스트를 위해 무한루프를 돌면서 화면에 메시지만 출력하는 기능을 가지고 있다.

〈onlyOne.c〉
```
#include <stdio.h>
/* 무한루프를 돌며 매초마다 메시지 출력 */
int main()
{
   while(1)
   {
      fprintf(stderr, "ONLYONE PROCESS RUNNING\n");
      sleep(1);
   }
   return 1;
}
```

위의 프로그램을 실행시키면 1초마다 메시지를 출력하면서 계속 실행이 될 것이다. 이제 이 프로그램을 실행 및 종료시키는 checkOne 프로그램을 작성해 보자. checkOne 프로그램은 실행 인수로 "start" 또는 "stop"을 받아서 start 이면 onlyOne 프로세스를 실행시키고 stop 이면 onlyOne 프로세스를 kill 시키는 작업을 하게 된다.

이때 실행시키는 사람이 root 인지를 체크하게 되고, 이미 실행 중인 onlyOne 프로세스가 있는지 확인하게 된다. onlyOne 프로세스를 종료해야 하는 경우에는 ps와 kill을 가지고 있는

쉘 프로그램을 이용한다. 그럼 먼저 checkOne 프로그램에서 사용할 쉘 프로그램부터 보드록
하자.

〈checkOne.sh〉

```
#!/bin/sh

# start 또는 stop 등의 인수의 개수를 체크. 하나만 유효
if [ $# -eq 1 ]
then
#    echo "인수는 한 개이며 내용은 <$1> 입니다."
    echo "\c"
else
#    echo "인수는 하나도 없거나 너무 많아 그냥 종료합니다."
    echo "INVALIDARG"
    exit 0
fi

# 쉘 프로그램을 실행시킨 사용자를 체크, root만 유효
user=whoami
if [ $user = root ]
then
#    echo "사용자는 루트 입니다."
    echo "\c"
else
#    echo "사용자가 루트가 아니어서 그냥 종료합니다."
    echo "NOTROOT"
    exit 0
fi

# 인수가 start인지 stop인지를 체크하고 해당 모듈을 실행
case $1 in
start)
# 프로세스가 이미 실행 중인지 체크하고 없으면 백엔드로 실행
    usage=ps -a | grep onlyOne | /bin/awk '{print $4}'
    if [ "$usage" = "onlyOne" ]
    then
#       echo "onlyOne 프로세스가 이미 실행 중입니다."
        echo "ALREADY"
    else
        onlyOne &
        echo "RUNNING"
    fi ;;
stop)
```

```
        # 실행 중인 프로세스를 찾아서 kill 시킴
        usage=ps -a | grep onlyOne | /bin/awk '{print $4}'
        if [ "$usage" = "onlyOne" ]
        then
            kill ps -a | grep onlyOne | awk '{print $1}' > /dev/null 2>&1
            echo "STOPONE"
        else
#           echo "실행 중인 프로세스가 없습니다."
            echo "ANYONEP"
        fi ;;
    *)
        echo "UNKNOWN ARG"
esac
exit 1
```

> **NOTE** 스크립트내에서 코멘트된 echo 문장과 그렇지 않은 echo 문장이 차례로 나온 곳들이 있다. 이는 스크립트만 실행할 때는 코멘트된 echo 문을 사용하고, C 프로그램의 호출을 통해 스크립트를 사용할 때는 지금의 echo 문을 사용하기 위해서이다.

위의 프로그램을 살펴보면, 먼저 "if [$# -eq 1]" 문장을 이용하여 인수의 개수가 하나인지를 체크한다. 만일 인수의 개수가 하나도 없거나 두 개 이상이면 "INVALIDARG"를 표기하고 종료한다.

그 다음엔 "user=`whoami`; if [$user = root]" 문장을 이용하여 사용자가 root인지를 체크한다. 만일 root 이외의 사용자이면 "NOTROOT"를 출력하고 프로그램을 종료한다. 마지막으로 case 문을 이용하여 start 일 때와 stop 일 때 작업해야 하는 모듈을 작성한다.

인수가 start 이면 "usage=`ps -a | grep onlyOne | /bin/awk '{print $4}'`" 문장을 이용하여 onlyOne 프로세스가 실행 중인지 확인한다. 만일 실행 중이면 "ALREADY"를 출력하고 더 이상 작업을 하지 않는다. 만일 실행 중인 프로세스가 없으면 onlyOne 프로세스를 백엔드로 실행한 후 "RUNNING" 문구를 출력한다.

인수가 stop이면, 먼저 실행 중인 onlyOne 프로세스가 있는지 확인한다. 만일 실행 중인 onlyOne 프로세스가 없으면 "ANYONEP"이라는 문구를 출력하고 더 이상 다른 작업을 수행하지 않는다. 만일 실행 중인 프로세스가 있으면 "kill `ps -a | grep onlyOne | awk '{print $1}`" > /dev/null 2>&1" 문장을 이용하여 프로세스를 종료시키고 "STOPONE"을 출력하게

된다.

이번에는 checkOne.sh 프로그램을 활용하는 checkOne 프로그램을 만들어 보자. checkOne 프로그램은 checkOne.sh를 이용하여 onlyOne 프로그램을 실행 및 종료를 수행하게 된다. 이때 checkOne.sh 프로그램이 리턴하는 문장을 이용하여 에러 여부를 체크하게 된다. 다음은 checkOne.c 프로그램의 소스 코드이다.

〈checkOne.c〉
```c
#include <stdio.h>
#include <string.h>

/*************************************************
 * 프로그램에서 사용하게 될 스크립트(쉘 프로그램)
 *************************************************/
static const char* CHECKONE = "./checkOne.sh";

/*******************************************************************
 * FUNCTION : runCheckOne
 * DESCRIPTION : 스크립트를 실행.
 *******************************************************************/
void runCheckOne(char *args, char result[8])
{
    char cmd[32];
    FILE *fp;

    /* 인수로 들어온 agrs를 이용하여 명령 문장 완성 */
    sprintf(cmd, "%s %s", CHECKONE, args);

    /* 파이프 오픈으로 작성한 명령문을 실행 */
    if ((fp = popen(cmd, "rw")) == NULL)
    {
        fprintf(stderr, "\nrunCheckOne() Failure to open the pipe\n");
        strncpy(result,"NULLRES\0",8);
        return;
    }

    /* 결과를 얻어올 버퍼 초기화 */
    cmd[0]='F'; cmd[1]='F'; cmd[2]='F'; cmd[3]='F';
    cmd[4]='F'; cmd[5]='F'; cmd[6]='F'; cmd[7]='\0';

    /* 파이프에서 스크립트 실행 결과를 얻어옴 */
    fread(cmd, 1, 7, fp);
```

```c
      if(!strncmp("FFFF",cmd,4))
      {
         pclose(fp);
         fprintf(stderr, "\nrunCheckOne() fread failed\n");
         strncpy(result,"NULLRES\0",8);
         pclose(fp);
         return;
      }

      /* 인수로 들어온 result에 결과를 저장 */
      strncpy(result,cmd,8);

      pclose(fp);
}


/************************************************************
 * FUNCTION : int main(int argc, char** argv)
 * DESCRIPTION : checkOne의 메인 함수
 ************************************************************/
int main(int argc, char** argv)
{
   char result[8];

   /* 인수의 수가 2개가 아니면 실행되지 않는다. */
   if(argc != 2)
   {
      fprintf(stderr, "\n\n\n Usage: checkOne [start | stop] \n\n");
      return 0;
   }
   else if(argc == 2)
   {
      /* start이면 실행과 관련된 프로세스 체크를 수행한다. */
      if(!strncmp("start",argv[1],5))
      {
         /* runCheckOne() 함수를 실행하고 결과를 result로 받는다. */
         runCheckOne(argv[1], result);
         /* root가 아닐 때, 에러 처리 */
         if(!strncmp("NOTROOT",result,7))
         {
            fprintf(stderr, "\n\n\n You must be root! \n\n");
            return 0;
         }
         /* 이미 실행 중일 때, 에러 처리 */
         else if(!strncmp("ALREADY",result,7))
         {
```

```c
        fprintf(stderr, "프로세스가 이미 구동 중입니다.\n");
    }
    /* 실행에 성공한 경우 */
    else if(!strncmp("RUNNING",result,7))
    {
        fprintf(stderr, "프로세스 실행 성공!!!\n");
    }
    /* 스크립트의 실행에 실패한 경우, 에러 처리 */
    else if(!strncmp("NULL",result,4))
    {
        fprintf(stderr, "스크립트 파일을 체크해 주세요.\n");
    }
    return 0;
}
/* stop이면 중지와 관련된 프로세스 체크를 수행한다. */
else if(!strncmp("stop",argv[1],4))
{
    /* runCheckOne() 함수를 실행하고 결과를 result로 받는다. */
    runCheckOne(argv[1], result);
    /* root가 아닐 때, 에러 처리 */
    if(!strncmp("NOTROOT",result,7))
    {
        fprintf(stderr, "\n\n\n You must be root! \n\n");
        return 0;
    }
    /* 실행 중인 프로세스가 없을 때, 에러 처리 */
    else if(!strncmp("ANYONE",result,6))
    {
        fprintf(stderr, "실행 중인 프로세스가 없습니다.\n");
    }
    /* 중지에 성공한 경우 */
    else if(!strncmp("STOP",result,4))
    {
        fprintf(stderr, "프로세스 종료 성공!!!\n");
    }
    /* 스크립트의 실행에 실패한 경우, 에러 처리 */
    else if(!strncmp("NULL",result,4))
    {
        fprintf(stderr, "스크립트 파일을 체크해 주세요.\n");
    }
    return 0;
}
/* start도 stop도 아닌 인수가 들어온 경우, 에러 처리 */
else fprintf(stderr, "\n\n Usage: checkOne [start | stop] \n");
}
```

```
    return 0;
}
```

코딩 작업이 끝났으면 컴파일 및 실행을 시켜보자. 아래는 예제를 실행한 결과를 보여주고 있는데, 이를 통해 프로세스의 실행 및 종료, root 여부 체크, 인수 체크 등이 제대로 이루어지고 있는지를 확인할 수 있다.

- ✓ **인수를 주지 않고 그냥 실행한 경우:**

```
% checkOne
 Usage: checkOne [start | stop]
```

- ✓ **root가 아닌 사용자가 실행한 경우:**

```
% checkOne start
 You must be root!
```

- ✓ **root가 checkOne start를 실행한 경우:**

```
% checkOne start
ONLYONE PROCESS RUNNING
checkOne 프로세스 실행 성공!!!
```

- ✓ **실행 중인데 또 다시 start를 실행한 경우:**

```
% checkOne start
checkOne 프로세스가 이미 구동 중입니다.
```

- ✓ **root가 checkOne stop을 실행한 경우:**

```
% checkOne start
checkOne 프로세스가 이미 구동 중입니다.
```

- ✓ **실행이 종료된 상태에서 다시 stop을 실행한 경우:**

```
% checkOne stop
실행 중인 checkOne 프로세스가 없습니다.
```

프로세스 ID 활용

프로세스를 활용하면서 가장 중요하게 활용되는 것은 PID이다. 앞의 예제에서 ps를 활용하거나 kill을 사용할 때도 사용되는 키는 프로세스 ID인 PID이었다. 이런 PID를 구할 때 사용하는 함수는 getpid()이다.

그리고 부모 프로세스의 PID를 구하는 함수는 getppid() 함수이다. 이 함수들의 간단한 사용법을 보면 아래와 같다.

```
int processID = getpid();        /* 자신의 PID를 구하는 경우 */
int parentPID = getppid();       /* 부모의 PID를 구하는 경우 */
```

getpid()와 getppid()를 이용한 간단한 예제를 만들어 보자. 아래의 예제는 fork(), getpid() 그리고 getppid()를 이용하여, 자식의 PID와 자신의 PID 그리고 부모의 PID를 구하고 출력하는 것을 보여준다. 그리고 현재 실행되는 프로세스가 부모인지 자식인지를 체크하는 방법으로 getpid()를 사용하고 있다.

⟨ex_getpid.c⟩
```c
#include <stdio.h>

/* 프로그램의 메인 함수 */
int main()
{
    /* 프로세스의 PID용 변수들*/
    int childPID = 0;
    int parentPID = 0;

    /* 자기 자신의 PID 구함 */
    parentPID = getpid();

    /* fork 함수 실행, 자식 프로세스 생성 */
    childPID = fork();

    /* 자식 프로세스 실행 */
    if(getpid() != parentPID)
    {
        printf("<< 자식 프로세스 >>\n");
        printf("자식 - 자식 PID: %d, 부모 PID: %d\n", getpid(), getppid());
    }
```

```c
    /* 부모 프로세스 실행 */
    else if(getpid() == parentPID)
    {
        printf("<< 부모 프로세스 >>\n");
        printf("부모 - 자식 PID: %d, 부모 PID: %d\n",childPID, parentPID);
    }
    return 0;
}
```

위의 프로그램 코드를 컴파일하고 실행해 보자. 아래는 그 결과를 보여주고 있다.

```
% ex_getpid
<< 자식 프로세스 >>
자식 - 자식 PID: 1229, 부모 PID: 1228
<< 부모 프로세스 >>
부모 - 자식 PID: 1229, 부모 PID: 1228
```

getpid()를 이용하여 프로세스의 정보 중 가장 중요한 값인 PID를 구할 수 있었는데, 유사한 함수들을 이용하여 프로세스의 기타 정보도 구할 수 있다. 예를 들어, 프로세스를 실행시킨 사용자의 ID, 그룹의 ID 등도 구할 수 있다. 함수의 이름은 getuid()와 getgid()인데, 이들을 이용하면 사용자 ID와 그룹 ID를 각각 구할 수 있다.

함수의 사용법은 다음과 같다.

```c
int userID = getuid();
int groupID = getgid();
```

그러면 이들 함수를 이용한 간단한 예제를 만들어 보자. 예제를 컴파일하고 실행하면 프로세스의 사용자 ID와 그룹 ID 정보가 화면에 출력되는 것을 볼 수 있다.

〈processInfo.c〉

```c
#include <stdio.h>

/* 프로그램의 메인 함수 */
int main()
{
```

```
    /* 프로세스의 정보를 저장할 변수들 */
    int psPID, psUID, psGID;

    /* 자기 자신의 프로세스 정보를 구함 */
    psPID = getpid();
    psUID = getuid();
    psGID = getgid();

    /* 프로세스 정보를 화면에 출력한다. */
    printf("<< 프로세스 정보 >>\n");
    printf("PID: %d, UID: %d, GID: %d\n",psPID, psUID, psGID);
    return 0;
}
```

위의 예제를 여러 사용자의 ID로 실행해 보면, 프로세스의 user ID와 group ID는 프로세스를 구동한 사용자의 정보와 동일하다는 것을 알 수 있다. getuid(), getgid() 함수들과 대비되는 함수에는 setuid() 함수와 setgid() 함수가 있다. 이들을 이용하면 프로세스의 사용자 ID와 그룹 ID를 변경할 수 있다.

하지만 일반 프로세스의 사용자 ID를 수퍼 유저의 ID로 변경할 수는 없다. 그 반대의 경우는 가능하다. 예를 들어, root가 실행한 프로세스의 경우에는 setuid()를 이용하여 원하는 사용자의 ID로 바꿀 수 있다.

chapter 12 시그널

중요한 프로세스간의 통신 기법 중 하나인 시그널에 대해 다루게 된다. 프로세스 사이의 통신이 모두 Part IV에 위치하고 있기 때문에 Part IV에 적합한 내용일 수 있지만, 시그널은 통신 쪽보다도 프로세스의 실행과 밀접한 연관이 있기 때문에 Part III에 배치가 되었다.

시그널은 정상적인 메시지 전송보다도 비정상적인 메시지 전송에 가깝기 때문에 일반적으로 많이 사용하는 용어인 알람과 유사하다. 즉, 프로세스 실행 중에 특별한 일이 발생하여 프로세스에게 알릴 필요성이 있을 때, 커널이 메시지를 보내서 프로세스에게 알려주는 것이다.

커널로부터 시그널을 받으면 프로세스는 이를 무시하거나 처리할 수 있다. 따라서 필요한 시그널은 적극적으로 처리하도록 만들고 중요치 않은 시그널은 완전히 무시하도록 만드는 정책이 필요하다.

Chapter 12에서는 시그널이 무엇인지 소개하고, 시그널과 관련된 시스템 호출에 대해 설명을 한다. 그리고 이와 연관된 프로그램 작성 방법을 보여준다. 이를 위해 다음과 같은 절들로 구성이 되어 있다.

1. 시그널 소개
2. 시그널 처리
3. 시그널 전송
4. 시그널 프로그래밍

01 시그널 소개

유닉스 시스템에서 제공하는 프로세스간 통신 중에서 가장 오래된 기법 중 하나인 시그널은 프로세스 사이의 통신이라고는 하지만 정상적인 데이터의 교신을 위한 통신이라기 보다는 비정상적인 상황을 서로에게 알리기 위한 기법으로 많이 활용된다.

시스템에게 돌발적인 정보를 알리거나 하는 것을 Notification이나 알람이라 부를 수 있는데 시그널도 이와 유사한 이름으로 불릴 수 있을 것이다. 물론 돌발적인 상황만을 위해서 시그널이 존재하는 것은 아니지만 시그널의 기법이나 사용 목적이 대부분 거기에 맞춰져 있다.

시그널은 인터럽트가 발생했을 때 이를 프로세스에게 알리기 위해서 많이 사용된다. 이는 인터럽트가 발생했을 때 이를 적절히 처리하는 루틴을 프로세스 속에 집어넣어서 비정상적인 작동을 미연에 방지하거나 상황에 따른 적절한 조치를 취해주기 위해서이다.

시그널을 활용하면 인터럽트를 프로세스의 또 다른 인터페이스로 활용할 수 있다. 즉, 프로세스와의 대화의 창구로 인터럽트도 추가시킬 수 있다는 것이다. 이를 통해, 쉘에서 발생시킨 시그널을 이용하여 작업 중인 프로세스에게 다른 명령을 내릴 수 있게 된다.

시그널은 이름을 가지고 있는데, 이름이 정의된 곳은 signal.h 파일이며 #define을 이용하여 선언되어 있다. signal.h 파일에 많은 시그널 이름 등이 지정되어 있지만 실제로 개발자들이 사용하는 시그널들은 그렇게 많지 않다. 대부분의 시그널은 커널이 프로세스를 관리하거나 운영체제 차원의 작업을 수행하는데 사용된다.

signal.h 헤더 파일에 정의된 시그널 이름들 중에서 중요한 시그널들을 소개하면 다음과 같다.

- ✓ #define SIGHUP : Hangup을 위한 시그널로 터미널과 시스템 사이에 통신 접속이 끊어졌을 때, 터미널에 연결된 프로세스들에게 커널이 보내는 시그널이다.
- ✓ #define SIGINT : Interrupt을 위한 시그널로 유저가 인터럽트를 발생시키는 키를 입력했을 때 그와 연결된 프로세스에게 커널이 보내는 시그널이다. 이 시그널은 프로세스를 종료할 때 많이 사용되는 시그널이다.
- ✓ #define SIGQUIT : Quit을 위한 시그널로 유저가 터미널에서 Quit 키를 치면 커널이 프로세스에게 SIGQUIT 시그널을 보낸다.
- ✓ #define SIGILL : Illegal 명령, 즉 비정상적인 명령을 수행할 때 OS가 발생시키는 시그널이다.
- ✓ #define SIGTRAP : Trace Trap을 위한 시그널로 디버거들이 주로 사용하는 시그널이다.
- ✓ #define SIGABRT : Abort 실행 시 발생하는 시그널로 Abort는 시스템이 비정상적으로 종료될 때 해당 정보를 남기는 명령이다.

- #define SIGIOT : SIGABRT와 유사한 작업을 수행할 때 발생하는 시그널이다.
- #define SIGEMT : Emt 명령 실행시 사용되는 시그널이다.
- #define SIGFPE : Floating 포인터 예외 사항, 즉 부동소숫점 사용에서 오버플로우나 언더플로우가 발생했을 때 사용되는 시그널이다.
- #define SIGKILL : 프로세스가 다른 프로세스를 Kill 시키기 위해 발생하는 시그널이다.
- #define SIGBUS : Bus 에러가 발생했을 때 사용되는 시그널이다.
- #define SIGSEGV : 메모리 세그먼트 등이 깨졌을 때 발생하는 시그널이다.
- #define SIGSYS : 시스템 호출을 할 때 잘못된 인수를 사용하면 발생하는 시그널이다.
- #define SIGPIPE : 파이프에서 사용하는 시그널로 아무도 읽지 않는 파이프에 데이터 출력할 때 발생하는 시그널이다.
- #define SIGALRM : 알람 클락 시그널로 해당 타이머가 끝나면 발생되는 시그널이다.
- #define SIGTERM : Kill에 의해 프로세스가 종료할 때 발생되는 시그널이다.

이밖에도 많은 시그널이 존재하고 있으며 유닉스 시스템에 따라 조금씩 다른 시그널을 사용하고 있다.

> **NOTE_** SIGBUS, SIGEMT, SIGIOT, SIGTRAP, SIGSYS 등은 POSIX.1에 없는 시그널들이다.

대부분의 시그널들은 커널이 프로세스에게 보내는 것이라고 했는데, 프로세스 내부에서 시그널들을 처리하지 않는다면 대부분의 시그널들은 그냥 무시가 된다. 즉, 아무리 커널이 시그널을 보내도 프로세스가 받아서 쓰지 않으면 의미가 없는 메시지가 될 수 있다.

그렇다고 프로세스가 모든 종류의 시그널을 무시할 수 있는 것은 아니다. 예를 들어 SIGKILL 시그널 같은 경우 프로세스가 종료되기 때문에 무시와 상관없이 프로세스에 영향을 미치게 된다. 프로세스가 시그널을 무시하는 경우에는 커널에게 처리를 맡기는 결과를 가져온다.

만일 프로세스가 시그널을 무시하지 않고 관리를 한다면, 시그널이 발생했을 때 이를 어떻게 처리할지를 프로세스가 정할 수 있다. 하지만 시그널의 관리가 그렇게 쉬운 것은 아니다. 서로 다른 종류의 시그널이 동시에 프로세스에게 들어올 수도 있고 동일한 시그널이 계속해서 들어올 수도 있다.

따라서 모든 종류의 시그널을 처리한다는 것은 아주 힘든 작업이기 때문에, 해당 프로세스에게 특별히 중요치 않은 시그널들은 신경을 쓰지 않고, 중요하다고 생각되는 시그널에 초점을 맞추는 정책이 필요하다.

시그널은 프로세스와 밀접한 관련이 있기 때문에, 시그널 정보는 프로세스 테이블에서도 관리가 된다. 프로세스 테이블 내에 설정된 내용에 따라 시그널의 처리를 정하게 되고, 또한 시그널을 처리한 내용이 프로세스 정보에 저장되기도 한다.

시그널이 프로세스간 통신이라고 했는데, 시그널 또한 사용자에 따라 제한이 발생한다. 다시 말해, 일반 사용자는 원하는 모든 프로세스에게 시그널을 보낼 수는 없다는 것이다. 물론 수퍼 유저는 원하는 프로세스에게 시그널을 발생시킬 수 있다.

프로세스는 시그널을 블록시킬 수 있다. 블록된 시그널은 블록이 해제될 때까지 기다려야 하는데, 해제가 풀리면 프로세스에게 전달이 된다. 이때 해제가 풀리려면 블록되지 않은 시그널이 발생하거나 시스템 호출작업이 이루어져야 한다. 대부분의 프로세스가 시스템 호출을 매번 사용하기 때문에 블록된 시그널이 무한정 기다리게 되는 것은 아니다.

시그널을 커널이 아닌 프로세스에 처리하려고 하면, sigaction 속에 시그널을 처리를 위한 핸들러가 등록되어야 한다. 만일 특별한 시그널 핸들러가 등록되지 않으면 커널이 기본적인 처리를 담당하게 된다. 핸들러가 sigaction 속에 등록이 되면 시그널이 발생하면 매번 호출이 된다. 핸들러가 호출될때는 마스크를 이용하여 무시할 시그널에 대해서는 커널에 처리를 맡기게 된다.

지금까지 시그널에 대한 개괄적인 내용을 살펴보았는데, 이제는 시그널을 검출 및 처리 또는 발생시킬 때 사용하는 시스템 호출에 대해서 알아보자.

02 시그널 처리

시그널을 처리하기 위해서 제공하고 있는 시스템 호출들에 대해서 살펴보도록 하자. 먼저 커널로부터 들어오는 시그널을 처리하기 위해 사용되는 Signal 시스템 호출에 대해 보도록 하자.

Signal

signal( ) 함수는 이름 그대로 시그널을 처리하기 위한 함수이다. 커널이 발생시킨 시그널 등을 프로세스가 받았을 때, 이를 처리할 함수를 지정하는 기능을 가지고 있다. signal( ) 함수의 간단한 사용 예를 보면 다음과 같다.

```
int sigKind;
int function();
signal(sigKind, function);
```

첫 번째 인수인 sigKind는 처리하고자 하는 시그널을 의미한다. 이때, 프로세스가 종료되어야 하는 SIGKILL외에는 sigKind로 지정하여 사용할 수 있다. 두 번째 인수로 사용되는 함수의 이름은 지정한 시그널이 발생했을 때 처리를 담당할 함수를 지정한 것이다.

이때, 두 번째 인수로 함수 이름 외에 SIG_IGN이나 SIG_DFL 기호를 사용할 수 있다. 즉, 다음과 같이 사용할 수도 있다.

```
signal(sigKind, SIG_IGN); 또는 signal(sigKind, SIG_DFL);
```

SIG_IGN 기호는 해당 시그널을 무시하라고 지정하는 기호이며, SIG_DFL 기호는 디폴트 시그널 핸들러에게 처리를 맡기는 것을 의미한다. 그럼, signal() 함수를 이용한 간단한 예제를 먼저 보도록 하자.

다음의 예제는 프로세스가 실행 중 발생한 SIGINT 시그널을 처리하는 것을 보여준다. 이를 위해 signal() 함수를 이용하여 SIGINT 시그널과 이를 처리할 핸들러를 등록해 준다.

〈ex_signal.c〉
```
#include <signal.h>

/* SIGINT 시그널을 처리할 핸들러 */
int sigintHandler()
{
    /* 필요한 작업을 처리한 후 프로그램 종료 */
    printf("\n\nSIGINT 핸들러 호출 \n");
    printf("\n<<< 작업 종료 시작 >>>\n");
    sleep(1);
    printf("\n\nStop all run process\n");
    printf("All open file closed\n\n\n");
    exit(1);
}

/* 프로그램의 main 함수 */
int main()
```

```
{
    int result, step = 0;

    /* SIGINT 핸들러를 등록, signal() 함수 사용 */
    printf("SIGINT 핸들러 세팅 \n\n");
    result = signal(SIGINT, sigintHandler);

    /* 프로그램 작업 수행, 무한루프 */
    printf("\n<<< Main 프로세스 실행 >>>\n");
    printf("File open 실행\n");
    while(1)
    {
        step++;
        printf("%d번째 작업수행\n",step);
        sleep(1);
    }
    return 1;
}
```

프로그램 작성이 끝났으면 다음과 같이 실행을 시켜보자. 프로그램이 실행되고 나면 SIGINT 시그널의 발생을 위해, 프로세스가 실행 중인 쉘에 ^C(Ctrl+C) 키를 입력하도록 한다. 시그널을 처리하지 않는 일반적인 프로그램은 ^C 키를 입력하면 커널이 프로세스를 종료하게 된다.

```
% ex_signal
SIGINT 핸들러 세팅
<<< Main 프로세스 실행 >>>
File open 실행
1번째 작업수행
2번째 작업수행
3번째 작업수행
^C

SIGINT 핸들러 호출
<<< 작업 종료 시작 >>>
Stop all run process
All open file closed
```

일반적인 경우, 시그널이 발생했을 때 프로세스는 처리하던 시스템 호출을 수행한 다음 커널로부터 시그널을 받게 된다. 따라서 처리 중인 시스템 호출은 시그널에 영향을 받지 않는다. 하지만 모든 시스템 호출이 그런 것은 아니다. 처리가 느린 장치에 대한 시스템 호출같은 경우에는 시그널로 인해 작업 도중 시스템 호출이 중단되면서 프로세스가 종료된다.

만일 시그널 처리를 제대로 해두지 않으면 파일이나 장치를 사용 도중 작업의 유실이 발생할 수 있기때문에 시그널 처리를 통해 이를 대비하는 것이 좋다. 예를 들어 시그널 핸들러를 이용하여 열린 파일을 차례로 닫는다든지 필요한 데이터를 저장하든지 하는 것이 좋다.

프로세스가 실행 중에 signal( ) 함수를 만나면 해당 시그널에 대한 기본 핸들러(처리 함수)를 지정된 핸들러로 변경하게 된다. 따라서 핸들러를 필요에 따라 변경해야 한다면 해당 루틴 속에서 signal( )를 이용하여 핸들러를 재지정하면 된다. 이후에 발생하는 시그널은 재지정된 핸들러에 의해 처리가 된다.

이번에는 signal 시스템 호출을 이용하여 종류가 다른 시그널에 대한 핸들러를 등록하고 이를 처리하는 프로그램의 예제를 보도록 하자. 다양한 시그널을 처리하기 위해 이러한 작업은 필수적인데, 하나의 시그널 핸들러를 등록하는 것과 작업상에 차이는 없다.

아래의 예제는 SIGINT 시그널과 SIGQUIT 시그널을 처리하는 예제이다. 두 종류의 시그널 모두 동일한 핸들러인 stopHandler( ) 함수가 처리하도록 등록을 시켜주고 있다.

(ex_sigquit.c)
```c
#include <signal.h>

/* 작업 종료 시그널을 처리할 핸들러 */
int stopHandler()
{
   /* 필요한 작업을 처리한 후 프로그램 종료 */
   printf("\n\n시그널 핸들러 호출 \n");
   printf("\n<<< 작업 종료 시작 >>>\n");
   sleep(1);
   printf("\n\nStop all run process\n");
   printf("All open file closed\n\n\n");
   exit(1);
}

/* 프로그램의 main 함수 */
int main()
{
   int result, step = 0;

   /* 시그널 핸들러를 등록, signal() 함수 사용 */
```

```c
    printf("SIGINT, SIGQUIT 핸들러 세팅 \n\n");
    result = signal(SIGINT, stopHandler);
    result = signal(SIGQUIT, stopHandler);

    /* 프로그램 작업 수행, 무한루프 */
    printf("\n<<< Main 프로세스 실행 >>>\n");
    printf("File open 실행\n");
    while(1)
    {
       step++;
       printf("%d번째 작업수행\n",step);
       sleep(1);
    }
    return 1;
}
```

SIGQUIT 시그널은 시스템의 종료를 위해 사용하는 키인 '^\'를 이용하여 발생시킬 수 있다. 프로그램 작성이 끝났으면 다음과 같이 실행을 시켜보자. 프로그램 실행을 통해 SIGINT 시그널과 SIGQUIT 시그널을 처리하는 것을 확인할 수 있다.

```
% ex_sigquit
SIGINT, SIGQUIT 핸들러 세팅

<<< Main 프로세스 실행 >>>
File open 실행
1번째 작업수행
2번째 작업수행
3번째 작업수행
^\

시그널 핸들러 호출
<<< 작업 종료 시작 >>>
Stop all run process
All open file closed
```

03 시그널 전송

대부분의 시그널이 커널에 의해 발생하고 커널에 의해 처리가 되지만 사용자가 프로세스에 시그널을 전송할 수 있다. 이를 위해 사용되는 시스템 호출로 먼저 살펴볼 것이 kill( ) 이다.

kill

kill( ) 함수를 사용하면서 해당 프로세스의 PID와 시그널을 인수로 넣어주면 원하는 시그널이 전송된다. kill( )의 간단한 사용 예를 보면 다음과 같다.

```
int processID, sigKind;
kill(processID, sigKind);
```

예를 들어, 시그널을 전송하기 원하는 프로세스의 PID가 815번이며 프로세스 종료를 위한 SIGTERM 시그널을 보내려면 다음과 같이 하면된다.

```
kill(815, SIGTERM)
```

그러면 kill( )을 활용한 예제를 직접 보도록 하자. 다음의 예제는 먼저 rcvSignal 프로세스가 먼저 구동되면서 자신의 PID를 화면에 출력한 후 작업을 수행하게 된다. 그런 다음 sendSignal 프로세스가 rcvSignal 프로세스의 PID를 이용하여 SIGTERM 시그널을 전송하게 된다.

SIGTERM 시그널을 받은 rcvSignal 프로세스는 stopHandler를 통해 프로세스가 안정적으로 종료되도록 작업을 처리한다. 그럼 먼저 rcvSignal 프로그램의 소스 코드를 보도록 하자.

(rcvSignal.c)

```
#include <signal.h>

/* SIGTERM 시그널을 처리할 핸들러 */
int stopHandler()
{
    /* 필요한 작업을 처리한 후 프로그램 종료 */
    printf("\n\n시그널 핸들러 호출 \n");
```

```c
        sleep(1);
        printf("\n<<< 작업 종료 진행 >>>\n\n");
        exit(1);
    }

    /* 프로그램의 main 함수 */
    int main()
    {
        int result, step = 0;

        /* 시그널 핸들러를 등록, signal() 함수 사용 */
        printf("SIGTERM 핸들러 세팅 \n\n");
        result = signal(SIGTERM, stopHandler);

        /* 프로그램 작업 수행, 무한루프. 자신의 PID 출력 */
        printf("\n<<< Main 프로세스 실행, PID: %d >>>\n",getpid());
        printf("File open 실행\n");
        while(1)
        {
            step++;
            printf("%d번째 작업 수행\n",step);
            sleep(1);
        }
        return 1;
    }
```

이번에는 sendSignal 프로그램의 소스 코드를 보도록 하자. sendSignal 프로그램은 PID를 인수로 받아 실행이 된다. 만일 PID를 생략한 채 프로그램을 실행하면 아무런 작업을 수행하지 않고 종료하게 된다.

PID와 함께 sendSignal 프로그램을 실행시키면 해당 PID에 SIGTERM 시그널을 전송하게 된다. 소스 코드는 다음과 같다.

〈sendSignal.c〉

```c
#include<signal.h>

/* main 함수 */
int main(int argc, char* argv[])
{
    int processID;
```

```
    /* 프로세스 ID를 인수로 받는다. */
    if(argc != 2)
    {
       printf("\n\n Usage: sendSignal processID\n\n\n");
       exit(0);
    }

    /* 인수로 받은 PID를 정수로 변환한 뒤, kill() 함수 호출 */
    processID = atoi(argv[1]);
    kill(processID, SIGTERM);

    exit(1);
}
```

프로그램 작성이 모두 끝났으면 각각의 프로세스를 차례로 구동시켜보자. 먼저 rcvSignal을 실행시키면 다음과 같이 PID를 화면에 표시하면서 작업을 수행하게 된다.

```
% rcvSignal
SIGTERM 핸들러 세팅

<<< Main 프로세스 실행, PID: 815 >>>
File open 실행
1번째 작업수행
2번째 작업수행
3번째 작업수행
```

이번에는 sendSignal 프로그램을 다른 쉘 상에서 실행하도록 한다. 이때, rcvSignal 프로세스의 PID를 인수로 사용하여 다음과 같이 실행시킨다.

```
% sendSignal 815
```

그러면 앞서 실행시켰던 rcvSignal 프로세스가 실행 중인 쉘 화면에 다음과 같은 내용이 출력되면서 rcvSignal 프로세스가 종료하게 된다.

```
시그널 핸들러 호출
<<< 작업 종료 진행 >>>
```

지금까지 kill() 함수를 이용하여 다른 프로세스에게 시그널을 전송하는 예를 보았는데, kill()을 이용하여 자기 자신에게 시그널을 보낼 수도 있다. 이를 위해 인수로 사용하는 PID를 이용하면 된다.

예를 들어, kill(0, SIGTERM)을 실행시키면, kill()을 호출한 프로세스와 같은 그룹에 속해있는 프로세스들에게 SIGTERM 시그널이 전송된다. 그리고 kill(-1,SIGTERM)을 실행하면, kill()을 호출한 프로세스와 같은 사용자가 사용중인 프로세스들에게 SIGTERM 시그널이 전송된다.

> **NOTE_** 만일 kill(-1, SIGTERM)을 실행한 프로세스의 사용자가 root이면 대부분의 프로세스들에게 SIGTERM 시그널이 전송된다.

alarm

alarm() 시스템 호출은 우리가 흔히 알고 있는 알람과 동일한 작업을 수행한다. 즉, 알람을 맞춰놓으면, 시간이 되었을 때 알람이 울리는 것과 같다는 것이다. 이처럼 프로세스 내에도 타이머가 존재하는데 alarm()을 이용하여 타이머를 설정해두면, 시간이 다 되었을 때 SIGALRM 시그널이 발생하게 된다.

알람의 설정은 alarm() 함수를 호출하면서 원하는 초를 지정하면 된다. 예를 들어 다음과 같이 alarm을 호출하면 3초가 지난후에 SIGALRM 시그널이 발생한다.

```
alarm(3);
```

만일 알람이 시그널을 발생시키지 않도록 알람을 해제하려면 다음과 같이 0으로 세팅하면 된다.

```
alarm(0);
```

따라서 시간 내에 원하는 작업이 수행되지 않으면 시그널을 발생시키고 싶을 때, alarm()을 활용하면 된다. 그리고 시간 내에 작업이 수행되었으면 0으로 세팅하여 알람을 해제하면 된다. 이는 우리가 알람 시계를 사용하는 것과 동일하다. 즉, 알람이 울리기 전에 잠에서 일어나면 알람 시계를 끄면 되는 것이다. 그냥 놔두면 쓸데없이 시계가 울리는 것과 마찬가지로 원하지 않는 알람 시그널이 발생하게 된다.

그러면, alarm()을 이용한 예제를 보도록 하자. 아래의 프로그램은 scanf()를 이용하여 사용자로부터 숫자를 입력받는 프로그램이다. 이때 만일 3초안에 사용자가 입력하지 않으면 알람 시그널을 이용하여 시간이 다되었음을 알리고 디폴트 값인 −1로 세팅하게 된다. 만일 사용자가 3초 이내에 숫자를 입력하면 알람은 해제하고 입력한 숫자로 세팅한다.

⟨ex_alarm.c⟩

```c
#include <signal.h>

/* 사용자로 부터 값 입력 받을 변수 */
int defaultVal;

/* alarm에 의해 호출될 함수 */
int alarmHandler()
{
    /* 입력시간이 다 되었음을 알리고 -1로 세팅 */
    printf("\n시간이 다 되었습니다.\n");
    defaultVal = -1;
    return 1;
}

/* ex_alarm의 main 함수 */
int main()
{
    /* SIGALARM 시그널을 처리할 함수 등록 */
    signal(SIGALRM, alarmHandler);
    /* alarm을 이용하여 입력 시간 설정 */
    alarm(3);
    /* 사용자로 부터 값을 입력 받음 */
    printf("3초안에 입력해 주세요. DEFAULT VALUE: ");
    scanf("%d",&defaultVal);

    /* alarm에 걸어둔 타이머 해제 */
    alarm(0);

    /* 최종 입력된 값을 화면에 출력 */
    printf("DEFAULT VALUE: %d\n",defaultVal);
    return 1;
}
```

프로그램 작성이 끝났으면 직접 실행해 보자. 아래의 경우는 프로그램이 실행 후, 3초 이내에 값을 입력한 예를 보여주고 있다.

```
% ex_alarm
3초안에 입력해 주세요. DEFAULT VALUE: 5
DEFAULT VALUE: 5
```

만일 3초 이내에 값을 입력하지 않으면 아래와 같이 알람 시그널에 의해 -1로 세팅이 된다.

```
% ex_alarm
3초안에 입력해 주세요. DEFAULT VALUE:
시간이 다 되었습니다.
DEFAULT VALUE: -1
```

위의 예제에서 본것과 같이 alarm( )을 호출하면 내부적으로 타이머가 작동을 시작한다. 그리고 프로세스는 alarm( )의 다음 라인을 계속해서 실행하게 된다. 만일 alarm( )을 실행한 후에 알람 시그널이 발생할 때까지 작업을 중지하고 싶을 때는 pause( ) 시스템호출을 사용하면 된다.

pause( ) 함수는 시간에 따른 시그널이 발생할 때 까지 프로세스를 중지시키고자 할 때 유용하게 사용할 수 있다. 예를 들어 위의 예제에서 pause( )를 다음과 같이 사용했다고 하자.

```
/* alarm을 이용하여 입력 시간 설정 */
alarm(3);
pause();
```

이렇게 되면 alarm(3)이 실행되자마자 pause( )가 실행되어 3초간 알람 시그널을 기다리게 된다. 3초가 지나면 알람 시그널이 발생하고, 알람 핸들러가 작동을 하게된다. 알람 핸들러가 작동을 마치면 pause( )의 다음라인이 실행된다.

alarm( )은 알람을 실행한 프로세스에게는 작동을 하지만 자식 프로세스에게는 영향을 미치지 않는다. 즉, fork( )로 프로세스를 만들었을 때, 부모 프로세스에게만 alarm( )이 작동한다.

Raise

프로세스 내부에서 시그널을 발생시키는 또 다른 시스템 호출로 raise( )가 있다. raise( ) 함수를 발생시키고자 하는 시그널과 함께 호출해주면 된다. 예를 들어 SIGTERM 시그널을 내부에 발생시키려면 다음과 같이 해준다.

```
raise(SIGTERM);
```

프로세스가 동작 중에 잘못된 작업이 이루어져 종료를 해야 한다면, raise( )를 이용하여 시그널를 발생시키고 해당 시그널 핸들러가 프로세스를 안정적으로 종료시키도록 하면 된다. 이는 외부의 시그널을 처리하기 위해 만들어둔 시그널 핸들러를 내부에서 호출하여 사용하고자 할 때 많은 도움이 된다.

그러면 raise( )를 이용한 예제를 직접 보도록 하자. 아래의 예는 사용자가 숫자를 인수로 사용하여 프로그램을 실행하면, 해당 초 만큼 작업을 수행한 후 raise( )를 통해 프로그램이 종료된다.

⟨ex_raise.c⟩
```c
#include <signal.h>

/* raise가 발생시킨 SIGTERM 시그널을 처리 */
int commonStop()
{
    /* 필요한 작업을 처리한 후 프로그램 종료 */
    printf("\n\n시그널 핸들러 호출 \n");
    sleep(1);
    printf("\n<<< 작업 종료 진행 >>>\n\n");
    exit(1);
}

/* 프로그램의 main 함수 */
int main(int argc, char* argv[])
{
    int secs, steps=1;
    /* 인수의 개수 체크 */
    if(argc == 2)
    {
        /* 인수로 받은 초를 정수로 변환 */
        secs = atoi(argv[1]);
```

```c
        /* SIGTERM에 대한 핸들러 등록 */
        signal(SIGTERM, commonStop);

        /* 인수로 받은 초만큼 작업 수행 */
        while(steps <= secs)
        {
            sleep(1);
            printf("%d번째 작업처리 중\n",steps);
            steps++;
        }
        /* 내부 프로세스에 SIGTERM 시그널 발생 */
        raise(SIGTERM);
    }
    /* 인수의 개수가 안 맞을때 실행 */
    else
    {
        printf("\n\n Usage: ex_raise no_of_secs\n\n\n");
    }
    return 1;
}
```

프로그램의 작성이 끝났으면, 컴파일과 함께 프로그램을 실행해 보자. 아래와 같이 3을 인수로 사용하여 프로그램을 실행하면 3초 후에 raise를 통해 시그널이 발생하고 시그널 핸들러가 프로세스를 종료시키게 된다.

```
% ex_raise 3
1번째 작업처리 중
2번째 작업처리 중
3번째 작업처리 중

시그널 핸들러 호출
<<< 작업 종료 진행 >>>
```

04 시그널 프로그래밍

이번에는 지금까지 다루지 않았던 함수와 기법을 이용하여 프로그램을 작성하는 방법을 익혀 보자. 그리고 쉘에서 시그널을 처리하는 방법도 알아보자.

쉘 프로그램과 시그널

쉘 프로그램도 실행 도중에 시그널이 발생하여 비정상적으로 종료될 수 있다. 비정상적인 종료가 발생하면 실행 중인 데이터가 유실되거나 임시 파일을 삭제하지 못하는 등 제대로 될 작업이나 마무리 작업을 수행할 수 없다. 이를 방지하기 위해서는 쉘 프로그램 내에서도 시그널을 처리해 주어야 한다.

이러한 작업을 수행하기 위해 사용되는 명령어가 trap이다. trap을 이용하여 실행할 명령어와 처리하고자 하는 시그널을 지정해주면 된다. 만일 실행할 명령어를 지정하지 않고 처리할 시그널을 지정하면 해당 시그널은 무시하는 것으로 처리된다.

trap 명령어의 간단한 사용 예를 보면 다음과 같다. 다음의 경우는 INT 시그널(SIGINT와 동일)이 발생하면 명령1과 명령2가 자동으로 실행되도록 지정한 것이다.

```
trap "명령1; 명령2" INT
```

> **NOTE_** trap 명령을 수행하면서 지정할 수 있는 시그널의 종류를 확인하려면 shell 상에서 kill -l 명령을 실행하면 된다. 그러면 다음과 같이 쉘에서 처리할 수 있는 시그널의 종류가 화면에 디스플레이 된다.
>
> ```
> % kill -l
> HUP INT QUIT ILL TRAP ABRT EMT FPE
> KILL BUS SEGV SYS PIPE ALRM TERM USR1
> USR2 CLD PWR WINCH URG POLL STOP TSTP
> CONT TTIN TTOU VTALRM PROF XCPU XFSZ WAITING
> LWP FREEZE THAW CANCEL LOST RTMIN RTMIN+1 RTMIN+2
> RTMIN+3 RTMAX-3 RTMAX-2 RTMAX-1 RTMAX
> ```

그러면 trap을 이용하여 시그널을 처리하는 쉘 프로그램을 직접 작성한 후, 이를 실행해 보자. 아래의 useTrap.sh 프로그램은 find 명령을 통해 a라는 문자를 가진 파일을 tmp.txt에 저장하도록 만들어 주는 프로그램이다.

find 명령을 수행하는 도중, 인터럽트가 발생해서 시그널이 검출되면 tmp.txt 파일을 삭제하면서 프로그램을 종료하는 프로그램이다. 소스 코드는 다음과 같다.

⟨useTrap.sh⟩
```
#!/bin/sh
trap "echo Caught SIGINT...Removing tmp.txt; rm tmp.txt; exit" INT
find . -name "*" -exec grep -l a {} \; > tmp.txt
```

코드 작성이 끝나면 프로그램을 실행해보자. 프로그램을 실행할 때는 파일이 디렉토리가 많은 곳에서 실행하도록 한다. 그렇지 않으면 Ctrl+C를 누르기 전에 프로그램의 실행이 끝나 버릴 수 있다. 프로그램을 실행했으면 아래와 같이 Ctrl+C를 눌러 시그널을 발생시키도록 한다.

```
% useTrap.sh
^CCaught SIGINT...Removing tmp.txt
```

시그널을 발생한 후, 해당 디렉토리를 보면 tmp.txt 파일이 존재하지 않는 것을 볼 수 있다. 만일 시그널 처리를 하지 않으면 tmp.txt 파일은 지워지지 않는다.

프로그램 복귀

시그널을 처리할 핸들러를 등록한 상태에서 프로세스가 실행되었다고 가정하자. 프로세스가 실행되는 중에 해당 시그널이 발생하여 시그널을 처리가 되었는데, 만일 이때 프로세스를 초기화한 후 다시 처음부터 실행시키고 싶다면 어떻게 해야 할까?

또는 처음부터 실행시키는 경우가 아니더라도 시그널을 처리한 후, 원하는 지점으로 가서 계속 실행되길 원할 수 있다. 예를 들어, 주메뉴와 부메뉴가 있는데 부메뉴의 실행에서 문제가 발생했거나, 사용자가 Ctrl+C를 눌렀을 때 재빨리 주메뉴로 복귀하도록 만들어야 할때도 있다.

이러한 작업이 가능하려면, 복귀하고자 하는 곳의 위치와 상태가 특정 메모리에 저장되어야 하고 그곳으로 복귀할 수 있는 방법이 제공되어야 한다. 유닉스의 시스템 호출에서 이를 가능하게 만드는 함수가 setjmp()와 longjmp() 이다.

setjmp()를 이용하여 복귀하고자하는 곳의 위치를 지정하게 된다. 이때 시스템의 스택에 위치와 상태 정보가 저장이 된다. 그리고 longjmp()를 호출하면 setjmp()의 위치로 프로그램 포인터가 옮겨가서 계속해서 작업을 수행하게 된다. setjmp()와 longjmp()의 간단한 사용예를 보면 다음과 같다.

```
jmp_buf jmpPos;        /* 점프할 위치를 가지는 변수 선언 */
setjmp(jmpPos);
longjmp(jmpPos, 0);
```

만일 longjmp( )에서 넘겨주는 값을 setjmp( )가 받도록 하려면 다음과 같이 한다.

```
int jmpCount = 0;
jmpCount++;
longjmp(jmpPos, jmpCount);   /* longjmp의 인수에 jmpCount를 입력 */
result = setjmp(jmpPos);     /* result에 jmpCount 값이 들어옴 */
```

이 기능을 이용하면 longjmp( )로부터 원하는 값을 전달받을 수 있을 뿐 아니라 longjmp( )가 제대로 수행되었는지 여부도 체크할 수 있다.

아래의 예제는 프로세스의 시작 지점에 setjmp( )를 설정한 후, 시그널이 발생하면 작업을 실행할 시그널 핸들러 내부에 longjmp( )가 실행되도록 만든 프로그램이다. 따라서 시그널 처리와 프로세스의 시작이 반복되는 결과를 가져온다. 이때 longjmp( )가 세 번 실행되면 프로그램은 종료를 하게 된다. 이를 위해 점프 카운트를 이용하여 몇 번 실행되었는지 체크한다.

⟨ex_jmp.c⟩
```
#include <signal.h>
#include <setjmp.h>

/* 점프할 위치를 가지는 변수 선언 */
jmp_buf jmpPos;
/* 점프 시 증가하는 카운트 */
int jmpCount;

/* 점프를 수행하는 함수 */
int runJump()
{
    /* 점프 카운트 증가. 카운트를 이용하여 종료 시점 체크 */
    jmpCount++;
    if(jmpCount < 3)
    {
        printf("\n아직 종료할 수 없습니다.\n");
    }
    else
```

```c
    {
        printf("\n이번에는 종료 모듈로 갑니다.\n");
    }

    /* 이 시점에 발생하는 SIGINT 시그널은 무시 */
    signal(SIGINT, SIG_IGN);

    /* 지정된 위치로 복귀. 점프의 카운트를 인수로 활용 */
    longjmp(jmpPos, jmpCount);
}

/* main() 함수 */
int main()
{
    /* setjmp로 부터 값을 받을 변수 초기화 */
    int result=0;
    /* 점프 카운트 초기화 */
    jmpCount = 0;

    /* setjmp 실행. longjmp가 실행되면 result값 변화 */
    result = setjmp(jmpPos);

    /* longjmp()가 세번 실행 되었으면 시스템 종료 */
    if(result >= 3)
    {
        printf("\n시스템 종료 중...\n");
        sleep(2);
        exit(1);
    }

    /* 시그널 핸들러 셋팅 */
    signal(SIGINT, runJump);

    /* 메인 프로그램 실행. result값을 이용하여 메시지 작성 */
    while(1)
    {
        sleep(1);
        printf("%d번째 단계로 프로그램 실행 중...\n",result);
    }
    return 1;
}
```

그러면 프로그램을 컴파일하고 실행을 시켜보자. 프로그램을 실행시킨 후, 다음과 같이 Ctrl +C 키를 이용하여 시그널을 세 번 전송시키도록 한다. 시그널이 3번 실행되면 프로세스는 종료한다.

```
% ex_jmp
0번째 단계로 프로그램 실행 중...
^C
아직 종료할 수 없습니다.
1번째 단계로 프로그램 실행 중...
^C
아직 종료할 수 없습니다.
2번째 단계로 프로그램 실행 중...
^C
이번에는 종료 모듈로 갑니다.
시스템 종료 중...
```

시그널과 디버깅

시그널이 발생하게 되면 대부분 프로세스의 종료로 이어지게 된다. 이것은 프로세스의 실행 중간에 비정상적인 종료를 유발시키는 경우로 발전하게 된다. 프로세스가 비정상적으로 종료하게 되면 어떤 작업을 실행하는 중간에 프로세스가 중지되었는지 확인하기 어렵다.

이는 시그널 핸들러를 등록하여 사용하는 것과는 상관이 없다. 왜냐면 시그널 핸들러는 시그널이 발생한 이후에 갑자기 호출되어서 실행되는 것이므로, 어떤 작업 과정에서 시그널 핸들러가 호출되었는지 확인하는 것은 쉬운 일이 아니다. 특히 작업이 복잡하고 멀티프로세서나 멀티스레드로 돌아가는 프로그램인 경우 더욱 그렇다.

하지만 이를 확인하는 방법이 있다. 프로그램을 실행하는 중간에 비정상적인 종료가 발생하면 코어덤프가 발생하여 core 파일이 만들어지는 것을 경험한 적이 있을 것이다. core 파일이 생성되면 디버거툴을 이용하여 어떤 작업 중간에 실행이 중지되었는지 확인할 수 있다.

이러한 코어 덤프를 이용하면 시그널이 발생했을 때 어디까지 작업이 진행되다가 비정상적인 종료가 발생했는지 체크할 수 있다. 이를 위해 사용하는 시스템 호출은 abort( )이다. 인수없이 abort( ) 함수만 호출하면 되는데, abort는 프로세스의 현재 상태를 core 파일에 남겨준다.

시그널을 처리하는 시그널 핸들러에서 작업을 종료하기 위한 작업을 수행한 후, 마지막에

abort( )를 실행하여 프로그램을 종료하게 되면 코어 덤프가 발생하면서 core 파일을 얻을 수 있다. 그리고 디버거를 이용하여 core 파일 속에 있는 정보를 활용할 수 있다.

이러한 과정을 예제를 통해 살펴보자. 아래의 예제는 시그널이 발생하면 sigHandler가 호출되는데, sigHanlder는 abort( )를 마지막에 수행하게 된다.

〈ex_abort.c〉
```c
#include <signal.h>

/* 시그널을 처리할 핸들러 */
int sigHandler()
{
   /* 메시지 출력과 함께 abort() 실행 */
   printf("\n\nsigHandler 핸들러 호출 \n");
   abort();
}

/* 프로그램의 main 함수 */
int main()
{
   /* SIGINT 핸들러를 등록, signal() 함수 사용 */
   printf("시그널 핸들러 세팅 \n\n");
   signal(SIGINT, sigHandler);

   /* 프로그램 작업 수행, 무한루프 */
   printf("\n<<< Main 프로세스 실행 >>>\n");
   while(1)
   {
      printf("MAIN 작업수행\n");
      sleep(1);
   }
   return 1;
}
```

프로그램을 작성했으면 실행을 시켜보자. 프로그램이 실행되면 Ctrl+C 키를 이용하여 시그널을 발생시키도록 한다. 시그널이 발생되면 다음과 같이 프로그램이 종료되고 메모리 덤프가 발생하는 것을 보게 된다.

```
% ex_abort
시그널 핸들러 세팅
```

```
<<< Main 프로세스 실행 >>>
MAIN 작업수행
MAIN 작업수행
^C
sigHandler 핸들러 호출
취소(Abort) (메모리가 덤프됨)
```

실행을 마쳤으면 해당 디렉토리에 core 파일이 생성된 것을 볼 수 있다. 이번에는 디버거를 이용하여 core 파일에 대한 디버깅 작업을 수행해 보자. 이때 사용하는 디버거는 GNU에서 dbx와 동일한 기능을 하도록 만든 gdb를 사용하도록 한다. gdb를 이용하여 다음과 같이 실행한다.

```
% gdb ex_abort core
```

그러면 gdb 실행 창으로 들어가면서, 화면에 프로그램에 대한 내용과 사용된 라이브러리 등이 출력된다. 마지막으로 프롬프트에 (gdb)가 나오면서 사용자의 입력을 기다리게 된다. 이때 다음과 같이 where 키워드를 실행시켜 코어 덤프를 발생시킨 과정을 확인하도록 한다.

```
(gdb) where
#0  0xdfb87f3c in _libc_kill () from /usr/lib/libc.so.1
#1  0xdfb4b8ce in raise () from /usr/lib/libc.so.1
#2  0xdfb3bcc0 in abort () from /usr/lib/libc.so.1
#3  0x805071f in sigHandler () at ex_abort.c:8
#4  0xdfb3a3c9 in sigacthandler () from /usr/lib/libc.so.1
#5  <signal handler called>
#6  0xdfb3a59b in _sigsuspend () from /usr/lib/libc.so.1
#7  0xdfb86ac5 in sleep () from /usr/lib/libc.so.1
#8  0x805077a in main () at ex_abort.c:23
(gdb) quit
```

위의 내용을 보면 #8 → #7 → … → #1 → #0의 순서로 코어 덤프가 진행된 것을 알 수 있다. 먼저 #8의 내용을 보면, ex_abort.c 소스 코드의 23번째 라인이 나오는데, 이는 sleep(1)이 실행되는 문장이다.

그리고 #5로 보면 시그널 핸들러가 호출되었고, #3을 보면 ex_abort.c의 8번째 라인인

abort() 함수가 실행된 것을 확인할 수 있다. 그리고 시스템 라이브러리들이 호출되고 마지막에 kill이 수행된 것을 볼 수 있다.

위의 내용을 통해, main() → sleep() → _sigsuspend() → sigacthandler() → sigHandler() → abort() → raise() →_libc_kill()의 순서로 비정상 종료가 이루어진 것을 체크할 수 있다. 실제 상황에서 이를 이용하면 어떤 일이 발생했고, 어떻게 진행이 되며, 중간에 어떤 조치를 취해야 하는지 등을 알 수 있다.

chapter 13 스레드

스레드에 대한 개념과 스레드를 작성하고 구동시키는데 사용되는 시스템 호출에 대해 배우게 된다. 스레드는 프로세스 내에서의 실행 단위를 뜻한다. 유닉스는 시스템 내에서 여러 개의 프로세스를 동시에 구동하는 멀티프로세서를 지원하듯이 프로세스 내에서 여러 개의 스레드가 동시에 구동되는 멀티스레드도 지원하고 있다.

유닉스 시스템은 멀티프로세서와 멀티스레드를 통해 시스템 자원의 활용을 극대화 할 수 있도록 만들어 준다. 동일한 프로세스 내부에 있는 스레드들은 프로세스가 가지고 있는 자원들을 공유할 수 있다. 따라서 프로세스들 사이에서는 쉽게 주고받을 수 없었던 메시지 교환이나 데이터 공유를 쉽게 할 수 있다.

스레드를 적절히 활용하면 하나의 프로세스가 여러 프로세스의 조합처럼 움직이도록 만들 수 있다. 이번 Chapter에서는 스레드 소개와 더불어 스레드를 활용한 프로그래밍을 통해, 스레드의 구현 예들을 직접 보여준다.

Chapter 13에서 다루고 있는 절들을 소개하면 다음과 같다.

1. 스레드 소개
2. 스레드를 위한 시스템 호출
3. 스레드 프로그래밍

01 스레드 소개

스레드 활용

스레드를 생성하고 구동할 수 있도록 만들어준 것은 개발자에게 큰 선물이 아닐 수 없다. 이 선물을 이용하여 여러개의 스레드가 동시에 구동되도록 만들 수 있으며, 이는 유사한 작업의 동시수행이나 별개의 작업의 동시 수행이 가능하도록 해준다.

동시에 여러 프로세스를 구동할 수 있는 멀티프로세싱이 이미 지원되는데, 멀티스레딩이 좋은 게 뭘까하고 의문을 가지는 분도 있을 것이다. 스레드도 프로세스처럼 자체적인 스택과 변수를 가지게 되지만 프로세스 내부에 있는 글로벌 변수나 시그널 핸들러 또는 파일 정보 등을 공유하게 된다.

따라서 프로세스 내부에서 프로세스를 생성하는 것과 프로세스 내부에서 스레드들을 만드는 것은 향후 사용에 많은 차이가 난다. 프로세스들 사이에는 연결된 통로를 개발자가 특별히 만들고 이를 관리해줘야 되지만 스레드들은 그렇게 하지 않아도 된다. 멀티프로세서는 개별적인 프로그램이 독립적으로 돌아가는 것이지만, 멀티스레드는 프로그램 내부의 함수들이 동시에 돌아가는 것으로 이해하면 좀 더 이해가 편할 것이다.

스레드의 사용과 프로세스의 사용은 시스템의 부하에도 차이가 난다. 즉, 스레드를 이용하는 것이 시스템의 부하 측면에서 더 장점이 있다. 이는 프로세스를 생성시키는데 사용되는 오버헤드가 스레드를 생성시키는데 사용되는 오버헤드보다 크기 때문이다.

시스템 개발 측면에서도 프로세스(프로그램)를 하나 추가하는 것과 함수를 하나 추가하는 것은 차이가 있다. 스레드를 이용하여 특정 작업을 수행하는 함수를 별도로 구동시키면 특정 작업을 수행하는 프로세스와 유사한 효과를 거둘 수 있다. 이때, 스레드들 사이에 작업 결과를 공유하거나 필요한 상태 체크를 하는 것이 프로세스들 사이에서 보다 훨씬 효과적이고 개발 기간을 단축할 여지가 있다.

하지만 멀티프로세서보다 멀티스레드가 항상 더 좋은 것은 아니다. 특정 스레드를 잘못 구현하면 다른 스레드에도 치명적인 영향을 미쳐 전체적으로 프로세스가 오작동 하도록 만들 수 있다. 이는 여러 개의 프로세스를 이용하는 경우보다 더 많은 문제를 유발시킨다. 그리고 멀티스레드를 사용하지 않은 프로세스의 디버깅보다 멀티스레드를 사용한 프로세스의 디버깅이 훨씬 어렵다.

멀티스레드 내부에 숨어있는 구조적인 버그는 쉽게 찾기가 힘들다. 특정 스레드가 한번 오작동하기 시작하면 프로세스 내부의 다른 변수들에게도 영향을 미치게 되는데, 어떤 모듈에 의해 잘못된 값이 시작되었는지 규명하기가 쉽지 않다.

그리고 개발 팀의 작업 분배에 있어 여러 프로세스를 작성하는 것보다 작업 분배가 쉽지 않다. 개발이 끝난 후, 작업 결과에 대한 팀간 테스트도 그렇게 쉽지는 않다. 또한 시스템의 관리에 있어 오작동을 일으키는 프로세스를 찾아서 재구동시키거나 종료시키는 것은 쉽지만 오작동을 일으키는 스레드를 찾아내서 관리하는 것은 어렵다.

이러한 단점에도 불구하고 여전히 스레드는 매력적인 선물이며, 동시에 여러 작업을 수행하도록 만들고자 하는 개발자에게 훌륭한 솔루션임에는 틀림없다.

■ **스레드 고려사항**

스레드가 제공되기 이전에는 멀티프로세싱 기법을 이용하여 시스템을 구축하였다. 동시에 작업해야 할 일이 없는 시스템이라면 특별히 멀티프로세싱을 고려할 필요는 없을 것이다. 하지만 조금 규모가 있고 다양한 작업을 수행해야 하는 시스템이라면 동시에 여러 작업을 수행해야 하는 경우가 많다.

이러한 경우에 멀티프로세서를 작성해서 시스템을 구동시켜야만 했는데, 프로세스 사이의 작업 공유의 어려움과 프로세스들의 자원 과점유 그리고 프로세스들의 작업 교대시간 낭비 등의 이유로 이를 해결해줄 솔루션으로 멀티스레드 기법이 탄생하게 되었다.

멀티스레드 기법이 생기기 전에는 프로세스내에는 하나의 스레드만이 구동되었다. 즉, main() 함수로 대변되는 하나의 스레드가 main() 함수의 시작과 함께 구동을 시작하고 종료와 함께 구동을 멈추는 것이었다. 따라서 스레드와 프로세스를 따로 구분할 필요가 없었다.

하지만 하나의 프로세스내에서 여러 개의 스레드가 병렬 작업을 수행하는 멀티스레드에서는 프로세스는 스레드의 조합으로 인식이 바뀌게 되었다. 스레드(Thread)는 사전적으로 '실', '계속' 이라는 의미를 가지고 있다. 즉, 프로세스를 잘 묶어주는 실이 될 수도 있지만 잘못 사용하면 꼬이도록 만들 수도 있다.

스레드들은 프로세스 내부의 자원을 공유한다고 했는데, 내부의 전역 변수도 이에 해당한다. 만일 서로 다른 스레드들이 동일한 전역 변수를 변경시킨다면 변수 사용에 문제가 발생하게 된다. 예를 들어, 다음의 시나리오를 보자.

서울역과 영등포역에서 부산으로 가는 기차표를 동시에 발매하는 경우, 서울역에 있는 시스템과 영등포역에 있는 시스템은 하나의 데이터를 가지고 작업을 한다. 그래야 예매 사항을 정확히 알 수 있기 때문인데, 만일 부산행 기차 좌석이 하나만 남은 상태에서 서울역과 영등포역에서 두 명의 고객이 거의 동시에 기차표를 신청했다고 가정해 보자.

그러면 먼저 신청을 받은 서울역 시스템이 좌석을 체크하고, 하나 남은 좌석에 대해 직원은 "정말 다행이군요. 고객께서는 마지막 남은 좌석을 잡으셨습니다." 하면서 표를 처리해 줄 것이다. 이때 표처리가 끝나기도 전에 이번에는 영등포역의 시스템이 좌석을 체크한다. 아직 서울역의 "좌석표 매진"이라는 데이터처리가 끝나지 않았기 때문에 좌석이 하나 남은 것으로 나오게되고 영등포역에서도 좌석표를 판매한다.

서울역에서 처리가 끝나면 데이터에 좌석 매진을 기록할 것이고 영등포역에서도 처리가 끝나면 서울역에서 처리한 데이터에 영등포역에서 처리한 데이터를 덮어씌울 것이다. 이제 문제는 똑같은 표를 가진 고객들인데, 두 사람은 부산까지 티격태격하면서 가야될 것이다.

이러한 문제가 발생한 이유는 스레드가 하나의 데이터를 완전히 처리하기도 전에 또 다른 스레드가 데이터를 사용하였기 때문이다. 따라서 스레드가 데이터를 완전히 처리하기 전에는 다른 스레드가 데이터에 접근을 못하도록 막아주면 된다. 위의 예에서 이 다른 곳의 접근을 막는다면, 영등포의 시스템이 좌석표 데이터를 접근할 때 "해당 데이터 처리중..."이라는 메시지와 함께 데이터를 사용하지 못하도록 할 것이다.

이제 서울역에서 데이터를 사용하고 "좌석표 매진"이라는 데이터 처리를 완료하고 난 뒤, 영등포의 시스템이 데이터를 읽게 되고 좌석은 이미 매진되었기 때문에 고객에게 이중으로 표를 판매하는 일은 예방될 것이다.

이 경우, 또 주의를 기울여야 할 것은 서울역 시스템이 처리 도중 문제가 발생했는데, 데이터 접근 금지를 해제하지 않으면 영등포역 시스템은 무한정 기다리기만 해야 할 것이다. 이 예를 통해 멀티스레드의 설계나 구현이 그렇게 쉽지만은 않다는 것을 예상할 수 있을 것이다.

하지만 너무 걱정할 필요는 없다. 스레드에서 이러한 자원의 관리가 가능하도록 여러 기법을 제공하고 있기 때문에 설계 및 구현 단계에서 적용하면 된다. 이러한 이유 등으로 인해 개발자에 따라 스레드는 프로세스에게 성능 향상의 보약이 될 수도 있고 성능 저하의 독이 될 수도 있다.

> **NOTE_** 처음부터 환상적인 멀티스레드 시스템을 만들 수는 없다. 여러 시행착오를 거치면서 좋은 방법을 터득하면서 자기 것으로 만들어 가는 것이다. 공부하는 단계에서는 시행착오를 즐겨야 한다.

시스템을 개발할 때 멀티스레드를 적용할 일이 없는지 미리 고민하는 것이 좋다. 개발 중간에 처음에는 생각지 않았던 멀티스레드 기법을 적용하려면 시스템의 구조를 변경해야 하는 경우가 발생할 수 있다.

그리고 멀티스레드의 적용으로 생각지 않았던 전체 시스템의 성능 향상을 얻을 수 있다. 따라서 미리부터 '멀티스레드는 이럴 때만 쓰는 거야'하고 단정짓지 말고 설계나 분석단계에서 충분히 고민을 하는 것이 좋다.

02 스레드를 위한 시스템 호출

스레드를 위해 사용할 수 있는 시스템 호출에는 선에서 제작해서 배포한 유닉스 내부 스레드와 표준 단체에서 정의한 POSIX 스레드가 있다. 지금은 대부분의 개발자가 표준에 의거한 POSIX 스레드를 많이 사용하기 때문에 책에서도 POSIX 스레드 함수들을 소개하도록 한다.

POSIX 스레드 함수를 사용하면 POSIX를 따르는 다른 플랫폼에서도 동일한 API를 사용하면 되기 때문에 코드를 수정하지 않아도 된다. 물론 플랫폼이 달라지면 컴파일을 다시하는 작업 등은 필요할 것이다. 만일 POSIX가 아닌 다른 함수를 활용하면 다른 플랫폼에서 코드 변경작업은 필수적인 것이다.

pthread_create

스레드와 관련된 시스템 호출 중 첫 번째로 볼 내용이 pthread_create( ) 함수이다. pthread_create( ) 함수는 스레드로 구동될 모듈을 지정하고 해당 모듈을 실행시키는 작업을 수행한다. 이를 위해 사용하는 스트럭처는 pthread_t인데 이 구조체를 이용하여 스레드를 표현하게 된다. pthread_create는 다음과 같이 네 개의 인수를 받아들이게 되는데, 사용하지 않는 인수는 NULL 처리하면 된다.

```
pthread_create(pthread_t*, pthread_attr_t*, (void*)func, (void*)arg);
```

인수에서 사용하는 pthread_attr_t 타입의 구조체는 스레드의 속성을 설정하는 값을 의미한다. 그리고 void 포인터 타입의 func는 스레드로 구동될 함수의 이름을 뜻한다. 마지막에 사용된 void 포인터 타입의 arg는 스레드에게 전달할 데이터가 있으면 사용된다.

> **NOTE_** 각각의 인수들은 향후 설명 및 사용법이 소개된다.

pthread_create( ) 함수의 간단한 사용 예를 보면 다음과 같다.

```
#include <pthread.h>
void* subThread(void * arg);                         /* 스레드로 구동될 모듈 선언 */
pthread_t subTh_t;                                   /* 스레드 스트럭처 선언 */
pthread_create(&subTh_t, NULL, subThread, NULL);     /* 스레드 생성 및 구동 */
```

그러면 pthread_create( )를 이용하여 스레드 프로그램을 만들어보도록 하자. 아래의 예제는 서브 스레드를 만들어서 서브 스레드와 메인 스레드가 각각 개별적으로 돌아가면서 화면에 메시지를 출력하는 프로그램이다.

〈pth_create.c〉

```
#include <stdio.h>
#include <pthread.h>

/* 새롭게 생성되어 실행될 서브 스레드 모듈 */
void* subThread(void * arg)
{
    /* 서브 스레드 작업: 매 2초마다 메시지 출력 */
    while(1)
    {
        sleep(2);
        printf("서브 스레드 동작중!\n");
    }
}

/* main 함수 */
int main()
{
    /* 스레드 스트럭처 선언 */
    pthread_t subTh_t;
```

```
    /* 스레드 스트럭처와 스레드 모듈을 이용하여 스레드 생성 */
    if(pthread_create(&subTh_t, NULL, subThread, NULL))
    {
        printf("서브 스레드 생성 실패\n");
        return 0;
    }

    /* 메인 스레드 작업: 매 1초마다 메시지 출력 */
    while(1)
    {
        sleep(1);
        printf("메인 스레드 동작중!\n");
    }
    return 1;
}
```

위의 예제를 보면 메인 스레드와 서브 스레드 모두 무한 루프를 돌고 있는 것을 볼 수 있다. 만일 프로그램을 멀티스레드로 만들지 않는다면, 동시에 두 개의 모듈을 무한루프로 돌리는 것이 어렵지만 멀티스레드로 만들 경우에는 어렵지 않게 구현할 수 있다. 그럼, 다음과 같이 프로그램을 컴파일하고 실행해 보자.

```
% cc -g -lthread -o pth_create pth_create.c
% pth_create
메인 스레드 동작중!
서브 스레드 동작중!
메인 스레드 동작중!
메인 스레드 동작중!
서브 스레드 동작중!
메인 스레드 동작중!
```

위의 예제는 메인 스레드와 서브 스레드가 모두 무한루프를 돌고 있어서 특정 스레드가 먼저 종료되는 경우를 확인할 수 없다. 위의 예제에서 만일 메인 스레드가 종료되면 어떻게 될까. 예제에 특별히 스레드의 종료를 위한 문장이 없기 때문에 메인 스레드가 종료되면 전체 프로세스가 종료된다.

pthread_exit와 pthread_self

프로세스가 종료되면 내부에 있는 스레드들은 모두 종료하게 된다. 이때 메인 스레드만 종료가 되고 프로세스는 문제가 없도록 하려면 어떻게 해야 될까? 그렇게 된다면 메인 스레드의 종료와 무관하게 서브 스레드들이 각자의 작업을 수행할 수 있을 것이다.

> **NOTE_** 서브 스레드의 경우에는 특별한 조치없이 실행이 중지되어도 프로세스가 종료하지는 않는다.

이때 pthread_exit( )를 이용하면 메인 스레드만 종료가 되고 프로세스는 멈추지 않도록 만들 수 있다. pthread_exit( ) 함수는 프로세스의 종료를 위해 사용하는 exit( ) 함수를 연상하면 되는데, 다음과 같이 간단히 사용할 수 있다.

```
pthread_exit(0);
```

> **NOTE_** pthread_exit에서 사용하는 인수의 설명과 사용법은 pthread_join()을 사용하면서 소개가 된다.

프로세스가 프로세스 ID인 PID를 가지고 있으며 이를 조회할 수 있는 것 처럼, 스레드도 ID를 가지고 있으며 이를 조회할 수 있다. 이때 사용하는 시스템 호출이 pthread_self( ) 이다. pthread_self( ) 함수가 반환하는 값을 이용하여 스레드의 ID를 얻을 수 있다.

그럼, pthread_exit( )와 pthread_self( )를 이용한 예제를 만들어 보자. 아래의 예제는 메인 스레드는 종료하고 서브 스레드만 구동되도록 만든 프로그램이다. 그리고 서브 스레드가 실행되면 서브 스레드의 ID를 화면에 보여준다.

〈pth_getid.c〉

```c
#include <stdio.h>
#include <pthread.h>

/* 새롭게 생성되어 실행될 서브 스레드 모듈 */
void* subThread(void * arg)
{
    /* 서브 스레드의 번호 출력 */
```

```c
    int subThID = pthread_self();
    printf("서브 스레드 번호: %d\n",subThID);

    /* 서브 스레드 작업: 매초마다 메시지 출력 */
    while(1)
    {
       sleep(1);
       printf("서브 스레드 동작중!\n");
    }
}

/* 프로세스의 main 함수 */
int main()
{
    /* 스레드 스트럭처 선언 */
    pthread_t subTh_t;
    /* 메인 스레드의 번호 출력 */
    int mainThID = pthread_self();
    printf("메인 스레드 번호: %d\n",mainThID);

    /* 스트럭처와 함수를 이용하여 스레드 생성 */
    if(pthread_create(&subTh_t, NULL, subThread, NULL))
    {
        printf("서브 스레드 생성 실패\n");
        return 0;
    }

    /* 메인 스레드 종료. subTh_t 넘버 출력 */
    printf("메인 스레드는 종료. 서브 스레드ID: %d\n",subTh_t);
    pthread_exit(0);
}
```

프로그램 작성이 끝났으면 다음과 같이 컴파일 및 실행을 시켜보자. 프로그램의 실행을 통해 서브 스레드만 구동되는 것과 서브 스레드의 ID를 화면에 출력하는 것을 볼 수 있다.

```
% cc -g -lthread -o pth_getid pth_getid.c
% pth_getid
메인 스레드 번호: 1
메인 스레드는 종료. 서브 스레드ID: 4
서브 스레드 번호: 4
서브 스레드 동작중!
서브 스레드 동작중!
```

멀티스레드로 작업을 하게 되면, 특정 스레드의 종료를 기다려야 하는 경우가 있다. 그리고 해당 스레드의 작업 결과를 보고 작업을 다시 하던지 아니면 다음 작업으로 넘어가야 하는지를 결정해야할 때가 있다.

pthread_join

pthread_join() 함수를 이용하면 특정 스레드가 종료할 때까지 실행을 멈추도록 할 수 있다. 그리고 해당 스레드가 종료하면서 리턴한 값을 받아와서 검사할 수 있다. 먼저 pthread_join의 프로토타입은 다음과 같다.

```
int pthread_join(pthread_t, void**);
```

첫 번째 인수로 사용되는 pthread_t는 종료를 기다리는 스레드의 지정을 위해 사용된다. 두 번째 인수인 void**는 해당 스레드가 종료하면서 사용한 값을 얻어오는데 사용된다. 이때 해당 스레드는 값을 넘겨주기 위해 pthread_exit()를 사용하게 된다.

예를 들어 스레드가 "pthread_exit((void *)1)"를 이용하여 종료를 하게되면 pthread_join 에는 1에 대한 포인터가 전달된다. 따라서 스레드가 종료할 때 성공했을 경우와 실패했을 경우에 따라 exit 값을 다르게 주면, join을 이용하여 스레드의 작업 수행 결과를 확인할 수 있다.

직접 예제를 통해 이를 확인해 보자. 아래의 예제는 스레드를 만든 후, pthread_join을 이용하여 스레드가 종료할 때 까지 대기하게 된다. 그런 다음, 스레드가 종료하면서 보내온 값을 받아서 화면에 출력하게 된다.

〈pth_join.c〉
```c
#include <pthread.h>

/* 새롭게 생성되어 실행될 서브 스레드 모듈 */
void* subThread(void * arg)
{
    printf("서브 스레드 동작 시작!\n");
    sleep(1);
    printf("서브 스레드 동작 완료!\n");
    pthread_exit((void *)1);
}
```

```
/* main 함수 */
int main()
{
    /* 스레드 스트럭처 선언 */
    pthread_t subTh_t;
    int *pstsVal;

    /* 스레드 스트럭처와 스레드 모듈을 이용하여 스레드 생성 */
    if(pthread_create(&subTh_t, NULL, subThread, NULL))
    {
        printf("서브 스레드 생성 실패\n");
        return 0;
    }

    /* pthread_join을 이용하여 서브 스레드 종료 체크 */
    pthread_join(subTh_t, (void **)&pstsVal);

    /* pstsVal 값을 통해 종료 상태 출력 */
    printf("PSTSVAL: %d\n",pstsVal);
    return 1;
}
```

프로그램 작성이 끝났으면, 컴파일 및 실행을 통해 결과를 직접 확인해 보자. 다음과 같이 실행 결과 pstsVal 변수에 스레드에서 넘겨준 값이 그대로 할당된 것을 알 수 있다.

```
% cc -lthread -o pth_join pth_join.c
% pth_join
서브 스레드 동작 시작!
서브 스레드 동작 완료!
PSTSVAL: 1
```

위의 예제를 통해 서브 스레드가 메인 스레드에 간단한 정보를 전달한 것을 볼 수 있다. 이번에는 스레드를 생성 및 구동하면서 특정 데이터 등을 인수로 전달하는 것을 살펴보자.

메시지 전달

스레드를 생성 및 구동할 때 특정 데이터를 전달해야 하는 경우가 많다. 스레드는 프로세스 내부의 자원을 공유하기 때문에 전역 변수를 이용하면 아무런 어려움 없이 스레드 사이에 데이터를 쉽게 주고받을 수 있을 것이다. 하지만 전역 변수의 사용은 사용 자체를 자제하는 것이 좋으며, 모든 데이터를 전역 변수로 만들 수도 없다.

따라서 스레드에게 원하는 데이터를 인수로 넘겨주는 것이 좋은데, 이를 구현하는 방법을 살펴보자. 앞에서 pthread_create( ) 함수의 프로토타입을 소개할 때 다음과 같이 void* 타입의 arg를 본 기억이 날 것이다.

```
pthread_create(pthread_t*, pthread_attr_t*, (void*)func, (void*)arg);
```

이렇게 void 포인터 타입의 인수를 이용하여 원하는 타입의 데이터를 주고받으면 되는데, 이 때 사용하는 타입이 void 포인터형이기 때문에 특별히 정해진 타입이 없다. 따라서 사용자가 원하는 구조체를 만들어 전달할 수도 있다.

예를 들어, 소켓을 이용하여 외부 시스템과 네트워크 접속을 하고자 하는데 이를 스레드로 처리한다고 하자. 이를 위해 스레드에게 접속하고자 하는 시스템의 정보를 전달한다. 그리고 해당 정보를 받은 스레드는 이를 이용하여 네트워크 접속 및 데이터 전송을 담당하게 된다.

그러면 이러한 예를 바탕으로 예제를 만들어 보자. 예제에서 스레드에게 전달하고자 하는 데이터의 타입은 다음과 같다.

```c
typedef struct
{
    char *ipAddr;      /* IP 어드레스 */
    char *hostName;    /* 장비 이름 */
    int portNo;        /* 포트 번호 */
} IpInfoType;
```

이 타입을 void* 형으로 타입 캐스팅하여 스레드에게 전달하게 된다. 그리고 스레드는 void* 형으로 들어온 인수를 IpInfoType* 형으로 또 다시 타입 캐스팅을 한 뒤, 해당 정보를 꺼내올 수 있다. 그러면 이를 구현한 예제를 직접 보도록 하자.

〈pth_msg.c〉

```c
#include <stdio.h>
#include <pthread.h>
```

```c
/* 스레드에게 전달할 구조체 */
typedef struct
{
    char *ipAddr;       /* IP 어드레스 */
    char *hostName;     /* 장비 이름 */
    int portNo;         /* 포트 번호 */
} IpInfoType;

/* 서브 스레드 모듈. 접속 대상 장비의 정보를 입수 */
void *setConnect(void *ipInfo)
{
    /* 타입 캐스팅 작업: void -> IpInfoType */
    IpInfoType *connInfo = (IpInfoType*)ipInfo;

    /* 구조체의 각 정보를 화면에 출력 */
    printf("SETCONNECT 스레드 실행\n");
    printf("IPADDRESS: %s\n",connInfo->ipAddr);
    printf("HOSTNAME: %s\n",connInfo->hostName);
    printf("PORTNO: %d\n",connInfo->portNo);
    printf("해당 시스템으로 접속 중...\n");
    sleep(1);
}

/* 프로세스의 main 함수 */
int main()
{
    /* 스레드 선언 */
    pthread_t setConnect_t;

    /* IpInfoType 구조체 생성 후 값 입력 */
    IpInfoType ipInfo;
    ipInfo.ipAddr = "192.168.8.100";
    ipInfo.hostName = "JSHIN";
    ipInfo.portNo = 9000;

    /* 서브 스레드 생성. 이때 ipInfo를 void 형으로 타입 캐스팅 후 전달 */
    if(pthread_create(&setConnect_t, NULL, setConnect, (void *)
                      &ipInfo))
    {
        printf("setConnect_t 스레드 생성 실패!\n");
        return 0;
    }
    pthread_exit(0);
}
```

프로그램 작성이 끝났으면 다음과 같이 컴파일 및 실행을 시켜보자. 프로그램의 실행을 통해 메인 스레드에서 전달한 내용을 서브 스레드가 받아 활용하는 것을 볼 수 있다.

```
% cc -lthread -o pth_msg pth_msg.c
% pth_msg
SETCONNECT 스레드 실행
IPADDRESS: 192.168.8.100
HOSTNAME: JSHIN
PORTNO: 9000
해당 시스템으로 접속 중...
```

> **NOTE_** 스레드에 데이터를 전달하기 위한 좋은 구조체를 나름대로 정의한 후, 프로세스에서 생성하는 모든 스레드에 일률적으로 전달하는 것이 좋다. 예를 들어, 시스템 정보나 다른 스레드에 대한 상황을 전달해서 스레드의 초기화나 마무리에서 활용할 수 있도록 만든다.

pthread_attr

pthread_create() 함수의 프로토타입 설명에서 스레드의 속성을 변경시키기 사용하는 스트럭처로 pthread_attr_t가 있다고 했다. pthread_attr_t 구조체에 원하는 특성을 설정한 뒤, 스레드를 생성할 때 함께 사용해 주면 된다. 이를 위해 사용되는 시스템 호출에는 pthread_attr_xxx() 함수들이 있다.

이들 pthread_attr_xxx() 함수의 간단한 사용 예를 보면 다음과 같다.

```
pthread_attr_t subAttr_t;           /* attr_t 타입의 subAttr_t 선언 */
pthread_attr_init(&subAttr_t);      /* subAttr_t 변수 초기화 */
pthread_attr_setXXX(&subAttr_t, ...);  /* subAttr_t 변수에 값 세팅 */
pthread_attr_getXXX(&subAttr_t, ...);  /* subAttr_t 변수의 값 조회 */
pthread_create(..., &subAttr_t, ..., NULL);  /* subAttr_t를 이용하여 스레드 생성 */
pthread_attr_destroy(&subAttr_t);   /* destroy()를 통해 subAttr_t 제거 */
```

그러면 스레드의 속성을 설정하고 이를 이용하여 스레드를 생성하는 예제를 직접 만들어 보자. 아래의 예제는 스택 사이즈를 조절한 pthread_attr_t 구조체를 작성한 후, 이를 스레드 생성에 적용한 예를 보여 주고 있다. 이를 위해 사용된 함수는 다음과 같다.

```
pthread_attr_setstacksize(); pthread_attr_getstacksize();
```

이제 전체 소스 코드를 보도록 하자.

⟨pth_attr.c⟩
```c
#include <pthread.h>

/* attr_t 타입의 전역 변수 subAttr_t 선언 */
pthread_attr_t subAttr_t;

/* 새롭게 생성되어 실행될 서브 스레드 모듈 */
void* subThread(void *arg)
{
    /* 메모리 사이즈 변수 선언 */
    size_t memSize;
    /* 스택 사이즈 얻은 뒤, 출력 */
    pthread_attr_getstacksize(&subAttr_t, &memSize);
    printf("서브 스레드 attr의 스택사이즈 : %d\n",memSize);
    pthread_exit(0);
}

/* main 함수 */
int main()
{
    /* 스레드 스트럭처와 메모리 사이즈 변수 선언 */
    pthread_t subTh_t;
    size_t memSize;

    /* init() 함수를 이용하여 subAttr_t 초기화 */
    pthread_attr_init(&subAttr_t);

    /* 초기화된 subAttr_t의 스택메모리 사이즈 가져오기 */
    pthread_attr_getstacksize(&subAttr_t, &memSize);
    printf("attr의 초기 스택사이즈 : %d\n",memSize);

    /* subAttr_t의 스택메모리 사이즈 세팅후 다시 가져오기 */
    pthread_attr_setstacksize(&subAttr_t, 1024*3);
    pthread_attr_getstacksize(&subAttr_t, &memSize);
    printf("메인 스레드 attr의 스택사이즈 : %d\n",memSize);

    /* 스레드 스트럭처와 스레드 모듈을 이용하여 스레드 생성 */
    if(pthread_create(&subTh_t, &subAttr_t, subThread, NULL))
```

```c
    {
        printf("서브 스레드 생성 실패\n");
        return 0;
    }

    /* pthread_join을 이용하여 서브 스레드 종료시까지 대기 */
    pthread_join(subTh_t, NULL);

    /* destroy()를 통해 subAttr_t 제거 */
    pthread_attr_destroy(&subAttr_t);
    return 1;
}
```

프로그램 작성이 끝났으면 다음과 같이 컴파일하고 실행을 시켜보자. 프로그램이 실행되면 전역 변수로 선언된 pthread_attr_t 구조체가 가진 스택 사이즈를 메인 스레드와 서브 스레드에서 각각 출력한 결과를 볼 수 있다.

```
% cc -lthread -o pth_attr pth_attr.c
% pth_attr
attr의 초기 스택사이즈 : 0
메인 스레드 attr의 스택사이즈 : 3072
서브 스레드 attr의 스택사이즈 : 3072
```

NOTE_ 유닉스에 설치된 라이브러리가 POSIX 스레드를 지원하는지 여부를 확인해보자. 다음과 같은 프로그램을 통해 POSIX의 지원 여부 등을 확인할 수 있는데, 이는 설치된 라이브러리에 대한 헤더 파일 속에 정의된 문구를 이용하는 것이다.

다음에 소개하는 프로그램은 헤더 파일 내부에 정의된 "_POSIX_VERSION" 값을 이용하여 POSIX 스레드의 버전을 체크하고 "_POSIX_THREAD_PRIORITY_SCHEDULING"이 선언되어 있는지 여부를 통해 우선순위에 따른 스케줄링을 지원하는지를 검사하는 프로그램이다.

```c
<checkPosix.c>
#include <stdio.h>
#include <unistd.h>
#include <stdlib.h>
```

```
int main()
{
    printf("POSIX 버전이 %ld로 세팅되어 있네요.\n",_POSIX_VERSION);

    if(_POSIX_VERSION < 199500L)
    {
        printf("시스템이 POSIX1003.1c 스레드를 지원하지 않음\n");
    }
    else
    {
        printf("시스템이 POSIX1003.1c 스레드를 지원합니다.\n");
#ifdef _POSIX_THREAD_PRIORITY_SCHEDULING
        printf("그리고 우선순위 스케줄링을 지원합니다.\n");
#else
        printf("그러나 우선순위 스케줄링은 지원하지 않습니다.\n");
#endif
    }
    return 1;
}
```

다음과 같이 프로그램을 실행해서 시스템에 설치된 라이브러리를 점검해 보자.

```
% checkPosix
POSIX 버전이 199506로 세팅되어 있네요.
시스템이 POSIX1003.1c 스레드를 지원합니다.
그리고 우선순위 스케줄링을 지원합니다.
```

03 스레드 프로그래밍

이번 절에서는 앞에서 소개하지 않았던 함수들을 이용하여 스레드에 lock을 걸고 해제하는 방법을 구현해 보고, C 언어가 아닌 C++ 언어를 사용하여 스레드를 구현한 예를 또한 보도록 한다.

뮤텍스

멀티스레드로 작동하는 시스템은 멀티프로세서에서와 같이 동기화 문제가 발생하게 된다. 이는 여러 개의 스레드가 동시에 특정 영역을 사용할 때 특히 문제가 되는데, 이를 제대로 해결하지 못하면 잘못된 데이터를 활용하는 결과를 가져오게 된다.

뮤텍스를 소개하기 전에 동일한 영역을 활용해서 발생할 수 있는 문제를 간단한 예제를 통해 살펴보도록 하자. 실제 상황에서는 이보다 더 치명적인 문제가 수시로 발생할 수 있기 때문에 상당한 주의가 필요하다.

> **NOTE_** 1절에서 언급했던 기차표 예매와 같은 문제가 발생하면 시스템 개발자, 운영자 그리고 사용자 모두에게 불행한 일이 된다.

아래의 예제는 전역 변수를 이용하여 접속할 시스템의 포트 번호를 세팅하는 프로그램이다. 시스템 정보를 세팅하는 함수가 존재하며, 메인 스레드와 서브 스레드가 각각 이 함수를 호출하여 포트 번호를 얻어오게 된다.

포트 번호를 얻고 나면 전역 변수는 1씩 증가되고, 이를 이용하여 스레드들은 또 다른 포트 번호를 활용하게 된다. 이때 필요한 사항은 스레드들이 동일한 포트 번호를 사용하지 않도록 만드는 것이다. 동일한 포트를 사용하면 해당 스레드에도 문제가 되지만 전체 시스템에도 문제를 발생시킬 수 있다.

그러면 전체 소스를 보도록 하자. 소스를 보면서 어떤 곳에서 문제를 유발시킬 수 있는지 예측을 해보자.

〈pth_nomutex.c〉

```c
#include <stdio.h>
#include <pthread.h>

/* 스레드가 사용할 IpInfoType 선언 */
typedef struct
{
    char *ipAddr;      /* IP 어드레스 */
    char *hostName;    /* 장비 이름 */
    int portNo;        /* 포트 번호 */
} IpInfoType;

/* 포트 번호에 사용될 카운트 선언 */
int countNo = 0;
```

```c
/* IpInfoType에 값을 채운후 포인터를 반환하는 함수 */
IpInfoType *get_ipInfo(void)
{
    /* IpInfoType 구조체생성 후 값 입력 */
    IpInfoType ipInfo;
    int mutexRlt;

    /* 카운트 증가 후 3초 휴식 */
    countNo++;
    sleep(3);

    /* ipInfo 구조체에 값 입력 */
    ipInfo.ipAddr = "192.168.8.100";
    ipInfo.hostName = "JSHIN";
    ipInfo.portNo = countNo;

    return &ipInfo;
}

/* 서브 스레드 모듈. 접속 대상 장비의 포트를 입수 */
void *setConnect(void *arg)
{
    IpInfoType *subInfo;
    printf("SETCONNECT 스레드 실행\n");

    /* get_ipInfo()함수를 매초마다 호출. 포트 번호 출력 */
    while(1)
    {
        subInfo = get_ipInfo();
        /* 포트 번호를 화면에 출력 */
        printf("서브 스레드가 가진 포트 번호: %d\n",subInfo->portNo);
        sleep(1);
    }
}

/* 프로세스의 main 함수 */
int main()
{
    /* 스레드 선언 */
    pthread_t setConnect_t;
    IpInfoType *mainInfo;

    /* 서브 스레드 생성. */
    if(pthread_create(&setConnect_t, NULL, setConnect, NULL))
    {
```

```
      printf("setConnect_t 스레드 생성 실패!\n");
      return 0;
   }

   /* get_ipInfo()함수를 매초마다 호출. 포트 번호 출력 */
   while(1)
   {
      mainInfo = get_ipInfo();
      printf("메인 스레드가 가진 포트 번호: %d\n",mainInfo->portNo);
      sleep(1);
   }
}
```

소스를 분석하는 과정에서 문제를 찾았는지 모르겠다. 특별히 문제가 있어 보이지는 않았을 것이다. 그럼, 다음과 같이 소스를 컴파일하고 실행을 시켜보자.

```
% cc -lthread -o pth_nomutex pth_nomutex.c
pth_nomutex.c: In function get_ipInfo':
pth_nomutex.c:31: warning: function returns address of local variable
[jshin(jshin):/Book/Unix/2/5]% pth_nomutex
SETCONNECT 스레드 실행
메인 스레드가 가진 포트 번호: 2
서브 스레드가 가진 포트 번호: 2
메인 스레드가 가진 포트 번호: 4
서브 스레드가 가진 포트 번호: 4
메인 스레드가 가진 포트 번호: 6
서브 스레드가 가진 포트 번호: 6
```

프로그램 실행 결과 메인 스레드와 서브 스레드는 동일한 포트 번호를 계속 할당받은 것을 알 수 있다. 이는 두 개의 스레드가 거의 동시에 전역 변수를 증가시키고 할당을 받았기 때문이다. 이러한 문제는 쉽게 발생할 수 있지만 쉽게 찾기는 어려운 문제이다.

하지만 스레드에서는 이러한 문제를 근본적으로 해결할 수 있는 기법들을 제공하고 있다. 이러한 기법을 활용하면 어렵지 않게 문제를 해결할 수 있는데, 스레드의 동기화를 위해 가장 많이 활용되는 기법이 바로 뮤텍스이다. 뮤텍스는 Part IV에서 소개될 세마포어와 유사한 것으로 스레드를 위해 활용된다.

뮤텍스의 사용법은 의외로 간단하다. 이는 간단한 철칙과도 연관이 있는데 바로 특정 영역에 대해 하나의 스레드만이 사용할 수 있도록 lock(잠금)과 unlock(해제)를 이용하겠다는 것이다. 즉, 뮤텍스를 lock 시키면 다른 스레드는 unlock될 때까지 계속 대기를 해야 한다. 그러다가 unlock를 시키면 대기하던 스레드는 그곳에 접근할 수 있다.

이때 lock을 시킨 스레드만 unlock을 할 수 있기 때문에 특정 영역에 대해 오직 하나의 스레드만 접근되는 법칙을 지킬 수 있다. 그럼, 뮤텍스를 사용하기 위해 제공되는 함수와 스트럭처를 살펴보자. 다음은 이들 함수의 간단한 프로토타입들이다.

```
pthread_mutex_t mx_t;
int pthread_mutex_init(pthread_mutex_t *, const pthread_mutexattr_t *);
int pthread_mutex_lock(pthread_mutex_t *);
int pthread_mutex_unlock(pthread_mutex_t *);
int pthread_mutex_destroy(pthread_mutex_t *);
```

먼저 뮤텍스를 사용하기 위해서는 pthread_mutex_t 타입의 변수를 선언해야 한다. 그런 다음 pthread_mutex_init 함수를 통해 초기화 과정을 거쳐야 한다. 만일 함수를 실행하지 않고 초기화를 시키려면 다음과 같이 하도록 한다.

```
pthread_mutex_t mx_t = PTHREAD_MUTEX_INITIALIZER;
```

pthread_mutex_lock() 함수는 선언된 뮤텍스를 잠그는 작업을 수행하고 반대로 pthread_mutex_unlock() 함수는 잠긴 뮤텍스를 해제하는 작업을 수행한다. 마지막으로 pthread_mutex_destroy() 함수는 선언된 뮤텍스를 제거하는 작업을 수행한다. 각각의 함수들은 성공 시에는 0을 리턴하고 실패하면 에러 코드를 리턴하게 된다.

그러면, 바로 앞에서 사용했던 예제에 뮤텍스를 적용해 보자. 뮤텍스를 적용할 곳은 포트 번호로 사용할 전역 변수의 값을 조작하는 곳인 get_ipInfo() 함수의 내부가 된다. 다음은 수정된 소스 코드를 보여주고 있다.

〈pth_mutex.c〉
```
#include <stdio.h>
#include <pthread.h>
```

```c
/* 스레드가 사용할 IpInfoType 선언 */
typedef struct
{
    char *ipAddr;      /* IP 어드레스 */
    char *hostName;    /* 장비 이름 */
    int portNo;        /* 포트 번호 */
} IpInfoType;

/* 뮤텍스 getInfo 선언 */
pthread_mutex_t getInfo = PTHREAD_MUTEX_INITIALIZER;

/* 포트 번호에 사용될 카운트 선언 */
int countNo = 0;

/* IpInfoType에 값을 채운 후 포인터를 반환하는 함수 */
IpInfoType *get_ipInfo(void)
{
    /* IpInfoType 구조체생성 후 값 입력 */
    IpInfoType ipInfo;
    int mutexRlt;

    /* 뮤텍스 lock 시작 */
    mutexRlt = pthread_mutex_lock(&getInfo);
    /* 카운트 증가 후 3초 휴식 */
    countNo++;
    sleep(3);

    /* ipInfo 구조체에 값 입력 */
    ipInfo.ipAddr = "192.168.8.100";
    ipInfo.hostName = "JSHIN";
    ipInfo.portNo = countNo;

    /* 뮤텍스 lock 해제 */
    mutexRlt = pthread_mutex_unlock(&getInfo);
    return &ipInfo;
}

/* 서브 스레드 모듈. 접속 대상 장비의 포트를 입수 */
void *setConnect(void *arg)
{
    IpInfoType *subInfo;
    printf("SETCONNECT 스레드 실행\n");

    /* get_ipInfo()함수를 매초마다 호출. 포트 번호 출력 */
    while(1)
```

```
      {
         subInfo = get_ipInfo();
         /* 포트 번호를 화면에 출력 */
         printf("서브 스레드가 가진 포트 번호: %d\n",subInfo->portNo);
         sleep(1);
      }
   }

   /* 프로세스의 main 함수 */
   int main()
   {
      /* 스레드 선언 */
      pthread_t setConnect_t;
      IpInfoType *mainInfo;

      /* 서브 스레드 생성. */
      if(pthread_create(&setConnect_t, NULL, setConnect, NULL))
      {
         printf("setConnect_t 스레드 생성 실패!\n");
         return 0;
      }

      /* get_ipInfo()함수를 매초마다 호출. 포트 번호 출력 */
      while(1)
      {
         mainInfo = get_ipInfo();
         printf("메인 스레드가 가진 포트 번호: %d\n",mainInfo->portNo);
         sleep(1);
      }
   }
```

소스 코드의 수정이 끝났으면 컴파일을 한 뒤, 프로그램을 실행시켜보자. 다음은 프로그램의 실행 결과를 보여주고 있다.

```
% pth_mutex
SETCONNECT 스레드 실행
메인 스레드가 가진 포트 번호: 1
서브 스레드가 가진 포트 번호: 2
메인 스레드가 가진 포트 번호: 3
서브 스레드가 가진 포트 번호: 4
```

위의 실행 결과를 통해 스레드들이 서로 다른 포트 번호를 순차적으로 사용하고 있음을 확인할 수 있다. 지금까지 소개한 뮤텍스는 적용할 만한 부분들이 상당히 많다. 하지만 뮤텍스를 잘못 설정해서 사용하면 또 다른 문제를 유발할 수 있다.

예를 들어, lock을 실행하고 unlock을 실행하지 않아 특정 영역이 계속해서 잠겨있는 경우도 발생할 수 있다. 이처럼 새로운 기능을 추가로 도입한 후에는 새로운 문제가 발생할 소지가 있으므로 여전히 주의를 기울여야 한다.

스레드 조건 변수

뮤텍스가 특정 영역에 대해 lock과 unlock을 반복하면서 원하는 작업을 수행하게 되는데, 여기에 시그널을 기다리는 기능과 시그널을 발생시키는 기능을 추가하여 스레드의 동기화를 보다 능동적으로 수행할 수 있다.

뮤텍스의 경우, 뮤텍스 내부에서 조건에 따른 lock과 unlock을 수행하기가 쉽지 않다. 그리고 다른 스레드가 언제 뮤텍스를 해제했는지 그 시점을 확인하기도 쉽지 않다. 하지만 조건에 따라 뮤텍스를 잠그고 해제할 수 있으며, 시그널을 이용하여 뮤텍스가 해제되었음을 다른 스레드에게 알릴 수 있다면 많은 문제를 해결할 수 있을 것이다.

이러한 기능을 이용하면 특정 스레드의 작업의 종료와 함께 다른 스레드의 작업이 보다 원활히 이루어질 수 있을 것이다. 이를 가능하게 만드는 것이 스레드 조건 변수로 대변되는 pthread_cond이다.

pthread_cond 내부에는 시그널을 발생시키거나 시그널을 기다리는 기능을 제공하고 있다. 이때 말하는 시그널은 프로세스가 사용하는 일반적인 의미의 시그널과는 다르다. 시그널 조건을 사용하려면 먼저 pthread_cond_t 타입의 조건 변수를 생성해야 한다. 그리고 조건 변수를 초기화해야 한다. 초기화하는 방법은 뮤텍스처럼 init 함수를 사용하거나 선언자를 이용하면 된다.

```
pthread_cond_t condT;
pthread_cond_t condT = PTHREAD_COND_INITIALIZER;
pthread_cond_init(&condT);
```

생성된 스레드 조건 변수를 이용하여 시그널을 보내는 함수는 다음과 같은 것들이 있다.

```
int pthread_cond_signal(pthread_cond_t *);
int pthread_cond_broadcast(pthread_cond_t *);
```

signal 함수와 broadcast 함수 모두 해당 조건 변수에게 시그널을 보낸다. 하지만 signal 함수는 해당되는 스레드에게만 시그널을 전송하지만, broadcast 함수는 모든 스레드에지 시그널을 전송하는 것이 차이점이다. 만일 시그널을 전송했는데, 수신 대기 중인 스레드가 없으면 시그널이 무시가 된다.

스레드 조건 변수와 뮤텍스를 이용하여 전송될 시그널을 기다리는 함수는 다음과 같은 것들이 있다.

```
pthread_cond_wait(pthread_cond_t *, pthread_mutex_t *);
pthread_cond_timedwait(pthread_cond_t*, pthread_mutex_t*, const struct timespec*);
```

wait( ) 함수의 사용을 보면 조건 변수뿐만 아니라 뮤텍스도 함께 인수로 사용하는 것을 볼 수 있다. 이러한 wait( ) 함수가 제대로 수행되려면 내부에 사용된 뮤텍스가 초기화되어 있고 lock이 되어 있어야 한다. wait( ) 함수가 실행되면 함수는 내부에 사용된 뮤텍스의 lock을 해제한 체로 대기 작업에 들어간다.

그리고 이들 함수는 조건 변수에 대한 시그널이 검출되면 작업을 재개한다. 즉, 해당 조건 변수에 대한 시그널이 발생하면 내부의 인수로 지정된 뮤텍스를 잠근 후, wait( ) 함수의 다음 라인을 실행하게 된다. wait( ) 함수 중 timedwait( ) 함수는 인수로 사용된 timespec에 지정한 시간만큼 대기를 하게 된다.

만일 지정된 시간내에 시그널이 검출되지 않으면 타임아웃 에러 코드와 함께 실행이 중지된다. 스레드 조건 변수의 활용이 끝났으면 destroy( ) 함수를 호출하여 조건 변수를 제거할 수 있다. destroy( ) 함수의 프로토타입은 다음과 같다.

```
int pthread_cond_destroy(pthread_cond_t *);
```

그러면 이제 이러한 시그널 조건 변수와 뮤텍스를 활용한 예제를 만들어보도록 하자. 작성할 예제는 두 개의 서브 스레드가 시스템 내부에 있는 카운트를 활용하는 예제이다. 이때 카운트를 증가하는 함수가 따로 존재하며 이 함수를 스레드들이 호출하게 된다. 각각의 스레드는 다른 스레드가 카운트 증가 함수를 사용하는 동안 대기상태에 들어간다.

그러다 상대 스레드가 시그널을 전송하면 카운트 증가 함수를 호출한 뒤, 현재의 카운트 수를 화면에 출력하게 된다. 이를 위해 먼저 다음과 같이 뮤텍스와 스레드 조건 변수를 선언하고 초기화 하도록 한다.

```
pthread_mutex_t thread1Mx = PTHREAD_MUTEX_INITIALIZER;
pthread_mutex_t thread2Mx = PTHREAD_MUTEX_INITIALIZER;
pthread_cond_t checker = PTHREAD_COND_INITIALIZER;
```

그다음엔 스레드를 두 개 생성하도록 한다. 먼저 생성된 스레드는 뮤텍스를 lock 시킨 뒤, 카운트 증가 함수를 호출하게 된다. 그런 다음 시그널 함수를 이용하여 조건 변수에 시그널을 전송한다. 그 다음엔 다른 스레드의 시그널을 기다리기 위해 wait 함수를 이용하여 대기 작업에 들어간다. 각 작업의 순서는 다음과 같다.

```
pthread_mutex_lock(&thread1Mx);   /* 뮤텍스 lock */
setCount();     /* 카운트 증가 함수 호출 */
pthread_cond_signal(&checker); /* 스레드 조건 변수에 시그널 전송 */
pthread_cond_wait(&checker, &thread1Mx);  /* 시그널 대기 */
```

첫 번째 스레드와 쌍으로 작업할 두 번째 스레드에 대해 살펴보도록 하자. 두 번째 스레드는 첫 번째 스레드와 순서가 틀리게 작업을 수행한다. 즉, 뮤텍스를 lock 시킨 뒤, 시그널을 기다리는 대기 함수를 실행시킨다. 시그널을 받게 되면 카운트 증가 함수를 호출한 뒤, 스레드 조건 변수에 시그널을 전송하게 된다. 즉, 다음과 같이 진행한다.

```
pthread_mutex_lock(&thread2Mx);   /* 뮤텍스 lock */
pthread_cond_wait(&checker, &thread2Mx);  /* 시그널 대기 */
setCount();     /* 카운트 증가 함수 호출 */
pthread_cond_signal(&checker); /* 스레드 조건 변수에 시그널 전송 */
```

마지막으로 스레드의 작업이 모두 완료되었으면 다음과 같이 선언된 뮤텍스와 스레드 조건 변수를 시스템에서 제거하도록 한다.

```
    pthread_mutex_destroy(&thread1Mx);
    pthread_mutex_destroy(&thread2Mx);
    pthread_cond_destroy(&checker);
```

그러면 지금까지 소개한 내용을 바탕으로 실제 구동이 가능한 예제를 작성해보자. 다음은 전체 소스 코드를 보여주고 있다.

〈pth_cond.c〉
```c
#include <stdio.h>
#include <pthread.h>

/* mutex_t와 cond_t 선언 및 초기화 */
pthread_mutex_t thread1Mx = PTHREAD_MUTEX_INITIALIZER;
pthread_mutex_t thread2Mx = PTHREAD_MUTEX_INITIALIZER;
pthread_cond_t checker = PTHREAD_COND_INITIALIZER;

/* 전역 변수로 사용할 카운트 선언 */
int countNo = 0;

/* 카운트를 증가시키는 함수 */
void setCount(void)
{
    /* 카운트 증가 */
    countNo++;
    sleep(1);
}

/* 첫 번째 스레드 모듈 */
void *runThread1(void *arg)
{
    printf("첫 번째 스레드 실행\n");
    /* setCount()함수를 매초마다 호출 */
    while(1)
    {
        /* 카운트가 5를 넘으면 스레드 종료 */
        if(countNo >= 5) pthread_exit(0);
        /* thread1 뮤텍스 lock */
        pthread_mutex_lock(&thread1Mx);
        /* setCount() 실행 후, 카운트 번호를 화면에 출력 */
        setCount();
        printf("첫 번째 스레드가 얻어온 카운트 번호: %d\n",countNo);
        /* checker 시그널 발생 후, wait 수행 */
```

```c
            pthread_cond_signal(&checker);
            pthread_cond_wait(&checker, &thread1Mx);
            /* thread1 뮤텍스 lock 해제 */
            pthread_mutex_unlock(&thread1Mx);
        }
    }

    /* 두 번째 스레드 모듈 */
    void *runThread2(void *arg)
    {
        printf("두 번째 스레드 실행\n");
        /* setCount()함수를 매초마다 호출 */
        while(1)
        {
            /* 카운트가 5를 넘으면 스레드 종료 */
            if(countNo >= 5) pthread_exit(0);
            /* thread2 뮤텍스 lock */
            pthread_mutex_lock(&thread2Mx);
            /* 대기 시작 */
            pthread_cond_wait(&checker, &thread2Mx);
            /* setCount() 실행 후, 카운트 번호를 화면에 출력 */
            setCount();
            printf("두 번째 스레드가 얻어온 카운트 번호: %d\n",countNo);
            /* checker 시그널 발생 */
            pthread_cond_signal(&checker);
            /* thread2 뮤텍스 lock */
            pthread_mutex_unlock(&thread2Mx);
        }
    }

    /* 프로세스의 main 함수 */
    int main()
    {
        /* 스레드 선언 */
        pthread_t thread1_t, thread2_t;

        /* 첫 번째 스레드 생성. */
        if(pthread_create(&thread1_t, NULL, runThread1, NULL))
        {
            printf("첫 번째 스레드 생성 실패!\n");
            return 0;
        }
        /* 두 번째 스레드 생성 */
        if(pthread_create(&thread2_t, NULL, runThread2, NULL))
        {
```

```
        printf("두 번째 스레드 생성 실패!\n");
        return 0;
    }

    /* 스레드들이 작업을 종료할때 까지 대기 */
    pthread_join(thread1_t, NULL);
    pthread_join(thread2_t, NULL);

    /* mutex와 cond 모두 destroy() */
    pthread_mutex_destroy(&thread1Mx);
    pthread_mutex_destroy(&thread2Mx);
    pthread_cond_destroy(&checker);

    return 1;
}
```

프로그램 코드의 작성이 끝났으면 다음과 같이 컴파일하고 실행을 시켜보자. 두 개의 스레드가 서로 작업을 주고받으며 실행되는 것을 확인할 수 있다.

```
% cc -lthread -o pth_cond pth_cond.c
% pth_cond
첫 번째 스레드 실행
두 번째 스레드 실행
첫 번째 스레드가 얻어온 카운트 번호: 1
두 번째 스레드가 얻어온 카운트 번호: 2
첫 번째 스레드가 얻어온 카운트 번호: 3
두 번째 스레드가 얻어온 카운트 번호: 4
첫 번째 스레드가 얻어온 카운트 번호: 5
두 번째 스레드가 얻어온 카운트 번호: 6
```

지금까지 C를 이용하여 스레드를 구동했었는데, 마지막으로 이 책에서 사용하는 주요 언어 중 하나인 C++를 이용하여 멀티스레드 시스템을 작성해 보자.

C++를 활용한 스레드 예제

C++ 언어를 사용하는 경우에도 C에서 사용한 함수를 그대로 적용하면 된다. 다만 클래스를 어떻게 꾸미고 객체를 활용할 것인지가 중요하게 된다. 이번 절에서는 C++의 클래스를 이용하여 스레드가 구동되도록 만드는 간단한 예를 보여준다. 이를 통해, C++로 유닉스 프로그래

밍을 하는 독자에게 조금이나마 도움이 되길 바란다.

> **NOTE** 클래스를 이용하여 스레드 프로그램을 작성하는 경우, C 언어 때보다 구조적인 설계에 더 많은 시간을 할애해야 한다. 여기서 보여주는 예는 단지 간단한 클래스를 이용해 스레드를 만들고 구동시키는 것만 보여준다.

먼저 클래스 선언을 통하여 원하는 클래스를 작성하도록 한다. 클래스의 이름은 ThreadHandler이며, 내부의 메소드와 변수를 이용하여 스레드를 작성하게 된다. 다음은 클래스의 프로토타입을 보여 주고 있다.

```cpp
class ThreadHandler
{
public:
    bool make_thread(); // 스레드를 만드는 함수
    static void *run_thread(void *_arg); // 스레드로 구동될 모듈
    bool get_isRun() { return isRun; }  // 스레드의 실행여부, 체크함수들
    void set_isRun(bool val) { isRun = val; }
private:
    bool isRun; // 스레드가 여부를 체크하는데 사용할 변수
    pthread_t subTh_t; // 스레드를 위한 구조체 선언
};
```

클래스의 선언이 끝났으면 클래스 내부에 있는 메소드를 하나씩 구현하도록 한다. 먼저 스레드를 생성하는데 사용되는 make_thread()의 주요 내용을 보면 다음과 같다. 여기에서 주목해야 하는 것은 스레드로 구동되는 함수의 사용이다. 즉, 스레드 함수는 static void * 형으로 선언되어야 하며, pthread_create 함수 내부에서는 ThreadHandler::run_thread로 기술되어야 한다.

```cpp
bool
ThreadHandler::make_thread()
{
    ...if(pthread_create(&subTh_t, NULL, ThreadHandler::run_thread, NULL))...
}
```

그러면 C++로 작성된 전체 소스 코드를 보도록 하자.

〈CPPThread.cxx〉

```cpp
#include <iostream.h>
#include <pthread.h>

// sleep() 함수 선언
extern "C"{
    int sleep(int);
}

// 스레드를 만들고 사용할 클래스 생성
class ThreadHandler
{
public:
    // 스레드를 만들 함수와 스레드로 돌아갈 함수 선언
    bool make_thread();
    static void *run_thread(void *_arg);

    // 스레드가 돌아가는지 여부를 세팅하고 검색할 함수
    bool get_isRun() { return isRun; }
    void set_isRun(bool val) { isRun = val; }

private:
    // 스레드가 이미 실행되었는지 여부 체크
    bool isRun;
    // 스레드 구조체 선언
    pthread_t subTh_t;
};

// 스레드를 생성하는데 사용할 메소드
bool
ThreadHandler::make_thread()
{
    bool retVal = true;

    // 스레드 생성 및 구동
    if(pthread_create(&subTh_t, NULL, ThreadHandler::run_thread, NULL))
    {
        cout << "스레드 생성 실패" << endl;
        retVal = false;
    }

    return retVal;
}

// 스레드로 구동되는 모듈
```

```cpp
void
*ThreadHandler::run_thread(void *_arg)
{
    while(1)
    {
        cout << "스레드 실행 중" << endl;
        sleep(1);
    }

    return NULL;
}

// 객체를 사용하는 main 함수
int main()
{
    // 객체 생성
    ThreadHandler *thrHandler = new ThreadHandler();
    // make_thread 호출
    if(thrHandler->make_thread())
    {
        thrHandler->set_isRun(true);
    }
    else
    {
        thrHandler->set_isRun(false);
    }
    // 메인 스레드 종료
    pthread_exit(0);
}
```

마지막으로 다음과 같이 컴파일을 하고 프로그램을 실행시켜보자.

```
% CC -lpthread -o CPPThread CPPThread.cxx
% CPPThread
스레드 실행 중
스레드 실행 중
```

NOTE_ 스레드는 여러모로 프로세스와 유사한 점이 많다. 스레드를 위한 시스템 호출 또한 프로세스의 그것과 유사하다. 이러한 시스템 호출들을 나열해 보면 다음과 같다.

```
(스레드 생성 및 실행) pthread_create() : (프로세스) fork(), exec()
(스레드 정보) pthread_self() : (프로세스) getpid()
(스레드 대기) pthread_join() : (프로세스) waitpid()
(스레드 종료) pthread_exit() : (프로세스) exit()
```

Part IV.
유닉스 네트워크 프로그래밍

Part IV를 시작하며...

Part IV에서는 네트워크 프로그래밍을 다루게 된다. 여기서 네트워크는 프로세스 사이의 통신과 시스템 사이의 통신을 의미한다. 프로세스 사이의 통신에는 IPC 기법이 소개가 되는데, 여기에는 파이프, 세마포어, 공유 메모리, 그리고 메시지 큐가 해당된다.

시스템 사이의 통신에는 버클리 소켓이 활용된다. 소켓에 대한 소개와 시스템 호출을 소개하고 이를 이용하여 시스템 사이의 통신 프로그램을 작성하게 된다. Part IV의 시작 부분에는 네트워크에 대한 전반적인 이론이 소개된다.

참고로 통신 프로그램은 많은 테스트와 응용이 필요하다. 하지만 여기서는 단지 기본적인 이론과 시스템 호출이 소개 될 뿐이기 때문에 개발자가 스스로 많은 예제를 작성해 보면서 시행착오를 거쳐봐야 한다.

Part IV. 유닉스 네트워크 프로그래밍

- **Part IV 구성 요소**

- Chapter 14. 유닉스 네트워크
  - 1. 네트워크 개요
  - 2. 프로토콜
  - 3. 유닉스 네트워크

- Chapter 15. 프로세스간 통신1 : 파이프와 세마포어
  - 1. IPC
  - 2. 파이프
  - 3. FIFO
  - 4. 세마포어
  - 5. 레코드 락

- Chapter 16. 프로세스간 통신2 : 공유 메모리와 메시지 큐
  - 1. 공유 메모리
  - 2. 메시지 큐
  - 3. C++언어를 이용한 IPC구현 예제

- Chapter 17. 시스템간 통신1
  - 1. 소켓 통신
  - 2. 소켓 시스템 호출
  - 3. 소켓 프로그래밍

- Chapter 18. 시스템간 통신2
  - 1. 호스트 정보 수집 (UDP, TCP)
  - 2. 메시지 송수신 (타임아웃)
  - 3. 다중 클라이언트 접속 프로그램 (fork, select)

chapter 14 유닉스 네트워크

이론적인 내용을 바탕으로 네트워크 전반에 대한 소개를 하고 있다. 가볍게 읽기에는 좀 부담스러운 내용들이지만 그래도 이론에 기반을 둔 내용들을 간략하게 다루고 있기 때문에 네트워크 관련 이론을 총정리하는 마음으로 편하게 읽어주기 바란다.

이번 Chapter에서 소개하는 내용과 이후 다른 Chapter에서 코딩으로 구현하는 내용들과는 특별한 관련이 없다. 그럼에도 이러한 내용이 포함된 이유는 네트워크 프로그래밍을 다루면서 정작 네트워크와 관련된 내용이 빠진다면 뭔가 앞뒤가 맞지 않기 때문이다. 그리고 프로그램의 코드 내용보다도 기반 이론과 원리를 더 중시하기 때문이기도 하다.

Chapter 14에서는 네트워크의 전체 개요를 간단히 소개하고, 프로토콜에 대해 소개를 한다. 그리그 마지막으로 네트워크에서 유닉스와 관련된 부분을 소개 및 적용하면서 마무리가 된다. 각 절들의 제목은 다음과 같다.

1. 네트워크 개요
2. 프로토콜
3. 유닉스 네트워크

필자가 예전에 네트워크 바이블(Network Bible)을 집필하면서 처음에 사용했던 구절을 소개하면 다음과 같다. "예전에도 그래왔고 현재도 그렇지만 미래는 더욱 더 네트워크의 활용이 증가할 것이다. 우리가 네트워크에 관심을 가져야 하는 이유가 여기에 있는 것이다."

01 네트워크 개요

과거의 고전적인 네트워크의 개념과는 달리 최근의 네트워크는 과거와 비교할 수 없을 정도로 고속화되고 복잡화되어 가는 것이 현실이다. 그리고 많은 서비스들이 서로 통합되고 보완되어 현대의 네트워크는 큰 대역폭과 높은 성능을 요구하게 되었다. 그 결과 네트워크 상에서 문제가 되는 트래픽이나 지연을 줄이기 위한 많은 대안과 새로운 아이디어가 창출되고 있다.

하드웨어의 대량 생산과 그에 따른 질적 변화는 다양한 서비스를 창출하고 있다. 텍스트 중심의 메시지 체계에서 보다 시각적인 그래픽과 멀티미디어 환경으로의 변화는 네트워크 서비스의 개선을 재촉하게 되었다. 미래의 네트워크를 이용한 활용 분야는 그야말로 무궁무진하여서 사회 각 부분에 영향을 줄 것이며 미래의 통신 네트워크가 주는 충격은 과거 전화망이 가져온 충격에 버금갈 것이다.

네트워크는 비교적 얼마 되지 않는 이론에 기본을 두고 있다. 그러나 실제 설치에서는 상당히 광범위하고 임의적인 세부 규칙을 따라야 한다. 이러한 세부 규격은 다른 업체의 제품과 호환성을 보장할 수 있어야 하는 등의 범용성을 지녀야 한다. 우리가 네트워크를 배우는 것은 단지 이론만 배우는 것이 아니라 실제 상황에서 구현될 때의 문제점에 어떻게 대처하고 구성하느냐에 있다. 네트워크의 이해는 이론에 대한 충분한 이해와 이를 토대로 한 정확한 구현에 있다.

네트워크 관리자의 경우, 이용 가능한 하드웨어와 소프트웨어를 사용하는 능력뿐만 아니라 생산성을 향상하기 위해 정보 흐름을 구성하는 방법을 이해하여야 한다. 또한 네트워크 시설을 이해하여 소프트웨어와 하드웨어를 갱신, 성능의 감시를 통해 문제점을 신속히 파악하고 해결하여야 한다. 사실 이런 능력들의 결여로 인해 네트워크 업체들을 찾게 되는데, 그 이유는 각 네트워크 벤더들의 제품마다 특성이 다르고, 하나의 기능에 여러 가지 부가 기능이 더해진 제품들이 많기 때문에 벤더에 종속되기 쉽다.

그렇기 때문에 관리자는 자신의 네트워크만 안정적이면 된다는 안일한 생각보다는 여러 제품간의 특성과 장단점을 파악하는 실험적인 정신과 많은 경험을 필요로 한다. 실제로 어떤 네트워크 업체의 한 팀들이 자사의 네트워크를 채용한 사이트로 근무지를 옮기는 경우도 종종 있다.

네트워크 설계자의 경우, 사용자의 요구와 새로운 서비스의 부가가치를 알아야 하고, 네트워크에서의 가능한 서비스와 앞으로의 경향에 대해 잘 알아야 한다. 네트워크는 끊임없이 발전하는 분야라고 생각한다. 이것은 컴퓨터 관련 기술들과 관계되어 있고, 아직 개선되어야 할 부분이 많은 분야이기 때문이다.

네트워크를 이해함에 있어서 기본이라 할 수 있는 데이터 통신에 대한 이론은 비록 지루하고 조금은 어렵게 느껴질 수도 있으나 기본 원리만 이해한다면 향후 네트워크 관련 업무를 할 때 많은 도움이 되리라 본다.

최근 폭발적으로 늘어가고 있는 정보통신 업체의 숫자와 천문학적인 숫자의 투자 비용을 보면 정보시대라는 것을 피부로 느끼게 되지만, 사실 양적으로 늘어가는 정보통신 업체에 비해 질적인 정보통신 인력은 상당히 부족한 것이 현실이다. 그렇기 때문에 정보통신 업체에서는 신입 사원보다는 경력 사원을 더 선호하는 실정이고, 정보통신 업계로 사회에 첫발을 내딛으려는 신입 사원은 자신이 배워온 이론을 기초부터 다시 실습 과정을 거치게 되어, 이론과 실제가 격리되는 현상을 경험하게 된다.

비단 이런 정보통신 기술자들뿐만 아니라 네트워크 프로그래밍에 입문하려고 하는 사람들은 남다른 계기나 경험이 필요하다. 황금알을 낳는 거위에 비유되는 정보통신업이지만 외국 업체의 장비와 솔루션에 잠식되어 있는 것이 현실이다.

기본 개요

네트워크는 사전적인 의미로 '망상(網狀) 조직'이란 의미를 가지고 있으며 전문적인 해석은 데이터 통신 그 자체를 말하며, 단말(terminal) 장치간의 통신 경로를 구성하는 자원의 집합을 말한다. 여기서 데이터 통신이란 사용자간의 실질적 정보 교환을 이루는 모든 것을 총칭한다. 네트워크는 처음 고가의 장비(예를 들어 프린터, 플로터, 대단위 저장 매체)를 공유하여 사용하기 위해 이용되었다.

하지만 지금은 하드웨어와 소프트웨어의 눈부신 발전으로 전 세계를 연결하는 네트워크가 구축되었으며 그 가운데 사용자간의 실질적인 파일이나 메세지 등의 교환도 가능하게 되었다. 현재는 오디오 및 비디오 신호를 포함한 멀티미디어 정보도 네트워크를 이용하여 전송이 가능하다.

네트워크라고 하면 많은 사람들이 LAN(Local Area Network)을 떠올린다. 하지만 LAN은 네트워크의 일부일 뿐이다. WAN(Wide Area Network) , VAN(Value Added Network)등 그 외에도 분류할 수 있는 많은 것이 있다. 현재 우리가 말하고 있는 네트워크를 간단하게 정의하면, 사용자의 정보 교환을 가능하게 하는 하드웨어와 소프트웨어 장치의 결합이라고 할 수 있다.

네트워크에 대한 많은 정의와 논의 그리고 논쟁이 있지만, 사실 일상생활 속에서 우리는 많은 네트워크를 접하며 살고 있다. 네트워크는 이제는 전문 용어가 아니라 바로 우리 일상생활의 일부이고, 터전인 것이라고 해도 과언이 아닐 것이다. 전화망은 가장 친숙하고 도처에 퍼져있는 음성 전달 목적의 네트워크라고 할 수 있다. 비록 단방향이지만 텔레비전이나 라디오도 일종의 네트워크고, 전기 제품의 내부도 전기의 흐름을 제어하는 회로로 구성된 하나의 네트워크라고 할 수 있다.

그렇기 때문에 네트워크는 하나의 정의로 시작한 학문이었고 특정한 사람들만이 하는 특별한 분야였지만, 정보의 홍수 시대에 살면서 빠르고 정확한 정보의 공유라는 측면에서는 필연적인 것이라고 할 수 있다. 네트워크의 현실적인 정의는 시간과 공간을 단축시키는 편리한 가상 공간을 의미한다. 그리고 또한 네트워크는 앞에서 정의한 목적을 위한 하드웨어와 소프트웨어의 긴밀한 조직체를 뜻한다.

발전 과정

1830년경 사무엘 모르스에 의해 전신이 발명되고 1876년에 알렉산더 그레햄 벨에 의해 전화가 발명되었다. 최초의 전화 시스템은 사용자와 사용자가 직접 연결되어 있는 점대점(point to point)방식이었다. 이 방식은 1880년 대에 와서 교환원이 수동으로 교환을 해주는 원시적인 교환 시스템으로 바뀌었다. 전자기식 교환기는 1890년대에 와서야 개발이 완료되었으며 지능화된 교환기는 1970년대에 와서야 설치되기 시작하였다. 이후 디지털 전송 방식이 개발되고 이것이 ISDN(Integrated Services Digital Network)의 기본이 되었다.

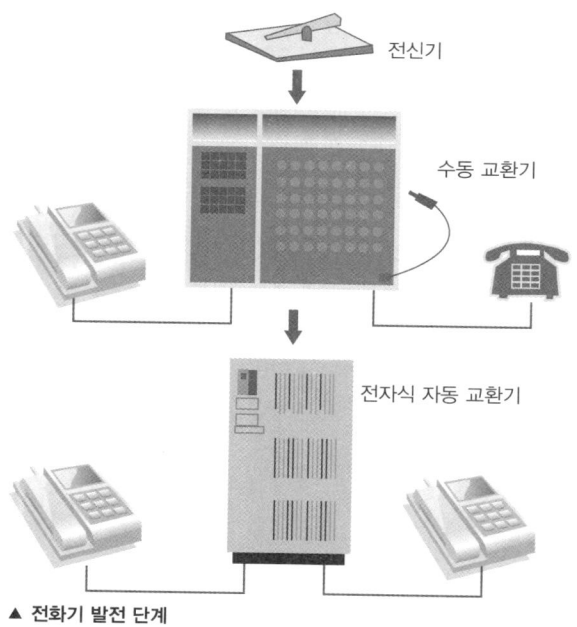

▲ 전화기 발전 단계

네트워크의 기본 철학은 '공유'이다. 공유에 대해 한번 말해보자. 우리는 왜 매일 텔레비전을 보는지 생각해 보자. 그 대답은 새로운 정보를 위해서일 것이다. 과거의 정보에 대한 가치와 달리 현대의 정보에 대한 가치는 한 기업의 흥망을 좌지우지 할 정도의 힘을 갖는다. 누가 그랬는지 기억은 나지 않지만 정보를 지배하는 자가 세상을 지배한다고... 정보는 정보 그 자체의 가치 때문에 또 다른 가치를 창조한다.

세상의 모든 일들이 점점 정보에 민감해져 간다. 이것은 굳이 예를 들지 않더라도 알 수 있듯이 우리들이 일상생활에서 겪는 많은 현상의 파생물일 것이다. 특히 정보의 공유 차원이 지역적이었던 과거와 달리 점점 전 세계로 전역화 되어가고 있는 글로벌 네트워크 차원의 정보 공유는 각 기업의 인터넷 사업의 참여와 전용선 설치로 가속화 되어가고 있다.

구성 요소

네트워크를 단순하게 분류하면 송신장치, 전송매체, 수신장치로 이루어진다. 네트워크에서의 기능은 크게 이 세 가지 중의 하나로 표현된다. 이 세가지를 묶어서 통신링크(Communication Link)라고 하는데 통신링크는 네트워크에서 공유되는 요소들이다. 통신링크 공유의 중요성은 바로 비용과 연결되는 민감한 요소이다.

이 통신링크의 공유는 보통 네트워크에서 백본(Back Bone)이라는 기술로 적용된다. 백본은 우리 몸에서 척추를 이루는 뼈들을 의미하는데 보통 등뼈라고 한다. 우리 몸의 신경들은 정말 복잡하게 퍼져있는데, 이러한 각 신경들은 모두 뇌를 향하게 되어 있다. 하지만 모든 신경이 다이렉트로 뇌로 연결되어 있는 것이 아니라 중추 신경계로 향하게 되어 있고, 이 중추 신경은 모두 모아져서 뇌로 이어지는 것이다.

우리 몸은 그야말로 정교한 네트워크의 구성이라고 할 수 있는 것이다. 모든 지역 신경망들이 뇌로 향하는 백본을 공유하고 있는 형태라고 하면 이해가 쉬울 것이다. 우리 몸에서 백본 신경망과 지역 신경망의 분리를 실험하는 예가 바로 무릎의 반사 신경을 이용한 실험일 것이다. 무릎의 가운데 부분을 치면 우리의 의지와 관계없이 올라가게 된다.

이것에 대한 의학적인 해석은 무릎에서 받은 충격에 대한 신경 반응이 백본을 거쳐 뇌로 가지 못하고 다시 무릎으로 되돌아가는 현상이라고 하는데, 이것은 패킷이 네트워크의 서버에 도달하지 못하고 지역 라우터에서 다시 송신측으로 보내는 ICMP 메세지에 비유될 수 있다. 여하튼 통신링크의 공유의 목적은 하나의 공유 백본을 구축하여 각 지역의 연결을 구현하는 것이다.

만약 모든 통신링크의 객체들간에 직접 연결을 해야 한다면 통신링크의 객체가 추가될 때 마다 기하급수적인 연결이 필요하게 될 것이다. 네트워크를 우리가 가지고 있는 PC에 비교하면 여러 프로그램들이나 장치들의 중앙연산처리장치와 메모리 등의 리소스에 대한 접근이라고 할 수 있다. 네트워크에서도 여러 노드에 걸쳐 퍼져있는 터미널이나 클라이언트의 전송을 제어하고 관리하는 중앙 처리장치인 서버가 이에 비유된다.

중앙에 위치한 서버는 각 클라이언트의 요구들을 모두 공평하게 처리하여야 할 것이다. 만약 서버가 특정 터미널이나 클라이언트에 대해 독점적인 서비스를 허용한다면, 많은 다수의 클라이언트들은 그 서비스가 끝날 때까지 기다려야 할 것이다. 그것이 사용자들에게는 마치 클라이언트가 다운된 것처럼 보일 수 있을 것이다. 그렇기 때문에 일정 단위로 데이터를 잘게 나누어 다룬다면 여러가지 장점을 취할 수 있다. 하지만 우리가 실제로 겪는 네트워크상에서의 문제는 잘게 나누어진 패킷의 유실인데 이러한 문제가 발생하면 다른 전체 데이터의 신뢰성도 부정될 수 있다.

송신장치(Transmitter)는 말 그대로 수신 측으로 보낼 데이터를 만들어 내어, 전송에 필요한 부가 데이터, 즉 식별부호, 에러검출 정보 등을 붙이거나 암호화하는 장치를 말한다. 전송매체(Transmission Medium)는 송신측을 수신측으로 연결하여 주는 물리적 매체를 말한다. 이 매체에는 가격과 속도, 매체의 특성에 따라 여러가지로 나뉘는데 보통 동축 케이블, 구리선, 광섬유 등이 있고, 무선통신에서의 매체에 해당하는 빛의 매질인 자유 공간을 지칭하기도 한다.

수신장치(Receiver)는 송신장치로부터 받은 전송 정보와 데이터를 구별하여 재조립하는 장치로 송신측의 에러검출 사양과 똑같은 사양의 코드를 가지고 전송 데이터의 오류 여부를 판별한다. 그리고 만약 오류가 검출될 경우 재전송을 요구하여 데이터의 무결성을 보장한다.

■ 에러 조정

네트워크상에서 오류가 발생하는 원인은 주로 물리적 전송매체의 불량, 트래픽으로 인한 교착상태, 바이러스, 잘못된 전송 상태 설정 등이 있다. 이럴 경우 수신 측에서는 수신 패킷에 붙어 오는 전송 정보를 해석하거나, 정해진 전송 시간을 경과하였을 경우 송신 측에게 재전송 메시지를 보내는데, 전송 정보의 해석 단계에서 두 가지 방법 중 한 가지로 해석한다.

하나는 긍정 확인(Positive Acknowledge)인데, 이 경우엔 수신 측은 패킷을 올바르게 수신한 경우에만 송신 측에 확인 메시지를 보낸다. 만약 전송 오류가 많이 발생할 것 같은 네트워크에서 긍정 확인 방법을 택한다면 많은 효과가 있을 것이다.

다른 하나는 부정 확인(Negative Acknowledge)인데, 이는 수신 측에서 받은 패킷의 오류 정보를 계산하여 오류라고 판단되었을 경우 송신 측에 재전송을 요구할 수 있는 방법이다. 네트워크가 위의 긍정확인 방식과 달리 신뢰성이 있을 경우 이 방법을 쓰면 효과적이다. 이러한 오류제어에 대해 많은 알고리즘이 존재하고 네트워크 세팅 시 설정 가능하기 때문에 네트워크 관리자나 설계자는 설치 네트워크의 상태를 파악하여 적절한 에러제어 설정을 해야 할 것이다.

■ 다중 접근(Multiple Access)

네트워크는 네트워크상에서 공유되는 자원들, 예를 들면 서버의 하드 디스크에 저장된 파일들, 네트워크상의 프린터, 데이터베이스의 데이터들, 서버를 통해 연결할 수 있는 다른 세그먼트의 네트워크 등에 대한 다중 사용자의 접근 등을 기본으로 하고 있기 때문에 다중 접근과 관계한 네트워크 설계의 개념에 대한 이해가 있어야 한다.

이더넷의 근간이 되는 ALOHA 시스템으로부터 시작하여 다중 사용자의 연결을 통한 네트워크 자원의 공유라는 개념은 네트워크의 중요한 목표이다. 우리가 보통 컴퓨터에서 메모리에 로드된 특정 번지의 데이터에 대해 다른 두 가지의 장치에서 동시에 접근하려고 하면 공유 에러 메시지가 나타난다.

또는 데이터베이스 상에서 하나의 테이블에 저장되어 있는 정보에 대해 서로 다른 두 클라이언트 이상이 동시에 갱신을 실시하려고 하면 에러가 일어날 것이다. 이러한 에러 상황에 대해서 서버의 데이터 제어 장치는 이러한 공유 위반사항에 대해 어떠한 규칙을 적용할 것이다. 네트워크에서도 이러한 문제를 조절하는 어떠한 법칙이 있는데, 이것은 보통 프로토콜이라고 부르는 일련의 약속과 규칙에 의해 제어된다.

> **NOTE_** 네트워크 자원에 대해 독점적인 네트워크인 ALOHA에 대해 알아보자.
>
> ALOHA는 하와이 말로 '안녕하세요'라는 인사말이다. 알로하 네트워크는 무선 네트워크인데. 하와이 대학에서 하와이를 둘러싸는 각 섬들과 통신하기 위해 만든 네트워크다. 1970년대 초에 만들었다고 한다. 송신과 수신 주파수가 조금 다르고(전송은 407MHz, 수신은 413MHz) 9600bps의 속도로 패킷을 전송한다. 지금 9600bps는 느린 속도지만 그 당시는 굉장한 사건이었다고 한다. 때문에 많은 연구소에서 관심을 가지고 ALOHA를 연구하였는데, 복사기로 유명한 제록스사의 Palo Alto 연구소에서 ALOHA를 근간으로 하여 Ethernet을 개발하였다.
>
> 알로하 네트워크와 이더넷 네트워크의 공통점은 다수가 네트워크에 접근할 수 있는 네트워크, 즉 다중 억세스 네트워크인데. 만약 동시에 복수의 사용자 노드가 네트워크에 접근을 시작하면 일정한 지연 (사실은 난수를 토대로 한 지연) 후에 다시 접근을 시도한다. 모든 노드들은 네트워크상에서 다른 사용자의 접근을 감지한다. 이것을 네트워크 용어로 청취(Listen)라고 하는데 모든 노드는 곧 리스너(Listener)인 셈이다. 이 리스너는 최근까지도 이더넷을 근간으로 하는 여러 네트워크에서 사용하는 개념이다.

알로하의 업적은 '최초'라는 것인데, 하나의 통신 채널만이 접근이 가능하다는 점에서 독점적이라고 할 수 있다. 하나의 채널이 통신중이면 다른 통신 채널은 임의의 시간 동안 대기하여야 한다. 사실 알로하의 이러한 이론은 이더넷도 다를 바 없지만 이더넷은 알로하가 통신채널을 공유하는데 반해, 특정한 시간을 각 노드에 분할해서 접근을 허용하는 시분할 시스템이다.

알로하는 아주 사라진 것이 아니고, 지구 주위를 돌며 통신을 하는 인공위성의 네트워크에 적용된다고 한다. 알로하는 여러 가지 버전이 존재하는데, 크게 Slotted와 Pure의 두 가지 버전이 존재한다. Slotted라고 이름 붙인 이유는 각 노드간 통신의 기준을 시간이라는 슬롯으로 나누었기 때문이다. 우리의 컴퓨터 내부에도 슬롯이라는 것이 존재하는데, 각 슬롯에는 하나의 카드를 꽂을 수 있다. 일명 빠찡고라고 불리우는 슬롯머신도 각 슬롯이 한번의 레버 조작으로 각 슬롯이 돌아간다.

그렇기 때문에 일정한 주기를 가지는 시간 단위의 제약이 생긴다. Slotted ALOHA는 최대 전송 속도가 36Kbps의 전송 속도를 가진다. 이에 비해 Pure ALOHA는 시도 때도 없이 전송을 시작할 수 있다. 두 프로토콜은 실제 효율이 비교적 낮기 때문에 전송 속도의 효율을 높이기 위해서 '예약'이라는 방법을 사용한다. SPADE라는 통신위성에서 사용하는 프로토콜이 있는데, 예약을 위한 채널(128Kbps)이 있고, 음성 전송용 양방향 채널이 397개(64Kbps)가 있다. 또 예약 방법을 사용하는 R.ALOHA(Reservation ALOHA)라는 것이 있다.

이러한 알로하의 변형들이 최근에 폭발적인 수요의 셀룰러 통신 네트워크의 근간이다. 셀룰러 통신은 이동통신의 방법이다. 각 지역을 셀(세포)로 나누어 인접 셀들 간에 주파수를 다르게 한다. 각 셀들이 모인 일정 지역(구간)에는 중계소를 두는데, 이 중계소를 기지국이라고 한다. 이 중계소들은 보통 산악 지역에 위치하게 되는데, 이동통신 사업자는 산을 잘 타는 직원들을 채용하는 이유도 이 때문이다.

■ 규모에 따른 분류

LAN이라 함은 근거리 통신망이라 해석되며 사무실의 한 층, 학교나 한정된 지역에 설치하여 독립된 각종 장치를 상호 접속시켜 통신할 수 있도록 구성된 컴퓨터 시스템의 총칭이다.

WAN은 LAN의 상대적인 개념으로 LAN이 하나의 사무실이나 빌딩에 한정되어 있는데 반해 WAN은 하나의 도시 등으로 사용자가 1000명 이상이 되는 경우가 많다. 그 때문에 호스트 컴퓨터의 부담이 가중되어 초고속 처리가 가능한 컴퓨터를 사용할 필요가 있다. WAN의 시스템 구성은 보통 몇 개의 LAN이 모여 그들이 고속 전송이 가능한 기간 회선으로 호스트 컴퓨터에 접속되는 형태가 된다. 그 LAN의 중심에는 처리 가능 노드가 설치되어 호스트 컴퓨터의 부담을 줄인다. 보통 WAN은 각국의 전기 통신 주관이 개재, 제공하는 것이다.

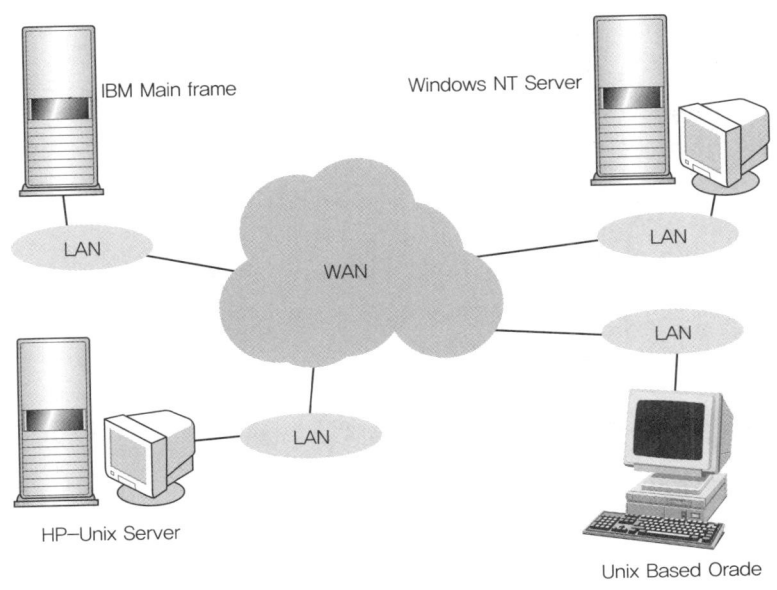

▲ LAN과 WAN

VAN은 부가가치 통신망이라 불리며 1960년대 후반부터 미국에서 나타난 것으로 각국의 공중 통신 업자, 우리 나라의 경우 한국 통신으로부터 회선을 빌려서 여기에 컴퓨터를 연결시켜 통신망을 구축하고 이 통신망으로 통신 업자가 제공하고 있지 않은 서비스를 제공하는 일을 말한다.

우선 LAN만을 가지고 살펴봐도 Ethernet, Tokenring, Tokenbus, FDDI(Fiber Distributed Data Interface), DQDB(Distributed Queue Dual Bus) 등 많은 종류가 있다. 따라서 네트워크란 LAN을 두고 하는 말이라는 것은 나무를 보고 숲을 이야기하는 것과 똑같다고 할 수 있다.

네트워크는 전기통신 기술에 최근의 컴퓨터 통신이 결합된 복잡한 신호 전송 장치라고 생각하면 된다. 우리가 다른 컴퓨터로 이미지나 텍스트, 동영상 등을 전송한다고 네트워크를 추상화할 수 있지만 사실 네트워크를 통하여 전송되는 것은 0과 1의 비트의 이동일 뿐이고 물리적으로는 전압의 변화를 통한 신호의 전달이다. 그리고 이 물리적 신호는 항상 매체를 통하면 왜곡이 되기 때문에 실제 송수신 신호는 예측할 수 없다.

그렇기 때문에 통신 기술자들은 전송의 정의를 재미있게 표현한다. "전송은 신호에 잡음이 더해지는 것이다." 하지만 이러한 잡음들은 정보의 디지털화를 통해 방지할 수 있다. 여기서 디지털화라는 것은 일정 구간에서의 연속적 전압의 변화를 이진값인 0과 1의 조합으로 변환한다는 이야기이다. 네트워크에서의 데이터는 항상 송신 측과 수신 측 사이에 존재하기 때문에 전송의 정확성에 대한 근거가 필요한데 컴퓨터에서 다루는 이진 코드는 일단 단순하고(참 아니면 거짓) 일관성이 있고 논리적이기 때문에 컴퓨터와 통신의 결합은 정말 찰떡궁합이라고 할 수 있다.

■ 패킷

패킷은 네트워크상에서 전송되는 데이터의 기본 단위로 사용자의 데이터에 헤더와 트레일러라는 오류 탐지 비트가 더해져 수신 측에서 받은 송신 측 데이터를 검증한다. 이러한 검증 기능이 있기에 네트워크가 신뢰받을 수 있고, 발전할 수 있는 것이다.

패킷 데이터는 크게 정적 데이터와 동적 데이터로 나뉜다. 정적 데이터는 비트 파일로 변환이 된다. 즉, 0과 1로 구성된 하나의 파일로서 보조 저장 장치에 정적인 상태로 존재할 수 있음을 뜻하는데, 이것은 비동기식 통신 방법의 객체가 된다. 동적 데이터는 비트열로 변환된다. 즉, 이것은 메모리상에 존재하거나 정적 데이터의 구성 요소가 되며, 이것은 동기식 통신 방법의 객체가 된다.

■ 서비스에 따른 분류

서비스에는 먼저 동기식 서비스(Synchronous Services)가 있다. 이때 동기란 시간적인 관계가 일치되어 있는 것을 말한다. 즉, 동기식 서비스란 데이터의 가장 기본이 되는 단위인 비트를 나타내는 각 신호의 발생 시점이 고정된 시간 기준에 관계하는 데이터 전송을 말한다. 동기식 서비스로 데이터를 전송하면 전송되는 비트열은 모두 동일한 지연 시간을 가지고 전송된다.

다시 말하면 첫 번째 데이터 비트가 목적지에 도착한 시간과 마지막 데이터 비트가 목적지에 도착한 시간이 동일하다는 뜻이다. 따라서 비트마다 시간을 신호로 사용하여 송신하고 수신측에서 시간 신호에 의해 비트마다 데이터를 수신하는 방식을 동기식 전송이라고 한다.

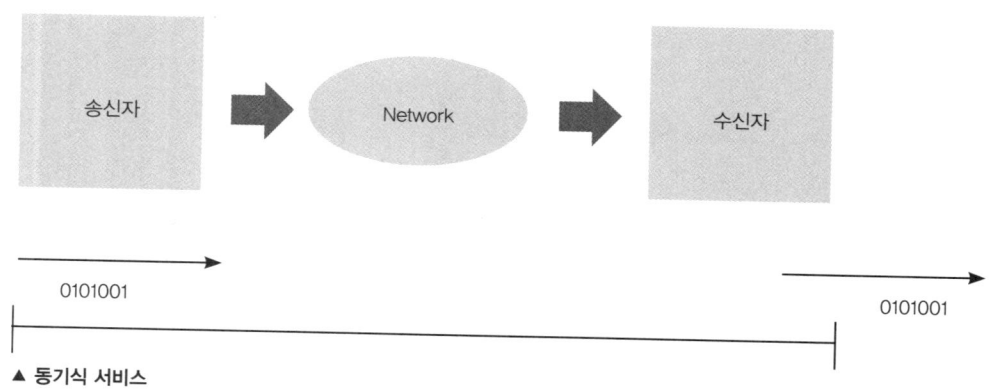

▲ 동기식 서비스

동기식 통신(Synchronous Communication) 서비스는 일정한 지연(Delay)과 에러율로 비트열을 전송한다. 즉 어떤 비트들은 정확하게 전송되지 않을 수 있지만, 비트열을 구성하는 모든 비트들이 일정한 지연 후에 전송된다. '동기식'이라는 말이 의미하듯이 모든 데이터는 동시성을 가진다.

예를 들면, 우리가 전화를 걸게 되면 잡음도 섞이고 예상치 못한 혼선을 가져오는 경우가 있다. 여기서 이러한 잡음과 혼선에 대해 일정한 지연을 가진다는 것은 동시성을 의미하는 것으로 송신에 에러가 생겼다고 해서 전화를 거는 나의 목소리가 수신 측에서 아주 늦게 들리거나 전혀 다른 목소리로 들리는 것은 아니라는 것이다. 그리고 우리가 전화를 통해 한번 흘린 말이 잡음으로 인해 수신측에서 잘못 들었다고 해서 재전송을 하는 것은 아니다.

또 다른 서비스는 비동기식 서비스(Asynchronous Services)로 이는 문자 또는 그 이상의 적당한 단위, 즉 블록의 선두를 감지한 순간을 기준으로 하여 스타트 비트와 스톱 비트에 의해 송수신 동작을 합치는 방식을 비동기식 전송이라고 한다.

비동기식 통신(Asynchronous Communication)의 데이터들(정확히는 비트들)은 패킷으로 나누어지는데, 전송될 패킷들은 서로 다른 지연 시간을 가지게 된다. 즉, 따로 논다는 이야기인데, 이 때문에 패킷들은 수신 측에서 버퍼에 저장이 되어 다시 일련의 순서를 갖게 되는 것이다. 이 버퍼라는 것은 특별히 보조 저장 장치보다 빠른 메모리에 일정한 저장 공간을 확보하여 입출력을 빠르게 하는 목적으로 만드는 것이다. 중간에 버퍼를 두는 것이 얼마나 유용한가는 조금만 생각해 보면 쉽게 이해가 될 것이다.

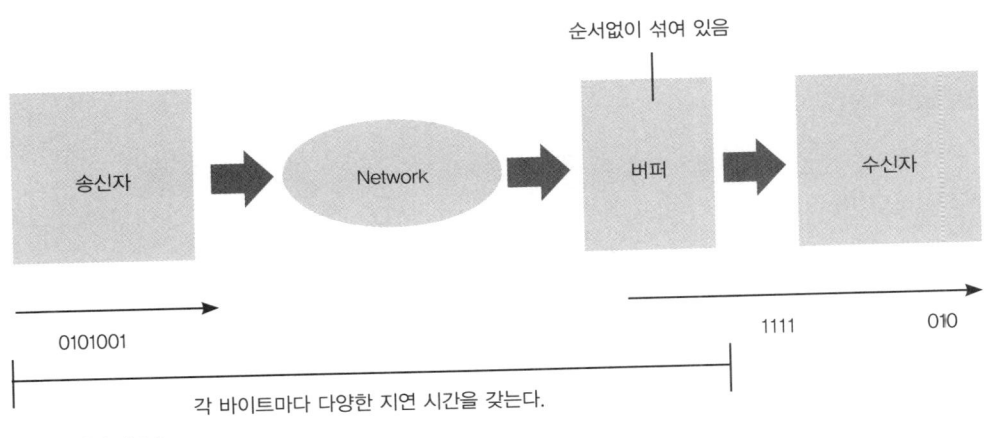

▲ 비동기식 서비스

비동기식 통신 서비스에 영향을 미치는 요소들은 에러율, 지연시간, 송신 측의 신뢰성과 보안성들이다. 비동기식 통신으로 동기식 서비스를 흉내낼 수 있는데 이것의 예를 들면 패킷 음성 서비스이다. 요즘 많이 사용하고 있는 인터넷폰도 한 예인데, 수신 측에서 자기 멋대로 날아드는 패킷을 버퍼에 모으고, 재조립해서 음성같은 순차적인 서비스를 에뮬레이트하는 것이다. 이 비동기식 서비스의 비동시성으로 인해 이 통신 방법은 주로 '자료를 구성하는 데이터'의 전송에 이용이 된다.

비동기식 서비스는 접속지향형 서비스와 비접속지향형 서비스로 나뉘는데 말 그대로 접속지향형이란 일단 접속을 설정해 놓고 순서대로 패킷을 전송한다는 이야기이다. TCP 프로토콜 같은 서비스가 접속지향형 서비스에 속하는데 이는 안정된 가상 경로를 설정하고(송신 측과 수신 측의 일대일 경로) 패킷을 올바른 순서대로 전송하며 패킷의 손실을 허용하지 않는 안정된 전송 프로토콜이다.

접속지향 서비스(Connection Oriented Services)는 패킷을 순서대로 전달하고 그 전달을 확인하는 방식을 말한다. 등기 우편을 생각하면 이해가 쉬울 것이다.

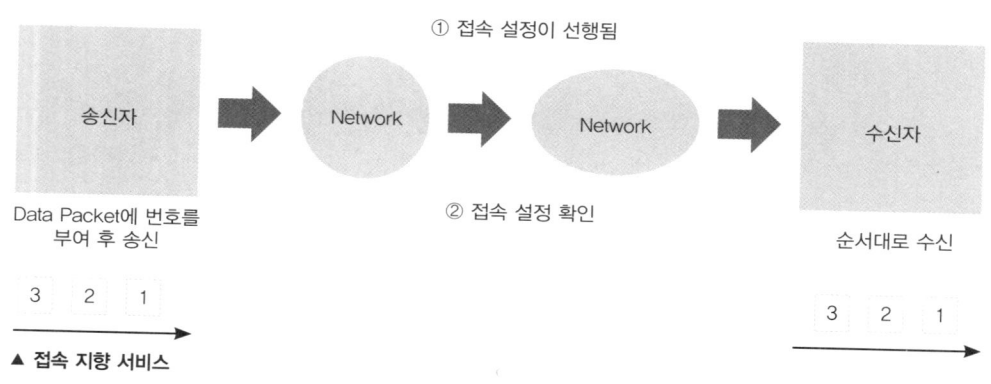

▲ 접속 지향 서비스

비접속지향 서비스(Connectionless Oriented Services)는 패킷을 순서에 관계없이 개별적으로 전달한다. 따라서 송신 측이 보낸 데이터에 대한 보증이 없으며 수신 측은 수신된 데이터를 순서 재배열 및 재조립하는 과정을 거쳐야 한다. 따라서 때로는 에러를 가질 수도 있고 데이터의 일부가 손실될 수도 있다.

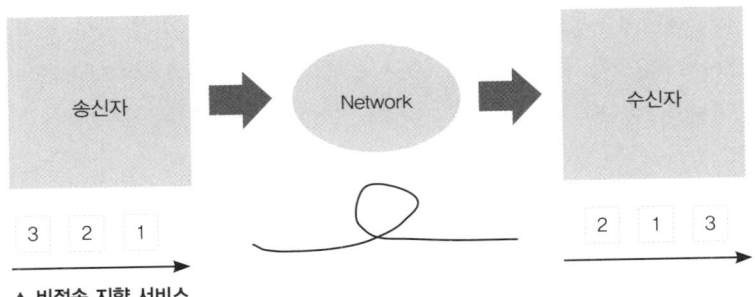

▲ 비접속 지향 서비스

비접속 지향형 서비스는 접속지향 서비스보다는 좋게 말하면 융통성 있다고 할 수 있고, 나쁘게 말하면 흐리멍텅한 서비스이다. 나름대로 장단점이 있지만 비접속 지향형 서비스는 융통성에 중점을 둔 서비스이다. 이 서비스는 가상 경로를 설정하지 않고 모든 패킷에 순서도 없을 뿐만 아니라 송신 당시 여러 경로로 멀티캐스팅 된다. 쉽게 말해서 흩어진다는 얘기이다. 흩어진 패킷들에 대해 송신 측은 책임을 지지 않으며 손실되면 그뿐이다.

이러한 흐리멍텅한 면이 있는 반면, 속도면에서는 접속지향형 서비스를 능가하기 때문에 정확한 전송을 요하는 데이터 서비스에는 쓰이지 않고 주로 짧고 신속해야 하는 서비스에 쓰인다. UDP 프로토콜이 이 서비스에 속하는데, 이 서비스는 주로 채팅 프로그램이나 메세지 서비스 등에 이 서비스를 사용한다. 물론 프로그램 설계 당시에 이런 메시지 처리 부분을 TCP로 처리할 수도 있지만, 확실히 UDP 서비스보다는 느리고, 오히려 TCP로 구현한 메시지 서비스는 딱딱한 느낌을 가져다 준다. TCP와 UDP의 패킷 구조를 보면 많은 면이 서로 닮았지만 UDP는 많이 단순화되어 있고 크기도 작다. 하지만 두 프로토콜 서비스는 서로 다른 포트를 쓴다.

또 다른 서비스로 급송 데이터 서비스가 있는데, 이 서비스는 패킷에 우선순위를 부여하는 방식으로 최근의 스위칭 장비에서 이런 서비스를 응용하기도 한다. 급송 데이터 서비스는 급히 보내야 할 패킷을 전송 대기 중인 패킷들의 가장 앞부분에 위치시켜 전송을 한다.

지금까지 여러가지 통신 서비스를 알아 보았다. 모든 통신 서비스를 위의 분류에 포함시킬 수 있지만, 최근의 서비스들은 상호 절충하거나 제거 통합하여 보다 최적화된 통신 서비스를 제공한다. 자신이 사용하고 있는 통신 서비스에 대한 파악은 네트워크를 이해하고 예측할 수 없는 네트워크상의 문제를 해결하는 실마리를 주는 중요한 요소 중 하나이다.

■ 교환 방식에 따른 분류

데이터 교환 방법은 모두 다른 특성을 가지고 구현이 되는데, 공통된 목적은 사용자가 제한된 하드웨어 자원을 공유하도록 접속성을 갖게 하는데 있다. 과거의 싱글태스킹 운영체제와 달리 최근의 여러 유닉스 호환 운영체제들은 선점형 멀티태스킹이라는 방식으로 작업을 한다. 그리고 개념이 많이 부각되어 있는 멀티스레딩이라는 것도 프로세스를 보다 잘게 나누어 덩치가 커져가는 그래픽 지향 프로그램들의 메모리, CPU에 대한 합리적인 공유를 보장한다.

예를 들면 우리가 워드프로세서를 멀티태스킹, 멀티스레딩 환경의 운영체제에서 실행을 시켜보면, 실행 파일이 메모리로 로드될 경우 하드 디스크가 회전하는 소리를 들을 수 있다. 하지만 이 실행 파일이 메모리에 로드된다고 해서 모든 워드프로세스의 기능이 메모리상에서 구현되는 것이 아니다. 특정 기능을 위해 아이콘을 클릭하면, 다시 하드 디스크가 돌아가는 소리를 듣게 될 것이다. 실행 파일이 그 기능에 해당하는 동적 연결라이브러리 파일을 호출하게 되는데, 그야말로 동적으로 로딩이 된다.

이것은 모든 워드프로세서의 모듈이 메모리에 로드되는 것이 아니라 각 기능의 스레드가 차례로 메모리에 로드되는 것을 의미하는 것이다. 이 스레드는 마우스 클릭 하나의 동작까지로도 세분화 할 수 있는 것이다.

교환 방식에 따른 분류의 첫 번째로 회선 교환 서비스(Circuit Switched Services)를 들 수 있는데, 이는 서비스를 요구할 때마다 두 개 이상의 데이터 단말 장치를 접속하여 그 접속이 해제될 때까지 그들 사이의 데이터 회선을 전용하여 사용하도록 하는 방식이다. 즉, 네트워크에서 링크를 공유하는 기술이다. 링크는 사용자가 사용하는 동안에는 독점되어지며 그것이 해제되어야 다른 사용자가 이용이 가능하다.

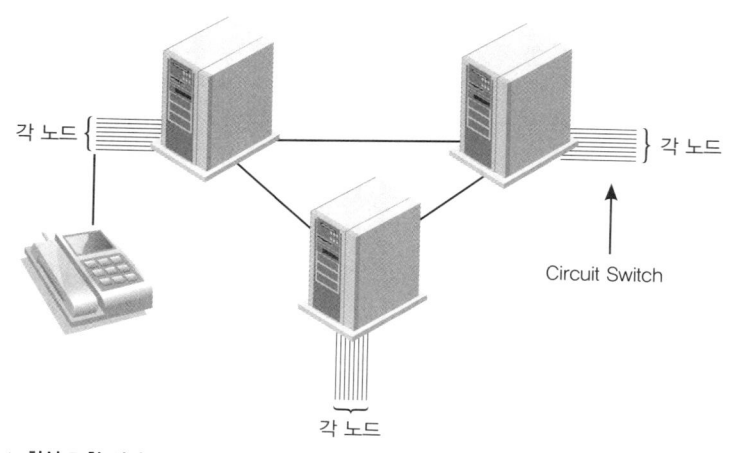

▲ 회선 교환 서비스

회선 교환(Circuit Switching) 네트워크는 주로 전화망에서 구현되는 방법인데, 전화망은 각 지역에 따라 교환지국을 두게 되어있다. 즉, 우리는 어느 누군가에 전화를 걸 때, 그 수신자에게 직접 연결을 갖는 것이 아니라 각 지역에 퍼져있는 교환지국의 연결을 통해 통화를 하는 것이다.

그래서 교환지국의 교환기는 각 전화 사이의 연결을 만들기 위해 많은 연결을 갖게 되는데 이런 연결을 회선 교환 연결이라고 한다. 그리고 이러한 회선교환 연결을 통해 많은 전화들이 통신을 할 수 있는 것이다. 여기서 회선 교환망은 공유된다. 회선 교환 방식의 장점은 일단 연결이 이루어지면 지연이나 에러제어가 없다는 것이다.

패킷 교환 방식이 전송의 지연이나 에러가 있을 경우 수신 측이 재전송을 요구하는 반면, 회선 교환의 경우 이러한 요구가 없다. 그렇기 때문에 수신된 데이터의 무결성을 요구할 필요가 없고 데이터의 내용에 책임을 지지 않는다. 주로 전화기의 음성 서비스나, 국부적인 손실이 전체에 큰 영향을 끼치지 않는 영상 서비스 등에 쓰인다. 하지만 짧은 시간에 많은 전송이 필요한 네트워크 자원에 대한 서비스에는 효율성이라는 면에서 배제된다.

이와 달리 패킷 교환(Packet Switched) 방식의 서비스는 상대방을 지정한 패킷을 사용하여 데이터 전송의 경로를 결정하고 전송하는 처리 방식으로 목적한 패킷의 전송 만큼 채널이 점유되지만 그 전송이 끝난 후에는 다른 패킷의 전송에 의해 채널이 이용 가능하게 된다. 이 방식에서의 데이터 전송은 처음 데이터가 여러 개의 패킷으로 분해된다.

패킷은 네트워크에 따라 각각의 크기를 가진 스트링이며 각 패킷에는 수신 측의 주소와 일련번호가 붙는다. 패킷을 수신한 수신 측에서는 패킷의 일련번호를 이용하여 정보 비트열이나 파일을 다시 구성하여 처음의 완벽한 데이터를 복구한다.

패킷 교환(Packet Switching) 네트워크는 회선 교환 네트워크와 같은 개념이지만 전송 방법에 있어 축적 후 전송(Stored and Forward Transmission) 이라는 방법을 사용한다. 축적 후 전송이란 말 그대로 전송되는 패킷을 받은 중간 전송 장치(Packet Switching Node)가 이 패킷들을 축적한 후에 다음 경로로 보내는 것이다.

회선 교환 장치에서 중간 교환기는 다음 경로로 보내는 포워딩 장치에 해당한다. 축적 후 전송의 예를 들면, 우리가 편지를 쓰면 그 편지는 우체통에 축적된 후 우체국으로 전송되고, 모든 우체통의 편지들이 우체국으로 축적된 후 목적지 우체국에 다시 축적된다.

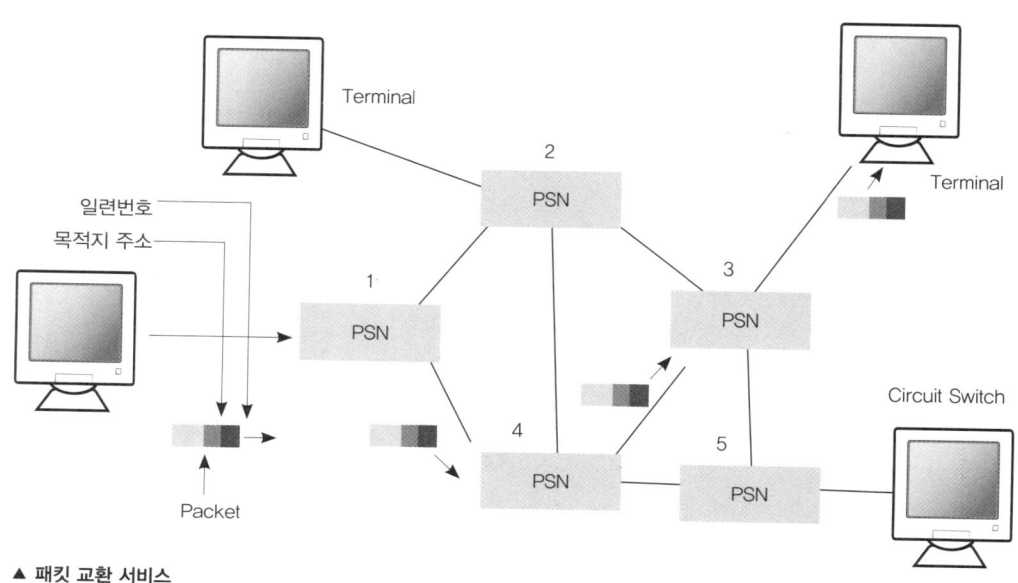

▲ 패킷 교환 서비스

패킷 교환 네트워크는 전송되는 패킷들의 축적될 경로의 설정 방식에 따라 크게 가상 회선 패킷 교환 방식과 데이터그램 패킷교환 방식으로 나뉜다. 이 두 가지 전송 방식은 네트워크상의 전송경로를 설정하는 중요한 방법이므로 숙지하여야 할 것이다.

먼저 가상 회선 패킷 교환 서비스(Virtual Circuit Packet Switched Services)에 대해 살펴보면, 이는 통신을 시작하기 전에 상대방과 논리적 전송 경로인 커넥션을 설정하고 그 커넥션를 이용하여 통신을 한다. 그리고 통신의 종료 후에는 커넥션을 단절시키는 전화 형식의 통신 형태이다. 통신 시작 시 데이터 전송로를 확보하면 간단한 프로토콜로 대단위 데이터를 전송할 수 있는 장점이 있으나 전송로를 하나의 프로세스가 점유하기 때문에 상대적으로 코스트가 높아지는 단점이 있다.

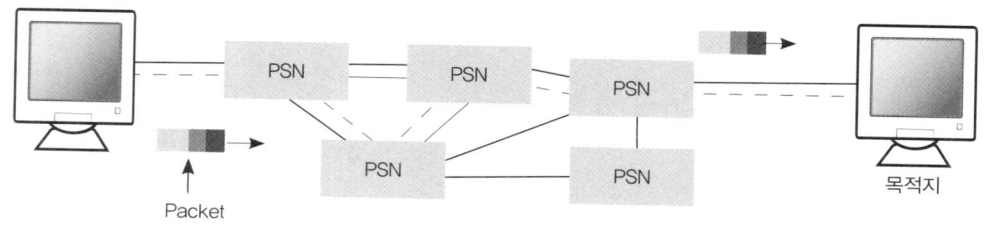

▲ 가상 회선 패킷 교환 서비스

가상 회선 패킷 교환(Virtual Circuit Packet Switching)은 Virtual이라는 단어가 의미하듯

이 가상 회선 패킷 교환 방식은 송신 측에서 수신 측까지의 전송 경로를 가상으로 설정한다. 가상으로 설정한다는 것은 이 가상선로는 하나의 경로를 만든다는 것이다. TCP 프로토콜의 경우 가상 회선을 만드는 대표적 프로토콜로 유명한데, 일단 가상 회선이 만들어지면 모든 패킷들은 이 회선을 따라가야 한다. 물론 가상 회선 안에 다른 송신측에서 보낸 패킷이 뒤섞일 수도 있지만, 송신 측과 수신 측의 1:1 전용구간을 만드는 것이라고 생각하면 된다.

가상 회선은 서버 데이터베이스의 질의 처리등과 같은 긴 시간 동안의 접속상에서 짧은 시간안에 전송을 처리해야 하는 네트워크에 유용하다. 은행의 각 지점과 본점간의 데이터베이스 트랜잭션 작업 등은 서로 긴 접속을 유지하면서 서버 데이터베이스에의 질의를 통해 빠른 결과를 필요로 하므로 가상 회선 패킷교환 방식이 절실하다.

이번에는 데이터그램 패킷 교환 서비스(Datagram Packet Switched Services)에 대해 살펴보자. 이 서비스는 패킷 교환에서 번지부에 나타나는 상대방에게 데이터를 전송하는 서비스이며 전송 과정에서 망이 다른 데이터그램을 참조할 필요 없는 방식을 말한다. 장점은 어떤 설정도 필요하지 않다는 것이다. 따라서 작은 데이터의 전송에 이상적이다. 또 각각의 패킷에 대해 별도의 경로 선택이 이루어지므로 노드나 링크의 이상에 빠르게 대응하는 경로 선택이 가능하다는 것이다.

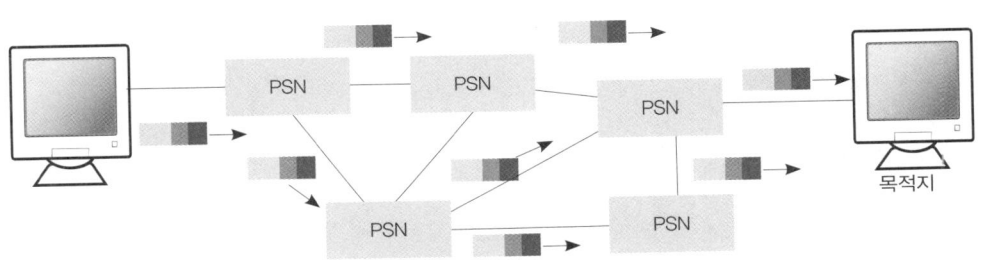

▲ 데이터그램 패킷 교환 서비스

보통 네트워크에서 데이터그램이라고 하면 그다지 신뢰성 없는 데이터들을 의미한다. 여기서 신뢰성이란 네트워크상에서 패킷이 손실될 수 있다는 말이다. 참고로 패킷들은 패킷 정보안에 TTL이라는 값을 갖는데, 이것은 Time To Live의 약자로 네트워크상에서 수신 측에 도달하기까지 존재할 수 있는 시간을 일컫는다.

만약 전송 중에 트래픽으로 인해 TTL이 넘어서게 되면 수신 측에서는 이 신호를 무시하여 버린다. 즉 무의미한 신호가 되어버리는 것이다. 왜 이 말을 하는가 하면, 데이터그램 패킷 교환 방식은 가상 회선 패킷 교환 방식과 달리 경로가 일정하지 않다. 그것은 여러 경로로 다중분산(Multi Casting) 된다. 물론 물리적 경로가 단일하다면 이러한 패킷 교환 방식도 가상 회선 방식처럼 동작하겠지만, 전용선이 아닌 경우, 즉 공중망으로 패킷들이 전송될 경우에는 심각한 문제를 야기시킬 수 있다.

물론 에러 제어를 통해 재전송 설정을 할 수도 있을 것이지만, 데이터그램 패킷 교환 방식은 가상 회선 방식에 비해 그다지 신뢰적이지 못하다. UDP(User Datagram Protocol)가 그러한데, UDP의 경우 앞에서도 얘기했지만 저장용 데이터의 전송보다는 주로 메시지의 처리에 사용되고 있다. 채팅 프로그램이 그러한데, 별로 중요하지 않은 데이터, 간단한 메시지의 교환 등에는 데이터그램 패킷 교환이 효과적이다.

앞에서 신뢰적이지 못하다는 것이 부정적일 수도 있겠지만 나름대로의 장점이 있다면, 네트워크상에 부하가 적고 빠르다는 것이다. 여러 경로로 분산되는 것은 병렬 처리의 이점이 있기 때문에 빠른 전송을 목표로 하는 덜 중요한 데이터의 전송에는 데이터그램 전송 방법이 인기 있다.

실제로 프로그래머가 프로그램을 작성할 때, 이러한 프로토콜을 염두해 두고 프로그램을 작성하는데, 소켓 프로그램의 경우 TCP를 바인딩하는 소켓에 개수를 할당하고, 또 UDP에 해당하는 소켓을 할당할 수 있다. 이것은 소켓의 타입을 검사하는 프로그램의 기능 때문이다. 그리고 이러한 소켓의 개수는 NOS에서도 조정이 가능하다. 프로토콜에 따른 소켓의 할당은 프로그래머가 조정할 수 있다. 아무래도 UDP를 신뢰하지 못하겠다면 TCP로 재작성할 수 있다는 말인데, 각각의 장단점 때문에 치루어야 할 대가가 존재한다.

■ 토폴로지별 분류

토폴로지별 분류란 네트워크의 물리적 접속 형태별 분류인데 버스형, 링형, 스타형, 트리형 등이 있다. 먼저 버스형(Bus Topology)에 대해 살펴보면, 모든 노드의 입력 리시버(Input Receiver)와 출력 드라이버(Output Driver)가 버스 선에 직접 연결된 구조를 가진다. 구성하기 쉽고 구성 단가가 낮은 장점이 있다. 일반적으로 많은 네트워크가 버스형으로 구성된다.

링형(Ring Topology)은, 루프 모양의 전송로(Transmission line)에 복수의 단말(Terminal)이 접속되어 있는 형태이다. 스타형(Star Topology)은 호스트 프로세서(Host Processor)가 중앙에 위치하고, 각각의 프로세서가 호스트 프로세서와 통신하는 방식을 말한다. 이 형태의 특징은 한 프로세서의 고장은 시스템 전체에 영향을 미치지는 않으나 중앙의 제어 장치가 고장나면 전체 시스템이 마비되는 단점이 있다.

트리형(Tree Topology)은 나무가 하나의 뿌리에서 줄기가 나오고 다시 여러 개의 가지로 나뉘어 지듯이 하나의 호스트로부터 여러 개의 단말들이 가지처럼 접속되어 있는 형태이다. 이런 계층 구조를 가진 네트워크는 결코 루프를 형성하지 않으며 단점은 하나의 단말로부터 다른 단말로의 경로가 굉장히 길어질 수 있다.

■ 데이터 전송 시점별 분류

네트워크를 전송 시점별로 분류를 해보자. 먼저 CDMA/CD(IEEE 802.3) 방식에 대해 알아보자. 이 방식은 미국 제록스 사에서 Ethernet을 사용한 것이 시작이며 그 후 IEEE에서 LAN의 표준으로 지정했다. 이 방식은 데이터 흐름의 제어 기능을 각각의 통신 단말에 분산 시켜 전송 속도를 높게 함으로써 전송 시간을 단축 시킨다.

이는 데이터를 송신하려는 송신 단말이 데이터를 송신하려는 순간의 케이블상의 데이터 흐름을 검출하여 만약 충돌이 일어난 경우 랜덤한 시간 만큼 지연한 후에 데이터를 재전송하는 구조를 가지고 있다.

> **NOTE_ 이더넷**
>
> 네트워크 자원에 접근하기 전에 먼저 다른 사용자의 사용을 감지하는 시스템으로 ALOHA 네트워크의 발전된 형태이다. Ether라는 말은 의학 용어로 쓰이는 '에테르'를 의미하는데, 이 에테르라는 것은 옛날 과학자들이 빛의 매질에 대해 의문을 품었을 때 짐작했던 물질이다. 이더넷은 지금까지도 인기가 있는 네트워크인데 초당 최대 전송 속도는 10Mbps였으나 최근에 이더넷의 대역폭을 10배정도 넓힌 Fast Ethernet이 등장하여 약점을 보완하고 있다.
>
> 이더넷은 알로하에서 살펴본 것과 같이 알로하처럼 동시에 복수의 노드가 접근을 시도하지 않는다. 왜냐하면, 모든 노드들은 네트워크에서 다른 노드의 접근을 감지하고 (청취) 충돌이 없을 경우 접근을 시도하기 때문이다. 알로하의 경우 동시에 접근을 시도하면 각 전송 패킷이 충돌하여 전송 신호를 왜곡시킨다. 여기서 왜곡이라는 것은 두 신호가 짬뽕이 되어 엉망이 되어버린다는 것이다.
>
> 이럴 경우 수신 측에서는 이를 충돌이라고 판단하고 받아들이지 않는다. 하지만 이더넷의 경우 충돌이 발생하면 충돌의 원인이 된 노드들 모두 즉각 전송을 중단하고 네트워크에 귀를 대고 청취한다. 즉, 신호를 왜곡시키지 않는다는 것이다. 이러한 이더넷의 안정성 때문에 최근의 근거리 지역망(LAN)에 쓰이고 있는 것이다. 보통 네트워크 카드를 이더넷 카드라고도 부르는데, 웬만한 사무실에 설치되어 있는 네트워크가 모두 이더넷이기 때문이다.
>
> 이러한 이유로 이더넷을 전문 용어로 CSMA-CD라고 하는데, 약자를 풀면 Carreer Sense Multiple Access with Collision Detect이고 뜻은 '충돌을 감지하여 신호에 다중(복수의 노드)으로 접근 가능한 방법'을 일컫는다. 이러한 이더넷의 일련의 동작 방법을 사람들은 '점잖다'라는 표현을 쓴다. 점잖다는 것은 서로가 양보할 줄 안다는 것이다.

> 이더넷의 동작 원리에 근거하여 유식하게 CSMA-CD라고 하고, 그 표준 재정에 근거하여 IEEE 802.3이라고도 부르는데, 여기서 IEEE라는 기관에 대해 생소할 지도 모르겠다. IEEE는 여러 위원회로 이루어진 국제기관으로 위원회에서는 여러 소그룹으로 나뉘어 전자, 전기 공학 관련 표준을 연구하고 재정한다. 802.3이라 하면 서브 디렉토리처럼 각 그룹의 산하에 있는 작은 규모의 연구소를 지칭한다.
>
> 유명 벤더들이 만들어 내는 네트워크 장비나 프로토콜들이 반드시 IEEE의 표준을 준수하는 것은 아니지만, 각 벤더들이 하나의 표준을 만들어내는 기준이되기도 하고 IEEE의 표준에 준수하여 제품을 만들어 내기도 한다. 때문에 너무 IEEE의 표준에 얽매일 필요는 없는 것이다. 네트워크에 대한 이해도 IEEE의 표준의 틀에 박힐 필요는 없다. IEEE는 단지 제시할 뿐이다. 하지만 IEEE에서 재정한 표준들이 많은 범위에 걸쳐 사용되고 있다.

이번에는 토큰 시스템 방식에 대해 살펴보자. 토큰 시스템은 크게 토큰링 시스템과 토큰 버스로 분류할 수 있다. 토큰 시스템은 세계 비즈니스 시장의 컴퓨터를 제조하는 회사로 유명한 일명 Blue Marble이라는 IBM 사에서 개발한 네트워크 시스템이다. 토큰(Token)이라는 말이 의미하듯이 노드의 네트워크 접근은 토큰을 소유한 노드만이 사용 가능하다.

이것을 보통 사람들은 수건 돌리기에 비유하는데, 토큰이라는 말이 의미하듯이 우리가 토큰을 가지고 있을 때만 공공시설을 사용할 수 있다. 육군의 공격용 무기중 '발칸포'라는 것이 있는데, 10여개 정도의 총구가 원형으로 구성되어 있어 마치 총구가 많은 것처럼 보이나 실제로 모든 총구는 단 하나의 총알 발사대에서 총알을 받아 발사한다. 발칸포는 사격 시 총구가 받는 열과 충격을 여러 개의 총구에 분산시키는 효과 때문에 만들어진 것이다.

토큰 시스템이 만들어진 이유는 알로하나 이더넷의 동시 접근시 발생하는 패킷의 충돌을 방지하기 위한 것이다. 토큰이라는 하나의 사용권한 신호를 통해 접근 노드를 제어하는 것이다. 이 토큰의 부여는 마치 수건 돌리기처럼 보통 링 형태의 토큰 패스를 설정하여 각 송/수신측 사이를 순환한다. 이러한 면을 살펴볼 때 분명 토큰링은 이더넷보다 훨씬 효율적이라는 것을 짐작할 수 있다. 충돌로 인한 지연 시간을 방지할 수 있고, 각 노드의 네트워크 접근을 보장한다.

Token Ring(토큰 링, IEEE 802.4)은 IBM에서 사용하고 IBM에 의하여 발달된 LAN의 기술이다. 링형 토폴로지를 가지며 네트워크를 구성하는 모든 노드들로 물리적인 실제 링이 형성되고 이 링 주위로 토큰이라는 특정 패킷이 회전한다. 패킷을 가진 노드는 토큰 패킷이 들어오면 이를 커넥터로 변경시킨 뒤 데이터 패킷을 전송하고 이 데이터 패킷이 링을 1회 회전하여 다시 되돌아오면 그 노드는 토큰 패킷과 함께 데이터를 전송할 수 있다.

Token Bus(토큰 버스, IEEE 802.5)는 버스형 토폴로지이면서 토큰 패싱 방식을 채택한 형식이다. 즉, 형태는 버스형이면서 데이터의 전송 시점은 토큰이라는 패킷을 가진 시점에 시작하는 형태이다.

■ **전송 방식별 분류**

네트워크를 전송 방식별로 분류해보면 크게 브로드 밴드(Broadband) 방식과 베이스 밴드(Baseband) 방식으로 나눌 수 있다. 브로드 밴드(광대역 전송) 방식은 시리얼 인터페이스로부터의 신호(베이스 밴드 신호)를 모뎀 등을 써서 변조시켜 송신하는 방법을 의미한다. 변조 방법은 주파수 변조와 위상 변조 방법이 흔히 쓰인다.

베이스 밴드 방식은 신호의 변조 없이 송신하는 방식으로 인터페이스 회로의 조건에 따라 플러스와 마이너스를 사용하여 논리의 표현이 조합된다. 이것은 단지 하나의 신호만 전송하게 된다.

■ **그 외의 네트워크**

기타 네트워크에 대해 살펴보면서 네트워크 개요를 마무리하도록 하자. 먼저 광섬유 네트워크인 FDDI(Fiber Distributed Data Interface)에 대해 살펴보자. FDDI는 다른 여타 IEEE 표준들과 달리, 미국 ANSI(American National Standard Institude) ATM (Asynchronous Transfer Mode) 표준이다.

이더넷의 10Mbps의 미디어 속도와는 달리, 광섬유를 사용하여 100Mbps 이상의 속도를 낸다. 1987년 FDDI의 고집적 회로 IC칩이 나왔을 당시 그 속도는 어마어마한 것이었다. FDDI는 최고 500개의 노드 접속을 허용하고, 각 광섬유의 최장 길이는 200Km이고 각 노드 사이의 거리는 2Km까지 가능하다. 우리나라의 여러 사이트에서도 백본망 구축을 위해 FDDI를 많이 도입하고 있다. FDDI의 링크 구성은 다음 그림과 같다.

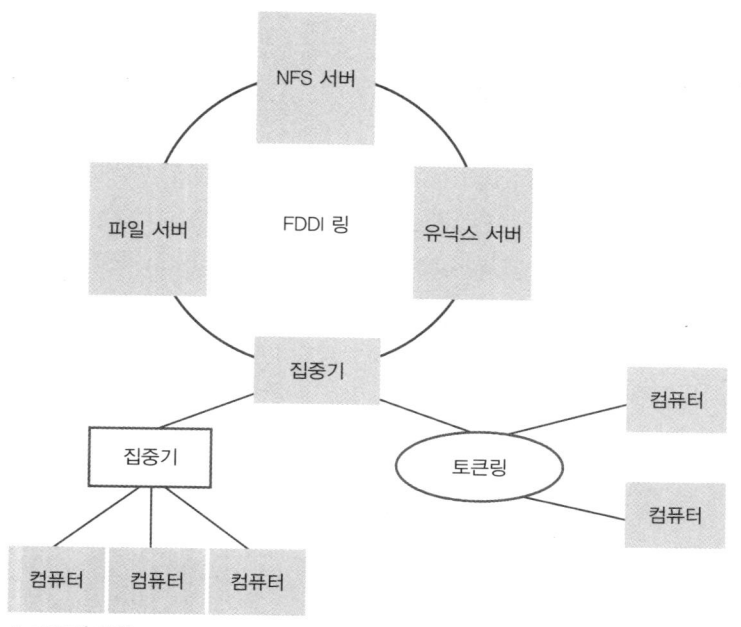

▲ FDDI망 구성

FDDI는 SMP(Station Management Protocol)이라는 FDDI 스테이션 관리 프로토콜에 의해 장치들의 고장과 FDDI 링의 재구성을 관리한다. FDDI는 마치 토큰링과 같은 형태의 구성을 하고 있지만 만약 네트워크상의 어떤 노드가 고장을 일으켜 다운이 되어 버리면 FDDI의 링 구조는 버스 구조로 바뀐다. 이 방식의 장점은 우발적인 노드의 오류 상황에 대해 네트워크를 보호할 수 있는 것이다.

FDDI는 이중 링의 형식으로 연결되어 있기 때문에 MAC 계층에서 토큰을 보낸다. FDDI에서 사용되는 MAC 프로토콜을 시간 제한 토큰 기법(Timed Token Mechanism)이라고 한다. 한 노드를 토큰이 연속적으로 방문하는 두 사건간의 시간에 제한이 있는 것을 제외하고는 여타의 MAC 프로토콜과 다르게 없다. 시간 제한 토큰 기법은 말 그대로 토큰을 받는 노드 사이의 토큰 경로상에 시간 간격을 두는 것이다.

비동기 전송 모드인 ATM(Asynchronous Transfer Mode)에 대해 살펴보면, ATM은 대역폭에 대한 다양성, 많은 사이트에서 도입할 만큼의 인정된 안정성, 그리고 기존의 LAN과 광역망인 WAN과의 통합의 용이성 등의 장점이 있다. 현재 많은 학교, 관공서, 기업체에서 ATM을 도입하고 있는데, 과거의 FDDI와 같이 가격면에서 많은 약점을 안고 있다.

이런 가격면의 문제보다 더 큰 문제는 도입사에서 쓰고 있던 기존의 네트워크를 완전히 뒤집어야 한다는 것이다. 대부분의 LAN 환경은 비연결형 서비스이다. 혹시 프레임 릴레이라는 말을 들어보았는지 모르겠지만, ATM은 프레임의 연속적인 릴레이 경주를 통해 각 노드간의 연결형 속성을 갖게 한다. 이러한 연결형 속성은 이더넷의 브로드캐스팅 방법과는 달리 하나의 가상 회선 설정이 이루어 지면 전송 대역폭을 맘대로 정할 수 있다. 이러한 대역폭의 지정으로 고속의 서비스를 구현할 수 있는 것이다.

위의 이유로 인해 이러한 두 가지 연결형, 비연결형 네트워크를 통합하는 방법은 기존의 LAN을 에뮬레이션, 즉 흉내낼 수 있는 LAN 에뮬레이션 서버가 필요하게 된다. 이러한 기존의 네트워크에 대한 수용을 위해 LAN 에뮬레이션 서버를 두는 것은 네트워크에 역효과를 주기 쉽상이다.

이 글을 읽는 시점에서도 복잡한데 실제 도입사에서의 구현은 장난이 아닐 것이다. 때문에 FDDI나 다른 스위칭처럼 주로 백본의 구현에 사용이 된다. 이것이 어쩌면 ATM이 가지고 있는 여러 가지 약점에 대한 타협일 지도 모른다.

고속 이더넷인 패스트 이더넷(Fast-Ethernet)에 대해 살펴보면, 패스트 이더넷 기술은 그리 오래되지 않은 기술로, ATM이나 기타의 새로운 고가의 스위칭 장비에 비해 가격이 훨씬 저렴하고, 패스트 이더넷도 역시 이더넷이기 때문에 기존의 랜에 업그레이드하기가 용이하다는 장점을 가지고 있다. 단지 패스트 이더넷 카드만 설치하면 되는 것이다. 패스트 이더넷의 이론상 전송 속도는 100Mbps이고 노드간 전송은 10Mbps를 상회한다.

하지만 패스트 이더넷은 구성상 많은 제약 조건이 따른다. 여기서 제약 조건이란 각 네트워크 세그먼트상에서 포트수가 제한된다는 것이다. 이런 포트수가 제한되는 이유는 각 노드에서 210미터 이상 확장할 수 없기 때문인데, 이는 제한된 길이를 연장시키는 리피터를 한 세그먼트에서 2개 이상 둘 수 없기 때문이다. 이러한 제약 조건을 극복하기 위해 스태커블 허브를 두어 포트를 증가시켜 이를 극복할 수 있다.

패스트 이더넷이 처음 나올 무렵 이 기술은 여러 스위칭 이론들과 대립되는 기술이었지만 최근에는 상호 보완적인 입장에서 패스트 이더넷과 ATM 등의 스위칭 장비를 혼합 구성하는 최적화 방식의 설계를 통해 보다 빠르고 트래픽이 적은 네트워크를 구현한다. 이런 기술의 혼합 구성은 네트워크 접근 방법, 프레임의 유형, 관리 도구, 애플리케이션 등의 공유를 지향한다.

02 프로토콜

프로토콜 소개

원격지에 떨어진 시스템간의 통신 이야기를 하다보면 빠지지 않고 나오는 용어가 바로 프로토콜이다. 그리고 지금처럼 인터넷이 발달한 시대에서 인터넷의 프로토콜인 TCP/IP 프로토콜 또한 자주 이야기되는 용어이다. 이는 네트워크 개발자이든 아니든 상관없이 자주 듣는 용어인데, 이 시간에는 먼저 프로토콜이란 무엇이며 자주 사용되는 프로토콜에는 어떤 것들이 있는지 살펴보도록 한다.

프로토콜이란 네트워크 상에서 서로 연결된 시스템 사이에 서로 의사소통하기 위해 정한 하나의 약속을 의미한다. 만일 통신 주체 사이에 정해진 규정이 없다면 서로가 주고받은 메시지가 무엇을 의미하는지 이해할 수 없을 것이다. 이러한 프로토콜은 아주 복잡한 규칙을 가지기도 하지만 아주 간단한 규칙을 가진 프로토콜도 있다.

예를 들어, 옛날에 사용했던 봉화도 하나의 프로토콜이 된다. 왜냐하면, 불이나 연기 기둥이 하나인 경우와 둘인 경우 또는 하나도 없는 경우에 따라 서로 무엇을 뜻하는지 약속이 되어 있으며, 이에 따라 정해진 행동을 수행하기 때문이다.

요즘 휴대폰의 문자 메시지 서비스를 많이 사용하고 있는데, 전부 기호 문자를 이용하여 메시지를 주고받는다고 가정해보면 프로토콜의 이해가 좀더 쉬울 것이다. 즉, 연인 사이에는 서로 약속이 되어있어서 서로 무슨 뜻인지 이해가 되지만 약속된 기호를 모르는 사람에게는 단지 이해할 수 없는 기호 덩어리에 불과할 뿐이다.

따라서 통신 주체간에 메시지를 주고받을 때는 약속된 프로토콜 규약이 먼저 존재해야 하며, 이 약속에 따라 메시지를 전송해야 한다. 그리고 메시지를 수신한 시스템도 프로토콜에 따라 해석을 하고 작업을 해야 한다. 만일 시스템 중 하나라도 이를 이행하지 않으면 전송된 메시지는 무시가 되거나 오작동을 일으키는 요인이 된다.

프로토콜 설계

프로토콜의 의미가 단순하다고 프로토콜의 설계까지 간단한 것은 아니다. 물론 단순한 메시지만을 주고받는다면 설계라는 개념조차 적용하지 않아도 되겠지만, 네트워크 상에서 복잡한 작업을 수행해야하는 시스템 사이에는 프로토콜 설계가 만만치 않다.

> **NOTE_** Part V의 종합 예제 시스템에는 새로운 프로토콜을 정의하고 구현하는 과정을 보게 된다.

네트워크 시스템을 개발하는 개발자들은 몇 가지 규칙에 따라 프로토콜을 설계해야 한다. 첫 번째로는 변하지 않을 뼈대를 가지도록 만들어야 한다. 즉, 새로운 메시지가 추가될 때마다 프로토콜 전반이 변한다거나 다른 규칙이 변하면 안 된다. 대부분 간단한 규칙만 적용해서 프로토콜을 정의하고 나면 생각지 못했던 부분이 추가되면서 변화가 불가피하게 된다.

프로토콜이 변하면 시스템들이 모두 변해야 하는 문제가 발생할 수도 있고 기존의 메시지나 데이터가 무용지물이 될 수도 있기 때문에, 처음 만들 때 여러 경우의 수를 대비해서 설계를 해야 한다.

두 번째는 에러 처리를 잘할 수 있도록 만들어야 한다. 즉, 메시지의 종류와 메시지에 포함된 데이터의 내용이 정확히 일치해야 하고, 이를 확인할 수 있어야 한다. 그래야 이를 어긴 메시지인지 알 수 있으며 필요할 때 에러 처리를 할 수 있다. 예를 들어, 데이터를 삭제하는 메시지인데 생성을 위한 데이터가 포함되어 있다면 이를 확인한 뒤, 재전송을 요구하든지 에러 처리를 하든지 해야 한다.

세 번째는 프로토콜이 너무 비대하면 안 된다. 필요 없는 내용을 너무 많이 포함시키거나 애매모호한 내용이 많이 들어가게 되면 프로토콜의 가치가 많이 떨어진다. 이는 에러를 유발시키는 요인이 되기도 한다.

프로토콜을 설계할 때는 먼저 업체에서 많이 사용하고 있는 내용을 확인하는 것이 좋다. 그리고 이를 응용하고 적용하는 작업이 필요하다. 어떤 작업이든지 마찬가지겠지만 프로토콜 설계 작업 또한 설계 시간에 하루를 더 투자하면 나중에 일주일을 절약할 수 있다.

인터넷 프로토콜

네트워크 통신을 위한 다양한 프로토콜 중에 요즘 가장 일반화된 것이 인터넷 프로토콜 즉 TCP/IP를 이용한 통신이다. 다음 그림은 OSI 모델을 기초로한 TCP/IP 모듈을 표현한 것이다.

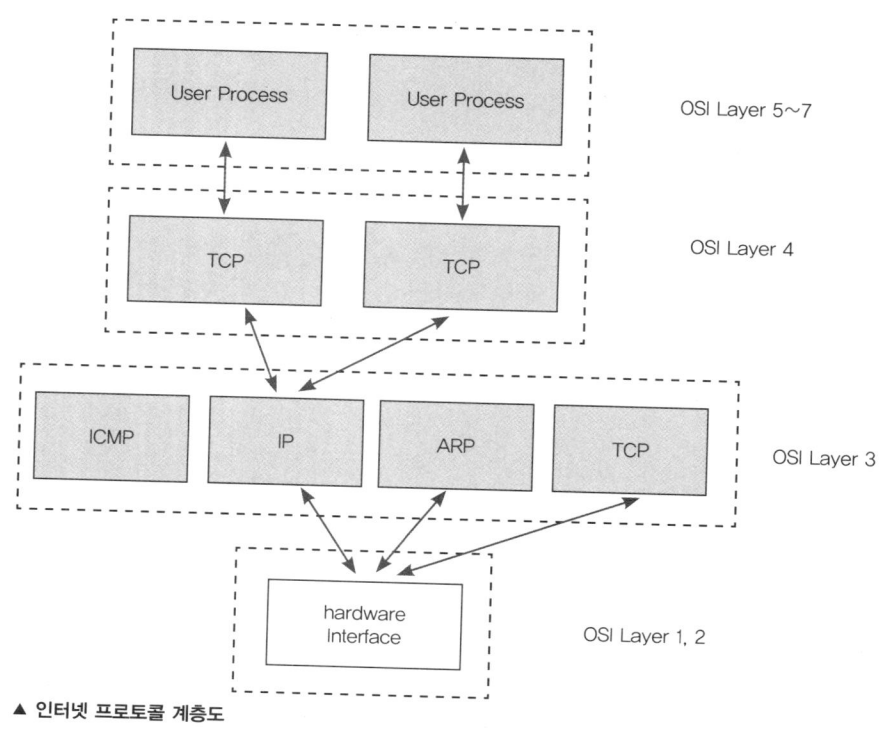

▲ 인터넷 프로토콜 계층도

TCP(Transmission Control Protocol)는 상방향 통신을 지원하고 바이트 단위로 데이터를 전송하는 연결 지향형 프로토콜(Connection Oriented Protocol)이다. 대부분의 인터넷 프로그램은 TCP를 이용하고 TCP는 그림에서 보듯이 IP에 의존하기 때문에 보통 인터넷 프로토콜을 TCP/IP라고 부른다.

UDP(User Datagram Protocol)는 비연결 프로토콜(Connectionless Protocol)로써 데이터 그램이 목적지에 도달하는지에 대한 보장을 하지 않는 것이 TCP와 다른 점이다. 그리고 ICMP(Internet Control Message Protocol)는 게이트웨이와 호스트 사이의 에러와 컨트롤 정보를 제어하기 위한 프로토콜로써 ICMP 메시지는 IPC 데이터그램을 통해 전달되는데 TCP/IP 네트워크 소프트웨어는 이 메시지를 이용하여 네트워크가 정상적인지를 확인한다.

하지만 시스템 내부적으로 이루어지기 때문에 사용자들은 이것에 의존하지 않고 프로그램할 수 있다. IP(Internet Protocol)는 TCP, UDP, ICMP를 위한 패킷 전달 서비스를 제공한다. 이때 사용자는 특별히 IP를 신경쓰지 않아도 된다. 그럼, TCP/IP 프로토콜을 기반으로 하면서 널리 알려져 있는 프로그램에 대해 잠시 살펴보면 다음과 같은 것들이 있다.

- ✓ TELNET : 텔넷은 원격지에서 호스트 시스템에 접속하여 호스트 내부의 쉘 창을 이용하는 것과 같은 효과를 낸다. 텔넷은 신뢰성 있는 전송을 목적으로 하는 접속 지향형 서비스인 TCP 세션을 이용하여 접속한다. 텔넷에서 사용하는 포트는 tcp 포트 23번이다. 텔넷은 텍스트 모드라는 단점이 있지만 여전히 유닉스 시스템에 접속하여 사용하는 통신 프로그램으로 많이 활용되고 있다. 텔넷을 이용할 때는 적합한 터미널 모드를 이용하여 접속을 시도해야 한다.

- ✓ FTP : FTP는 파일 전송 프로토콜(File Transfer Protocol)로 호스트에서 파일을 얻거나(get) 호스트에 파일을 전송할 때(put) 사용된다. 텔넷과 함께 원격지에서 유닉스 시스템을 사용하는데 가장 많이 활용된다. 텔넷과 FTP는 서로 보완의 성격을 가지고 있다. 즉, FTP 같은 경우에는 호스트 내에서 작업 수행이 불가능하지만 파일 전송이 가능하고, 텔넷은 파일 전송은 불가능하지만 호스트내에서 작업 수행이 가능하다.

- ✓ TFTP : FTP와 같이 메시지 전송을 목적으로 하지만 TCP 세션을 이용하는 FTP와는 달리 UDP 세션을 이용한다. 따라서 신뢰성에는 문제가 될 수 있지만 빠른 파일 전송에 적합할 수 있다. 임베디드 시스템에서 보드 내부의 파일 변경이나 원격지 부트 이미지 다운로드 등에 많이 사용되고 있다.

- ✓ SNMP : 네트워크 관리 시스템에서 많이 사용하는 네트워크 관리용 프로토콜이다. 이름(Simple Network Management Protocol)에서는 단순한 프로토콜이라고 하지만 이는 다른 네트워크 관리 프로토콜에 비해 그렇다는 것이다. SNMP는 UDP 세션 161번을 이용한다. 그리고 네트워크 장비로부터 수신하는 Trap은 UDP 162번 포트를 이용한다.

- ✓ SMTP : Simple Mail Transfer Protocol의 약자로 단순한 메일 전송 프로토콜이다. 대부분이 메일을 송신하는 서버로 SMTP 서버를 이용한다. TCP 세션을 이용하는 SMTP 프로토콜은 RFC 821에 명시되어 있으며, 인터넷 전자메일을 전송하는 엔진으로 사용된다. 유닉스에서 많이 사용하는 sendmail 프로그램이 바로 이 프로토콜을 이용하고 있다.

- ✓ POP : Post Office Protocol의 약자로 tcp 109번 포트를 사용한다. 최근에 많이 사용하는 POP3는 POP이 진보된 프로토콜로 tcp 110번 포트를 사용하고 있다. SMTP 서버가 메일을 전송하는 서버로 많이 이용되듯이, POP 서버는 인터넷 메일을 수신하는 서버로 많이 이용된다.

03 유닉스와 네트워크

지금까지 이론 위주로 네트워크의 개요와 네트워크 관리 시스템에 대해 살펴보았다. 이번에는 이러한 이론들 중 유닉스와 관련된 내용을 위주로 정리를 해보도록 하자. 유닉스와 관련된 네트워크 부분이라면 사실 기타 다른 시스템에도 적용되는 내용들이다. 그리고 앞에서는 빠졌지만 알아두어야 할 내용들이 있으면 다시 소개를 하도록 하겠다.

유닉스에서 네트워크를 다시 정의한다면 정보를 공유하는 시스템들의 집합을 의미한다. 그리고 "네트워크는 컴퓨터다."라는 말이 있을 정도로 정보 공유를 위한 네트워크의 연결이 얼마나 중요한가를 알 수 있다. 유닉스에서는 때로 유닉스 시스템 자체의 처리 속도보다 정보를 공유

할 수 있는 네트워크의 연결 여부와 연결 속도를 더 중시할 때도 많다.

네트워크 어드레스

시스템 상호간에 연결이 설정되려면 서로의 주소(어드레스)를 알아야 한다. 이때 사용되는 어드레스에 대해 간단히 살펴보면 먼저 이더넷 어드레스가 있다. 이더넷 어드레스는 물리적 주소 또는 맥(MAC) 어드레스라고도 불리는데, 대체로 6옥텟(바이트)으로 네트워크 어댑터의 PROM에 기록되어 있다. 예를 들어, 필자가 사용하고 있는 컴퓨터의 이더넷 어드레스는 00-10-7A-46-2A-A3이다. 이더넷 어드레스는 동일한 네트워크 내에서 서로 다른 주소를 가지고 있어야 한다.

네트워크에 물려있는 호스트들은 각각 이름을 가지고 있는데 이러한 이름은 alias를 이용하여 별명으로 대체될 수도 있다. 호스트 네임 또한 동일한 네트워크 내에서는 이름이 서로 달라야 한다.

네트워크 어드레스에서 아주 중요한 어드레스는 역시 IP 어드레스이다. IP 어드레스 또한 동일한 네트워크 내에서는 서로 다른 주소를 가지고 있어야 한다. 만일 전 세계 네트워크 망에 물려있는 시스템이라면 전 세계적으로 유일한 IP 어드레스를 내부에 가지고 있어야 한다.

IP 어드레스는 4옥텟으로 각 숫자는 점으로 분리하여 표시하고 표시할 때는 십진수를 이용한다. 따라서 시스템이 가지고 있는 IP 어드레스는 0.0.0.0 ~ 255.255.255.255 중에 하나가 된다. IP 어드레스는 시스템이 속해있는 네트워크를 나타내는 부분과 해당 네트워크 속에서 시스템을 표시하는 부분으로 나뉘게 된다.

예를 들어, 192.168.100.101 이라는 IP를 가지고 있다고 했을 때, 3바이트는 네트워크 부분이고 1바이트는 시스템 부분이라면, 192.168.100 은 네트워크를 위한 번호이고 101은 시스템을 위한 번호이다. 네트워크 상에서 해당 시스템을 찾을 때, 처음 3개의 바이트를 이용해 해당 네트워크를 찾고 마지막 바이트를 이용해 해당 시스템을 찾게 된다.

그런데 몇 바이트까지가 네트워크 부분이고 몇 바이트가 시스템 부분인지 어떻게 알 수 있을까? 이를 위해 IP 어드레스는 내부에 이를 계산할 수 있는 정보를 제공하고 있다. 먼저 IP 어드레스는 네트워크를 위한 부분을 이용하여 등급을 나누고 있는데 이를 클래스라고 부른다. 클래스는 아래와 같이 A~C 클래스가 존재한다. 각각을 간단히 설명하면 다음과 같다.

① A 클래스 : 첫 번째 바이트가 네트워크 부분. 나머지 3바이트는 시스템 부분. 따라서 네트워크를 제외한 부분만큼 호스트에게 IP를 부여할 수 있다. 즉 255×255×255개 만큼.
② B 클래스 : 두 번째 바이트까지가 네트워크 부분. 나머지 2바이트는 시스템 부분. 따라서 255×255개 만큼 네트워크 속의 시스템들에게 IP를 부여할 수 있다.
③ C 클래스 : 세 번째 바이트까지가 네트워크 부분. 총 255개의 IP를 부여할 수 있다.

각 클래스들은 IP 어드레스의 첫 번째 바이트의 최상위 비트를 이용하여 계산이 된다. 이를 간단히 소개하면 A 클래스는 첫 번째 비트가 0로 세팅이 된다. 즉 A 클래스의 IP 어드레스를 2진수로 표현하면 0xxxxxxx.xxxxxxxx.xxxxxxxx.xxxxxxxx이 된다는 것이다. 이를 십진수로 환산했을 때 첫 번째 바이트는 0에서 127중 하나의 숫자를 가지게 된다.

B 클래스는 처음의 바이트의 최상위 비트가 10으로 세팅이 된다. 다시 말해 10xxxxxx.xxxxxxxx.xxxxxxxx.xxxxxxxx가 된다는 것이다. 따라서 첫 번째 바이트가 가질 수 있는 숫자는 128~191 중 하나가 된다.

C 클래스는 첫 번째 바이트의 최상위 비트가 110이 된다. 따라서 첫 번째 바이트가 가질 수 있는 숫자는 192~223 중 하나가 된다. 이제 이러한 룰을 바탕으로 첫 번째 바이트의 비트맵을 이용하여 IP의 클래스를 계산해내고 네트워크 부분과 시스템 부분을 분리한 후 해당 시스템을 찾을 수 있게 된다.

데이터 전송

유닉스에서 네트워크를 이용하여 데이터를 전송할 때 사용하는 가장 작은 단위는 패킷이다. 패킷은 헤더와 메시지(body)로 이루어지는데, 헤더에는 패킷을 보내는 시스템의 IP 어드레스, 패킷을 수신하는 시스템의 IP 어드레스 그리고 어떤 종류의 메시지가 있는지를 나타내는 정보 등이 포함되어 있다. 그리고 헤더를 제외한 메시지 부분에는 실제 보내고자 하는 데이터의 내용이 포함되어 있다.

패킷을 만들고 전송을 하게 되면 패킷을 발송하는 시스템은 패킷의 헤더를 보고 수신 시스템의 어드레스를 조사하게 된다. 만일 어드레스가 내부(로컬) 망에 있는 시스템이면 수신 시스템에 바로 패킷을 전송하게 된다. 내부 망에 물려있는 시스템이 아니면 패킷을 라우터에게 전송한다.

라우터로 패킷이 전송되면, 라우터는 Routing 테이블에서 수신 시스템이 포함되어 있는지 체크를 한 후 수신 시스템에게 패킷을 포워딩하게 된다. 만일 자신의 Routing 테이블에서 해당 시스템을 찾을 수 없으면 다른 라우터에게 패킷을 전송한다.

> **NOTE_ NFS(Network File System)**
>
> 유닉스는 다른 시스템에서 사용하고 있는 파일 시스템을 자신의 시스템 속의 파일인양 사용할 수 있는 네트워크 파일 시스템 기능을 지원한다. 서버로 사용되는 시스템은 자신의 파일 시스템을 원격지에 있는 시스템이 사용할 수 있도록 제공을 한다. 클라이언트로 사용되는 시스템은 서버에서 제공하는 자원을 자기것인 양 활용을 한다.
>
> 요즘은 윈도우에서 유닉스에 있는 파일 시스템을 네트워크 파일 시스템으로 활용할 수 있도록 만들어 주는 삼바 서버를 많이 사용하고 있다. 회사에 유닉스 시스템이 있으면 유닉스와 유닉스, 또는 유닉스와 윈도우 시스템 사이에 NFS를 구축해 보는 것도 좋을 것이다.

네트워크 구축

대부분의 개발자들이나 사용자들이 구동 중인 유닉스 시스템을 접할 때는 대부분의 경우 이미 네트워크가 사용 가능하도록 세팅이 된 상태이다. 만일 네트워크 카드에 문제가 있어 시스템을 다시 설치하는 경우, 또는 개인이 사용할 목적으로 PC용 유닉스를 설치할 때는 네트워크 카드 구매에서부터 설치 단계에서의 세팅 과정까지 모든 과정을 거쳐야 될 것이다.

네트워크 세팅이 되어 있는 경우, 아래와 같이 "ifconfig" 명령을 이용하여 네트워크 인터페이스가 어떻게 되어 있는지 확인할 수 있다.

> **NOTE_** 테스트로 사용되고 있는 유닉스 시스템은 X86용 Sun Solaris 8 시스템이다.

```
% ifconfig -a
lo0: flags=1000849<UP,LOOPBACK,RUNNING,MULTICAST,IPv4> mtu 8232 index 1
        inet 127.0.0.1 netmask ff000000
elx0: flags=1000843<UP,BROADCAST,RUNNING,MULTICAST,IPv4> mtu 1500 index 2
        inet 192.168.8.100 netmask ffffff00 broadcast 192.168.8.255
        ether 0:60:97:ad:95:5d
```

ifconfig의 실행 결과를 보면 lo0와 elx0 두 개의 인터페이스가 설정되어 있는 것을 볼 수 있다. 여기서 lo0는 로컬 루프백을 의미한다. 즉, 시스템 자신을 뜻하는 것이고 또 다른 인터페이스인 elx0는 네트워크 인터페이스가 별도로 설치되어 있음을 보여주는 것이다. elx0 인터페이스의 내용을 잠깐 보면 이더넷 주소가 "0:60:97:ad:95:5d"이며 IP 주소가 "192.168.8.100" 임을 알 수 있다.

그리고 서브넷 마스크는 "ffffff00" 즉, 255.255.255.0 임을 알 수 있다. 그리고 현재 UP 상태로 네트워크 서비스를 제공하고 있음을 알 수 있다. 만일 네트워크 설정을 바꾸고 싶으면 ifconfig 명령을 이용하여 네트워크 인터페이스가 가진 값들을 변경하면 된다.

IP 어드레스를 바꾸는 것을 예로 보도록 하자. 먼저 IP 주소를 바꾸려면 지금 실행 중인 네트워크 서비스를 중단하도록 한다. 만일 원격지 시스템에서 네트워크 서비스를 중단하면 더 이상 접속이 불가능하므로 시스템의 로컬 콘솔에서 작업을 하도록 한다.

```
% ifconfig elx0 down
```

네트워크 서비스가 중단되었으면 다음과 같이 IP 주소를 변경하도록 한다.

```
% ifconfig elx0 inet 192.168.8.102
```

그런 다음 서비스를 다시 실행(up)하도록 한다.

```
% ifconfig elx0 up
```

IP 주소를 바꾼 뒤에는 원격지에서 Ping이나 Telnet 등을 이용하여 IP가 제대로 변경되었는지 테스트를 하도록 한다. IP 주소 변경 외에도 netmask를 변경한다거나 다른 내용을 변경할 때 이와 동일한 방법을 사용하면 된다. 즉, "ifconfig 인터페이스명 키워드 새로운 값"을 이용하면 된다. 만일 시스템의 IP 주소를 변경했고 다음에 시스템이 부팅될 때, 새로운 IP토 계속 사용하게 하고 싶으면 /etc/hosts 파일을 변경하도록 한다. /etc/hosts 파일을 vi 에디터 등으로 연 후에 loghost로 적혀있는 부분을 변경된 IP로 바꾸도록 한다.

네트워크 인터페이스의 세팅이 끝났으면 망 내에 연결되어 있는 라우터와의 연결 설정이 제대로 되었는지 확인을 하여 외부망과의 연결이 제대로 되는지 테스트한다. 시스템 내부의 라우팅 테이블을 확인하는 것도 좋은 방법인데 이때는 netstat 명령을 활용하면 된다. 다음은 netstat 명령을 실행하고 그 결과를 보여준 화면이다.

```
% netstat -nr

Routing Table: IPv4
  Destination          Gateway             Flags  Ref    Use    Interface
---------            ------------------  -----  -----  ------  ---------
192.168.8.0          192.168.8.100         U      1      2      elx0
224.0.0.0            192.168.8.100         U      1      0      elx0
127.0.0.1            127.0.0.1             UH     12     1377   lo0
```

유닉스의 경우 시스템 자체가 라우터 역할을 담당할 수 있다. 물론 라우터 역할을 수행하는 것이 꼭 좋은 것은 아니지만(성능 저하 등의 문제로)이러한 기능을 제공하고 있다는 것을 알아둔 뒤 필요할 때 활용하면 좋을 것이다. Sun 시스템의 경우 라우팅 데몬이 디폴트로 실행되는데, 이를 확인하려면 다음과 같이 먼저 ps 명령을 사용한다.

```
% ps -ef | grep routed
    root   107     1  0 20:33:39 ?         0:00 /usr/sbin/in.routed -q
    root   667   625  0 21:14:30 pts/8     0:00 grep routed
```

routed 데몬이 돌아가고 있는 걸 확인하였으면 어디서 이걸 실행했는지도 체크해 보자. 다음과 같이 시스템이 처음 구동될 때 실행되는 곳으로 가서 해당 파일이 어떤 것인지 확인해 보자.

```
% cd /etc/rc2.d
% grep -l routed *
S69inet
```

S69inet 쉘 스크립트 안에 routed를 실행하는 구문이 있다는 것이 확인되었다. 만일 라우팅 기능을 막으려면 vi 에디터 등을 이용하여 S69inet 파일 속에서 routed를 호출하는 부분을 코멘트(#) 처리하면 될 것이다.

라우팅 기능을 막지 않은 상태에서 라우팅 테이블을 조작하여 원하는 시스템에 도달하는 방법을 알아보도록 하자. 먼저 시스템 내부에 있는 라우터를 디폴터 라우터로 세팅하도록 한다.

이때는 route 명령을 이용하여 다음과 같이 하도록 한다. 이때 디폴트 라우터의 IP 주소가 192.168.8.1이라 가정한다.

```
% route add default 192.168.8.1
add net default: gateway 192.168.8.1
```

위의 명령을 실행한 뒤, "netstat -r" 명령을 실행해보면 192.168.8.1의 주소가 디폴트로 잡혀있음을 알 수 있다. 디폴트 라우터를 세팅했으면 이제 접속하기를 원하는 다른 망의 라우터도 라우팅 테이블에 등록하도록 한다. 만일 10.10.10.1 라우터를 통해 10.10.10.x 망을 접속하고 싶고, 현재 등록된 192.168.8.1 디폴트 라우터가 그 라우터와 등록 가능하다면 다음과 같이 하도록 한다.

```
% route add 10.10.10.1 192.168.8.1
add host 10.10.10.1: gateway 192.168.8.1
```

이제 10.10.10.1 라우터가 라우팅 테이블에 등록되었다. 앞으로 10.10.10.x 망 속의 시스템에 통신을 시도하게 되면 192.168.8.x→192.168.8.1→10.10.10.1→10.10.10.x 경로를 통해 접속을 수행하게 될 것이다.

지금까지 네트워크의 전반적인 이론에 대해 살펴보았다. 네트워크의 이론적인 내용에 대해 관심이 많은 독자들은 네트워크만을 다룬 책을 별도로 읽어보기 바란다. 참고로, 소프트웨어 엔지니어보다 시스템 엔지니어 쪽으로 나가고 싶은 독자는 네트워크 이론을 필수적으로 갖춰야 한다.

chapter 15 프로세스간 통신1 : 파이프와 세마포어

여기서는 프로세스 사이의 통신에 대해 배우도록 한다. 약자로 IPC(InterProcess Communication)로 불리는 프로세스 사이의 통신은 여러 가지 기법으로 구현이 되고 있다. 여기서 배울 내용은 그 중에서 파이프와 세마포어의 사용에 대해 배우게 된다.

Chapter 15의 첫 부분에는 IPC에 대한 전체적인 소개가 나오고, 그 다음 파이프와 파이프의 변형인 명명된 파이프(Named Pipe)에 대해 배우게 된다. 그리고 파이프를 이용한 프로그램을 만들면서 파이프 부분을 정리하게 된다.

파이프에 대한 내용이 끝나고 나면 세마포어에 대해 살펴보게 된다. 세마포어가 무엇이며 세마포어에서 사용하는 함수들은 어떤 것들이 있는지 배우게 된다. 마지막으로 세마포어와 더불어 프로세스 동기화에 쉽게 적용할 수 있는 레코드 락에 대해 살펴보면서 마무리하게 된다.

Chapter 15의 목차를 간략히 소개하면 다음과 같다.

1. IPC
2. 파이프
3. FIFO
4. 세마포어
5. 레코드 락

01 IPC

시스템을 구현하게 되면 하나의 프로세스로 모든 일을 처리하도록 만들 수도 있다. 하지만 불행히도 여러 개의 프로세스들이 유기적으로 연동하면서 시스템이 구동되도록 만들어야 하는 경우가 무척 많다. 여러 개의 프로세스로 이루어진 시스템을 만들면서 필수적으로 고려해야 하는 것이 프로세스 사이의 통신인 IPC(Interprocess communication) 이다.

유닉스에서 IPC를 가능하게 만들기 위해 구현할 수 있는 방법에는 파이프, FIFO(Named pipe), 세마포어, 공유 메모리, 메시지 큐 등이 있다. 시그널 같은 경우에도 IPC의 범주에 속하며 소켓을 이용하여 IPC를 구현할 수도 있다.

IPC를 제대로 구현해야 프로세스들 사이의 데이터 흐름이나 연동이 원활히 수행이 가능하게 되고 외부에서 봤을 때 하나의 잘 조직된 시스템으로 인식이 된다. 즉, 탄탄한 프레임워크를 구축할 수 있는 것이다. 앞에서 언급한 IPC들에 대해 간단히 설명하면 다음과 같다.

- 파이프(Pipe) : IPC 중 가장 오래된 것으로 유닉스의 초창기 시절부터 계속 애용되던 기법이다. 파이프는 특정 프로세스의 표준 출력과 다른 프로세스의 표준 입력을 서로 연결시키는 방법이다. 쉘에서 많이 사용되는 방법이다.
- FIFO(Named Pipe) : 명명된 파이프로 불리는 FIFO는 일반 파이프와 동일하게 움직이지만 파이프와는 틀린 부분이 있다. 먼저 이름이 붙여졌다는 말에서와 같이 파일 시스템 내에 파이프 작업을 할 특수 파일이 존재하고, 이를 통해 프로세스들이 자료를 공유하는 방법으로 기존의 파이프가 가지고 있던 단점을 보완하고 있다.
- 세마포어 : 세마포어는 철도에서 사용되는 용어로 교차로 상에 차들의 교통을 막는 차단기의 의미를 가지고 있다. IPC에서도 세마포어는 여러 프로세스가 하나의 리소스를 공유할 때 그에 대한 통제권을 관리하는 역할을 하고 있다.
- 공유 메모리 : 공유 메모리(Shared Memory)는 세그먼트라 불리는 특정 메모리 영역을 여러 프로세스가 함께 사용하는 것을 의미한다. 즉, 메모리의 한 부분을 프로세스가 입력하고 다른 프로세스가 그 부분을 가져가는 것이다. 이때 프로세스들은 데이터를 자기가 가진 메모리에서 쓰고 읽는 개념이기 때문에 처리 속도가 무척 빠르다.
- 메시지 큐 : 프로세스가 큐 속에 메시지를 넣어주면 다른 프로세스가 큐 속에 있는 메시지를 가져가는 개념이 바로 메시지 큐이다. 메시지 큐는 키 값이 있어서 이를 이용하여 프로세스들이 해당 메시지 큐를 인식해서 활용할 수 있다.

IPC는 크게 BSD IPC와 System V IPC로 나뉘게 된다. 이렇게 나누는 것은 버전이나 기능적인 부분보다도 작성한 주체가 누구인가에 따라 나눈 것이라 볼 수 있다. 물론 기능이나 내용면에서 차이가 존재한다.

BSD IPC는 Berkeley UNIX인 BSD 4.4에서 제공되는 IPC로 파이프, 소켓 등을 제공하고 있다. 그리고 시스템 호출로 사용할 수 있는 read( ), write( )와 recvmsg( ), sendmsg( ) 등을 제공하고 있다.

System V IPC는 AT&T에서 개발한 IPC로 BSD IPC보다는 최신 버전이라 할 수 있다. 메시지 큐, 공유 메모리, 세마포어 등을 제공하고 있다. msgget( ), msgsnd( ) 등의 시스템 호출을 제공하고 있는데, 이때 사용되는 버퍼나 스트림은 커널을 통해 관리가 된다.

그러면 이제부터 IPC를 구현하기 위한 기법들을 하나씩 알아보도록 하자.

02 파이프

파이프는 앞에서 간단히 소개한 바와 같이, 특정 프로세스의 출력이 다른 프로세스의 입력으로 연결되는 단방향(반이중-half duplex) 통신 채널이 된다. 이는 한쪽은 주기만 하고 한쪽은 받기만 하는 속성에서 기인한 것이다.

쉘과 파이프

파이프는 쉘에서 많이 사용되고 있는데, 특히 입출력의 재지정에서 많이 사용된다. 파이프를 이용하면 두 개 또는 그 이상의 프로그램들이 서로의 결과물을 연동해서 사용하도록 만들 수 있다. 예를 들어, A 프로그램의 출력물을 B 프로그램의 입력으로 넘겨줘야 할 때 파이프를 활용하게 되면 생각보다 훨씬 간단하게 원하는 목적을 이룰 수 있다. 파이프는 '|' 기호를 활용하게 되는데, 실례를 보면 다음과 같다.

```
$ ps -ef | grep vi
    jshin    861    675    0  19:16:24 pts/4    0:00 vi .cshrc    <= 명령의 결과
```

위의 예를 보면 'ps -ef'의 결과를 'grep vi'의 입력으로 사용한 것을 확인할 수 있다. 여기서 "명령의 결과"는 'ps -ef'를 통해 현재 실행되고 있는 모든 프로세스의 정보를 얻어온 뒤, 'grep vi'를 통해 'vi'라는 단어를 포함한 부분을 찾아낸 후 화면에 결과를 출력한 것이다. 만일 파이프를 이용하지 않고 이러한 기능을 수행하는 코드를 작성한다면 구현이 그리 쉽지는 않을 것이다.

파이프를 이용한 간단한 예를 몇 가지 보도록 하자. 다음의 예는 현재 실행되고 있는 특정 프로세스를 종료(KILL)시키는 명령이다. 만일 파이프를 활용하지 않는다면 해당 프로세스의 PID를 구해내는 모듈과 이를 인수로 이용하여 프로세스를 종료시키는 모듈이 각각 구현이 되고 또한 연동이 되어야 할텐데, 파이프를 사용하면 다음과 같이 간단히 코드를 작성할 수 있다.

```
$ kill ps -ef | grep processName | awk '{print $2}' > /dev/null 2>&1
#또는 $ kill ps -a | grep processName | awk '{print $1}' > /dev/null 2>&1
```

특정 포트의 현재 상태를 체크하고자 한다면 다음과 같이 netstat 명령을 사용한 후, 이 결과를 파이프를 통해 grep에게 보낸다. 그리고 grep 명령어는 원하는 포트 번호를 이용하여 파이프로 들어온 내용을 검색하게 된다.

```
$ netstat -a | grep 161
```

현재 실행 중인 프로세스의 개수를 세고자 한다면 파이프를 이용하여 효과적으로 구할 수 있다. 이때 사용하는 명령어는 ps와 wc가 되는데, 다음과 같이 하면 된다.

```
$ ps -ef | wc -l
```

Part I, Part II를 통해, 이러한 쉘 명령어를 이용하여 쉘 프로그램을 작성하고 이를 다시 C 프로그램에서 파이프 열기로 사용하는 코드들을 보았다. 이때 사용한 함수는 popen( )과 pclose( )이었는데, 이들을 이용하면 외부 프로그램의 실행 결과를 파이프에 넣도록 만들 수 있었다. 다음과 같은 문장을 사용한 기억이 날 것이다.

```
if ((fp = popen(cmd, "rw")) == NULL)
fread(cmd, 1, 4, fp);
pclose(fp);
```

파이프 시스템 호출

시스템에서 새로운 파이프를 생성하고자 할 때 사용하는 시스템 호출은 pipe( )이다. pipe( )

함수를 호출하여 파이프를 생성하면 두 개의 파일 기술어를 얻을 수 있다. 이때 얻어진 두 개의 파일 기술어는 각각 파이프 읽기와 파이프 쓰기를 위한 것이다. 다음은 pipe( ) 함수의 간단한 사용 예를 보여주고 있다.

```
int fileDes[2];
int result;
result = pipe(fileDes);
```

pipe( )를 실행한 결과가 result인데, 만일 result 값이 −1이면 파이프 생성에 실패한 것이다. 이때는 다른 조치를 통해 파이프의 실패에 대처해야 한다. 파이프 생성이 성공하면 두 개의 파일 기술어가 생성된다고 했는데 이때 fileDes[0]는 파이프로부터 데이터를 입력받기 위한 파일 기술어이며 fileDes[1]은 파이프에 데이터를 출력하기 위한 파일 기술어이다.

먼저 pipe( ) 함수를 호출하여 파이프를 생성 및 사용한 간단한 예제를 보도록 하자. 아래의 예제는 단일 프로세스 내부에서 파이프에 데이터를 입력하고 그것을 다시 가져오는 것을 보여주고 있다. 단일 프로세스가 파이프를 사용하는 것은 전혀 의미가 없는 작업이지만 pipe( ) 함수의 사용법은 쉽게 볼 수 있다.

〈ex_pipe.c〉
```c
#include <stdio.h>

/* 버퍼 사이즈 선언 */
#define MAXBUF 32

int main()
{
    /* 입출력용 버퍼 각각 선언 */
    char putMsg[MAXBUF], getMsg[MAXBUF];
    /* 파이프 기술어 선언 */
    int pipeDes[2];

    /* 파이프 시스템 호출 */
    if(pipe(pipeDes) == -1)
    {
        printf("파이프 생성 실패!");
        return 0;
    }
```

```
    /* 파이프에 넣을 메시지 작성 후 write() 호출 */
    sprintf(putMsg,"파이프에 메시지 입출력");
    printf("INPUT PIPE: %s\n",putMsg);
    write(pipeDes[1], putMsg, MAXBUF);

    /* 파이프에서 메시지 가져오기 위해 read() 호출 */
    read(pipeDes[0], getMsg, MAXBUF);
    printf("GET MSG: %s\n", getMsg);
    return 1;
}
```

그러면 위의 예제를 컴파일하고 실행해 보자. 아래는 실행 결과를 보여주고 있다. 이를 통해 단일 프로세스 내부에서 파이프에 데이터를 넣었다가 가져오는 방법을 볼 수 있다.

```
% ex_pipe
INPUT PIPE: 파이프에 메시지 입출력
GET MSG: 파이프에 메시지 입출력
```

파이프에 입력되는 데이터는 FIFO 원칙에 따라 들어온 순서대로 처리가 된다. 이러한 순서는 사용자가 임의로 변화를 줄 수 없다. 그리고 입력할 수 있는 파이프의 크기는 무한한 것이 아니다. 범위를 벗어나는 데이터가 입력되더라도 정해진 부분만 입력이 되며 이미 용량이 다 된 상태에서는 파이프가 블록되어서 더 이상 데이터를 넣을 수 없다.

하지만 필요에 따라 파이프의 상태가 블록되지 않도록 만들어야 할 때가 있다. 예를 들어 예전의 데이터는 유실되더라도 최신 데이터는 파이프 내부에 남겨두어야 할 때도 있고, 어떤 경우이든지 파이프에 데이터를 read 및 write 할 수 있어야 할 경우도 있다.

이럴 때는 fcntl() 함수를 이용하여 파이프가 블록되지 않도록 만들면 된다. fcntl() 함수를 실행면서 파이프의 파일 기술어에 O_NDELAY 플래그가 세팅되도록 만들어 주면 된다. 이를 간단히 표기하면 다음과 같다.

```
#include <fcntl.h>
fcntl(fileDes, F_SETFL, O_NDELAY);
```

부모/자식 프로세스간의 통신

파이프는 일반적으로 완전히 개별적으로 실행되고 있는 프로세스보다 부모 자식 프로세스의 통신에서 많이 활용되고 있다. 즉, 부모 자식 프로세스도 내부 데이터의 공유가 안 되기 때문에 프로세스 통신을 해야 하는데 이때 효과적으로 사용할 수 있는 것이 파이프이다.

왜냐하면 프로세스가 자식 프로세스를 만들어도 파이프를 위한 파일 기술어 정보는 서로 공유하여 사용할 수 있기 때문이다. 따라서 생성된 파이프 기술어를 이용하여 부모 자식간에 통신을 하면 더 이상의 별다른 조치를 취하지 않아도 된다는 장점이 있다.

그럼, 이번에는 부모와 자식 프로세스가 파이프를 이용하여 통신하는 예제를 만들어 보자. 이를 위해 pipe( ) 시스템 호출과 fork( ) 시스템 호출을 사용하도록 한다. 먼저 다음과 같이 pipe( ) 호출에 사용될 배열을 선언한 후, pipe( ) 함수를 호출하도록 한다.

```
int pipeDes[2];
pipe(pipeDes);
```

그런 다음 fork( )를 호출하여 자식 프로세스를 생성한다. 이때 fork( )가 리턴하는 PID를 이용하여 부모 프로세스와 자식 프로세스를 구분하도록 한다. 자식 프로세스의 경우에는 파이프에서 데이터를 읽어들인 후, 화면에 출력하는 작업을 수행한다. 자식 프로세스의 작업 순서는 다음과 같다.

```
int childPID = fork();
if(childPID == 0)
{
    read(pipeDes[0], getMsg, MAXBUF);
    printf("GET MSG: %s\n", getMsg);
}
```

부모 프로세스는 파이프에 메시지를 입력하도록 한다. 이때 입력되는 문장은 사용자로부터 받기 위해 gets( ) 함수를 이용하도록 한다. 그리고 입력된 문장이 "quit"이면 실행을 종료하도록 한다. 부모 프로세스의 작업 순서를 간단히 보면 다음과 같다.

```c
    if(childPID > 0)
    {
       gets(putMsg);
       write(pipeDes[1], putMsg, MAXBUF);
       if(!strncmp(putMsg,"quit",4)) exit(1);
    }
```

그러면 지금까지 소개한 내용에 대한 전체 소스 코드를 보도록 하자.

〈pipe_fork.c〉

```c
#include <stdio.h>

/* 버퍼 사이즈 선언 */
#define MAXBUF 32

int main()
{
   /* 입/출력용 버퍼 각각 선언 */
   char putMsg[MAXBUF], getMsg[MAXBUF];
   /* 파이프 기술어 선언 */
   int pipeDes[2];
   /* 자식 프로세스의 PID용 변수 */
   int childPID = 0;

   /* 파이프 시스템 호출 */
   if(pipe(pipeDes) == -1)
   {
      printf("파이프 생성 실패!");
      return 0;
   }

   /* fork 함수 실행, 자식 프로세스 생성 */
   childPID = fork();

   /* 자식 프로세스 이면 파이프에서 메시지 read */
   if(childPID == 0)
   {
      printf("<< 자식 프로세스 >>\n");

      for(;;)
      {
         /* 파이프에서 메시지 가져오기 위해 read() 호출 */
```

```c
            read(pipeDes[0], getMsg, MAXBUF);
            printf("GET MSG: %s\n", getMsg);
            /* 메시지가 quit 이면 종료 */
            if(!strncmp(getMsg,"quit",4))
            {
                exit(1);
            }
        }
    }
    /* 부모 프로세스 이면 파이프에 메시지 write */
    else if(childPID > 0)
    {
        printf("<< 부모 프로세스 >>\n");

        for(;;)
        {
            /* 파이프에 넣을 메시지 작성 후 write() 호출 */
            printf("INPUT PIPE: ");
            gets(putMsg);
            write(pipeDes[1], putMsg, MAXBUF);
            /* 메시지가 quit 이면 종료 */
            if(!strncmp(putMsg,"quit",4))
            {
                exit(1);
            }
            sleep(1);
        }
    }
    /* 프로세스 생성 실패인 경우 */
    else
    {
        printf("프로세스 생성에 실패했습니다.\n");
    }
    return 0;
}
```

프로그램 작성이 끝났으면 다음과 같이 컴파일하고 실행을 시켜보자. 프로그램의 실행을 통해 부모 프로세스에서 입력한 메시지를 자식 프로세스에서 파이프를 이용하여 가져가는 것을 볼 수 있다. 그리고 quit 메시지를 이용하여 모든 프로세스가 종료하는 것을 확인할 수 있다.

```
% cc -o pipe_fork pipe_fork.c
% pipe_fork
<< 자식 프로세스 >>
<< 부모 프로세스 >>
INPUT PIPE: 첫번째 메시지
GET MSG: 첫번째 메시지
INPUT PIPE: 두번째 메시지
GET MSG: 두번째 메시지
INPUT PIPE: quit
GET MSG: quit
```

파이프 시그널 처리

파이프의 실행 중 파이프로 인한 시그널이 발생할 수 있다. 이러한 경우 해당 시그널을 처리하여 파이프 사용으로 인한 비정상 종료에 대비하는 것이 좋다. 파이프에서의 시그널 처리 또한 일반적인 시그널 처리와 동일하다. 즉, signal() 함수를 이용하여 시그널 핸들러를 등록하고 실행되기 원하는 함수를 작성하면 된다.

파이프에서 시그널이 발생하는 경우는 다음과 같다. 파이프에 write를 하고자 하는 프로세스가 있는데, read를 수행할 프로세스가 종료 등으로 사라지면 커널은 SIGPIPE 시그널을 write를 수행하고자 하는 프로세스에게 전송한다. 이를 통해 파이프에 데이터를 write하면 문제가 있음을 알게 된다.

그러면 파이프 시그널을 발생시키고 이를 처리하는 예제를 작성해 보자. 작성할 예제는 먼저 파이프 시그널을 처리할 함수를 작성하고 signal 함수를 통해 핸들러를 등록하게 된다.

```
int sigpipeHandler();
signal(SIGPIPE, sigpipeHandler);
```

그리고 파이프 함수를 이용하여 파이프를 만들고 이를 사용할 파일 기술어를 세팅한다. 그리고 이전에 작성했던 예제와 같이 자식 프로세스를 만들고 메시지를 서로 주고받는다. 이때 "quit"라는 문장을 입력받으면 자식 프로세스는 종료되도록 만들어준다. 하지만 부모 프로세스는 종료하지 않고 문장을 계속 write 하도록 만든다.

그러면 자식 프로세스는 이미 종료되었기 때문에 read할 프로세스가 없는 상태에서 write가 이루어지는 것이므로, 부모 프로세스는 커널로부터 SIGPIPE 시그널을 받게된다. 마지막으로 등록된 시그널 핸들러가 호출되고 파이프 시그널을 처리하게 된다.

이러한 과정을 수행하는 전체 프로그램의 소스 코드는 다음과 같다.

〈pipe_signal.c〉

```c
#include <stdio.h>
#include <signal.h>

/* 버퍼 사이즈 선언 */
#define MAXBUF 32

/* SIGPIPE 시그널을 처리할 핸들러 */
int sigpipeHandler()
{
    /* 필요한 작업을 처리한 후 프로그램 종료 */
    printf("\n파이프가 비정상적으로 닫혔습니다.\n");
    printf("SIGPIPE 핸들러 호출, 작업종료중... \n");
    sleep(1);
    printf("\n<<< 작업 종료 >>>\n");
    exit(1);
}

int main()
{
    /* 입/출력용 버퍼 각각 선언 */
    char putMsg[MAXBUF], getMsg[MAXBUF];
    /* 파이프 기술어 선언 */
    int pipeDes[2];
    /* 자식 프로세스의 PID용 변수 */
    int childPID = 0;

    /* SIGPIPE 핸들러를 등록, signal() 함수 사용 */
    printf("SIGPIPE 핸들러 세팅 \n\n");
    signal(SIGPIPE, sigpipeHandler);

    /* 파이프 시스템 호출 */
    if(pipe(pipeDes) == -1)
    {
        printf("파이프 생성 실패!");
        return 0;
    }
```

```c
    /* fork 함수 실행, 자식 프로세스 생성 */
    childPID = fork();

    /* 자식 프로세스 이면 파이프에서 메시지 read */
    if(childPID == 0)
    {
        printf("<< 자식 프로세스 >>\n");

        for(;;)
        {
            /* 파이프에서 메시지 가져오기 위해 read() 호출 */
            read(pipeDes[0], getMsg, MAXBUF);
            printf("GET MSG: %s\n", getMsg);
            /* 메시지가 quit 이면 종료 */
            if(!strncmp(getMsg,"quit",4))
            {
                exit(1);
            }
        }
    }
    /* 부모 프로세스 이면 파이프에 메시지 write */
    else if(childPID > 0)
    {
        printf("<< 부모 프로세스 >>\n");

        for(;;)
        {
            /* 파이프에 넣을 메시지 작성후 write() 호출 */
            printf("INPUT PIPE: ");
            gets(putMsg);
            /* 메시지가 quit 이면 read용 파이프 닫기 */
            if(!strncmp(putMsg,"quit",4))
            {
                close(pipeDes[0]);
                /* 파이프에 쓰기를 하고 1초를 기다린다. */
                write(pipeDes[1], putMsg, MAXBUF);
                sleep(1);
            }
            /* quit 문장이면, 이번 write 실행때 SIGPIPE 시그널 발생 */
            write(pipeDes[1], putMsg, MAXBUF);
            sleep(1);
        }
    }
    /* 프로세스 생성 실패인 경우 */
    else
```

```
        {
            printf("프로세스 생성에 실패했습니다.\n");
        }
        return 0;
    }
```

프로그램의 작성이 끝났으면 실행을 시켜보자. 아래의 내용은 프로그램이 실행되고, 발생한 시그널을 처리한 과정을 보여주고 있다.

```
% pipe_signal
SIGPIPE 핸들러 세팅
<< 자식 프로세스 >>
<< 부모 프로세스 >>
INPUT PIPE: 첫번째 문장
GET MSG: 첫번째 문장
INPUT PIPE: quit
GET MSG: quit

파이프가 비정상적으로 닫혔습니다.
SIGPIPE 핸들러 호출, 작업종료중...
<<< 작업 종료 >>>
```

파이프와 exec

쉘 상에서 파이프를 이용하여 서로의 결과를 주고받는 것을 이미 살펴보았는데, 이를 pipe( ) 시스템 호출을 이용한 프로그램에서도 활용할 수 있다. 이를 위해 사용되는 시스템 호출은 exec( ) 이다.

기억을 되살리기 위해 exec( ) 함수를 활용한 예제를 잠시 보기로 하자. 다음의 예제는 쉘 명령어인 ps를 실행시킨 것으로 execvp( ) 함수를 이용한다. execvp는 exec 계열의 함수로, 명령어를 위한 인수들과 명령어 이름을 이용한다.

```
/* exec()를 이용하여 ps -ef를 실행시킨 예 */
main()
{
    char *ps[3] = {"ps", "-ef", NULL};
    execvp(ps[0],ps);
```

```
        exit(0);
}
```

그러면 exec 프로세스를 실행하고 그 결과를 파이프를 통해 다른 exec 프로세스에게 전달하려면 어떻게 해야 할까? 예를 들어, "ps -ef | grep sys"와 같은 명령을 exec 프로세스와 pipe를 이용하여 수행하는 방법을 알아보자.

이러한 명령을 수행하기 위해, 다음과 같이 배열의 포인터를 이용하여 변수를 설정한다.

```
char *ps[3] = {"ps", "-ef", NULL};
char *grep[3] = {"grep", "sys", NULL};
```

그런 다음, pipe() 함수를 이용하여 파이프에서 사용할 파일 기술어를 얻도록 한다. 먼저 실행되는 자식 프로세스에게 dup2() 명령을 이용하여 기존의 파일 기술어를 대체할 새로운 파일 기술어를 만들도록 한다. 이때 대체되는 파일 기술어는 파이프에 데이터를 write하는 파일 기술어가 된다. 그리고 execvp()를 이용하여 미리 설정해 두었던 ps 명령을 실행시킨다.

```
dup2(pipeDes[1],1);
close(pipeDes[0]);
close(pipeDes[1]);
execvp(ps[0],ps);
```

이번에는 자식 프로세스가 실행한 ps 명령의 결과를 파이프로 받아서 처리할 부모 프로세스를 살펴보자. 부모 프로세스도 dup2() 명령을 이용하여 pipe를 read하는 파일 기술어를 새로운 파일 기술어로 대체시킨다. 그런 다음, 미리 설정해둔 grep을 execvp() 함수를 이용하여 실행시킨다.

```
dup2(pipeDes[0],0);
close(pipeDes[0]);
close(pipeDes[1]);
execvp(grep[0],grep);
```

그러면 지금까지 살펴본 내용을 바탕으로 전체 예제를 작성해 보자.

⟨pipe_exec.c⟩

```c
#include <stdio.h>

int main()
{
    /* 파이프 기술어 선언 */
    int pipeDes[2];

    /* 자식 프로세스의 PID용 변수 */
    int childPID = 0;

    /* 실행할 Shell 명령어 정의 */
    char *ps[3] = {"ps", "-ef", NULL};
    char *grep[3] = {"grep", "sys", NULL};

    /* 파이프 시스템 호출 */
    if(pipe(pipeDes) == -1)
    {
        printf("파이프 생성 실패!");
        return 0;
    }

    /* fork 함수 실행, 자식 프로세스 생성 */
    childPID = fork();

    /* 자식 프로세스 이면 ps 명령을 실행 */
    if(childPID == 0)
    {
        printf("<< 자식 프로세스: ps 실행 >>\n");
        dup2(pipeDes[1],1);
        close(pipeDes[0]);
        close(pipeDes[1]);
        execvp(ps[0],ps);
        printf("ps 실행에 실패!\n");
    }
    /* 부모 프로세스 이면 grep 명령을 실행 */
    else if(childPID > 0)
    {
        printf("<< 부모 프로세스: ps 결과를 받아 grep 실행 >>\n");
        dup2(pipeDes[0],0);
        close(pipeDes[0]);
        close(pipeDes[1]);
        execvp(grep[0],grep);
```

```
        printf("grep 실행에 실패\n");
        return;
    }
    /* 프로세스 생성 실패인 경우 */
    else
    {
        printf("프로세스 생성에 실패했습니다.\n");
    }
    return 0;
}
```

프로그램 작성이 끝났으면 실행을 시켜보자. 프로그램을 실행시키면 ps –ef 명령을 이용하여 구동 중인 프로세스들을 찾은 뒤, grep sys 명령을 이용하여 sys 라는 문구를 가진 프로세스를 화면에 출력하게 된다. 다음은 그 결과를 보여주고 있다.

```
% pipe_exec
<< 자식 프로세스: ps 실행 >>
<< 부모 프로세스: ps 결과를 받아 grep 실행 >>
    root    56     1  0 23:44:17 ?         0:00 /usr/lib/sysevent/
syseventd
    root    58     1  0 23:44:17 ?         0:00 /usr/lib/sysevent/
syseventconfd
    root   181     1  0 23:44:43 ?         0:00 /usr/sbin/syslogd
```

03 FIFO

파이프는 프로세스간 통신에 아주 편리한 기능을 제공하고 있지만 몇 가지 문제점을 가지고 있다. 첫 번째는 부모와 자식 사이의 통신에는 탁월한 능력을 가지고 있지만 부모와 자식의 관계가 아닌 다른 프로세스와의 통신에는 사용할 수 없다는 약점이 있다.

그리고 두 번째로 파이프는 프로세스들의 수행이 끝난 후에는 사라진다는 약점이 있다. 이런 문제들로 인해 파이프를 서로 다른 프로세스 사이의 통신으로 사용하기 힘들었다. 하지만 문제를 알면 보완이 되는 법, 이런 약점을 보완한 변형된 파이프가 개발되었는데 이것이 바로 명명된 파이프(Named Pipe)로 불리는 FIFO 이다.

FIFO는 파일 이름처럼 이름을 받게 되고 파일처럼 관리가 된다. 즉, 파이프 기능을 담당할 파일이 생겨나고 지우기전까지 계속 파일 시스템에 남게된다. 또한 접근 권한을 통해 파이프의 접근을 제한할 수 있다. 쉘에서 FIFO를 만들려면 mknod 명령을 p 옵션과 함께 사용하면 된다.

> **NOTE_** FIFO는 일반 파일이 아닌 특수 파일의 일종이다.

그럼 FIFO를 이용해서 프로그램을 작성하는 방법을 살펴보도록 하자. 일반적으로 FIFO를 사용하는 것과 pipe를 사용하는 것과 특별한 차이는 없다. 하지만 FIFO는 파일로 존재하기 때문에 생성과 열기(open)에 차이를 가지고 있다.

FIFO를 생성하기 위해선 mkfifo( ) 함수를 이용하면 된다. 다음과 같이 mkfifo( )와 함께 파일 이름과 접근 권한을 명시해 주면 FIFO가 생성된다.

```
mkfifo("FIFO", 0666);
```

mkfifo( ) 호출에 실패하면 -1이 리턴된다. 만일 이미 FIFO가 존재한다면 생성에 실패하지만 기존의 FIFO를 그냥 사용하면 된다. FIFO를 생성했으면 open( ) 명령을 이용하여 FIFO의 파일 기술어를 얻어오도록 한다. 이는 기존의 파이프와 가장 큰 차이점이라 할 수 있다. 예를 들면 다음과 같다.

```
int fileDes;
fileDes = open("FIFO", O_RDWR);
fileDes = open("FIFO", O_RDONLY);
fileDes = open("FIFO", O_WRONLY);
```

만일 FIFO를 open 하면서 블록되지 않도록 만들고 싶다면 O_NDELAY 플래그를 함께 사용하면 된다. 예를 들어, 읽기 전용으로 FIFO를 open하면서 블록되지 않도록 만들고 싶다면 다음과 같이 한다.

```
fileDes = open("FIFO", O_RDONLY|O_NDELAY);
```

그러면 지금까지 소개한 내용을 바탕으로 FIFO를 만들고 이를 통해 통신하는 예제를 만들어 보자. 이때 사용되는 프로세스는 부모 자식 관계를 가지지 않는 전혀 별개의 프로세스가 된다. 먼저 FIFO를 이용하여 메시지를 수신할 프로세스의 작업을 살펴보자.

FIFO를 만들거나 이용하기 위해 fcntl.h 헤더 파일을 include 하도록 한다. 그리고 수신할 메시지의 사이즈와 버퍼를 선언해 준다. 그런 다음 FIFO를 생성해 주도록 한다.

```
#include <fcntl.h>
#define MAXBUF 32
char buffer[MAXBUF];
mkfifo("FIFO", 0666);
```

FIFO의 생성이 끝났으면 open을 통해 FIFO를 열도록 한다. 모든 작업이 성공했으면 read를 이용하여 FIFO로부터 buffer에 데이터를 입력한다. 만일 읽어들인 데이터가 "quit"으로 시작하면 프로세스를 종료시킨다.

```
int fileDes;
fileDes = open("FIFO", O_RDWR);
read(fileDes, buffer, MAXBUF);
if(!strncmp(buffer,"quit",4)) exit(0);
```

이번에는 FIFO에 데이터를 입력하는 프로세스의 작업을 보도록 하자. 이 프로세스는 FIFO를 쓰기 전용으로 open한 후, 사용자로부터 전송할 메시지를 입력받는다. 그리고 write 함수를 이용하여 메시지를 FIFO에 적는다.

```
int fileDes;
fileDes = open("FIFO", O_WRONLY);
gets(buffer);
write(fileDes, buffer, MAXBUF);
```

지금까지 소개한 내용을 바탕으로 전체 예제의 소스 코드를 보도록 하자. 다음은 메시지를 read하는 프로그램의 전체 코드이다.

⟨rcvFifo.c⟩
```c
#include <stdio.h>
#include <fcntl.h>
#include <errno.h>

/* 메시지 사이즈 선언 */
#define MAXBUF 32

int main()
{
    /* 파일 기술어와 버퍼 선언 */
    int fileDes;
    char buffer[MAXBUF];

    /* mkfifo()를 이용하여 FIFO 생성 */
    if(mkfifo("FIFO", 0666) == -1)
    {
        if(errno != EEXIST)
            printf("FIFO 파이프 생성 실패");
    }

    /* open()을 이용하여 FIFO 열기 */
    fileDes = open("FIFO", O_RDWR);
    if(fileDes < 0)
    {
        printf("FIFO 파이프 열기 실패");
        return 0;
    }

    /* 메시지를 계속 읽어온다. */
    for(;;)
    {
        /* FIFO로 부터 메시지 읽기 */
        if((read(fileDes, buffer, MAXBUF)) < 0)
        {
            printf("메시지 읽기 실패");
            break;
        }
        else
        {
            /* 읽은 메시지 화면에 출력 */
            printf("읽은 메시지: %s\n",buffer);
            /* 메시지가 quit 이면 종료 */
```

```c
            if(!strncmp(buffer,"quit",4))
            {
                exit(0);
            }
        }
    }
    return 1;
}
```

다음은 메시지를 FIFO에 write 하는 프로그램의 전체 소스 코드이다.

〈sendFifo.c〉

```c
#include <fcntl.h>
#include <stdio.h>

/* 메시지 사이즈 선언 */
#define MAXBUF 32

int main()
{
    /* 파일 기술어와 버퍼 선언 */
    int fileDes;
    char buffer[MAXBUF];

    /* open()을 이용하여 FIFO 열기 */
    fileDes = open("FIFO", O_WRONLY);
    if(fileDes < 0)
    {
        printf("FIFO 파이프 열기 실패");
        return 0;
    }

    /* 메시지를 계속 전송한다. */
    for(;;)
    {
        /* 사용자로 부터 메시지 입력 받기 */
        printf("메시지 입력: ");
        gets(buffer);
        /* 입력 받은 메시지를 FIFO에 쓴다. */
        if(write(fileDes, buffer, MAXBUF) == -1)
        {
```

```
            printf("파이프에 메시지 쓰기 실패");
            break;
        }
        /* 메시지가 quit 이면 종료 */
        if(!strncmp(buffer,"quit",4))
        {
            exit(0);
        }
    }
    return 1;
}
```

코드 작성이 모두 끝났으면 두 개의 쉘 창을 이용하여 프로그램들을 실행시켜보자. 먼저 다음과 같이 rcvFifo 프로그램을 실행시킨다. 그리고 다른 창을 이용하여 sendFifo 프로그램을 실행시킨다.

```
% rcvFifo
읽은 메시지: 첫 번째 메시지 전송
읽은 메시지: 두 번째 메시지 전송
읽은 메시지: quit
```

```
% sendFifo
읽은 메시지: 첫 번째 메시지 전송
읽은 메시지: 두 번째 메시지 전송
읽은 메시지: quit
```

NOTE_ rcvFifo 명령을 실행시킨 뒤 해당 디렉토리 속을 보면 FIFO 특수 파일이 생성된 것을 볼 수 있다.

04 세마포어

Part III에서 스레드를 살펴보면서 스레드 동기화에 대한 이야기를 나누었다. 그리고 뮤텍스와 스레드 조건 변수를 활용하여 문제를 해결하는 방법을 알아보았다. 스레드에서 동일한 영역이나 자원을 동시에 이용해서 문제가 발생하는 것과 마찬가지로 프로세스들 사이에서도 동일한 문제가 발생한다. 이번에는 프로세스 사이에서 발생할 수 있는 동기화 문제를 해결하는 방법을 살펴보도록 하자.

세마포어 소개

스레드에서 뮤텍스를 이용하여 스레드 사이의 동기화 문제를 해결했다면, 프로세스는 세마포어를 이용한 방법이 있다. 세마포어는 프로세스들 사이에 사용되는 데이터 등의 자원을 보호하는데 목적이 있는 프로세스간 통신(IPC) 기법이다. 하지만 세마포어는 파이프나 메시지 큐와 같은 데이터 전송을 목적으로 하는 일반적인 프로세스간 통신과는 다르다.

프로세스 사이에 특정 데이터를 동시에 접근해야 하는 경우에 동일한 시간대에는 하나의 프로세스만 접근하도록 만들어줘야 한다. 이는 스레드에서 뮤텍스를 사용해야 하는 것과 동일하다. 그럼, 세마포어의 동작 원리에 대해 간단히 살펴보자.

먼저 공유된 자원에 대해 세마포어를 생성하여 세마포어가 자원을 가리키도록 한다. 이때 세마포어 내에는 해당 자원에 접근이 허용된 프로세스의 개수가 나타나게 된다. 예를 들어, 이 값이 0이면 자원에 접근할 수 있는 프로세스가 없다는 뜻이 된다.

따라서 자원에 접근하고자 하는 프로세스들은 이 값을 체크하면 된다. 만일 접근할 수 있는 값이 0보다 크면 자원에 접근을 하면 된다. 자원에 접근을 할 때는 세마포어 값을 하나 감소시키고 작업이 끝나면 다시 하나 높여주면 된다. 만일 세마포어 값이 1이라면 최대 하나의 프로세스만 해당 자원을 사용할 수 있게 된다.

왜냐하면 어떤 프로세스가 자원을 사용할 때는 0이기 때문에 아무도 접근할 수 없으며 작업이 끝나 자원을 해제해야 또 다른 프로세스가 작업을 수행할 수 있기 때문이다. 이러한 원리를 사용하여 세마포어를 구현하려면 먼저 세마포어를 초기화하는 과정이 필요하게 되고, 세마포어 값을 조회하는 과정이 필요하다. 그리고 상황에 맞게 세마포어 값을 증감시키는 과정이 필요할 것이다.

그리고 세마포어 값을 조회하는 과정에서 값이 0이면 계속 대기하면서 다른 프로세스가 세마포어 값을 증가시켜주기를 기다려야 한다. 유닉스는 이러한 세마포어를 적용할 수 있는 스트럭처와 시스템 호출들을 제공하고 있다.

세마포어 시스템 호출

시스템 차원에서 세마포어를 제공하기 위해 커널에서는 세마포어를 위한 스트럭처를 이용하여 세마포어를 관리하게 된다. 이때 사용하는 스트럭처는 semid_ds 인데, 유닉스 시스템에 따라 약간의 차이는 있겠지만 일반적으로 다음과 같이 구성되어 있다.

```
struct semid_ds
{
    struct ipc_perm sem_perm;
    unsigned long int sem_nsems;
    __time_t sem_otime;
    __time_t sem_ctime;
    unsigned long int __unused1;
    unsigned long int __unused2;
    unsigned long int __unused3;
    unsigned long int __unused4;
};
```

가장 먼저 나오는 perm 값은 세마포어에 대한 접근 권한을 의미하는 것으로 일반 파일에서의 그것과 동일하다. nsems 는 생성할 수 있는 세마포어의 크기를 의미한다. 그리고 otime은 마지막으로 세마포어와 관련된 작업을 수행하는 시간을 의미하며, ctime은 마지막으로 스트럭처의 데이터들이 업데이트된 시간을 의미한다.

이러한 스트럭처와 세마포어를 이용한 기본적인 작업을 위해, 유닉스에서 제공하고 있는 시스템 호출에는 다음과 같은 것들이 있다.

```
int semget();
int semop();
int semctl();
```

그러면 이들 시스템 호출에 대해 하나씩 살펴보자. 먼저 semget( ) 함수는 세마포어를 새로 생성하거나 또는 이미 만들어진 세마포어를 얻기 위해 사용한다. semget( ) 함수의 프로토타입을 보면 다음과 같다.

```
int semget(key_t key, int nsems, int semflg);
```

semget( ) 함수에서 가장 먼저 사용된 key 인수는 세마포어의 킷값으로 활용되는 값으로 다른 세마포어와 구별하는데 사용되는 ID가 된다. 세마포어가 생성되고 나면 key 값을 이용하여 세마포어에 접근할 수 있게 된다. 그리고 두 번째로 사용된 nsems 인수는 사용하고자 하는 세마포어의 개수를 의미한다.

보통 1을 사용하는 이 값은 세마포어를 생성하는 경우에는 꼭 필요하다. 세마포어를 생성하지 않고 그냥 세마포어를 얻기만을 목적으로 할 때는 0을 사용해도 된다. 세 번째로 사용된 semflg 인수는 세마포어에 접근할 때 사용하는 플래그가 된다. 이 플래그를 이용하여 세마포어의 생성과 접근 권한 지정 등을 수행할 수 있다. 플래그로 사용할 수 있는 선언자를 보면 다음과 같은 것들이 있다.

- ✓ IPC_CREAT : 지정된 Key 값을 이용하여 세마포어를 생성한다.
- ✓ IPC_EXCL : IPC_CREAT와 함께 사용, 만일 Key를 가진 세마포어가 이미 존재하면 에러를 리턴한다.
- ✓ 접근 권한 지정 : 일반 파일에 접근 권한을 지정하듯이 숫자의 집합을 사용(예를 들면, 666)

이들 플래그는 '|'를 이용하여 연속으로 지정할 수도 있다. 예를 들어, "0666 | IPC_CREAT"처럼 사용할 수 있다. 만일 세마포어의 생성을 위해 IPC_CREAT만 지정한 경우에 동일한 킷값을 가진 세마포어가 이미 있으면 기존의 세마포어의 ID를 리턴하게 된다.

만일 킷값을 7654를 사용하고 접근 권한을 666으로 설정하여 세마포어를 새롭게 생성하고 싶다면 다음과 같이 하도록 한다.

```
int sem_id = semget((key_t)7654, 1, 0666 | IPC_CREAT);
```

이번에는 semop( ) 시스템 호출에 대해 살펴보자. semop( ) 함수는 세마포어 연산을 실행하는 함수로 다음과 같은 프로토타입을 가진다.

```
int semop(int sem_id, struct sembuf *ops, num);
```

각각의 인수를 살펴보면, 처음에 나온 sem_id는 semget( )에서 얻어온 세마포어의 ID가 된다. 두 번째로 사용된 sembuf 타입의 포인터형인 ops는 세마포어에 대해 수행하고자 하는 연산을 지정한 sembuf 타입의 배열에 대한 포인터가 된다.

> **NOTE_** 세마포어는 하나가 아닌 집합체로 운영이 된다는 것을 염두에 두어야 한다.

이때 sembuf 스트럭처는 다음과 같이 구성되어 있다.

```
struct sembuf
{
    short sem_num;
    short sem_op;
    short sem_flg;
};
```

이때 sem_num은 세마포어의 번호를 의미한다. 만일 세마포어의 원소가 하나라면 0가 된다. sem_op는 세마포어 값을 변경시키기 위한 값이 들어 있다. 마지막으로 sem_flg는 세마포어의 플래그를 세팅하는데 사용되는 값으로 일반적으로 SEM_UNDO가 사용된다. SEM_UNDO로 세팅이 되면 세마포어에 대한 변경들이 관리가 되며, 프로세스가 종료할 때 특별히 세마포어를 제가하지 않아도 시스템이 자동으로 세마포어를 해제시켜 준다.

이번에는 semctl( ) 시스템 호출에 대해 살펴보자. semctl( ) 함수는 세마포어를 직접 제어하는데 사용되는 함수로 다음과 같은 프로토타입을 가진다.

```
int semctl(int sem_id, int semnum, int cmd, union semun arg);
```

semctl( ) 함수에서 사용되는 첫 번째 인수인 sem_id는 semget( )을 통해 얻어온 세마포어의 ID가 된다. 두 번째 인수인 semnum은 세마포어의 번호를 의미한다. 세 번째 인수인 cmd는 세마포어에게 수행할 명령이 된다. 이때 사용할 수 있는 선언자에는 다음과 같은 것들이 있다.

- ✓ IPC_STAT : 세마포어의 상태를 마지막 인수인 arg에 저장
- ✓ IPC_SET : 마지막 인수인 arg의 semid_ds 스트럭처가 가진 내용을 바탕으로 세마포어의 접근 권한을 변경
- ✓ IPC_RMID : 세마포어 삭제
- ✓ GETALL : 모든 세마포의 값을 얻은 뒤, 마지막 인수인 arg의 정수 배열에 저장
- ✓ GETCNT : 자원의 접근을 기다리고 있는 프로세스의 수 리턴
- ✓ GETPID : 마지막으로 semop() 함수를 실행한 프로세스의 PID 리턴
- ✓ SETVAL : 세마포어를 마지막 인수인 arg의 val값으로 세팅
- ✓ SETALL : 모든 세마포어의 값을 마지막 인수인 arg의 값으로 세팅

마지막 인수로 사용된 union semun 타입의 arg에 대해 살펴보자. 먼저 semun 타입을 먼저 보면 다음과 같다.

```
union semun {
    int val;
    struct semid_ds *buf;
    unsigned short *array;
    struct seminfo *infobuf;
    void *pad;
};
```

semun은 union 타입이기 때문에 인수로 사용된 arg는 semun 타입 중 하나의 값으로 사용된다. 이는 조금전에 살펴보았던 cmd 인수와 연관이 있다. 다시 말해 semun의 첫 번째 타입인 val은 SETVAL을 위한 값으로 활용이 된다.

그리고 semid_ds* 타입의 buf는 IPC_STAT과 IPC_SET을 위한 버퍼로 사용된다. array의 경우에는 GETALL 명령과 SETALL 명령을 위한 배열이 된다. 마지막으로 infobuf는 IPC_INFO를 위한 버퍼로 사용된다.

지금까지 세마포어의 시스템 호출들에 대해 하나씩 살펴보았다. 시스템 호출들에 대한 설명을 보고 있으면 혼란스러울 수 있지만, 예제를 통해 함수의 사용을 보면 오히려 더 쉽게 정리가 될 수 있다.

세마포어 예제

이번에 작성할 예제는 파일에 메시지를 입력하는 프로그램이다. 이때 세마포어를 이용하여 파일에 메시지를 입력하는 프로세스는 오직 하나가 되도록 만든다. 그리고 테스트를 위하여 하나의 프로세스는 세마포어의 값을 증가만 시키도록 만들고 또 다른 프로세스는 세마포어의 값을 감소만 시키도록 만든다.

세마포어의 값을 증가만 시키는 프로세스의 경우에는 다른 프로세스의 도움이 없이도 작업을 수행할 수 있다. 하지만 세마포어의 값을 감소만 시키는 프로세스의 경우에는 다른 프로세스가 세마포어의 값을 증가시켜주지 않으면 실행을 계속 할 수 없다. 그 이유는 세마포어의 값이 0이 되는 순간부터 1이 될 때까지 계속 대기해야 하기 때문이다.

그럼, 먼저 세마포어의 값을 증가시키는 plusSem 프로그램의 작성 과정을 살펴보도록 하자. 먼저 semget() 함수를 이용하여 세마포어 ID를 얻어오도록 한다. 만일 세마포어 생성되어 있지 않으면 생성시킨다. 그리고 sembuf 스트럭처 타입의 변수를 선언한 뒤, 이를 초기화해둔다.

```
semId = semget((key_t)1234, 1, 0666 | IPC_CREAT);  /* semget() 실행 */
struct sembuf semB;                /* sembuf 변수 선언 및 초기화 */
semB.sem_flg = SEM_UNDO;
semB.sem_num = 0;
```

그리고 semctl() 함수를 이용하여 세마포어의 값을 초기화한다. 그런 다음 본격적인 작업을 시작한다. 즉, 파일에 메시지를 입력한 뒤, 세마포어의 값을 증가시킨다. 정상적인 프로그램이라면 파일에 메시지를 입력하기 전에 세마포어의 값을 감소시켜두어야 한다.

```
semctl(semId, 0, SETVAL, 1);  /* 세마포어 초기화 */
/* 테스트를 위해 세마포어 값을 감소 시키는 작업 생략 */

file = fopen("./db.txt", "a+");  /* 파일 작업 수행 */
fprintf(file, "plusSem 프로세스 메시지 저장\n");
fclose(file);

semB.sem_op = 1;    /* 세마포어의 값 증가 작업 */
semop(semId, &semB, 1);
```

세마포어를 이용한 작업이 끝났으면, semctl() 함수를 이용하여 세마포어를 제거한다.

```
semctl(semId, 0, IPC_RMID, 0);
```

> **NOTE_** 테스트를 위해 세마포어 실행 중간에 세마포어를 수정한 프로세스의 PID와 자기 자신의 PID를 출력하는 모듈을 삽입하도록 한다.
>
> ```
> /* 세마포어에 마지막으로 수정을 가한 프로세의 PID 출력 */
> int proId = semctl(semId, 0, GETPID, 0);
>
> /* 자기 자신의 PID 출력 */
> printf("MINUS 세마포어의 PID : %d\n", getpid());
> ```

이번에는 세마포어의 값을 감소만 시키는 minusSem 프로그램을 보도록 하자.

먼저 semget( ) 함수를 이용하여 세마포어의 ID를 구하도록 한다. 그런 다음 세마포어의 값을 감소시키는 작업과 파일에 메시지를 입력하는 작업을 반복해서 수행한다.

```
semId = semget((key_t)1234, 1, 0666 | IPC_CREAT);
for(...;...;...)
{
    /* 세마포어의 값을 감소 시킨다. */
    semB.sem_op = -1;
    semop(semId, &semB, 1);
    /* 파일에 메시지 작성 모듈 */
    /* 테스트를 위해 세마포어 증가 작업 생략 */
}
```

minusSem 프로세스의 실행 같은 경우, plusSem 프로세스의 도움 없이는 작업을 끝까지 수행할 수가 없다. 자기의 힘으로는 0이 된 세마포어의 값을 증가시킬 수가 없기 때문이다. 그러면 이제 지금까지 소개한 내용을 바탕으로 작성된 전체 소스 코드를 보도록 하자. 먼저 plusSem 프로그램의 소스 코드는 다음과 같다.

〈plusSem.c〉
```c
#include <stdio.h>
#include <unistd.h>
#include <stdlib.h>

/* 세마포어를 위한 헤더 파일들 */
#include <sys/types.h>
#include <sys/ipc.h>
#include <sys/sem.h>

/* 세마포어의 값을 증가시키는 main 함수 */
int main(int argc, char *argv[])
{
    /* 세마포어와 파일을 위한 변수 선언 */
    int step;
    int semId, proId;
    FILE *file;
    struct sembuf semB;

    /* sembuf의 초기값 설정 */
    semB.sem_flg = SEM_UNDO;
    semB.sem_num = 0;
```

```c
/* semget()을 이용하여 세마포어 ID 구하기 */
semId = semget((key_t)1234, 1, 0666 | IPC_CREAT);

/* 세마포어 초기값 설정 */
if(semctl(semId, 0, SETVAL, 1) == -1)
{
    fprintf(stderr, "세마포어 초기화 실패\n");
    exit(0);
}

/* plusSem 프로세스의 PID 출력 */
printf("PLUS 세마포어의 PID : %d\n", getpid());

/* 파일에 메시지를 5번 기입한 후 종료 */
for(step = 0; step < 5; step++)
{
    /* 세마포어에 마지막으로 수정을 가한 프로세의 PID 출력 */
    proId = semctl(semId, 0, GETPID, 0);
    printf("세마포어를 변경한 마지막 PID: %d\n",proId);

    /* 테스트를 위해 세마포어 값을 감소 시키는 작업 생략 */

    /* db.txt 파일을 열고 메시지를 저장한 후 파일닫기 */
    file = fopen("./db.txt", "a+");
    fprintf(file, "plusSem 프로세스 메시지 저장\n");
    fclose(file);

    /* 세마포어의 값을 증가시킨 뒤, 1초를 쉰다. */
    semB.sem_op = 1;
    if(semop(semId, &semB, 1) == -1)
    {
        fprintf(stderr, "세마포어 값 증가 실패\n");
        exit(0);
    }
    sleep(1);
}

/* 세마포어를 제거 */
if(semctl(semId, 0, IPC_RMID, 0) == -1)
{
    fprintf(stderr, "세마포어 제거 실패\n");
    exit(0);
}
```

```c
        exit(1);
    }
```

이번에는 minusSem 프로그램의 소스 코드를 보도록 하자.

⟨minusSem.c⟩
```c
#include <stdio.h>
#include <unistd.h>
#include <stdlib.h>

/* 세마포어를 위한 헤더파일들 */
#include <sys/types.h>
#include <sys/ipc.h>
#include <sys/sem.h>

/* 세마포어의 값을 증가시키는 main 함수 */
int main(int argc, char *argv[])
{
    /* 세마포어와 파일을 위한 변수 선언 */
    int step;
    int semId, proId;
    FILE *file;
    struct sembuf semB;

    /* sembuf의 초기값 설정 */
    semB.sem_flg = SEM_UNDO;
    semB.sem_num = 0;

    /* semget()을 이용하여 세마포어 ID 구하기 */
    semId = semget((key_t)1234, 1, 0666 | IPC_CREAT);

    /* 세마포어 초기값 설정 */
    if(semctl(semId, 0, SETVAL, 1) == -1)
    {
        fprintf(stderr, "세마포어 초기화 실패\n");
        exit(0);
    }

    /* minusSem 프로세스의 PID 출력 */
    printf("MINUS 세마포어의 PID : %d\n", getpid());

    /* 파일에 메시지를 5번 기입한 후 종료 */
```

```
    for(step = 0; step < 5; step++)
    {
        /* 세마포어에 마지막으로 수정을 가한 프로세의 PID 출력 */
        proId = semctl(semId, 0, GETPID, 0);
        printf("세마포어를 변경한 마지막 PID: %d\n",proId);

        /* 세마포어의 값을 감소 시킨다. */
        semB.sem_op = -1;
        if (semop(semId, &semB, 1) == -1)
        {
            fprintf(stderr, "세마포어 값 감소 실패\n");
            exit(0);
        }

        /* db.txt 파일을 열고 메시지를 저장한 후 파일닫기 */
        file = fopen("./db.txt", "a+");
        fprintf(file, "minusSem 프로세스 메시지 저장\n");
        fclose(file);

        /* 테스트를 위해 세마포어 값을 증가 시키는 작업 생략 */
        sleep(1);
    }
    exit(1);
}
```

소스 코드를 모두 작성했으면 두 개의 쉘 창에서 각각의 프로그램을 실행시켜보자. 이때 테스트를 위해 minusSem 프로그램부터 실행하도록 한다. plusSem 프로그램의 경우엔 다른 프로세스의 도움 없이도 작업 수행이 가능하기 때문에 plusSem 프로그램을 먼저 실행시키면 혼자서 작업을 마치고 종료하게 된다.

프로그램을 실행시키면 다음과 같이 상대방의 프로세스에서 변경한 세마포어의 내용이 자신에게도 적용되었음을 확인할 수 있다.

```
% plusSem
PLUS 세마포어의 PID : 794
세마포어를 변경한 마지막 PID: 794
세마포어를 변경한 마지막 PID: 793
세마포어를 변경한 마지막 PID: 793
세마포어를 변경한 마지막 PID: 793
세마포어를 변경한 마지막 PID: 793
```

```
% minusSem
MINUS 세마포어의 PID : 793
세마포어를 변경한 마지막 PID: 793
세마포어를 변경한 마지막 PID: 794
세마포어를 변경한 마지막 PID: 794
세마포어를 변경한 마지막 PID: 794
세마포어를 변경한 마지막 PID: 794
```

세마포어 제거

현재 사용되고 있는 IPC 설비를 확인할 수 있도록 유닉스는 쉘 명령어를 제공하고 있다. 그리고 쉘 명령어를 사용하여 사용하지 않는 IPC 설비를 제거할 수도 있다. 현재 등록된 IPC 설비를 확인하는 명령어는 ipcs 이다.

다음은 ipcs 명령을 실행시킨 예를 보여주고 있다.

```
% ipcs
IPC status from<running system>as of 2004년 1월 25일 일요일 오전 01시 02분 28초
T        ID      KEY           MODE        OWNER      GROUP
Message Queues:
Shared Memory:
m        0       0x5000033e    --rw-r--r--  root       root
Semaphores:
s        1245184 0xd80         --ra-ra-ra-  jshin      staff
```

만일 세마포어에 대한 내용만 확인하고 싶으면 다음과 같이 실행하도록 한다.

```
% ipcs -s
Semaphores:
s        1245184 0xd80         --ra-ra-ra-  jshin      staff
```

여기서 실행 결과를 자세히 보면 세마포어의 킷값이 0xd80으로 나오는 것을 볼 수 있다. 이는 16진수 d80을 의미하는 것인데 10진수로 바꾸면 3456이 된다. 즉, 3456을 킷값으로 한 세마포어를 작성하고 사용중이거나 또는 세마포어를 삭제하지 않고 종료한 결과이다.

만일 3456을 킷값으로 한 세마포어를 쉘상에서 강제로 제거하려면 ipcrm 명령을 사용하도록 한다. 예를 들어 다음과 같이 실행하면 된다.

```
% ipcrm -S 3456
```

여기서 -S 옵션은 세마포어의 킷값을 이용하여 세마포어를 삭제하는 것을 의미한다. 만일 세마포어의 ID를 이용하려면 -s(소문자) 옵션을 이용하도록 한다.

05 레코드 락

프로세스에서 동기화 문제를 해결하기 위해 활용할 수 있는 또 다른 방법 중 하나로 Record Locking(이하 레코드 락)이 있다. 레코드 락은 프로세스 사이의 통신을 이용한 기법은 아니다. 이는 프로세스가 사용하고자 하는 자원을 잠시 보존할 수 있도록 만드는 기법인데, 레코드 락을 이용하여 프로세스들 사이에서 발생할 수 있는 자원 공유의 문제를 어느 정도 해결할 수 있다.

예를 들어, 데이터를 가공 중이거나 데이터를 옮기는 과정에서 다른 프로세스가 데이터를 업데이트하거나 삭제 및 변경을 한다면, 다른 프로세스는 엉뚱한 데이터를 가지거나 깨진 자료를 이용하게 된다. 이런 문제가 발생하면 발생 원인을 찾기가 쉽지 않다.

프로세스를 개발한 개발자들이 자신의 프로그램 코드를 아무리 살펴보아도 문제가 없을 것이기 때문이다. 이는 여러 프로세스가 동시에 구동되어서 발생한 문제이므로 개발자들이 모여 동일한 환경을 만들고 문제를 발생시켜봐야 비로소 해결점을 찾을 수 있을 것이다. 따라서 이런 문제의 해결법은 예방이 최선이다.

레코드 락은 다른 프로세스들에게 현재 자원이 사용 중임을 알리는 방법으로 문제를 예방하게 해준다. 이때, 레코드 락에서의 레코드는 파일이나 자원의 일부를 의미하며 락은 다른 프로세스가 접근하지 못하도록 막는 것을 의미한다. 레코드 락은 여러 가지 방법으로 구현할 수 있는데, 이를 차례로 살펴보자.

lockf

lockf( ) 시스템 호출을 이용하여 레코드 락을 구현할 수 있다. 이 시스템 호출은 레코드 락을 아주 쉽게 구현할 수 있도록 하지만 기능이 좀 단순하다. 먼저 lockf( )의 프로토타입은 다음과 같다.

```
int lockf(int fileDes, int purpose, int size);
```

여기서 첫 번째 인수인 fileDes는 lockf( ) 호출 이전에 open한 파일 기술어를 의미한다. 그리고 두 번째 인수인 purpose는 lockf( )의 수행 목적을 지정하는 인수이다. 마지막 인수인 size는 레코드 락에서 사용할 영역에 대한 사이즈를 뜻한다.

두 번째 인수인 purpose를 이용하여 lockf( )의 수행 목적을 지정한다고 했는데, 이때 자주 사용되는 선언자는 다음과 같다.

```
F_ULOCK(0) - 락의 해제
F_LOCK(1) - 락 수행
```

레코드 락의 사이즈를 지정하는 마지막 인수의 경우의 경우, 시작 위치는 현재 파일에 대한 포인터의 위치가 되기 때문에 lseek( ) 등으로 포인터의 위치가 옮겨가게 되면, 거기서부터 지정한 사이즈까지가 레코드 락의 범위가 된다. 예를 들어, 다음과 같이 레코드 영역(1,024Bytes)에 대해 락을 걸 수 있다.

```
lockf(fileDes, F_LOCK, 1024L);
```

만일 사이즈를 0으로 세팅하게 되면, 현재 파일 포인터에서 파일의 끝까지가 영역으로 설정된다. 만일 현재 포인터가 파일의 시작 부분이라면 파일 전체가 해당 영역으로 설정된다. 여러 프로세스가 동일한 레코드 영역을 이용해야 한다면 LOCK과 ULOCK을 적절히 이용하여 자원의 공유로 인해 발생할 수 있는 문제를 예방할 수 있게 된다.

fcntl

이번에는 fcntl( ) 시스템 호출을 이용하여 레코드 락을 구현하는 방법을 살펴보자. 파이프를 이용하면서 fcntl( )을 소개한 것을 기억할텐데, 바로 파이프의 블록을 해제하는 방법을 소개하면서 나왔었다. 그때 소개된 구문은 다음과 같다.

```
#include <fcntl.h>
fcntl(fileDes, F_SETFL, O_NDELAY);
```

fcntl( ) 함수는 레코드 락을 읽기에 대한 것과 쓰기에 대한 것으로 나눠 락을 수행할 수 있다. 그럼, 먼저 레코드 락을 위해 사용되는 fcntl( )의 프로토타입을 보도록 하자.

```
int fcntl(int fileDes, int cmd, struct flock* lockT);
```

첫 번째 인수로 사용되는 fileDes는 미리 open된 파일의 기술어가 된다. fcntl은 읽기 락과 쓰기 락을 지원한다고 했는데, 읽기를 위한 락을 위해선 fileDes가 읽기 전용 또는 읽고 쓰기 용으로 open되어야 한다. 그리고 쓰기를 위한 락을 하려면 fileDes가 쓰기 전용 또는 읽그 쓰기 용으로 open되어야 한다.

두 번째 인수인 cmd는 fcntl( )가 어떤 작업을 수행하는지를 지정하는 인수가 된다. fcntl( )가 레코드 락을 수행하기 위해 사용되는 cmd 값에는 다음과 같은 것들이 있다.

- ✓ F_GETLK : 레코드 락 정보를 얻어온다.
- ✓ F_SETLK : 락을 걸거나 락을 제거하는데 사용된다.
- ✓ F_SETLKW : 파일에 대한 락을 건다. 이미 락이 걸려 있으면 작업을 중지한다.

세 번째 인수인 lockT는 락에 대한 정보를 얻어오거나 락을 걸 때, 각각의 정보를 담는 구조체로 활용된다. lockT의 데이터 타입인 flock은 다음과 같이 이루어져 있다.

```
struct flock {
    off_t l_start;
    off_t l_len;
    pid_t l_pid;
    short l_type;
    short l_whence;
};
```

구조체에 있는 l_start, l_whence 그리고 l_len는 레코드 락의 영역을 위한 정보로 사용된다. 이때 l_whence와 l_start를 이용하여 파일의 정확한 시작 위치를 구할 수 있는데, l_whence는 l_start가 가리키는 지점이 파일 포인터가 처음인지, 중간 지점인지 끝인지를 알려주고, l_len은 구역의 크기가 된다. 만일 l_len이 0이면 파일의 끝까지를 의미한다.

그리고 l_pid는 락을 수행한 프로세스의 PID가 되는데, 이 값은 F_GETLK을 이용하여 레코드락의 정보를 얻어올 때, 의미가 있다. 마지막으로 l_type은 수행하고자 하는 락의 타입을 지정한다. 이때 사용되는 선언에는 다음과 같은 것들이 있다.

- ✓ F_RDLCK : 읽기 락을 의미한다.
- ✓ F_WRLCK : 쓰기 락을 의미한다.
- ✓ F_UNLCK : 락의 해제를 의미한다.

> **NOTE_** 읽기 락을 걸면 다른 프로세스는 쓰기 락을 못하게 되며, 쓰기 락을 걸면 읽고 쓰기 락을 모두 못하게 된다.

레코드 락 예제

이번에는 lockf( ) 시스템 호출을 이용하여 레코드 락을 구현한 예제를 만들어 보자. 이때 사용하는 예제는 세마포어에서 사용했던 예제와 유사한 것이다. 즉, db.txt 파일을 열어 메시지를 입력하는 프로그램으로 메시지 입력을 전후해 lock과 unlock을 수행하게 된다.

이를 위해 파일을 열고 레코드 lock과 레코드 unlock을 수행하는 구문을 다음과 같이 작성한다.

```c
int file = open("./db.txt", O_WRONLY|O_APPEND);

/* lockf()를 이용하여 lock 수행한 후, 메시지 입력 */
lockf(file, F_LOCK, 0L);
write(file, "recLock Message\n", 16);

/* lockf()를 이용하여 unlock 시킨 후, 파일 닫기 */
lockf(file, F_ULOCK, 0L);
close(file);
```

> **NOTE_** 세마포어를 위한 예제에서는 표준 입출력 라이브러리인 fopen()을 이용했지만 lockf() 시스템 호출을 위해선 open() 함수를 이용하여 파일 열기를 해야 한다.

그럼, 전체 소스를 보면서 Chapter 15를 마무리 하도록 하자.

⟨recLock.c⟩

```c
#include <stdio.h>
#include <unistd.h>
#include <stdlib.h>
#include <fcntl.h>

int main(int argc, char *argv[])
{
    /* 파일을 위한 변수 선언 */
```

```
    int file, step;

    /* 파일에 메시지를 5번 기입한 후 종료 */
    for(step = 0; step < 5; step++)
    {
        /* db.txt 파일을 열기 */
        file = open("./db.txt", O_WRONLY|O_APPEND);
        if(file == -1)
        {
            fprintf(stderr, "파일 열기 실패\n");
            exit(0);
        }

        /* lockf()를 이용하여 lock 수행한 후, 메시지 입력 */
        lockf(file, F_LOCK, 0L);
        write(file, "recLock Message\n", 16);

        /* lockf()를 이용하여 unlock 시킨 후, 파일 닫기 */
        lockf(file, F_ULOCK, 0L);
        close(file);
        sleep(1);
    }
    exit(1);
}
```

chapter 16
프로세스간 통신2 : 공유 메모리와 메시지 큐

Chapter 15에 이어 프로세스간 통신에 대해 계속해서 다루게 된다. 이 Chapter에서 다룰 주요 내용은 "공유 메모리"와 "메시지 큐"에 대한 것으로, 두 가지 기법 모두 IPC를 구현하기 위해 아주 많이 사용되는 중요한 방법들이다.

공유 메모리는 세그먼트라 불리는 특정 메모리 영역을 여러 프로세스가 함께 사용하는 것을 의미하는데, 이를 통해 여러 프로세스들이 통신을 하게 된다. 즉, 메모리의 한 부분을 프로세스가 입력하고 다른 프로세스가 그 부분을 가져가는 방법을 이용하는 것이다. 이때 프로세스들은 자기가 가진 메모리에서 데이터를 읽고 쓰는 개념이기 때문에 처리 속도가 무척 빠르다.

메시지 큐는 프로세스가 큐 속에 메시지를 넣어주면 다른 프로세스가 큐 속에 있는 메시지를 가져가는 방법으로 프로세스간 통신을 구현하는 방법이다. 메시지 큐는 유닉스 시스템 개발자들이 자주 애용하는 방법이기도 하다.

Chapter 16은 공유 메모리와 메시지 큐를 다음의 목차를 이용하여 설명하고 있다.

1. 공유 메모리
2. 메시지 큐
3. C++ 언어를 이용한 IPC 구현 예제

01 공유 메모리

공유 메모리 소개

공유 메모리(Shared Memory)는 이름 그대로 프로세스들이 특정 메모리 영역을 공유하도록 만든 뒤, 이 공간을 이용하여 통신을 수행하는 기법이다. 메모리를 서로 공유하는 프로세스들은 공유 가상 메모리를 가리키는 테이블 엔트리를 가지게 된다.

다른 IPC 기법들과 마찬가지로 공유 메모리는 킷값을 이용하여 접근 및 관리가 된다. 공유 메모리 또한 프로세스 동기화가 필요하기 때문에 세마포어 등을 이용하여 자원에 대한 관리를 해 주어야 한다.

유닉스 시스템은 shm_segs 라는 벡터를 이용하여 공유 메모리를 관리하게 된다. 그리고 벡터 속에는 shmid_ds 라는 스트럭처가 저장이 되는데, shmid_ds를 이용하여 공유 메모리 정보를 저장하게 된다. 예를 들어, 공유 메모리를 사용하고 있는 프로세스의 수나 공유 메모리의 크기 등이 저장되는데, shmid_ds 스트럭처의 모습은 다음과 같다.

```
struct shmid_ds {
    struct ipc_perm shm_perm;   /* operation permission struct */
    size_t          shm_segsz;  /* size of segment in bytes */
    struct anon_map *shm_amp;   /* segment anon_map pointer */
    ushort_t        shm_lkcnt;  /* number of times it is being locked */
    pid_t           shm_lpid;   /* pid of last shmop */
    pid_t           shm_cpid;   /* pid of creator */
    shmatt_t        shm_nattch; /* used only for shminfo */
    ulong_t         shm_cnattch; /* used only for shminfo */
    time_t          shm_atime;  /* last shmat time */
    time_t          shm_dtime;  /* last shmdt time */
    time_t          shm_ctime;  /* last change time */
    kcondvar_t      shm_cv;
    char            shm_pad4[2]; /* reserved for kcondvar_t expansion */
    struct sptinfo  *shm_sptinfo; /* info about ISM segment */
    struct seg      *shm_sptseg;  /* pointer to ISM segment */
    long            shm_sptprot;  /* was reserved (still a "long") */
};
```

유닉스 시스템이 제공하는 시스템 호출을 이용하여 프로세스들은 공유 메모리로 설정된 가상 메모리를 사용할 수 있게 된다. 이때 공유 메모리와 연결된 가상 메모리는 프로세스가 가진 가상 메모리 공간에 위치할 수도 있고 유닉스 시스템이 가진 별도의 영역에 위치할 수도 있다. 그리고 이 가상 메모리는 프로세스가 메모리를 사용하려는 순간에 영역이 잡히게 된다.

프로세스가 공유 메모리를 사용하려 하면 커널은 해당 공유 메모리를 위한 shmid_ds 스트럭처의 테이블 엔트리를 찾아서 실제로 공유하고 있는 가상 메모리에 대한 정보를 얻게 된다. 만일 해당 영역이 존재하지 않으면 새로운 물리적 메모리를 할당받아 테이블 엔트리를 만들고 이를 shmid_ds 스트럭처 내부에 저장한다.

새로운 메모리 영역을 할당받는 작업은 공유 메모리를 사용하고자 하는 첫 번째 프로세스에 의해 이루어지게 되고, 두 번째 프로세스부터는 단지 이 영역에 대한 정보를 자신의 가상 메모리 영역에 추가하여 사용하면 된다. 프로세스들이 공유 메모리의 사용을 더 이상 원치 않으면 공유 메모리와 가상 메모리의 연결을 끊게 된다.

프로세스와의 연결이 끊어지게 되면 shmid_ds 자료 구조에 해당 정보가 업데이트가 된다. 이때 공유 메모리를 사용하고 있는 다른 프로세스는 특별한 영향을 받지 않는다. 하지만 모든 프로세스가 공유 메모리와의 연결을 해제하게 되면 공유 메모리를 위해 사용되던 메모리 페이지는 모두 해제되고 해당 shmid_ds 스트럭처의 내용도 없어지게 된다.

> **NOTE_** 공유 메모리는 메모리 영역에 대한 동기화를 제공하지 않으므로 개발자들은 이 부분에 신경을 써야 한다.

공유 메모리 시스템 호출

공유 메모리의 사용을 위해 다음과 같은 시스템 호출이 제공되고 있다.

```
#include <sys/shm.h>
shmget(), *shmat(), shmdt(), shmctl()
```

> **NOTE_** 시스템 V에서 사용하는 IPC들은 대부분 유사한 이름과 기능을 가진 시스템 호출을 제공한다.

■ shmget

먼저 shmget() 함수에 대해 살펴보면, 이 함수는 공유 메모리를 생성 및 공유 메모리 기술어를 얻는데 사용된다. 만일 동일한 공유 메모리가 이미 존재하면 생성을 위한 작업은 무시가 되고 그냥 기존의 공유 메모리를 얻게 된다. shmget() 함수의 프로토타입은 다음과 같다.

```
int shmget(key_t key, size_t size, int shmflg);
```

shmget() 함수가 사용하는 첫 번째 인수인 key는 여러 개의 프로세스들이 공통의 공유 메모리를 사용할 수 있도록 지정하는 킷값이 된다. 그리고 두 번째 인수인 size는 공유 메모리의 세그먼트 크기가 된다.

마지막 인수로 사용된 shmflg는 공유 메모리에 대한 접근 권한을 위한 플래그로 다른 플래그들과 '|' 기호를 이용하여 OR 연산을 수행할 수 있다. 만일 IPC_CREAT 플래그와 함께 세팅하게 되면, 공유 메모리가 생성되어 있지 않을 때 새로 생성되도록 만들 수 있다.

이때 만일 이미 생성된 공유 메모리가 있다면 IPC_CREAT에 대한 설정은 무시가 되고 이미 만들어 있던 공유 메모리가 반환된다. shmget() 함수는 실행에 실패하게 되면, -1를 리턴하게 된다.

shmget() 함수의 호출로 생성되는 공유 메모리의 메모리 영역은 프로세스의 가상 메모리 영역이 아닌 실제 메모리의 물리적 영역이 된다. 그럼, shmget() 시스템 호출의 간단한 사용 예를 보도록 하자.

```
#include <sys/types.h>
#include <sys/ipc.h>
#include <sys/shm.h>

/* 공유 메모리로 사용할 사이즈 선언 */
#define COMMANDSIZ 64

/* shmget을 이용하여 공유 메모리 확보 */
int smId = shmget((key_t)9000, COMMANDSIZ, 0666 | IPC_CREAT);
if(smId == -1)
{
    printf("shmget 실행실패\n");
    exit(0);
}
```

> **NOTE_** 세마포어를 위한 semget() 함수, 다음절에서 살펴볼 메시지 큐를 위한 msgget() 그리고 지금 보고 있는 공유 메모리를 위한 shmget() 함수의 사용이 대체로 유사하다.

■ shmat

shmget() 시스템 호출을 이용하여 물리적인 메모리에 공유 메모리를 생성했다면, 또는 기존에 생성되어 있던 공유 메모리 정보를 얻어왔다면, 이번에는 shmat() 시스템 호출을 사용해서 프로세스 내부에 있는 가상 메모리와 연결을 시켜주어야 한다. shmat() 함수의 프로토타입은 다음과 같다.

```
void *shmat(int smId, const void *shm_addr, int flag);
```

shmat() 함수를 이용하여 가상 메모리와 물리적 영역을 연결한 다음에야 공유 메모리를 활용할 수 있다. 이러한 shmat() 함수의 첫 번째 인수인 smId는 shmget() 함수 호출을 통해 얻어온 공유 메모리의 기술어가 된다.

두 번째 인수인 shm_addr은 공유 메모리와 연결하고자 하는 프로세스 내부의 메모리를 가리킨다. 하지만 프로세스 내부의 메모리 영역을 개발자가 지정해주는 것보다 시스템이 상황에 맞게 지정하도록 만들어 주는 것이 좋기 때문에 일반적으로 0으로 세팅하게 된다.

마지막 인수로 사용된 flag는 공유 메모리와 프로세스 내부의 메모리를 연결하면서 원하는 속성을 지정하는데 사용되는 플래그로 OR 연산을 통한 비트 세팅이 가능하다. 이때 사용될 수 있는 선언자로는 공유 메모리와 연결되는 프로세스의 내부 어드레스를 시스템이 관리하도록 만들어주는 SHM_RND와 읽기 전용으로 메모리 연결을 지정하는 SHM_RDONLY, 그리고 연결 영역을 대체하는 SHM_REMAP 등이 있다.

shmat() 함수는 공유 메모리와 연결이 완료된 프로세스 내부의 가상 메모리 주소를 리턴해준다. 만일 실패하면 -1를 리턴하게 된다. 그럼, shmat() 함수를 이용하여 메모리 주소를 얻어내고 이를 활용하기 위해 프로그램 내부의 버퍼와 연결하는 간단한 모듈을 보자.

```
#include <sys/types.h>
#include <sys/ipc.h>
#include <sys/shm.h>
```

```c
/* 공유 메모리로 사용할 사이즈 선언 */
#define COMMANDSIZ 64

/* 공유 메모리 사용을 위한 변수 선언 */
void *s_memory = (void *)0;

/* 먼저 shmget() 함수를 이용하여 공유 메모리 ID 구함 */
int smId = shmget((key_t)9000, COMMANDSIZ, 0666 | IPC_CREAT);

/* shmat를 이용하여 공유 메모리 주소 얻기 */
s_memory = shmat(smId, (void *)0, 0);
if(s_memory == (void *)-1)
{
    printf("shmat 실행실패\n");
    exit(0);
}

/* 공유 메모리 주소와 내부 변수 포인터 연결 */
char *buffer = (char *)s_memory;
```

■ shmdt

프로세스가 작업을 끝내고 더 이상 공유 메모리를 사용하지 않을 때는 공유 메모리와 연결된 프로세스 내부의 가상 메모리 사이의 연결을 끊어야 한다. 즉, 공유 메모리를 위해 사용되던 가상 메모리를 제거하는 작업이 필요하다. 이때 사용하는 시스템 호출이 바로 shmdt()인데, 이 함수의 프로토타입은 다음과 같다.

```c
int shmdt(const void *shm_addr);
```

shmdt() 함수의 실행 결과 프로세스 내부의 가상 메모리 공간은 해제가 되며, 0를 리턴하게 된다. 만일 실행에 실패하면 -1를 리턴한다. 그럼, 앞에서 실행했던 shmat()을 통해 연결된 메모리 영역을 해제하는 코드를 보도록 하자.

```c
#include <sys/types.h>
#include <sys/ipc.h>
#include <sys/shm.h>

int smId = shmget((key_t)9000, COMMANDSIZ, 0666 | IPC_CREAT);
```

```
    void *s_memory = shmat(smId, (void *)0, 0);

/* 프로세스와 공유 메모리를 분리 */
if(shmdt(s_memory) == -1)
{
    printf("shmdt 실행실패\n");
    exit(0);
}
```

> **NOTE**_ shmdt() 시스템 호출은 공유 메모리 자체를 없애는 함수가 아니다. shmdt() 함수를 호출하면서 smId가 아닌 s_memory를 사용하는 것은 여기에 이유가 있다.

■ shmctl

공유 메모리를 할당받고 이를 프로세스 내부의 가상 메모리와 연결하는 등의 작업으로 공유 메모리의 영역을 활용할 수 있다. 하지만 공유 메모리 자체에 접근해서 원하는 세팅을 한다든지 공유 메모리의 제거라든지 하는 작업이 필요할 수 있다. 이때 사용하는 시스템 호출이 shmctl( ) 이다.

Shared Memory Control이라는 이름을 가진 shmctl( ) 함수를 통해 공유 메모리를 직접 제어할 수 있게 되는데, shmctl( ) 함수의 프로토타입을 먼저 살펴보도록 하자.

```
int shmctl(int smId, int cmd, struct shmid_ds *buf);
```

shmctl( ) 함수의 첫 번째 인수로 사용되는 smId는 shmget( ) 함수의 호출로 얻은 공유 메모리의 ID가 된다. 두 번째 인수로 사용되는 cmd는 수행하고자 하는 명령어를 뜻하는데 다음과 같은 선언자들이 사용될 수 있다.

- ✓ IPC_RMID : 공유 메모리 삭제에 이용
- ✓ IPC_SET : 마지막 인수로 사용된 buf의 값을 이용하여 공유 메모리의 값을 세팅한다.
- ✓ IPC_STAT : 공유 메모리에 설정된 값을 마지막 인수로 사용된 buf 속에 입력한다.

마지막 인수로 사용된 buf는 앞에서 소개한 것처럼 공유 메모리에 대한 각종 정보가 입력되는 구조체이다.

```
struct shmid_ds {
        struct ipc_perm   shm_perm;  /* operation permission struct */
        size_t            shm_segsz; /* size of segment in bytes */
        ... ... ...
        pid_t             shm_lpid;   /* pid of last shmop */
        pid_t             shm_cpid;   /* pid of creator */
        ... ... ...
        time_t            shm_ctime;  /* last change time */
};
```

그러면 공유 메모리를 생성한 뒤 shmctl( ) 함수를 이용하여 삭제하는 모듈을 간단히 살펴보도록 하자.

```
#include <sys/types.h>
#include <sys/ipc.h>
#include <sys/shm.h>

/* shmget을 이용하여 공유 메모리 확보 */
int smId = shmget((key_t)9000, COMMANDSIZ, 0666 | IPC_CREAT);

/* 공유 메모리 제거 */
if(shmctl(smId, IPC_RMID, 0) == -1)
{
   printf("shmctl 실행실패\n");
   exit(0);
}
```

모듈에서 보듯이 shmctl( ) 함수는 실행에 실패하면 -1를 리턴하게 된다. 공유 메모리의 삭제는 쉘 상에서도 실행할 수 있다. 이는 Chapter 15에서 세마포어를 제거하면서 소개되었던 방법과 동일한 방법이 사용된다.

즉, ipcs 명령의 실행을 통해 시스템 상에 설정된 IPC 설비들의 정보를 얻을 수 있다. 다음은 ipcs 명령의 실행 예를 보여주고 있다.

```
% ipcs
IPC status from<running system>as of 2004년 1월 25일 일요일 오전 01시 02분 28초
T         ID        KEY       MODE      OWNER     GROUP
Message Queues:
```

```
Shared Memory:
m          0    0x5000033e  --rw-r--r--    root      root
Semaphores:
s     1245184   0xd80       --ra-ra-ra-    jshin     staff
```

이때 공유 메모리에 대한 내용만 확인하고 싶으면 다음과 같이 실행하도록 한다.

```
% ipcs -m
Shared Memory:
m          0    0x5000033e  --rw-r--r--    root      root
```

이때 공유 메모리를 삭제하려면 ipcrm 명령을 이용하도록 한다. 다음과 같이 ipcrm 명령을 shm 옵션과 공유 메모리 ID와 함께 사용해서 실행하면 된다.

```
% ipcrm shm 0
```

그럼, 이제 공유 메모리를 이용한 예제를 직접 작성해 보도록 하자.

공유 메모리 예제

지금까지 소개했던 시스템 호출를 이용하여 공유 메모리 예제를 만들어 보자. 이번 예제는 별도로 동작하는 두 개의 프로세스가 공유 메모리를 이용하여 메시지를 주고받는 프로그램이다. 프로세스들이 공유 메모리를 이용할 때 주의해야 할 부분은, 현재 공유 메모리 속에 있는 데이터를 사용해도 되는 것인지, 혹은 예전에 이미 사용했던 데이터가 아닌지 확인이 필요하다.

이를 위해, 대부분의 개발자들이 약속된 스트럭처를 이용하여 공유 메모리 영역을 접근하는 방법을 사용한다. 즉, 스트럭처 내부의 일부분을 플래그로 사용하여 플래그가 on이면 데이터를 가져가고 off이면 데이터를 가져가지 못하게 한다든지 하는 것이다.

그리고 공유 메모리를 통해 여러 개의 프로세스가 작업을 수행하는 것은 프로세스 동기화의 문제를 안고 있다. 따라서 IPC를 이용하여 시스템을 개발하는 개발자들은 항상 이 부분에 신경을 써야 한다.

이번 예제에서는 공유 메모리를 사용하는 프로세스들이 버퍼의 첫 번째 2바이트를 플래그로 사용한다. 즉, 메시지를 입력하는 프로세스는 공유 메모리의 첫 번째 2바이트가 "NO"일 때 명령어 실행을 위한 메시지를 공유 메모리 속에 입력한 뒤, 플래그를 "ON"으로 변경시킨다.

공유 메모리에서 실행할 명령어를 접수하는 프로세스는 플래그가 "ON" 일때 명령어를 접수한 다음에 플래그를 "NO"로 변경하고 접수된 명령어를 실행한다. 메시지를 입력하는 프로세스는 다시 플래그가 "NO"이면 메시지를 입력하게 된다. 이러한 과정을 서로 반복하면서 언제 새로운 메시지를 접수해야 하는지, 그리고 언제 메시지를 입력해야 하는지를 알게 된다.

명령어를 입력받는 rcvSm 프로그램은 공유 메모리의 생성과 종료를 담당하게 된다. 따라서 먼저 실행되어서 명령어의 입력을 기다리고 있어야 한다. 메시지를 전송하는 sendSm 프로그램은 사용자로부터 문장을 입력받은 뒤, 해당 문장을 공유 메모리에 기입한다. 만일 사용자가 "quit"을 입력하면 sendSm 프로세스와 rcvSm 프로세스는 차례로 종료하게 된다.

먼저 rcvSm 프로그램의 작성 과정을 살펴보도록 하자. 이 프로그램은 shmget() 함수를 이용하여 공유 메모리를 만든다. 그런 다음 shmat() 함수를 이용하여 공유 메모리와 프로세스 내부의 메모리와 연결을 설정한다.

```
#define COMMANDSIZ 64
/* shmget을 이용하여 공유 메모리 확보 */
int smId = shmget((key_t)9000, COMMANDSIZ, 0666 | IPC_CREAT);
/* shmat를 이용하여 공유 메모리 주소 얻기 */
void *s_memory = shmat(smId, (void *)0, 0);
```

그런 다음 버퍼를 이용하여 프로세스 내부의 메모리를 조작할 수 있도록 만든다. 모든 준비 작업이 끝났으면 버퍼의 첫 번째 2바이트가 "ON"이 되기를 기다린다. 만일 "ON"이면 메시지를 접수하고 버퍼의 첫 번째 2바이트를 "NO"로 세팅한다.

```
/* 공유 메모리 주소와 내부 변수 포인터 연결 */
char *buffer = (char *)s_memory;
/* 플래그가 ON 이면 메시지 접수 */
if(!strncmp(buffer,"ON",2))
{
    printf("명령 접수: %s\n", buffer+2);
    /* 플래그를 ON에서 NO로 변경 */
    strncpy(buffer,"NO",2);
}
```

만일 접수된 메시지가 "quit"이면 프로세스와 공유 메모리를 분리시키는 작업을 수행한다. 그런 다음 공유 메모리를 시스템에서 제거한다.

```c
/* 프로세스와 공유 메모리를 분리 */
shmdt(s_memory);
/* 공유 메모리 제거 */
shmctl(smId, IPC_RMID, 0);
```

이번에는 공유 메모리에 메시지를 입력하는 sendSm 프로그램을 살펴보도록 하자. sendSm 프로그램의 첫 번째 작업도 shmget()을 이용하여 공유 메모리의 기술어를 가져오는 것이다. 이때 얻은 기술어를 이용하여 프로세스 내부의 메모리와 공유 메모리를 연결시킨다. 그런 다음 사용할 버퍼와 메모리를 연결시키고 메시지를 입력하게 된다.

이때 버퍼의 플래그 바이트가 "ON"이 아니면 메시지를 입력시키고 "ON"이면 rcvSm 프로세스가 ON을 해제할 때 까지 대기하게 된다. 만일 사용자가 입력한 메시지가 "quit"이면 공유 메모리의 사용을 해제한 후 프로세스를 종료하게 된다.

```c
/* 공유 메모리 주소와 내부 변수 포인터 연결 */
char *buffer = (char *)s_memory;
/* ON이면 상대방이 가져갈 때 까지 대기 */
while(strncmp(buffer,"ON",2) == 0){}

/* 공유 메모리 속에 명령 라인 입력 후 ON으로 셋팅 */
gets(buffer+2);
strncpy(buffer,"ON",2);

/* ON 문자열 뒤에 quit이 입력되었으면 종료 */
if(!strncmp(buffer+2,"quit",4))
{
    /* 프로세스와 공유 메모리를 분리 */
    if(shmdt(s_memory) == -1)
    {
        printf("shmdt 실행 실패\n");
        return 0;
    }
    return 1;
}
```

지금까지 소개한 내용을 바탕으로 한 전체 소스 코드를 보도록 하자. 소스 코드를 볼 때는 그냥 눈으로만 보지 말고 분석 과정을 거쳐보자. 내부에 어떤 버그가 있는지, 어떤 점을 개선해야 하는지, 또한 어디 부분을 앞으로 참조할 것인지 등을 생각하면서 보기 바란다. 먼저 rcvSm.c의 소스 코드다.

〈rcvSm.c〉

```c
#include <stdio.h>
#include <string.h>

#include <sys/types.h>
#include <sys/ipc.h>
#include <sys/shm.h>

/* 공유 메모리로 사용할 사이즈 선언 */
#define COMMANDSIZ 64

int main()
{
    /* 공유 메모리 사용을 위한 변수 선언 */
    void *s_memory = (void *)0;
    int smId;
    char *buffer;
    int isRun = 1;

    /* shmget을 이용하여 공유 메모리 확보 */
    smId = shmget((key_t)9000, COMMANDSIZ, 0666 | IPC_CREAT);
    if(smId == -1)
    {
        printf("shmget 실행 실패\n");
        return 0;
    }

    /* shmat를 이용하여 공유 메모리 주소 얻기 */
    s_memory = shmat(smId, (void *)0, 0);
    if(s_memory == (void *)-1)
    {
        printf("shmat 실행 실패\n");
        return 0;
    }

    /* 공유 메모리 주소와 내부 변수 포인터 연결 */
    buffer = (char *)s_memory;
    while(isRun)
```

```c
    {
        /* ON이면 상대방이 넣어준 명령 접수 */
        if(!strncmp(buffer,"ON",2))
        {
            printf("명령 접수: %s\n", buffer+2);
            /* 플래그를 ON에서 NO로 변경 */
            strncpy(buffer,"NO",2);
            /* 플래그를 제외한 문자열이 quit으로 시작하면 종료 */
            if(!strncmp(buffer+2,"quit",4))
            {
                isRun = 0;
            }
        }
    }

    /* 프로세스와 공유 메모리를 분리 */
    if(shmdt(s_memory) == -1)
    {
        printf("shmdt 실행 실패\n");
        return 0;
    }

    /* 공유 메모리 제거 */
    if(shmctl(smId, IPC_RMID, 0) == -1)
    {
        printf("shmctl 실행 실패\n");
        return 0;
    }
    return 1;
}
```

이번에는 sendSm.c 프로그램의 전체 소스 코드를 보도록 하자.

〈sendSm.c〉
```c
#include <sys/types.h>
#include <sys/ipc.h>
#include <sys/shm.h>

/* 공유 메모리로 사용할 사이즈 선언 */
#define COMMANDSIZ 64

int main()
```

```c
{
    /* 공유 메모리 사용을 위한 변수 선언 */
    void *s_memory = (void *)0;
    int smId;
    char *buffer;
    int isRun = 1;

    /* shmget을 이용하여 공유 메모리 확보 */
    smId = shmget((key_t)9000, COMMANDSIZ, 0666 | IPC_CREAT);
    if(smId == -1)
    {
        printf("shmget 실행 실패\n");
        return 0;
    }

    /* shmat를 이용하여 공유 메모리 주소 얻기 */
    s_memory = shmat(smId, (void *)0, 0);
    if(s_memory == (void *)-1)
    {
        printf("shmat 실행 실패\n");
        return 0;
    }

    /* 공유 메모리 주소와 내부 변수 포인터 연결 */
    buffer = (char *)s_memory;

    while(isRun)
    {
        /* ON이면 상대방이 가져갈 때 까지 대기 */
        while(strncmp(buffer,"ON",2) == 0){}
        /* 공유 메모리 속에 명령 라인 입력 */
        printf("명령 입력: ");
        gets(buffer+2);
        strncpy(buffer,"ON",2);
        /* ON 문자열 뒤에 quit이 입력되었으면 종료 */
        if(!strncmp(buffer+2,"quit",4))
        {
            isRun = 0;
        }
    }

    /* 프로세스와 공유 메모리를 분리 */
    if(shmdt(s_memory) == -1)
    {
        printf("shmdt 실행 실패\n");
```

```
        return 0;
    }
    return 1;
}
```

프로그램 작성이 모두 끝났으면 컴파일 한 뒤, 두 개의 셸 창에서 각각 실행을 시키도록 한다. 다음은 각각의 프로그램의 실행 결과를 보여주고 있다.

```
% rcvSm
명령 접수 : login root
명령 접수 : telnet host
명령 접수 : quit
```

```
% sendSm
명령 입력 : login root
명령 입력 : telnet host
명령 입력 : quit
```

NOTE_ 공유 메모리를 사용하면 메모리의 어떤 번지를 프로세스들이 공유하고 있는지 확인하는 방법은 다음과 같다.

```
int smId = shmget((key_t)9000, COMMANDSIZ, 0666 | IPC_CREAT);
void *s_memory = shmat(smId, (void *)0, 0);
printf("Memory attached at %X\n", (int)s_memory);
```

02 메시지 큐

그럼, 이번에는 유닉스의 IPC 기법 중 가장 많이 애용되고 있는 메시지 큐에 대해 알아보고 어떻게 구현하는지 시스템 호출과 예제를 통해 배워보도록 하자.

메시지 큐 소개

메시지 큐(이하 큐)는 프로세스들이 함께 사용하는 큐에 메시지를 입출력하면서 서로가 원하는 데이터를 주고받는 방법을 이용한다. 이를 위해서 시스템은 큐를 관리해야 하고 큐에 여러 개의 프로세스가 접근(access)할 수 있도록 해야 한다.

> **NOTE_** 큐는 일반적으로 FIFO(First In First Out)를 따르는 자료구조를 의미한다. 하지만 여기서는 FIFO를 시스템의 메모리 영역을 뜻한다. 참고로 큐와 대비되는 자료구조로 스택(Stack)이 있는데 스택은 LIFO(Last In First Out)를 따른다.

유닉스는 메시지 큐들을 msgque 리스트를 이용하여 관리한다. 이 리스트 속에는 msqid_ds 스트럭처들이 저장된다. msqid_ds 스트럭처는 메시지 큐에 대한 정보가 저장되는데, 프로세스가 메시지 큐를 생성하면 새로운 msqid_ds가 생성된다. 그리고 생성된 msqid_ds는 msgque 리스트 속에 삽입이 된다.

msqid_ds 구조체에는 메시지 큐의 접근 권한이나 메시지 큐의 생성, 수정 시간 등의 정보가 저장된다. 그리고 스트럭처 내부에는 두 개의 큐를 가지고 있다. 이는 큐에서 정보를 읽으려고 하는 프로세스를 위한 것과 큐에 정보를 입력하려는 프로세스를 위한 것들이다. msqid_ds 구조체를 보면 다음과 같다.

```
struct msqid_ds {
    struct ipc_perm msg_perm;   /* 큐에 대한 접근 권한 */
    struct msg *msg_first;      /* 큐 속의 첫 번째 메시지 */
    struct msg *msg_last;       /* 큐 속의 마지막 메시지 */
    time_t msg_stime;           /* 마지막에 메시지가 전송된 시간 */
    time_t msg_rtime;           /* 마지막으로 메시지가 읽혀진 시간 */
    ... ... ...
    struct wait_queue *wwait;   /* write 프로세스를 위한 대기 큐 */
    struct wait_queue *rwait;   /* read 프로세스를 위한 대기 큐 */
    ushort msg_cbytes;          /* 큐 속에 있는 현재 메시지의 바이트 */
    ushort msg_qnum;            /* 큐 속에 있는 현재 메시지의 개수 */
    ... ... ...
    ushort msg_lspid;           /* 마지막으로 메시지를 send한 PID */
    ushort msg_lrpid;           /* 마지막으로 메시지를 receive한 PID */
    ... ... ...
};
```

메시지 큐에 있는 메시지에 대한 read 또는 write를 시도하게 되면 시스템은 msqid_ds 구조체의 첫 번째 태그(요소)인 msg_perm을 이용하여 큐에 대한 접근 권한을 체크하게 된다. 만일 허용된 사용자나 그룹이면 해당 메시지는 작업을 시도한 프로세스에게 전달이 된다.

큐를 이용하여 프로세스들이 작업을 수행하다 보면 메시지 개수나 길이의 제한으로 인해 작업을 대기해야 하는 경우가 발생한다. 이때는 msqid_ds 구조체의 대기 큐를 이용하게 된다. 메시지 큐는 이러한 방식으로 인해 내부적으로 동기화 문제를 관리하게 된다.

즉, 대기 큐에서 프로세스가 작업을 기다리게 되면 내부적인 스케줄러에 의해 다른 프로세스가 작업을 끝내면 해당 메시지 큐에 대한 사용권을 넘겨받게 된다. 그리고 자기의 작업이 끝나면 다른 프로세스에게 작업권이 넘어간다.

그럼, 메시지 큐를 생성, 사용 및 삭제와 관련된 시스템 호출에 대해 살펴보도록 하자.

메시지 큐 시스템 호출

메시지 큐를 구현하기 위해 유닉스 시스템은 다음과 같은 시스템 호출들을 제공하고 있다.

```
int msgget(key_t key, int msgflg);
int msgsnd(int msqid, void *msg_ptr, size_t msg_sz, int msgflg);
int msgrcv(int msqid, void *msg_ptr, size_t msg_sz, long int msgtype, int msgflg);
int msgctl(int msqid, int command, struct msqid_ds *buf);
```

그럼, 각각의 시스템 호출들을 차례로 알아보자.

■ msgget

메시지 큐도 공유 메모리나 세마포어처럼 킷값을 이용하여 IPC 설비를 이용하게 된다. 이때 키는 유닉스 시스템이 IPC 설비를 가리키는데 사용된다. 프로그램 내에서는 킷값을 지정하기 위한 타입으로 types.h 헤더 파일에 있는 key_t 타입의 스트럭처를 이용하게 된다.

따라서 IPC 설비를 이용하려면 키를 이용한 IPC 생성이 필요하다. 메시지 큐에서는 이러한 작업을 수행하는 시스템 호출이 바로 msgget() 이다. msgget() 시스템 호출을 통해 킷값을 해당하는 메시지 큐를 생성하게 되는데, 이 함수는 다음과 같은 인수들을 이용한다.

```
key_t key
int flag;
int msgQid = msgget(key, int);
```

첫 번째 인수로 사용하는 key가 바로 IPC 설비를 위해 유닉스 시스템이 사용할 키가 된다. 두 번째 인수인 flag는 큐에 대한 접근 권한을 설정하는 플래그와 OR 연산자를 이용하여 생성을 위한 플래그 등과 결합할 수 있다. 다음은 키를 8000번으로 한 메시지 큐 생성 모듈의 예이다.

```
int msgQid = msgget((key_t)8000, 0666 | IPC_CREAT);
```

msgget( )가 정상적으로 실행되면 메시지 큐에 대한 ID를 리턴하게 되는데, 이 ID를 이용하여 메시지 전송이나 메시지 큐 제어 등을 하게 된다. 만일 msgget( )의 실행이 실패하면 −1를 리턴하게 된다.

> **NOTE_** 파일 입출력과 비교하면 msgget() 호출은 creat() 함수와 open() 함수의 결합으로 볼 수 있다.

msgget의 실행을 통해 메시지 큐를 생성했으면 메시지 전송을 위한 연산을 수행할 수 있게 되는데 이때 사용하는 시스템 호출은 msgsnd( )와 msgrcv( )이다.

■ **msgsnd**

메시지 큐로 메시지를 입력(write)하기 위해 사용하는 시스템 호출이 msgsnd( )이다. 큐에 데이터를 입력하려 할 때 시스템은 메시지 큐에 대한 쓰기 권한이 있는지 조사하게 된다. 이때 사용되는 정보가 앞에서 소개한 msqid_ds 구조체의 ipc_perm 태그 속에 있는 정보이다. 이 속의 정보와 비교하여 쓰기 권한에 문제가 없으면 msgsnd( ) 함수를 제대로 수행할 수 있게 된다. msgsnd( ) 함수의 사용 예는 다음과 같다.

```
int msgQid;         /* 메시지 큐의 ID */
void *msgPtr;       /* 전송하고자 하는 메시지의 포인터 */
size_t msgSize;     /* 전송하고자 하는 메시지의 사이즈 */
int msgFlag;        /* 메시지 전송을 위한 제어 플래그 */
int result = msgsnd(msqid, msgPtr,  msgSize,  msgFlag);
```

msgsnd( ) 시스템 호출에서 사용되는 첫 번째 인수인 msgQid는 사용하고자 하는 메시지 큐의 ID가 되며, 두 번째 인수인 msgPtr은 전송하고자 하는 메시지의 포인터가 된다. 그리고 세 번째 인수인 msgSize는 전송하고자 하는 메시지의 사이즈가 된다.

이때 사용하는 메시지의 타입은 개발자들이 설계한 메시지 타입을 이용하면 된다. 이때 메시지 큐에 들어오는 메시지의 종류를 구분하여 프로세스들이 사용하게 하려면 다음과 같이 메시지 타입의 첫 번째 필드를 long int로 지정하여 사용해야 한다.

```
struct new_msg_t {
    long int msgType;
    ... ... ...;
};
```

그리고 메시지의 전송 사이즈는 long int 타입으로 지정된 msgType을 제외한 메시지의 크기를 지정해야 한다. 이렇게 msgType과 사이즈를 지정한 후 메시지를 전송하면, 메시지를 읽어 가는 프로세스는 msgType을 이용하여 지정된 메시지를 읽어가게 된다. 만일 이러한 규칙을 따르지 않으면, 입력된 메시지를 조건과 상관없이 그냥 전송하고 그냥 읽게 된다.

마지막으로 사용된 인수인 msgFlag는 메시지 전송에 사용되는 제어 플래그로 다음과 같은 값이 올 수 있다.

- ✓ IPC_NOWAIT : 작업을 대기해야 하는 경우가 발생하면 대기하지 않고 바로 리턴.
- ✓ IPC_NOERROR : 지정된 사이즈보다 더 큰 메시지가 전송되어도 에러가 유발되지 않도록 세팅. 이때 사이즈를 넘어선 메시지는 삭제된다. 만일 이러한 세팅이 없으면 에러 리턴.

이들 플래그는 OR 연산자를 이용하여 함께 지정할 수 있다. 그럼, msgsnd의 간단한 사용 예를 보도록 하자. 다음의 예는 8000번을 키로 하여 메시지 큐를 생성한 뒤, 사용자의 주민등록번호와 주소를 메시지 큐에 입력하는 것을 보여준다. 이때 메시지 타입은 1로 한다.

```
/* 메시지로 주고 받을 데이터 길이와 타입 정의 */
#define BUFLEN 32
typedef struct
{
    long int msgType;           /* 메시지 타입 */
    char userNo[13+1];          /* 사용자 주민등록번호 */
    char address[17+1];         /* 사용자 주소 */
} UserType;

/* 메시지 큐 ID 얻어오기 */
msgQid = msgget((key_t)8000, 0666 | IPC_CREAT);
```

```
/* 메시지 작성 */
UserType userT;
userT.msgType = 1;
strncpy(userT.userNo,"주민등록번호...\0",13);
strncpy(userT.address,"주소...\0",17);

/* 작성된 메시지 전송 */
result = msgsnd(msgQid,(void *)&userT,BUFLEN,0);
if(result == -1)
{
    printf("msgsnd 실행실패\n");
    exit(0);
}
```

만일 msgsnd()를 이용한 메시지 전송에 실패하면 -1이 리턴된다. 이번에는 메시지 큐에서 메시지를 읽어들이는 msgrcv 시스템 호출에 대해 알아보자.

■ msgrcv

msgsnd 시스템 호출을 이용하여 큐에 입력된 메시지는 msgrcv() 시스템 호출을 이용하여 가져올 수 있다. 메시지를 가져온 뒤에는 큐에서 해당 메시지는 삭제가 된다. msgrcv() 함수의 프로토타입은 다음과 같다.

```
int msgQid;         /* 메시지 큐의 ID */
void *msgPtr;       /* 전송하고자 하는 메시지의 포인터 */
size_t msgSize;     /* 전송하고자 하는 메시지의 사이즈 */
long int msgType;   /* 메시지의 타입 */
int msgFlag;        /* 메시지 전송을 위한 제어 플래그 */
int result = msgrcv(msgQid, msgPtr, msgSize, msgType, msgFlag);
```

msgrcv() 함수에서 사용하는 첫 번째 인수인 msgQid는 msgget()를 통해 얻어온 큐의 ID가 된다. 두 번째 인수인 msgPtr은 큐에서 읽어올 메시지를 저장하는데 사용된다. 세 번째 인수인 msgSize는 큐에서 읽어올 메시지의 크기가 된다. 이때 메시지의 크기에서 long int 형으로 정의된 첫 번째 태그 정보의 사이즈는 빼도록 한다.

네 번째로 사용되는 msgType 인수는 큐에서 읽어올 메시지의 타입을 지정하는데 사용된다. 즉, 여기서 지정한 값에 해당되는 메시지를 큐에서 가져오게 된다. 이때 큐 내에서 사용되는 값은 msgsnd( )가 큐에 전송한 메시지의 첫 번째 태그인 long int 타입의 값이 활용된다.

> **NOTE_** msgrcv()를 실행하면서 msgType을 0으로 세팅하면 메시지 타입에 상관없이 큐 속에 저장된 첫 번째 메시지를 읽어온다.

마지막 인수인 msgFlag에는 msgsnd( ) 함수에서와 같이 IPC_NOWAIT 또는 MSG_NOERROR 등을 사용하면 된다. msgrcv( ) 함수가 성공적으로 실행되고 나면 읽어온 메시지의 바이트 수를 리턴하게 된다. 만일 실패하면 -1를 리턴하게 된다. 그러면 간단한 예를 통해 msgrcv( ) 함수의 실행 과정을 보도록 하자.

다음은 사용자의 주민등록번호와 주소 정보를 메시지 큐를 통해 입력받는 과정을 보여주고 있다.

```
/* 메시지로 주고 받을 데이터 길이와 타입 정의 */
#define BUFLEN 32
typedef struct
{
    long int msgType;
    char userNo[13+1];   /* 사용자 주민등록 번호 */
    char address[17+1];  /* 사용자 주소 */
} UserType;

/* 메시지큐 ID 얻어오기 */
int msgQid = msgget((key_t)8000, 0666 | IPC_CREAT);

/* 메시지 읽기 */
UserType userT;
long int msgType = 0;
int result = msgrcv(msgQid, (void *)&userT, BUFLEN, msgType, 0);
if(result == -1)
{
    printf("msgrcv 실행실패 에러번호: %d\n",errno);
    exit(0);
}
```

■ **msgctl**

공유 메모리의 컨트롤을 담당했던 shmctl과 같은 기능을 가진 메시지 큐용 시스템 호출이

msgctl()이다. msgctl() 함수는 shmctl()의 사용과 같이, 메시지 큐를 제거하거나 큐의 현재 상태를 검색하거나, 큐의 세팅을 변경할 때 사용된다. 먼저 msgctl()의 프로토타입을 보면 다음과 같다.

```
int msgctl(int msgQid, int cmd, struct msqid_ds *buf);
```

첫 번째 인수로 사용된 msgQid는 msgget() 함수를 이용하여 얻어온 큐의 ID가 된다. 그리고 두 번째 인수인 cmd는 msgctl을 통해 수행하고자 하는 명령이 된다. 이때 사용할 수 있는 명령에는 다음과 같은 것들이 있다.

- ✓ IPC_RMID : 큐를 삭제하기 위해 사용된다.
- ✓ IPC_STAT : 메시지 큐의 상태값을 마지막 인수인 buf를 통해 얻어온다.
- ✓ IPC_SET : 마지막 인수인 buf의 값을 이용하여 메시지 큐의 상태를 세팅한다.

마지막 인수로 사용되는 buf는 처음에 소개했던 msqid_ds 스트럭처로 IPC_STAT 또는 IPC_SET 명령을 위해 사용된다. 그러면 간단한 예를 통해 msgctl()의 사용을 보도록 하자. 아래의 내용은 8000을 킷값으로 이용하는 메시지 큐를 제거하는 과정을 보여준다.

```
/* 메시지 큐 ID 얻어오기 */
int msgQid = msgget((key_t)8000, 0666 | IPC_CREAT);

/* 메시지 큐를 제거한다. */
int result = msgctl(msgQid, IPC_RMID, 0);
if(result == -1)
{
    printf("msgctl 실행 실패\n");
    exit(0);
}
```

위의 예에서 보듯이 msgctl()의 실행이 실패하면 -1을 리턴하게 된다. 그럼, 지금까지 설명한 시스템 호출들을 이용하여 전체 예제를 작성해보도록 하자.

> **NOTE_** 메시지 큐를 시스템에서 확인하거나 제거하기 위해 쉘 명령어를 이용할 수 있다. 이때 사용되는 명령어는 ipcs와 ipcrm 명령이다. ipcs 명령은 유닉스 시스템에 등록된 IPC 설비를 화면에 보여준다. 그리고 ipcrm 명령을 이용하여 등록된 IPC 설비를 제거할 수 있다. 다음은 ipc 명령을 이용하여 메시지 큐의 정보를 확인하고 제거하는 예를 보여주고 있다.
>
> ```
> % ipcs -q            <= 메시지 큐에 대한 정보를 출력한다.
> % ipcrm -q <id>      <= 메시지 큐의 ID를 이용하여 메시지 큐를 제거한다.
> % ipcrm msg <id>     <= -q 옵션 대신 msg 옵션을 이용한 예.
> ```

메시지 큐 예제

메시지 큐를 이용해 작성할 예제는 두 개의 프로세스가 사용자의 정보를 주고 받는 프로그램이 된다. 이를 위해 하나의 프로세스는 메시지 큐에 있는 데이터를 읽어가는 역할을 담당하고 또 다른 프로세스는 큐에 데이터를 입력하는 역할을 담당한다.

이러한 프로그램 구조는 실전에서도 많이 활용된다. 즉, 특정 프로세스는 사용자로부터 입력을 받는 일을 전담하고 다른 프로세스는 데이터 처리를 전담하게 만든다. 그리고 이들 프로세스는 메시지 큐를 이용하여 서로의 작업을 원활하게 수행한다. 이런 구조, 즉 큐를 사이에 두고 멀티프로세서로 작업을 처리하는 구조를 가지면 여러 장점이 있다.

가령 데이터 처리 지연으로 인해 사용자 데이터를 입력받지 못하는 일을 방지할 수 있다. 그리고 사용자로부터 무작정 입력을 기다릴 필요도 없다. 큐에 데이터가 없으면 다른 작업을 수행하고 데이터가 입력되면 그때 처리해주면 되기 때문이다.

그럼, 데이터의 입력을 기다리는 rcvMsg 프로그램을 작성해 보도록 하자. 먼저 메시지 큐를 통해 입력받을 데이터의 타입을 지정하도록 한다. 이는 메시지를 전송할 프로세스와 약속된 타입을 사용해야 한다. 만일 전송할 데이터 타입의 종류가 여러 가지라면 이에 맞는 메시지 타입을 지정해 줘야 한다.

```
/* 메시지로 주고 받을 데이터 길이와 타입 정의 */
#define BUFLEN 32
typedef struct
{
    long int msgType;      /* 메시지 타입 */
    char userNo[13+1];     /* 사용자 주민등록 번호 */
    char address[17+1];    /* 사용자 주소 */
} UserType;
```

메시지 정의가 끝났으면 메시지 큐를 생성하고 큐의 ID를 얻도록 한다. 그리고 큐의 ID를 이용하여 메시지를 읽어 오도록 한다.

```
/* 메시지 큐 ID 얻어오기 */
int msgQid = msgget((key_t)8000, 0666 | IPC_CREAT);

/* 메시지 읽기 */
long int msgType = 1;
UserType userT;
int result = msgrcv(msgQid,(void *)&userT,BUFLEN,msgType,0);
```

만일 읽어온 사용자 정보(주민 등록 번호)가 "quit" 문자열이면 읽기를 중단하고 메시지 큐를 제거하도록 한다.

```
if(!strncmp(userT.userNo,"quit",4))
{
    작업종료;
}
/* 메시지큐를 제거 한다. */
int result = msgctl(msgQid, IPC_RMID, 0);
```

이번에는 메시지를 전송하는 프로그램인 sendMsg를 작성해 보자. sendMsg에서 사용하는 데이터 타입이나 메시지 큐의 ID를 얻어오는 방법은 동일하다. 그리고 rcvMsg 프로세스가 메시지 큐를 제거하기 때문에 특별히 메시지 큐를 제거하는 작업을 수행할 필요는 없다. 다만 다음과 같이 메시지를 전송하는 루틴이 sendMsg 프로그램의 주요 모듈이 된다.

```
/* 메시지 작성 */
UserType userT;
memset(&userT,'\0',BUFLEN);
userT.msgType = 1;
printf("주민번호: "); gets(buffer); strncpy(userT.userNo,buffer,13);
printf("주소: "); gets(buffer); strncpy(userT.address,buffer,17);

/* 작성된 메시지 전송 */
int result = msgsnd(msgQid,(void *)&userT,BUFLEN,0);
```

그럼, 지금까지 소개된 내용을 바탕으로 작성된 전체 프로그램의 소스 코드를 보도록 하자. 먼저 rcvMsg.c 파일을 보면 다음과 같다.

〈rcvMsg.c〉

```c
#include <stdio.h>
#include <string.h>
#include <errno.h>

#include <sys/types.h>
#include <sys/ipc.h>
#include <sys/msg.h>

/* 메시지로 주고 받을 데이터 길이와 타입 정의 */
#define BUFLEN 32
typedef struct
{
    long int msgType;     /* 메시지 타입 */
    char userNo[13+1];   /* 사용자 주민등록 번호 */
    char address[17+1]; /* 사용자 주소 */
} UserType;

int main()
{
    /* 필요한 변수 선언 */
    int isRun = 1;
    int msgQid, result;
    UserType userT;
    long int msgType = 1;

    /* 메시지 큐 ID 얻어오기 */
    msgQid = msgget((key_t)8000, 0666 | IPC_CREAT);
    if(msgQid == -1)
    {
        printf("msgget 실행실패, 에러번호: %d\n",errno);
        return 0;
    }

    /* quit을 입력받을 때까지 계속 실행 */
    while(isRun)
    {
        /* 메시지 읽기 */
        result = msgrcv(msgQid,(void *)&userT,BUFLEN,msgType,0);
        if(result == -1)
```

```c
        {
            printf("msgrcv 실행실패 에러번호: %d\n",errno);
            return 0;
        }
        /* 읽어들인 메시지 출력, quit 여부 체크 */
        printf("<< 사용자 >>\n주민번호: %s\n", userT.userNo);
        printf("주소: %s\n", userT.address);
        if(!strncmp(userT.userNo,"quit",4))
        {
            isRun = 0;
        }
    }

    /* 메시지 큐를 제거 한다. */
    result = msgctl(msgQid, IPC_RMID, 0);
    if(result == -1)
    {
        printf("msgctl 실행실패\n");
        return 0;
    }
    return 1;
}
```

이번에는 메시지 전송을 목적으로 하는 sendMsg.c 소스 코드를 보도록 하자.

〈sendMsg.c〉

```c
#include <stdio.h>
#include <string.h>
#include <errno.h>

#include <sys/types.h>
#include <sys/ipc.h>
#include <sys/msg.h>

/* 메시지로 주고 받을 데이터 길이와 타입 정의 */
#define BUFLEN 32
typedef struct
{
    long int msgType;    /* 메시지 타입 */
    char userNo[13+1];   /* 사용자 주민등록 번호 */
    char address[17+1];  /* 사용자 주소 */
} UserType;
```

```c
int main()
{
    /* 필요한 변수 선언 */
    int isRun = 1;
    int msgQid, result;
    char buffer[17];
    UserType userT;

    /* 메시지 큐 ID 얻어오기 */
    msgQid = msgget((key_t)8000, 0666 | IPC_CREAT);
    if(msgQid == -1)
    {
        printf("msgget 실행실패, 에러번호: %d\n",errno);
        return 0;
    }

    /* quit을 입력받을 때 까지 계속 실행 */
    while(isRun)
    {
        /* 메시지 작성 */
        memset(&userT,'\0',BUFLEN);
        userT.msgType = 1;
        printf("주민번호: "); gets(buffer); strncpy(userT.userNo,buffer,13);
        printf("주소: "); gets(buffer); strncpy(userT.address,buffer,17);

        /* 작성된 메시지 전송 */
        result = msgsnd(msgQid,(void *)&userT,BUFLEN,0);
        if(result == -1)
        {
            printf("msgsnd 실행실패\n");
            isRun = 0;
        }
        /* 주민번호 quit 포함되었는지 체크 */
        if(!strncmp(userT.userNo,"quit",4))
        {
            isRun = 0;
        }
    }
    return 1;
}
```

프로그램 소스 코드의 작성 및 분석이 끝났으면 다음과 같이 컴파일 및 실행을 시켜보자. 실행을 할 때는 두 개의 쉘 창을 이용하도록 한다.

```
% cc -o rcvMsg rcvMsg.c
% rcvMsg
《 사용자 》
주민번호 : 2002032511021
주소 : 서울시 구로구
《 사용자 》
주민번호 : Quit
주소 :
```

```
% cc -o sendMsg sendMsg.c
% sendMsg
주민번호 : 2002032511021
주소 : 서울시 구로구
주민번호 : Quit
주소 :
```

03 C++ 언어를 이용한 IPC 구현 예제

지금까지 C 언어를 이용하여 IPC를 구현해 왔는데, 이제는 C++ 언어를 이용하여 예제를 작성해 보도록 하자. 이때 사용하는 구현 기법은 메시지 큐를 이용한 방법이 된다. 작성할 예제는 하나의 프로그램이 메시지 전송을 담당할 수도 있고 처리를 담당할 수도 있다.

그리고 메시지 큐를 사용하는 모듈은 스레드로 돌아가도록 작성한다. 스레드로 돌아가는 모듈을 이용하여 메시지 전송과 처리가 중단되지 않도록 만든다. 그럼, 먼저 메시지 큐에 사용될 데이터 타입을 정의하고 클래스를 설계하도록 하자. 다음은 메시지 큐를 이용하여 주고받을 데이터 스트럭처의 구조이다.

```c
// 메시지 큐에서 사용할 데이터 길이와 타입 정의
#define DATALEN 32
typedef struct
{
    long int msgType;      /* 메시지 타입 */
    char userNo[13+1];     /* 13자리 가입자의 주민등록 번호 */
    char password[8+1];    /* 8자리 가입자가 등록한 암호 */
    char hpNo[8+1];        /* 8자리 가입자의 휴대폰 번호 */
} DataType;
```

이제 클래스를 설계하도록 하자. 클래스는 내부에 스레드를 위한 구조체를 private 멤버 변수로 가지고 있으며, 스레드를 구동시키는 함수와 스레드로 구동될 모듈들로 구성이 된다. 그리고 스레드들은 receive를 담당할 스레드와 send를 담당할 스레드로 나뉜다. 다음은 프로그램의 메인 클래스인 MsgQ의 프로토타입을 보여주고 있다.

```cpp
class MsgQ
{
public:
    // readMsgQ를 실행시키는 함수
    bool runReadMsgQ();
    // 스레드로 돌아가는 함수. 큐로부터 데이터를 읽어들인다.
    static void *readMsgQ(void *_arg);

    // writeMsgQ를 실행시키는 함수
    bool runWriteMsgQ();
    // 스레드로 돌아가는 함수. 큐에 데이터를 입력한다.
    static void *writeMsgQ(void *_arg);

    // config 파일 속에 있는 메시지 큐의 킷값을 얻는다.
    int getQKey();
private:
    // read/write 모듈들을 위한 스레드
    pthread_t readMsgQ_thread;
    pthread_t writeMsgQ_thread;
};
```

그럼, 이러한 프로토타입들을 바탕으로 작성된 전체 프로그램의 소스 코드를 보도록 하자. 다음은 MsgQ 프로그램의 헤더 파일인 MsgQ.h 파일의 소스이다.

〈MsgQ.h〉

```cpp
#ifndef __MSGQ_H__
#define __MSGQ_H__

// 메시지 큐에서 사용할 데이터 길이와 타입 정의
#define DATALEN 32
typedef struct
{
    long int msgType;       /* 메시지 타입 */
    char userNo[13+1];      /* 13자리 가입자의 주민등록번호 */
    char password[8+1];     /* 8자리 가입자가 등록한 암호 */
    char hpNo[8+1];         /* 8자리 가입자의 휴대폰 번호 */
} DataType;
```

```
class MsgQ
{
public:
    // readMsgQ를 실행시키는 함수
    bool runReadMsgQ();
    // 스레드로 돌아가는 함수. 큐로부터 데이터를 읽어들인다.
    static void *readMsgQ(void *_arg);

    // writeMsgQ를 실행시키는 함수
    bool runWriteMsgQ();
    // 스레드로 돌아가는 함수. 큐에 데이터를 입력한다.
    static void *writeMsgQ(void *_arg);

    // config 파일 속에 있는 메시지 큐의 킷값을 얻는다.
    int getQKey();

private:
    // read/write 모듈들을 위한 스레드
    pthread_t readMsgQ_thread;
    pthread_t writeMsgQ_thread;
};

#endif /* __MSGQ_H__ */
```

이번에는 MsgQ.h 파일을 구현하고 있는 MsgQ.cxx 파일의 소스 코드를 보도록 하자.

〈MsgQ.cxx〉

```
#include <iostream.h>

#include <stdio.h>
#include <string.h>
#include <errno.h>
#include <pthread.h>

#include <sys/types.h>
#include <sys/ipc.h>
#include <sys/msg.h>

#include "MsgQ.h"

/******************************************************************
 * FUNCTION : runReadMsgQ
```

```
 * DESCRIPTION : 메시지 큐의 킷값을 얻은 후, 스레드를 실행시키는 함수
 ***************************************************************/
bool
MsgQ::runReadMsgQ()
{
    int ret;
    // 메시지 큐의 키를 얻은 후 void* 형으로 변환
    int QKey = getQKey();
    if(QKey <= 0)
    {
        cout << "MsgQ::readHlrMsgQ() QKey 값 이상!" << endl;
        return false;
    }
    void *_arg = (void *)QKey;

    // void* 형으로 변환한 메시지 큐의 킷값과 함께 스레드 함수 실행
    if(ret = pthread_create(&readMsgQ_thread, NULL, MsgQ::readMsgQ,
        _arg))
    {
        cout << "readMsgQ 스레드 실행 실패: " << strerror(ret) << endl;
        return false;
    }
    return true;
}

/****************************************************************
 * FUNCTION : readMsgQ
 * DESCRIPTION : 스레드로 실행될, static로 선언된 메소드. 메시지를 읽는다.
 ***************************************************************/
void*
MsgQ::readMsgQ(void *_arg)
{
    // void*로 입력된 킷값을 int형으로 변환한다.
    int QKey = (int)_arg;
    int msgQid;
    DataType dataT;
    long int msgType = 0;
    bool isRun = true;

    // 킷값을 이용하여 메시지 큐 생성 및 메시지 큐 얻어오기
    msgQid = msgget((key_t)QKey, 0666 | IPC_CREAT);
    if(msgQid == -1)
    {
        cout << "MsgQ::readMsgQ msgget 실행 실패" << endl;
        return NULL;
```

```cpp
        }

        // 메시지를 읽고 화면에 출력, 주민번호가 quit이면 종료
        while(isRun)
        {
            if(msgrcv(msgQid, (void *)&dataT, DATALEN, msgType, 0) == -1)
            {
                cout << "MsgQ::readMsgQ msgrcv 실행실패!" << endl;
                isRun = false;
            }
            if(!strncmp(dataT.userNo,"quit",4))
                isRun = false;
            cout << "<< 가입자 정보 >>" << endl;
            cout << "주민등록번호: " << dataT.userNo << endl;
            cout << "패스워드: " << dataT.password << endl;
            cout << "휴대폰번호: " << dataT.hpNo << endl;
        }

        // 메시지 큐를 커널에서 제거한다.
        if(msgctl(msgQid, IPC_RMID, 0) == -1)
        {
            cout << "MsgQ::readMsgQ msgctl 실행실패!" << endl;
            return NULL;
        }

    return NULL;
}


/******************************************************************
 * FUNCTION : runWriteMsgQ
 * DESCRIPTION : 메시지 큐의 킷값을 얻은 후, 스레드를 실행시키는 함수
 ******************************************************************/
bool
MsgQ::runWriteMsgQ()
{
    int ret;
    // 메시지 큐의 키를 얻은 후 void* 형으로 변환
    int QKey = getQKey();
    if(QKey <= 0)
    {
        cout << "MsgQ::writeMsgQ() QKey 값이상!" << endl;
        return false;
    }
    void *_arg = (void *)QKey;
```

```cpp
        // void* 형으로 변환한 메시지 큐의 킷값과 함께 스레드 함수 실행
        if(ret = pthread_create(&writeMsgQ_thread, NULL, MsgQ::writeMsgQ,
            _arg))
        {
            cout << "writeMsgQ 스레드실행실패: " << strerror(ret) << endl;
            return false;
        }
        return true;
}

/*********************************************************************
 * FUNCTION : writeMsgQ
 * DESCRIPTION : 스레드로 실행될, static로 선언된 메소드. 메시지를 적는다.
 *********************************************************************/
void*
MsgQ::writeMsgQ(void *_arg)
{
        // void*로 입력된 킷값을 int형으로 변환한다.
        int QKey = (int)_arg;
        bool isRun = true;
        int msgQid;
        DataType dataT;
        char buffer[14];

        // 킷값을 이용하여 메시지 큐 생성 및 메시지 큐 얻어오기
        msgQid = msgget((key_t)QKey, 0666 | IPC_CREAT);
        if(msgQid == -1)
        {
            cout << "MsgQ::readMsgQ msgget 실행실패!" << endl;
            return NULL;
        }

        // 메시지를 작성한 후, 큐에 write 한다.
        while(isRun)
        {
            memset(&dataT, '\0', DATALEN);
            dataT.msgType = 1;
            cout <<"주민번호[13]: ";gets(buffer); strncpy(dataT.userNo,
                    buffer,13);
            cout <<"패스워드[8]: ";gets(buffer); strncpy(dataT.password,
                    buffer,8);
            cout <<"휴대폰번호[8]: "; gets(buffer); strncpy(dataT.hpNo,
                    buffer,8);
            if(msgsnd(msgQid, (void *)&dataT, DATALEN, 0) == -1)
            {
```

```cpp
            cout << "MsgQ::writeMsgQ msgsnd 실행실패!" << endl;
            isRun = false;
        }
        // 사용자 주민번호에 quit 입력되면 종료한다.
        if(!strncmp(dataT.userNo,"quit",4))
            isRun = false;
    }
    return NULL;
}


/******************************************************************
 * FUNCTION : getQKey
 * DESCRIPTION : Config 파일로 부터 메시지 큐의 킷값을 받아오는 함수
 ******************************************************************/
int
MsgQ::getQKey()
{
    return 9999;
}


/******************************************************************
 * FUNCTION : main
 * DESCRIPTION : 객체 생성 및 실행. sender 또는 receiver로 설정 가능
 ******************************************************************/
int main(int argc, char* argv[])
{
    // 인수 개수 체크
    if(argc !=2)
    {
        cout << "Usage: MsgQ <sndQ|rcvQ>" << endl << endl;
        return 0;
    }

    // MsgQ 객체 생성
    MsgQ *msgQ = new MsgQ();

    // 인수가 sndQ이면 write 용 스레드 실행
    if(!strncmp(argv[1],"sndQ",4))
    {
        if(msgQ->runWriteMsgQ() == false)
            return 0;
    }
    // 인수가 rcvQ이면 read 용 스레드 실행
    else if(!strncmp(argv[1],"rcvQ",4))
    {
```

```
        if(msgQ->runReadMsgQ() == false)
            return 0;
    }
    else
    {
        cout << "Usage: MsgQ <sndQ|rcvQ>" << endl << endl;
        delete(msgQ);
        return 0;
    }
    // 메인 스레드 종료
    pthread_exit(0);
    return 1;
}
```

프로그램 분석 및 작성이 모두 끝났으면 다음과 같이 두 개의 쉘 창을 이용하여 프로그램을 실행시켜보도록 하자.

```
% CC -lpthread -o MsgQ MsgQ.cxx
% MsgQ rcvQ
《 가입자 정보 》
주민번호 : 2002032511021
패스워드 : 12345678
휴대폰번호 : 36936936
《 가입자 정보 》
주민등록번호 : Quit
패스워드 :
휴대폰번호 :
```

```
% MsgQ sndQ
주민번호[13] : 2002032511021
패스워드[8] : 12345678
휴대폰번호[8] : 36936936
주민등록번호[13] : Quit
패스워드[8] :
휴대폰번호[8] :
```

> **NOTE_** 예제에 있는 getQKey() 메소드가 현재는 하드 코딩된 값인 9999를 리턴하고 있다. 하지만 『Part V. 종합 예제 프로그램』에서는 파일에서 해당 킷값을 직접 읽어오도록 변경된다.

chapter 17 시스템간 통신1

Chapter 17과 Chapter 18에 걸쳐 원격지에 떨어진 시스템 사이의 통신 프로그램을 작성하기 위한 내용들을 배우게 된다. 이를 위해 사용되는 기법은 소켓을 이용한 방법으로 버클리 소켓을 기본으로 한다.

Chapter 17에서는 먼저 소켓 통신과 관련된 전반적인 내용을 다루게 된다. 그런 다음 소켓 프로그래밍에서 사용할 수 있는 시스템 호출에 대해 살펴본다. 그리고 이를 이용한 간단한 소켓 프로그램을 작성하게 된다.

소켓 프로그래밍은 기본적인 소켓 프로그램의 작성 과정을 보여주는데, 이 내용은 Chapter 18로 이어진다. 즉, 다음 Chapter에서 작성하는 프로그램들의 기초 코드가 되며, 테스트를 위해 활용이 되기도 한다.

Chapter 17의 목차를 간단히 소개하면 다음과 같다.

1. 소켓 통신
2. 소켓 시스템 호출
3. 소켓 프로그래밍

01 소켓 통신

이번 절에서는 소켓 통신을 위한 기본 API를 소개하고 간단한 TCP/IP 프로그램을 소개할 것이다. 이때 사용하는 소켓 프로그램은 버클리 소켓을 기본으로 하고 있다.

File I/O와의 비교

먼저 소켓 통신과 File I/O를 비교해 보자. 기본적인 File I/O 함수는 open, create, close, read, write, lseek 등을 이용한다. 하나의 프로세서가 파일에 뭔가를 남기고 다른 프로세서가 이 파일을 읽어 들인다고 가정해 보면, 파일에 뭔가를 남기는 프로세서는 파일이 디렉토리 내에 존재하는지를 확인하고 없으면 새로 생성(create)한다.

만일, 이미 존재하는 파일이면 파일을 열고(open) 파일에 원하는 내용을 남기고(write) 마지막으로 파일을 닫는다(close). 이와 같은 서비스를 하는 것을 소켓 통신에서는 서버(Server)라고 보면 된다. 그러면 파일을 읽기 원하는 프로세서는 똑같은 순서로 파일에서 데이터를 읽어(read) 들이게 된다. 이와 비슷한 역할을 하는 것을 소켓 통신에서는 데이터를 받아들이는 클라이언트(Client)라 보면 된다.

하지만 소켓 통신은 파일 입출력과는 다른데, 그 차이는 다음과 같다.

① 소켓에서 클라이언트와 서버 관계는 서로 대칭적이지 않다. 서버는 서비스를 제공해 주는 입장에서 클라이언트의 요구를 받아들이도록 언제나 준비를 하고 있고 클라이언트 서비스를 요청하기 위한 준비를 한다.
② 네트워크의 연결은 File I/O처럼 언제나 연결되어 있는 방식(Connection Oriented)과 프로토콜에 따라 데이터를 주고받을 때만 잠시 연결되는 방식(Connectionless) 두 가지가 있다. Connectionless 방식은 네트워크상의 각종 다른 호스트(Host)와 연결되기 때문에 open과 같은 함수가 존재하지 않는다.
③ 네트워크상의 I/O는 File I/O에 비해 그 이름이 중요한 역할을 한다. File I/O는 처음 File이 권한에 따라 open되면 그 권한에 따라 모든 역할이 규정되지만 네트워크 I/O는 접속되는 상대의 이름에 따라 각기 다른 권한을 가질 수 있다.
④ 네트워크 I/O는 좀 더 복잡한 규약과 파라미터(Parameter)를 가진다.

```
{Protocol, local-addr, local-process, foreign-addr, foreign-process}
```

그 이유는 네트워크 I/O가 File I/O에 비해 보다 복잡하고 정교하기 때문이다.
⑤ 네트워크 I/O는 다중 사용자 통신(Multiple Communication Protocol)을 지원한다. 즉, 한 가지 정해진 일만 하는 것이 아니라 프로토콜에 따라 또는 그 서비스에 따라 여러 사용자에게 동시에 서비스를 제공한다.

그림 도표를 이용해 네트워크 I/O와 File I/O를 비교해 보자.

[네트워크 I/O와 File I/O 비교]

		Socket	File I/O
Server	Create endpoint	Socket()	Open()
	Bind address	Bind()	
	Specify Queue	Listen()	
	Wait for connecion	Accept()	
Client	Create endpoint	Socket()	Open()
	Bind address	Bind()	
	Connect to Server	Connect()	
	Transfer Data	Read() Write() Recv() Send()	Recv() Write()
	Datagram	Recvfrom() Sendto()	
	Terminate	Close() Shotdown()	Close()

실행 과정

다음 그림은 일반적으로 사용하는 연결형(Connection-Oriented) 소켓 프로그램의 시나리오이다. 먼저 서버(Server)가 소켓을 열고 서비스 준비를 하고 있으면 클라이언트가 서버에 접속을 하고 서비스를 요청한다.

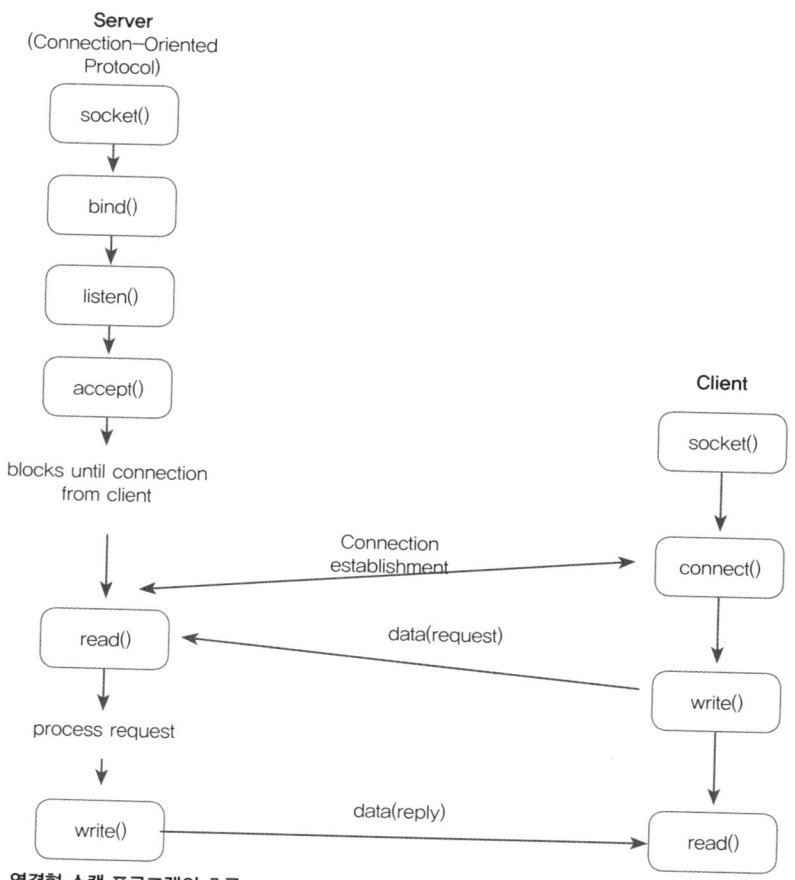

▲ 연결형 소켓 프로그램의 흐름

다음은 비연결형 프로토콜(Connectionless Protocol)을 이용한 Client-Server 환경의 시스템 플로우(System Call)이다. 클라이언트(Client)는 서버와 연결하는 대신 sendto를 이용해 데이터그램과 파라미터를 서버에 보내고 서버(Server) 또한 클라이언트로부터 연결 설정을 맺는 대신 recvfrom을 이용해 데이터가 오기를 기다린다.

recvfrom은 클라이언트로부터 데이터그램뿐만 아니라 클라이언트의 주소를 같이 받아들여 서버가 다시 클라이언트에게 요청한 데이터를 보낼 때 사용한다.

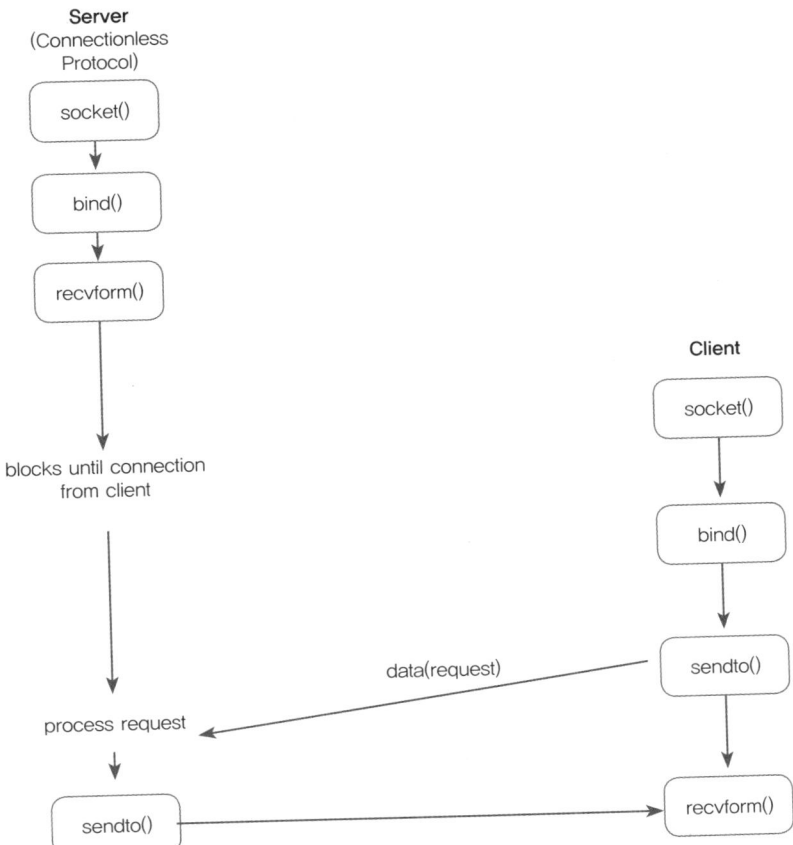

▲ 비연결형 프로토콜을 이용한 System call

02 소켓 시스템 호출

대부분의 네트워크 프로그램에서 사용하는 스트럭처는 다음과 같은 소켓 구조체의 포인터를 활용한다.

```
/*Structure used by kernel to store most addresses.*/
struct sockaddr
{
    u_short sa_family;      /*address family*/
    char    sa_data[14];     /*up to 14 bytes of direct address*/
};
```

```
/*internet address (old style...should be updated)*/
struct in_addr {
    union {
        struct {u_char s_b1,s_b2,s_b3,s_b4;}S_un_b;
        struct {u_short s_w1,s_w2; } S_un_w;
        u_long S_addr;
    } S_un;
#define s_adder S_un.S_addr      /*can be used for most tcp & ip code*/
#define s_host S_un.S_un_b.s_b2  /*host on imp*/
#define s_net S_un.S_un_b.s_b1   /*network*/
#define s_imp S_un.S_un_w.s_w2   /*imp*/
#define s_impno S_un.S_un_b.s_b4 /*imp#*/
#define s_lh S_un.S_un_b.s_b3    /*logical host*/
};

/*Socket address, internet style.*/
struct sockaddr_in {
    short sin_family;
    u_short sin_port;
    struct in_addr sin_addr;
    char  sin_zero[8];
};
```

예를 들어, 도메인을 지원하는 네트워크 함수인 connect와 bind는 그 인자로써 소켓 주소 구조체(sockaddr)와 프로토콜의 크기를 전달해 주어야 한다. 즉, connect( ) 함수같은 경우엔 다음과 같이 사용한다.

```
struct sockaddr_in serv_addr;
int connect(sockfd, (struct sockaddr*)&serv_addr, sizeof(serv_addr));
```

위 함수에서 두 번째 인자는 인터넷 주소의 포인터이고 세 번째 인자는 인터넷 주소의 크기이다. 이때 세 번째 인자로 그 크기를 전달해 주어야 하는 이유는 connect( ) 함수 하나를 사용하여 XNS 등 다른 프로토콜도 인자로 사용할 수 있기 때문이다. 이번에는 네트워크 프로그램에 필요한 기본 API를 살펴보도록 하자.

socket

네트워크 프로그램을 하기 위해서 처음에 해야 하는 시스템 함수가 바로 socket( ) 시스템 호출이다. socket( ) 함수를 통해 사용하고자 하는 소켓의 프로토콜을 지정해 준다.

```
int socket(int family, int type, int protocol);
```

사용 가능한 family 유형은 20가지 이상이지만 그 중 많이 사용하는 유형은 다음과 같다.

```
#define AF_UNIX      1   /*local to host(pipes, portals)*/
#define AF_INET      2   /*internetwork: UDP, TCP, etc.*/
#define AF_IMPLINK   3   /*arpanet imp addresses*/
#define AF_IPX       6   /*IPX and SPX*/
#define AF_NS        6   /*XEROX NS protocols*/
```

위에서 AF_는 address family의 첫 글자를 딴 것이고 다른 유형으로 protocol family를 나타내는 PF_로 시작하는 PF_UNIX, PF_INET, PF_IMPLINK 등도 사용 가능하다. 위에서 IMP는 Interface Message Processor의 약자이며 ARPANET에서 사용하는 지능망 패킷 노드로써 초기 인터넷 버전에서 사용했지만 요즘은 그리 흔하게 사용되지 않는다.

다음은 socket의 유형이다.

```
#define SOCK_STREAM      1 /*stream socket*/
#define SOCK_DGRAM       2 /*datagram socket*/
#define SOCK_RAW         3 /*raw-protocol interface*/
#define SOCK_RDM         4 /*reliably-delivered message*/
#define SOCK_SEQPACKET   5 /*sequenced packet stream*/
```

모든 유형의 socket과 family의 조합을 사용할 수는 없다. 다음은 사용 가능한 유형의 조합을 나타낸 표이다.

[Socket과 family 조합]

	AF_UNIX	AF_INET	AF_NS
SOCK_STREAM	사용가능	TCP	SPP
SOCK_DGRAM	사용가능	U에	IDP
SOCK_RAW	사용불가	IP	사용가능
SOCK_SEQPACKET	사용불가	사용불가	SPP

소켓 프로그램을 하기 위해서는 위의 사용 가능한 조합을 선택해서 사용해야 한다. protocol 인자는 거의 대부분의 애플리케이션이 0을 사용한다. 하지만 특수 목적으로만 사용하기 위해서 가능 조합을 만들어 사용할 수 있다. 다음은 사용 가능한 조합을 나타낸다.

[프로토콜 사용 가능 조합]

Family	Type	Protocol	Actual Protocol
AF_INET	SOCK_DGRAM	IPPROTO_UDP	UDP
AF_INET	SOCK_STREAM	IPPROTO_TCP	TCP
AF_INET	SOCK_RAW	IPPROTO_ICMP	ICMP
AF_INET	SOCK_RAW	IPPROTO_RAW	(raw)
AF_NS	SOCK_STREAM	NSPROTO_SPP	SPP
AF_NS	SOCK_SEQPACKET	NSPROTO_SPP	SPP
AF_NS	SOCK_RAW	NSPROTO_ERROR	Error protoco
AF_NS	SOCK_RAW	NSPROTO_RAW	(raw)

위의 조합을 이용하여 다양한 애플리케이션을 만들 수 있다. 그 중 가장 대표적인 것이 바로 ICMP를 사용하는 Ping 프로그램이다. Socket 함수는 파일 입출력 함수와 같이 16bit 정수를 반환(return)한다. 앞으로는 이 반환 값을 socketfd라 부른다.

socketfd와 관련된 내용을 살펴보면, {protocol, local-addr, local-process, foreign-addr, foreign-process} 등이 있고 프로세서가 클라이언트 역할을 하느냐 서버 역할을 하느냐에 따라 함수를 사용하는 방법이 달라지고 또한 연결 설정 프로토콜(Connection Oriented Protocol)을 사용할 것인지 또는 비연결 설정(Connectionless Protocol)을 사용할 것인지에 따라 다른 함수의 조합을 사용하게 된다. 다음은 대표적인 시스템 플로우이다.

[시스템 플로우]

	Protocol	Local-addr Local-process	Foreing-addr Foreing-process
Connection-oriented Server	Socket()	Bind()	Listen() accept()
Connection-oriented Client	Socket()	connect()	
Connectionless Server	Socket()	Bind()	Recvfrom()
Connectionless Client	Socket()	Bind()	Sendto()

bind

bind( ) 함수는 아직 이름이 붙여지지 않은 socket에 이름을 명명하는 것으로, 프로토타입은 다음과 같다.

```
int bind(int sockFd, struct sockaddr *addr, int namelen);
```

bind( ) 함수의 두 번째 파라미터는 자신의 주소에 대한 포인터이고 세 번째 파라미터는 자신의 주소 크기이다. 다음은 각기 다르게 사용되는 bind의 유형을 나타낸다. 서버는 bind를 통해 시스템의 알려진 주소를 등록한다. 이렇게 해서 알려진 주소로 전달되는 어떤 메시지든 받을 준비가 되는 것이다. 연결 설정 서버나 비연결 설정 서버 모두 클라이언트의 요청을 받아들이기 전에 반드시 bind를 하여야 한다.

클라이언트의 경우엔 클라이언트 스스로 자신의 주소를 등록한다. 비연결 설정 클라이언트는 자신의 고유 주소를 bind 해주어야 하는데, 그렇지 않으면 서버는 그 요청을 받아들이더라도 어디서 요청을 받았는지를 모르기 때문에 정상적인 통신을 하지 못한다.

connect

클라이언트 프로세서는 서버와 연결 설정 하기 위해 socket을 socketfd에 연결한다. 앞에서도 설명했듯이 socketfd는 socket 함수가 반환한 값이다.

```
int connect (int sockFd, struct sockaddr *name, int namelen);
```

connect( ) 함수의 두 번째 인자는 소켓 주소에 대한 포인터이고 세 번째 인자는 소켓 주소의 크기이다. 대부분의 연결 프로토콜은 connect 함수를 사용함으로써 외부 시스템과 자신의 연결이 이루어진다. 이 함수는 내부적으로 두 시스템 간의 메시지를 교환하여 연결이 확실히 이루어진 다음에야 연결 설정 성공 값을 반환한다.

대개 클라이언트는 connect 함수 전에 bind를 할 필요는 없다. 비연결 클라이언트 또한 connect를 사용해야 하지만 연결 설정 클라이언트에서 의미하는 connect의 의미와는 다르다. 비연결 클라이언트는 상대방의 알려진 주소를 보관하고 있다가 통신이 이루어지면 socket 계층에서 서버에게 데이터를 전송한다. 이렇게 함으로써 비연결 클라이언트는 매번 서버에 데이터를 전송할 때마다 서버와 연결을 할 필요가 없다.

listen

listen() 함수는 연결 서버에서 클라이언트의 연결을 기다리게 하는 역할을 하는 함수로 다음과 같은 프로토타입을 가진다.

```
int listen(int sockFd, int backlor);
```

이 함수는 대개 socket()과 bind()를 실행한 다음에 그리고 accept()를 실행하기 전에 사용한다. 두 번째 인자인 backlog는 시스템이 얼마나 많은 클라이언트를 받아들일 것인지 큐를 설정하는 것이다. 이 인자는 보통 5로 설정을 하고 시스템의 성능에 따라 그 크기를 설정해 준다.

accept

연결 서버(Connection Oriented Server)가 위에서 설명한 listen() 함수를 수행한 후 클라이언트로부터 연결 설정을 기다리고 있다가 실제 연결 요청이 오면 서버가 그 연결을 받아들이라는 명령으로 사용하는 것이 accept이다.

```
int accept(int sockFd, struct sockaddr *addr, int *addrlen);
```

accept는 큐에 있는 첫 번째 요청을 받아들여 연결을 맺고 다시 socketfd와 똑 같은 것을 만들어 큐에 있는 다음 연결요청을 받아들이도록 만든다. 두 번째 인자인 addr은 connect 함수에서 반환된 주소이고, 세 번째 인자인 addrlen은 그 주소의 길이다.

이 함수의 반환값은 클라이언트와 통신한 새로운 socketfd이고 클라이언트와의 통신은 새로운 socketfd을 통해서 이루어지게 함으로써 서버는 언제나 같은 포트를 열고 클라이언트의 연결을 기다리게 된다. 다음은 전형적인 시나리오다.

```
int socketfd, newsocketfd;

s = socket(. . . . . .);
```

```
if(s < 0)
    Error_Message("소켓 생성 실패");

err = bind(s,(struct sockaddr*)&localAddr, sizeof(localAddr));
if(err < 0)
    Error_Message("소켓 바인드 실패");

err = listen(s, 5);
if(err < 0)
    Error_Message("소켓 Listen 실패");

while(TRUE)
{
    newsockfe = accept(s, . . . . .);
    if(newsockfd < 0)
        Error_Message("소켓 Accept 에러");

    _beginthread(start_address, 0,(void *)newsockfd);
}
```

즉, 서버는 클라이언트로부터 연결 요청을 받아들이고 서비스를 하기 위한 스레드를 생성하고 그 인자로 newsocketfd를 전달해 준다. accept 함수에 의하여 반환된 newsockfd는 {프로토콜, 자기 주소, 자기 프로세스, 상대 주소, 상대 프로세스} 등에 내용이 모두 채워져 있고 원래의 socketfd에는 상대 주소와 상대 프로세스를 제외한 3개만 채워져 다음 클라이언트의 연결 요청을 기다리게 된다.

우리는 지금까지의 설명을 통해 서버가 여러 개의 클라이언트와 동시에 통신을 하기 위해서 다른 소켓을 임의로 만들지 않아도 accept 함수가 이런 역할을 대신해 줌을 알 수 있다. 또한 서버의 큐에 서비스를 할 내용들이 많이 있더라도 하나씩 순서대로 처리하기를 원한다면 스레드를 생성하지 않고 프로세스에서 서비스를 차례로 하게 할 수 있다.

```
int socketfd, newsocketfd;

s = socket(. . . . . .);
if(s < 0)
    Error_Message("소켓 생성 실패");

err = bind(s,(struct sockaddr*)&localAddr, sizeof(localAddr));
if(err < 0)
    Error_Message("소켓 바인드 실패");
```

```
err = listen(s, 5);
if(err < 0)
    Error_Message("소켓 Listen 실패");

while(TRUE)
{
    newsockfe = accept(s, . . . . .);
    if(newsockfd < 0)
        Error_Message("소켓 Accept 에러");
    Do_Service(newsockfd);
    close(newsockfd);
}
```

메시지 송수신을 위한 시스템 호출

메시지를 송수신 하는 함수들은 read( ), write( ), recvfrom( ) 그리고 sendto( ) 등이 있다. 이들 함수의 프로토타입을 보면 다음과 같다.

```
int send(int sockFd, char *buf, int len);
int sendto (int sockFd, char *buf, int len, int flags, struct sockaddr
*to, int tolen);
int read(int sockFd, char *buf, int len);
int recvfrom(int sockFd, char *buf, int len, int flags, struct sockaddr
*from, int*fromlen);
```

처음 3개의 인자 sockFd, buf, len 등은 소켓으로부터 입출력할 버퍼와 그 사이즈를 지정한 파라미터들이 된다. flags라는 인자는 대개 0을 사용하지만 특수한 목적에 따라 다음과 같은 값을 설정해 주기도 한다.

```
#define MSG_OOB      0x1 /*process out-of-band data */
#define MSG_PEEK     0x2 /*peek at incoming message (recvfrom에서)*/
#define MSG_DONTROUTE 0x4 /*send without using routing tables*/
```

sendto( ) 함수에서 to라는 인자는 데이터가 보내질 곳의 주소를 가리키는 포인터이고, 또한 sendto라는 함수 역시 프로토콜에 의존하기 때문에 네트워크 하위 계층에서 인식할 수 있도록 그 주소의 크기를 설정해 주어야 한다. recvfrom 함수 역시 sendto와 똑같은 이유로 from과

len의 값을 설정해 주어야 한다. sendto의 마지막 인자는 정수형이지만 recvfrom의 마지막 인자는 정수형 포인터임을 주의하면서 사용하여야 한다.

위의 네 함수들은 파일 입출력 함수와 마찬가지로 보내고 받은 그 길이를 반환한다. 비연결과 같이 사용되는 recvfrom( ), sendto( ) 함수는 전송받은 데이터그램의 크기를 반환하여 준다.

close

프로세서에서 사용한 소켓은 마지막으로 닫아 주고 프로세스를 종료하여야 하는데, 이때 사용하는 함수가 close이다. close( ) 함수의 프로토타입은 다음과 같다.

```
int close(int sockFd);
```

소켓이 닫혀 있다는 의미는 시스템 커널 안의 모든 데이터가 전송되었다는 것을 나타낸다. 하지만 close( ) 함수를 사용하여 소켓을 닫으라는 명령을 시스템에 내릴지라도 이미 보내지도록 큐에 전송된 것들은 커널에 의해 여전히 상대 프로세서에 전달하기까지 계속 전송을 시도할 수 있다.

이런 사태를 방지하기 위하여 소켓 옵션(socket option)의 SO_LINGER를 사용하여 큐에 쌓인 데이터를 반드시 전송하고 이미 전송된 데이터는 커널에서 지워지도록 해 주어야 한다.

바이트 순서 변환

다음 네 개의 함수는 다른 컴퓨터 시스템에서 네트워크 바이트 순서로 변환하는 함수로 인터넷 프로토콜을 기준으로 만들어졌다.

```
u_long htonl(u_long hostlong); // ..... Convert host-to-network.,
long integer
u_short htons(u_short hostshort); // ..... Convert host-to-network,
short integer
u_long ntohl (u_long netlong); // ..... Convert network-to-host,
long integer
u_short ntohs(u_short netshort); // ..... Convert network-to-host,
short integer
```

주소 변환

인터넷 주소는 통상 203.48.108.20처럼 4개의 도트(.)를 포함한 주소로 만들어져 있지만 실제 컴퓨터가 인식하는 인터넷 주소는 in_addr의 형태로 만들어져 있다. 따라서 우리는 사람의 눈으로 확인할 수 있는 인터넷 주소의 형식을 컴퓨터가 인식할 수 있는 인터넷 주소의 형식으로 바꾸기도 하고 그 반대로 바꾸어 주어야 한다.

```
unsigned long inet_addr (const char *);
char* inet_ntoa(struct in_addr in);
```

inet_addr은 사람이 인식할 수 있는 형태의 인터넷 주소를 컴퓨터가 인식할 수 있는 형태로 바꾸어 준다. 그 반대로 inet_ntoa는 컴퓨터가 인식할 수 있는 주소를 사람이 인식할 수 있는 형태로 바꾸어 주는 함수다.

```
.......
bzero((char *)(&remoteAddr, sizeof (remoteAddr));
remoteAddr.sin_family = AF_INET;
remoteAddr.sin_addr.s_addr=inet_addr(server_name);
remoteAddr.sin_port = htons(port);
.......
```

위의 경우 인터넷 주소를 컴퓨터가 인식할 수 있는 형태의 인터넷 주소로 바꾸어 주는 것을 보여준 것이다. 별칭 형태의 주소를 컴퓨터가 인식할 수 있는 주소로 바꾸어 주는 함수는 gethostbyname이다. 또한 DNS(Domain Name Server)가 설정되어 있는 컴퓨터에서는 DNS를 통한 주소 변환도 가능한다.

```
Localhost
young
monutain
doctor.co.kr

struct hostent* gethostbyname(const char *name);
```

다음은 gethostbyname을 통한 주소 변환 예이다.

```
Char server_name[16] = "doctor.co.kr";
  struct sockaddr_in remoteAddr;
struct hostent * phe;
..........
if((phe = gethostbyname(server_name))!=NULL)
{
memcpy((char *)&(remoteAddr.sin_addr), phe->h_addr,phe->h_length);
}
..........
```

소켓 옵션을 위한 함수

다음은 소켓의 옵션과 관련된 기능을 제공하는 함수들의 프로토타입이다.

```
int setsockopt (int sockFd, int level, int optname, const char
               *optval, int optlen);
int getsockopt (int sockFd, int level, int optname, char*optval, int
               FAR*optlen);
```

두 번째 파라미터인 level은 어떤 것이 옵션을 인터럽트 하는지를 나타낸다. 일반적으로 TCP/IP나 XNS에서 많이 사용하지만 옵션에 따라 모든 소켓에 적용되기도 한다. 세 번째 파라미터인 optval은 사용자 정의 변수의 포인터인데 getsockopt 함수에서는 시스템으로부터 반환되는 값이고 setsockopt에서는 시스템에 설정하는 값이다.

무엇보다 중요한 점은 이 값이 문자형 포인터로 이루어졌다는 것이다. 마지막 인자인 optlen은 변수의 크기를 관련된 인자이다. 옵션에는 두 가지 유형이 있다. 하나는 옵션을 실행 또는 실행하지 않게 하는 flag라는 옵션과 다른 하나는 시스템에 값을 설정하거나 얻고자 하는 시스템 정보를 얻을 수 있는 value이다. 다음 표에서 flag에 "O"이 설정되어 있으면 flag를 의미하는 것이고 그렇지 않으면 value를 의미하는 것이다.

[flag와 value]

Level	Optname	Get	Set	설명	flag	Data Type
IPPROTO_IP	IP_OPTIONS	O	O	IP 헤더 옵션		
IPPROTO_TCP	TCP_MAXSEG	O		TCP최대 세그먼트 달기		Int
	TCP_NODELAY	O	O	패킷을 모으지 말고 바로 전송하라	O	Int
SOL_SOCKET	SO_BROADCAST	O	O	메시지 브로드캐스팅 허용	O	Int
	SO_DEBUG	O	O	디버그 설정	O	Int
	SO_DONROUTE	O	O	인터페이스 주소만 사용		Int
	SO_ERROR	O		에러 종류를 알아내고 클리어(clear)	O	Int
SOL_SOCKET	SO_KEEPALIVE	O	O	연결이 중간에 끊기지 않도록 설정	O	Int
SOL_SOCKET	SO_LINGER	O	O	데이터가 존재하면 닫기전에 잠시 대기		Int
	SO_OOBLINE	O	O			Int
	SO_RCVBUF	O	O	전달될 버퍼 크기		Int
	SO_SNDBUF	O	O	전송될 버퍼 크기		Int
	SO_RCVLOWAT	O	O	Lowwater 표시 전달받음	O	Int
	SO_SNDKOWAT	O	O	Low-water 표시 전송		Int
	SO_RCVTIMEO	O	O	전달될 제한시간	O	Int
	SO_SNDTIMEO	O	O	전송될 제한시간		Int
	SO_REUSEADDR	O	O	주소 재사용 허용	O	Int
	SO_TYPE	O		소켓의 유형을 얻는다.		Int

SO_USELOOPBACK	O	O		O	Int

다음은 옵션을 시스템에 설정하고 얻을 수 있는 간단한 예이다.

```
int ReceiveBufferSize, SendBufferSize;
int sockFd = socket(AF_INET, SOCK_STREAM, 0);
if(sockFd < 0){
   printf("Failed to create socket\n");
   Return;
}

// 전달 받을 수 있는 버퍼의 크기를 구한다.
int Err = setsockopt(socketfd, SOL_SOCKET, SO_RCVBUF,(char*)&
ReceiveBufferSize, sizeof(ReceiveBufferSize));

// 전송 버퍼의 크기를 설정
SendBufferSize = 16384;
err = setsockopt(socketfd, SOL_SOCKET, SO_SNDBUF, (char*)&
SendBufferSize, sizeof(SendBufferSize));
```

Ioctlsocket

이 함수는 소켓 디바이스에 특정 옵션을 부여하기 위해 사용한다.

```
int ioctlsocket(int sockFd, long cmd, u_long* argp);
```

두 번째 인자는 소켓에 수행할 명령을 나타내고, 세 번째 인자는 명령에 대한 파라미터이다. ioctlsocket을 사용하여 커널에 요청할 수 있는 작업의 범위는 다음과 같이 나눌 수 있다.

```
File operation
Socket operation
Routing operation
Interface operation
```

다음은 요청할 수 있는 작업들을 간단히 설명한 것이다.

[Iostlsocket 옵션]

Category	request	Description	Data type
File	FIOCLEX	Set exclusive use on fd	
	FIONCLEX	Clear exclusive use	
	FIONBIO	Set,clear nonblocking i/o	int
	FIOASYNC	Set/clear asynchronous i/o	int
	FIONREAD	Get # bytes to read	int
	FIOSETOWN	Set owner	int
	FIOGETOWN	Get owner	int
Socket	SIOCSHIWAT	Set high-water mark	int
	SIOCSHIWAT	Get high-water mark	int
	SIOCSLOWAT	Set low-water mark	int
	SIOCGLOWAT	Get low-water mark	int
	SIOCATMARK	At out-of-band mark?	int
	SIOCSPGRP	Set process group	int
	SIOCGPGRP	Get process group	int
Routing	SIOCADDRT	Add route	Struct rtentry
	SIOCDELRT	Delete routr	Struct rtentry
interface	SIOCSIFADDR	Set ifnet address	struct ifreq
	SIOCGIFADDR	Set ifnet address	struct ifreq
	SIOCSIFFLAGS	Set ifnet flags	struct ifreq
	SIOCGIFFLAGS	Set ifnet flags	struct ifreq
	SIOCGIFCONT	Get ifnet list	struct conf
	SIOCSIFDSTADDR	Set point-topoint address	struct ifreq
	SIOCGIFDSTADDR	Get point-to-point address	struct ifreq
	SIOCGIFBRDADDR	Get broadcast addr	struct ifreq
	SIOCSIFBRDADDR	Set broadcase add	struct ifreq
	SIOCFIGNEMASK	Get net addr mask	struct ifreq

SIOCSIFNEMASK	Set net addr mask	struct ifreq
SIOCGIFMETRIC	Get IF metric	struct ifreq
SIOCSIFMETRIC	Set IF metric	struct ifreq
SIOCSARP	Set ARP entry	struct arpreq
SIOCCARP	Get ARP entry	struct arpreq
SIOCDARP	Delete ARP entry	struct arpreq

다음은 ioctlsocket을 사용하여 소켓을 비블록화(Nonblocking)한 예이다.

```
u_long ulNonBlocked = 1;
if(ioctlsocket(sockfd, FIONBIO,(u_long *)&ulNonBlockde) < 0)
{
    close(sockfd);
    printf("ioctlsocket error\r\n");
    return FALSE;
}
```

소켓을 생성한 후 위에서와 같이 소켓에 옵션을 설정하여 연결을 무작정 기다리는 서버나 클라이언트 프로세서의 제어권을 획득하여 다른 작업을 할 수 있도록 하는 것이다.

입출력 다중화(Input/Output Multiplexing)

한 개의 프로세서가 두 군데 이상의 클라이언트로부터 데이터를 읽어야 한다고 생각해 보자. 프로세서는 두 개 이상의 소켓을 열고 데이터가 전송되기를 기다려야 한다. 하지만 클라이언트로부터 데이터는 언제 전송되어 올지 모르기 때문에 한쪽 소켓만 데이터를 읽으려고 기다리면 다른 쪽 소켓에 데이터가 전달되어 오더라도 서버는 전혀 인지하지 못하는 수가 있다.

이런 상황을 극복하기 위한 방법이 바로 입출력 다중화인데, 먼저 ioctlsocket을 사용하여 읽고자 하는 두 개 이상의 소켓을 비블록화(Nonblocking)하는 방법이 있다. 그러면 프로세서는 순차적으로 소켓을 읽고 일정 시간을 폴링(Polling)하게 된다. 소프트웨어는 매 소켓을 일정한 간격으로 폴링하고 읽어들일 데이터가 존재하지 않으면 휴면(Sleep)하는 방법이다.

하지만 폴링은 너무나 많은 시스템 자원이 소비하는 방법으로 그리 좋은 방법은 아니다. 프로세서가 스레드를 생성하여 각 스레드로 하여금 소켓의 정보를 읽어 들이게 하는 방법이다. 각 스레드는 소켓에서 데이터를 읽어들일 때까지 블록화 되어도 상관없으며 스레드는 데이터를 읽으면 프로세스간 통신(IPC)을 통해 부모 프로세서에게 읽어들인 데이터를 전달하는 방법이다.

다른 하나의 방법은 select( ) 함수를 이용하는 것이다. 이 방법은 프로세서가 커널에게 여러 개의 이벤트를 기다리게 하고 그 중 원하는 이벤트가 도달되면 프로세스를 깨우게 하는 방법이다. 이렇게 해서 프로세서는 검색하고자 하는 소켓에 데이터가 읽어 들여지면 전달된 데이터를 읽는 것이다.

위의 방법 중 가장 일반적으로 사용되는 방법이 select( ) 함수를 이용하는 것이다.

```
int select (int nfds, fd_set *readfds, fd_set*writefds, fd_set
*exceptfds, struct timeval *timeout);
FD_ZERO(fd_set*set);
FD_SET(int fd, fd_set*fdset);
FD_CLR(int fd, fd
FD_ISSET(int fd, fd_set*fdset);
```

select( ) 함수에서 사용된 timeval 인자는 다음과 같은 구조체의 포인터이다.

```
struct timeval {
    long   tv_sec;      /*seconds*/
    long   tv_use;       /*and microseconds*/
};
```

select( ) 함수를 이용하면, 예를 들어 소켓 세트 {1,4,5}가 소켓으로부터 데이터를 읽어들일 준비가 되어 있고 소켓 세트 {2,7}은 소켓으로 데이터를 쓸(write) 준비가 되어 있고 소켓 세트 {1,4}는 현재 소켓이 펜딩(Pending)되어 있다는 등의 상태를 알 수 있다.

select( ) 함수는 디스크립트(Descriptor)를 체크한 후 바로 그 결과를 반환하는데, 이때 timeval 인자는 시간을 나타내는 포인터이고 timeout 값이 0이어야 한다. 이러한 작업을 폴링이라 한다. 그리고 디스크립트 상의 어떤 인자라도 사용할 준비가 되어 있으면 지정한 시간을 기다리지 않고 즉시 반환한다. 이때 timeval 인자는 체크할 시간을 나타내는 포인터이고 0 이외의 값이 설정되어야 한다. 다음은 select의 간단한 사용 예이다.

```
struct timeval timeout;
timeout.tv_sec = atol(argv[1]);
timeout.tv_usec = atol(argv[2]);

if(select(0, (fd_set*)0, (fd_set*)0, &timeout) < 0) {
        printf("select error\r\n");
        return FALSE;
}
return TRUE;
```

위의 예에서는 select() 함수의 두 번째, 세 번째, 네 번째 인자는 Null로 설정을 했지만 만일 체크하고 싶은 파일 디스크립터가 있으면 파라미터(readfds, writefds, exceptfds) 속에 설정을 해야 한다. 이때 네 번째 인수인 exceptfds를 통해 알 수 있는 예외 정보는 다음과 같은 상황에서 사용할 수 있다.

- ✓ 소켓을 통한 긴급 데이터의 도착을 알릴 때
- ✓ 현재 컨트롤 상태 정보를 알고 싶을 때

시스템에서 사용 가능한 최대 디스크립터의 개수는 FD_SETSIZE를 통해 설정이 된다. 예를 들어 다음과 같이 세팅된 경우에는 최대 개수가 64개로 제한이 된다. 그리고 각각의 비트는 디스크립터와 연결된다.

```
#define FD_SETSIZE    64
Fd_set fdvar
FD_ZERO(&fdvar);      //fd_set을 초기화
FD_SET(1, &fdvar);    //fd 1비트 검색
FD_SET(4, &fdvar);    //fd 4비트 검색
FD_SET(5, &fdvar);    //fd 5비트 검색
```

작업을 수행할 때 fd_set을 초기화하는 것은 대단히 중요하다. 만일 초기화하지 않고 사용한다면 시스템은 알 수 없는 오류들을 일으킬 수 있다. 그래서 select() 함수를 사용하여 그 결과를 readfds, writfds 그리고 exceptfds에 각각 반환하면 FD_ISSET 매크로를 사용하여 fd_set 구조체에 select 함수가 정상적으로 값을 반환하였는지를 알아보아야 한다.

FD_ISSET 매크로는 select를 통하여 반환된 총합을 반환한다. 만약 시간 초과로 반환되었다면 그 것은 0일 것이고 에러가 발생하였다면 그 값은 -1이다. select 함수는 몇 개의 소켓이

동시에 연결되는 프로그램에 사용되기도 한다.

예를 들면, 프로세서가 여러 개의 소켓을 열고 클라이언트의 연결을 기다리고 있다면 하나의 연결이 accept될 때까지 프로세서는 다른 소켓을 검사할 수 없지만 select 함수를 사용하여 일정시간 동안 차례로 소켓을 검사하게 함으로써 모든 소켓이 동시에 연결을 기다리게 할 수 있다.

03 소켓 프로그래밍

이번에는 지금까지 소개한 내용과 시스템 호출을 바탕으로 기본적인 소켓 프로그램을 작성해 보도록 한다. 이를 통해 함수의 정확한 이해와 사용법을 익히고, 향후 프로그램 작성에서 응용할 수 있도록 기초를 다지자.

sockaddr_un 스트럭처를 이용한 통신

처음에 작성할 프로그램은 sockaddr_un 스트럭처를 이용하여 소켓을 위한 특수 파일을 작성하고, 이를 이용해서 서버와 클라이언트가 통신하도록 만드는 프로그램이다. 먼저 서버를 만들어보자.

sockaddr_un 스트럭처를 위해 다음과 같이 헤더 파일을 include하고 소켓 통신에서 사용할 메시지의 길이를 선언하도록 한다.

```
#include <sys/un.h>
/* 소켓을 통해 주고받을 메시지의 길이 */
#define MSGLEN 32
```

그리고 서버를 위한 구조체와 클라이언트를 위한 구조체를 선언하고, 메시지 송수신을 위한 버퍼를 선언하도록 한다.

```
truct sockaddr_un svrAddr;
struct sockaddr_un cltAddr;
/* 메시지 송수신을 위한 버퍼 선언 */
char readbuf[MSGLEN], sendbuf[MSGLEN];
```

통신에서 사용할 소켓을 생성하기 전에 기존의 소켓을 먼저 제거하도록 한다. 그런 다음 socket( ) 함수 호출을 통해 소켓 기술어를 얻어온다.

```
/* 기존의 소켓 제거 후, 소켓 생성 및 소켓 기술어 GET */
unlink("newSocket");
svrSock = socket(AF_UNIX, SOCK_STREAM, 0);
```

그리고 서버 쪽 스트럭처를 세팅하고 bind( ) 함수를 실행한 후 listen( ) 함수를 실행시키도록 한다.

```
/* sockaddr_un 스트럭처 세팅 */
svrAddr.sun_family = AF_UNIX;
strcpy(svrAddr.sun_path, "newSocket");

/* svrSock과 svrAddr을 이용하여 bind 수행 */
svrLen = sizeof(svrAddr);
bind(svrSock, (struct sockaddr *)&svrAddr, svrLen);
listen(svrSock, 5);
```

마지막으로 클라이언트와의 접속을 accept하고 클라이언트로부터 메시지 전송을 기다린다. 메시지가 접수되면, 접수된 메시지를 가공한 후 클라이언트에게 전송하도록 한다.

```
/* 클라이언트와의 통신 Accept 수행 */
int cltLen = sizeof(cltAddr);
int cltSock = accept(svrSock,(struct sockaddr *)&cltAddr,&cltLen);
read(cltSock, readbuf, MSGLEN);

/* 수신된 메시지를 재전송한 후 연결 해제 */
sprintf(sendbuf,"<재전송> %s",readbuf);
write(cltSock, sendbuf, MSGLEN);
close(cltSock);
```

그럼, 이번에는 클라이언트의 작성에 대해 살펴보자. 클라이언트에서 서버와 마찬가지로 헤더 파일들을 include하고 메시지 길이를 선언해 준다. 그런 다음 필요한 변수들을 선언하고 메시지 송수신을 위한 버퍼를 선언한다. 모든 초기 작업이 끝났으면 socket( ) 함수 실행을 통해 소켓 기술어를 얻어온다.

그리고 sockaddr_un 구조체를 세팅한 후, 소켓 기술어와 구조체를 이용하여 서버와 연결을 시도한다.

```c
/* 클라이언트에서 사용할 소켓 기술어 */
int sockFd = socket(AF_UNIX, SOCK_STREAM, 0);

/* sockaddr_un 스트럭처 세팅 */
sockAddr.sun_family = AF_UNIX;
strcpy(sockAddr.sun_path, "newSocket");

/* 서버의 소켓과 연결 시도 */
int addrLen = sizeof(sockAddr);
connect(sockFd, (struct sockaddr *)&sockAddr, addrLen);
```

마지막으로 서버에게 메시지를 전송한 후, 서버에서 보내오는 메시지를 기다린다. 서버로부터 메시지를 받으면 이를 화면에 출력하고 소켓을 닫는다.

```c
/* 서버로 메시지 전송 후, 메시지 수신 */
write(sockFd, msgbuf, MSGLEN);
read(sockFd, msgbuf, MSGLEN);

/* 서버로 부터 수신한 메시지 출력후 소켓 닫음 */
close(sockFd);
```

그럼, 지금까지 소개한 내용을 바탕으로 작성된 전체 소스 코드를 보도록 하자. 다음은 서버 쪽 코드인 svrUn.c의 내용이다.

〈svrUn.c〉

```c
#include <stdio.h>
#include <unistd.h>
#include <sys/types.h>

/* 소켓 사용을 위한 헤더 파일들 */
#include <sys/socket.h>
#include <sys/un.h>

/* 소켓을 통해 주고받을 메시지의 길이 */
#define MSGLEN 32
```

```c
int main()
{
    /* 통신을 위한 변수들 선언 */
    int svrSock, cltSock;
    int svrLen, cltLen;
    struct sockaddr_un svrAddr;
    struct sockaddr_un cltAddr;

    /* 메시지 송수신을 위한 버퍼 선언 */
    char readbuf[MSGLEN], sendbuf[MSGLEN];

    /* 기존의 소켓 제거 후, 소켓 생성 및 소켓 기술어 GET */
    unlink("newSocket");
    svrSock = socket(AF_UNIX, SOCK_STREAM, 0);

    /* sockaddr_un 스트럭처 세팅 */
    svrAddr.sun_family = AF_UNIX;
    strcpy(svrAddr.sun_path, "newSocket");

    /* svrSock과 svrAddr을 이용하여 bind 수행 */
    svrLen = sizeof(svrAddr);
    if(bind(svrSock, (struct sockaddr *)&svrAddr, svrLen) < 0)
    {
        fprintf(stderr,"Binding 실패!\n");
        exit(1);
    }

    /* Listening... 수행 */
    if(listen(svrSock, 5) < 0)
    {
        fprintf(stderr,"Listening 실패!\n");
        exit(1);
    }

    /* 메시지 수신 후 전송하는 무한 루프 */
    while(1)
    {
        /* 클라이언트와의 통신 Accept 수행 */
        cltLen = sizeof(cltAddr);
        cltSock = accept(svrSock,(struct sockaddr *)&cltAddr,&cltLen);
        if(cltSock < 0)
        {
            fprintf(stderr,"Accept() 수행 실패!\n");
            exit(1);
```

```
        }

        /* 클라이언트로 부터 메시지 수신 */
        printf("클라이언트로 부터 메시지 수신 대기중...\n");
        read(cltSock, readbuf, MSGLEN);
        printf("수신된 메시지: %s\n",readbuf);

        /* 수신된 메시지를 재전송한 후 연결 해제 */
        sprintf(sendbuf,"<재전송> %s",readbuf);
        write(cltSock, sendbuf, MSGLEN);
        close(cltSock);
    }
}
```

이번에는 클라이언트 쪽 소스 코드를 보도록 하자. 다음은 클라이언트 코드인 cltUn.c 파일의 내용이다.

〈cltUn.c〉

```
#include <stdio.h>
#include <unistd.h>
#include <sys/types.h>

/* 소켓 사용을 위한 헤더 파일들 */
#include <sys/socket.h>
#include <sys/un.h>

/* 소켓을 통해 주고받을 메시지의 길이 */
#define MSGLEN 32

int main()
{
    /* 필요한 변수 선언 */
    int sockFd, addrLen;
    struct sockaddr_un sockAddr;
    char msgbuf[MSGLEN];;

    /* 클라이언트에서 사용할 소켓 기술어 */
    sockFd = socket(AF_UNIX, SOCK_STREAM, 0);

    /* sockaddr_un 스트럭쳐 세팅 */
    sockAddr.sun_family = AF_UNIX;
    strcpy(sockAddr.sun_path, "newSocket");
```

```c
/* 서버의 소켓과 연결 시도 */
addrLen = sizeof(sockAddr);
if(connect(sockFd, (struct sockaddr *)&sockAddr, addrLen) == -1)
{
    fprintf(stderr,"서버와의 접속에 실패했습니다.\n");
    exit(1);
}

/* 사용자로 부터 메시지 입력 받음 */
printf("전송할 메시지: ");
gets(msgbuf);

/* 서버로 메시지 전송 후, 메시지 수신 */
write(sockFd, msgbuf, MSGLEN);
read(sockFd, msgbuf, MSGLEN);

/* 서버로 부터 수신한 메시지 출력 후 소켓 닫음 */
printf("수신한 메시지: %s\n", msgbuf);
close(sockFd);
exit(0);
}
```

코드 분석 및 작성이 모두 끝났으면 다음과 같이 두 개의 쉘 창을 이용하여 각각의 프로그램을 실행시키도록 한다.

```
% cc -lsocket -o svrUn svrUn.c
% svrUn
클라이언트로 부터 메시지 수신 대기중...
수신된 메시지 : 서버로 메시지 전송
```

```
% cc -lsocket -o cltUn cltUn.c
% cltUn
전송할 메시지 : 서버로 메시지 전송
수신한 메시지 : <재전송> 서버로 메시지 전송
```

> **NOTE_** 예제를 실행시키고 나면 소켓 사용을 위한 특수 파일이 생성된다. 해당 파일을 체크하기 위해 다음과 같이 ls -l을 실행시키면 특수 파일을 볼 수 있다.
>
> ```
> % ls -l newSocket
> srwxr-xr-x   1 jshin     staff         0  1월 27일  22:48 newSocket=
> ```

sockaddr_in 스트럭처를 이용한 통신

이번에는 sockaddr_in 스트럭처를 이용하여 통신 프로그램을 작성해 보자. 작성할 예제는 앞 절에서와 마찬가지로, 접속 대기 중인 서버에게 클라이언트가 접속을 한 뒤, 메시지를 전송하고 메시지를 수신한 서버는 메시지를 전송한 클라이언트에게 답신을 보내는 프로그램이 된다.

그럼, 먼저 서버 프로그램인 echoSvr 프로그램의 작성 과정을 살펴보자. 다음과 같이 필요한 헤더 파일을 include하고 변수를 선언한다.

```c
/* 소켓 사용을 위한 헤더 파일들 */
#include <sys/socket.h>
#include <netinet/in.h>
#include <arpa/inet.h>

/* 소켓을 통해 주고받을 메시지의 길이 */
#define MSGLEN 32
struct sockaddr_in svrAddr;
struct sockaddr_in cltAddr;
```

socket() 함수를 이용하여 소켓을 개설하고 서버 쪽 sockaddr_in 스트럭처를 세팅한다. 세팅이 끝나면 bind() 함수를 listen() 함수를 다음과 같이 실행한다.

```c
/* sockaddr_in 스트럭처 세팅 */
svrAddr.sin_family = AF_INET;
svrAddr.sin_addr.s_addr = inet_addr("127.0.0.1");
svrAddr.sin_port = 9999;

/* 서버를 위한 소켓 생성 및 소켓 기술어 GET */
int svrSock = socket(AF_INET, SOCK_STREAM, 0);
/* svrSock과 svrAddr을 이용하여 bind 수행 */
bind(svrSock, (struct sockaddr *)&svrAddr, sizeof(svrAddr));
/* Listen 시스템 호출 수행 */
listen(svrSock, 5);
```

이번에는 accept( )를 이용하여 클라이언트와의 접속을 수락하고 클라이언트 쪽 소켓 기술어를 얻는다. 그리고 클라이언트 소켓 기술어를 이용하여, 클라이언트에서 보내온 메시지를 읽는다. 마지막으로 읽은 메시지를 클라이언트에게 전송을 하게 된다. 전송이 끝나면 클라이언트 소켓을 닫는다.

```c
/* 클라이언트와의 통신 Accept 수행 */
int cltLen = sizeof(cltAddr);
int cltSock = accept(svrSock,(struct sockaddr *)&cltAddr,&cltLen);

/* 클라이언트로 부터 메시지 수신 */
read(cltSock, readbuf, MSGLEN);

/* 수신된 메시지를 재전송한 후 연결 해제 */
sprintf(sendbuf,"<재전송> %s",readbuf);
write(cltSock, sendbuf, MSGLEN);
close(cltSock);
```

그럼, 지금까지 소개한 내용을 바탕으로 작성된 echoSvr 프로그램의 전체 소스 코드를 보도록 하자.

〈echoSvr.c〉

```c
#include <stdio.h>
#include <unistd.h>
#include <sys/types.h>

/* 소켓 사용을 위한 헤더 파일들 */
#include <sys/socket.h>
#include <netinet/in.h>
#include <arpa/inet.h>

/* 소켓을 통해 주고받을 메시지의 길이 */
#define MSGLEN 32

int main()
{
    /* 통신을 위한 변수들 선언 */
    int svrSock, cltSock;
    int svrLen, cltLen;
    struct sockaddr_in svrAddr;
    struct sockaddr_in cltAddr;

    /* 메시지 송수신을 위한 버퍼 선언 */
    char readbuf[MSGLEN], sendbuf[MSGLEN];
```

```c
/* 서버를 위한 소켓 생성 및 소켓 기술어 GET */
svrSock = socket(AF_INET, SOCK_STREAM, 0);
if(svrSock < 0)
{
   fprintf(stderr,"socket() 실행 실패!\n");
   exit(1);
}

/* sockaddr_in 스트럭처 세팅 */
svrAddr.sin_family = AF_INET;
svrAddr.sin_addr.s_addr = inet_addr("127.0.0.1");
svrAddr.sin_port = 9999;

/* svrSock과 svrAddr을 이용하여 bind 수행 */
svrLen = sizeof(svrAddr);
if(bind(svrSock, (struct sockaddr *)&svrAddr, svrLen) < 0)
{
   fprintf(stderr,"Binding 실패!\n");
   exit(1);
}

/* Listen 시스템 호출 수행 */
if(listen(svrSock, 5) < 0)
{
   fprintf(stderr,"Listening 실패!\n");
   exit(1);
}

/* 메시지 수신 후 전송하는 무한 루프 */
while(1)
{
  /* 클라이언트와의 통신 Accept 수행 */
  cltLen = sizeof(cltAddr);
  cltSock = accept(svrSock,(struct sockaddr *)&cltAddr,&cltLen);
  if(cltSock < 0)
  {
     fprintf(stderr,"Accept() 수행 실패!\n");
     exit(1);
  }

  /* 클라이언트로 부터 메시지 수신 */
  printf("클라이언트로 부터 메시지 수신 대기중...\n");
  read(cltSock, readbuf, MSGLEN);
  printf("수신된 메시지: %s\n",readbuf);
```

```
        /* 수신된 메시지를 재전송한 후 연결 해제 */
        sprintf(sendbuf,"<재전송> %s",readbuf);
        write(cltSock, sendbuf, MSGLEN);
        close(cltSock);
    }
}
```

이번에는 echoSvr 프로그램과 통신을 수행할 클라이언트 프로그램인 echoClt 프로그램을 만들어보자. 먼저 필요한 헤더 파일을 include하고 변수들을 선언한다. 그런 다음 sockaddr_in 구조체를 다음과 같이 세팅한다.

```
/* 접속할 서버의 IP 등 정보 세팅 */
struct sockaddr_in sockAddr;
sockAddr.sin_family = AF_INET;
sockAddr.sin_addr.s_addr = inet_addr("127.0.0.1");
sockAddr.sin_port = 9999;
```

이번에는 socket( ) 함수를 이용하여 소켓을 개설하고 connect( ) 함수를 이용하여 서버의 소켓과 연결을 시도한다.

```
/* 클라이언트에 사용할 소켓 기술어 */
int sockFd = socket(AF_INET, SOCK_STREAM, 0);
/* 서버의 소켓과 연결 시도 */
int result = connect(sockFd, (struct sockaddr *)&sockAddr,
sizeof(sockAddr));
```

서버와 접속되었으면 사용자로부터 입력받은 메시지를 전송한다. 그리고 서버로부터 메시지를 받은 뒤 소켓을 닫고 프로그램의 실행을 종료한다.

```
/* 사용자로 부터 메시지 입력 받음 */
char msgbuf[MSGLEN];;
gets(msgbuf);

/* 서버로 메시지 전송/메시지 수신 후 소켓을 닫는다 */
write(sockFd, msgbuf, MSGLEN);
read(sockFd, msgbuf, MSGLEN);
close(sockFd);
```

지금까지 소개한 내용을 바탕으로 작성된 echoClt 프로그램의 전체 소스 코드를 보도록 하자.

〈echoClt.c〉

```c
#include <stdio.h>
#include <unistd.h>
#include <sys/types.h>

/* 소켓 사용을 위한 헤더 파일들 */
#include <sys/socket.h>
#include <netinet/in.h>
#include <arpa/inet.h>

/* 소켓을 통해 주고받을 메시지의 길이 */
#define MSGLEN 32

int main()
{
    /* 필요한 변수 선언 */
    int sockFd, addrLen, result;
    struct sockaddr_in sockAddr;
    char msgbuf[MSGLEN];;

    /* 클라이언트에 사용할 소켓 기술어 */
    sockFd = socket(AF_INET, SOCK_STREAM, 0);

    /* 접속할 서버의 IP 등 정보 세팅 */
    sockAddr.sin_family = AF_INET;
    sockAddr.sin_addr.s_addr = inet_addr("127.0.0.1");
    sockAddr.sin_port = 9999;

    /* 서버의 소켓과 연결 시도 */
    addrLen = sizeof(sockAddr);
    result = connect(sockFd, (struct sockaddr *)&sockAddr, addrLen);
    if(result == -1)
    {
        fprintf(stderr,"서버와의 접속에 실패했습니다.\n");
        exit(1);
    }

    /* 사용자로 부터 메시지 입력 받음 */
    printf("전송할 메시지: ");
    gets(msgbuf);

    /* 서버로 메시지 전송 후, 메시지 수신 */
```

```
    write(sockFd, msgbuf, MSGLEN);
    read(sockFd, msgbuf, MSGLEN);

    /* 서버로 부터 수신한 메시지 출력후 소켓 닫음 */
    printf("수신한 메시지: %s\n", msgbuf);
    close(sockFd);
    exit(0);
}
```

소스 코드의 분석 및 작성이 모두 끝났으면 다음과 같이 컴파일하고 프로그램을 실행하도록 한다. 프로그램을 실행할 때는 두 개의 쉘 창이나 두 대의 유닉스 시스템을 이용하여 서버와 클라이언트의 순서로 실행시킨다.

〈서버 실행〉

```
% cc -lsocket -lnsl -o echoSvr echoSvr.c
% echoSvr
클라이언트로 부터 메시지 수신 대기중...
수신된 메시지: 서버로 메시지 전송
```

〈클라이언트 실행〉

```
% cc -lsocket -lnsl -o echoClt echoClt.c
% echoClt
전송할 메시지: 서버로 메시지 전송
수신한 메시지: <재전송> 서버로 메시지 전송
```

chapter 18 시스템간 통신2

Chapter 17에서 작성했던 소켓 프로그래밍을 계속해서 수행하도록 한다. Chapter 17에서 시스템 호출을 이용한 기본적인 소켓 프로그램을 작성했다면 Chapter 18에서는 이를 조금 더 심화한 내용을 다루게 된다.

하지만 염두에 두어야 할 점은, 여기서 다루는 소켓 프로그램의 예는 실전에서 구현할 부분 중 극히 일부분만을 다룬다는 것이다. 물론 여기서 다루는 내용은 대부분의 프로그램에서 기초가 되는 부분이기에 먼저 이 내용 만큼은 완전히 자기 것으로 소화해야 한다. 그런 다음 스스로 계속 응용해보고 문제점들을 고쳐나가는 시간을 가져야만 한다.

Chapter 18에서는 TCP와 UDP 서비스를 이용한 호스트 정보 수집 예제와 타임아웃을 적용한 메시지 송수신 예제, 그리고 fork( )와 select( )를 이용한 다중 클라이언트 접속 예제를 소개하고 있다. 목차를 소개하면 다음과 같다.

  1. 호스트 정보 수집 (UDP, TCP)
  2. 메시지 송수신 (타임아웃)
  3. 다중 클라이언트 접속 프로그램 (fork, select)

01 호스트 정보 수집 (UDP, TCP)

이번 절에서 다룰 내용은 유닉스에서 제공하는 서비스를 이용하여 해당 호스트의 정보를 수집하고 보여주는 과정이다. 이때 사용할 서비스는 호스트의 날짜와 시간을 제공하는 daytime 서비스이며 13번 포트를 이용하게 된다.

유닉스에서 제공하는 서비스를 확인하기 위해 사용하는 파일은 /etc/services 파일인데, 파일 내부를 보면 서비스명과 포트명 등이 나오게 된다. 이때 daytime과 관련된 내용을 살펴보면 다음과 같은 구절이 나온다.

```
# /etc/services
daytime         13/tcp
daytime         13/udp
```

UDP를 이용한 예제

먼저 udp 13번 포트를 이용하여 프로그램을 작성해 보도록 하자. 서비스 작성에 앞서 UDP 프로토콜과 관련된 내용을 잠시 정리해 보면, UDP에서는 소켓 개설에 사용하는 프로토콜로 SOCK_DGRAM을 지정하게 된다. 그리고 소켓이 개설되면 이는 특정 IP를 위해서만 사용되는 것이 아니기 때문에 다른 임의의 IP로도 패킷을 보낼 수 있다. 그리고 UDP는 비연결형 서비스이기 때문에 연결 설정을 위해 connect() 함수를 사용하지 않는다.

그럼, 이제 프로그램의 작성 과정을 살펴보도록 하자. 먼저 필요한 헤더 파일들을 include한 뒤, 사용할 변수들을 선언한다. 그런 다음 socket() 함수를 이용하여 소켓을 개설하도록 한다. 이때 다음과 같이 SOCK_DGRAM으로 지정을 한다.

```
int sockFd = socket(AF_INET,SOCK_DGRAM,0);
```

그리고 sockaddr_in 스트럭처를 이용하여 필요한 정보를 세팅하면서 포트는 13번을 이용하도록 만든다.

```
struct sockaddr_in sockAddr;
bzero((char *)&sockAddr, sizeof(sockAddr));
```

```
sockAddr.sin_family = AF_INET;
sockAddr.sin_addr.s_addr = inet_addr(argv[1]);
sockAddr.sin_port = htons(13);
```

세팅이 끝났으면 호스트에게 정보를 요청하고 보내온 메시지를 수신한다.

```
char readBuf[128]; int readCnt;
sendto(sockFd,readBuf,128,0,(struct sockaddr*)&sockAddr,sizeof(sockAddr));
readCnt = recvfrom(sockFd,readBuf,128,0,NULL,NULL);
```

마지막으로 수신된 메시지를 화면에 출력하고 소켓을 닫는다.

```
readBuf[readCnt] = '\0';
printf("호스트의 daytime: %s\n", readBuf);
close(socFd);
```

그럼, 지금까지 소개한 내용을 바탕으로 작성된 전체 소스 코드를 보도록 하자.

〈testUDP.c〉
```c
#include <stdio.h>
#include <stdlib.h>
#include <string.h>

/* 소켓 사용을 위한 헤더 파일들 */
#include <sys/socket.h>
#include <netinet/in.h>
#include <arpa/inet.h>

int main(int argc, char *argv[])
{
    /* 통신을 위한 변수 선언 */
    int sockFd;
    struct sockaddr_in sockAddr;

    /* 데이터 read를 위한 변수 선언 */
    char readBuf[128];
    int readCnt;
```

```c
    /* 호스트명이 입력되었는지 체크 */
    if(argc != 2)
    {
       fprintf(stderr,"\nUsage: testUDP hostname\n\n");
       exit(1);
    }

    /* SOCK_DGRAM을 이용하여 소켓 생성 */
    sockFd = socket(AF_INET,SOCK_DGRAM,0);
    if(sockFd < 0)
    {
       fprintf(stderr,"socket open error\n");
       exit(1);
    }

    /* 서버와 포트 정보를 이용하여 sockAddr 세팅 */
    bzero((char *)&sockAddr, sizeof(sockAddr));
    sockAddr.sin_family = AF_INET;
    sockAddr.sin_addr.s_addr = inet_addr(argv[1]);
    sockAddr.sin_port = htons(13);

    /* 서버로 부터 메시지 수신 */
    sendto(sockFd,readBuf,128,0,(struct sockaddr*)&sockAddr,sizeof(sockAddr));
    readCnt = recvfrom(sockFd,readBuf,128,0,NULL,NULL);

    /* 서버로 부터 얻어온 daytime 정보 출력 */
    readBuf[readCnt] = '\0';
    printf("호스트의 daytime: %s\n", readBuf);
    close(sockFd);
    exit(0);
}
```

프로그램 작성이 끝났으면 다음과 같이 컴파일하고 실행을 시키도록 한다. 실행 결과를 보면 호스트의 날짜와 시간 정보가 출력되는 것을 확인할 수 있다.

```
% cc -lsocket -lnsl -o testUDP testUDP.c
% testUDP jshin
호스트의 daytime: Wed Jan 28 01:17:09 2004
```

TCP를 이용한 예제

이번에는 TCP를 이용하여 호스트의 정보를 얻어오는 과정을 살펴보도록 하자. TCP는 연결형 프로토콜로써 접속을 위해 매번 소켓을 개설해야 한다. 따라서 UDP 보다 시스템 자원을 많이 사용한다는 단점이 있다. 하지만 오류 발생시 패킷의 재전송이나 중복 패킷을 제거하는 등 안정적인 통신을 지원할 수 있다.

이번 예제는 앞에서와 마찬가지로 호스트의 daytime 서비스를 이용하여 정보를 얻어오는 과정을 수행하게 된다. 하지만 사용되는 포트는 TCP 포트 13번을 이용하게 되고, 정보를 얻어오는 과정이 조금 다르다. 즉, gethostbyname() 함수를 이용하여 내부에 설정된 호스트의 주소를 얻고, getservbyname() 함수를 이용하여 서비스되는 포트 번호를 얻게 된다.

gethostbyname() 함수를 이용하여 호스트의 주소를 얻을 때 사용되는 파일은 /etc/hosts 파일이며 다음과 같은 정보를 이용하게 된다.

```
# /etc/hosts
192.168.8.100    jshin    loghost
192.168.8.101    jshin    shin
```

그럼, 프로그램을 작성하는 과정을 살펴보도록 하자. 먼저 필요한 헤더 파일을 include 하고 변수들을 선언하도록 한다. 이때 이전과는 달리 netdb.h 파일도 포함시킨다. 그런 다음 gethostbyname()을 이용하여, 다음과 같이 호스트 정보를 얻어온다. 호스트 정보를 얻었으면, 우선 호스트와 관련된 정보들을 화면에 출력한다.

```
#include <netdb.h>
struct hostent *hostT = (struct hostent*)gethostbyname(argv[1]);

char *hostname = hostT->h_name;       /* hostname 출력... */
char **alias = hostT->h_aliases;      /* alias 출력... */
char **addrList = hostT->h_addr_list; /* addrList 출력... */
```

호스트 정보를 제대로 얻어왔으면, 이번에는 daytime 서비스의 포트 번호를 얻어오도록 한다. 다음과 같이 servent 구조체와 getservbyname() 함수를 이용하도록 한다.

```
/* "/etc/services" 파일속의 daytime 서비스 포트 정보 */
struct servent *servT = (struct servent*)getservbyname("daytime",
"tcp");
```

이제, 소켓을 개설하고 앞에서 얻어온 주소와 포트 정보를 이용하여 서버와 접속을 수행하도록 한다.

```
struct sockaddr_in sockAddr;
int sockFd = socket(AF_INET, SOCK_STREAM, 0);
sockAddr.sin_family = AF_INET;
sockAddr.sin_port = servT->s_port;
sockAddr.sin_addr = *(struct in_addr *)*hostT->h_addr_list;
connect(sockFd, (struct sockaddr *)&sockAddr, sizeof(sockAddr));
```

서버와 접속이 되었으면 서버로부터 데이터를 수집해 출력하고 소켓을 닫는다.

```
/* 데이터 read를 위한 변수 선언 */
char readBuf[128];
int readCnt = read(sockFd, readBuf, sizeof(readBuf));
readBuf[readCnt] = '\0'; printf("현재 시간: %s\n\n\n", readBuf);
close(sockFd);
```

그럼, 지금까지 소개된 내용을 바탕으로 작성된 프로그램의 전체 소스 코드를 보도록 하자.

〈hostInfo.c〉

```
#include <stdio.h>
#include <unistd.h>
#include <sys/types.h>

/* 소켓 및 호스트 정보를 위한 헤더 파일들 */
#include <netdb.h>
#include <sys/socket.h>
#include <netinet/in.h>
#include <arpa/inet.h>

int main(int argc, char *argv[])
{
```

```
/* 통신을 위한 변수 선언 */
int sockFd, addrLen;
struct sockaddr_in sockAddr;

/* 호스트 정보를 위한 변수 선언 */
char **alias, **addrList;
struct hostent *hostT;
struct servent *servT;

/* 데이터 read를 위한 변수 선언 */
char readBuf[128];
int readCnt;

/* 인수가 있으면 해당 호스트 이름 사용, 아니면 localhost 사용 */
if(argc == 2)
   hostT = (struct hostent*)gethostbyname(argv[1]);
else
   hostT = (struct hostent*)gethostbyname("localhost");
if(hostT == NULL)
{
   fprintf(stderr, "호스트 정보를 얻어올 수 없습니다.\n");
   exit(1);
}

/* /etc/hosts 속의 해당 호스트 별칭 출력 */
printf("\n\n<<호스트:%s>>\n", hostT->h_name);
alias = hostT->h_aliases;
readCnt = 1;
while(*alias)
{
   printf("호스트 별칭[%d]: %s\n",readCnt,*alias);
   alias++;
   readCnt++;
}

/* /etc/hosts 속의 해당 호스트 주소 출력 */
addrList = hostT->h_addr_list;
readCnt = 1;
while(*addrList)
{
   printf("IP 어드레스[%d]: %s\n",
         readCnt,
         inet_ntoa(*(struct in_addr *)*addrList));
   addrList++;
   readCnt++;
```

```c
    }

    /* /etc/services 파일속의 daytime 서비스 포트 정보 */
    servT = (struct servent*)getservbyname("daytime", "tcp");
    if(servT == NULL)
    {
        fprintf(stderr,"daytime 서비스를 이용할 수 없습니다.\n");
        exit(1);
    }
    printf("DATATIME 서비스 포트 번호<TCP>: %d\n", ntohs(servT->s_port));


    /* 소켓 생성 및 서버 정보 세팅 */
    sockFd = socket(AF_INET, SOCK_STREAM, 0);
    sockAddr.sin_family = AF_INET;
    sockAddr.sin_port = servT->s_port;
    sockAddr.sin_addr = *(struct in_addr *)*hostT->h_addr_list;
    addrLen = sizeof(sockAddr);

    /* 서버의 daytime 포트에 접속 시도 */
    if(connect(sockFd, (struct sockaddr *)&sockAddr, addrLen) < 0)
    {
        fprintf(stderr,"connection에 실패했습니다..\n");
        exit(1);
    }

    /* daytime 서비스를 통해 호스트의 현재 시간 출력 */
    readCnt = read(sockFd, readBuf, sizeof(readBuf));
    readBuf[readCnt] = '\0';
    printf("현재 시간: %s\n\n\n", readBuf);
    close(sockFd);
    exit(0);
}
```

프로그램의 분석 및 작성이 모두 끝났으면 다음과 같이 실행을 시켜보자. 실행 결과를 보면 /etc/hosts, /etc/services 속의 정보를 이용하여 daytime 데이터를 수집한 것을 확인할 수 있다.

```
% hostInfo jshin
<<호스트:jshin>>
호스트 별칭[1]: loghost
호스트 별칭[2]: shin
```

```
IP 어드레스[1]: 192.168.8.100
IP 어드레스[2]: 192.168.8.100
DATATIME 서비스 포트 번호<TCP>: 13
현재 시간: Wed Jan 28 00:52:44 2004
```

02 메시지 송수신(타임아웃)

이번 절에선 Chapter 17에서 다루었던 echoSvr과 echoClt 프로그램을 변형시켜서 서버와 클라이언트가 메시지를 계속해서 주고받도록 만들어보자. 그리고 이 과정에서 서버가 응답을 늦게 주면 클라이언트에서 "시간 초과"를 알리는 타임아웃(Timeout) 메시지가 출력되도록 기능을 추가한다.

타임아웃 기능을 위해 타이머를 세팅하고 체크하는 방법이 필요한데, 이때는 Chapter 17에서 언급했던 select( ) 함수를 사용하도록 한다. 그리고 FD_SET( )과 timeval 스트럭처를 이용하여 소켓과 시간을 설정하여 select가 소켓 인터페이스를 체크하도록 만든다. 다음은 이를 구현하는 과정이다.

먼저 타이머를 위한 변수를 선언하고 타임아웃을 위한 시간을 세팅한다.

```
struct timeval tv;
tv.tv_sec = 10;
tv.tv_usec = 0;
```

그리고 소켓을 개설하고 FD_SET을 이용하여 비트를 세팅한다.

```
int sockFd = socket(AF_INET, SOCK_STREAM, 0);
fd_set rset;
FD_ZERO(&rset);
FD_SET(sockFd, &rset);
```

이제 select( )를 이용하여 타이머 구동 및 소켓 체크를 시작한다.

```
if(select(sockFd+1, &rset, NULL, NULL, &tv) == 0)
{
    fprintf(stderr,"...TIME OUT...\n");
    exit(1);
}
```

그럼, 이러한 타임아웃 과정을 적용하여 클라이언트 프로그램인 sockClt를 작성해보자. sockClt는 서버와 접속을 한 뒤에는 무한루프를 돌면서 메시지를 주고받게 된다. 그러다가 타임아웃이 발생하거나 "quit"이라는 문자열을 입력받게 되면 무한루프를 종료하게 된다. 실제 프로젝트에서도 소켓 통신 도중에 타임아웃이 발생하면 데이터 전송을 중지하고 연결을 새롭게 맺는다든지 하는 과정이 필요하게 된다.

sockClt 프로그램의 전체 소스 코드를 보면 다음과 같다.

〈sockClt.c〉
```c
#include <stdio.h>
#include <unistd.h>
#include <sys/types.h>

/* 소켓 사용을 위한 헤더 파일들 */
#include <sys/socket.h>
#include <netinet/in.h>
#include <arpa/inet.h>

/* 소켓을 통해 주고받을 메시지의 길이 */
#define MSGLEN 32

int main()
{
    /* 데이터 송수신을 위한 변수 선언 */
    int sockFd, addrLen, result;
    struct sockaddr_in sockAddr;
    char readbuf[MSGLEN], sendbuf[MSGLEN];

    /* 타이머를 위한 변수 선언 */
    int retSelect;
    struct timeval tv;
    fd_set rset;

    /* 타이머를 10초로 세팅 */
    tv.tv_sec = 10;
```

```
   tv.tv_usec = 0;

   /* 클라이언트에서 사용할 소켓 기술어 */
   sockFd = socket(AF_INET, SOCK_STREAM, 0);
   if(sockFd < 0)
   {
      fprintf(stderr,"socket open error\n");
      exit(1);
   }

   /* 접속할 서버의 IP 등 정보 세팅 */
   sockAddr.sin_family = AF_INET;
   sockAddr.sin_addr.s_addr = inet_addr("127.0.0.1");
   sockAddr.sin_port = 9999;

   /* 서버의 소켓과 연결 시도 */
   addrLen = sizeof(sockAddr);
   if(connect(sockFd, (struct sockaddr *)&sockAddr, addrLen) == -1)
   {
      fprintf(stderr,"서버와의 접속에 실패했습니다.\n");
      exit(1);
   }

   /* 메시지 송수신을 위한 무한 루프 */
   while(1)
   {
      /* 입력받은 메시지 전송, "quit"이면 무한루프 탈출 */
      printf("전송할 메시지: ");
      gets(sendbuf);
      write(sockFd, sendbuf, MSGLEN);
      if(!strncmp(sendbuf,"quit",4)) break;

      /* 타이머 구동, select를 이용하여 sockFd 체크 */
      FD_ZERO(&rset);
      FD_SET(sockFd, &rset);
      retSelect = select(sockFd+1, &rset, NULL, NULL, &tv);
      if(retSelect == 0)
      {
         fprintf(stderr,"...TIME OUT...\n");
         break;
      }

      /* 서버로 부터 수신한 메시지 출력 */
      read(sockFd, readbuf, MSGLEN);
      printf("수신한 메시지: %s\n", readbuf);
```

```
        }
        close(sockFd);
        exit(0);
}
```

이번에는 서버 쪽 프로그램인 sockSvr 프로그램을 만들어보자. 먼저 필요한 헤더 파일들을 include하고 변수들을 선언하도록 한다. 그리고 소켓을 개설하고 bind를 실행한다.

```
/* 소켓을 통해 주고받을 메시지의 길이 */
#define MSGLEN 32
int svrSock = socket(AF_INET, SOCK_STREAM, 0);

/* sockaddr_in 스트럭처 세팅 */
svrAddr.sin_family = AF_INET;
svrAddr.sin_addr.s_addr = htonl(INADDR_ANY);
svrAddr.sin_port = 9999;

/* svrSock과 svrAddr을 이용하여 bind 수행 */
bind(svrSock, (struct sockaddr *)&svrAddr, sizeof(svrAddr));

/* Listening... 수행 */
listen(svrSock, 5);
```

이제 클라이언트와 접속을 accept한 후, 무한루프를 돌면서 클라이언트와 메시지를 주고받도록 한다. 만일 클라이언트가 보내온 메시지에 "quit"이 포함되면 실행을 중지하고 소켓을 닫게 된다.

```
/* 클라이언트와의 통신 Accept 수행 */
int cltLen = sizeof(cltAddr);
int cltSock = accept(svrSock,(struct sockaddr *)&cltAddr,&cltLen);

/* 무한 루프를 돌면서 메시지 접수 및 송신 */
char readbuf[MSGLEN], sendbuf[MSGLEN];
read(cltSock, readbuf, MSGLEN);
printf("수신된 메시지: %s\n",readbuf);
if(!strncmp(readbuf,"quit",4))
    break;
write(cltSock, sendbuf, MSGLEN);
```

```
/* 무한 루프 탈출 후 소켓 닫기 */
close(cltSock);
close(svrSock);
```

그럼, 이번에는 sockSvr 프로그램의 전체 소스 코드를 보도록 하자.

〈sockSvr.c〉
```c
#include <stdio.h>
#include <unistd.h>
#include <sys/types.h>

/* 소켓 사용을 위한 헤더 파일들 */
#include <sys/socket.h>
#include <netinet/in.h>
#include <arpa/inet.h>

/* 소켓을 통해 주고받을 메시지의 길이 */
#define MSGLEN 32

int main()
{
    /* 통신을 위한 변수들 선언 */
    int svrSock, cltSock;
    int svrLen, cltLen;
    struct sockaddr_in svrAddr;
    struct sockaddr_in cltAddr;

    /* 메시지 송수신을 위한 버퍼 선언 */
    char readbuf[MSGLEN], sendbuf[MSGLEN];

    /* 서버를 위한 소켓 생성 및 소켓 기술어 GET */
    svrSock = socket(AF_INET, SOCK_STREAM, 0);
    if(svrSock < 0)
    {
        fprintf(stderr,"socket() 실행 실패!\n");
        exit(1);
    }

    /* sockaddr_in 스트럭처 세팅 */
    svrAddr.sin_family = AF_INET;
    svrAddr.sin_addr.s_addr = htonl(INADDR_ANY);
    svrAddr.sin_port = 9999;
```

```c
    /* svrSock과 svrAddr을 이용하여 bind 수행 */
    svrLen = sizeof(svrAddr);
    if(bind(svrSock, (struct sockaddr *)&svrAddr, svrLen) < 0)
    {
       fprintf(stderr,"Binding 실패!\n");
       exit(1);
    }

    /* Listening... 수행 */
    if(listen(svrSock, 5) < 0)
    {
       fprintf(stderr,"Listening 실패!\n");
       exit(1);
    }

    /* 클라이언트와의 통신 Accept 수행 */
    cltLen = sizeof(cltAddr);
    cltSock = accept(svrSock,(struct sockaddr *)&cltAddr,&cltLen);
    if(cltSock < 0)
    {
       fprintf(stderr,"Accept() 수행 실패!\n");
       exit(1);
    }

    while(1)
    {
       /* 메시지 수신, "quit"을 수신하면 무한루프 탈출 */
       printf("클라이언트로 부터 메시지 수신 대기중...\n");
       read(cltSock, readbuf, MSGLEN);
       printf("수신된 메시지: %s\n",readbuf);
       if(!strncmp(readbuf,"quit",4)) break;

       /* 처리 지연으로 인한 타임아웃 테스트! */
       /* sleep(20); */

       /* 수신된 메시지를 재전송 */
       sprintf(sendbuf,"<재전송> %s",readbuf);
       write(cltSock, sendbuf, MSGLEN);
    }

    /* 서버와 클라이언트 소켓을 모두 닫고 종료 */
    close(cltSock);
    close(svrSock);
    exit(0);
}
```

프로그램 작성이 끝났으면 컴파일한 후, 다음과 같이 두 개의 쉘 창이나 원격지에 떨어진 두 개의 시스템을 이용하여 서버와 클라이언트를 각각 실행시키도록 한다.

> **NOTE_** 서버의 코드를 보면 sleep(20)이 코멘트 처리된 것을 볼 수 있다. 코멘트 부분을 해제하고 컴파일 및 실행을 하면 클라이언트에서 타임아웃이 발생한다.

```
% sockSvr
클라이언트로 부터 메시지 수신 대기중...
수신된 메시지 : 첫번째 메시지
클라이언트로 부터 메시지 수신 대기중...
수신된 메시지 : 두번째 메시지
수신된 메시지 : quit
```

```
% sockClt
전송할 메시지 : 첫번째 메시지
수신한 메시지 : <재전송> 첫번째 메시지
전송할 메시지 : 두번째 메시지
수신한 메시지 : <재전송> 두번째 메시지
전송할 메시지 : quit

% sockClt
전송할 메시지 : 첫번째 메시지
——TIME OUT——
```

03 다중 클라이언트 접속 프로그램(fork, select)

이번에는 하나의 서버에 여러 대의 클라이언트가 접속하여 통신 작업을 수행할 수 있도록 만드는 과정을 소개한다. 이를 구현하는데는 여러 가지 방법이 있겠지만, 여기서는 가장 많이 사용하는 fork( )를 이용하는 방법과 select( )를 이용하는 방법을 다루도록 한다.

fork를 이용한 다중 클라이언트 지원

Part III에서 프로세스를 소개하면서 fork( ) 시스템 호출을 살펴보았다. 이때 fork( )는 자식 프로세스를 만드는 함수였는데, 여기서도 fork( )를 이용하여 다중 클라이언트의 접속을 지원하게 된다. 즉, fork( )를 통해 생성된 자식 프로세스가 클라이언트와의 통신을 수행하게 된다.

이때 접속을 요구하는 클라이언트의 수 만큼 자식 프로세스가 생성되고 이들은 각각 클라이언트와 필요한 통신 행위를 하게 된다. 그럼, fork( )를 이용하여 소켓 통신을 하는 forkSvr 프로그램의 작성 과정을 살펴보자.

먼저, 소켓과 시그널 사용을 위한 헤더 파일들을 include한 뒤에 필요한 변수들을 선언한다.

그리고 socket( ) 함수를 이용하여 소켓을 개설한 후, bind( )와 listen( )을 수행하도록 한다. 이때 fork( )가 수행되기 전에, SIGCHLD 시그널이 무시되도록 signal( ) 함수를 실행시키도록 한다.

```c
/* 서버를 위한 소켓 생성 및 소켓 기술어 GET */
int svrSock = socket(AF_INET, SOCK_STREAM, 0);
/* svrSock과 svrAddr을 이용하여 bind 수행 */
svrLen = sizeof(svrAddr);
bind(svrSock, (struct sockaddr *)&svrAddr, svrLen);

/* Listening... 수행 */
listen(svrSock, 5);
/* SIGCHLD 시그널 처리:SIG_IGN */
signal(SIGCHLD, SIG_IGN);
```

그런 다음 accept( )를 이용하여 클라이언트와의 접속을 accept한다. 마지막으로 fork( )를 이용하여 자식 프로세스를 생성하고 연결된 클라이언트와의 메시지 송수신 작업을 처리하도록 한다. 이때 부모 프로세스는 소켓을 close( ) 시키도록 한다.

```c
/* 클라이언트와의 통신 Accept 수행 */
int cltSock = accept(svrSock,(struct sockaddr *)&cltAddr,&cltLen);
/* 자식 프로세스이면 메시지 송수신 작업 수행 */
if(fork() == 0)
{
    read(cltSock, readbuf, MSGLEN);
    /* 멀티 클라이언트 접속 테스트를 위해 5초 휴식 */
    sleep(5);
    write(cltSock, sendbuf, MSGLEN);
    close(cltSock);
    exit(0);
}
else
{
    /* 부모 프로세스의 cltSock 닫기 */
    close(cltSock);
}
```

이번 예제를 위해 별도의 클라이언트는 작성하지 않는다. 대신 Chapter 17에서 작성했던

echoClt 프로그램을 클라이언트로 이용한다. 그럼 forkSvr 프로그램의 전체 소스 코드를 보도록 하자.

〈forkSvr.c〉

```c
#include <stdio.h>
#include <unistd.h>
#include <sys/types.h>

/* 소켓과 시그널 사용을 위한 헤더 파일들 */
#include <sys/socket.h>
#include <netinet/in.h>
#include <arpa/inet.h>
#include <signal.h>

/* 소켓을 통해 주고받을 메시지의 길이 */
#define MSGLEN 32

int main()
{
    /* 통신을 위한 변수들 선언 */
    int svrSock, cltSock;
    int svrLen, cltLen;
    struct sockaddr_in svrAddr;
    struct sockaddr_in cltAddr;

    /* 메시지 송수신을 위한 버퍼 선언 */
    char readbuf[MSGLEN], sendbuf[MSGLEN];

    /* 서버를 위한 소켓 생성 및 소켓 기술어 GET */
    svrSock = socket(AF_INET, SOCK_STREAM, 0);
    if(svrSock < 0)
    {
        fprintf(stderr,"socket() 실행 실패!\n");
        exit(1);
    }

    /* sockaddr_in 스트럭처 세팅 */
    svrAddr.sin_family = AF_INET;
    svrAddr.sin_addr.s_addr = htonl(INADDR_ANY);
    svrAddr.sin_port = 9999;

    /* svrSock과 svrAddr을 이용하여 bind 수행 */
    svrLen = sizeof(svrAddr);
```

```c
    if(bind(svrSock, (struct sockaddr *)&svrAddr, svrLen) < 0)
    {
       fprintf(stderr,"Binding 실패!\n");
       exit(1);
    }

    /* Listening... 수행 */
    if(listen(svrSock, 5) < 0)
    {
       fprintf(stderr,"Listening 실패!\n");
       exit(1);
    }

    /* SIGCHLD 시그널 처리:SIG_IGN */
    signal(SIGCHLD, SIG_IGN);

    /* 메시지 수신 후 전송하는 무한 루프 */
    while(1)
    {
       /* 클라이언트와의 통신 Accept 수행 */
       cltLen = sizeof(cltAddr);
       cltSock = accept(svrSock,(struct sockaddr *)&cltAddr,&cltLen);
       if(cltSock < 0)
       {
           fprintf(stderr,"Accept() 수행 실패!\n");
           exit(1);
       }

       /* 자식 프로세스이면 메시지 송수신 작업 수행 */
       if(fork() == 0)
       {
           /* 클라이언트로 부터 메시지 수신 */
           printf("클라이언트로 부터 메시지 수신 대기중...\n");
           read(cltSock, readbuf, MSGLEN);
           printf("수신된 메시지: %s\n",readbuf);

           /* 멀티 클라이언트 접속 테스트를 위해 5초 휴식 */
           sleep(5);

           /* 수신된 메시지를 재전송한 후 연결 해제 및 종료 */
           sprintf(sendbuf,"<재전송> %s",readbuf);
           write(cltSock, sendbuf, MSGLEN);
           close(cltSock);
           exit(0);
       }
```

```
        else
        {
            /* 부모 프로세스의 cltSock 닫기 */
            close(cltSock);
        }
    }
}
```

프로그램 작성이 끝났으면 컴파일을 하고 실행을 하도록 한다. 테스트를 할 때는 세 개의 쉘 창이나 세 대의 유닉스 시스템을 이용하여 forkSvr 프로그램과 두 개의 echoClt 프로그램을 동시에 실행하도록 한다. 다음은 실행 결과를 보여주고 있다.

〈forkSvr〉
% forkSvr
클라이언트로 부터 메시지 수신 대기중...
클라이언트로 부터 메시지 수신 대기중...
수신된 메시지 : 첫번째 메시지
수신된 메시지 : 두번째 메시지

〈첫 번째 echoClt 프로그램〉
% echoClt
전송할 메시지 : 첫번째 메시지
수신한 메시지 : 〈재전송〉 첫번째 메시지

〈첫 번째 echoClt 프로그램〉
% echoClt
전송할 메시지 : 첫번째 메시지
수신한 메시지 : 〈재전송〉 첫번째 메시지

select를 이용한 다중 클라이언트 지원

이번에는 select( )를 이용하여 다중 클라이언트를 지원하는 프로그램을 작성해 보도록 하자. 일반적으로 멀티 커넥션을 위해 select를 많이 활용하고 있는데, 이를 활용하면 다양한 조작이 가능하다.

예를 들어, 여러 개의 포트를 열어놓고서 select를 이용하여 각각의 포트를 체크하면서 그에 맞는 작업이 가능하도록 만들 수 있다. 그리고 앞에서 본 것처럼 타임아웃이 가능하도록 조작할 수도 있다. 그럼 select를 활용한 selectSvr 프로그램의 작성 과정을 살펴보도록 하자.

> **NOTE_** select를 이용하여 멀티 커넥션을 지원하는 과정은 생각보다 복잡할 수 있다. 하지만 원리를 이해하고 나면 어렵지 않다.

프로그램의 핵심이라고 할 수 있는 select의 수행 과정을 살펴보면 다음과 같다. 먼저 fd_set 스트럭처를 선언하고 이를 초기화한 뒤 FD_SET을 이용하여 비트 세팅을 한다.

```
fd_set sfds;
FD_ZERO(&sfds);
FD_SET(svrSock, &sfds);
```

그런 다음 select를 이용하여 fd_set 비트의 변화를 감지하도록 한다. 그리고 FD_ISSET( )을 이용하여 비트를 조사한 뒤, 해당 비트가 서버 쪽이면 새로운 클라이언트와의 접속을 accept 하는 작업을 수행하고 select( )의 감지를 위해 추가 비트를 조작한다.

```
fd_set cfds = sfds;
select(FD_SETSIZE,&cfds,(fd_set *)0,(fd_set *)0,(struct timeval *)0);

/* 비트 조사 */
if(FD_ISSET(fd,&cfds))...

/* 해당 fd가 서버이면 새로운 연결 설정 */
if(fd == svrSock)
{
    int cltSock = accept(svrSock,(struct sockaddr *)&cltAddr,&cltLen);
    /* 체크 비트 추가 */
    FD_SET(cltSock, &sfds);
}
```

만일 클라이언트에 해당한다면 이는 연결 해제가 감지된 것이거나 새로운 메시지가 접수된 것을 의미한다. 이때는 접속을 끊고 비트를 해제하거나 수신된 메시지를 처리하고 새로운 메시지를 해당 클라이언트에게 전송한다.

```
/* 클라이언트 이면 */
ioctl(fd, FIONREAD, &nread);
/* 접속이 끊어졌으면 close() 및 fd_set 제거 수행*/
if(nread == 0)
{
    close(fd);
    FD_CLR(fd, &sfds);
}
```

```
    else
    {
        /* 데이터 수신이면, 클라이언트에 데이터 재전송 */
        read(fd, readbuf, MSGLEN);
        /* 수신된 데이터가 quit이면 연결 해제 및 비트 제거 */
        if(!strncmp(readbuf,"quit",4))
        {
            close(fd);
            FD_CLR(fd, &sfds);
            continue;
        }
    }
}
```

이러한 내용을 바탕으로 작성된 selectSvr 프로그램의 전체 소스 코드를 직접 보도록 하자.

⟨selectSvr.c⟩
```c
#include <stdio.h>
#include <unistd.h>
#include <sys/time.h>
#include <sys/types.h>
#include <sys/socket.h>
#include <netinet/in.h>
#include <sys/ioctl.h>
#include <sys/filio.h>

/* 메시지의 길이와 접속 수 선언 */
#define MSGLEN 32
#define MAXCONNECT 5

int main()
{
    /* 통신을 위한 변수들 선언 */
    int svrSock, cltSock;
    int svrLen, cltLen;
    struct sockaddr_in svrAddr;
    struct sockaddr_in cltAddr;

    /* 메시지 송수신과 멀티 커넥션을 위한 변수 */
    char readbuf[MSGLEN], sendbuf[MSGLEN];
    fd_set sfds, cfds;
    int fd, nread;
```

```c
/* 서버를 위한 소켓 생성 및 소켓 기술어 GET */
svrSock = socket(AF_INET, SOCK_STREAM, 0);
if(svrSock < 0)
{
   fprintf(stderr,"socket() 실행 실패!\n");
   exit(1);
}

/* sockaddr_in 스트럭처 세팅 */
svrAddr.sin_family = AF_INET;
svrAddr.sin_addr.s_addr = htonl(INADDR_ANY);
svrAddr.sin_port = 9999;

/* svrSock과 svrAddr을 이용하여 bind 수행 */
svrLen = sizeof(svrAddr);
if(bind(svrSock, (struct sockaddr *)&svrAddr, svrLen) < 0)
{
   fprintf(stderr,"Binding 실패!\n");
   exit(1);
}

/* Listening... 수행 */
if(listen(svrSock, 5) < 0)
{
   fprintf(stderr,"Listening 실패!\n");
   exit(1);
}

/* select()의 조사를 위한 fd_set 비트 배열 세팅 */
FD_ZERO(&sfds);
FD_SET(svrSock, &sfds);

while(1)
{
   /* 조사 대상인 fd_set 비트의 변화 감지 */
   cfds = sfds;
   if(select(FD_SETSIZE,&cfds,(fd_set *)0,(fd_set *)0,(struct
      timeval *)0) < 1)
   {
      fprintf(stderr,"SELECT 실행 실패\n");
      exit(1);
   }

   for(fd = 0; fd < FD_SETSIZE; fd++)
   {
```

```c
/* 비트 조사 */
if(FD_ISSET(fd,&cfds))
{
   /* 해당 fd가 서버이면 새로운 연결 설정 */
   if(fd == svrSock)
   {
      /* 클라이언트와의 통신 Accept 수행 */
      cltLen = sizeof(cltAddr);
      cltSock = accept(svrSock,(struct sockaddr
                    *)&cltAddr,&cltLen);
      if(cltSock < 0) continue;

      /* 체크 비트 추가 */
      FD_SET(cltSock, &sfds);
      printf("SockFD<%d>번 접속추가\n", cltSock);
   }
   else
   {
      /* 클라이언트 이면 */
      ioctl(fd, FIONREAD, &nread);

      /* 접속이 끊어졌으면 close() 및 fd_set 제거 수행*/
      if(nread == 0)
      {
         close(fd);
         FD_CLR(fd, &sfds);
         printf("SockFD<%d>번 접속해제\n", fd);
      }
      else
      {
         /* 데이터 수신이면, 클라이언트에 데이터 재전송 */
         read(fd, readbuf, MSGLEN);
         printf("수신된 메시지 SockFD<%d>: %s\n",fd,readbuf);

         /* 수신된 데이터가 quit이면 연결 해제 및 비트 제거 */
         if(!strncmp(readbuf,"quit",4))
         {
            close(fd);
            FD_CLR(fd, &sfds);
            printf("SockFD<%d>번 접속해제\n", fd);
            continue;
         }
         /* 수신된 메시지를 재전송 */
         sprintf(sendbuf,"<재전송> %s",readbuf);
         write(fd, sendbuf, MSGLEN);
```

```
                    }
                }
            }
        }
    }
}
```

프로그램의 작성이 끝났으면 컴파일하고 실행을 시켜보자. 테스트를 위해 2절에서 작성했던 sockClt 프로그램을 클라이언트로 사용하도록 한다. 프로그램의 실행을 위해 세 개의 쉘 창이나 세대의 유닉스 시스템을 이용하여 다음과 같이 실행하도록 한다.

```
% selectSvr
SockFD(4)번 접속추가
SockFD(5)번 접속추가
수신된 메시지 SockFD(4): 안녕하세요.
수신된 메시지 SockFD(5): 반갑습니다.
수신된 메시지 SockFD(4): 그럼, 안녕히...
수신된 메시지 SockFD(5): 저도...
수신된 메시지 SockFD(4): quit
SockFD(4)번 접속해제
수신된 메시지 SockFD(5): quit
SockFD(5)번 접속해제
```

```
% sockClt
전송할 메시지: 반갑습니다.
수신한 메시지: 〈재전송〉 반갑습니다.
전송할 메시지: 저도...
수신한 메시지: 〈재전송〉 저도...
전송할 메시지: quit
```

```
% sockClt
전송할 메시지: 안녕하세요
수신한 메시지: 〈재전송〉 안녕하세요.
전송할 메시지: 그럼, 안녕히...
수신한 메시지: 〈재전송〉 그럼, 안녕히...
전송할 메시지: quit
```

> **NOTE_** Part V에서는 select를 이용하여 서로 다른 두 개의 포트를 체크하는 C++ 프로그램 예가 나온다.

Part V.
종합 예제 프로그래밍

Part V를 시작하며...

이제 이 책의 마지막인 Part V를 공부할 시간이 되었다. Part V까지 달려온 독자들에게 수고했다는 말을 먼저 하고 싶다. Part V는 Part I~IV에서 배운 내용을 종합적으로 공부하기 때문에 "종합 예제 프로그래밍"이라는 제목을 가지고 있다. 제목에서와 같이 종합적인 예제를 만들면서 실전에서 프로그램을 작성할 때 도움이 될 내용을 위주로 적혀 있다.

실전에 도움이 되도록 하기 위해 간단하고 짧은 예제가 아닌 약간 복잡하고 긴 예제로 이루어져 있다. 그리고 실제 프로젝트를 수행하는 것과 유사한 절차를 거쳐 시스템을 작성하게 된다.

이 책이 C와 C++ 그리고 쉘 프로그래밍을 소개한 것과 마찬가지로 종합 예제도 동일한 언어와 기법들이 사용된다. 다만 책에서 소개되지 않았던 함수가 사용되는데 그때는 약간의 설명이 나오게 된다.

코드의 내용이나 구현이 힘들더라도 열심히 따라와 주기 바란다. 그리고 힘들다고 멈추지 말고 더욱 기운을 내서 이 정도 예제는 수행해야지 하는 마음으로 공부해주기 바란다. Part V는 전체 4개의 Chapter로 이루어져 있으며, C++ 언어로 구성된 클래스가 시스템의 큰 골격을 이루게 된다. 그리고 클래스들은 C로 작성된 함수들을 사용하게 된다.

책의 전체 내용을 복습하는 마음으로 그리고 실전 감각을 익히는 마음으로 Part V를 공부해 주기 바란다.

Part V. 종합 예제 프로그래밍

- **Part V 구성 요소**

- Chapter 19. 시스템 소개
  - 1. 목적 및 기능
  - 2. 시스템 명세와 기능 명세

- Chapter 20. 시스템 분석 및 설계
  - 1. 시스템 분석 및 설계
  - 2. 프로토타입 작성

- Chapter 21. 시스템 개발
  - 1. 유틸리티 모듈
  - 2. 메시지 분석 및 작성
  - 3. 장비 통신 모듈
  - 4. 프레임워크

- Chapter 22. 시스템 테스트
  - 1. 시뮬레이터 구현
  - 2. 시스템 마무리

chapter 19 시스템 소개

구현하고자 하는 시스템에 대한 요구 사항 및 기능 사항을 소개한다. 실제 현장에서 시스템을 개발할 때 가장 중요한 것 중 하나가 요구 사항을 제대로 분석하는 과정이다. 관리자급이 아닌 대부분의 개발자들은 요구 사항이 어느 정도 분석된 뒤에 투입이 되기 때문에 요구 사항 분석에 대한 중요성을 많이 간과할 수가 있다.

하지만 시스템 규모가 클수록 요구 사항에 대한 분석이 잘못되면 시스템 개발에 큰 타격을 받게 된다. 시스템의 구조를 바꿔야 되는 문제가 발생하는 대부분의 경우가 요구 사항 분석이 잘못되었을 때 일어난다. 물론 작은 단위의 모듈을 개발할 때도 요구 사항에 대한 개발자의 오해로 잘못된 함수를 만들거나 사용해서 문제가 발생할 수 있지만 짧은 시간에 수정할 수도 있을 것이다. 만일 큰 단위에서 요구 사항 분석이 잘못되면 지금까지 개발한 내용이 물거품이 될 수도 있을 것이다.

Chapter 19에서는 요구 사항을 소개하고 이를 설명하는 내용이 주가 된다. 요구 사항에 대한 내용은 실제 현장에서 사용되는 형식과 유사하게 만들어서 향후 실제 개발 현장에서도 도움이 될 수 있도록 한다. Chapter 19를 이루고 있는 절들은 다음과 같다.

1. 목적 및 기능
2. 시스템 명세와 기능 명세

01 목적 및 기능

종합 예제 시스템이 특정 분야의 특정 시스템이 되지 않도록 하기 위해 이름을 그냥 "종합 예제 시스템"으로 명명한다. 하지만 굳이 시스템 내용에 대한 이름을 붙인다면 "가입자 자동처리 및 연동 시스템"이라 할 수 있다. 구현하고자 하는 시스템의 목적 및 기능을 상세히 나열하기 전에 이 시스템의 가장 큰 목적 및 기능을 말한다면 책에 대한 전체 복습과 응용이 될 것이다.

종합 예제 시스템에는 유닉스 네트워크 프로그래밍과 시스템 프로그래밍 등 지금까지 배운 내용이 대부분 적용된다. 이 시스템을 통해 모듈들에 대해 다시금 조망하는 기회로 활용하기 바라고 이들이 어떻게 유기적으로 연동되는지 살펴보기 바란다.

목적

이 시스템은 휴대폰 시스템에서 적용될 시스템으로 거대한 휴대폰 시스템의 중추 소프트웨어로 활용 된다. 시스템에 대해 설명하기 전에 휴대폰에 가입자가 가입을 하면 어떤 일이 벌어지는지 먼저 알아보도록 하자.

> **NOTE_** 종합 예제 시스템에서 설명하는 휴대폰 시스템이나 내용들은 독자들의 이해를 돕기 위한 내용이지 실제와 완전히 일치하는 것은 아니다. 이 시스템을 채택한 이유는 네트워크/시스템 프로그래밍이 모두 동원되는 시스템이기 때문이다.

휴대폰을 사용하기 위해 대리점에 가서 등록을 하면, 대리점 직원이 절차에 따라 필요한 문서를 작성하게 된다. 문서에는 휴대폰의 기본 기능인 전화 통화를 위한 내용을 기입하는 부분과 부가 서비스(매너콜이나 문자 메시지 등)를 위해 기입하는 곳이 있을 것이다.

문서가 다 작성되면 중앙 서비스 지점으로 문서를 보내게 된다. 중앙 서비스 지점에서 문서를 받게 되면, 이를 처리하는 엔지니어가 필요한 내용을 데이터베이스에 저장하게 된다. 데이터베이스에 필요한 정보가 저장된 후에는 "가입자 자동처리 및 연동 시스템"에서 가장 먼저 휴대폰 전화번호가 등록되어야 하는 메인 장비에 전화번호와 휴대폰 기계 번호 등의 가입자 정보를 등록시킨다.

만일 사용자가 부가 서비스에도 가입을 했으면 부가 서비스를 지원하는 장비에도 가입자 정보를 등록시킨다. 이때 가입자를 등록시키면 서비스 번호를 장비로부터 받아서 메인 장비에도 등록을 시킨다.

이렇게 가입자에 대한 모든 정보가 등록되면 사용자가 휴대폰을 사용할 수 있다. 사용자가 휴대폰으로 전화를 걸게 되면 먼저 메인 장비에서 해당 사용자가 휴대폰 사용이 가능한지를 판단한 후 전화 통화가 가능하도록 만든다.

그리고 사용자가 부가 서비스를 사용하게 되면 메인 장비는 해당 사용자가 부가 서비스 번호를 가진 사용자인지 확인한 후, 맞으면 부가 서비스를 담당하는 장비에게 해당 내용을 전달한다. 여기까지가 휴대폰의 본 서비스와 부가 서비스에 대한 간략한 내용이다.

이제 Part Ⅴ에서 구현하고자 하는 종합 예제 시스템은 위의 시나리오 중에서 "가입자 자동처리 및 연동 시스템"에 해당하는 시스템으로 지점에서 온 가입자 정보를 메인 장비와 부가 장비에 등록을 시켜주는 시스템이다.

종합 예제 시스템에 초점을 맞춰 시나리오를 간략하게 다시 소개하면 다음과 같다.

- ✓ 휴대폰 가입자가 본 서비스에만 가입한 경우 : 종합 예제 시스템은 가입자의 정보를 메인 장비에만 등록을 시킨다.
- ✓ 휴대폰 가입자가 본 서비스와 부가 서비스 모두 가입한 경우 : 종합 예제 시스템은 부가 장비에 가입자를 등록시킨 후, 부가 장비에서 보내온 서비스 번호와 가입자의 정보를 함께 묶어서 메인 장비에 등록을 시킨다.
- ✓ 본 서비스에만 가입한 가입자가 부가 서비스를 나중에 가입한 경우 : 종합 예제 시스템은 부가 장비에 가입자를 등록시킨 후, 부가 장비에서 보내온 서비스 번호를 이용하여 메인 장비에 있는 가입자 정보를 업데이트 시킨다.
- ✓ 본 서비스와 부가 서비스 모두에 가입된 가입자가 부가 서비스를 해제한 경우 : 종합 예제 시스템은 메인 장비에 있는 가입자 정보 중 부가서비스 관련 필드를 업데이트시킨다.
- ✓ 본 서비스에만 가입된 가입자가 본 서비스를 해제한 경우 : 종합 예제 시스템은 메인 장비에 있는 가입자 정보를 삭제시킨다.
- ✓ 본 서비스와 부가 서비스에 가입된 가입자가 모든 서비스를 해제한 경우 : 종합 예제 시스템은 메인 장비에 있는 가입자 정보와 부가 장비에 있는 가입자 정보를 차례로 삭제시킨다.

> **NOTE_** 가입 방법과 삭제 방법은 대한 스펙은 2절의 시스템 명세에서 소개가 되고, 이 내용을 구현하기 위해 사용하는 설계 방법은 Chapter 20에서 소개가 된다.

이 시스템을 통해 장비에 직접 데이터를 입력함으로 발생할 수 있는 오류를 미연에 방지하고 부가 장비와 메인 장비 사이의 데이터 업데이트를 자동으로 실행되도록 만들 수 있다. 그리고 장비에 데이터가 입력됨과 동시에 휴대폰을 가진 사용자는 가입한 서비스를 제공받을 수 있는 준비가 끝나게 된다.

기능

종합 예제 시스템은 TCP/IP 소켓을 이용하여 메인 장비와 부가 장비 사이에 가입자의 정보를 등록 및 해지 시켜주는 기능을 담당한다. 종합 예제 시스템과 장비 사이의 주고받는 메시지는 요구 메시지와 응답 메시지를 사용하여 서로 통신을 수행한다.

그리고 통신을 통해 입력받은 메시지를 수행하는 과정에 에러가 발생하면 오류 메시지를 전송하여 명령 수행에 문제가 있었음을 알려준다. 종합 예제 시스템과 장비 사이에 통신이 끊어졌는지 여부와 상대 시스템이 메시지를 제대로 수신하는지를 확인하기 위한 상태 확인 메시지를 주기적으로 주고받는다.

종합 예제 시스템은 시스템 자신의 상태(메모리나 CPU 등)를 확인할 수 있는 모듈을 내부에 가지고 있어야 되고, 이를 체크하는 모니터링 프로그램을 수행할 수 있는 기능이 있어야 한다.

장비들과 종합 예제 시스템 사이는 서버와 클라이언트의 관계가 되고, 모니터링 프로그램과 종합 예제 시스템 사이는 클라이언트와 서버 관계가 된다. 장비와 시스템 사이에 주고받는 데이터 및 오류 데이터는 시스템 명세서와 기능 명세서에 있는 프로토콜 데이터 정의를 따라야 한다.

장비들과 종합 예제 시스템 그리고 모니터링 프로그램 사이의 연결 순서는 다음과 같다. 먼저 장비들 속에 있는 서버 프로그램이 구동이 된다. 그 다음에 종합 예제 시스템이 구동하면서 서버 프로그램에 접속을 요구한다. 서버 프로그램은 종합 예제 시스템이 보낸 접속 요구에 대해 접속 응답 메시지를 보낸다.

종합 예제 시스템은 장비가 보낸 접속 응답 메시지에 오류가 없으면 접속을 시도한다. 접속이 되고 나면 가입자 등록 및 해제를 수행할 수 있는 상태가 된다. 모니터링 프로그램은 종합 예제 시스템이 구동된 후에는 언제든지 접속하여 종합 예제 시스템의 상태를 모니터링 할 수 있다.

> **NOTE_** 실제 시스템을 작성하고 구동할 때에는 구동 순서에 상관없이 프로그램이 작동되어야 할 것이다. 예를 들어 장비내의 서버 프로그램이 구동되기 전에 종합 예제 시스템을 구동했다면, 종합 예제 시스템 속의 클라이언트는 주기적으로 접속 요구 메시지를 서버에 보내야 할 것이다.

종합 예제 시스템과 장비들 사이에서 가입자의 정보 등록 및 해제가 이루어지는 명령어 처리 기능에 대한 절차는 다음과 같다. 종합 예제 시스템에서 장비에 명령어 처리 요구 메시지를 보내면 장비에 있는 서버는 명령어 처리 요구 메시지를 수신했다는 명령어 수신 응답 메시지를 보낸다.

장비는 명령어 수신 응답 메시지를 보낸 후 해당 명령을 내부에서 수행한다. 수행이 끝나면 수행결과 메시지를 종합 예제 시스템에 보낸다. 만일 수행 도중에 에러가 발생하면 오류 메시지를 종합 예제 시스템에 보낸다. 종합 예제 시스템이 수행 결과 메시지를 장비로부터 수신하고 나면 결과 수신 응답 메시지를 장비에게 보내서 결과를 제대로 받았음을 응답한다.

만일 장비로부터 수신한 수행 결과 메시지의 내용에 이상하거나 문제가 있으면 종합 예제 시스템은 해당 장비에 명령 수행을 재요구할 수도 있다. 재요구를 한 이후의 명령어 수행 과정은 처음 명령 수행 요구 메시지를 받았을 때와 동일하다.

종합 예제 시스템의 상태를 모니터링 하는 프로그램은 종합 예제 시스템 내부에 있는 서버에 접속한 후 시스템의 각종 상태 정보를 네트워크로 받아서 화면에 출력해 준다. 모니터링 과정이나 종합 예제 시스템을 위한 GUI 환경은 이번 시스템 개발 과정에서 생략하는 걸로 한다.

> **NOTE_** GUI 화면을 만들어서 사용하는 것은 사용자들에게 상당히 편리한 환경을 제공하는 것이 되지만 이번 과정에서 다루기에는 힘들다고 판단해서 생략한다. 필자의 경험으로는 C/C++로 GUI 프로그램을 작성하는 것보다 자바나 Tcl/Tk등을 이용하여 화면을 구성하는 것이 더욱 좋은 것 같다.

02 시스템 명세와 기능 명세

이번에는 위에서 간단하게 나열한 목적과 기능을 구현하게 위해 장비 업체에서 제시한 표준 문서를 보도록 하자. 이 문서를 바탕으로 Chapter 20에서 시스템을 설계하게 된다. 지금 나열하는 내용들은 실제로 산업 현장에서 사용하는 내용과 최대한 유사하게 만들어서 독자들이 향후 실전에서 이런 문서를 접할 때 도움이 되도록 한다.

> **NOTE**_ 문체가 약간 딱딱하더라도 실제 프로젝트를 수행한다는 기분으로 문서를 봐주기 바란다. 프로젝트 경험이 별로 없는 독자들은 현장에서 사용되는 문서를 처음 접했을 때 많이 당황하게 될텐데, 지금 공부하는 과정에서 이러한 문서들을 접하고 사용해보면 향후 많은 도움이 되리라 생각한다.

 알고 넘어 갑시다

〈 종합 예제 시스템 표준 명세 〉

===목차===
1. 적용 범위
2. 인터페이스 정의
3. 메시지 정의
4. 접속 메시지
5. 상태 확인 메시지
6. 명령 메시지
7. 결과 메시지
8. 오류 코드
9. 종합 예제 시스템과 장비 사이의 메시지 형식

1. 적용 범위

본 표준 명세서는 종합 예제 시스템과 메인 장비와 부가 장비 사이의 표준 처리 규격을 기술하는 문서이다. 종합 예제 시스템은 가입자의 등록 및 해지 같은 고객의 데이터를 메인/부가 장비에 입력을 시킨다. 본 표준 규격에 맞게 각 회사들은 시스템을 제작해야 하며, 이 내용은 향후 협의에 따라 보완 및 변경이 가능하다.

본 시스템에서 사용하는 프로토콜은 TCP/IP Socket을 사용한다. 다음은 이 문서에서 사용하는 메시지 흐름에 대한 표기법을 나타낸다.

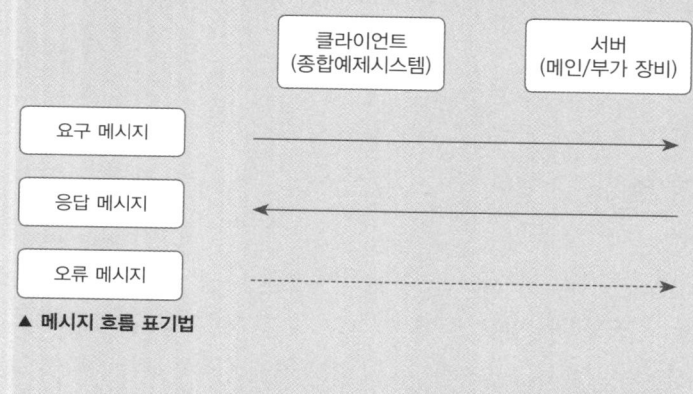

▲ 메시지 흐름 표기법

2. 인터페이스 정의

2.1. 접속과 해제

서버와 클라이언트 사이의 접속을 위한 메시지 흐름은 다음과 같다. 해제의 경우도 접속의 메시지 흐름과 동일하다.

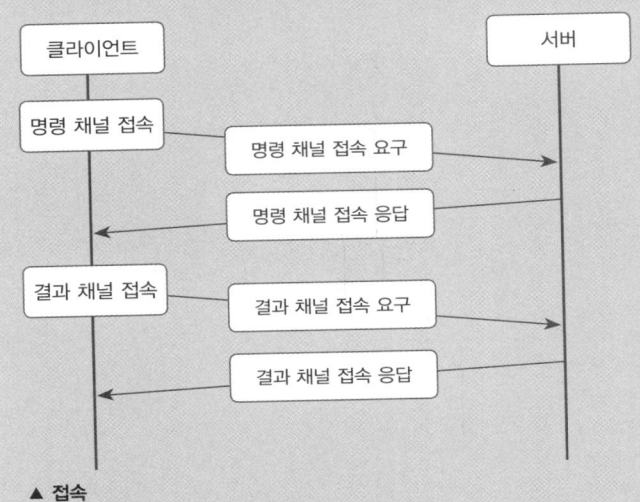

▲ 접속

클라이언트와 서버 사이에는 명령 채널(Command Channel)과 결과 채널(Result Channel)이 존재한다. 이 채널들을 간단히 설명하면, 클라이언트가 서버에게 명령어등의 요구 메시지를 전송할 때 사용하는 것이 명령 채널이다. 명령 채널을 사용할 때는 먼저 클라이언트가 서버에게 요구 메시지를 전송하고 서버는 요구 메시지가 제대로 수신되었는지 여부를 명령 채널을 통해 응답(Acknowledge)을 클라이언트에게 보낸다.

결과 채널의 경우에는 서버가 클라이언트에게 명령어를 수행한 후 그 결과를 전송한다. 결과 메시지를 클라이언트가 받으면 결과 채널을 통해 결과 메시지를 받았다는 응답을 서버에게 보낸다.

명령 채널은 클라이언트가 서버에게 먼저 메시지를 보내고, 결과 채널은 서버가 클라이언트에게 메시지를 먼저 보낸다. 메시지를 받은 쪽은 메시지를 제대로 수신했는지 여부를 상대방에게 알려주어야 한다. 하지만 각 채널에 대한 접속과 해제는 모두 클라이언트가 먼저 메시지를 보낸다. 해제와 관련해서는 필요한 경우 서버가 먼저 해제를 요구할 수도 있다.

메인/부가 장비와 종합 예제 시스템 사이에는 각각 명령/결과 채널이 존재한다. 각 채널들이 사용하는 포트 번호는 다음과 같다.

- ✓ 종합 예제 시스템과 메인 장비 사이의 명령 채널 : 9090
- ✓ 종합 예제 시스템과 메인 장비 사이의 결과 채널 : 9091
- ✓ 종합 예제 시스템과 부가 장비 사이의 명령 채널 : 9190
- ✓ 종합 예제 시스템과 부가 장비 사이의 결과 채널 : 9191

2.2 접속 상태 확인

시스템과 장비 사이에 주고받는 데이터가 없을 때, 접속 상태를 체크하기 위해 접속 상태 확인 메시지를 클라이언트는 주기적으로 서버에게 전송한다. 서버는 메시지를 수신하면 해당 채널의 접속 상태 정보를 클라이언트에게 전송한다. 이 메시지의 흐름은 다음과 같다.

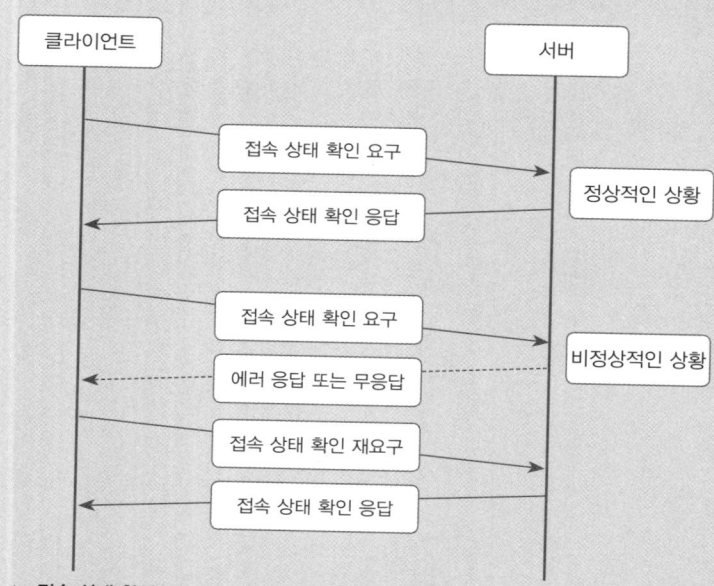

▲ 접속 상태 확인

클라이언트는 서버에게 5분마다 접속 상태를 확인하는 메시지를 전송해야 한다. 메시지를 수신한 서버는 접속상태에 대한 응답 메시지를 보내야 한다. 만일 응답 메시지 속에 오류가 있거나 무응답일 경우, 클라이언트는 확인 메시지를 다시 전송한다. 또 다시 오류가 있거나 응답이 없으면 클라이언트는 서버의 접속을 처음부터 다시 시도한다.

2.3 명령어 처리

가입자 정보에 대한 등록, 해제 및 변경 등의 모든 명령어들은 유일한 키(Unique ID - UID)를 이용하여 처리가 되며 명령 채널과 결과 채널을 이용하여 명령과 결과를 주고받는다. 처리 절차를 보면 다음과 같다.

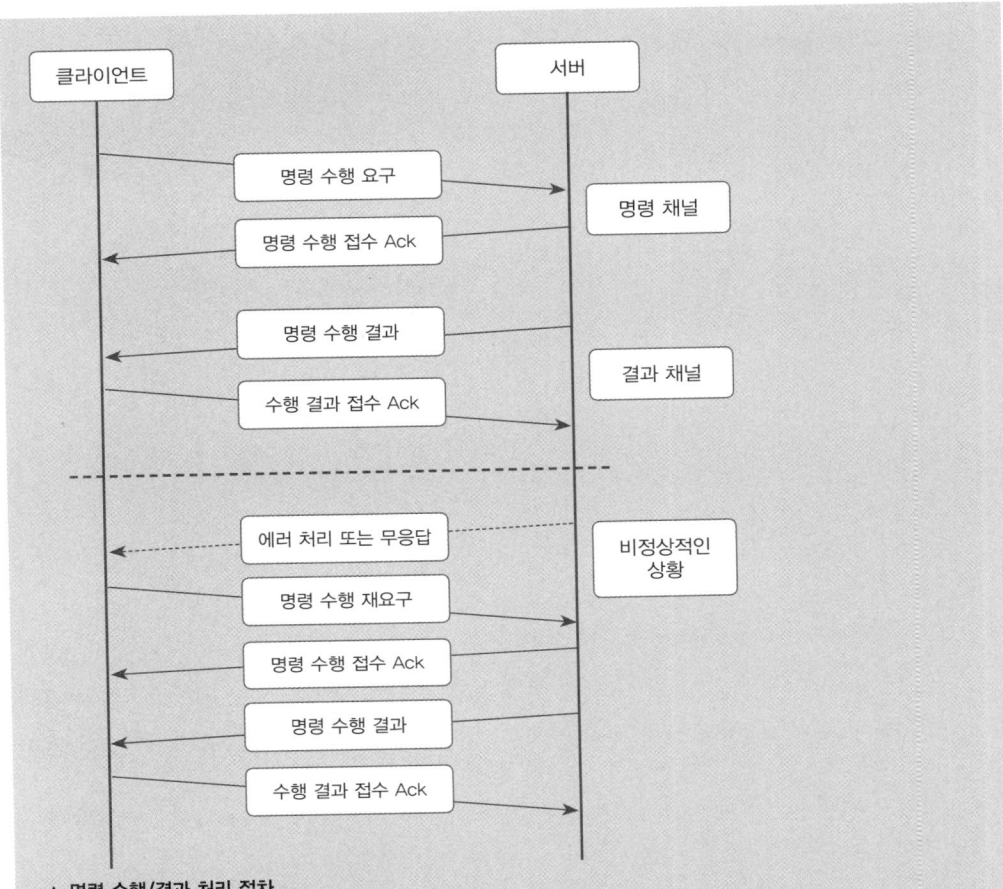

▲ 명령 수행/결과 처리 절차

클라이언트는 명령 채널을 이용하여 서버에게 명령 수행을 요구한다. 서버는 명령 채널을 통해 명령이 제대로 접수되었는지 여부를 알린다. 서버는 명령을 수행한 후, 결과 채널을 이용하여 클라이언트에게 결과를 통보한다. 클라이언트는 결과 채널을 통해 결과를 제대로 접수했는지 여부를 알린다.

명령을 요구하고 결과를 수신하는 과정에서 오류 메시지가 전달되거나 응답이 없으면 명령어 처리 절차를 처음부터 다시 시작된다.

3. 메시지 정의

메시지의 전체 길이는 변동이 있을 수 있으나 최대 길이는 헤더를 포함해서 128 바이트를 넘지 않는다. 종합 예제 시스템과 장비들 사이에 주고받는 패킷의 구조는 다음과 같다.

```
┌─────────────────────────┐
│   메시지 타입 : 4바이트      │
├─────────────────────────┤
│   Unique ID : 12바이트     │
├─────────────────────────┤
│  연속 메시지 여부 Flag : 2바이트 │
├─────────────────────────┤
│   Serial 넘버 : 2바이트      │
├─────────────────────────┤
│   Body 사이즈 : 4바이트      │
├─────────────────────────┤
│                         │
│                         │
│          BODY           │
│                         │
│                         │
└─────────────────────────┘
```

▲ 패킷 구조

위의 그림에서 BODY를 제외한 나머지는 패킷의 헤더(Header) 부분으로 헤더의 내용에 따라 Body의 내용도 결정이 된다. 그러면 헤더 부분에 대해 기술하면 다음과 같다.

- ✓ **메시지 타입** : 어떤 종류의 메시지인지를 알려준다. 여기에 들어가는 메시지의 타입들은 다음 절에서도 계속 소개가 되며 9절에서 모두 보여준다. 4바이트의 Unsigned Integer 형으로 이루어진다.

- ✓ **Unique ID** : 메시지들 사이의 구분할 수 있는 유일한 ID를 부여한다. UID를 이용하여 명령 수행을 요구한 메시지와 그 메시지에 대한 응답이나 결과를 매치시킨다. 따라서 메시지에 대한 요구, 요구 응답, 결과, 결과 응답은 모두 동일한 UID를 사용해야 한다. 8바이트의 Char와 4바이트의 Integer로 총 12바이트로 이루어진다. Char형의 8바이트에는 연월일인 YYYYMMDD로 이루어지고 4바이트의 Integer에는 1~0x0fffffff의 숫자가 들어간다.

- ✓ **연속 메시지 여부 Flag** : 다른 메시지와 연속된 메시지인지 여부를 알린다. 연속 메시지는 하나의 명령 수행을 위해 여러 개의 메시지를 연속해서 주고받아야 할 때 사용한다. Unsigned Short 타입의 2바이트로 이루어지는데, 연속 메시지의 경우는 0x00를 이용하여 그렇지 않은 메시지는 0x01을 이용한다.

- ✓ **Serial No** : 바로 앞에 있는 연속 메시지 여부 Flag가 연속 메시지일 때 의미가 있는 값으로, 연속 메시지의 번호를 나타낸다. 2바이트의 Unsigned Short 형으로 0에서 0xffff까지의 값을 가진다.

- ✓ **Body 사이즈** : 헤더 다음에 나올 메시지의 Body 부분이 가지고 있는 데이터의 사이즈를 나타낸다. 4바이트의 Unsigned Integer 형으로 표기한다. Body 부분에 들어가는 데이터의 내용과 타입은 앞으로 계속 소개가 되며, 9절에서 종합적으로 요약한 내용이 나온다.

4. 접속 메시지
4.1. 명령 채널 접속

명령 채널에 접속을 요구하는 메시지 타입은 다음과 같다.
- 메시지 타입 : CommandChannelConnectionRequest
- Unique ID : YYYYMMDD의 8바이트와 4바이트의 양의 정수
- 연속 메시지 Flag/Serial No : Default Value
- Body Size 및 Body : Zero, 없음
- 메시지 전송 방향 : 종합 예제 시스템 → 메인/부가 장비

명령 채널 접속 요구에 대한 응답 메시지 타입은 다음과 같다.
- 메시지 타입 : CommandChannelConnectionRequestACK
- Unique ID : 클라이언트로부터 받은 메시지의 UID
- 연속 메시지 Flag/Serial No : Default Value
- Body Size : 16 바이트
- Body 타입 :

| 결과 : 2 바이트 | 이유 : 2바이트 | Unique ID : 12바이트 |

- Body 내용 : "결과"는 Char형의 2바이트로 이루어지며 성공을 의미하는 "OK" 또는 실패를 의미하는 "NO"(Not OK) 중 하나로 채워진다. 만일 실패한 경우에는 2바이트 뒤에 있는 "이유"에 실패한 사유를 기입한다. "이유"는 Short 형의 2바이트로 이루어지며 Error Number가 기입된다. 12바이트로 이루어진 Unique ID는 종합 예제 시스템으로부터 받은 마지막 UID(Unique ID) 또는 0를 입력한다. 만일 접속이 에러가 났고 UID가 0가 아니면 클라이언트는 해당 UID의 메시지가 제대로 수행되었는지 다시 검토를 해봐야 한다.
- 메시지 전송 방향 : 메인/부가 장비 → 종합 예제 시스템

명령 채널에 접속 해제를 요구하는 메시지 타입은 다음과 같다.
- 메시지 타입 : CommandChannelReleaseRequest
- Unique ID : YYYYMMDD의 8바이트와 4바이트의 양의 정수
- 연속 메시지 Flag/Serial No : Default Value
- Body Size 및 Body : Zero, 없음
- 메시지 전송 방향 : 종합 예제 시스템 → 메인/부가 장비

명령 채널 접속 해제 요구에 대한 응답 메시지 타입은 다음과 같다.
- 메시지 타입 : CommandChannelReleaseRequestACK

- Unique ID : 클라이언트로부터 받은 메시지의 UID
- 연속 메시지 Flag/Serial No : Default Value
- Body Size : 4 바이트
- Body 타입 :

결과 : 2 바이트	이유 : 2바이트

- Body 내용 : "결과"는 Char형의 2바이트로 이루어지며 성공을 의미하는 "OK" 또는 실패를 의미하는 "NO"(Not OK) 중 하나로 채워진다. 만일 실패한 경우에는 2바이트 뒤에 있는 "이유"에 실패한 사유를 기입한다. "이유"는 Short 형의 2바이트로 이루어지며 Error Number가 기입된다.
- 메시지 전송 방향 : 메인/부가 장비 → 종합 예제 시스템

4.2. 결과 채널 접속

결과 채널에 접속을 요구하는 메시지 타입은 다음과 같다.
- 메시지 타입 : ResultChannelConnectionRequest
- Unique ID : YYYYMMDD의 8바이트와 4바이트의 양의 정수
- 연속 메시지 Flag/Serial No : Default Value
- Body Size 및 Body : Zero, 없음
- 메시지 전송 방향 : 종합 예제 시스템 → 메인/부가 장비

결과 채널 접속 요구에 대한 응답 메시지 타입은 다음과 같다.
- 메시지 타입 : ResultChannelConnectionRequestACK
- Unique ID : 클라이언트로부터 받은 메시지의 UID
- 연속 메시지 Flag/Serial No : Default Value
- Body Size : 16 바이트
- Body 타입 :

결과 : 2 바이트	이유 : 2바이트	Unique ID : 12바이트

- Body 내용 : "결과"는 Char형의 2바이트로 이루어지며 성공을 의미하는 "OK" 또는 실패를 의미하는 "NO"(Not OK) 중 하나로 채워진다. 만일 실패한 경우에는 2바이트 뒤에 있는 "이유"에 실패한 사유를 기입한다. "이유"는 Short 형의 2바이트로 이루어지며 Error Number가 기입된다. 12바이트로 이루어진 Unique ID는 종합 예제 시스템으로부터 받은 마지막 UID(Unique ID) 또는 0를 입력한다. 만일 접속이 에러가 났고 UID가 0가 아니면 클라이언트는 해당 UID의 메시지가 제대로 수행되었는지 다시 검토를 해봐야 한다.
- 메시지 전송 방향 : 메인/부가 장비 → 종합 예제 시스템

결과 채널에 접속 해제를 요구하는 메시지 타입은 다음과 같다.

- 메시지 타입 : ResultChannelReleaseRequest
- Unique ID : YYYYMMDD의 8바이트와 4바이트의 양의 정수
- 연속 메시지 Flag/Serial No : Default Value
- Body Size 및 Body : Zero, 없음
- 메시지 전송 방향 : 종합 예제 시스템 → 메인/부가 장비

결과 채널 접속 해제 요구에 대한 응답 메시지 타입은 다음과 같다.

- 메시지 타입 : ResultChannelReleaseRequestACK
- Unique ID : 클라이언트로부터 받은 메시지의 UID
- 연속 메시지 Flag/Serial No : Default Value
- Body Size : 4 바이트
- Body 타입 :

| 결과 : 2 바이트 | 이유 : 2바이트 |

- Body 내용 : "결과"는 Char형의 2바이트로 이루어지며 성공을 의미하는 "OK" 또는 실패를 의미하는 "NO"(Not OK) 중 하나로 채워진다. 만일 실패한 경우에는 2바이트 뒤에 있는 "이유"에 실패한 사유를 기입한다. "이유"는 Short 형의 2바이트로 이루어지며 Error Number가 기입된다.
- 메시지 전송 방향 : 메인/부가 장비 → 종합 예제 시스템

5. 상태 확인 메시지

상태 확인 메시지를 통해 서버와의 접속 상태와 서버의 서비스 제공 상태 등을 파악할 수 있다. 상태 확인은 요구와 응답으로 나뉘는데 각각의 타입을 명시하면 다음과 같다.

상태 확인 요구 메시지 타입

- 메시지 타입 : StateCheckRequest
- Unique ID : YYYYMMDD의 8바이트와 4바이트의 양의 정수
- 연속 메시지 Flag/Serial No : Default Value
- Body Size 및 Body : Zero, 없음
- 메시지 전송 방향 : 종합 예제 시스템 → 메인/부가 장비

상태 확인 요구에 대한 응답 메시지 응답

- 메시지 타입 : StateCheckRequestACK
- Unique ID : 클라이언트로부터 받은 메시지의 UID

- 연속 메시지 Flag/Serial No : Default Value
- Body Size : 2바이트
- Body 타입 :

상태 : 2바이트

- Body 내용 : "상태"는 Short형의 2바이트로 이루어지며 상태에 문제가 없을 경우에는 0를 입력하고, 그 외의 경우는 에러 번호(Error Number)를 입력한다.
- 메시지 전송 방향 : 메인/부가 장비 → 종합 예제 시스템

6. 명령 메시지

명령 메시지에 들어가는 내용은 매우 복잡하고 다양한 내용이 들어간다. 그러한 각각의 세부적인 내용은 9절에서 보기로 하고 여기선 메시지의 타입만 기술한다.

명령 수행 요구 메시지

- 메시지 타입 : CommandRunRequest
- Unique ID : YYYYMMDD의 8바이트와 4바이트의 양의 정수
- 연속 메시지 Flag/Serial No : 필요한 경우 세팅
- Body Size : Body 사이즈 기입 (가변)
- Body : 메인 장비인 경우, 메인 장비와의 Body 타입 형식들 중 하나를 사용하여 메인 장비에서 수행하게 하고자 하는 내용 기입. 부가 장비인 경우, 부가 장비와의 Body 타입 형식들 중 하나를 사용하여 부가 장비에서 수행하게 하고자 하는 내용 기입.
- 메시지 전송 방향 : 종합 예제 시스템 → 메인/부가 장비

명령 수행 요구에 대한 응답 메시지

- 메시지 타입 : CommandRunRequestACK
- Unique ID : 클라이언트로부터 받은 메시지의 UID
- 연속 메시지 Flag/Serial No : Default Value
- Body Size : 4바이트
- Body 타입 :

결과 : 2바이트	이유 : 2바이트

- Body 내용 : "결과"는 Char형의 2바이트로 이루어지며 성공을 의미하는 "OK" 또는 실패를 의미하는 "NO"(Not OK) 중 하나로 채워진다. 만일 실패한 경우에는 2바이트 뒤에 있는 "이유"에 실패한 사유를 기입한다. "이유"는 Short 형의 2바이트로 이루어지며 Error Number가 기입된다.
- 메시지 전송 방향 : 메인/부가 장비 → 종합 예제 시스템

7. 결과 메시지

장비에서 명령 수행 요구를 접수하고 나면 내부의 처리 루틴에 따라 해당 명령을 수행하게 된다. 수행이 끝나고 나면 명령 수행에 대한 결과 메시지를 종합 예제 시스템에게 보내 주어야 한다. 결과 메시지는 결과 채널을 통해 송/수신이 되며, 장비에서 먼저 전송을 시작하게 된다.

7.1. 메인 장비 사이의 결과 메시지

명령 수행 결과에 대한 메시지
- 메시지 타입 : CommandRunResult
- Unique ID : 클라이언트로부터 받은 명령 수행 요구 메시지의 UID
- 연속 메시지 Flag/Serial No : 필요한 경우 세팅
- Body Size : Body 사이즈 기입 (가변)
- Body 타입 :

수행결과 : 2바이트	수행 데이터 : 가변

- Body 내용 : "결과"는 Char형의 2바이트로 이루어지며 성공을 의미하는 "OK" 또는 실패를 의미하는 "NO"(Not OK) 중 하나로 채워진다. 만일 명령 수행이 실패한 경우에는 수행 데이터 부분은 Short 형의 2바이트가 되며 실패한 사유(Error No)를 기입한다. 수행 데이터에 특별한 결과 자료를 전송할 필요가 없으면서 수행이 성공한 경우에는 2바이트의 Short형에 Zero(0) 값이 들어간다. 자료 검색을 요청한 경우, 수행 데이터에는 요청한 자료에 대한 검색 결과가 기입된다. 검색에 대한 결과 데이터 형식은 9절에 나온다.
- 메시지 전송 방향 : 메인 장비 → 종합 예제 시스템

명령 수행 결과 수신 응답 메시지
- 메시지 타입 : CommandRunResultACK
- Unique ID : 서버로부터 받은 메시지의 UID
- 연속 메시지 Flag/Serial No : Default Value
- Body Size : 4바이트
- Body 타입 :

결과 : 2바이트	이유 : 2바이트

- Body 내용 : "결과"는 Char형의 2바이트로 이루어지며 성공을 의미하는 "OK" 또는 실패를 의미하는 "NO"(Not OK) 중 하나로 채워진다. 만일 실패한 경우에는 2바이트 뒤에 있는 "이유"에 실패한 사유를 기입한다. "이유"는 Short 형의 2바이트로 이루어지며 Error Number가 기입된다.
- 메시지 전송 방향 : 종합 예제 시스템 → 메인 장비

7.2 부가 장비 사이의 결과 메시지

명령 수행 결과에 대한 메시지

- 메시지 타입 : CommandRunResult
- Unique ID : 클라이언트로부터 받은 명령 수행 요구 메시지의 UID
- 연속 메시지 Flag/Serial No : 필요한 경우 세팅
- Body Size : Body 사이즈 기입 (가변)
- Body 타입 :

수행결과 : 2바이트	수행 데이터 : 가변

- Body 내용 : "결과"는 Char형의 2바이트로 이루어지며 성공을 의미하는 "OK" 또는 실패를 의미하는 "NO"(Not OK) 중 하나로 채워진다. 만일 명령 수행이 실패한 경우에는 수행 데이터 부분은 Short 형의 2바이트가 되며 실패한 사유(Error No)를 기입한다. 수행 데이터에 특별한 결과 자료를 전송할 필요가 없으면서 수행이 성공한 경우에는 2바이트의 Short형에 Zero(0) 값이 들어간다. 자료 검색을 요청한 경우, 수행 데이터에는 요청한 자료에 대한 검색 결과가 기입된다. 검색에 대한 결과 데이터 형식은 9절에 나온다.
- 메시지 전송 방향 : 부가 장비 → 종합 예제 시스템

명령 수행 결과 수신 응답 메시지

- 메시지 타입 : CommandRunResultACK
- Unique ID : 서버로부터 받은 메시지의 UID
- 연속 메시지 Flag/Serial No : Default Value
- Body Size : 4바이트
- Body 타입 :

결과 : 2바이트	이유 : 2바이트

- Body 내용 : "결과"는 Char형의 2바이트로 이루어지며 성공을 의미하는 "OK" 또는 실패를 의미하는 "NO"(Not OK) 중 하나로 채워진다. 만일 실패한 경우에는 2바이트 뒤에 있는 "이유"에 실패한 사유를 기입한다. "이유"는 Short 형의 2바이트로 이루어지며 Error Number가 기입된다.
- 메시지 전송 방향 : 종합 예제 시스템 → 부가 장비

7.3 가입자 데이터 검색

종합 예제 시스템은 메인/부가 장비에게 가입된 가입자에 대한 데이터를 검색해 줄 것을 요청할 수 있다. 요청을 받은 장비는 해당 가입자에 대한 데이터를 결과 채널을 이용하여 종합 예제 시스템에게 전송해야 한다. 주고받는 데이터의 형식은 다음과 같다.

가입자 데이터 검색 요구 메시지

- 메시지 타입 : UserDataRequest
- Unique ID : YYYYMMDD의 8바이트와 4바이트의 양의 정수
- 연속 메시지 Flag/Serial No : 필요한 경우 세팅
- Body Size : 3바이트의 가입자 회원 번호
- Body : 정수형 3바이트의 검색 대상의 가입자 번호, 정수형 3바이트는 지역 코드(예, 서울시) + 지역 코드(예, 종로구) + 가입 번호(예, 3000번)
- 메시지 전송 방향 : 종합 예제 시스템 → 메인/부가 장비

가입자 데이터 검색 요구 수신 응답 메시지

- 메시지 타입 : UserDataRequestACK
- Unique ID : 클라이언트로부터 받은 메시지의 UID
- 연속 메시지 Flag/Serial No : Default Value
- Body Size : 4바이트
- Body 타입 :

결과 : 2바이트	이유 : 2바이트

- Body 내용 : "결과"는 Char형의 2바이트로 이루어지며 성공을 의미하는 "OK" 또는 실패를 의미하는 "NO"(Not OK) 중 하나로 채워진다. 만일 실패한 경우에는 2바이트 뒤에 있는 "이유"에 실패한 사유를 기입한다. "이유"는 Short 형의 2바이트로 이루어지며 Error Number가 기입된다.
- 메시지 전송 방향 : 메인/부가 장비 → 종합 예제 시스템

가입자 데이터 검색 결과 메시지

- 메시지 타입 : UserDataResult
- Unique ID : 클라이언트로부터 받은 메시지의 UID
- 연속 메시지 Flag/Serial No : Default Value
- Body Size : 가변(오류 발생 시 4바이트)
- Body 타입 :

결과 : OK	검색 결과		또는	결과 : NO	이유 : 2바이트

- Body 내용 : "결과"는 Char형의 2바이트로 이루어지며 성공을 의미하는 "OK" 또는 실패를 의미하는 "NO"(Not OK) 중 하나로 채워진다. 만일 검색에 실패한 경우에는 2바이트 뒤에 있는 "이유"에 실패한 사유를 기입한다. "이유"는 Short 형의 2바이트로 이루어지며 Error Number가 기입된다. 성공한 경우, 9절에 나오는 검색 결과 타입에 맞게 데이터를 전송한다.
- 메시지 전송 방향 : 메인/부가 장비 → 종합 예제 시스템

가입자 데이터 검색 결과 수신 응답 메시지
- 메시지 타입 : UserDataResultACK
- Unique ID : 서버로부터 받은 메시지의 UID
- 연속 메시지 Flag/Serial No : Default Value
- Body Size : 4바이트
- Body 타입 :

결과 : 2바이트	이유 : 2바이트

- Body 내용 : "결과"는 Char 형의 2바이트로 이루어지며 성공을 의미하는 "OK" 또는 실패를 의미하는 "NO"(Not OK) 중 하나로 채워진다. 만일 실패한 경우에는 2바이트 뒤에 있는 "이유"에 실패한 사유를 기입한다. "이유"는 Short 형의 2바이트로 이루어지며 Error Number가 기입된다.
- 메시지 전송 방향 : 종합 예제 시스템 → 메인/부가 장비

8. 오류 코드

메시지를 주고받으며 사용하는 메시지 타입에 들어가는 Error No와 해당 번호가 뜻하는 에러 메시지는 다음과 같다.

- ✓ 1~99 : 표준 에러 명시
- ✓ 2 : 이미 등록되어 있는 데이터
- ✓ 4 : 중요 항목 빠졌음
- ✓ 6 : 메시지 사이즈 오류
- ✓ 8 : 잘못 입력된 암호
- ✓ 10 : 잘못 입력된 항목 있음
- ✓ 12 : 처리 중인 데이터
- ✓ 14 : 메인 장비 내부 에러
- ✓ 99 : 알 수 없는(Unknown) 에러
- ✓ 400~600 : 메인 장비 지정 에러

- ✓ 1 : 등록되지 않은 데이터
- ✓ 3 : 중복된 회원 번호
- ✓ 5 : 메시지 헤더 오류
- ✓ 7 : Unique ID 오류
- ✓ 9 : 데이터 베이스 입력 오류
- ✓ 11 : 통신 오류
- ✓ 13 : 지역 코드 오류
- ✓ 15 : 부가 장비 내부 에러
- ✓ 100~300 : 종합 예제 시스템 지정 에러
- ✓ 700~900 : 부가 장비 지정 에러

1~99번까지는 모든 업체들이 공통으로 정하는 에러 영역으로 사용한다. 100~900번까지는 각 시스템과 장비 업체들이 스스로 정한 에러 번호를 사용한다. 단, 에러 번호와 그에 대한 설명은 1차 개발 때 까지 제출한다.

9. 종합 예제 시스템과 장비 사이의 메시지 형식

지금까지 소개되었던 메시지 형식들을 요약 정리하고 장비들과 주고받는 데이터의 세부적인 형식 및 내용을 소개한다.

9.1 공통 메시지 형식

종합 예제 시스템과 메인/부가 장비 사이에 공통적으로 사용하는 메시지들의 코드 번호와 타입을 요약하면 다음과 같다.

코드	메시지 타입	SIZE	응답필요	기타
1	CommandChannelConnectionRequest	24	필요	명령 채널 이용
2	CommandChannelConnectionRequestACK	40	불필요	명령 채널 이용
3	CommandChannelReleaseRequest	24	필요	명령 채널 이용
4	CommandChannelReleaseRequestACK	28	불필요	명령 채널 이용
5	ResultChannelConnectionRequest	24	필요	결과 채널 이용
6	ResultChannelConnectionRequestACK	40	불필요	결과 채널 이용
7	ResultChannelReleaseRequest	24	필요	결과 채널 이용
8	ResultChannelReleaseRequestACK	28	불필요	결과 채널 이용
9	StateCheckRequest	24	필요	명령/결과 채널
10	StateCheckRequestACK	26	불필요	명령/결과 채널

9.2 메인 장비 사이의 메시지 형식

종합 예제 시스템과 메인 장비 사이에 사용하는 메시지들의 코드 번호와 타입을 요약하면 다음과 같다.

코드	메시지 타입	SIZE	응답필요	기타
11	CommandRunRequest	가변	필요	Body에 BasicRequest타입 사용
12	CommandRunRequestACK	28	불필요	명령 채널 이용
13	CommandRunResult	가변	필요	Body에 BasicResult타입 사용
14	CommandRunResultACK	28	불필요	결과 채널 이용
15	UserDataRequest	27	필요	명령 채널 이용
16	UserDataRequestACK	28	불필요	명령 채널 이용
17	UserDataResult	가변	필요	Body에 BasicResult타입 사용
18	UserDataResultACK	28	불필요	결과 채널 이용

종합 예제 시스템은 메인 장비와 명령 수행을 요구할 때는 메시지의 Body 속에 BasicRequest 메시지 타입을 사용한다. 그리고 메인 장비에서 종합 예제 시스템으로 결과를 전송할 때는 메시지 Body 속에 BasicResult 메시지 타입을 사용한다.

각각의 메시지 타입과 메시지에 들어가는 데이터 양식을 명기하면 다음과 같다.

BasicRequest 메시지 타입(총 64 바이트)

번호	메시지 항목	SIZE	내용	기타
1	명령	2	1 : 신규가입자 등록 2 : 가입자 해지 3 : 가입자 검색 4 : 부가 서비스 번호 등록 5 : 부가 서비스 번호 삭제 6 : 가입자 패스워드 변경 7 : 기타 가입자 정보 변경	Short형
2	가입자 번호	12	지역번호 + 지역번호 + 가입번호	3 * 4바이트(정수)
3	패스워드	8	가입자가 등록한 암호	8 * 1바이트(Char)
4	요금정보	1	1: 기본, 2: 파워, 3: 알뜰, 4: 야간	1 * 1바이트(Char)
5	사용정지여부	1	1: 사용, 2: 정지, 3: 도난신고	1 * 1바이트(Char)
6	요금체불여부	1	1: 정상, 2: 체불, 3: 체불해제	1 * 1바이트(Char)
7	부가서비스번호	10	부가 장비로부터 받은 서비스번호	1 * 10바이트(Char)
8	휴대폰기계번호	8	가입자의 휴대번호의 기계번호	1 * 8바이트(Char)
9		21	향후를 대비한 21 바이트	

BasicResult 메시지 타입(총 64 바이트)

번호	메시지 항목	SIZE	내용	기타
1	가입자 번호	12	지역번호 + 지역번호 + 가입번호	3 * 4바이트(정수)
2	패스워드	8	가입자가 등록한 암호	8 * 1바이트(Char)
3	요금정보	1	1: 기본, 2: 파워, 3: 알뜰, 4: 야간	1 * 1바이트(Char)
4	사용정지여부	1	1: 사용, 2: 정지, 3: 도난신고	1 * 1바이트(Char)
5	요금체불여부	1	1: 정상, 2: 체불, 3: 체불해제	1 * 1바이트(Char)
6	부가서비스번호	10	부가 장비로부터 받은 서비스번호	1 * 10바이트(Char)
7	휴대폰기계번호	8	가입자의 휴대번호의 기계번호	1 * 8바이트(Char)
8		23	향후를 대비한 23 바이트	

BasicResult 타입은 가입자에 대한 데이터 검색 시, 검색에 성공한 경우에 Body에 들어가는 타입이다.

9.3. 부가 장비 사이의 메시지 형식

종합 예제 시스템과 부가 장비 사이에 사용하는 메시지들의 코드 번호와 타입을 요약하면 다음과 같다.

코드	메시지 타입	SIZE	응답필요	기타
11	CommandRunRequest	가변	필요	Body에 AdvRequest타입 사용
12	CommandRunRequestACK	28	불필요	명령 채널 이용
13	CommandRunResult	가변	필요	Body에 AdvResult타입 사용
14	CommandRunResultACK	28	불필요	결과 채널 이용
15	UserDataRequest	27	필요	명령 채널 이용
16	UserDataRequestACK	28	불필요	명령 채널 이용
17	UserDataResult	가변	필요	Body에 AdvResult타입 사용
18	UserDataResultACK	28	불필요	결과 채널 이용

종합 예제 시스템은 부가 장비와 명령 수행을 요구할 때는 메시지의 Body에 AdvRequest 메시지 타입을 사용한다. 그리고 부가 장비에서 종합 예제 시스템으로 결과를 전송할 때는 메시지 Body에 AdvResult 메시지 타입을 사용한다. 각각의 메시지 타입과 메시지에 들어가는 데이터 양식을 명기하면 다음과 같다.

AdvRequest 메시지 타입(총 32 바이트)

번호	메시지 항목	SIZE	내용	기타
1	명령	2	1 : 신규가입자 등록 2 : 가입자 해지 3 : 가입자 검색	Short형
2	가입자 번호	12	지역번호 + 지역번호 + 가입번호	3 * 4바이트(정수)
3	사용정지여부	1	1: 사용, 2: 정지, 3: 도난신고	1 * 1바이트(Char)
4	휴대폰기계번호	8	가입자의 휴대번호의 기계번호	1 * 8바이트(Char)
5		9	향후를 대비한 9 바이트	

AdvResult 메시지 타입(총 48 바이트)

번호	메시지 항목	SIZE	내용	기타
1	가입자 번호	12	지역번호 + 지역번호 + 가입번호	3 * 4바이트(정수)
2	사용정지여부	1	1: 사용, 2: 정지, 3: 도난신고	1 * 1바이트(Char)

3	휴대폰기계번호	8	가입자의 휴대번호의 기계번호	1 * 8바이트(Char)
4	부가서비스번호	10	부가 장비로부터 받은 서비스번호	1 * 10바이트(Char)
5		17	향후를 대비한 17 바이트	

AdvResult 타입은 가입자를 부가 서비스에 등록시킨 경우와 가입자에 대한 데이터를 검색한 경우에 이에 대한 결과 데이터의 Body에 들어가는 타입이다.

시스템의 목적과 기능 명세에 대해 깊은 이해가 있어야 시스템 설계와 개발 작업이 가능하다. Chapter 19에 명시한 내용을 어느 정도 숙지한 후, 다음 Chapter로 넘어가도록 하자. 그렇다고 현재 Chapter의 내용을 이해하는데 너무 많은 시간을 낭비할 필요는 없다. Chapter 20과 Chapter 21의 설계와 프로토타입 개발 과정을 거치면서 자연스럽게 Chapter 19의 내용이 이해가 될 것이다.

chapter 20 시스템 분석 및 설계

Chapter 19를 통해 종합 예제 시스템이 가져야 하는 기능과 장비들 사이에 주고받는 메시지의 형식을 살펴보았다. 이제 그 내용을 바탕으로 시스템을 설계하고 모듈을 설계할 단계가 되었다. Chapter 20의 내용은 전적으로 Chapter 19의 기능을 바탕으로 구현이 되기 때문에 Chapter 19의 이해가 선행되어야 하는 것은 당연하다.

물론 지금은 스터디를 위한 시간이므로 Chapter 19의 내용을 100% 숙지하고 Chapter 20을 진행할 필요는 없다. 하지만 실제 현장에서는 Chapter 19와 같은 표준 문서를 정확하게 이해하지 않고 시스템과 모듈을 설계하는 것은 무척 위험한 일이다. 잘못하면 시스템의 구조를 변경하고 시스템 설계와 구현을 다시 해야 하는 일도 생기기 때문이다.

시스템 분석과 설계 과정을 많이 해보지 않은 독자들은 그러한 일(예를 들면, 시스템 구조를 바꾸고 재설계 및 재 구현하는 일)이 많겠냐고 의문을 가지겠지만 실제 현장에서는 종종 발생하는 일이다. 시간에 쫓기고 업무량이 폭주하다보면 제일 중요하다고 생각되는 부분도 뒤로 밀리는 일이 많기 때문이다.

Chapter 20을 이루고 있는 각각의 절은 다음과 같다.

1. 시스템 분석 및 설계
2. 프로토타입 작성

01 시스템 분석 및 설계

시스템을 설계한다는 것은 결코 쉬운 일이 아니다. 시스템의 구성만을 전문으로 하는 전문가가 있고 설계만을 전문으로 하는 전문가가 있을 정도로 분석 및 설계는 전문 분야로 통한다. 하지만 대부분의 프로젝트 현장에서 설계 과정은 별로 중요하게 인식되지 않고 대충 이루어지기도 한다.

시스템의 규모나 금액에 따라 설계 및 분석 과정에 소요되는 기간이 고무줄처럼 늘었다 줄었다 하는 것이 실제 현장의 모습인 것이다. 하지만 확실한 것은 설계가 잘못되면 개발자들이 엄청 고생을 한다는 것이다. 심한 경우에는 시스템 개발이 실패할 수도 있다.

설계 과정에 참여하지 않은 개발자는 자신이 개발하고 있는 모듈이 시스템의 어디에 위치하며 어떤 부분을 담당하는지 제대로 모르는 상태에서 개발을 진행하는 경우가 많다. 물론 이러한 것이 잘못된 것은 아니다. 여러 사람이 분담해서 작업을 할 때에는 자신에게 맡겨진 부분만 제대로 수행하는 것이 좋은 결과를 내는 것이기 때문에 다른 사람이 무엇을 하고 있으며 자신이 만든 코드가 어떤 역할을 하는 건지 굳이 알지 않아도 된다.

하지만 이러한 경우 설계상의 오류에 대해 전혀 알 길이 없다. 물론 자신의 코드의 역할에 대해 자세히 안다고 해서 설계의 전체를 아는 건 아니지만 최소한 연동되는 다른 모듈과의 관계에 대해선 알 수가 있다. 그렇게 되면 자신의 모듈과 연동되는 다른 모듈 사이에서 구조적인 오류를 발견할 수도 있고 함께 해결할 수 있는 여지도 생기는 것이다.

이러한 경험과 노력을 통해, 전체 시스템의 구조를 볼 수 있는 시각이 만들어지는 것이다. 아무리 개발 전문가라고 해도 전체 시스템의 일부분만 신경을 쓰고 다른 부분을 전혀 보지 않는 사람은 시스템 전체의 설계나 업무 플로우에 대한 지식을 갖기 힘들다.

필자가 권하고 싶은 것은 어떤 프로젝트에 참여해서 어떤 부분을 맡든지 전체의 구조를 파악하는데 시간을 투자하라는 것이다. 학교의 선배나 회사의 선배 사원이 "넌 네가 맡은 것만 신경 써!" 하면서 짜증을 내더라도 다른 사람의 작업이나 전체적인 구조를 살펴보는데 주저하면 안 된다.

어떤 분야에서 오랫동안 일을 하다보면 개발에 사용되는 툴이나 방법론보다도 그 분야의 업무 흐름이나 기능명세 또는 데이터를 보는 눈 등이 더 중요하다는 것을 알게 된다. 이러한 이유 등으로 해서, 특정 분야에서 오랫동안 작업한 사람이 개발 언어를 잘 다루는 것과는 상관없이 설계 작업을 맡게 되는 경우가 많다.

이 책을 보는 독자들은 개발 언어나 툴의 사용법을 익히는 데도 시간을 투자해야 하지만 작업하고 있는 혹은 공부하고 있는 분야의 전체 흐름과 시스템의 전체 구조를 공부하는데 더 많은 시간을 투자해야 한다. 그래야만 해당 분야의 전문가로 더욱 빨리 성장할 수 있다.

종합 예제 시스템 설계

Chapter 19에서 소개했던 종합 예제 시스템(Total Example Main System - 이하 TEMS)의 명세에 따라 전체적인 구조를 설계하는 작업을 수행해 보자. Chapter 19를 통해 TEMS 시스템은 다음과 같은 주요 기능을 포함하고 있어야 한다는 것을 알 수 있었다.

- ✓ TEMS 시스템은 메인 장비(BaSiC - 이하 BSC)와 접속 및 데이터 교환이 가능해야 한다.
- ✓ TEMS 시스템은 부가 장비(AdVanCe - 이하 AVC)와 접속 및 데이터 교환이 가능해야 한다.
- ✓ TEMS 시스템은 데이터베이스와 접속 및 데이터 교환이 가능해야 한다.
- ✓ TEMS 시스템은 데이터베이스로부터 가져온 가입자 정보를 분석하는 기능이 있어야 한다.
- ✓ TEMS 시스템은 분석된 정보를 이용하여 BSC 시스템이나 AVC 시스템에 보낼 데이터를 구성할 수 있어야 한다.
- ✓ TEMS 시스템은 BSC나 AVC 시스템이 보내온 결과 데이터를 분석할 수 있어야 한다.
- ✓ TEMS 시스템은 로그를 남기는 기능이 있어야 한다.

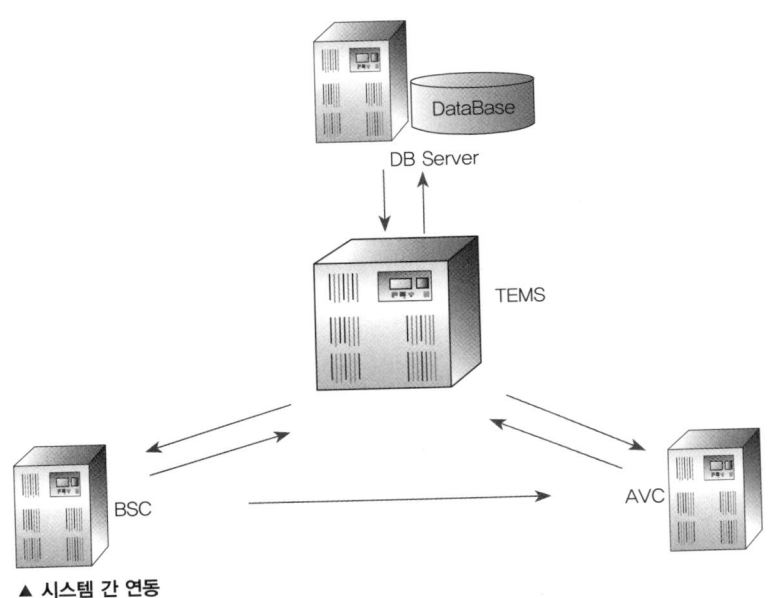

▲ 시스템 간 연동

이제 이러한 내용을 기초로 TEMS의 큰 구조를 만들어 보자. 먼저 개발 언어를 정해야 하는데, 전체 구성은 C++를 이용하고 C++의 클래스들은 C 함수들을 활용하기로 하고 유닉스 내부의 명령을 사용해야 하는 경우에는 쉘 프로그램을 이용하기로 한다.

시스템 내부는 큰 모듈별로 구성하고 모듈 사이에 데이터를 주고 받아야 하면 IPC를 이용하여 통신을 하기로 한다. 그리고 시스템 명세에 나와 있듯이 TEMS와 장비 사이의 통신은 TCP 소켓 통신을 하기로 한다.

이제 시스템을 큰 단위의 모듈로 나눠서 작업을 진행할 수 있도록 만들어야 한다. 이러한 작업을 통해 결정된 모듈들을 간단히 나열하면 다음과 같다.

- ✓ DBHandler : 데이터베이스와 관련된 인터페이스를 제공한다. DBHandler를 이용하여 가입자를 입력해둔 테이블을 이용 및 제어하게 된다.
- ✓ Analyzer : 데이터베이스에서 가져온 가입자 정보를 분석 및 처리한다. 또한 장비에서 수신받은 메시지도 분석 및 처리한다.
- ✓ Formatter : 장비에게 전송할 패킷을 작성한다.
- ✓ NEHandler : 장비들과의 정보 송수신 부분을 담당한다. 내부에는 해당 장비와 관련된 핸들러를 가지고 있으며, 향후 장비의 확장에 대비한다.
- ✓ LogHandler : 작업 과정에서 발생한 로그와 에러를 처리한다.
- ✓ Framework : 전체 시스템을 관리하는 제어 모듈로 main 함수가 위치한다.

이 모듈들은 다음과 같이 서로 연동하게 된다.

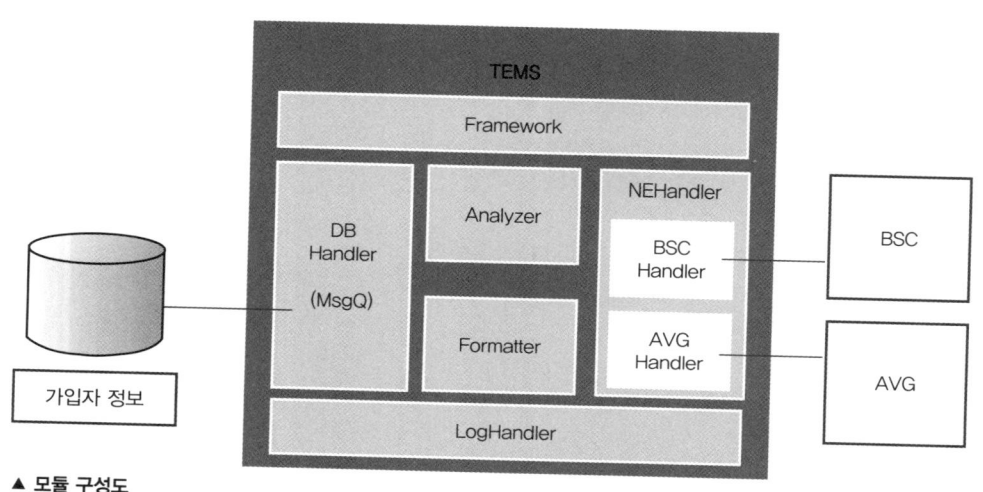

▲ 모듈 구성도

그림에서 보는 것과 같이, TEMS의 전체 모듈은 Framework에 의해 관리가 된다. 향후 GUI(Graphic User Interface)를 작성하게 되면 Framwork와 연동하도록 만들어야 한다. 가입자 정보가 입력되는 데이터베이스는 DBHandler가 담당하게 된다. 즉, 가입자 정보 테이블에 새로운 가입자가 등록되면 DBHandler는 해당 데이터를 가져와서 이를 분석하는 Analyzer에게 전달한다.

> **NOTE_** DBHandler는 예제 속에서 MsgQ라는 모듈로 대체된다. MsgQ는 메시지 큐를 이용하여 데이터를 입력받은 뒤, 해당 데이터를 Analyzer에게 전달한다.

Analyzer는 분석한 데이터를 바탕으로 패킷을 만든 뒤, 이를 NEHandler에게 전달하여 장비에게 명령을 전달하도록 만든다. NEHandler가 장비로부터 받은 결과 데이터 등도 Analyzer에 의해 분석되고 처리된다. Analyzer는 패킷을 만들 때 Formatter를 이용한다.

Formatter는 패킷 작성을 담당하는데, UID나 기타 데이터의 내부 정보도 Formatter에 의해 관리된다. 향후 처리할 패킷의 종류가 늘어나면 Formatter를 확장하도록 한다. Formatter에 의해 작성된 패킷은 NEHandler에게 전달 된다.

NEHandler는 장비와의 인터페이스를 담당한다. 하지만 실제 장비와 작업 수행을 하는 모듈은 NEHandler 밑에있는 해당 장비를 위한 핸들러가 담당한다. 즉, BSC 장비는 BSCHandler가 처리를 담당하고, AVC 장비는 AVCHandler가 담당한다.

BSCHandler 같은 경우, UseSocket이라는 객체를 이용하여 명령 채널과 결과 채널을 개설하고 이를 이용하여 BSC와 통신을 하게 된다. 그리고 채널로부터 들어오는 정보를 Analyzer에게 전달하게 된다. UseSocket은 소켓 통신을 위한 메소드를 내부에 가지고 있으며, 멀티스레드로 구동을 하게 된다. 이러한 모듈들을 개발하면서 사용할 디렉토리 배치는 다음과 같다.

- ✓ TEMS : TEMS의 루트 디렉토리가 된다.
- ✓ TEMS/config : config 파일인 tems_config 파일이 위치하게 된다.
- ✓ TEMS/include : 시스템에서 사용하는 헤더 파일들이 위치한다.
- ✓ TEMS/src : 소스 파일들과 Makefile이 위치한다.
- ✓ TEMS/bin : 생성된 실행 파일이나 라이브러리가 위치한다.

그럼, 이 모듈들의 프로토타입을 하나씩 작성해 보도록 하자.

02 프로토타입 작성

종합 예제 시스템을 구성할 클래스에 대한 프로토타입을 작성하도록 한다. C 언어와 비교하면 함수를 설계하고 구성하는 과정에 해당할 것이다.

> **NOTE_** C++ 언어로 작성한 예제를 C 언어로 변경하고 싶다면 지금 작성하는 메소드들을 C 언어의 일반 함수로 변경하면 된다.

헤더 파일과 Config 파일 작성

먼저, 모든 모듈들이 include할 공통 헤더 파일을 작성해 보자. 파일 이름은 Common.h로 하고 다른 모듈들은 이 파일을 include 하도록 한다. 특수한 경우에는 이 파일과 다른 헤더 파일을 include해야겠지만, 기본적으로는 Common.h 파일만 include하는 것을 권장한다. 파일의 내용은 다음과 같다.

〈Common.h〉
```cpp
#ifndef __COMMON_H__
#define __COMMON_H__

// 표준 라이브러리인 STL을 쓰기 위해 선언
using namespace std;

// STL의 벡터, 스트링, 맵 사용
#include <vector>
#include <string>
#include <map>

// C++을 위한 헤더파일
#include <iostream.h>
#include <fstream.h>

// C 함수들을 위한 헤더파일
#include <stdio.h>
#include <stdlib.h>
#include <string.h>
#include <errno.h>
#include <sys/time.h>
#include <sys/ioctl.h>
```

```
#include <sys/types.h>
#include <sys/socket.h>
#include <sys/filio.h>
#include <sys/ipc.h>
#include <sys/msg.h>
#include <sys/shm.h>
#include <unistd.h>
#include <fcntl.h>
#include <pthread.h>
#include <arpa/inet.h>
#include <netinet/in.h>

// 시스템 내부에서 사용하는 헤더파일
#include "MsgType.h"
#include "MsgQ.h"
#include "Formatter.h"
#include "UseSocket.h"
#include "Analyzer.h"
#include "NEHandler.h"
#include "BSCHandler.h"
#include "LogHandler.h"
#include "Config.h"
#include "Framework.h"

#endif /* __COMMON_H__ */
```

시스템 내부에서 사용해야 하는 각종 세팅들을 모아서 config 파일을 만들도록 한다. config 파일은 시스템 구성과 직접적인 연관을 가지기 때문에 작성에 주의하도록 한다. 참고로 config 파일을 따로 운영하는 것은 시스템 설정이 바뀌었을 때, 코딩 작업을 하지 않고 config 파일의 변경만으로 변경된 내용을 적용하기 위해서이다.

config 파일에는 시스템의 IP 주소와 포트 번호, 그리고 Trace 정보와 메시지 큐의 Key 등을 선언하도록 한다. 다음은 TEMS/config 디렉토리 밑에 위치하게될 tems_config 파일의 내용이다.

```
〈tems_config〉
# << 전체 시스템을 위한 Config File >>
#
# 종합 예제 시스템(TEMS - Total Example Main System)을 위한 세팅
#
```

```
TEMS_IP_ADDRESS=192.168.8.100
TEMS_MSG_QUEUE_KEY=9900
# Trace를 위한 세팅 테스트를 위해서만 TRACE=ON 할 것!
TRACE=OFF
MONITOR_PORT=9999
LOG_LEVEL=1
#
# 메인 장비(BSC - BaSiC System)를 위한 세팅
#
BSC_IP_ADDRESS=192.168.8.100
BSC_COMMAND_CHANNEL=9090
BSC_RESULT_CHANNEL=9091
#
# 부가 장비(AVC - AdVanCe System)를 위한 세팅
#
AVC_IP_ADDRESS=192.168.8.100
AVC_COMMAND_CHANNEL=9190
AVC_RESULT_CHANNEL=9191
```

Config 모듈

config 파일인 tems_config 파일의 작성이 끝났으면, 이 파일을 읽고 이용할 수 있는 모듈을 작성하도록 한다. 클래스 명과 파일명은 Config로 하고 STL에서 제공하는 map을 이용하도록 한다. 즉, tems_config의 내용을 맵에 저장해 두었다가 다른 모듈이 원하는 값을 요구하면 그 값을 넘겨주도록 한다.

Config 클래스는 시스템 환경변수를 이용하여 tems_config 파일을 가져오도록 한다. 만일 tems_config 파일에 대한 시스템 환경변수가 없으면 디폴트로 지정된 디렉토리를 이용한다. 시스템 환경변수의 사용을 위해 다음과 같은 선언을 한다.

```
#define CONFIG_FILE_ENV_VAR "TEMS_CONFIG_FILE"
static string DEFAULT_CONFIG = "../config/tems_config";
```

그리고 Config 클래스가 사용할 map을 선언하고 클래스 내부에 map을 위한 객체를 선언해 둔다. 이때 다른 모듈에서 변수에 바로 접근하는 것을 막기 위해 private로 선언한다.

```
typedef map<string, string> config_pair;
private: config_pair value_map;
```

Config 클래스는 파일 속의 정보를 가져온 뒤, 이를 메모리에 가지고 있게 된다. 다른 클래스에서 Config 객체를 여러 개 생성하거나 할 필요가 없기 때문에 싱글톤 객체로 만들도록 한다. 이를 위해 다음과 같은 내용을 클래스에 넣도록 한다.

```
public: static Config* instance();
private:    static Config* the_config;
```

Config 객체의 주요 임무는 tems_config 파일의 내용을 메모리에 가져오는 것과 다른 모듈이 원하는 값을 요구하면 이를 메모리에서 검색한 후 리턴해 주는 것이다. 이를 수행하기 위한 메소드를 정의하면 다음과 같다.

```
bool readCfgIntoMemory(ifstream *ifstr);// 파일에 있는 값을 map에 저장하는 함수
string get_valueFromMap(string keyVal);// map에 있는 값을 검색해 오는 함수 선언
```

클래스에 대한 프로토타입이 정의된 Config.h 파일의 내용을 보면 다음과 같다.

〈Config.h〉

```
#ifndef __CONFIG_H__
#define __CONFIG_H__

// 시스템 환경 변수 세팅 시 활용할 선언
#define CONFIG_FILE_ENV_VAR "TEMS_CONFIG_FILE"

// Config 클래스에서 사용할 map 타입(string:string) 선언
typedef map<string, string> config_pair;

// tems_config 파일 선언
static string DEFAULT_CONFIG = "../config/tems_config";

// Config 클래스
class Config
{
public:
```

```cpp
    // Config 객체를 반환할 함수 선언
    static Config* instance();
    bool init();
    // map에 있는 값을 검색해 오는 함수 선언
    string get_valueFromMap(string keyVal);

private:
    static Config* the_config;

    // 파일에 있는 값을 map에 저장하는 함수
    bool readCfgIntoMemory(ifstream *ifstr);
    // map 타입을 이용하여 map 객체 선언
    config_pair value_map;
};

#endif /* __COMMANDER_H__ */
```

로그핸들러

이번에는 로그핸들러 모듈에 대한 프로토타입을 작성하도록 하자. 로그핸들러는 error 모듈과 trace 모듈을 가지고 있는데, 이는 에러나 기타 로그 사항을 화면이나 파일에 저장할 수 있도록 만들어 준다. 일반적으로 로그는 타임스탬프와 함께 이용되기 때문에 이를 찍을 수 있는 함수를 제공해야 한다. 이를 위해 LogHandler 클래스 내에 다음과 같은 함수를 정의하도록 한다.

```cpp
void trace(string trace_str); // trace를 화면에 출력한다.
void error(string error_str); // 에러 메시지를 화면에 출력한다.
// 날짜와 시간을 얻어오기 위해 사용되는 메소드들
string getLocalDate();
string getTimeStamp();
```

그럼, LogHandler 클래스의 프로토타입을 보도록 하자. 다음은 LogHandler.h 파일의 내용이다.

⟨LogHandler.h⟩

```cpp
#ifndef __LOGHANDLER_H__
#define __LOGHANDLER_H__
```

```
#include "Common.h"

class LogHandler
{
public:
    // 싱글톤 객체를 반환하기 위한 함수
    static LogHandler* instance();

    // trace를 화면에 출력한다.
    void trace(string trace_str);

    // 에러 메시지를 화면에 출력한다.
    void error(string error_str);

    // 날짜와 시간을 얻어오기 위해 사용되는 메소드들
    string getLocalDate();
    string getTimeStamp();

private:
    // 싱글톤 객체를 선언
    static LogHandler* the_logHandler;
};

#endif /* __LOGHANDLER_H__ */
```

패킷 메시지 정의

설계 및 프로토타입 작성 단계에서 가장 중요한 것 중 하나가 메시지의 타입을 정의하는 작업이다. 시스템 전체 모듈이 정의된 메시지 타입을 이용하여 모든 작업을 수행하는 것이기 때문에 메시지 타입을 제대로 정의하지 못하면 나중에 고생을 하게 된다. 메시지 타입의 정의는 Chapter 19의 스펙을 그대로 반영하여 작성하도록 한다.

먼저 메시지의 종류를 정의하도록 한다.

```
/* 메시지 형식에 대한 선언 */
#define CommandChannelConnectionRequest      1
#define CommandChannelConnectionRequestACK   2
#define CommandChannelReleaseRequest         3
#define CommandChannelReleaseRequestACK      4
```

```
#define ResultChannelConnectionRequest        5
#define ResultChannelConnectionRequestACK     6
#define ResultChannelReleaseRequest           7
#define ResultChannelReleaseRequestACK        8
#define StateCheckRequest                     9
#define StateCheckRequestACK                  10
#define CommandRunRequest                     11
#define CommandRunRequestACK                  12
#define CommandRunResult                      13
#define CommandRunResultACK                   14
#define UserDataRequest                       15
#define UserDataRequestACK                    16
#define UserDataResult                        17
#define UserDataResultACK                     18
```

그리고 메시지 종류에 따른 패킷의 길이를 선언하도록 한다. 기초 작업이 끝났으면 필요한 스트럭처 작성을 하나씩 하도록 한다. 먼저 UniqueID를 위한 스트럭처를 만들도록 한다. UniqueID는 8바이트의 날짜 정보와 시퀀스 넘버로 이루어진다.

```
typedef struct
{
    char date[8];    /* yyyymmdd로 구성된 날짜 데이터 */
    int seqNum;      /* 최초 접속시 Sequence Number 0를 사용한다. */
} UniqueID;
```

그리고 UniqueID가 포함된 Ack 스트럭처와 포함되지 않은 Ack 스트럭처를 각각 정의하도록 한다.

```
typedef struct
{
    char result[2];    /* 응답 결과 성공:"SC", 실패:"FA" */
    short reason;      /* 실패 원인 */
    UniqueID UID;      /* 장비가 받은 마지막 UID 또는 0 */
} ConnReqACKType;

/* UID가 빠진 일반적인 ACK Structure */
typedef struct
{
    char result[2];    /* 응답 결과 성공:"SC", 실패:"FA" */
```

```
    short reason;    /* 실패 원인 */
} GeneralACKType;
```

TEMS와 BSC 장비 사이에 주고받을 스트럭처를 작성하도록 한다. 이때 Request용 데이터와 Result용 데이터가 약간 다르기 때문에 두 가지의 스트럭처를 정의한다. 먼저 Request용 데이터의 스트럭처를 보면 다음과 같다.

```
/* TEMS와 BSC 간의 Command Run Request 데이터 형식 */
typedef struct
{
    unsigned short commType;  /* 1 : 신규가입자 등록 2 : 가입자 해지
             3 : 가입자 검색   4 : 부가 서비스 번호 등록
             5 : 부가 서비스 번호 삭제 6 : 가입자 패스워드 변경
             7 : 기타 가입자 정보 변경 */
    int userNo[3];         /* 2 가입자 번호 지역 + 지역 + 가입 번호 */
    char password[8];      /* 3 가입자가 등록한 암호 */
    char rateInfo;         /* 4 요금정보 1:기본 2:파워 3:알뜰 4:야간 */
    char stopUser;         /* 5 사용정지여부 1:사용 2:정지 3:도난신고 */
    char delayUser;        /* 6 요금체불여부 1:정상 2:체불 3:체불해제 */
    char svcNo[10];        /* 7 부가서비스 번호, AVC로부터 받는 번호 */
    char hpNo[8];          /* 8 휴대폰기계번호 */
    char reserved[21];     /* 9 향후를 대비한 21 바이트 */
} BscReqDatType;
```

다음은 Result용 데이터의 형식이 된다.

```
/* TEMS와 BSC 간의 Command Result 데이터 형식 */
typedef struct
{
    int userNo[3];         /* 1 가입자 번호 지역 + 지역 + 가입 번호 */
    char password[8];      /* 2 가입자가 등록한 암호 */
    char rateInfo;         /* 3 요금정보 1:기본 2:파워 3:알뜰 4:야간 */
    char stopUser;         /* 4 사용정지여부 1:사용 2:정지 3:도난신고 */
    char delayUser;        /* 5 요금체불여부 1:정상 2:체불 3:체불해제 */
    char svcNo[10];        /* 6 부가서비스 번호, AVC로부터 받는 번호 */
    char hpNo[8];          /* 7 휴대폰기계번호 */
    char reserved[23];     /* 8 향후를 대비한 23 바이트 */
} BscResDatType;
```

Result용 데이터 타입을 정의하면서 주의해야 할 점은, 장비에서 에러를 리턴하는 경우와 정상적인 결과 데이터를 리턴하는 경우를 구분해야 한다는 것이다. 따라서 다음과 같이 유니온(union)을 이용하여 result의 결과에 따라 실패 이유가 올 수도 있고 정상 결과를 올 수도 있는 상황를 대비하도록 한다.

```c
typedef struct
{
    char result[2];
    union
    {
        short reason;
        BscResDatType bscResDat;
    } u;
} BscCmdRltType;
```

지금까지 작성한 스트럭처들을 묶어서 전체 패킷의 Body를 구성하도록 한다. 패킷의 Body 또한 상황에 따라 다양하게 변해야 하므로 union을 이용하도록 한다.

```c
/* 패킷의 Body 타입 */
typedef struct
{
    union
    {
        ConnReqACKType connReqACK;      /* 연결요청 ACK Structure */
        GeneralACKType generalACK;      /* 일반적인 ACK Structure */
        short processState;             /* 상태 체크 ACK, 1:정상 2:비정상 */
        BscReqDatType bscReqDat;        /* TEMS-BSC 명령요청 데이터 형식 */
        BscCmdRltType bscCmdRlt;        /* TEMS-BSC 결과응답 데이터 형식 */
    } u;
} BDType;
```

마지막으로 패킷의 헤더를 위한 스트럭처를 만들고 이를 Body와 합쳐서 최종 패킷 데이터의 타입을 정의한다.

```c
/* 패킷의 Header 타입 */
typedef struct
{
```

```
    unsigned int messageID;      /* 메시지의 식별자, 4 bytes */
    UniqueID UID;         /* YYYYMMDDChar(8), Sequence Number(4)*/
    unsigned short contFlag; /* 0x00:연속 메시지, 0x01:비연속 메시지*/
    unsigned short serialNo; /* 연속되는 메시지 일련번호 */
    unsigned int datSize;       /* 저장되는 데이터의 크기*/
} HDType;

/* 패킷의 Body + Header 타입 */
typedef struct
{
    HDType hd;
    BDType bd;
} PktMsgType;
```

그럼, 지금까지 소개한 내용을 바탕으로 작성된 MsgType.h 파일의 전체 내용을 보도록 하자.

⟨MsgType.h⟩

```
#ifndef __MSGTYPE_H__
#define __MSGTYPE_H__

/* =====<전체 Message 종류>===== */
/* 공통 메시지 형식에 대한 선언 */
#define CommandChannelConnectionRequest     1
#define CommandChannelConnectionRequestACK  2
#define CommandChannelReleaseRequest        3
#define CommandChannelReleaseRequestACK     4
#define ResultChannelConnectionRequest      5
#define ResultChannelConnectionRequestACK   6
#define ResultChannelReleaseRequest         7
#define ResultChannelReleaseRequestACK      8
#define StateCheckRequest                   9
#define StateCheckRequestACK                10

/* TEMS와 장비 사이에 주고 받는 메시지에 대한 선언 */
#define CommandRunRequest        11
#define CommandRunRequestACK     12
#define CommandRunResult         13
#define CommandRunResultACK      14
#define UserDataRequest          15
#define UserDataRequestACK       16
#define UserDataResult           17
#define UserDataResultACK        18
```

```c
/* =====<각 메시지 패킷의 길이 선언>===== */
#define MAXMSGLEN      128
#define HEADERLEN      24

#define BSCREQDATPKTLEN 88 /* BSC Command Run Request 메시지: 24+64 */
#define BSCRESDATPKTLEN 90 /* BSC Command Result 메시지: 24+2+64 */
#define BSCDATLEN 64 /* BSC DATA 메시지의 총길이 */

#define ACKMSGPKTLEN 28 /* ACK 메시지 : 24 + 4 */

/* =====<응답(ACK) 메시지를 위한 Structure 정의>===== */
/* UID structure */
typedef struct
{
    char date[8]; /* yyyymmdd로 구성된 날짜 데이터 */
    int seqNum; /* 최초 접속시 Sequence Number 0를 사용한다. */
} UniqueID;

/* Connection Request ACK Structure */
typedef struct
{
    char result[2];   /* 응답 결과 성공:"SC", 실패:"FA" */
    short reason;     /* 실패 원인 */
    UniqueID UID;     /* 장비가 받은 마지막 UID 또는 0 */
} ConnReqACKType;

/* UID가 빠진 일반적인 ACK Structure */
typedef struct
{
    char result[2];   /* 응답 결과 성공:"SC", 실패:"FA" */
    short reason;     /* 실패 원인 */
} GeneralACKType;

/* =====<명령과 응답에 대한 Massage를 위한 구조체>===== */
/* TEMS와 BSC 간의 Command Run Request 데이터 형식 */
typedef struct
{
    unsigned short commType; /* 1 : 신규 가입자 등록 2 : 가입자 해지
            3 : 가입자 검색      4 : 부가 서비스 번호 등록
            5 : 부가 서비스 번호 삭제 6 : 가입자 패스워드 변경
            7 : 기타 가입자 정보 변경 */
    int userNo[3];       /* 2 가입자 번호 지역 + 지역 + 가입 번호 */
    char password[8];    /* 3 가입자가 등록한 암호 */
    char rateInfo;       /* 4 요금정보 1:기본 2:파워 3:알뜰 4:야간 */
```

```c
    char stopUser;          /* 5 사용정지여부 1:사용 2:정지 3:도난신고 */
    char delayUser;         /* 6 요금체불여부 1:정상 2:체불 3:체불해제 */
    char svcNo[10];         /* 7 부가서비스 번호, AVC로부터 받는 번호 */
    char hpNo[8];           /* 8 휴대폰기계번호 */
    char reserved[21];      /* 9 향후를 대비한 21 바이트 */
} BscReqDatType;

/* TEMS와 BSC 간의 Command Result 데이터 형식 */
typedef struct
{
    int userNo[3];          /* 1 가입자 번호 지역 + 지역 + 가입 번호 */
    char password[8];       /* 2 가입자가 등록한 암호 */
    char rateInfo;          /* 3 요금정보 1:기본 2:파워 3:알뜰 4:야간 */
    char stopUser;          /* 4 사용정지여부 1:사용 2:정지 3:도난신고 */
    char delayUser;         /* 5 요금체불여부 1:정상 2:체불 3:체불해제 */
    char svcNo[10];         /* 6 부가서비스 번호, AVC로부터 받는 번호 */
    char hpNo[8];           /* 7 휴대폰기계번호 */
    char reserved[23];      /* 8 향후를 대비한 23 바이트 */
} BscResDatType;

typedef struct
{
    char result[2];
    union
    {
        short reason;
        BscResDatType bscResDat;
    } u;
} BscCmdRltType;

/* =====<최종 패킷 데이터의 타입>===== */
/* 패킷의 Header 타입 */
typedef struct
{
    unsigned int messageID;     /* 메시지의 식별자, 4 bytes */
    UniqueID UID;               /* YYYYMMDDChar(8), Sequence Number(4)*/
    unsigned short contFlag;    /* 0x00:연속 메시지, 0x01:비연속 메시지*/
    unsigned short serialNo;    /* 연속되는 메시지 일련번호 */
    unsigned int datSize;       /* 저장되는 데이터의 크기*/
} HDType;

/* 패킷의 Body 타입 */
typedef struct
{
    union
```

```
    {
        ConnReqACKType connReqACK;   /* 연결요청 ACK Structure */
        GeneralACKType generalACK;   /* 일반적인 ACK Structure */
        short processState; /* 상태체크 ACK, 1:정상 2:비정상 */
        BscReqDatType bscReqDat; /* TEMS-BSC 명령요청 데이터 형식 */
        BscCmdRltType bscCmdRlt; /* TEMS-BSC 결과응답 데이터 형식 */
    } u;
} BDType;

/* 패킷의 Body + Header 타입 */
typedef struct
{
    HDType hd;
    BDType bd;
} PktMsgType;

#endif /* __MSGTYPE_H__ */
```

MsgQ와 Analyzer

메시지 큐를 이용하여 가입자의 정보를 수신하는 MsgQ 클래스의 프로토타입을 작성하도록 한다. 이 클래스는 스레드를 이용하여 메시지 큐가 비어있는지 계속해서 검사하게 된다. 이 클래스의 프로토타입이 정의된 MsgQ.h 파일의 내용을 보면 다음과 같다.

⟨MsgQ.h⟩
```
#ifndef __MSGQ_H__
#define __MSGQ_H__

class MsgQ
{
public:
    // readMsgQ를 실행시키는 함수
    bool runReadMsgQ();
    // 스레드로 돌아가는 함수. 큐로 부터 데이터를 읽어들인다.
    static void *readMsgQ(void *_arg);
    // config 파일 속에 있는 메시지 큐의 킷값을 얻는다.
    int getQKey(string keyVal);
};
#endif /* __MSGQ_H__ */
```

이번에는 Analyzer 모듈의 프로토타입을 작성하도록 한다. Analyzer는 메시지 큐로 들어온 사용자 정보를 분석하고 장비에게 패킷을 보내게 된다. 이때 패킷을 만들기 위해 Formmater를 사용하고 장비와의 통신을 위해 NEHandler를 사용한다.

그리고 장비로부터 올라온 메시지도 분석 처리하게 된다. 이 내용들은 TEMS의 핵심 사항이기 때문에 Analyzer 모듈이 TEMS의 중앙 처리를 담당하는 모듈이 된다. Analyzer의 프로토타입이 정의되어 있는 Analyzer.h 파일의 전체 내용을 보면 다음과 같다.

⟨Analyzer.h⟩
```cpp
#ifndef __ANALYZER_H__
#define __ANALYZER_H__

// Analyzer 클래스 정의
class Analyzer
{
public:
    // 메시지 큐를 통해 들어온 가입자 데이터
    // 향후에는 DB를 통해 가져와야 함.
    void dataFromMsgQ(BscReqDatType bscReqDat);

    // BSC 장비에 명령 실행
    void processNew(BscReqDatType bscReqDat);
    void processDel(BscReqDatType bscReqDat);
    void processSearch(BscReqDatType bscReqDat);
    bool checkUserNo(BscReqDatType bscReqDat);

    // BSC의 각 채널에서 올라오는 데이터 처리
    void dataFromBscComCh(PktMsgType bscComMsg);
    void dataFromBscRltCh(PktMsgType bscRltMsg);
};

#endif /* __ANALYZER_H__ */
```

Formatter와 NEHandler

장비로 전송하는 메시지들은 규칙을 정확히 따라서 작성이 되어야 한다. 그래야 패킷으로 의미가 있다. 규칙을 따르지 않은 패킷은 장비나 TEMS에서 이해를 할 수 없으므로 의미가 없다. 이러한 패킷을 정확한 규칙에 따라 작성해주는 모듈이 Formatter이다. Formatter는 패킷의 헤더를 만들뿐만 아니라 필요한 Body도 작성을 해준다.

패킷의 헤더에 들어가는 UID는 카운트 값을 내부에 가지고 있어야 하기 때문에 싱글톤 객체로 만들어서 카운트가 초기화되는 것을 방지하도록 한다. 다음은 Formatter의 프로토타입인 Formatter.h 파일의 전체 내용이다.

〈Formatter.h〉
```
#ifndef __FORMATTER_H__
#define __FORMATTER_H__

class Formatter
{
public:
    // 싱글톤 객체를 반환하는 함수
    static Formatter* instance();

    // SeqNo 변수들 초기화
    void initFormatter();

    // UniqueID를 만드는 함수들
    void setZeroUID(UniqueID *TID);
    void setBscTID(UniqueID *hlrTID);

    // UID 속에 날짜 정보를 넣는 함수
    void setDate(UniqueID *TID);

    // BSC에 보낼 패킷의 헤더를 만드는 함수
    void makeHeaderToBSC(PktMsgType *pktMsg);
    void setBscUID(UniqueID *bscUID);

    // BSC에 보낼 패킷의 Body를 만드는 함수
    void makePkt_connReqComCh(PktMsgType *connReqComCh);
    void makePkt_connReqRltCh(PktMsgType *connReqRltCh);
    void makePkt_relsReqComCh(PktMsgType *relsReqComCh);
    void makePkt_relsReqRltCh(PktMsgType *relsReqRltCh);

    // 장비 상태를 체크하는 패킷을 만드는 함수
    void makePkt_stateCheck(PktMsgType *reqPsState);

    // BSC에 보낼 명령어 데이터를 만드는 함수
    void makePkt_bscCmdReq(PktMsgType *cmdReq, BscReqDatType bscComReq);
```

```cpp
        // 장비에서 온 명령 결과에 대한 ACK 패킷을 만든 함수
        void makePkt_cmdRltAck(PktMsgType *cmdRltAck, UniqueID Uid, bool
                               res);
private:
        // 싱글톤 객체를 선언
        static Formatter* the_formatter;

        PktMsgType downLoadMsg;
        int bscUIDSeqNo;

};
#endif /* __FORMATTER_H__ */
```

이번에는 장비와의 인터페이스를 관리할 NEHandler의 프로토타입을 작성하도록 한다. 현재 접속해야 하는 장비는 BSC이기 때문에 BSC와 관련된 인터페이스를 관리하도록 한다. 실제 장비와의 접속은 BSCHandler가 수행을 한다.

NEHandler 같은 경우엔 접속할 장비가 추가되면 해당 장비에 대한 핸들러를 작성한 뒤 이를 관리하는 모듈이 NEHandler 속에 위치하게 된다. 따라서 AVC에 대한 핸들러가 추가되면 NEHandler도 그에 따라 필요한 모듈이 추가되어야 한다. 다음은 NEHandler의 프로토타입인 NEHandler.h 파일의 전체 내용이다.

〈NEHandler.h〉

```cpp
#ifndef __NEHANDLER_H__
#define __NEHANDLER_H__

// 상태 체크를 위한 타이머 값 선언. 메시지 전송이 없는
// 매 5분마다 실행되는 것을 위해 300 세팅
#define STOPTIMER 301
#define RUNTIMER 300

class NEHandler
{
public:
        // 싱글톤 객체를 반환하기 위한 함수
        static NEHandler* instance();

        // BSC 핸들러를 위한 함수들
        bool init_bsc();
        bool connReq_bsc();
```

```cpp
        // 모든 소켓을 닫는 메소드
        void closeAllSockets();

        // 각 장비의 채널이 사용하는 타이머의 값을 set하는 함수들
        void set_bscComChTimer(int setVal){bscComChTimer = setVal;}
        void set_bscRltChTimer(int setVal){bscRltChTimer = setVal;}

        // 각 장비의 채널이 사용하는 타이머의 값을 get하는 함수들
        int get_bscComChTimer(){return bscComChTimer;}
        int get_bscRltChTimer(){return bscRltChTimer;}

        // 각 장비의 채널에 대한 타이머 스레드를 구동하는 함수들
        bool runBscComChTThd();
        bool runBscRltChTThd();

        // 각 장비의 채널이 사용하는 타이머 스레드 함수들
        static void *runBscComChTimer(void *_arg);
        static void *runBscRltChTimer(void *_arg);

    private:
        // 싱글톤 객체를 선언
        static NEHandler* the_neHandler;

        // 각 장비의 채널이 사용할 타이머의 값을 저장할 변수 선언
        int bscComChTimer;
        int bscRltChTimer;
};

#endif /* __NEHANDLER_H__ */
```

BSCHandler와 UseSocket

실제 장비와의 작업을 위한 핸들러를 설계하도록 한다. 현재 접속해야할 장비가 BSC와 AVC 인데, 예제 코드는 우선 BSC만 작성하도록 한다. BSCHandler는 명령 채널과 결과 채널에 대한 접속을 수행한 뒤, 해당 채널을 이용하여 장비에게 명령을 보내고 그 결과를 수신한다.

따라서 장비와의 접속 수행하는 함수와 장비에게 메시지를 송수신 하는 함수들이 핵심적인 함수가 된다. BSCHandler는 메시지의 송수신을 원활하게 하기 위해서 내부에 별도의 스레드를 구동하게 된다. 다음은 BSCHandler의 프로토타입인 BSCHandler.h 파일의 전체 내용이다.

⟨BSCHandler.h⟩

```cpp
#ifndef __BSCHandler_H__
#define __BSCHandler_H__

#include "Common.h"

class BSCHandler
{
public:
    // 싱글톤 객체를 반환하는 메소드
    static BSCHandler* instance();

    // 채널별 소켓을 생성하고 연결 요청 메시지를 보낸다.
    bool init_comSocket();
    bool init_rltSocket();
    static void *connect_com_thread(void *_arg);
    static void *connect_rlt_thread(void *_arg);

    // 소켓을 닫는다.
    void closeSocket();

    // 각 소켓 오브젝트를 이용하여 메시지 전송.
    bool sendComChMsg(PktMsgType hlrMsg);
    bool sendRltChMsg(PktMsgType hlrMsg);

    // 각 소켓 오브젝트를 이용하여 메시지 수신.
    bool rcvComChMsg();
    bool rcvRltChMsg();
    static void* receive_com_thread(void *_arg);
    static void* receive_rlt_thread(void *_arg);

    // receive_thd_running 변수의 값을 담당하는 메소드
    bool get_receive_thd_running();
    void set_receive_thd_running(bool val);

private:
    // 싱글톤 객체를 반환하는 메소드
    static BSCHandler* the_bscHandler;

    // 각 채널을 담당할 UseSocket 객체
    UseSocket *comChSocket;
    UseSocket *rltChSocket;

    // 메시지 수신용 스레드가 이미 실행되었는지 여부를
    // 체크하는데 사용될 변수.
```

```
        bool receive_thd_running;
};

#endif /* __BSCHandler_H__ */
```

BSCHandler는 내부에 각 채널에 해당하는 UseSocket 객체를 가지고 있으며 그를 이용하여 소켓 통신을 수행하게 된다. BSCHandler의 private 데이터인 comChSocket와 rltChSocket 객체가 UseSocket 클래스를 이용하여 만들어진 객체이다.

UseSocket 클래스는 내부에 소켓을 위한 각종 시스템 호출을 이용한 메소드들이 구현되어 있다. 이들 메소드를 이용하여 장비와의 통신을 원활하게 수행하게 된다. 다음은 UseSocket 클래스의 프로토타입이다.

⟨UseSocket.h⟩
```
#ifndef __USESOCKET_H__
#define __USESOCKET_H__

class UseSocket
{
public:
    // 소켓을 초기화하고, 연결을 시도하는 함수들
    bool init_socket(string in_port, string in_ipaddrs);
    bool set_sockaddr_in();
    bool conn_socket();

    // 소켓을 닫는 함수
    bool close_socket();

    // 소켓을 통해 NE에 메시지를 전송하는 함수
    bool sendMsgToNE(PktMsgType pktMsg);

    // NE로 부터 메시지를 수신하는 함수들
    PktMsgType* rcvMsgFromNE();
    PktMsgType* rcvMsgFromNEWithTimer();

private:
    // 소켓 내부에서 사용하게 되는 각종 변수(ip, port등)들
    int sockfd;
    string port;
    string ipaddrs;
    struct sockaddr_in address;
```

```
};

#endif /* __USESOCKET_H__ */
```

Framework와 Makefile

마지막으로 전체 시스템을 관장할 모듈인 Framework를 설계하도록 한다. Framework는 시스템의 시작과 끝을 관리하게 되며, 향후 유저 인터페이스가 확장될 때 이를 담당할 모듈이 된다. 그리고 내부에 main() 함수를 가지게 된다.

main() 함수는 Framwork 객체를 생성한 후 Framework의 메소드를 실행시키게 된다. 이때 Framework의 메소드는 필요한 객체를 생성하면서 시스템의 전체 모듈을 구동하게 된다. 다음은 Framework의 프로토타입인 Framework.h 파일의 전체 내용이다.

⟨Framwork.h⟩
```
#ifndef __FRAMEWORK_H__
#define __FRAMEWORK_H__

class Framework
{
public:
    // 싱글톤 객체를 반환하는 함수
    static Framework* instance();

    // Viewer를 위한 함수, 향후 GUI를 위해 사용
    void processMessage(char comm_num);

    // 전체 시스템을 구동시키는 함수
    bool init_allSystem();

    // 현재 BSC와 연결이 되어있는지 여부를 체크하는 메소드들
    void set_bscComConOK(bool setVal);
    void set_bscRltConOK(bool setVal);
    bool get_bscComConOK();
    bool get_bscRltConOK();

private:
    // 싱글톤 객체 선언
    static Framework* the_framework;
```

```
    // NE들과의 연결여부를 표시하는 멤버변수들
    bool bscComConOK;
    bool bscRltConOK;
};

#endif /* __FRAMEWORK_H__ */
```

프로젝트의 전체 모듈을 컴파일하고 실행 파일을 만들기 위한 Makefile을 작성하도록 한다. Makefile의 필요성에 대해서는 PartI에서도 언급을 했었는데, 모듈이 복잡해지거나 다양해질수록 Makefile의 진가는 더욱 빛나게 된다. 다음은 전체 Makefile 중 프로젝트와 파일과 관련된 부분만 간추린 내용이다.

〈Makefile〉
```
# 디버깅을 위해 g 옵션을 추가한다.
COPT       = -g

# 실행 파일명
PROGRAM   = tems

# include 할 헤더파일 위치 지정
CFLAGS    = \
            -I../include

# 필요한 라이브러리 파일의 위치를 지정
LIBS      = \
            /usr/lib/libsocket.so \
            /usr/lib/libnsl.so.1 \
            /usr/lib/libpthread.so.1
LDLIBS    = \
            /usr/lib/libsocket.so \
            /usr/lib/libnsl.so.1 \
            /usr/lib/libpthread.so.1

# 실행 파일이 위치할 디렉토리를 지정
DEST      = ../bin

# 오브젝트 파일명 지정
OBJS      = Analyzer.o \
            Formatter.o \
            Framework.o \
            LogHandler.o \
```

```
                NEHandler.o \
                Config.o \
                BSCHandler.o \
                UseSocket.o \
                MsgQ.o \

# 소스 파일명 지정
SRCS        = Analyzer.cxx \
                Formatter.cxx \
                Framework.cxx \
                LogHandler.cxx \
                NEHandler.cxx \
                Config.cxx \
                BSCHandler.cxx \
                UseSocket.cxx \
                MsgQ.cxx \
MAKEFILE = Makefile
```

지금까지 전체 시스템의 프로토타입을 작성해 보았다. 각 함수들에 대한 구현은 Chapter 21 에서 하게 된다.

chapter 21 시스템 개발

Chapter 20에서 작성했던 프로토타입을 완성하도록 한다. 많은 양의 소스 코드가 소개되기 때문에 자세히 보지 않으면 놓칠 수 있는 부분이 많다. 이번 Chapter를 통해 TEMS 시스템을 구현하는 방법에 대한 실질적인 코드가 소개된다. 물론 스터디를 위한 코드이기 때문에 완성도와 관련해서 문제가 될 수 있지만 Chapter 19의 스펙을 대부분 수용하고 있기 때문에, 향후 프로젝트에서 많은 도움을 받을 수 있을 것이다.

Chapter 21에서 소개되는 코드들은 Chapter 20의 프로토타입을 작성한 순서와 유사하게 구성된다. 이번 Chapter는 이들 모듈을 여러 개의 절로 구성하게 되는데, Log와 Config를 유틸리티 모듈 절로, MsgQ, Analyzer, Formatter를 메시지 분석 및 작성 절로, NEHandler, BSCHandler, UseSocket를 장비 통신 모듈 절로 각각 구성한다.

그래서 이번 Chapter의 목차는 다음과 같다.

1. 유틸리티 모듈
2. 메시지 분석 및 작성
3. 장비 통신 모듈
4. 프레임워크

01 유틸리티 모듈

시스템을 이루는 모듈들이 도움을 받을 수 있는 유틸리티 모듈을 먼저 작성하도록 한다. 유틸리티 모듈에는 Config 파일인 tems_config 파일을 관리하는 Config 클래스와 로그 및 타임스탬프를 관리하는 LogHandler가 있다.

Config

Config 클래스는 tems_config 파일을 읽고 이를 Map에 저장하고 관리하는 클래스이다. Config 클래스의 멤버 변수와 클래스가 가지는 메소드들을 소개하면 다음과 같다.

Config 클래스는 싱글톤 객체로 사용할 것이기 때문에 이를 위한 객체 초기화와 함수를 작성하도록 한다. 먼저 싱글톤 객체를 다음과 같이 초기화한다.

```
Config* Config::the_config = 0;
```

그리고 싱글톤으로 정의된 Config 객체를 반환하는 함수를 다음과 같이 작성하도록 한다.

```
/******************************************************************
 * FUNCTION : instance
 * DESCRIPTION : Config 객체를 반환하는 함수
 ******************************************************************/
Config*
Config::instance() {
   if(!the_config) {
      the_config = new Config();
   }
   return (the_config);
}
```

그리고 본격적인 작업 수행을 위한 init() 함수를 작성하도록 한다. init() 함수는 tems_config를 위한 시스템 변수가 있는지 체크하고 만일 없으면 디폴트로 지정된 파일을 이용하도록 한다.

해당 파일을 찾았으면 readCfgIntoMemory 함수를 이용하여 파일의 내용을 Map으로 옮긴다.

```cpp
/*****************************************************************
 * FUNCTION : init
 * DESCRIPTION : 1. CONFIG_FILE 전역 변수가 있는지 조사, 없으면 디폴트 파일 사용.
 *               2. 파일을 열고 이를 이용하여 readCfgIntoMemory 함수 호출
 *****************************************************************/
bool
Config::init()
{
    LogHandler::instance()->trace("Config::init() invoked!");

    // 시스템 변수 체크, 없으면 디폴트로 지정된 파일 이름 사용
    char const *confFile = getenv(CONFIG_FILE_ENV_VAR);
    if(!confFile)
    {
        LogHandler::instance()->trace("Couldn't get TEMS_CONFIG_FILE,
                 that's why we should use default file!");
        confFile = DEFAULT_CONFIG.c_str();
    }

    // config 파일을 사용하기 위해 ifstream 객체를 이용하여 file 열기.
    ifstream *cfgFilePtr = new ifstream(confFile, ios::in |
            ios::nocreate);
    if( (!cfgFilePtr) || (cfgFilePtr->fail()) )
    {
        LogHandler::instance()->trace("Configuration file cannot be
                opened.");
        return (false);
    }

    // ifstream 객체를 이용하여 readCfgIntoMemory() 함수 호출
    if(!readCfgIntoMemory(cfgFilePtr))
    {
        return (false);
    }

    delete cfgFilePtr;
    cfgFilePtr = 0;
}

/*****************************************************************
 * FUNCTION : readCfgIntoMemory
 * DESCRIPTION : config 파일을 읽고 map에 저장한다.
 *               문장 내에 공백이 있는지, #으로 시작되는지 등을 체크한다.
 *****************************************************************/
bool
```

```cpp
Config::readCfgIntoMemory(ifstream *ifstr)
{
    LogHandler::instance()->trace("Config::readCfgIntoMemory()
        invoked!");

    // ifstream 파일의 끝에 이를 때까지 while문 실행
    while(!ifstr->eof())
    {
        // getline을 이용하여 파일 속의 문장을 한 라인씩 버퍼에 저장
        char buf[256];
        ifstr->getline(buf, 256);

        // 버퍼가 공백이면 다음 라인으로 진행. 공백이 아니면 oneLine에 저장
        if(strcmp(buf, "") == 0)
            continue;
        string oneLine(buf);

        // oneLine의 시작이 # 이면 다음 라인으로 진행
        if(oneLine[0] == '#')
        {
            continue;
        }
        else
        {
            // oneLine 속에 '='이 있는 체크. 없으면 잘못된 문장이므로
            // 다음 라인으로 진행
            int idx = oneLine.find("=");
            if(idx == string::npos)
            {
                cout << "Line = " << oneLine.c_str() << endl;
                cout << "Illegal line found in the configuration file." <<
                        endl;
                continue;
            }

            // '='를 중심으로 왼쪽값(lhs)과 오른쪽값(rhs)을 나눈 뒤, map에 저장
            string lhs = oneLine;
            string rhs = oneLine;
            lhs.erase(idx);
            rhs.erase(0, idx+1);
            value_map[lhs] = rhs;
        }
    }
    return true;
}
```

```
/****************************************************************
 * FUNCTION : get_valueFromMap
 * DESCRIPTION : key를 입력받은 뒤, Map에서 해당 value를 반환
 ****************************************************************/
string
Config::get_valueFromMap(string rvalue)
{
    string retval= value_map[rvalue];
    return retval;
}
```

LogHandler

로그를 담당할 핸들러인 Loghandler는 싱글톤 객체로 구성되고, 다른 객체들이 동시에 사용하는 모듈이기 때문에 뮤텍스를 활용하도록 한다. 그러면 Chapter 20에서 작성했던 LogHandler 프로토타입을 하나씩 구현해 나가도록 하자.

```
/****************************************************************
 * FUNCTION : instance
 * DESCRIPTION : LogHandler 객체를 반환하는 함수
 ****************************************************************/
LogHandler*
LogHandler::instance()
{
    if(!the_logHandler)
    {
        the_logHandler = new LogHandler();
    }
    return (the_logHandler);
}

/****************************************************************
 * FUNCTION : trace
 * DESCRIPTION : 타임스탬프와 함께 메시지를 출력. 향후 파일 기능 추가 요망
 ****************************************************************/
void
LogHandler::trace(string trace_str)
{
    pthread_mutex_lock(&logLock1);
    // Config 파일 내에 TRACE가 ON이면 화면에 출력을 한다.
    if((Config::instance()->get_valueFromMap("TRACE")).find("ON") !=
```

```cpp
                string::npos)
        {
            cout << getTimeStamp() << ", " << trace_str << endl;
        }
        pthread_mutex_unlock(&logLock1);
}


/*******************************************************************
 * FUNCTION : error
 * DESCRIPTION : 에러 메시지를 출력하는 함수. 향후 파일 기능 추가 요망
 *******************************************************************/
void
LogHandler::error(string error_str)
{
    pthread_mutex_lock(&logLock2);
    cout << getTimeStamp() << ", ERROR: " << error_str << endl;
    pthread_mutex_unlock(&logLock2);
}


/*******************************************************************
 * FUNCTION : getLocalDate
 * DESCRIPTION : 시스템의 로컬 날짜를 YYYYMMDD 형태로 반환하는 함수
 *******************************************************************/
string
LogHandler::getLocalDate()
{
    // YYYYMMDD 형태로 사용할 변수 선언
    char strDate[10];
    time_t tp;
    struct tm *ltime = NULL;

    // 스트링 변수 초기화
    memset(strDate, 0, 10);

    // time 정보 얻기
    tp = time(&tp);
    if(tp == -1)
    {
        cout << "Bad conversion" << endl;
    }

    // 로컬 타임 얻기
    ltime = localtime(&tp);
    if(ltime == NULL)
    {
```

```cpp
        cout << "ltime is NULL" << endl;
    }

    // YYYYMMDD 형태로 변환한 뒤, strDate 스트링에 입력 후 반환
    if(!strftime(strDate, 10,"%Y%m%d", (struct tm*)ltime))
    {
        return NULL;
    }
    return string(strDate);
}

/***********************************************************************
 * FUNCTION : getTimeStamp
 * DESCRIPTION : 시분초(HHMMSS)를 얻은 뒤, YYYYMMDD와 합쳐서 반환
 ***********************************************************************/
string
LogHandler::getTimeStamp()
{
    pthread_mutex_lock(&timeLock);
    // HHMMSS로 사용할 스트링 변수 선언
    char strTime[8];
    time_t tp;
    struct tm *ltime;

    // 스트링 변수 초기화
    memset(strTime, 0, 8);

    // time과 localtime 함수 실행
    tp = time(&tp);
    ltime = localtime(&tp);

    // HHMMSS 형태로 변환한 뒤, strTime 스트링에 저장
    if(!strftime(strTime, 8,"%H%M%S", (struct tm*)ltime))
    {
        pthread_mutex_unlock(&timeLock);
        return NULL;
    }

    // getLocalDate 함수를 선언하여 YYYYMMDD 정보 입수
    string strNewDate = getLocalDate();

    pthread_mutex_unlock(&timeLock);
    // 최종 - "YYYYMMDD:HHMMSS" 문장을 반환
    return (getLocalDate() + ":" + string(strTime));
}
```

02 메시지 분석 및 작성

이번 절에서는 메시지 분석 및 작성과 관련된 모듈들을 구현하게 된다. 메시지 분석과 작성에 해당하는 모듈에는 MsgQ, Analyzer 그리고 Formatter가 있다.

MsgQ

MsgQ 객체는 메시지 큐를 이용하여 가입자의 정보를 전달받게 된다. 이때 이용하는 메시지 타입은 BscReqDatType 타입이 되는데, 이 메시지를 Analyzer에게 전달해 분석 작업이 이루어지도록 만든다.

그럼, MsgQ의 프로토타입 설계에서 작성된 메소드들을 하나씩 구현해 보도록 하자. 먼저 다음과 같이 메시지 큐에서 읽어올 스트럭처와 별도로 구동될 스레드를 정의하도록 한다.

```
typedef struct
{
    long int msgType;         /* 메시지 타입 */
    BscReqDatType bscReqDat;
} MsgType;

pthread_mutex_t lock1 = PTHREAD_MUTEX_INITIALIZER;
pthread_t readMsgQ_thread;

/************************************************************************
 * FUNCTION : runReadMsgQ
 * DESCRIPTION : 메시지 큐의 킷값을 얻은 후, 스레드를 실행시키는 함수
 ************************************************************************/
bool
MsgQ::runReadMsgQ()
{
    int ret;
    LogHandler::instance()->trace("MsgQ::runReadMsgQ invoked");
    // 메시지 큐의 키를 얻은 후 void* 형으로 변환
    int QKey = getQKey("TEMS_MSG_QUEUE_KEY");
    if(QKey <= 0)
    {
        LogHandler::instance()->error("MsgQ::runReadMsgQ() getQKey
                return wrong value!");
        return false;
    }
```

```cpp
    void *_arg = (void *)QKey;

    // void* 형으로 변환한 메시지 큐의 킷값과 함께 스레드 함수 실행
    pthread_mutex_lock(&lock1);
    if(ret = pthread_create(&readMsgQ_thread, NULL, MsgQ::readMsgQ, _
                            arg))
    {
        cout << "failed runReadMsgQ: " << strerror(ret) << endl;
        return false;
    }
    pthread_mutex_unlock(&lock1);
    return true;
}

/******************************************************************
 * FUNCTION : readMsgQ
 * DESCRIPTION : 스레드로 실행될, static로 선언된 메소드. 메시지를 읽는다.
 ******************************************************************/
void*
MsgQ::readMsgQ(void *_arg)
{
    // void*로 입력된 킷값을 int 형으로 변환한다.
    int QKey = (int)_arg;
    int running = 1;
    int msgid;
    MsgType msg;
    // BscReqDatType bscReqDat;
    long int msgType = 0;
    LogHandler::instance()->trace("MsgQ::readMsgQ thread running");

    // 킷값을 이용하여 메시지 큐 생성 및 메시지 큐 얻어오기
    msgid = msgget((key_t)QKey, 0666 | IPC_CREAT);
    if(msgid == -1)
    {
        LogHandler::instance()->error("MsgQ::readMsgQ msgget failed
            with error!");
        return NULL;
    }

    // 메시지를 수신한 후, Analyzer의 dataFromMsgQ 함수 실행
    while(running)
    {
        if(msgrcv(msgid, (void *)&msg, sizeof(BscReqDatType), msgType,
            0) == -1)
        {
```

```cpp
            LogHandler::instance()->error("MsgQ::readMsgQ msgrcv failed
                with error!");
            fprintf(stderr, "msgrcv failed with error: %d\n", errno);
            return NULL;
        }
        Analyzer *any = new Analyzer();
        any->dataFromMsgQ(msg.bscReqDat);
        delete any;
    }

    // 메시지 큐를 커널에서 제거한다.
    if(msgctl(msgid, IPC_RMID, 0) == -1)
    {
        LogHandler::instance()->error("MsgQ::readMsgQ msgctl(IPC_RMID)
            failed!");
        fprintf(stderr, "msgctl(IPC_RMID) failed\n");
        return NULL;
    }

    return NULL;
}

/*************************************************************
 * FUNCTION : getQKey
 * DESCRIPTION : Config 파일로 부터 메시지 큐의 킷값을 받아오는 함수
 *************************************************************/
int
MsgQ::getQKey(string keyVal)
{
    string keyStr;
    int retVal;

    // Config 객체를 이용하여 MSG_QUEUE_KEY의 값을 얻어온다.
    keyStr = Config::instance()->get_valueFromMap(keyVal);

    // 스트링 값을 int 형으로 변환한 후 리턴한다.
    retVal = atoi(keyStr.c_str());
    if(retVal <= 0)
    {
        LogHandler::instance()->error("MsgQ::getQKey() something is
wrong in Q Key Value!");
        return -1;
    }
    return retVal;
}
```

Analyzer

이번에는 Analyzer를 위한 모듈을 구현하도록 한다. Analyzer는 MsgQ 객체가 전달한 메시지를 분석한 뒤 Formatter를 이용하여 필요한 패킷을 만든다. 만들어진 패킷은 NEHandler를 이용하여 장비에게 전송이 된다.

그리고 장비로부터 수신한 메시지도 Analyzer에게 전달되어 분석 과정을 거치게 된다. 만일 이 과정에서 잘못된 데이터가 왔으면 메시지를 재전송하거나 백업하는 등의 작업을 수행해야 한다. 그러면 설계 시간에 작성한 프로토타입에 맞게, 필요한 함수들을 하나씩 구현해 브도록 하자.

```
/*****************************************************************
 * FUNCTION : dataFromMsgQ
 * DESCRIPTION : MsgQ로부터 BscReqDatType 형의 데이터를 수신한다.
 *               수신된 데이터에 맞게 프로세싱할 함수를 호출한다.
 *****************************************************************/
void
Analyzer::dataFromMsgQ(BscReqDatType bscReqDat)
{
    // 수신된 메시지의 명령 타입을 읽은 뒤, 화면에 출력
    unsigned short comType;
    comType = bscReqDat.commType;
    cout << "COMTYPE : " << comType << endl;

    // 수신된 명령이 새로운 가입자이면 processNew 호출
    if(comType == 0x1) {
        processNew(bscReqDat);
    }
    // 수신된 명령이 가입자 삭제라면 processDel 호출
    else if(comType == 0x2) {
        processDel(bscReqDat);
    }
    // 수신된 명령이 가입자 검색이라면 processSearch 호출
    else if(comType == 0x3)
    {
        processSearch(bscReqDat);
    }
    // 아무것도 아니면 에러 처리
    else {
        LogHandler::instance()->error("Analyzer::dataFromMsgQ() unknown
                command type!");
    }
```

```
    }

    /*****************************************************************
     * FUNCTION : processNew
     * DESCRIPTION : 새로운 가입자를 처리한다. 이를 위해 가입자 생성용
     *               패킷을 생성한 뒤 BSCHandler를 이용하여 패킷을 전송한다.
     *****************************************************************/
    void
    Analyzer::processNew(BscReqDatType bscReqDat)
    {
        // 가입자 번호를 체크한다.
        if(checkUserNo(bscReqDat) == false)
        {
            LogHandler::instance()->error("Analyzer::processNew() Min
                            number is all 0");
        }

        // Formatter를 이용하여 알맞은 패킷을 작성한다.
        PktMsgType bscCmdReq;
        Formatter::instance()->makePkt_bscCmdReq(&bscCmdReq, bscReqDat);

        // 생성된 패킷을 BSCHandler를 이용하여 전송한다.
        if(BSCHandler::instance()->sendComChMsg(bscCmdReq) != true)
        {
            // 에러 처리. 향후에는 DB에 메시지를 저장한다.
            LogHandler::instance()->error("Analyzer::processNew()
                    BSCHandler::sendReqChMsg() Error!");
        }
    }


    /*****************************************************************
     * FUNCTION : processDel
     * DESCRIPTION : 가입자를 삭제 처리한다. 이를 위해 가입자 삭제용
     *               패킷을 생성한 뒤 BSCHandler를 이용하여 패킷을 전송한다.
     *****************************************************************/
    void
    Analyzer::processDel(BscReqDatType bscReqDat)
    {
        // 가입자 번호를 체크한다.
        if(checkUserNo(bscReqDat) == false)
        {
            LogHandler::instance()->error("Analyzer::processDel() Min
                    number is all 0");
        }
```

```
    // Formatter를 이용하여 알맞은 패킷을 작성한다.
    PktMsgType bscCmdReq;
    Formatter::instance()->makePkt_bscCmdReq(&bscCmdReq, bscReqDat);

    // 생성된 패킷을 BSCHandler를 이용하여 전송한다.
    if(BSCHandler::instance()->sendComChMsg(bscCmdReq) != true)
    {
        // 에러 처리. 향후에는 DB에 메시지를 저장한다.
        LogHandler::instance()->error("Analyzer::processDel()
                BSCHandler::sendReqChMsg() Error!");
    }
}

/*****************************************************************
 * FUNCTION : processSearch
 * DESCRIPTION : 가입자를 검색한다. 이를 위해 가입자 검색용
 *               패킷을 생성한 뒤 BSCHandler를 이용하여 패킷을 전송한다.
 *****************************************************************/
void
Analyzer::processSearch(BscReqDatType bscReqDat)
{
    // 가입자 번호를 체크한다.
    if(checkUserNo(bscReqDat) == false)
    {
        LogHandler::instance()->error("Analyzer::processSearch() Min
                number is all 0");
    }

    // Formatter를 이용하여 알맞은 패킷을 작성한다.
    PktMsgType bscCmdReq;
    Formatter::instance()->makePkt_bscCmdReq(&bscCmdReq, bscReqDat);

    // 생성된 패킷을 BSCHandler를 이용하여 전송한다.
    if(BSCHandler::instance()->sendComChMsg(bscCmdReq) != true)
    {
        // 에러 처리. 향후에는 DB에 메시지를 저장한다.
        LogHandler::instance()->error("Analyzer::processDel()
                BSCHandler::sendReqChMsg() Error!");
    }
}

/*****************************************************************
 * FUNCTION : checkUserNo
 * DESCRIPTION : 가입자 번호를 체크한다. 향후에는 지역번호와 가입자 번호에
 *               문제가 있는지 등을 꼭 체크하도록 한다.
```

```
                  ****************************************************************/
       bool
       Analyzer::checkUserNo(BscReqDatType bscReqDat)
       {
           int reg1No, reg2No, subNo;
           reg1No = bscReqDat.userNo[0];
           reg2No = bscReqDat.userNo[1];
           subNo = bscReqDat.userNo[2];
           return true;
       }


       /*****************************************************************************
        * FUNCTION : dataFromBscComCh
        * DESCRIPTION : BSC의 명령 채널에서 오는 메시지 분석
        *               BSC의 명령 채널에서는 ACK 메시지 외에는 전송될 메시지가 없다.
        *               향후에는 이를 분석하여 필요서 명령 메시지를 재전송하도록 한다.
        ****************************************************************************/
       void
       Analyzer::dataFromBscComCh(PktMsgType bscReqMsg)
       {
           cout << "BSC의 명령채널에서 온 데이터 Display" << endl;
       }


       /*****************************************************************************
        * FUNCTION : dataFromBscRltCh
        * DESCRIPTION : BSC의 결과 채널에서 오는 메시지 분석
        ****************************************************************************/
       void
       Analyzer::dataFromBscRltCh(PktMsgType bscRltMsg)
       {
           // 결과 채널 접속에 대한 ACK이면 이 메시지의 분석을 통해 접속사항 파악
           if(bscRltMsg.hd.messageID == ResultChannelConnectionRequestACK)
           {
               LogHandler::instance()->trace("Analyzer::dataFromBscResCh() Re
                       sultChannelConnectionRequestACK receive!");

               // 접속에 성공했으면 메시지 수신을 위한 스레드 구동
               if(!strncmp(bscRltMsg.bd.u.bscCmdRlt.result,"SC",2))
               {
                   LogHandler::instance()->trace("Run BSC Result Channel
                           Receive Thread!!!");
                   if(BSCHandler::instance()->get_receive_thd_running() ==
                       false)
                   {
```

```cpp
                BSCHandler::instance()->rcvRltChMsg();
                BSCHandler::instance()->set_receive_thd_running(true);
            }
        }
    }
    // 결과 채널 해제에 대한 ACK 수신
    else if(bscRltMsg.hd.messageID == ResultChannelReleaseRequestACK)
    {
        LogHandler::instance()->trace("Analyzer::dataFromBscResCh()
                ResultChannelReleaseRequestACK receive!");
    }
    // 상태 체크에 대한 ACK 수신
    else if(bscRltMsg.hd.messageID == StateCheckRequestACK)
    {
        LogHandler::instance()->trace("Analyzer::dataFromBscResCh()
                StateCheckRequestACK receive!");
    }
    // 명령 수행에 대한 결과 데이터이면, 결과를 수신했다는 ACK 메시지 전송
    else if(bscRltMsg.hd.messageID == CommandRunResult)
    {
        LogHandler::instance()->trace("Analyzer::dataFromBscResCh()
                CommandRunResult receive!");

        // Formatter를 이용하여 패킷 작성후, BSCHandler를 이용하여 전송
        PktMsgType cmdRltAck;
        Formatter::instance()->makePkt_cmdRltAck(&cmdRltAck,
                bscRltMsg.hd.UID, true); // <= JShin Check!
        if(BSCHandler::instance()->sendRltChMsg(cmdRltAck) != true)
        {
            LogHandler::instance()->error("Analyzer::dataFromBscResCh()
                    BSCHandler::sendResChMsg() Error!");
        }
    }
    // 알 수 없는 메시지 타입이면 에러 처리를 한다.
    else
    {
        LogHandler::instance()->error("Analyzer::dataFromBscResCh()
                Receive UNKNOWN MESSAGE TYPE");
        cout << "Analyzer::dataFromBscResCh() BSCRLTMSGID: " <<
                bscRltMsg.hd.messageID << endl;
    }
}
```

Formatter

Formatter는 시스템에서 사용할 각종 패킷 메시지를 만드는 객체이다. Formatter를 이용하여 패킷의 헤더와 Body를 작성하게 되고, 작성된 패킷을 이용하여 장비와 통신을 수행하게 된다. 그럼, 설계 시에 작성한 프로토타입을 하나씩 구현하도록 한다.

```
/******************************************************************
 * FUNCTION : instance
 * DESCRIPTION : Formatter 객체를 반환하는 함수
 ******************************************************************/
Formatter*
Formatter::instance()
{
    // 생성된 객체가 없으면 생성 후 반환
    if(!the_formatter)
        the_formatter = new Formatter();

    return (the_formatter);
}

/******************************************************************
 * FUNCTION : initFormatter()
 * DESCRIPTION : Unique ID 속의 Seq No를 초기화 하는 함수
 ******************************************************************/
void
Formatter::initFormatter()
{
    bscUIDSeqNo = 1;
}

/******************************************************************
 * FUNCTION : setZeroUID()
 * DESCRIPTION : 비어있는 Unique ID를 만드는 함수
 ******************************************************************/
void
Formatter::setZeroUID(UniqueID *UID)
{
    strncpy(UID->date,"00000000",8);
    UID->seqNum = 0;
}

/******************************************************************
 * FUNCTION : setBscUID()
```

```
 * DESCRIPTION : BSC에 보낼 메시지에서 사용할 UID 작성
 ****************************************************************/
void
Formatter::setBscUID(UniqueID *bscUID)
{
    setDate(bscUID);
    bscUID->seqNum = bscUIDSeqNo;
    bscUIDSeqNo++;
    if(bscUIDSeqNo > 268435456)
       bscUIDSeqNo = 1;
}

/******************************************************************
 * FUNCTION : setDate()
 * DESCRIPTION : 오늘 날짜를 YYYYMMDD 타입으로 세팅해 주는 함수
 ****************************************************************/
void
Formatter::setDate(UniqueID *UID)
{
    pthread_mutex_lock(&dateLock);
    char displayDate[8];
    time_t curtime;
    struct tm *loctime;
    static char datedt[10 + 1];
    curtime = time(NULL);
    loctime = localtime(&curtime);
    strftime(datedt, 10 + 1, "%Y%m%d", loctime);
    strncpy(UID->date,datedt,8);
    pthread_mutex_unlock(&dateLock);
}

/******************************************************************
 * FUNCTION : makeHeader
 * DESCRIPTION : BSC를 위한 헤더 작성. messageID, datSize는 세팅하지 않음.
 ****************************************************************/
void
Formatter::makeHeaderToBSC(PktMsgType *pktMsg)
{
    setBscUID(&(pktMsg->hd.UID));

    // 디폴트인 비연속 메시지로 세팅
    pktMsg->hd.contFlag = 0x01;
    pktMsg->hd.serialNo = 0x00;
}
```

```
/*******************************************************************
 * FUNCTION : makePkt_connReqComCh
 * DESCRIPTION : 명령 채널에 대한 접속 요구 메시지 생성
 *******************************************************************/
void
Formatter::makePkt_connReqComCh(PktMsgType *connReqComCh)
{
    connReqComCh->hd.messageID = CommandChannelConnectionRequest;
    setZeroUID(&(connReqComCh->hd.UID));
    connReqComCh->hd.datSize = 0;
}


/*******************************************************************
 * FUNCTION : makePkt_connReqRltCh
 * DESCRIPTION : 결과 채널에 대한 접속 요구 메시지 생성
 *******************************************************************/
void
Formatter::makePkt_connReqRltCh(PktMsgType *connReqRltCh)
{
    connReqRltCh->hd.messageID = ResultChannelConnectionRequest;
    setZeroUID(&(connReqRltCh->hd.UID));
    connReqRltCh->hd.datSize = 0;
}


/*******************************************************************
 * FUNCTION : makePkt_relsReqComCh
 * DESCRIPTION : 명령 채널에 대한 접속 해제 요구 메시지 생성
 *******************************************************************/
void
Formatter::makePkt_relsReqComCh(PktMsgType *relsReqComCh)
{
    relsReqComCh->hd.messageID = CommandChannelReleaseRequest;
    setZeroUID(&(relsReqComCh->hd.UID));
    relsReqComCh->hd.datSize = 0;
}


/*******************************************************************
 * FUNCTION : makePkt_relsReqRltCh
 * DESCRIPTION : 결과 채널에 대한 접속 해제 요구 메시지 생성
 *******************************************************************/
void
Formatter::makePkt_relsReqRltCh(PktMsgType *relsReqRltCh)
{
    relsReqRltCh->hd.messageID = ResultChannelReleaseRequest;
    setZeroUID(&(relsReqRltCh->hd.UID));
```

```
    relsReqRltCh->hd.datSize = 0;
}

/*********************************************************************
 * FUNCTION : makePkt_stateCheck
 * DESCRIPTION : 시스템의 상태를 체크하기 위한 메시지 생성
 *********************************************************************/
void
Formatter::makePkt_stateCheck(PktMsgType *stateCheck)
{
    stateCheck->hd.messageID = StateCheckRequest;
    setZeroUID(&(stateCheck->hd.UID));
    stateCheck->hd.datSize = 0;
}

/*********************************************************************
 * FUNCTION : makePkt_bscCmdReq
 * DESCRIPTION : BSC에 보낼 명령 실행 요구 메시지 생성
 *********************************************************************/
void
Formatter::makePkt_bscCmdReq(PktMsgType *cmdReq, BscReqDatType bscComReq)
{
    cmdReq->hd.messageID = CommandRunRequest;
    makeHeaderToBSC(cmdReq);
    cmdReq->hd.datSize = sizeof(bscComReq);
    cmdReq->bd.u.bscReqDat = bscComReq;
}

/*********************************************************************
 * FUNCTION : makePkt_cmdRltAck
 * DESCRIPTION : 장비에 보낼 명령 결과 수신 응답 메시지 생성
 *********************************************************************/
void
Formatter::makePkt_cmdRltAck(PktMsgType *cmdRltAck, UniqueID Uid, bool res)
{
    cmdRltAck->hd.messageID = CommandRunResultACK;
    cmdRltAck->hd.UID = Uid;
    cmdRltAck->hd.datSize = 4;

    if(res == true)
    {
        strncpy(cmdRltAck->bd.u.generalACK.result, "SC", 2);
        cmdRltAck->bd.u.generalACK.reason = 0;
```

```
        }
        else if(res == false)
        {
            strncpy(cmdRltAck->bd.u.generalACK.result, "FA", 2);
            cmdRltAck->bd.u.generalACK.reason = 1; // <= JShin Check!
        }
        else
        {
            strncpy(cmdRltAck->bd.u.generalACK.result, "SC", 2);
            cmdRltAck->bd.u.generalACK.reason = 0;
        }
    }
```

03 장비 통신 모듈

이번 절에서는 장비와의 인터페이스와 메시지 송수신을 전담할 모듈들을 구현하도록 한다. 여기에 해당하는 모듈에는 NEHandler, BSCHandler 그리고 UseSocket이 있다.

NEHandler

NEHandler는 말 그대로 NE(Network Element)를 관리하는 핸들러이다. 여기서 NE에 해당하는 장비는 BSC와 AVC인데 여기서는 BSC와 관련된 모듈만 작성한다. 그럼, Chapter 20에서 설계한 프로토타입대로 각각의 모듈을 구현하도록 한다.

```
/*****************************************************************
 * FUNCTION : instance
 * DESCRIPTION : NEHandler 객체를 반환하는 함수.
 *****************************************************************/
NEHandler*
NEHandler::instance()
{
    if(!the_neHandler)
    {
        the_neHandler = new NEHandler();
    }
    return (the_neHandler);
}
```

```cpp
/*******************************************************************
 * FUNCTION : init_bsc
 * DESCRIPTION : BSCHandler를 초기화하고 소켓이 작동하도록 한다.
 *******************************************************************/
bool
NEHandler::init_bsc()
{
    // 명령/결과 채널을 담당하는 소켓을 구동한다.
    LogHandler::instance()->trace("NEHandler::init_bsc() invokded!");
    BSCHandler::instance()->init_comSocket();
    BSCHandler::instance()->init_rltSocket();

    // 각 채널의 상태 체크 메시지를 위해 타이머를 초기화 한다.
    set_bscComChTimer(STOPTIMER);
    set_bscRltChTimer(STOPTIMER);

    // 타이머를 돌면서 정해진 시간에 메시지를 보내는 타이머 스레드 구동
    runBscComChTThd();
    runBscRltChTThd();

    return true;
}

/*******************************************************************
 * FUNCTION : closeAllSockets
 * DESCRIPTION : BSC/AVC가 가진 소켓들을 닫는다.
 *******************************************************************/
void
NEHandler::closeAllSockets()
{
    BSCHandler::instance()->closeSocket();
}

/*******************************************************************
 * FUNCTION : runBsc[Com|Rlt]ChTThd
 * DESCRIPTION : 각 장비의 채널별 타이머 스레드를 생성하고 구동
 *******************************************************************/
bool
NEHandler::runBscComChTThd()
{
    int ret;
    bool retVal;

    // BSC 명령 채널을 위한 타이머 스레드 생성 및 구동
    pthread_mutex_lock(&neLock1);
```

```cpp
        if (ret = pthread_create(&bscComTimer_thread, NULL,
            NEHandler::runBscComChTimer, NULL))
        {
            cout << "NEHandler::runBscComChTThd() failed runBscComChTimer:
                " << strerror(ret) << endl;
            retVal = false;
        }
        pthread_mutex_unlock(&neLock1);

        return retVal;
    }

    bool
    NEHandler::runBscRltChTThd()
    {
        int ret;
        bool retVal;

        // BSC 결과 채널을 위한 타이머 스레드 생성 및 구동
        pthread_mutex_lock(&neLock2);
        if (ret = pthread_create(&bscRltTimer_thread, NULL,
            NEHandler::runBscRltChTimer, NULL))
        {
            cout << "NEHandler::runBscRltChTThd() failed runBscRltChTimer:
                " << strerror(ret) << endl;
            retVal = false;
        }
        pthread_mutex_unlock(&neLock2);

        return retVal;
    }


    /*******************************************************************
     * FUNCTION    : runBsc[Com|Rlt]ChTimer
     * DESCRIPTION : 장비의 각 채널별로 돌아갈 타이머 스레드들
     *******************************************************************/
    void
    *NEHandler::runBscComChTimer(void *_arg)
    {
        // time_t 데이터를 2개 생성
        time_t t1, t2;
        PktMsgType pktMsg;

        // 타이머를 돌다가 정해진 시간이 지나도록 명령 송수신이 없으면 상태를 체크!
        while(1)
```

```
{
   NEHandler::instance()->set_bscComChTimer(RUNTIMER);
   (void)time(&t1);
   (void)time(&t2);

   // STOPTIMER와 RUNTIMER로 선언된 값을 이용하여 정해진 시간 체크
   while(NEHandler::instance()->get_bscComChTimer() < STOPTIMER)
   {
      // 아직 시간이 되지 않았으면 sleep() 했다가 다시 시간 세팅
      if((int)(t2-t1) < NEHandler::instance()->get_
         bscComChTimer())
      {
         sleep(300);
         (void)time(&t2);
      }
      else
      {
         // 시간이 되었고 접속이 괜찮으면 상태 체크 메시지 전송
         if(Framework::instance()->get_bscComConOK())
         {
            Formatter::instance()->makeHeaderToBSC(&pktMsg);
            Formatter::instance()->makePkt_stateCheck(&pktMsg);

            // 상태 체크 메시지 전송, 만일 전송에 실패하면 재접속 시도
            if(BSCHandler::instance()->sendComChMsg(pktMsg) ==
               false)
            {
               LogHandler::instance()->error("NEHandler::runBscCom
                  ChTimer send state check packet");
               Framework::instance()->set_bscComConOK(false);
               BSCHandler::instance()->init_comSocket();
            }
            else
            {
               LogHandler::instance()->trace("NEHandler::runBscCom
                  ChTimer send state check packet");
            }
         }
         // 타이머를 위한 값을 초기화 시킴
         NEHandler::instance()->set_bscComChTimer(STOPTIMER);
      }
   }
   return NULL;
}
```

```
void
*NEHandler::runBscRltChTimer(void *_arg)
{
   // time_t 데이터를 2개 생성
   time_t t1, t2;
   PktMsgType pktMsg;

   // 타이머를 돌다가 정해진 시간이 지나도록 명령 송수신이 없으면 상태를 체크!
   while(1)
   {
     NEHandler::instance()->set_bscRltChTimer(RUNTIMER);
     (void)time(&t1);
     (void)time(&t2);

     // STOPTIMER와 RUNTIMER로 선언된 값을 이용하여 정해진 시간 체크
     while(NEHandler::instance()->get_bscRltChTimer() < STOPTIMER)
     {
        // 아직 시간이 되지 않았으면 sleep() 했다가 다시 시간 세팅
        if((int)(t2-t1) < NEHandler::instance()->get_
           bscRltChTimer())
        {
           sleep(300);
           (void)time(&t2);
        }
        else
        {
           // 시간이 되었고 접속이 괜찮으면 상태 체크 메시지 전송
           if(Framework::instance()->get_bscRltConOK())
           {
              Formatter::instance()->makeHeaderToBSC(&pktMsg);
              Formatter::instance()->makePkt_stateCheck(&pktMsg);

              // 상태 체크 메시지 전송, 만일 전송에 실패하면 재접속 시도
              if(BSCHandler::instance()->sendRltChMsg(pktMsg) ==
                false)
              {
                 LogHandler::instance()->error("NEHandler::runBscRlt
                   ChTimer send state check packet");
                 Framework::instance()->set_bscRltConOK(false);
                 BSCHandler::instance()->init_rltSocket();
              }
              else
              {
```

```
                    LogHandler::instance()->trace("NEHandler::runBscRlt
                        ChTimer send state check packet");
                }
            }
            // 타이머를 위한 값을 초기화 시킴
            NEHandler::instance()->set_bscRltChTimer(STOPTIMER);
        }
      }
    }
    return NULL;
}
```

BSCHandler

BSCHandler는 BSC와의 통신을 전담하게 된다. 통신을 위해 사용하는 객체는 UseSocket이 되는데, 명령 채널과 결과 채널을 위해 두 개의 UseSocket 객체를 내부에 가지게 된다. 그럼, BSCHandler의 각 모듈을 하나씩 구현해보자.

```
/*****************************************************************
 * FUNCTION : instance
 * DESCRIPTION : BSCHandler 객체를 반환하는 함수
 *****************************************************************/
BSCHandler*
BSCHandler::instance()
{
    if(!the_bscHandler)
    {
        the_bscHandler = new BSCHandler();
        the_bscHandler->set_receive_thd_running(false);
    }
    return (the_bscHandler);
}

/*****************************************************************
 * FUNCTION : init_comSocket
 * DESCRIPTION : 명령 채널에 사용될 소켓 초기화 및 접속을 위한 스레드 구동
 *****************************************************************/
bool
BSCHandler::init_comSocket()
{
    LogHandler::instance()->trace("BSCHandler::init_comSocket()");
```

```cpp
    int ret;
    bool retVal;
    comChSocket = new UseSocket();

    // Config 파일 속의 AVC 관련 내용을 이용하여 소켓을 초기화한다.
    retVal = comChSocket->init_socket(
        Config::instance()->get_valueFromMap("BSC_COMMAND_CHANNEL"),
        Config::instance()->get_valueFromMap("BSC_IP_ADDRESS"));

    // 명령 채널에 접속을 시도하는 스레드 생성 및 구동
    pthread_mutex_lock(&bscLock1);
    if (ret = pthread_create(&bscConnComCh_thread, NULL,
        BSCHandler::connect_com_thread, NULL)) {
      LogHandler::instance()->error("BSCHandler::init_comSocket()
            failed connect_req_thread running!!!");
      retVal = false;
    }
    pthread_mutex_unlock(&bscLock1);

    return retVal;
}

// 명령 채널에 접속을 시도하는 스레드
void
*BSCHandler::connect_com_thread(void *_arg)
{
    LogHandler::instance()->trace("BSCHandler::connect_com_thread()
            invoked!");

    // 명령채널 접속 요구 패킷 메시지 생성
    Formatter *formatter = Formatter::instance();
    PktMsgType connReqComChMsg;
    formatter->makeHeaderToBSC(&connReqComChMsg);
    formatter->makePkt_connReqComCh(&connReqComChMsg);

    // 5초마다 접속을 시도한다. 접속에 성공하면 NULL을 리턴한다.
    while(1)
    {
      sleep(5);
      LogHandler::instance()->trace("BSCHandler::connect_com_
            thread() comChSocket->conn_socket()");

      // 접속에 성공하면 avcComConOK를 true로 세팅하고 BSC에 접속 요구 메시지를 전송
      if(BSCHandler::instance()->comChSocket->conn_socket())
      {
```

```
            LogHandler::instance()->trace("BSCHandler::connect_com_
                    thread() command channel conneted!");
            Framework::instance()->set_bscComConOK(true);
            BSCHandler::instance()->sendComChMsg(connReqComChMsg);
            return NULL;
        }
        else
        {
            LogHandler::instance()->error("BSCHandler::connect_com_
                    thread() command channel connetion error!");
        }
    }

    return NULL;
}

/*******************************************************************
 * FUNCTION : init_rltSocket
 * DESCRIPTION : 결과 채널에 사용될 소켓 초기화 및 접속을 위한 스레드 구동
 *******************************************************************/
bool
BSCHandler::init_rltSocket()
{
    LogHandler::instance()->trace("BSCHandler::init_rltSocket()
                invoked");
    int ret;
    bool retVal;
    rltChSocket = new UseSocket();

    // Config 파일의 BSC 관련 내용을 이용하여 소켓을 초기화한다.
    retVal = rltChSocket->init_socket(
            Config::instance()->get_valueFromMap("BSC_RESULT_CHANNEL"),
            Config::instance()->get_valueFromMap("BSC_IP_ADDRESS"));

    // 결과 채널에 접속을 시도하는 스레드 생성 및 구동
    pthread_mutex_lock(&bscLock2);
    if (ret = pthread_create(&bscConnRltCh_thread, NULL,
        BSCHandler::connect_rlt_thread, NULL)) {
      cout << "BSCHandler::init_rltSocket() failed connect_rlt_
                        thread: " << strerror(ret) << endl;
      retVal = false;
    }
    pthread_mutex_unlock(&bscLock2);

    return retVal;
```

```cpp
    }

    // 결과 채널에 접속을 시도하는 스레드
    void
    *BSCHandler::connect_rlt_thread(void *_arg)
    {
        LogHandler::instance()->trace("BSCHandler::connect_rlt_thread()
                invoked");

        // 결과채널 접속 요구 패킷 메시지 생성
        Formatter *formatter = Formatter::instance();
        PktMsgType connReqRltChMsg;
        formatter->makeHeaderToBSC(&connReqRltChMsg);
        formatter->makePkt_connReqRltCh(&connReqRltChMsg);

        // 5초마다 접속을 시도한다. 접속에 성공하면 NULL을 리턴한다.
        while(1)
        {
            sleep(5);
            LogHandler::instance()->trace("BSCHandler::connect_rlt_
                    thread() rltChSocket->conn_socket()");

            // 접속에 성공하면 bscRltConOK를 true로 세팅하고 BSC에 접속요구 메시지를 전송
            if(BSCHandler::instance()->rltChSocket->conn_socket())
            {
                LogHandler::instance()->trace("BSCHandler::connect_rlt_
                        thread() result channel conneted!");
                Framework::instance()->set_bscRltConOK(true);
                BSCHandler::instance()->sendRltChMsg(connReqRltChMsg);
                return NULL;
            }
            else
            {
                LogHandler::instance()->error("BSCHandler::connect_rlt_
                        thread() result channel connetion error!");
            }
        }

        return NULL;
    }

    /*****************************************************************
     * FUNCTION : closeSocket
     * DESCRIPTION : 명령/결과 채널을 담당하는 소켓들을 차례로 닫는다.
     *****************************************************************/
```

```
void
BSCHandler::closeSocket()
{
    if(comChSocket != NULL)
        comChSocket->close_socket();
    if(rltChSocket != NULL)
        rltChSocket->close_socket();
}

/*****************************************************************
 * FUNCTION : sendComChMsg
 * DESCRIPTION : comChSocket 오브젝트를 이용하여 메시지 전송.
 *****************************************************************/
bool
BSCHandler::sendComChMsg(PktMsgType bscMsg)
{
    pthread_mutex_lock(&bscLock3);
    bool retVal;

    // comChSocket이 NULL인지 체크
    if(comChSocket == NULL)
    {
        LogHandler::instance()->error("BSCHandler::sendComChMsg()
                comChSocket is NULL!");
        return false;
    }

    // bscComConOK가 true 이면 메시지를 전송한다.
    if(Framework::instance()->get_bscComConOK())
    {
        retVal = comChSocket->sendMsgToNE(bscMsg);

        // 메시지 전송에 에러가 발생하면 접속을 다시 시도한다.
        if(retVal == false)
        {
            LogHandler::instance()->error("BSCHandler::sendComChMsg()
                    send Error Try reconnection!");
            Framework::instance()->set_bscComConOK(false);
            comChSocket->close_socket();
            init_comSocket();
            return retVal;
        }

        // 메시지 전송에 성공한 뒤, BSC로 부터 ACK 메시지를 기다린다.
        PktMsgType *bscAckMsg;
```

```cpp
            // bscAckMsg = comChSocket->rcvMsgFromNE();
            bscAckMsg = comChSocket->rcvMsgFromNEWithTimer();
            if(bscAckMsg != NULL)
            {
                NEHandler::instance()->set_bscComChTimer(STOPTIMER);
                Analyzer *any = new Analyzer();
                any->dataFromBscComCh(*bscAckMsg);
                delete any;
            }
            else
            {
                // 메시지가 NULL이면 소켓을 닫고 접속을 다시 시도한다.
                LogHandler::instance()->error("BSCHandler::sendComChMsg()
                        bscAckMsg is NULL!");
                Framework::instance()->set_bscComConOK(false);
                comChSocket->close_socket();
                init_comSocket();
                retVal = false;
            }
        }
        else
        {
            LogHandler::instance()->error("BSCHandler::sendComChMsg()
                    comChSocket connection failed!");
        }
    pthread_mutex_unlock(&bscLock3);
    return retVal;
}


/******************************************************************
 * FUNCTION : sendRltChMsg
 * DESCRIPTION : rltChSocket 오브젝트를 이용하여 메시지 전송.
 ******************************************************************/
bool
BSCHandler::sendRltChMsg(PktMsgType bscMsg)
{
    pthread_mutex_lock(&bscLock4);
    bool retVal;

    // rltChSocket이 NULL인지 체크
    if(rltChSocket == NULL)
    {
        LogHandler::instance()->error("BSCHandler::sendRltChMsg()
                rltChSocket is NULL!");
        return false;
```

```cpp
    }

    // bscRltConOK가 true 이면 메시지를 전송한다.
    if(Framework::instance()->get_bscRltConOK())
    {
        retVal = rltChSocket->sendMsgToNE(bscMsg);

        // 메시지 수신 스레드가 돌고 있지 않을 때만 ACK 메시지를 수신.
        if(get_receive_thd_running() == false)
        {
            PktMsgType *bscAckMsg;
            // bscAckMsg = rltChSocket->rcvMsgFromNE();
            bscAckMsg = rltChSocket->rcvMsgFromNEWithTimer();

            // 메시지를 수신했으면 타이머를 세팅하고 Analyzer에게 메시지를 전송한다.
            if(bscAckMsg != NULL)
            {
                NEHandler::instance()->set_bscRltChTimer(STOPTIMER);
                Analyzer *any = new Analyzer();
                any->dataFromBscRltCh(*bscAckMsg);
                delete any;
            }
            else
            {
                // 수신한 메시지가 NULL이면 소켓을 닫고 접속을 다시 시도한다.
                LogHandler::instance()->error("BSCHandler::sendRltChMsg()
                        bscAckMsg is NULL!");
                Framework::instance()->set_bscRltConOK(false);
                rltChSocket->close_socket();
                init_rltSocket();
                retVal = false;
            }
        }
    }
    else
        LogHandler::instance()->error("BSCHandler::sendRltChMsg()
                rltChSocket connection failed!");
    pthread_mutex_unlock(&bscLock4);
    return retVal;
}

/*****************************************************************
 * FUNCTION : rcvComChMsg
 * DESCRIPTION : comChSocket 오브젝트를 이용하여 메시지 수신.
 *****************************************************************/
```

```cpp
bool
BSCHandler::rcvComChMsg()
{
    int ret;
    bool retVal;

    // comChSocket이 NULL인지 체크
    if(comChSocket == NULL)
    {
       LogHandler::instance()->error("BSCHandler::rcvComChMsg()
              comChSocket is NULL!");
       return false;
    }

    // 명령 채널로 부터 메시지 수신을 전담할 스레드를 생성하고 구동
    pthread_mutex_lock(&bscLock5);
    if (ret = pthread_create(&bscRcvComCh_thread, NULL,
          BSCHandler::receive_com_thread, NULL))
    {
       cout << "BSCHandler::rcvComChMsg() failed receive_com_thread:
              " << strerror(ret) << endl;
       retVal = false;
    }
    pthread_mutex_unlock(&bscLock5);

    return retVal;
}

// 명령 채널로 부터 메시지 수신을 전담할 스레드
void
*BSCHandler::receive_com_thread(void *_arg)
{
// LogHandler::instance()->trace("BSCHandler::receive_com_thread()
Running!!!");
    PktMsgType *bscMsg;

    // while(1)을 통해 계속 실행하면서 메시지를 수신
    while(1)
    {
       if(Framework::instance()->get_bscComConOK())
       {
          // 수신한 메시지가 NULL이 아니면 Analyzer에게 메시지 전송, 타이머 세팅
          bscMsg = BSCHandler::instance()->comChSocket-
                       >rcvMsgFromNE();
          if(bscMsg != NULL)
```

```cpp
        {
            LogHandler::instance()->trace("BSCHandler::receive_com_
                    thread(): Receive Message!!!");
            NEHandler::instance()->set_bscComChTimer(STOPTIMER);
            Analyzer *any = new Analyzer();
            any->dataFromBscComCh(*bscMsg);
            delete any;
        }
        else if(bscMsg == NULL)
        {
            // 메시지가 NULL이면 소켓을 닫고 접속을 재시도한다.
            LogHandler::instance()->error("BSCHandler::receive_com_
                    thread(): Receive NULL MSG!!!");
            Framework::instance()->set_bscComConOK(false);
            BSCHandler::instance()->comChSocket->close_socket();
            BSCHandler::instance()->init_comSocket();
            // BSCHandler::instance()->set_receive_thd_
                    running(false);
            return NULL;
        }
    }
    // sleep(1);
    }
    return NULL;
}

/*******************************************************************
 * FUNCTION : rcvRltChMsg
 * DESCRIPTION : rltChSocket 오브젝트를 이용하여 메시지 수신.
 *******************************************************************/
bool
BSCHandler::rcvRltChMsg()
{
    int ret;
    bool retVal;

    // rltChSocket이 NULL인지 체크
    if(rltChSocket == NULL)
    {
        LogHandler::instance()->error("BSCHandler::rcvRltChMsg()
                rltChSocket is NULL!");
        return false;
    }

    // 결과채널로 부터 메시지 수신을 전담할 스레드를 생성하고 구동
```

```cpp
        pthread_mutex_lock(&bscLock6);
        if(ret = pthread_create(&bscRcvRltCh_thread, NULL,
                    BSCHandler::receive_rlt_thread, NULL))
        {
           cout << "BSCHandler::rcvRltChMsg() failed receive_rlt_thread:
                  " << strerror(ret) << endl;
           retVal = false;
        }
        pthread_mutex_unlock(&bscLock6);

        return retVal;
}

// 결과채널로 부터 메시지 수신을 전담할 스레드
void
*BSCHandler::receive_rlt_thread(void *_arg)
{
     PktMsgType *bscMsg;
     // PktMsgType sendBscMsg; // JShin 이게 왜 필요할까?

     // while(1)을 통해 계속 실행하면서 메시지를 수신
     while(1)
     {
        if(Framework::instance()->get_bscComConOK())
        {
           // 수신한 메시지가 NULL이 아니면 Analyzer에게 메시지 전송, 타이머 세팅
           bscMsg = BSCHandler::instance()->rltChSocket-
                           >rcvMsgFromNE();
           // sendBscMsg = *bscMsg;
           if(bscMsg != NULL)
           {
              // LogHandler::instance()->trace("BSCHandler::receive_
                       rlt_thread(): Receive Message!!!");
              NEHandler::instance()->set_bscRltChTimer(STOPTIMER);
              Analyzer *any = new Analyzer();
              any->dataFromBscRltCh(*bscMsg);
              delete any;
           }
           else if(bscMsg == NULL)
           {
              // 메시지가 NULL이면 소켓을 닫고 접속을 재시도 한다.
              LogHandler::instance()->error("BSCHandler::receive_rlt_
                       thread(): Receive NULL MSG!!!");
              Framework::instance()->set_bscRltConOK(false);
              BSCHandler::instance()->rltChSocket->close_socket();
```

```
            BSCHandler::instance()->init_rltSocket();
            BSCHandler::instance()->set_receive_thd_running(false);
            return NULL;
        }
    }
    // sleep(1);
  }

  return NULL;
}

/*********************************************************************
 * FUNCTION : get/set_receive_thd_running
 * DESCRIPTION : 메시지 수신용 스레드가 구동 중인지 여부를 체크하는 변수 세팅
 *********************************************************************/
bool
BSCHandler::get_receive_thd_running()
{
    return receive_thd_running;
}

void
BSCHandler::set_receive_thd_running(bool val)
{
    receive_thd_running = val;
}
```

UseSocket

실제 소켓을 이용하는 클래스인 UseSocket을 구현하도록 한다. UseSocket 클래스는 소켓을 위한 시스템 호출을 이용하는 메소드들로 구성된다. 그럼, 소켓의 사용을 전담할 UseSocket 클래스를 구현해 보자.

```
/*********************************************************************
 * FUNCTION : init_socket
 * DESCRIPTION : 포트와 IP 주소를 이용하여 멤버 데이터를 초기화
 *********************************************************************/
bool
UseSocket::init_socket(string in_port, string in_ipaddrs)
{
    port = in_port;
```

```cpp
        ipaddrs = in_ipaddrs;
        return true;
    }


    /*****************************************************************
     * FUNCTION : set_sockaddr_in
     * DESCRIPTION : 소켓을 열고 sockfd의 값과 address 스트럭처를 세팅한다.
     *****************************************************************/
    bool
    UseSocket::set_sockaddr_in()
    {
        LogHandler::instance()->trace("UseSocket::set_sockaddr_in()
                invoked!");
        sockfd = socket(AF_INET, SOCK_STREAM, 0);
        address.sin_family = AF_INET;
        address.sin_addr.s_addr = inet_addr(ipaddrs.c_str());
        address.sin_port = htons(atoi(port.c_str()));

        return true;
    }


    /*****************************************************************
     * FUNCTION : conn_socket
     * DESCRIPTION : sockfd와 address를 이용하여 접속을 시도한다.
     *****************************************************************/
    bool
    UseSocket::conn_socket()
    {
        int conn_result;
        set_sockaddr_in();

        LogHandler::instance()->trace("UseSocket::conn_socket()
                invoked!");
        conn_result = connect(sockfd, (struct sockaddr *)&address,
                            sizeof(address));

        // 접속 결과가 -1이면 접속 실패
        if(conn_result == -1)
        {
            return false;
        }

        return true;
    }
```

```
/******************************************************************
 * FUNCTION : close_socket
 * DESCRIPTION : sockfd를 이용하여 소켓을 닫는다.
 ******************************************************************/
bool
UseSocket::close_socket()
{
    LogHandler::instance()->trace("UseSocket::close_socket()
            invoked!");
    close(sockfd);
    return true;
}

/******************************************************************
 * FUNCTION : sendMsgToNE
 * DESCRIPTION : 열려있는 소켓으로 메시지를 전송하는 함수
 ******************************************************************/
bool
UseSocket::sendMsgToNE(PktMsgType pktMsg)
{
    int retVal;
    LogHandler::instance()->trace("UseSocket::sendMsgToNE()
            invoked!");

    // 메시지의 타입을 체크하는 switch 문. 패킷 사이즈도 조절한다.
    switch(pktMsg.hd.messageID)
    {
    case CommandChannelConnectionRequest :
    case CommandChannelReleaseRequest :
    case ResultChannelConnectionRequest :
    case ResultChannelReleaseRequest :
    case StateCheckRequest :
        retVal = send(sockfd, &(pktMsg), HEADERLEN, 0);
        break;
    case CommandRunRequest :
        // JShin <= 메시지의 사이즈 구하는 내용 입력할 것!
        retVal = send(sockfd, &(pktMsg), BSCREQDATPKTLEN, 0);
        break;
    case CommandRunResultACK :
        retVal = send(sockfd, &(pktMsg), ACKMSGPKTLEN, 0);
        break;
    defalut :
        LogHandler::instance()->error("UseSocket::sendMsgToNE() Unknown
                message ID!");
```

```c
            return false;
        }
        return true;
    }


    /************************************************************************
     * FUNCTION : rcvMsgFromNE
     * DESCRIPTION : 장비로부터 메시지를 입력받는 함수
     ************************************************************************/
    PktMsgType*
    UseSocket::rcvMsgFromNE()
    {
        int msgSize;
        PktMsgType pktMsg;

        // read() 함수를 이용하여 소켓으로 부터 메시지를 입력받는다.
        msgSize = read(sockfd, &pktMsg, sizeof(pktMsg));

        // 메시지의 사이즈가 0이하이면 NULL을 리턴
        if(msgSize > 0)
        {
            return &pktMsg;
        }
        else if(msgSize < 0) return NULL;
        else return NULL;
    }


    /************************************************************************
     * FUNCTION : rcvMsgFromNEWithTimer (rcvMsgFromNE 함수 변형)
     * DESCRIPTION : 타이머가 붙어서 정해진 시간 이내에 메시지가 입력되지 않으면
     *               에러를 반환하는 함수. rcvMsgFromNE()와 동일한 기능 수행
     ************************************************************************/
    PktMsgType*
    UseSocket::rcvMsgFromNEWithTimer()
    {
        // 타이머를 위한 모듈 시작
        struct timeval tv;
        fd_set rset;
        tv.tv_sec = 10;
        tv.tv_usec = 0;

        // FD_ZERO(), FD_SET() 그리고 select()를 이용한다.
        FD_ZERO(&rset);
        FD_SET(sockfd, &rset);
        int retSelect = select(sockfd+1, &rset, NULL, NULL, &tv);
```

```
        if(retSelect == 0)
        {
            LogHandler::instance()->error("UseSocket::rcvMsgFromNE() TIME
                                    OUT, return NULL!!!");
            return NULL;
        }
        // 타이머를 위한 모듈 끝

        int msgSize;
        PktMsgType pktMsg;

        // read() 함수를 이용하여 소켓으로 부터 메시지를 입력받는다.
        msgSize = read(sockfd, &pktMsg, sizeof(pktMsg));

        // 메시지의 사이즈가 0이하이면 NULL을 리턴
        if(msgSize > 0)
        {
            return &pktMsg;
        }
        else if(msgSize < 0) return NULL;
        else return NULL;
}
```

> **NOTE_** 패킷을 읽어올 때, 헤더와 Body로 나눠서 읽어오는 것도 좋은 방법이다. 다시 말해, 헤더를 먼저 읽은 뒤, 메시지의 타입과 Body의 길이를 체크하고 나머지 Body를 읽어오면서 적절한 작업을 수행하도록 만드는 것이다. 이렇게 하면 메시지의 길이가 가변적인 경우, 헤더의 분석을 통해 Body의 메시지 길이를 정확히 체크하고 얻어올 수 있게 된다. TEMS의 경우에도 메시지 길이가 가변적이기 때문에 헤더와 Body를 나눠서 읽는게 좋다.

04 프레임워크

이번 절에서는 시스템 전체를 관리하는 Framework 객체와 main() 함수를 작성하도록 한다. Framework는 시스템 전체를 관리하는 객체로서 데이터의 흐름이나 각종 전역 변수 그리고 시스템 제어를 담당하게 된다.

예제에 있는 Framework는 단지 시스템의 각 모듈들을 구동하는데서 그 역할을 그치지만 실제 현장에서 작성할 Framework는 훨씬 더 임무가 막중하다. 그럼, Chapter 20에서 설계한 프로토타입을 바탕으로 Framework 클래스를 이루는 각종 함수들을 하나씩 구현해 나가도록 하자.

```cpp
/*******************************************************************
 * FUNCTION : instance
 * DESCRIPTION : 프레임워크 객체를 반환하는 함수
 *******************************************************************/
Framework*
Framework::instance()
{
    if(!the_framework)
    {
        the_framework = new Framework();
    }

    return (the_framework);
}


/*******************************************************************
 * FUNCTION : get/set_bscCom/RltConOK();
 * DESCRIPTION : BSC와의 명령/결과 채널의 연결 상태를 표현하는 함수
 *******************************************************************/
void Framework::set_bscComConOK(bool setVal){bscComConOK = setVal;}
void Framework::set_bscRltConOK(bool setVal){bscRltConOK = setVal;}
bool Framework::get_bscComConOK(){return bscComConOK;}
bool Framework::get_bscRltConOK(){return bscRltConOK;}

/*******************************************************************
 * FUNCTION : processMessage
 * DESCRIPTION : 향후 Viewer나 Commander와 연동할 함수
 *******************************************************************/
void
Framework::processMessage(char comm_num)
{
    cout << "Get Message : " << comm_num << endl;
    if(comm_num == '5')
        exit(1);
}


/*******************************************************************
 * FUNCTION : init_allSystem
 * DESCRIPTION : 전체 시스템을 초기화한 후 단계적으로 실행하는 함수
 *******************************************************************/
```

```cpp
bool
Framework::init_allSystem()
{
    // BSC의 명령/결과 채널의 연결 상태를 false로 초기화
    set_bscComConOK(false);
    set_bscRltConOK(false);

    LogHandler::instance()->trace("Framework::init_allSystem()
            invokded!");

    // Config 객체를 이용하여 config 파일을 읽어들인다.
    Config* config = Config::instance();
    config->init();

    // NEHandler를 이용하여 BSC 핸들러를 실행
    NEHandler::instance()->init_bsc();

    // 메시지 큐를 실행시키기 위해 객체 선언 및 함수 실행
    MsgQ *readMQ = new MsgQ();
    readMQ->runReadMsgQ();

    // 프로그램이 실행 중지되지 않도록 무한 루프 실행
    for(;;)
    {
        // 매 10초마다 원하는 작업 수행
        // 현재는 단지 10초간 휴식으로 처리
        sleep(10);
    }

    return true;
}

/*********************************************************************
 * FUNCTION : main Function
 * DESCRIPTION : 프로그램 실행을 위한 메인 함수
 *********************************************************************/
int main(int argc, char* argv[])
{
    cout << endl << endl << "            TEMS!" << endl << endl << endl;
    Framework::instance()->init_allSystem();
}
```

지금까지 TEMS 시스템의 전체 모듈을 구성해 보았다. 시스템의 구성이나 각 모듈의 핵심 기능에 초점을 맞춘다면 향후 설계할 시스템의 구성이나 구현에 도움이 되지 않을까 생각한다.

TEMS 시스템의 구현만으로는 테스트를 할 수 없다. 다음 Chapter에서는 TEMS와 연동해야 할 BSC의 시뮬레이터와 가입자 정보를 전송할 DB 관련 시뮬레이터를 작성하도록 한다.

chapter 22 시스템 테스트

지금까지 종합 예제 시스템을 분석하고 구현한 독자들에게 아직도 할 일이 남았다는 말을 해야 하는 곳이다. 종합 예제 시스템을 테스트하기 위한 시뮬레이터 작성과 시스템의 개선점을 논의할 일이 남았다.

TEMS를 테스트하기 위해선 최소한 하나의 장비 시뮬레이터가 필요하며 가입자 정보를 넘겨줄 또 다른 시뮬레이터가 필요하다. Chapter 22에서는 먼저 가입자 정보를 넘겨줄 DBSim 프로그램을 작성한다. 그런 다음 BSC 장비와 유사한 작동을 수행할 BSCSim 프로그램을 작성하도록 한다.

DBSim과 BSCSim 프로그램이 완성되면 비로소 TEMS를 테스트할 수 있게 된다. 시뮬레이터의 작성이 끝나고 나면, 지금까지 작성한 예제의 개선점을 의논하면서 이번 Chapter는 마무리 된다. Chapter 22의 목차를 보면 다음과 같다.

1. 시뮬레이터 구현
2. 시스템 마무리

01 시뮬레이터 구현

이번 절에선 TEMS를 테스트하기 위한 시뮬레이터를 작성하도록 한다. 작성해야 시뮬레이터는 가입자 정보를 메시지 큐를 이용하여 전송해줄 DBSim과 BSC 장비와 같은 역할을 할 BSCSim 프로그램이다.

DBSim

DBSim 프로그램은 메시지 큐를 통해 TEMS에 가입자 정보를 전송한다. 가입자 정보는 미리 정해둔 메시지를 TEMS로 전송하는 아주 간단한 기능을 수행한다. 이때 전송할 메시지는 "가입자 등록", "가입자 삭제", 그리고 "가입자 검색"인데, 사용자로부터 전송하기 원하는 메시지의 번호를 입력받은 후, 해당 메시지를 전송하게 된다.

그럼, 먼저 헤더 파일인 Common.h 파일을 include한 뒤, 메시지 큐에 전송할 스트럭쳐를 다음과 같이 정의하도록 한다.

```
#include "Common.h"
int menuNum;

typedef struct
{
   long int msgType;         /* 메시지 타입 */
   BscReqDatType bscReqDat;
} MsgType;
```

이번에는 사용자로부터 전송할 메시지를 입력받을 runMenu() 함수를 작성하도록 한다. runMenu() 함수는 사용자가 지정한 번호를 리턴하는 기능을 가진다.

```
int runMenu()
{
   // scanf()를 이용하여 사용자 지정한 번호 접수
   int retVal;
   cout << endl << "Select Menu" << endl;
   cout << "  1:   가입   " << endl;
   cout << "  2:   해지 " << endl;
   cout << "  3:   검색 " << endl;
   cout << "  0: EXIT     " << endl;
```

```
    cout << endl << "                              input number : ";
    scanf("%d",&retVal);
    return retVal;
}
```

이번에는 메시지 큐에 입력할 메시지를 작성하는 함수를 만들도록 한다. 함수에서 작성하는 주요 데이터 타입은 BscReqDatType이 된다. 그럼 먼저 새로운 가입자 등록을 위한 메시지 작성을 하도록 한다.

```
void bscNewUser(BscReqDatType *bscReqDat)
{
    // 명령 타입을 1로 하고 BscReqDatType의 스트럭처에 맞춰 데이터 입력
    bscReqDat->commType = 0x1;
    bscReqDat->userNo[0] = 2;
    bscReqDat->userNo[1] = 2;
    bscReqDat->userNo[2] = 33;
    strncpy(bscReqDat->password,"01010101",8);
    bscReqDat->rateInfo = '1';
    bscReqDat->stopUser = '1';
    bscReqDat->delayUser = '1';
    strncpy(bscReqDat->svcNo,"0000000000",10);
    strncpy(bscReqDat->hpNo,"36933693",8);
    memset(bscReqDat->reserved,'0',sizeof(bscReqDat->reserved));
}
```

이번에는 가입자 삭제를 위한 메시지를 작성하도록 한다. 새로운 가입자 등록을 위한 메시지에서 단지 명령 타입만 바꾸도록 한다.

```
void bseDelUser(BscReqDatType *bscReqDat)
{
    bscReqDat->commType = 0x2;
    bscReqDat->userNo[0] = 2;
    bscReqDat->userNo[1] = 2;
    bscReqDat->userNo[2] = 33;
    strncpy(bscReqDat->password,"01010101",8);
    bscReqDat->rateInfo = '1';
    bscReqDat->stopUser = '1';
    bscReqDat->delayUser = '1';
    strncpy(bscReqDat->svcNo,"0000000000",10);
```

```c
        strncpy(bscReqDat->hpNo,"36933693",8);
        memset(bscReqDat->reserved,'0',sizeof(bscReqDat->reserved));
    }
```

이번에는 가입자 검색을 위한 메시지를 작성하도록 한다. 새로운 가입자 등록을 위한 메시지에서 단지 명령 타입만 바꾸도록 한다.

```c
    void bscSerchUser(BscReqDatType *bscReqDat)
    {
        bscReqDat->commType = 0x3;
        bscReqDat->userNo[0] = 2;
        bscReqDat->userNo[1] = 2;
        bscReqDat->userNo[2] = 33;
        strncpy(bscReqDat->password,"01010101",8);
        bscReqDat->rateInfo = '1';
        bscReqDat->stopUser = '1';
        bscReqDat->delayUser = '1';
        strncpy(bscReqDat->svcNo,"0000000000",10);
        strncpy(bscReqDat->hpNo,"36933693",8);
        memset(bscReqDat->reserved,'0',sizeof(bscReqDat->reserved));
    }
```

마지막으로 main() 함수를 작성하도록 한다. main() 함수는 메시지 큐를 개설하고 runMenu()를 통해 얻어온 번호를 이용하여 해당 메시지를 작성한다. 그리고 메시지 큐에 작성된 메시지를 전송한다.

```c
    int main()
    {
        int running = 1;
        MsgType msg;
        int msgid;

        // msgget을 이용하여 메시지 큐의 ID를 얻는다.
        msgid = msgget((key_t)9900, 0666 | IPC_CREAT);
        if(msgid == -1)
        {
            fprintf(stderr, "msgget failed with error: %d\n", errno);
            exit(EXIT_FAILURE);
        }
```

```cpp
    // 0이 입력될 때까지 무한루프를 돌면서 TEMS에 메시지를 전송한다.
    while(true)
    {
        // runMenu() 함수를 통해 얻어온 번호를 활용한다.
        switch(runMenu())
        {
        case 0 : running = 0;
            cout << "Stop DBSim... Bye~!" << endl;
            break;
        case 1 :
            // 새로운 가입자를 위한 메시지 작성
            bscNewUser(&msg.bscReqDat);
            break;
        case 2 :
            // 가입자 삭제를 위한 메시지 작성
            bseDelUser(&msg.bscReqDat);
            break;
        case 3 :
            // 가입자 검색을 위한 메시지 작성
            bscSerchUser(&msg.bscReqDat);
            break;
        default : continue;
            break;
        }
        // 입력받은 값이 0이면 프로세스를 종료한다.
        if(running == 0)
            exit(EXIT_SUCCESS);

        // 작성된 메시지를 메시지 큐에 전송한다.
        msg.msgType = 1;
        if(msgsnd(msgid, (void *)&msg, BSCDATLEN, 0) == -1)
        {
            fprintf(stderr, "msgsnd failed with error: %d\n", errno);
            fprintf(stderr, "msgsnd failed\n");
            exit(EXIT_FAILURE);
        }
    }
    exit(EXIT_SUCCESS);
}
```

DBSim 프로그램의 작성이 끝났으면, 이 파일을 위한 Makefile을 작성하도록 한다. Makefile은 기존에 작성했던 Makefile을 그대로 이용하면 된다. 다만 다음과 같이 실행 파일명, 오브젝트 파일명, 그리고 소스 파일 등을 고치면 된다.

```
# 디버깅을 위해 g 옵션을 추가한다.
COPT     = -g
# 실행 파일명
PROGRAM  = DBSim
# include 할 헤더파일 위치 지정
CFLAGS   = \
           -I../TEMS/include

# 필요한 라이브러리 파일의 위치를 지정
LIBS     = \
           /usr/lib/libsocket.so \
           /usr/lib/libnsl.so.1 \
           /usr/lib/libpthread.so.1
LDLIBS   = \
           /usr/lib/libsocket.so \
           /usr/lib/libnsl.so.1 \
           /usr/lib/libpthread.so.1

# 실행 파일이 위치할 디렉토리를 지정
DEST     = .
# 오브젝트 파일명 지정
OBJS     = DBSim.o
# 소스 파일명 지정
SRCS     = DBSim.cxx
MAKEFILE = MakeDB
```

> **NOTE_** 시뮬레이터들은 TEMS 디렉토리와 다른 별도의 디렉토리를 이용하도록 한다. 하지만 Common.h 파일과 MsgType.h 파일을 공유하여 메시지 타입 등에 차이가 없도록 한다.

BSCSim

이번에는 BSC 장비의 시뮬레이터인 BSCSim 프로그램을 작성하도록 한다. 먼저 헤더 파일인 BSCSim.h 파일을 다음과 같은 순서로 작성한다. 그리고 BSCSim이 사용할 명령 채널과 결과 채널의 포트 번호를 다음과 같이 선언하도록 한다.

```
#define BSC_COMMAND_CHANNEL 9090
#define BSC_RESULT_CHANNEL 9091
#define MAXPENDING 5
```

이제, 다음과 같이 BSCSim 클래스의 프로토타입을 작성하도록 한다.

```cpp
class BSCSim
{
public:
    // 싱글톤 객체를 반환하는 메소드
    static BSCSim* instance();

    // 에러가 발생하면 에러 메시지를 출력한 뒤 시스템을 종료
    void DieWithError(string errorMessage);

    // TCP 클라이언트를 담당할 스레드 함수
    void HandleTCPClient(int bscSocket);
    static void* TCPClient(void *_arg);

    // 소켓을 위한 시스템 호출을 활용하여 접속을 담당할 함수들
    int CreateTCPServerSocket(unsigned short port);
    int AcceptTCPConnection(int bscSock);
    void run_select();

    // 패킷을 작성하고 이를 TEMS에 전송할 함수들
    void SendRltChMsg(PktMsgType pktMsg);
    void makeAckMsg(PktMsgType pktMsg, PktMsgType *ackMsg);
    void makePkt_bscRltDat(BscResDatType *bscResDat);

    // 채널들의 접속 사항을 체크하기 위한 변수들
    bool comChRunning;
    int comChSockNum;
    bool rltChRunning;
    int rltChSockNum;

    char* showClt(int sockNum);

private:
    // 싱글톤 객체 선언
    static BSCSim* the_bscSim;

    // 소켓 통신에서 사용될 각종 멤버 변수들
    int server_sockfd;
    int client_sockfd;
    int server_len;
    int client_len;
    struct sockaddr_in server_address;
    struct sockaddr_in client_address;
```

```
    int result;
    fd_set readfds, testfds;
};
```

이번에는 클래스가 가지고 있는 메소드들을 구현해 보도록 하자. 먼저 프로그램이 사용할 헤더 파일을 include하고 초기화가 필요한 전역 변수를 초기화한다.

```
#include "Common.h"
#include "BSCSim.h"
// 싱글톤 객체 초기화
BSCSim* BSCSim::the_bscSim = 0;
// 스레드를 위한 뮤텍스 attr_t 스트럭처 선언 및 초기화
pthread_mutex_t bscSimLock = PTHREAD_MUTEX_INITIALIZER;
pthread_mutex_t sendLock = PTHREAD_MUTEX_INITIALIZER;
pthread_t accept_thread;
pthread_attr_t attr;


/*******************************************************************
 * FUNCTION : instance
 * DESCRIPTION : 싱글톤 객체를 리턴하는 instance() 함수
 *******************************************************************/
BSCSim*
BSCSim::instance()
{
    // 싱글톤 객체가 NULL이면 새로운 객체를 생성한다. 이때 내부 데이터 초기화
    if(!the_bscSim)
    {
        the_bscSim = new BSCSim();
        the_bscSim->comChRunning = false;
        the_bscSim->rltChRunning = false;
        the_bscSim->comChSockNum = 0;
        the_bscSim->rltChSockNum = 0;
    }
    return (the_bscSim);
}


/*******************************************************************
 * FUNCTION : DieWithError
 * DESCRIPTION : 에러 메시지를 출력한 후 exit를 통해 프로그램 종료
 *******************************************************************/
void
BSCSim::DieWithError(string errorMessage)
```

```cpp
{
    cout << errorMessage << endl;
    exit(1);
}

/*********************************************************************
 * FUNCTION : HandleTCPClient
 * DESCRIPTION : 각 채널의 패킷 수신을 담당할 스레드 구동 함수
 *********************************************************************/
void
BSCSim::HandleTCPClient(int bscSocket)
{
    // 채널에 대한 스레드가 이미 구동 중이면 그냥 리턴
    if(bscSocket == comChSockNum)
        if(comChRunning) return;
    else if(bscSocket == rltChSockNum)
        if(rltChRunning) return;
    else
    {
        cout << "ERROR: HandleTCPClient() 소켓 넘버 이상" << endl;
        return;
    }

    // 만일 채널에 대한 스레드가 없으면 소켓 번호와 함께 스레드 구동
    int ret;
    void *_arg = (void *)bscSocket;

    pthread_attr_init(&attr);
    pthread_mutex_lock(&bscSimLock);
    if(ret = pthread_create(&accept_thread, &attr, BSCSim::TCPClient,
        _arg))
    {
        cout << "failed HandleTCPClient: " << strerror(ret) << endl;
        return;
    }
    pthread_mutex_unlock(&bscSimLock);
}

/*********************************************************************
 * FUNCTION : TCPClient
 * DESCRIPTION : 스레드 함수, 무한루프를 돌면서 TEMS로부터 패킷을 수신
 *********************************************************************/
void
*BSCSim::TCPClient(void *_arg)
{
```

```cpp
      // 인수로 들어온 소켓 번호를 이용하여 이미 처리 중인지 여부 체크
      int bscSocket = (int)_arg;
      if(bscSocket == BSCSim::instance()->comChSockNum)
      {
         if(BSCSim::instance()->comChRunning)
         {
            close(bscSocket);
            return NULL;
         }
         else
         {
            BSCSim::instance()->comChRunning = true;
            cout << "COMMAND CHANNEL TCP Client running!" << endl;
         }
      }
      else if(bscSocket == BSCSim::instance()->rltChSockNum)
      {
         if(BSCSim::instance()->rltChRunning)
         {
            close(bscSocket);
            return NULL;
         }
         else
         {
            BSCSim::instance()->rltChRunning = true;
            cout << "RESULT CHANNEL TCP Client running!" << endl;
         }
      }
      else
      {
         cout << "ERROR: *TCPClient() _arg number is wrong!" << endl;
         close(bscSocket);
         return NULL;
      }

      // 수신 패킷을 저장할 스트럭처 선언
      PktMsgType pktMsg;
      PktMsgType ackMsg;
      int recvMsgSize;
      int running = 1;

      // 만일 처리 중인 스레드가 없으면 무한 루프를 돌면서 TEMS로부터 접수되는
      // 패킷을 처리하게 된다.
      while(running)
      {
```

```cpp
    PktMsgType rltMsg;

    // TEMS로부터 패킷 데이터 수신, 먼저 헤더만 수신
    recvMsgSize = recv(bscSocket, &pktMsg, HEADERLEN, 0);
    if(recvMsgSize <= 0)
    {
        cout << "recv() failed" << endl;
        break;
    }
    // 수신된 메시지 ID 출력
    cout << "MESSAGEID: " << pktMsg.hd.messageID
         << ", UID.SEQNUM: " << pktMsg.hd.UID.seqNum << endl;

    // 수신된 메시지의 ID에 따라 필요한 작업 수행
    switch(pktMsg.hd.messageID)
    {
    // 일반적인 접속 연결/해제 메시지 처리
    case CommandChannelConnectionRequest :
    case ResultChannelConnectionRequest :
    case CommandChannelReleaseRequest :
    case ResultChannelReleaseRequest :
    case StateCheckRequest :
        BSCSim::instance()->makeAckMsg(pktMsg, &ackMsg);
        if(send(bscSocket, &ackMsg, sizeof(ackMsg), 0) <= 0)
            cout << "send() failed" << endl;
        break;

    // 메시지의 Body도 접수. Ack 메시지 작성 후, TEMS에 전송
    case CommandRunRequest :
        recvMsgSize = read(bscSocket, &(pktMsg.bd.u.bscReqDat),
                           BSCREQDATPKTLEN);
        BSCSim::instance()->makeAckMsg(pktMsg, &ackMsg);
        if(send(bscSocket, &ackMsg, sizeof(ackMsg), 0) <= 0)
            cout << "send() failed" << endl;

        cout << BSCSim::instance()->showClt(bscSocket) << endl;
        BSCSim::instance()->SendRltChMsg(pktMsg);
        break;

    // 명령 결과에 대한 ACK를 수신한 경우, 그 결과를 화면에 출력
    case CommandRunResultACK :
        recvMsgSize = read(bscSocket,&(pktMsg.bd.u.generalACK),4);
        cout << "CommandRunResultACK 메시지 수신!" << endl;
        cout << "결과: " << pktMsg.bd.u.generalACK.result
             << ", 이유: " << pktMsg.bd.u.generalACK.reason << endl;
```

```cpp
            break;
        default :
            cout << "ERROR: 알수 없는 messageID 수신!" << endl;
            break;
        }
    }

    // 무한루프를 나오게 되면 해당 소켓을 닫는다.
    cout << "[" << BSCSim::instance()->showClt(bscSocket) << "]: "
         << "CLOSING..." << endl;
    close(bscSocket);

    // 해당 소켓에 대한 처리를 더 이상하지 않음을 알린다.
    if(bscSocket == BSCSim::instance()->comChSockNum)
    {
        BSCSim::instance()->comChRunning = false;
    }
    else if(bscSocket == BSCSim::instance()->rltChSockNum)
    {
        BSCSim::instance()->rltChRunning = false;
    }
    return NULL;
}

/*****************************************************************
 * FUNCTION : SendRltChMsg
 * DESCRIPTION : 결과 채널을 이용하여 메시지를 전송한다.
 *****************************************************************/
void
BSCSim::SendRltChMsg(PktMsgType pktMsg)
{
    pthread_mutex_lock(&sendLock);

    // 명령 수행 결과에 대한 패킷을 작성한 뒤, 결과채널을 이용하여 전송
    PktMsgType rltMsg;
    rltMsg.hd.messageID = CommandRunResult;
    rltMsg.hd.datSize = BSCRESDATPKTLEN;
    strncpy(rltMsg.bd.u.bscCmdRlt.result,"SC",2);
    rltMsg.hd.UID.seqNum = pktMsg.hd.UID.seqNum;

    // 패킷 작성용 함수 호출
    makePkt_bscRltDat(&(rltMsg.bd.u.bscCmdRlt.u.bscResDat));

    // 패킷을 전송한다.
    if(send(rltChSockNum, &rltMsg, BSCRESDATPKTLEN, 0) <= 0)
```

```cpp
        cout << "send() failed" << endl;
    else
        cout << "BSCSim::SendRltChMsg() 결과메시지 전송" << endl;

    pthread_mutex_unlock(&sendLock);
}

/***********************************************************************
 * FUNCTION : showClt
 * DESCRIPTION : 현재 채널에 대한 정보를 리턴한다.
 ***********************************************************************/
char *
BSCSim::showClt(int sockNum)
{
    if(sockNum == comChSockNum) return "COMMAND CHANNEL";
    else if(sockNum == rltChSockNum) return "RESULT CHANNEL";
    else {
        cout << "ERROR: *BSCSim::showClt() sockNum is wrong!" << endl;
        return "ERROR";
    }
    return "ERROR";
}

/***********************************************************************
 * FUNCTION : CreateTCPServerSocket
 * DESCRIPTION : socket() 시스템 호출을 이용하여 소켓 개설
 ***********************************************************************/
int
BSCSim::CreateTCPServerSocket(unsigned short port)
{
    int sock;
    struct sockaddr_in bscServAddr;

    // socket() 시스템 호출
    if((sock = socket(PF_INET, SOCK_STREAM, IPPROTO_TCP)) < 0)
        DieWithError("socket() failed");

    // 서버 어드레스를 세팅
    memset(&bscServAddr, 0, sizeof(bscServAddr));
    bscServAddr.sin_family = AF_INET;
    bscServAddr.sin_addr.s_addr = htonl(INADDR_ANY);
    bscServAddr.sin_port = htons(port);

    // bind() 시스템 호출
    if(bind(sock, (struct sockaddr *)&bscServAddr,
```

```cpp
        sizeof(bscServAddr)) < 0)
        DieWithError("bind() failed");

    // listen() 시스템 호출
    if(listen(sock, MAXPENDING) < 0)
        DieWithError("listen() failed");

    return sock;
}


/***********************************************************************
 * FUNCTION : AcceptTCPConnection
 * DESCRIPTION : accept() 시스템 호출을 이용하여 클라이언트와의 접속 수락
 ***********************************************************************/
int
BSCSim::AcceptTCPConnection(int bscSock)
{
    // 이미 접속이 개설된 소켓 번호이면 그냥 리턴 처리한다.
    if(bscSock == comChSockNum-2)
        if(comChRunning) return -1;
    else if(bscSock == rltChSockNum-2)
        if(rltChRunning) return -1;

    int temsSock;
    struct sockaddr_in temsAddr;
    unsigned int temsLen;
    temsLen = sizeof(temsAddr);

    // accept() 함수를 이용하여 클라이언트와의 접속을 수락한다.
    if((temsSock = accept(bscSock,(struct
                    sockaddr*)&temsAddr,&temsLen)) < 0)
        DieWithError("accept() failed");
    cout << "Handling client " << inet_ntoa(temsAddr.sin_addr) <<
            endl;
    cout << "port : " << bscSock << ", Sock : " << temsSock << endl;

    return temsSock;
}


/***********************************************************************
 * FUNCTION : run_select
 * DESCRIPTION :  1. 먼저, 지금까지 작성한 함수들을 실행시키는 작업을 수행한다.
 *                2. 그리고 select()를 이용하여 메시지 송수신 작업이 이루어지는
 *                   채널(명령 채널 또는 결과 채널)을 검출한다.
 ***********************************************************************/
```

```cpp
void
BSCSim::run_select()
{
    // 타임아웃, 소켓 통신, select 사용 등을 위한 변수 선언
    int *bscSock;
    int maxDescriptor;
    fd_set sockSet;
    long timeout = 5;
    struct timeval selTimeout;
    int running = 1;
    int noPorts = 2;
    int port;
    unsigned short portNo;

    // 소켓을 위한 메모리 할당
    bscSock = (int *)malloc(noPorts * sizeof(int));
    maxDescriptor = -1;

    // 명령 채널을 개설한 뒤 bscSock[0]에 할당
    bscSock[0] = CreateTCPServerSocket(BSC_COMMAND_CHANNEL);
    comChSockNum = bscSock[0]+2;
    if(bscSock[0] > maxDescriptor)
        maxDescriptor = bscSock[0];

    // 결과 채널을 개설한 뒤 bscSock[1]에 할당
    bscSock[1] = CreateTCPServerSocket(BSC_RESULT_CHANNEL);
    rltChSockNum = bscSock[1]+2;
    if(bscSock[1] > maxDescriptor)
        maxDescriptor = bscSock[1];

    // 시뮬레이터 실행 중 아무 키나 입력하면 종료됨을 알린다.
    cout << "Starting BSC Simulator: 아무키나 누르면 종료!" << endl;

    while(running)
    {
        // fd_set을 초기화 한다.
        FD_ZERO(&sockSet);
        FD_SET(STDIN_FILENO, &sockSet);

        // 채널들에 대한 비트 set을 한다.
        for(port = 0;port < noPorts;port++)
            FD_SET(bscSock[port], &sockSet);

        selTimeout.tv_sec = timeout;
        selTimeout.tv_usec = 0;
```

```cpp
            // select() 호출을 통해 이벤트를 검출한다.
            if(select(maxDescriptor+1, &sockSet, NULL, NULL, &selTimeout)
                == 0)
                ;
            else
            {
                // 사용자가 키보드를 조작하면 무한루프를 종료시킨다.
                if(FD_ISSET(STDIN_FILENO, &sockSet))
                {
                    cout << "Shutting down BSC" << endl;
                    getchar();
                    running = 0;
                }

                // 채널을 세팅하고 해당 채널의 연결을 수락하도록 한다.
                // 연결 수락과 동시에 메시지를 처리할 스레드를 구동시킨다.
                for(port = 0;port < noPorts;port++)
                    if(FD_ISSET(bscSock[port], &sockSet))
                    {
                        cout << "Request on port " << port << ": ";
                        HandleTCPClient(AcceptTCPConnection(bscSock[port] ));
                    }
            }
        }
        // 무한 루프를 빠져나왔으면 소켓을 닫고 메모리를 해제한다.
        for(port = 0;port < noPorts;port++)
            close(bscSock[port]);
        free(bscSock);
}

/******************************************************************
 * FUNCTION : makeAckMsg(pktMsg, &ackMsg);
 * DESCRIPTION : TEMS에게 전송할 각종 ACK 메시지를 작성하는 함수
 ******************************************************************/
void
BSCSim::makeAckMsg(PktMsgType pktMsg, PktMsgType *ackMsg)
{
    // 명령 채널 접속 요구에 대한 ACK 메시지 작성
    if(pktMsg.hd..messageID == CommandChannelConnectionRequest)
    {
        cout << "Receive CommandChannelConnectionRequest" << endl;
        ackMsg->hd.messageID = CommandChannelConnectionRequestACK;
        ackMsg->hd.datSize = 16;
        strncpy(ackMsg->bd.u.connReqACK.result, "SC", 2);
```

```cpp
        strncpy(ackMsg->bd.u.connReqACK.UID.date, "00000000", 8);
        ackMsg->bd.u.connReqACK.UID.seqNum = 0;
    }
    // 결과 채널 접속 요구에 대한 ACK 메시지 작성
    else if(pktMsg.hd.messageID == ResultChannelConnectionRequest)
    {
        cout << "Receive ResultChannelConnectionRequest" << endl;
        ackMsg->hd.messageID = ResultChannelConnectionRequestACK;
        ackMsg->hd.datSize = 16;
        strncpy(ackMsg->bd.u.connReqACK.result, "SC", 2);
        strncpy(ackMsg->bd.u.connReqACK.UID.date, "00000000", 8);
        ackMsg->bd.u.connReqACK.UID.seqNum = 0;
    }
    // 명령 채널 접속 해제 요구에 대한 ACK 메시지 작성
    else if(pktMsg.hd.messageID == CommandChannelReleaseRequest)
    {
        cout << "Receive CommandChannelReleaseRequest" << endl;
        ackMsg->hd.messageID = CommandChannelReleaseRequestACK;
        ackMsg->hd.datSize = 4;
        strncpy(ackMsg->bd.u.generalACK.result, "SC", 2);
        ackMsg->bd.u.generalACK.reason = 0;
    }
    // 결과 채널 접속 해제 요구에 대한 ACK 메시지 작성
    else if(pktMsg.hd.messageID == ResultChannelReleaseRequest)
    {
        cout << "Receive ResultChannelReleaseRequest" << endl;
        ackMsg->hd.messageID = ResultChannelReleaseRequestACK;
        ackMsg->hd.datSize = 4;
        strncpy(ackMsg->bd.u.generalACK.result, "SC", 2);
        ackMsg->bd.u.generalACK.reason = 0;
    }
    // 상태 체크 요구에 대한 ACK 메시지 작성
    else if(pktMsg.hd.messageID == StateCheckRequest)
    {
        cout << "Receive StateCheckRequest" << endl;
        ackMsg->hd.messageID = StateCheckRequestACK;
        ackMsg->hd.datSize = 4;
        ackMsg->bd.u.processState = 1;
    }
    // 명령 수행 요구에 대한 ACK 메시지 작성
    else if(pktMsg.hd.messageID == CommandRunRequest)
    {
        cout << "Receive CommandRunRequest" << endl;
        ackMsg->hd.messageID = CommandRunRequestACK;
        ackMsg->hd.datSize = 4;
```

```cpp
            strncpy(ackMsg->bd.u.generalACK.result, "SC", 2);
            ackMsg->bd.u.generalACK.reason = 0;
        }
        // 알수 없는 메시지 접수에 대한 에러 메시지 작성
        else
        {
            cout << "Receive UNKNOWN MESSAGE TYPE" << endl;
            ackMsg->hd.messageID = CommandRunRequestACK;
            ackMsg->hd.datSize = 4;
            strncpy(ackMsg->bd.u.generalACK.result, "FA", 2);
            ackMsg->bd.u.generalACK.reason = 1;
        }
    }


/******************************************************************
 * FUNCTION : makePkt_bscRltDat
 * DESCRIPTION : 결과 채널을 통해 전송할 결과 데이터 작성
 ******************************************************************/
void
BSCSim::makePkt_bscRltDat(BscResDatType *bscResDat)
{
    // BscResDatType 스트럭처를 이용하여 결과 데이터를 작성한다.
    bscResDat->userNo[0] = 2;
    bscResDat->userNo[1] = 2;
    bscResDat->userNo[2] = 33;
    strncpy(bscResDat->password,"01010101",8);
    bscResDat->rateInfo = '1';
    bscResDat->stopUser = '1';
    bscResDat->delayUser = '1';
    strncpy(bscResDat->svcNo,"0000000000",10);
    strncpy(bscResDat->hpNo,"36933693",8);
    memset(bscResDat->reserved,'0',sizeof(bscResDat->reserved));
}


/******************************************************************
 * FUNCTION : main
 * DESCRIPTION : 메인 함수. BSDSim 싱글톤 객체를 이용하여
 *               run_select() 함수를 실행한다.
 ******************************************************************/
int main()
{
    BSCSim::instance()->run_select();
    exit(0);
}
```

BSCSim 프로그램의 작성이 끝났으면 이 파일을 위한 Makefile을 작성하도록 한다. Makefile은 기존에 작성해두었던 Makefile을 이용하면 되지만 실행 파일명이나 오브젝트 파일명 등은 다음과 같이 고치도록 한다.

```
# 실행 파일명
PROGRAM  = BSCSim
# 오브젝트 파일명 지정
OBJS     = BSCSim.o
# 소스 파일명 지정
SRCS     = BSCSim.cxx
MAKEFILE = MakeBSC
```

NOTE_ 시뮬레이터 작성 및 Makefile 작성이 끝났으면 make를 통해 실행 파일을 만들도록 한다. TEMS의 경우는 Makefile이기 때문에 그냥 make만 실행시키면 된다. 하지만 시뮬레이터는 Makefile의 이름이 MakeBD 또는 MakeBSC이기 때문에 다음과 같이 실행하도록 한다.

```
% make -f MakeDB
% make -f MakeBSC
```

그런 다음 tems_config 파일을 이용하여 TEMS와 시뮬레이터의 IP 등을 세팅한다. 만일 유닉스 시스템이 두 대이면 원격지의 IP를 세팅한 뒤에 프로그램을 구동시키도록 한다. 유닉스 시스템이 한 대인 경우에는 쉘 창을 세 개 띄워서 실행하도록 한다.

02 시스템 마무리

일반적으로 시스템의 구현이 끝나면, 시험 절차서를 작성하고 이를 기반으로 시험이 행해진다. 시험 절차서는 시스템을 인수해 가는 곳에서도 이를 필요로 하지만 시스템을 개발하는 곳에서도 필요하다. 시험 절차서에 기반하여 시스템의 테스트가 중간중간에 이루어져야 하고 시스템의 최종 점검을 위한 자료로 활용되기 때문이다.

시험 절차서

여기서는 간단한 시험 절차서만 만들어본다. 실제로는 보다 더 자세한 내용을 삽입해야하고 더 예쁘게 작성해야 됨을 잊어서는 안 된다.

= 시험 절차서 =

〈신규 가입자 처리 시험〉

1. 시험 목적

본 시험절차서는 TEMS의 기능 중 신규 가입자 등록시 신규 가입자 정보를 BSC로 전송하는 기능을 시험한다.

2. 판정 기준

고객 DB의 신규 가입자 데이터와 TEMS를 통해 전송된 BSC의 등록 데이터가 동일함을 확인한다.

3. 시험 환경

    가. 시험 장비

        - 고객 DB 장비

        - TEMS 장비

        - BSC 장비

    나. 시험 도구 및 지원 소프트웨어

        - TEMS 소프트웨어

4. 시험 구성도

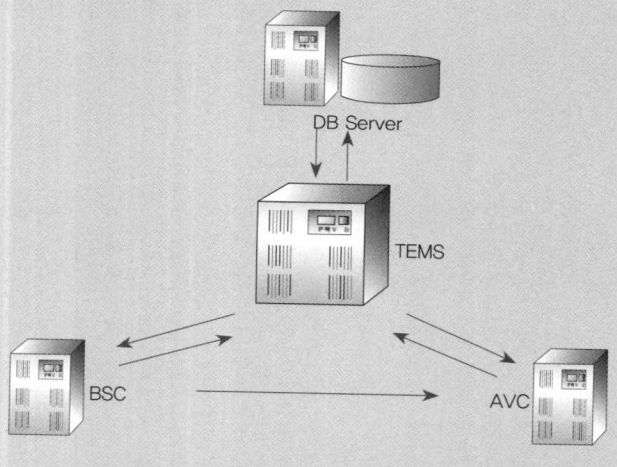

5. 시험 절차 및 정상 결과

    가. 입력 명령어 지정

    나. 출력 메시지 체크

    다. 정상 결과 제시

6. 약어 및 용어정의

- TEMS : Total Example Main System
- BSC : BaSic System

7. 관련 문서

- TEMS 표준 인터페이스 V1.0

> **NOTE_** 별 도움이 안될 것 같은 시험 절차서를 작성한 이유는 실제 프로젝트를 수행하는 것에 준해서 예제를 작성하고 마무리하기 위해서다. 이를 통해 독자들에게 조금이나마 실전에 대한 감각을 전달하고 싶다.

시스템 개선 사항

스터디를 위해 작성한 종합 예제 시스템이지만 개발 과정에서 아쉬움이 많이 남는다. 이들 내용을 개선한다면 종합 예제 수준이 아닌 현장에서 사용될 프로그램으로도 손색이 없을 것이다.

첫 번째로 에러 패킷에 대한 처리를 제대로 한다. 이를 위해 에러가 발생하면 패킷의 유실이 없도록 DB에 저장하고 주기적으로 저장된 내용을 다시 전송하는 메커니즘이 필요하다. 두 번째는 로그를 화면에 남기지 말고 파일에 남기도록 한다. 세 번째는 가입자 데이터를 시뮬레이터가 아닌 데이터베이스로부터 가져오도록 DB 모듈을 작성한다. 네 번째는 AVC 핸들러를 작성하고 AVC 시뮬레이터를 작성하도록 한다. 이 과정을 통해 TEMS가 여러대의 장비와 통신을 할 수 있도록 업그레이드한다. 다섯 번째는 TEMS 시스템을 관리할 수 있는 모듈을 작성하도록 한다. 이 내용은 Part III에서 소개한 각종 모듈을 활용하도록 한다. 여섯 번째는 TEMS 시스템의 실행/종료/세팅을 위한 GUI 시스템을 만들도록 한다.

마지막으로 가장 중요한 사항인데, 지금까지 작성된 모듈 속에 존재하고 있는 버그를 최대한 제거한다.

간단한 예제로 시작했다가 필자의 욕심 때문에 시스템이 복잡해졌다. 한정된 집필 시간 속에서 나름대로 많은 시간을 투자해서 TEMS를 기획하고 구현했지만 그래도 하나의 시스템을 기획하기에는 너무 짧은 시간이었다. 모쪼록 독자들에게 도움이 될 예제와 작업 플로우가 되었기를 간절히 바란다.

기호

? 32
* 32
& 257
&& 125
《 233
》 227
|| 125
$? 121
$@ 289
$* 289
$《 289
.cshrc 33
#define 283
#endif 283
.gz 369
#ifndef 283
.kshrc 33
.Z 369

A

AF_ 597
alarm( ) 434
alias 34
alloc.h 271
ALOHA 시스템 489
ANSI 156
Assembler 27
ATM 504
AT&T 20
awk 137
A 클래스 511

B

Back Bone 487
Background 38
badbit 206
Baseband 503
bash 29
basic_fstream 209
basic_ifstream 209
basic_ostream 209
Block device 333
Boot PROM 358
Bourne Again Shell 29
Bourne Shell 28
Broadband 503
BSD 21
B 언어 156
B 클래스 511

C

calloc 267
cat 62
CDMA/CD 501
cerr 191
CFLAGS 288
Character device 333
chdir( ) 330
chgrp 59
chmod 44, 59
chown 44, 57
chroot( ) 330
cin 191
clog 191
cmp 78
comm 79
Command Interpreter 393
common.h 283
Communication Link 487
Compiler 28
compress 309

Connectionless Protocol 594
core 파일 299
cout 191
cp 50
CPPFLAGS 288
CR/LF 193
CRT 103
csh 29
C Shell 29
CSMA-CD 501
cut 86
CuteFTP 106
Cygwin 107
C 언어 156
C 클래스 511

D

date 376
daytime 626
dbx 299
Demand Paging 398
Descriptor 610
dev_t 327
df 77
dir.h 329
DNS 604
DQDB 491
du 75

E

ELF 394
endl 193
eofbit 206
esac 130
Ethernet 491, 501
exec 404
execl 404
execlp 405
execv 405
execvp 405
extern 245

F

failbit 206
Fast-Ethernet 505
FDDI 491
feof( ) 345
ferror( ) 345
F_GETLK 551
FIFO 395, 518
filebuf 190
files_struct 397
FileZilla 106
find 70
finger 363
flush 191
fmt_flags 197
For 132
foreach 구문 147
Foreground 39
fork( ) 398
F_RDLCK 551
free 264
Free space 272
fscanf( ) 343
fsck 366
F_SETLK 551
F_SETLKW 551
FSF 23
fs_struct 397
fstream 190
fstream.h 209
FTP 104, 509
ftw( ) 331
F_UNLCK 551
F_WRLCK 551

G

GCC 컴파일러 276
gcount 199
gdb 299
getcwd( ) 331
gethostbyname 604
getopts 144

getpid( ) **419**
getppid( ) **419**
goodbit **205**
grep **72**
gzip **91, 369**

H

Hardware **27**
head **65**
Heap **266**
heapcheck( ) **274**
heapinfo **271**
heapwalk **272**
history **34**

I

ICMP **487**
IEEE **502**
if-else 구문 **126**
ifstream 클래스 **209**
IMP **597**
i-node 테이블 **316**
ios::app **240**
ios_base **189**
iosbase.h **197**
ios::out **240**
iostat **370**
io_state **206**
iostream **189**
IP **508**
IPC **518**
IPC_CREAT **540**
IPC_EXCL **540**
ipcs **548**
ISDN **486**
istream **189**
istringstream **189**

K

Kernel **27**
kill **38**
Korn Shell **29**

ksh **29**

L

LAN **485, 490**
LFLAGS **288**
LIFO **570**
link( ) **325**
linked list **272**
localtime( ) **378**
lockf( ) **549**
loctlsocket **607**
longjmp( ) **440**
ls **48**
lseek( ) **323**

M

make **278**
Makefile **278**
make_thread( ) **476**
malloc **263**
map **346**
mkdir **52**
mkfifo( ) **533**
more **68**
msgctl( ) **576**
msgget( ) **571**
msgrcv( ) **574**
msgsnd( ) **572**
msqid_ds **570**
mv **52**

N

Named Pipe **532**
Negative Acknowledge **489**
netdb.h **629**
netstat **372**
NETTERM **103**
newfs **366**
NFS **512**
Notification **424**

O

O_APPEND 321
O_EXCL 321
off_t 327
open_mode 215
ostream 189
ostringstream 189
O_TRUNC 321
ownership 44

P

paste 88
path 34
pclose( ) 344
Pending 610
pg 69
pkginfo 312
pkgrm 312
point to point 486
polling 609
POP 509
popen( ) 344
Positive Acknowledge 488
POSIX 스레드 451
private 248
protected 248
ps 38
pthread_attr_t 452
pthread_cond 470
pthread_create( ) 451
pthread_exit( ) 454
pthread_join 456
pthread_mutex_t 467
pthread_self( ) 454
pthread_t 451
public 248
PuTTY 103

R

raise( ) 437
rdbuf( ) 236
readCnt 322

reboot 360
Receiver 488
Record Locking 549
rm 54
rmdir 55
route 515
Running 392

S

sbumpc( ) 224
SED 142
semid_ds 538
semun 542
servent 629
setfill 196
setgid( ) 421
setiosflags 198
setjmp( ) 440
setprecision 196
setuid( ) 421
setw 195
sgetc( ) 224
sh 28
Shared Memory 518, 556
Shell 28
shift 131
shmat( ) 559
shmctl( ) 561
shmdt( ) 560
shmget( ) 558
showbase 199
showpoint 198
showpos 198
shutdown 360
SIGALRM 393, 434
SIGINT 429
signal( ) 426
signal.h 424
SIGPROF 393
SIGQUIT 429
SIGTERM 431
SIGVTALRM 393

SMTP 509
snextc( ) 224
SNMP 509
snmpdx 359
sockaddr_in 618
sockaddr_un 612
SOCK_DGRAM 626
Solaris 22
sort 81
split 85
sprintf( ) 232
sscanf( ) 343
stat 326
State machine 167
static 247
st_atime 327
std::bad_alloc 306
std::bad_cast 306
std::bad_exception 306
std::bad_typeid 306
stderr 337
std::exception 306
stdin 337
stdout 337
st_gid 327
STL 346
st_mtime 327
st_nlink 327
Stopped 392
st_rdev 327
strftime( ) 379
strstrea.h 227
struct 168
st_size 327
st_uid 327
sungetc( ) 224
sync( ) 335
Synchronization 409
system( ) 344
SYS V 22

T

tail 66, 377
tar 90, 309
task_struct 391
task 벡터 391
TCP 508
TELNET 102, 509
TEMS 675
TERM 94
TFTP 509
this 254
throw 306
time 376
Timeout 633
TimeStamp 379
timeval 633
Tokenbus 491
Tokenring 491
top 374
touch 56
tr 88
Transmitter 488
trap 439
TTL 499
typedef 171

U

UDP 500, 508
ulimit 375
uniq 80
unlink( ) 325
unmount 367
userdel 362

V

VAN 485, 491
vi 94
vmstat 372
void** 456

W

wait( ) 409

Waiting 392
WAN 485, 490
wc 74
while 130
whoami 411

Y

YFLAGS 289

Z

ZOC 103
Zombie 392

ㄱ

가상 회선 패킷 교환 498
공유 메모리 518, 556
긍정 확인 488

ㄴ

네트워크 485

ㄷ

다중분산 499
다중 접근 489
데이터그램 패킷 교환 499
동기식 서비스 492
동기화 409
디렉토리 파일 40
디버깅 299
디스크립트 610

ㄹ

레이블 291
레코드 락 549
레퍼런스 257
리눅스 22
리턴형 162
링크드리스트 272

ㅁ

매크로 287
멀티태스킹 390

멀티프로세싱 390
메소드 136
메시지 큐 518
명령 모드 96
명령 인터프리터 393
명명된 파이프 532
문자 디바이스 333
뮤텍스 466

ㅂ

백그라운드 38
백본 487
버그 299
버클리 소켓 592
베이스 밴드 503
변수 114
별명 257
병렬처리 24
부정 확인 489
부트 블록 316
브로드 밴드 503
블록 디바이스 333
비동기식 서비스 493
비접속지향 서비스 494

ㅅ

상대 경로 41
상태 머신 167
세마포어 518, 538
소유권 44
소켓 옵션 603, 605
송신장치 488
수신장치 488
슈퍼 블록 316
스레드 448
스코프 242
스트럭처 168
스트림 에디터 142
스트링 스트림 223
시간 제한 토큰 기법 504
시그널 424
시그윈 107

ㅅ

실린더 블록 316

ㅇ

아웃라인 메소드 252
알FTP 106
알람 424
와일드카드 32
요구 페이징 398
이더넷 501
이터 블록 316
인라인 메소드 252
인자 163
인터럽트 424
인터프리터 157
일반 파일 40
입력 모드 96

ㅈ

자유 소프트웨어 재단 23
장치 파일 40
전송매체 488
전역 스코프 242
절대 경로 41
점대점 486
접근 권한 42
접속지향 서비스 494
좀비 상태 392
지역 스코프 242

ㅋ

컨텍스트 스위칭 395
컴파일러 159
콜론 모드 99

ㅌ

타임스탬프 379
타임아웃 633
텔넷 102
통신링크 487
특수 파일 333

ㅍ

파이프 31, 518
패스트 이더넷 505
패킷 492, 511
패킷 교환 497
펜딩 610
포그라운드 39
포인터 163
폴링 609
표준 템플릿 라이브러리 346
프로세서 396
프로세스 390
프로토콜 489, 506

ㅎ

함수 136
함수 내용 163
함수 이름 162
회선 교환 서비스 496
휴면 609
힙 266

**실전에서 써먹는
유닉스 시스템 & 네트워크 프로그래밍**

1판 1쇄 발행 2014년 1월 2일

저　　자　신재호, 김영익
발 행 인　김길수
발 행 처　(주)영진닷컴
주　　소　서울시 금천구 가산동 664번지 대륭테크노타운 13차 10층 (우)153-803

대표전화　1588-0789
대표팩스　(02)867-2207
등　　록　2007. 4. 27. 제16-4189호

값 30,000원

ⓒ2014. (주)영진닷컴

ISBN 978-89-314-4588-6

http://www.youngjin.com